Reclams Chormusik- und Oratorienführer

von Werner Oehlmann
und Alexander Wagner

Mit 357 Notenbeispielen

8., durchgesehene Auflage

Philipp Reclam jun. Stuttgart

Noten: Peter Wondra; prima nota, Korbach
Satz und Druck: Reclam, Ditzingen
Buchbinderische Verarbeitung: Kösel, Kempten
Printed in Germany 2003

ISBN 3-15-010550-1

Inhalt

Vorwort

zur siebten, völlig neu bearbeiteten Auflage

»Ein Führer durch das weite Gebiet der Chormusik, der ein einigermaßen übersichtliches Bild des Ganzen geben will, muß sich in der Behandlung des Einzelnen auf eine Auswahl charakteristischer, beispielhafter Werke beschränken, die dem Leser ein Bild der gesamten Entwicklung vermitteln. Um dieses Gesamtbildes willen ist eine historisch-chronologische Form der Darstellung gewählt worden; in der historischen Folge sind die Werke nach Formtypen geordnet. Das Buch kann darum auch als eine Geschichte der Chormusik in Beispielen gelesen werden, und es mag durch diese Eigenschaft ersetzen, was es als reines Nachschlagewerk notwendig schuldig bleiben muß. Die Auswahl mußte selbstverständlich die bedeutenden, anerkannten Meisterwerke aller Zeiten berücksichtigen, die ihren festen Platz im geistlichen und weltlichen Konzert haben.«

Als Werner Oehlmann Anfang der 1960er Jahre seinen Chormusik- und Oratorienführer mit diesen Worten einleitete, konnte er noch von einem relativ klar umrissenen Bestand des deutschen Chorrepertoires ausgehen. Aber schon in eben diesen 60er Jahren begann die Chorpraxis ihre Horizonte in ungeahntem Maße auszuweiten. Dank des zunehmend internationalen Kulturaustausches wurden bis dahin unbekannte oder nicht erhältliche Chorwerke zugänglich, die auch in fremdsprachigen Aufführungen die Konzertprogramme zu bereichern begannen. Eine partielle Verbesserung des chortechnischen Leistungsvermögens und der Wunsch, mit exponierter bis spektakulärer Programmgestaltung Profil zu zeigen, spielten in dieser Entwicklung ebenfalls eine Rolle. Durch die Möglichkeit, mit Hilfe der Computertechnik von jedem nicht im Handel befindlichen Musikwerk aus den vorhandenen Vorlagen eigenes Aufführungsmaterial herzustellen, haben sich die Werktitel in Konzert und Rundfunk, auf dem Plattenmarkt und in der kirchlichen Praxis explosiv vermehrt. Aus allen Stilbereichen der Musik sind eine große Zahl interessanter, lohnender und lebensfähiger Chormusiken in das Blickfeld geraten, so daß für die grundlegende Überarbeitung dieses Musikführers die Sichtung, Auswahl und Ordnung des neuen wie des vorhandenen Materials unumgänglich waren. Das Hauptkriterium für die Werkauswahl bildete der Zielsetzung eines Konzertführers entsprechend das Repertoire, wie es sich in den deutschen Konzertprogrammen der 1970er Jahre bis zum Ende des Jahrhunderts dokumentiert hat. Dabei mußte eine gewisse Wiedergabehäufigkeit vorausgesetzt werden.

Daß die Musikwerke, die sich schließlich im Konzertrepertoire niederschlagen, stets die bedeutendsten der Musikgeschichte sind, ist erfahrungsgemäß nicht zutreffend. Wellenbewegungen der Rezeptionsgeschichte und Modeströmungen prägen das Musikleben. Auch die Medien beeinflussen das Bild, was sich nicht nur an den Aufführungen von atonalen oder seriellen Chorstücken durch Rundfunk- und andere professionelle Spezialchöre zeigt, sondern auch an singulären Einspielungen sonst nicht zu hörender Chorwerke aus allen historischen Epochen. Die im Rundfunk häufiger anzutreffende symphonische Literatur, die den Chor als Klangfarbe in den Orchesterklang integriert (z. B. Gabriel Fauré, *Pavane op. 50* für Orchester und gemischten Chor), und auch eindeutig als Chorkompositionen konzipierte symphonische Werke, die aber nicht im deutschen Konzertangebot erscheinen (z. B. Sergej Rachmaninow, *Die Glocken*, Kantate nach Edgar Allan Poe für Sopran-, Tenor-, Bariton-Solo, gemischten Chor und Orchester), werden in diesem Repertoire-Führer ebenfalls nicht eigens besprochen. Dagegen wurde dem auch außerhalb der Konzertsäle und der Medien in Gesellschaft und Kirche präsenten Chorrepertoire, a cappella und von Instrumenten begleitet, erläuternd Raum gegeben.

Selbstverständlich werden künftige Auflagen weitere Entwicklungen, Akzentverlagerungen oder Entdeckungen im Chorleben aufzunehmen haben. »Ein Buch dieser Art ist niemals vollendet; wenn es lebendig ist, kann es wachsen und sich wandeln.« (Werner Oehlmann)

Alexander Wagner

Einleitung

Chorgesang ist eine ursprüngliche Form gemeinsamen Musizierens. Wo Menschen das Bedürfnis haben, allgemeinem Erlebnis musikalischen Ausdruck zu geben, treten sie zum singenden Chor zusammen. Auf primitiver Stufe ist der Gesang selbstverständlich mit Instrumentalmusik und Tanz verbunden. Die rituellen Gesänge der Naturvölker und die getanzten, von Aulos und Kithara begleiteten Chöre der antiken griechischen Tragödie dienten demselben Zweck: Sie wollten durch die Magie der künstlerischen Form das Walten göttlicher Übermächte bannen, sie wollten die Menschheit von der Last des tragischen Schicksals befreien; die Singenden verbanden sich durch das gleiche Erlebnis, die gleiche Beschwörung zur Gemeinschaft.

Die christliche Kultur gab der Musik als Sprache und Medium der überirdischen Welt neue Würde und Bedeutung. Singende und musizierende Engelchöre gehören zur ursprünglichen Vorstellung des christlichen Paradieses. In der Kirche war der Chorgesang von Anfang an ein elementarer Bestandteil des Gottesdienstes. Priester und Gemeinde traten einander im Psalmengesang in Gestalt von Chören gegenüber; Hymnus, Antiphon, Responsorium sind alte Formen chorischer Liturgik. Der Gesang der Priester wurde fixiert im Gregorianischen Choral, der im 7. und 8. Jh. entstand: eine Sammlung einstimmiger Melodien für die gesamte Ordnung des katholischen Gottesdienstes, die älteste, noch heute unverändert gültige schöpferische Leistung des musikalischen Abendlandes. Der Gesang der Gemeinde erlebte – künstlerisch zum Chor ausgebildeter Sänger stilisiert – eine lange, ereignisreiche Entwicklung.

Diese Entwicklung begann in dem Augenblick, als das Prinzip des mehrstimmigen Musizierens gefunden worden war. Der Musiker, der zuerst den Gedanken hatte, zwei Stimmen zwei verschiedene Melodien zu gleicher Zeit singen zu lassen, ist der Entdecker einer neuen musikalischen Welt. Nicht nur der musikalische Raum, der ein Nebeneinander und Übereinander der Stimmen ermöglichte, war damit gefunden, die Beziehung der zugleich erklingenden Töne ergab neue musikalische Begriffe. Die Gesetze der Harmonie, des wohllautenden Zusammenklangs wurden erprobt, die Möglichkeiten des Kontrapunkts, des Nebeneinanderlaufens selbständiger Stimmen, wurden errechnet. Die Musik als autonome, der Poesie und der Architektur gleichwertige Kunst war geboren. Auch diese Erfindung wurde nicht an einem Tage gemacht; die Musikgeschichte verzeichnet Vorformen des Singens in parallelen Oktaven und Quinten, die das Ohr an den Zusammenklang gewöhnten. Dennoch wird sie zwei Musikern vor allem zugeschrieben, den Meistern LEONINUS und PEROTINUS, die zwischen 1150 und 1250 als Kapellmeister an der Kirche Notre-Dame in Paris wirkten und die als die Schöpfer dessen gelten dürfen, was als abendländische Musik in Jahrhunderten zu einem unermeßlichen Komplex von Phantasie, Formkraft und Erlebnisgehalt gewachsen ist.

Nun erst, da die Stimmen aus dem Zwang des Einklangs befreit waren, entwickelte sich der Chor zu einer kunstvoll organisierten Gemeinschaft der menschlichen Stimmgattungen, zum Instrument einer reichen, vielgestaltigen Kunst. Die frühen Jahrhunderte der mehrstimmigen Musik sind die große Epoche der Chormusik, die von der Gotik über die Renaissance bis in den Barock reicht. Das Ideal der Vierstimmigkeit, das den vier menschlichen Stimmgattungen Baß, Tenor, Alt, Sopran entspricht, wurde erst spät erreicht. Der polyphone Satz baute sich über der Grundstimme, dem meist in langen, ruhigen Noten fortschreitenden Tenor oder Cantus firmus auf; bei LEONINUS ist es eine einzige Stimme, bei PEROTINUS sind es schon zwei oder drei, die ihn in schnellerer Bewegung kontrapunktieren. PEROTINUS schuf als Form geistlichen Chorgesangs die Motette; sie wurde von den Meistern des 13. und 14. Jh. weiter entwickelt. GUILLAUME DE MACHAULT (1300/05–77) schrieb die erste vollständige Messe; damit waren zwei Grundformen geistlicher Musik gegeben, die bis heute Geltung behielten. Die Meister der niederländischen Schule, die das 15. und 16. Jh. ausfüllte, steigerten den melodischen Fluß und die Kantabilität des Satzes; sie entwickelten die Kunst der Stimmführung bis zur Manieriertheit, brachen die Vorherrschaft des Tenors und weckten das Gefühl für die Selbständigkeit und die Gleichberechtigung aller Stimmen. Als bedeutend sind zu nennen: aus der älteren Generation der kunstreiche, in großen Formen schaffende JOHANNES OCKEGHEM (um 1420–97), aus der mittleren Generation der ausdrucksstarke, italienischen Wohllaut pflegende JOSQUIN DESPREZ (um 1440–1521), aus der jüngeren Generation der vielseitige, in geistlicher und weltlicher Komposition gleich erfahrene ORLANDO DI LASSO (um 1532–94), der Zeitgenosse des großen Vollenders der römischen Schule, GIOVANNI PIERLUIGI PALESTRINA (1525–94), dessen Schaffen einen absoluten Höhepunkt der Musica sacra darstellt.

Neben der ernsten, großen Kunst der Kirchen hatte sich eine vielgestaltige weltliche Gesellschaftskunst entwickelt, die teils der höfischen Unterhaltung diente, teils, mit dem Aufstieg des Bürgertums, auf volkstümlicher Ebene ausgeübt wurde. Ihre Formen waren in Frankreich die Chanson, in Italien das Madrigal und die einfacheren Villanella und Frottola, in Deutschland das Lied, das im 16. Jh. durch Meister wie HEINRICH ISAAC (um 1450–1517), HEINRICH FINCK (1444/45–1527), LUDWIG SENFL (um 1486–1542/43) eine Blütezeit erlebt. Aus den Wurzeln der Gregorianik und des deutschen Liedes erwuchs nach Luthers Reformation von 1517 das evangelische Kirchenlied, das sowohl als schlichter Gemeindegesang wie auch als Cantus firmus der späteren chorischen Kunstmusik überzeitliche Bedeutung erhielt. Das reformatorische Wirken von Jean Calvin seit 1533 bescherte dem Abendland mit dem 1562 fertiggestellten *Genfer Psalter* die einzige kulturgeschichtliche Neuschöpfung der Reformation, die mit den epochemachenden Note-gegen-Note-Sätzen CLAUDE GOUDIMELS (um 1525–72) in 6 Sprachen übersetzt wurde und eine Fülle bedeutsamer künstlerischer Bearbeitungen nach sich zog. Vor dem Industriezeitalter war dieses Chorbuch das am häufigsten gedruckte Musikwerk des Abendlandes.

Diese ganze Epoche kannte jedoch noch nicht den Klang des aus Männer- und Frauenstimmen gleichmäßig gemischten Chores, der uns zum Normalklang geworden ist. Frauenstimmen waren selten beteiligt. Der Diskant wurde von Chorknaben, der Alt von falsettierenden Männern gesungen. Fast immer wurde der Chorklang durch mitgehende oder eine eigene Stimme spielende Instrumente koloriert. Der Chorgesang des Mittelalters und der Renaissance ist ohne die reizvollen Klangfarben von Harfe und Laute, Fiedel und Gambe, Flöte, Zink, Posaune, Orgel und mancherlei Schlagzeug nicht zu denken.

Die schaffensmächtige, phantasiegewaltige Zeit des Barock entwickelte neue Formen: das Oratorium, eine Form des geistlichen Konzerts, die in Rom aus musikalischen Betgottesdiensten hervorging und in den Chorepen GEORG FRIEDRICH HÄNDELS (1685–1759) gipfelte, und die Passion, die – eine musikalische Entfaltung der Evangelienlesungen der Karwoche – in rein chorischer Form oder als Wechselgesang von Solosängern und Chor musiziert und später durch einen begleitenden Orchesterpart sowie durch eingelegte lyrische Solopartien bereichert wurde. Auch die neue liturgische Form der Kantate führte die Mittel der Oper, Rezitativ und Arie, in die Kirche ein und verband sie mit der überlieferten Praxis chorischer Polyphonie. Zwischen HEINRICH SCHÜTZ (1585–1672), dem Schöpfer freier, von Klang und Rhythmus bestimmter chorischer Formen, und JOHANN SEBASTIAN BACH (1685–1750), dem Vollender und Zusammenfasser alter musikalischer Traditionen, liegt eine reiche und vielgestaltige Epoche des kirchlichen Kantoreigesangs, dem eine ebenso lebendige weltliche Musikpraxis in den Formen des Madrigals und des Liedes gegenübersteht.

In der Zeit der Aufklärung, deren künstlerische Leistung die Klassik ist, trat die Musik aus den alten religiösen Bindungen heraus und öffnete sich neuen, weltlichen Impulsen. Das bedeutet nicht, daß sie ihre ursprüngliche geistliche Eigenschaft und Fähigkeit eingebüßt hätte. Die Messen JOSEPH HAYDNS (1732–1809) und WOLFGANG AMADEUS MOZARTS (1756–91) sind wesenhaft geistliche Musik, LUDWIG VAN BEETHOVENS (1770–1827) *Missa solemnis* steht bedeutsam neben den großartigen Kirchenwerken des Barock; ANTON BRUCKNERS (1824–96) Messe-Vertonungen sind Höhepunkte der

Musica sacra. Daneben aber entfaltete sich die weltlich-bürgerliche Musik zu neuer, reicher Blüte. JOSEPH HAYDN schuf mit dem Naturgemälde der *Jahreszeiten* den Typus des weltlichen Oratoriums und gab damit der bürgerlichen Chorkultur eine feste künstlerische Grundlage. ROBERT SCHUMANN (1810–1856), HECTOR BERLIOZ (1803–69) und andere folgten ihm mit Vertonungen dichterischer Stoffe, die dem Chor seine Stelle im öffentlichen Konzertleben sicherten. Die Romantik suchte den Quell des Volksliedes wieder zu erschließen. CARL MARIA VON WEBER (1786–1826), FRIEDRICH SILCHER (1789–1860), FRANZ SCHUBERT (1797–1828) schufen Liedsätze von volkstümlichem Klang, aus der ursprünglich mit Einzelsängern besetzten geselligen *Liedertafel* CARL FRIEDRICH ZELTERS (1758–1832) entwickelten sich die für das 19. Jh. charakteristischen, noch heute lebendigen Männergesangvereine, die eine besondere Gattung des mehrstimmigen Volks- und Kunstliedes pflegten.

Das 20. Jh. brachte, nach einer vorübergehenden, durch den Verfall der romantischen Musikformen hervorgerufenen Krise, eine Erneuerung des Chorgesanges und der Chormusik, die von der Jugendbewegung FRITZ JÖDES (1887–1970) und seiner Mitarbeiter ausging. Das Lied wurde entromantisiert, von Sentimentalität befreit, das neue Melos wurde dem Vorbild barocker Linearität nachgeformt und in »offenen Singstunden« in die Öffentlichkeit getragen; viele bedeutende Komponisten, unter ihnen PAUL HINDEMITH (1895–1963), widmeten sich dieser volksnahen Gemeinschaftskunst, die den Grund zu einer neuen, jungen musikalischen Kultur legen wollte. In unmittelbarer Verbindung mit dieser Bewegung vollzog sich die Erneuerung der Kirchenmusik, die zu den großen musikalischen Leistungen des Jahrhunderts zählt. In der Bindung an den Cantus firmus des Kirchenliedes, in Anlehnung an die polyphone Kunst der Vergangenheit, aber in der Freiheit eines neuen Tonalitäts- und Formgefühls entstand in den Werken JOHANN NEPOMUK DAVIDS (1895–1977), ERNST PEPPINGS (1901–81), HUGO DISTLERS (1908–42) eine sakrale Musik, die der der Renaissance an formaler Qualität und geistlichem Ernst ebenbürtig ist. Daß der Chor als Stimme der Gemeinschaft im Zeitalter der Massen auch in der großen Kunstmusik sein Recht behauptete, ist selbstverständlich. Carl Orffs (1895–1982) Liedkantaten stehen zwischen Volks-, Konzert- und Theatermusik. Igor Strawinsky (1882–1971), Frank Martin (1890–1974), Arthur Honegger (1892–1955), Paul Hindemith, Luigi Dallapiccola (1904–75), Heinrich Sutermeister (1910–95) haben wesentliche Werke für Chor geschaffen und die Sänger an die schweren intonationstechnischen Anforderungen der modernen Tonsprache gewöhnt. Sosehr sich aber die musikalischen Mittel in Jahrhunderten verändert und kompliziert haben: noch immer sind die alten Formen früher vokaler Musizierpraxis – Motette, Madrigal und Lied – lebendig, noch immer ist der Chor der Menschenstimmen das ursprünglichste, einfachste und natürlichste Instrument der sakralen und säkularen Musik.

Von der Gotik
bis zum Ende des Barock

Messe und Requiem

Die Messe, das »Hochamt«, ist die zentrale liturgische Form des katholischen Gottesdienstes. Sie begleitet die Feier des Opfers, die sie mit Anrufung, Lobpreisung und Bekenntnis vorbereitet und mit der Bitte um göttlichen Frieden beschließt. Das Ordinarium, der feststehende, in jedem Gottesdienst zelebrierte Teil der Messe, umfaßt 5 Teile. Das *Kyrie* ist ein einleitendes Gebet zu Gott und Christus. Das *Gloria*, ursprünglich ein Morgenhymnus, ist ein hymnischer Lobgesang. Das *Credo*, das Nizänische Glaubensbekenntnis von 325, der längste und textreichste Teil, wurde erst Anfang des 11. Jh. in das Ordinarium eingefügt; in der Komposition bildet es durch Ausdehnung und Bilderfülle meist den Schwerpunkt. Das *Sanctus* ist der von Jesaja überlieferte Gesang der Engel vor Gott, dem Benedictus und Osanna – die Rufe, die bei Jesu Einzug in Jerusalem erklangen – folgen. Am Ende steht das *Agnus Dei*, dessen 3. Anrufung »Dona nobis pacem« von den Komponisten oft als selbständiger Teil ausgeführt wird. Dazu kommen die in jeder Messe wechselnden Sätze des Propriums, *Introitus*, *Graduale*, *Alleluja*, *Tractus*, *Sequenz*, *Offertorium*, *Communio*.

Das Meß-Ordinarium, das die Essenz des christlichen Kultes enthält, wurde dank seiner fast täglichen Praxis zu einem begehrten Textvorwurf der Komponisten, die Messe zu einer musikalischen Form, die mit dem Aufkommen des bürgerlichen Oratorienkonzertes am Ende des 18. Jh. aus der Kirche in den Konzertsaal überging. Der alte Text, zwar seinem ursprünglichen liturgischen Zweck entfremdet, verwandelte sich in ein dichterisches Symbol, das in immer neuer Auseinandersetzung mit stets veränderten künstlerischen Mitteln musikalisch geschmückt und gedeutet wurde.

Die große Zeit der Vokalmesse, die sich etwa mit der kulturgeschichtlichen Epoche der Renaissance deckt, kann hier nur durch wenige ausgewählte Beispiele anschaulich gemacht werden. Die Produktion war überreich, die Werke der Meister wurden durch Drucke und Abschriften in allen europäischen

Musikländern verbreitet und waren im Besitz der Sängerkapellen aller großen Dome und Kathedralen. **Josquin Desprez** hat über 30, **Orlando di Lasso** über 50, **Palestrina** 100 Messen geschrieben. In allen Kompositionen dieser Epoche – mochten sie ihren Cantus firmus der Gregorianik entnehmen, mochten sie nach dem Brauch der Zeit weltliche Weisen und Volkslieder verarbeiten, mochten sie ganz aus der freien Erfindung der Meister geschaffen sein – lebt der Geist einer reinen, im steten Dienst der Kirche entwickelten Frömmigkeit und die trostreiche Lyrik eines in Gott geborgenen Gefühls, wie sie von der Kunst späterer, säkularisierter Zeiten nicht wieder erreicht wurden.

Guillaume de Machault (1300/05–77), der Meister der französischen Ars nova, ist der erste Komponist, der eine vollständige Vertonung des Messe-Ordinariums hinterlassen hat; sie wurde um 1364, vielleicht zur Krönungsfeier Karls V. in Reims, geschrieben und unter dem Namen der *Messe von Nostre Dame* überliefert. Eine um einige Jahre ältere, anonyme Handschrift, die *Messe von Tournai*, ist eine Zusammenstellung von Einzelsätzen verschiedener Autoren. Machaults großartiges Alterswerk besteht aus 6 stilistisch verschiedenartigen, 4stimmigen Sätzen. *Kyrie*, *Sanctus* und *Agnus* sind in der Form der isorhythmischen Motette gehalten. Die Stimmen werden selbständig geführt, die Wiederkehr gleicher rhythmischer Strukturen bei veränderter Intervallfolge bildet das innere Band des Satzes. Von hoher Feierlichkeit ist der 3malige, weitausschwingende »Sanctus«-Ruf (s. Bsp. S. 19), von schlichter Innigkeit das *Agnus Dei*, dem die kurze Formel »Ite, missa est« als Abgesang des kolorierten Diskants über ruhenden Unterstimmen folgt. *Gloria* und *Credo*, die wortreichen Teile des Messetextes, greifen auf die einfachere Form der Conductus-Motette zurück, die die Stimmen in annähernd gleicher Bewegung zusammenführt und jedes musikalische Ausschweifen in freie Melismen vermeidet; hierin wird die dienende Funktionalität einer Meßkomposition besonders sinnfällig:

Guillaume Dufay (um 1400–74), ein Jahrhundert jünger als Machault, franko-flämischer Abstammung, wird als der älteste Meister der niederländischen Schule betrachtet; stilistisch steht er noch auf der Grenze der gotischen Musik: Sein Chorsatz wirkt konstruktiv, nicht von Wortsinn und Ausdruck, sondern von abstrakt-musikalischen Gesetzen bestimmt. Die Mehrstimmigkeit ist ein durchaus melodisches Geschehen. Die einzelne Stimme, ihr freier, natürlicher Fluß und ihr Spannungsverhältnis zu den Nebenstimmen macht die ästhetische Wirkung aus, die Harmonik bleibt von latenter Bedeutung. Hermann Kretzschmar (1848–1924) spricht von den terzlosen Akkordschlüssen, deren geschlechtslose Natur den Eindruck einer erhabenen Gottesverehrung erwecke. Mag dieser Eindruck auch von modernerem Musikgefühl in die alte Musik hineingetragen sein, so trifft die Bemerkung doch ein wesentliches Erlebnis, das uns im Umgang mit Schöpfungen früher Kunst immer wieder berührt. Einfachheit wirkt als Geistigkeit, die noch nicht durch die Berührung mit der Materie entstellt ist. Von den 7 erhaltenen Messen Dufays fesselt am stärksten diejenige, der seine eigene Ballade *Se la face ay pale* (»Wenn mein Gesicht bleich ist«) als Tenor zugrunde liegt; eine weit geschwungene, den Raum einer Septime ausfüllende Melodie, aus der die Thematik der 5 Sätze entwickelt ist:

Johannes Ockeghem (um 1420–97), von der älteren Musikwissenschaft als Meister ausgeklügelter Satzkunst gefeiert, erscheint heute mehr als ein früher Mystiker der Musik, dem die Kunst des musikalischen Satzes Symbol göttlicher Ordnung bedeutete. Gerade er hat die Musik aus den Fesseln des gotischen Konstruktivismus befreit; seine schöpferische Kraft zeigt sich im freien, großen Fluß seines Melos, der das gesamte Stimmengewebe durchflutet und die Formen zu weiten Dimensionen dehnt. Bei ihm zuerst wird das Wort zum zeugenden Element der Komposition; deklamatorische Motive werden imitierend verarbeitet, der Textinhalt beginnt sich im Tonsatz zu spiegeln. Unter den 11 erhaltenen Messen Ockeghems sind die über die Chansons *Serviteur* und *Ma maistresse* bekannt; ein Zeugnis seiner Kunstfertigkeit ist eine *Missa cuiuslibet toni*, die sich in verschiedenen Kirchentonarten singen läßt; eine 36stimmige kanonische Messe, die zu seiner Zeit als kompositorisches Wunderwerk berühmt war, ging verloren. Zweifellos sind es gerade die einfacheren Kompositionen Okkeghems, die noch heute durch ihren Gehalt an lebendiger, natürlicher Musik fesseln. Von hoher, ernster Schönheit ist eine 5stimmige, nur bis zum Schluß des *Credo* geführte **Missa sine nomine** (eine Messe, der keine bestimmte Melodie zugrunde liegt) durch den wohlberechneten Kontrast der einzelnen Sätze. Das *Kyrie* ist nur ein kurzer Auftakt, aber ein Satz von gedrängter kontrapunktischer Dichte und weicher, dunkler Klangfülle. Das *Gloria* entwickelt sich in ruhigem lyrischen Fluß aus dem liturgischen Text. Die Anreden »Domine Deus«, »Jesu Christe«, »Agnus Dei« sind jeweils deklamatorisch hervorgehoben, die Stelle »Suscipe deprecationem nostram« wird in gleichmäßigem syllabischen Deklamieren aller Stimmen wie ein eindringliches Gebet vorgetragen, die Schlußformel »In gloria Dei patris« strahlt im Glanz breit gehaltener Akkorde. Im *Credo* singt der Tenor die Worte des Glaubensbekenntnisses in gleichmäßiger, um wenige Töne kreisender Rezitation, die nur ein einziges Mal den Tonraum einer Quarte überschreitet; er gibt damit das feste liturgische Gerüst, um das sich die übrigen Stimmen in vielfach durchbrochenem Satz, nur Bruchstücke des Textes aufgreifend, herumranken.

Josquin Desprez (um 1440–1521) hat zu allen Zeiten den Ruhm eines begnadeten Genius der Musik genossen. Martin Luthers Lobspruch ist bekannt: »Josquin ist der Noten Meister; die habens müssen machen, wie er gewollt.« Später hat man ihn mit Raffael, dem Meister der reinen malerischen Schönheit, dann wieder mit Schubert, dem übermächtigen Melodiker, verglichen; immer war es das Ursprüngliche, naturhaft Einfache, was die Hörer für seine Kunst gewann. Bei Josquin gibt es nichts kühl Errechnetes mehr, alles ist melodischer Fluß, wohllautende Erfindung, alles ist Ausdruck menschlichen Gefühls oder anbetender Gottesverehrung. Zeitgenossen sahen in ihm den Anreger der *Musica riservata*, einer geheimen, den Kennern vorbehaltenen Musik. Aber diese *Musica riservata*, die Musik der lebendigen Affekte, der ausgelassenen Freude und der tiefen Trauer, der stürmischen Leidenschaft und der stillen Überwindung, eine echte Schöpfung der Renaissance, wurde zum Vorbild der allgemeingültigen humanen Musik der Jahrhunderte vom Barock bis zur Romantik. So ist Josquin Desprez der erste Meister der Musik, der unsere Sprache spricht, der ohne historisierende Vorbehalte unmittelbar verständlich ist. Mehr als 30 Messen Josquins, meist über Chansons, Volkslieder oder fixierte Tonsymbole (etwa die Notenfolge la – sol – fa – re – mi) gesetzt, sind überliefert. Als sein Meisterwerk gilt, neben der Messe über das vielbearbeitete Lied *L'homme armé*, die 4stimmige Messe über den liturgischen Hymnus *Pange lingua* (»Erklinge, Zunge«). Jeder Satz der breitangelegten, von thematischer Phantasie überquellenden Komposition beginnt mit dem Hymnus, dessen melodische Abschnitte weiterhin in den einzelnen Sätzen verarbeitet werden; der phrygische Cantus firmus wird als freies Melos in die ionische Tonart der Dominante eingeschmolzen (s. Bsp. S. 22).

Charakteristisch ist der durchbrochene, pausenreiche Satz, der oft hohe und tiefe Stimmen paarweise gekoppelt miteinander abwechseln läßt, so daß ein farbiges Klangbild entsteht. Ganze Sätze wie »Pleni sunt coeli« und »Benedictus« sind nur 2stimmig gehalten. Der Anschein der Freiheit und Kunstlosigkeit herrscht überall, volkstümliche Melodiewendungen, sym-

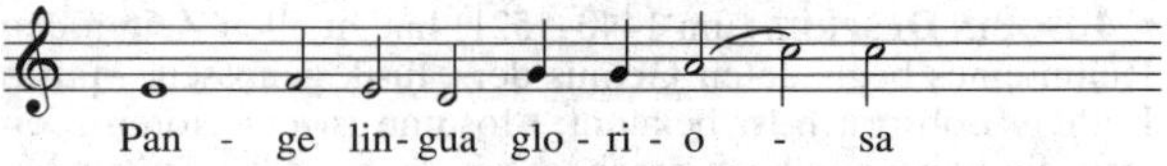

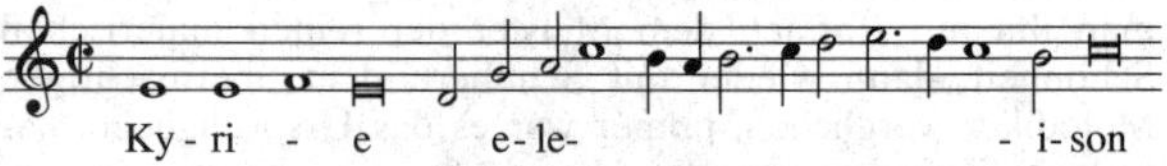

metrisch-liedhafte Perioden drängen sich ein. So wird das *Gloria* zu einem heiteren, in zwanglosem Wechsel der Stimmen hinströmenden Lobgesang. Ein Meisterwerk für sich ist das *Credo*, das sich langsam aus der Zweistimmigkeit zu vollem Klang entwickelt. Die Mystik des »Et incarnatus est« wird in überraschender Weise durch eine Folge ruhender Dreiklänge versinnbildlicht. Auf den akkordisch schweren Grabgesang »passus et sepultus est« folgt die frohe Botschaft »Et resurrexit« in kraftvollen kanonischen Einsätzen der Männerstimmen, ein Kontrast, der bis in die Gegenwart immer wieder nachgeahmt worden ist.

Claude Goudimel (vor 1525–72), eine der prägendsten Musikerpersönlichkeiten des Abendlandes, hat neben seinen spektakulären Bearbeitungen des *Genfer Psalters* ein beeindruckendes Œuvre von lateinischen Kompositionen für den katholischen Kultus geschaffen. Aus seinen 5 überlieferten Parodiemessen ragt die *Missa Audi filia* hervor, 1558 in Paris erschienen, deren Vorlage – eine Motette über die Verse 11 und 12 des 45. Psalms – jedoch bislang unbekannt blieb. Die ideale Synthese von Melodie und Harmonie mittels des bewegten Klanges, wie sie kurze Zeit später im sogenannten Palestrina-Stil festgeschrieben wurde, ist in dieser Messe Goudimels bereits in vollendetem Maße vorgegeben. Sätze wie das elegante 3stimmige »Et resurrexit« im *Credo*, das ekstatisch bewegte »Hosanna« oder das luzide »Benedictus« als hohes Terzett im *Sanctus*, und das Rembrandt-farbene 5stimmige dritte *Agnus Dei* sind trotz des Meisters leicht unterkühlter Diktion Musikstücke von überzeitlicher Ausdruckskraft und spontan ansprechender Klangschönheit. Man möchte hierfür eine Bestätigung darin sehen, daß Palestrina in seiner *Missa brevis* (Mailand 1590) größere Partien aus Goudimels *Audi filia*-Messe wörtlich übernommen hat. Für die daraus abgeleitete Hypothese, Goudimel sei Lehrer Palestrinas gewesen, hat sich in den Viten beider Meister jedoch kein Anhaltspunkt finden lassen.

Giovanni Pierluigi da Palestrina (1525–94), das Haupt der römischen Schule des 16. Jh., ist zum klassischen Meister der katholischen Kirchenmusik überhaupt geworden. Vieles kommt zusammen, seiner Musik diese überragende Stellung zu sichern. Palestrina steht am Ende der Entwicklung, die die Mittel der Musik zu voller Freiheit ausgebildet hatte; der ganze Reichtum der polyphonen Künste und geläuterten harmonischen Zusammenklänge, den die Jahrhunderte vor ihm erworben und gesammelt hatten, stand ihm unbeschränkt zur Verfügung. Er hatte nur die letzte, alles überhöhende Synthese zu schaffen, und gerade der vollkommene Ausgleich der melodischen und der harmonischen Kräfte ist es, der in seiner Musik den Eindruck der hohen, abgeklärten Schönheit hervorruft. Jede Stimme ist Bestandteil einer reinen, klar durchhörbaren Harmonie, jede Harmonie ist Begegnung bewegter, frei schwebender Stimmen. Dazu lebte Palestrina zur Zeit der Gegenreformation, in der sich das religiöse Leben vertiefte und die höchsten und edelsten Forderungen an den Meister der Musica sacra gestellt wurden; die Wechselwirkung zwischen seiner Kunst und den Reformbestrebungen des Tridentiner Konzils ist bekannt. Er verbrachte ein langes Leben im Dienste der Kirche in Rom, dem damaligen Zentrum christlicher Kultur; der religiöse Geist ist die Kraft, die seine Musik hat die Zeiten überdauern lassen.

Die künstlerische Entwicklung Palestrinas wird in 10 Schaffensperioden eingeteilt, in die sein Werk sich stilistisch einfügt. Aus der Fülle seiner 100 Messen sind zwei Meisterwerke zu nennen, die der 7. und der 9. Stilperiode, also seiner Reifezeit angehören. Die **Missa Papae Marcelli**, vermutlich 1562/63 entstanden, ist nicht nur historisch bedeutsam. Die Legende berichtet, daß Palestrina durch diese schlichte, tiefreligiöse Komposition den Widerstand der Kardinäle auf dem Tridentiner Konzil gegen die Figuralmusik überwunden und damit die mehrstimmige Kirchenmusik vor dem Verbot bewahrt habe. Die Musikwissenschaft hat die Legende nicht bestätigt, aber auch nicht unbedingt widerlegt. Die Auftragskomposition, die die Sinnesänderung des Konzils herbeiführte, ist 1561 von dem flämischen Komponisten Jacobus de Kerle (1531/32–91) geschrieben worden. Andererseits hat man festgestellt, daß in der Thematik von Palestrinas Marcellus-Messe das beliebte, vielzitierte Lied *L'homme armé* enthalten ist, daß das Werk also, wenn auch verschleiert, gerade den Typus der weltlichen Parodiemesse darstellt, den das Konzil verpönte. Das alles schließt die Möglichkeit nicht aus, daß auch Palestrinas Marcellus-Messe für das Konzil komponiert wurde, oder daß sie mittelbar auf die Beschlüsse des Konzils eingewirkt hat. Tatsächlich ist es der Stil strenger, wortbestimmter Schlichtheit, der den Rang des 6stimmigen Werkes ausmacht – die totale Integration von Linie und Akkord, von Melodie und Harmonie, der vollkommene Ausgleich aller vertikalen und horizontalen Kräfte. Schon der Anfang des *Kyrie* läßt erkennen, wie sich die Einzelstimmen bei Palestrina sogleich zum harmonischen Ganzen binden:

Das *Gloria* ist klar nach dem Worttext gegliedert, Lobpreisungen und Bitten um Erbarmen reihen sich in gedrängten Sätzen aneinander, nur im abschließenden »Amen« wird dem Tenor ein melodischer Aufschwung gegönnt:

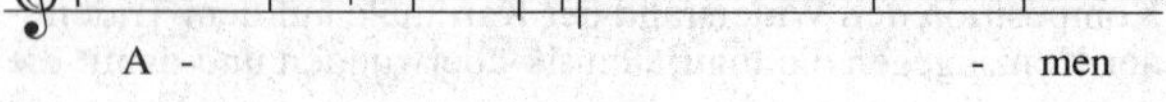

Das *Credo* behält den deklamatorischen Stil bei, im »Crucifixus« wird der Chorsatz zur Vierstimmigkeit reduziert. Dem reicher gesetzten, 6stimmigen *Sanctus* und dem akkordischen »Osanna« folgt ein zartes, nur von hohen Stimmen gesungenes »Benedictus«, in den 7stimmigen Satz des dritten *Agnus* (das zweite ist choraliter zu singen) ist ein 3facher Kanon eingearbeitet.

Reicher in der Erfindung, poetischer in ihrem Stimmungsgehalt ist die ebenfalls 6stimmige Messe über die Antiphon **Assumpta est**. Im Jahre 1585 aufgeführt, gehört sie einer Schaffenszeit an, in der man den lebhaften Ausdruck, den durchsichtigen Satz und die glanzvolle Klangwirkung rühmt; ihr dürfte überhaupt der Preis unter den Messen des römischen Meisters zukommen. Das *Kyrie* (s. Bsp. S. 26) bezaubert durch Zartheit des Stimmengeflechts und Heiterkeit des Ausdrucks. Das *Gloria* schreitet im steten Wechsel hoher und tiefer Stimmgruppen, die Bitten »Miserere« haben den Ton schlichter Frömmigkeit. Das *Credo* setzt ein mit einfacher syllabischer Deklamation. Der Vorgang »descendit de coelo« wird durch eine absteigende Tonleiter des Soprans illustriert, die Menschwerdung in einem liedhaften akkordischen Satz bekannt. Ein Intermezzo von seraphischem, herzanrührendem Klang ist der 4stimmige Satz der Soprane und Alte, der die Kreuzigung und Auferstehung enthält. Der Schluß »Et in spiritum sanctum« entfaltet ebenso wie das folgende *Sanctus* den ganzen Glanz des 6stimmigen Chores, das *Agnus Dei* ist ruhiger Abgesang eines Werkes, das zu den schönsten und vollkommensten seiner Gattung zählt.

Nördlich der Alpen wurde in der 2. Hälfte des 16. Jh. der Einfluß von Palestrinas großem, ungemein vielseitigem Zeitgenossen **Orlando di Lasso** (um 1532–94) prägend. Seine zahlreichen Messen bevorzugen die kürzere, aus liedhaft-lyrischen Sätzen gefügte Form und zielen auf Wortpräsenz und strukturelle Konzentration. Hierin folgte ihm vor allem der um eine Generation jüngere **Hans Leo Hassler** (1564–1612), dessen Messen heute wie diejenigen Lassos zu den meistgesungenen der katholischen Kirchenmusikpraxis gehören.

Die prominenten evangelischen Schüler Lassos, der kunstreiche **Leonhard Lechner** (um 1553–1606) und der klangsinnige **Johannes Eccard** (1553–1611), schufen prägnante Messen für die lutherische Liturgie in der stilistischen und formalen Nachfolge ihres Lehrers. Besonders die 5stimmige Parodiemesse über die Chanson *Mon cœur se recommande à vous*, die Eccard während seiner Augsburger Organistenzeit für seinen Dienstherrn Jakob Fugger schrieb, ist dank ihrer idealen Vokalität und ihrer samtenen Klangschönheit ein herausragendes Beispiel für die deutsche Meßkomposition im ausgehenden 16. Jh.

Ende des 16. Jh., und dann bis zu Johann Sebastian Bach und seinem Schülerkreis, findet man in evangelischen Landen die meist als »Missa« bezeichnete Teilmesse aus *Kyrie* und *Gloria*, die sich aus einer allmählichen Reduzierung der Meßform in der lutherischen Kirche erklärt. Ein großartiges Werk dieser Art ist die *Missa brevis* (Bx 114) für 5 gemischte Stimmen und Generalbaß von **Dietrich Buxtehude** (1637–1707), die gattungstypisch – wiewohl Anfang der 1670er Jahre entstanden – im *stile antico* geschrieben ist. Denn auch im protestantischen Bereich hatte sich die Ansicht verbreitet, daß die klassische Polyphonie der Palestrina-Generation für ernste Kirchenangelegenheiten die gültigste stilistische Möglichkeit sei und unabhängig vom aktuelleren *stile nuovo* fortgeschrieben werden müsse. Durchaus ›modern‹ eingestellte Komponisten wie **Johann Rosenmüller** (1620–84) oder **Johann Kaspar Ferdinand Fischer** (1650–1746) schrieben ihre sogenannten »a cappella«-Messen ohne obligate Instrumentalpartien im *stile antico* Palestrinas, aber mit dem im 17. Jh. selbstverständlichen Generalbaß. Die Bezeichnung »Missa brevis« ist bei Buxtehude allerdings falsch angewendet, da sie eine zwar kurz und konzentriert, aber doch vollständig durchkomponierte Messe benennt.

Gegen Ende des 17. Jh. setzte sich der *stile nuovo* allmählich auch in der Meßkomposition durch. Zum Chor gesellten sich, nicht als Verstärkung, sondern als selbständiges, kontrastierendes Element, die Instrumente, die Kultur des Orchesters verband sich, angeregt durch das Vorbild der Oper und der Kantate, mit der des Chores. Schöne Beispiele für die lutherische Missa dieser Art musizieren sich in der *Cantio-Missa* (einer Parodiemesse über die Melodie eines Kirchenliedes) *Allein Gott in der Höh sei Ehr* von **Johann Nikolaus Bach** (1669–1753), einem entfernten Vetter von Sebastian Bach, für Soli, gemischten Chor, Streicher und Generalbaß, und in der ausdrucksstarken *Missa* von **Johann Christoph Altnikol** (1719–59), dem Lieblingsschüler und Schwiegersohn Sebastian Bachs, für die gleiche Besetzung. Aus der unerschöpflichen Fülle der frühen Orchestermessen für den katholischen Ritus sei die *Mitternachtsmesse zu Weihnachten* von **Marc-Antoine Charpentier** (1634–1704) wegen ihrer charakteristischen Besetzung (8 Solisten, 4stimmiger gemischter Chor, 2 Flöten, Streicher und Generalbaß) und wegen des im besten Sinne volkstümlichen, auf französischen Weihnachtsliedern basierenden Typus der Parodiemesse erwähnt.

Von **Johann Sebastian Bach** (1685–1750) liegen 5 Kompositionen der lutherischen Missa vor, die alle nicht für seine eigene Berufspraxis entstanden sind, da das Meß-Ordinarium in den Leipziger Hauptkirchen eine untergeordnete Rolle spielte. Die erste Missa – Grundstock dessen, was die spätere Geschichtsschreibung *h-Moll-Messe* nennen sollte – schickte Bach 1733 seinem katholischen Landesherrn in Dresden, um damit den Titel eines Hofkomponisten zu erwerben. Vermutlich in den Jahren ab 1735 schrieb er je eine *Missa* in *F-Dur*, *A-Dur*, *g-Moll* und *G-Dur* (BWV 233, 234, 235, 236). Sie sollen für den böhmischen Kunstmäzen Reichsgraf Franz Anton von Sporck in Lissa entstanden sein – jedenfalls nicht für den Leipziger Kreis, da der *Gloria*-Text (anders als in der *Missa h-Moll*) genau dem katholischen Missale entspricht. Bach bediente sich hierbei mehrfach des Parodieverfahrens, d. h., er textierte und arbeitete mehrere Chöre und Arien aus seinen gelungensten Kirchenkantaten für seine Meßkompositionen um. Alle Messen sind wie seine Kantaten im *stile nuovo* für Soli, gemischten Chor, Orchester und Generalbaß komponiert.

Die Vervollständigung von Bachs einzigem Gesamtordinarium, *Credo–Sanctus–Agnus Dei* der schon erwähnten **h-Moll-Messe** (BWV 232), dürfte erst in Bachs letzten Sammel- und Erntejahren 1747 bis 1750 vorgenommen worden sein. Auch hierbei bediente sich der Meister wiederholt des Parodieverfahrens. Die *h-Moll-Messe* geht durch ihre außerordentlich breite Anlage – sie besteht aus 24 Musikstücken – weit über das Maß einer liturgischen Komposition hinaus. Auch im Konzertsaal stellt sie an Ausführende und Hörer fast übermäßige Ansprüche. Wie andere Spätwerke Bachs scheint die Messe nicht im Hinblick auf reale Aufführbarkeit konzipiert zu sein; der Aufwand an polyphoner Kunst, die Überfülle der musikalischen Gedanken, die jeden Satz des Textes breit ausführen, die Erhabenheit und Eindringlichkeit der Tonsprache haben etwas Phantastisch-Ausschweifendes, das den Rahmen barocker Gebrauchsmusik sprengt. 15 Chorsätzen stehen 9 Solostücke, Arien und Duette gegenüber. Die Orchesterbesetzung ist reich und farbig; zu den Streichern treten Flöten, Oboen, Oboen d'amore, Fagotte, Horn, 3 Trompeten, Pauken und Orgel. Die Einteilung in die 5 Hauptstücke der Meßhandlung ist gewahrt und sollte auch in der Aufführung deutlich gemacht werden. Die Tonalität schwankt zwischen h-Moll, der Anfangstonart, und D-Dur, der Schlußtonart. Das Ausschöpfen beider Bereiche ergibt nicht nur einen erstaunlichen harmonischen Reichtum, sondern auch eine packende Varietät des Ausdrucks.

Den 1. Abschnitt bildet das *Kyrie*; 2 Chorsätze »Kyrie eleison« schließen ein Duett zweier Soprane »Christe eleison« ein. Das 1. *Kyrie*, eine 5stimmige Fuge, wird immer zu den Wundern großer Musik gezählt werden. Ein 4taktiger Adagio-Vorspruch geht voran, ein mächtiger akkordischer Chorruf, dem der 2. Sopran das Band einer schmiegsamen melodischen Linie einflicht. Dann setzt in den Flöten und Oboen das herrliche, von flehender Inbrunst erfüllte *Kyrie*-Thema ein, das von den Tenören aufgegriffen und an die übrigen Stimmen, zuletzt an den Baß, weitergegeben wird:

Die 1. Durchführung der Fuge führt über eine Ausweichung nach cis-Moll in die Dominante fis-Moll. Dann setzt nach kurzem Orchesterzwischenspiel die fugierte Entwicklung von neuem ein. Dieses Mal intoniert der Baß das Thema, das danach über Tenor und Alt in die Soprane aufsteigt; genau der 1. Durchführung entsprechend, aber nun im harmonischen Raum der Tonika verharrend, geht das gewaltige, vom Ton einer allgemeinen Menschheitsklage erfüllte Stück mit einem aufstrahlenden H-Dur-Dreiklang zu Ende. Auf das intime D-Dur-Duett »Christe eleison«, das 2 Sopran-Stimmen zur Begleitung der Violinen in Terzen und Sexten zusammenführt oder imitierend abwechseln läßt, folgt das 2. *Kyrie*, ein Satz im *stile antico*, wie ihn Bach in dieser Messe noch einige Male verwendet. Das fis-Moll-Thema, dem die phrygische Sekunde g den Ausdruck der Bitte gibt, wird über ruhig schreitendem Baß mit dem Pathos wachsender Zuversicht durchgeführt. Der abschließende Fis-Dur-Dreiklang wirkt wie ein Symbol errungener Glaubensgewißheit.

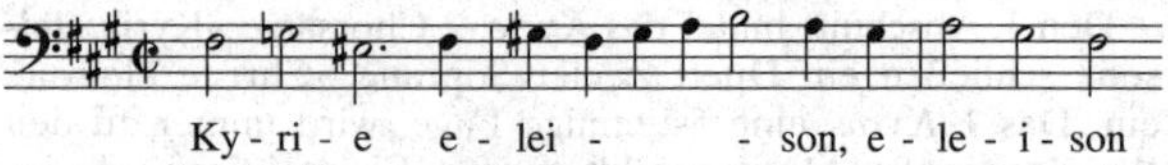

Gehört das *Kyrie* in seinen Rahmensätzen der h-Moll-Sphäre an, so steht das *Gloria*, das mit scharfem harmonischen Kontrast einsetzt, in klarem D-Dur, dem die Moll-Region als Ausweichung untergeordnet ist; mit 8 Musiknummern erreicht der Teil an Ausdehnung das nachfolgende *Credo*. »Gloria in excelsis« ist ein 5stimmiger, von 3 Trompeten begleiteter Jubelchor in lebhaftem ⅜-Takt. Ein weihnachtliche Pastoralstimmung atmender Kontrast ist die Stelle »Et in terra pax«, deren sanftes Melos von Flöten und Oboen schalmeiengleich begleitet wird; um weit hinrollende Koloraturen verlängert, wird es zum Thema einer prächtigen Fuge:

Auf die von der Solo-Violine mit zierlichen Ornamenten begleitete Arie des 2. Soprans »Laudamus te« folgt das aus der Kantate *Wir danken dir* (BWV 29) stammende »Gratias« als wiederum im *stile antico* gesetzter, umtextierter 4stimmiger Chor, der am Schluß der Messe als »Dona nobis pacem« wiederkehrt:

Dem Duett »Domine Deus«, das die Einheit von Vater und Sohn (»Domine fili unigenite«) durch kanonische Verschränkung von Sopran und Tenor ausdrückt und in dem das nach Leipziger Gepflogenheit dem katholischen Messetext eingefügte »altissime« auffällt, folgt unmittelbar der Chorsatz »Qui tollis peccata mundi«, der wieder in der Haupttonart h-Moll einsetzt. Er ist eine Parodie aus der Kantate *Schauet doch und seht* (BWV 46). Dank seiner ausdrucksvollen, kanonisch ineinander verschlungenen Melodik zählt der Satz zu den ergreifendsten Eingebungen der Partitur. Die Stimmung der Alt-Arie »Qui sedes ad dextram Patris« ist durch die Worte »miserere nobis« gegeben; die Baß-Arie »Quoniam tu solus sanctus«, die von 1 Horn und 2 Fagotten begleitet wird, ist durch einen unverwechselbar majestätischen Klang charakterisiert. Sie geht unmittelbar über in den Chor »Cum sancto spiritu«. Nach einer hymnischen, akkordisch klangvollen Introduktion setzt mit einem fanfarenartigen Thema eine Fuge ein, in der die Phantasie des Komponisten sich an Steigerungen und jubelnden, vielstimmig gekoppelten Koloraturen nicht genugtun kann; die erste Durchführung endet in h-Moll, die zweite, längere, in D-Dur.

Die gregorianische Intonation hat Bach zu einem 5stimmigen Chorsatz über gleichmäßig ab- und aufwärtsschreitenden Bässen verarbeitet, der wie ein Motto über der folgenden Abteilung steht:

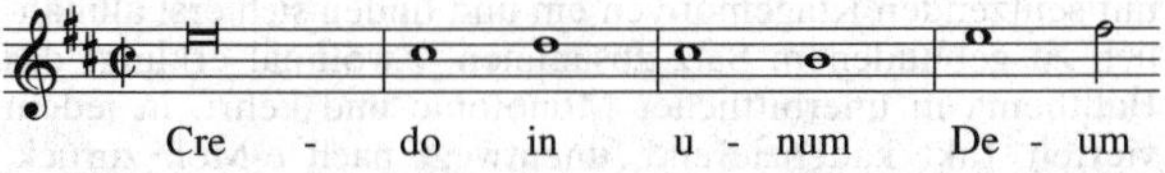

Das A-Dur dieser Introduktion wird von dem kraftvoll bewegten Chor »Patrem omnipotentem« aufgenommen und nach D-Dur geführt. Es handelt sich um eine Parodie aus der Kantate *Gott, wie dein Name* (BWV 171). Schon der tonal ungewöhnliche Beginn weist auf die harmonischen Spannungen hin, die das Credo in sich vereinigt. In dem Duett »Et in unum Dominum«, dessen Zweistimmigkeit symbolhaft den Beginn des 2. Glaubensartikels ausdrückt, wird wieder die Einheit von

Vater und Sohn durch eine einzige, von Sopran und Alt als Kanon im Abstand einer Viertelnote gesungene Melodie versinnbildlicht. Die harmonische Ausweichung des G-Dur-Stükkes nach Es-Dur, c- und g-Moll bei den Worten »descendit de coelis« stammt aus einer 1. Fassung, in der an dieser Stelle die Worte »et homo factus est« gesungen wurden; denn der folgende Chor ist Bachs letzte Komposition zu diesem gigantischen Gesamtwerk und wurde im Spätherbst 1748 nach dem Muster der Nr. 5 aus Pergolesis *Stabat mater* eingefügt. Er fesselt vor allem durch die in gebundenen Halbtönen abwärtssinkende Begleitfigur der Violinen. Von noch geheimnisvollerer Wirkung ist das »Crucifixus«, eine der erschütterndsten Totenklagen um den Heiland, die die Kunst überhaupt aufweist. Ein ostinates, chromatisch absteigendes Baßmotiv, der Passus duriusculus aus der Kantate *Weinen, Klagen, Sorgen, Zagen* (BWV 12) entnommen, ist das unumstößliche Fundament des Satzes:

Darüber führen Violinen und Flöten impressionistisch hingetupfte Akkorde aus. Die Singstimmen setzen nacheinander mit seufzenden Klagemotiven ein und finden sich erst allmählich zu gebundenem Satz zusammen. Zwölfmal erklingt das Baßthema in unerbittlicher Monotonie und kehrt, in jedem vierten Takt kadenzierend, unentwegt nach e-Moll zurück. Beim dreizehnten Male wendet es sich plötzlich nach G-Dur, der Satz verklingt in tiefster Lage der Stimmen wie eine mystische Grabmusik. In die Stille hinein ertönt, vom vollen Orchester getragen, der Ruf

und es entwickelt sich ein D-Dur-Satz von geradezu ausgelassener Fröhlichkeit. Die jauchzende Triolenfigur des Themas wird immer wieder zitiert, ausschweifende Koloraturen steigern den Jubel. Eine pittoreske Episode ist das in die Moll-Sphäre umschlagende Solo des Basses »Et iterum venturus est«, das vom Gericht über Lebende und Tote spricht; aber der Sturm der chorischen Begeisterung vertreibt die Schatten, und das Nachspiel der Flöten, Oboen und Violinen, zu denen Trompeten und Bässe später hinzutreten, bestätigt die Stimmung befreiten Gotteslobes, das den Sieg über den Tod und die allgemeine, alle angehende Entsühnung der Menschheit feiert. Die Baß-Arie »Et in spiritum sanctum« eröffnet den 3. Glaubensartikel; symbolträchtig hat sie drei 3teilige Abschnitte und ist in bewegtem 3er-Rhythmus ($^{6}/_{8}$-Takt) gehalten. Sie zählt 144 Takte, die Symbolzahl für die Ecclesia triumphans. Als Abschluß des *Credo* folgt ein 2teiliger Chorsatz, der als Dokument eines dramatisierenden, der Zeit vorauseilenden Ausdruckswillens auffällt. »Confiteor unum baptisma in remissionem peccatorum« wird von den imitierend einsetzenden Stimmen als schwer schreitender 5stimmiger Chorsatz in fis-Moll gesungen. Der alte gregorianische cantus firmus des Textes erscheint erst als Kanon von Baß und Alt und anschließend vom Tenor gesungen in der Vergrößerung.

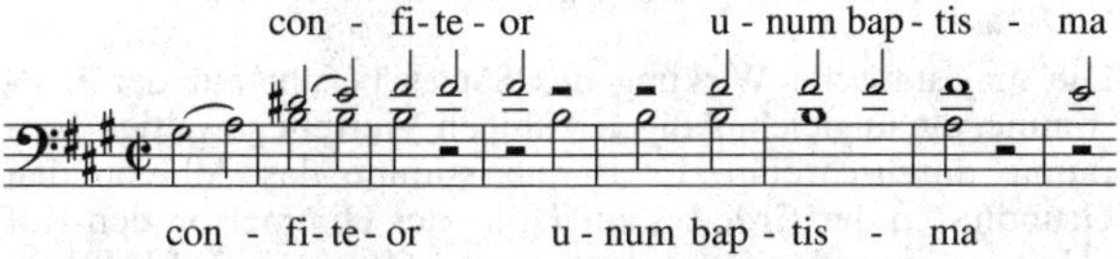

Die Worte »Et expecto resurrectionem mortuorum« werden von Bach gleichsam in doppelter Beleuchtung gegeben, einmal als Erfahrung der Endgültigkeit der Unendlichkeit im Tod, sodann ihrem geistlichen Sinne nach als Triumph des ewigen Lebens. Mit der Tempovorschrift »Adagio« bleiben die Stimmen auf gehaltenen Noten liegen, der Satz gerät in ein unheimliches, alle 12 Tonalitäten ertastendes chromatisches Gleiten, gleichsam in eine Auflösung, deren tonaler

Schwerpunkt d-Moll immer wieder verschleiert wird. Dann bricht, mit der Wiederholung desselben Textes auf die Nr. 2 der Kantate *Gott, man lobet dich* (BWV 120) der Auferstehungsjubel im Allegro mit D-Dur-Fanfaren der Trompeten aus; die Chorstimmen übernehmen die Dreiklangsbrechungen der Trompeten und verbinden sie mit einem in gleichmäßigen Achteln hinfließenden Steigerungsmotiv, um die frohe Gewißheit des ewigen Lebens zu feiern:

Das *Sanctus*, das in einer Urfassung bereits zum Weihnachtsfest 1724 aufgeführt worden war, imponiert durch prunkende Klangfülle, die durch fließende Triolenkoloraturen der nach Fauxbourdon-Art in Sextakkorden verbundenen Stimmen erzielt wird:

Die majestätische Wirkung des Satzes beruht auf der Baßstimme, die in gleichmäßigen, ruhigen Vierteln gewaltige Tonräume durchschreitet. Es ist, als stimme das All von den Grundfesten der Erde bis zur Höhe des Himmels in den Ruf »Heilig« ein. »Pleni sunt coeli« und »Osanna« sind brillante fugierte D-Dur-Sätze in feurig bewegtem ⅜-Takt, die die Stimmung des Sanctus ins Ekstatische steigern. Das letzte Wort des »Pleni« stellt wieder eine charakteristische Abweichung der Leipziger Tradition vom kanonischen Messetext dar. Das »Osanna« ist eine Parodie aus der Kantate *Preise dein Glücke* (BWV 215). In den folgenden Stücken, die das Zentrum des Meß-Mysteriums sind, läßt Bach den Chor schweigen. Das »Benedictus« ist eine Tenor-Arie von milder Schönheit; zum letzten Male klingt hier die Grundtonart h-Moll an. Die Alt-Arie »Agnus Dei«, die dem Himmelfahrts-Oratorium *Lobet Gott in seinen Reichen* (BWV 11) entnommen ist, zählt wegen ihrer ergreifenden Ausdruckskraft zu den berühmtesten Stükken der Messe; man mag sie als stilles Gebet einer trauernden, um Erbarmen flehenden Seele deuten. Die Bitte um Frieden ist wieder dem Chor zugeteilt; derselbe archaisch feierliche D-Dur-Satz, der das »Gratias« trug, schließt die Messe in großem kirchlichen Stile ab.

Seit der Entdeckung der kirchenmusikalischen Werke von **Antonio Vivaldi** (1678–1741) in der 2. Hälfte des 20. Jh. erfreut sich neben dem *Magnificat g-Moll* vor allem das *Gloria D-Dur* weiter Verbreitung. Unabhängig von einer Meßkomposition hat Vivaldi in diesem etwa halbstündigen Werk den gesamten Text des Meß-*Gloria* in 12 zyklisch disponierten Sätzen für 2 Soprane und Alt, 4stimmigen Chor, Oboe, Trompete, Streicher und Generalbaß durchkomponiert. 8 klangprächtige Chorsätze wechseln mit 4 filigranen Arien, von denen das »Domine Deus« des Altes durch wirkungsvolle Chor-Tutti ergänzt wird. Der Anlaß der Entstehung ist bislang ungeklärt. Zwar ist bekannt, daß Vivaldi 1725 das *Gloria* zur Hochzeit Ludwigs XV. von Frankreich geschrieben hat, aber die Besetzung des hier besprochenen Stückes legt nahe, daß es für die liturgischen Zwecke des Hospitals della Pietà in Venedig komponiert wurde, an dem der Komponist von 1703 bis zu seinem Tode tätig war.

Eine Sonderform der Messe ist die *Missa pro defunctis*, die *Totenmesse*, nach ihren Eingangsworten auch *Requiem* genannt. Sie ist einer der ältesten Teile der katholischen Liturgie und besteht seit dem Trienter Konzil (1545) aus 9 musikalischen Sätzen: 1. *Introitus »Requiem aeternam«*, 2. *Kyrie*, 3. *Graduale*, 4. *Tractus*, 5. *Sequenz »Dies irae«*, 6. *Offertorium*, 7. *Sanctus*, 8. *Agnus*, 9. *Communio*. Daneben entwickelten sich aber auch regionale und lokale Sondertraditionen. Das früheste erhaltene Requiem schrieb **Johannes Ockeghem** (1420–97) für seine eigene Bestattung. Wenig später entstand das Requiem von **Pierre de la Rue** (um 1460–1518) als eines seiner reifsten und klangschönsten Werke, das bereits durch die Sonorität seiner tiefen Lagen jene charakteristische musikalische Form kreiert, die man eine Art von geistlichem »Nachtstück« nennen könnte, worin ihm andere Meister folgten (Lasso 1577). Bedeutende Stücke dieser Gattung sind uns auch von **Antoine Brumel** (um 1460 – um 1520), **Tomás Luis de Victoria** (um 1540–1611) oder **Palestrina** überliefert. Das Requiem (1633) von **Eustache du Caurroy** (1549–1609) wurde über 100 Jahre bei allen französischen Königsbegräbnissen in der Chapelle St. Denis aufgeführt. Wie bei der Meßkomposition ist auch beim Requiem im 17. Jh. eine stilistische Zweigleisigkeit in *stile antico* und *stile nuovo* zu beobachten. Gern aufgeführte und ansprechende Beispiele für das instrumental begleitete Requiem im konzertierenden Stil und in immer ausladenderen Formen finden sich bei **Marc-Antoine Charpentier** (1636–1704), **Antonio Lotti** (1666–1740), **Niccolo Jommelli** (1714–74), oder **Domenico Cimarosa** (1749–1801).

Vor allen anderen Stücken hat die »Dies-irae«-Sequenz, die dem Dichter Thomas a Celano (1250) zugeschrieben wird, die Requiem-Komposition bestimmt und Anlaß zu vielen düsteren Tonbildern von den Schrecken des Jüngsten Gerichts gegeben. Diese dramatisch-phantastische Deutung der liturgischen Dichtung setzt aber erst in der Zeit der Klassik und Romantik ein.

Die **Musikalischen Exequien** (von lat. *exsequi* ›hinausgeleiten‹, SWV 279–281), die **Heinrich Schütz** im Jahre 1636 zur Bestattung des Fürsten Heinrich von Reuss komponiert hat, genießen als frühester Versuch eines »Deutschen Requiem«, einer kirchlichen Trauermusik auf deutsche, nicht von der Liturgie gegebene Texte, hohen musikgeschichtlichen Ruhm. Der Text der 3teiligen Komposition besteht aus Schriftstellen und Kirchenliedern, die der Verstorbene zu Lebzeiten ausgesucht hatte und die um das Thema der Rechtfertigung und Heiligung des irdischen Lebens kreisen. Den 1. Teil bezeichnet Schütz als »Concert in Form einer Teutschen Begräbnis-Missa«. Er hat ihn ursprünglich für 6 Solo-Stimmen und Orgel konzipiert, schreibt aber im Vorwort der gedruckten Ausgabe, daß an den mit »Capella« bezeichneten Stellen 6 andere Stimmen dazutreten dürfen. Tatsächlich gewinnt der ausgedehnte Satz durch den Wechsel von Solo- und Chorstimmen an Wirkung. An die Intonation des Priesters »Nacket bin ich vom Mutterleibe kommen« knüpfen die solistischen Männerstimmen an »Nacket werde ich wiederum dahinfahren«. Der ganze Chor singt das deutsche *Kyrie* »Herr Gott Vater im Himmel, erbarm dich über uns«, das als Gebet an Jesus Christus und an Gott den Heiligen Geist zweimal wiederholt wird. Eine neue Intonation, »Also hat Gott die Welt geliebt«, leitet das deutsche *Gloria* ein, das Christus, dem Mittler der Sündenvergebung, gewidmet ist. Tiefer Ernst erfüllt die von einfachen, klassischen und klangschönen Harmonien getragenen Chorsätze zu 8 einzelnen Strophen von Kirchenliedern, die im Wechsel mit Kleinen Geistlichen Konzerten über biblische Prosatexte auf den ganzen *Gloria*-Teil verteilt sind. Die Solo-Stimmen zitieren u. a. das Psalmwort »Unser Leben währet siebzig Jahre«, und wieder bestätigt der Chor in schlicht harmonisiertem Satz »Ach wie elend ist unser Zeit allhier auf dieser Erden«. Mit dem Solokonzert des Tenors »Ich weiß, daß mein Erlöser lebt« schlägt die Stimmung in Zuversicht um. Der Chor steigert sie durch einen wohlklingenden, leuchtenden Schlußgesang: »Er sprach zu mir: halt dich an mich – da bist du selig worden«; er geht, das *Gloria* rahmenförmig umgreifend, wie der 1. Liedsatz »Er sprach zu seinem lieben Sohn« auf die Melodie des auch heute viel gesungenen Kirchenliedes *Es ist gewißlich an der Zeit*. Der 2. Teil ist eine Motette für zwei 4stimmige Chöre »Herr, wenn ich nur dich habe«, ein Stück von venezianischer Klangpracht. Am Schluß steht der Lobgesang Simeons »Herr, nun lässest du deinen Diener in Frieden fahren«, der wieder vom Priester solistisch intoniert wird. Ein 5stimmiger Chor singt die Worte des Canticum in den Akkorden eines modulatorisch ausgeweiteten g-Moll. In den Chorgesang hinein aber klingen die Stimmen zweier Seraphim und der erlösten Seele »Selig sind die Toten, die in dem Herrn sterben« als Terzett zweier Soprane und einer Baßstimme, das als leiser und lichter Kontrast – Schütz stellt anheim, den 2. Chor in der Ferne singen zu lassen – in den Chorsatz eingeschmolzen ist. Vergänglichkeit und Ewigkeit sind in eine einzige, dramatisch-mystische Klangvision gefaßt.

Sequenz, Canticum, Hymne, Tedeum

Aus der Fülle der mittelalterlichen **Sequenzen**-Produktionen wurden 1568 durch Papst Pius V. im Zusammenhang mit dem Konzil von Trient 4 autorisiert: *Victimae Paschali laudes* (Ostern), *Veni sancte spiritus* (Pfingsten), *Lauda Sion Salvatorem* (Fronleichnam) und *Dies irae* (Totenmesse). 1727 kam das *Stabat mater* (Fest der sieben Schmerzen Mariae) hinzu.

Unter diesen Sequenzen hat das *Stabat mater*, das früher dem Dichter Jacoponus de Benedictis aus Todi (um 1300) zugeschrieben wurde, besondere Bedeutung gewonnen. Es ist in der für die Sequenz typischen 3zeiligen Strophenform mit der Reimanordnung aabccb geschrieben. Die Klage um Maria, die unter dem Kreuze der Passion ihres Sohnes Jesus zusieht, gehört als Verherrlichung leidender Mutterliebe zu den menschlich ergreifendsten Stücken kirchlicher Dichtung, und dieser menschliche Gehalt, zusammen mit dem aller Mariendichtung innewohnenden poetischen Zauber, hat Musiker und Hörer von jeher angezogen und gefesselt. Neben dem seinerzeit berühmten *Stabat mater* **Josquins** ist die 2chörige Komposition **Palestrinas** unter den wertvollsten Vertonungen des Textes zu nennen. Auffällig ist, daß Palestrina sich in diesem Werk überwiegend homophoner Schreibweise bedient, so daß die Schönheit der Harmoniefolgen den Reiz des Stückes ausmacht.

Der akkordische Anfang ist charakteristisch für den Ablauf des Ganzen (s. Bsp. S. 39). Ein harmonisches Motiv von schmerzlicher Ausdruckskraft, einer ungemein weiträumigen D-Tonalität zugehörig; die erste D-Dur-Kadenz kommt erst am Strophenschluß »Pertransivit gladius«. Das Weben und Fließen der Harmonien ist von einer überquellenden Phanta-

sie bewegt. Bei der Stelle »Eia mater, fons amoris« sinkt die Komposition in gebethafte Einfachheit zurück; die Worte »Virgo virginum praeclara« leuchten in baßlosen, hellen Akkorden, der ganze Schluß von dem 8stimmigen F-Dur-Einsatz »Fac ut portem Christi mortem« an atmet verklärte, aus Trauer und Paradiesesfreude gemischte Stimmung. Das Tutti besteht aus zwei 4stimmigen Chören, die meist in der Cori-spezzati-Technik miteinander abwechseln, aber von der Strophe 7 II an in verschiedenen Stimmkombinationen kunstreich miteinander verflochten werden.

Das *Stabat mater* **Giovanni Battista Pergolesis** (1710–1736) verdient besondere Beachtung, das letzte Werk des genialen, frühvollendeten Komponisten, der die melodische Ausdruckskraft der Klassik um mehrere Jahrzehnte vorweggenommen hat. Die Besetzung – Sopran, Alt und Streichorchester – entspricht der Zartheit und Intimität der Mariendichtung; die einzelnen Stücke sind unter 2stimmigem Frauenchor und Solistinnen aufzuteilen. Der Vorwurf kam dem elegischen Naturell des Komponisten entgegen; die Einheit der Stimmung, die Wehmut, die sich zuweilen zu erhabenem Ernst steigert, entsprechen völlig dem Inhalt der Dichtung. Der Anfang mit seinen schmerzlichen, sich überschneidenden Dissonanzen, mit dem ruhigen Bogen der sich ineinander verschlingenden Melodien, die von einer gleichmäßigen Achtelbewegung des Instrumentalbasses getragen werden, prägt sich jedem Hörer ein (s. Bsp. S. 40).

Von gleicher, ergreifender Wirkung sind die schlichten, durch Chromatik und dissonante Stimmführung fesselnden Chorsätze »O quam tristis« und »Quis est homo«, Höhepunkt ist das harmonisch reiche Chor-Duo »Sancta mater, istud agas«. Expression und Pathos der Opernmelodie werden hier in den Dienst des religiösen Erlebens gestellt. Zweimal, in

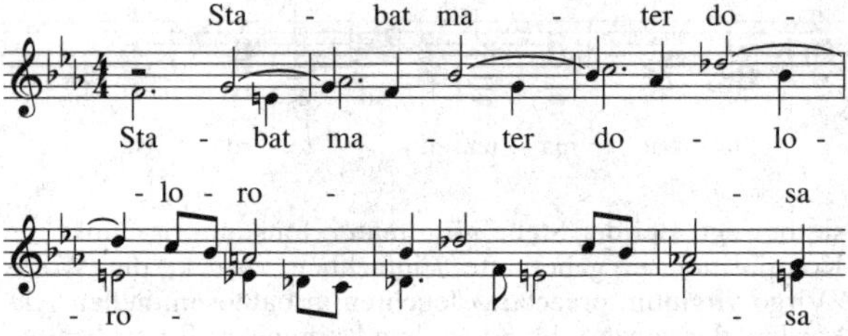

dem Chor »Fac ut ardeat cor meum« und im abschließenden »Amen« deutet sich polyphoner Satz an; im übrigen beruht gerade auf der reinen, kontrapunktische Gelehrsamkeit ausschließenden Naivität der unvergleichliche Reiz des Werkes.

Die *Cantica* (Lobgesänge) gehören schon seit dem 5. Jh. zu den konstitutiven Elementen der christlichen Stundengebetsliturgie. Es sind dies der Lobgesang des Zacharias (Lukas 1,68–79) für die Laudes um 6 Uhr, der Lobgesang der Maria (Lukas 1,47–55) für die Vesper um 18 Uhr, und der Lobgesang des Simeon (Lukas 2,29–32) für die Komplet um 21 Uhr. Gelegentlich kann das *Tedeum*, der zentrale hymnische Lobgesang aus dem 4. Jh., in den Laudes an die Stelle des *Canticum* treten. Es verhält sich nun ähnlich wie bei der Messe: Weil die genannten Texte seit der Frühzeit des Abendlandes häufig, ja fast täglich im gottesdienstlichen Vollzug benötigt wurden, bildeten sie interessante oder auch lukrative Anregungen für mannigfaltige Formen der Komposition. Besonders das *Magnificat*, der Lobgesang der Maria, hat als Hauptgesang des Abendgottesdienstes wie auch als Bestandteil der Marienverehrung zahlreiche meisterhafte musikalische Ausformungen erfahren. Zu den Musikern, die das *Magnificat* vertont haben, zählen **Dufay**, **Orlando di Lasso**, **Palestrina**, **Senfl**, **Hassler**, **Melchior Franck** (um 1573–1639) mit dem Typus des *Deutschen Magnificat*, das mit dem VIII. Psalmton versweise figuraliter respondiert, und besonders auch **Heinrich Schütz** (1585–1672) mit mehreren, über die Jahrhunderte hinweg aussagestarken Kompositionen in lateinischer und deutscher Sprache. In diesem Gattungszweig drängt sich der *stile nuovo* ebenfalls mit kantatenhaften, konzertanten Elementen, mit solistischen und instrumentalen Besetzungen im Laufe des 17. Jh. in den Vordergrund – bei Schütz, aber auch bei **Johann Pachelbel** (1653–1706) in seinem nach dem VIII. Psalmton geschriebenen *Magnificat D-Dur* für 4 Favoritstimmen, 4stimmigen gemischten Chor, Streicher und Generalbaß, oder bei **Marc-Antoine Charpentier** (1634–1704) in seiner stimmungsvollen *Chaconne* für 3 Männerstimmen, 2 Geigen und Generalbaß. Das **Dietrich Buxtehude** (1637–1707) zugeschriebene *Magnificat* für 5 Favoritstimmen, 5stimmigen gemischten Chor, Streichquintett und Generalbaß bringt bereits selbständige Instrumentalritornelle mit dynamischen Angaben und einen lebhaften Wechsel zwischen Solo- und Tutti-Stimmen. **Antonio Vivaldi** (1678–1741) teilt sein *g-Moll-Magnificat*, das er am »Ospedale della Pietà«, einem der Musikseminare für heranwachsende Mädchen in Venedig, für 2 Soprane, Alt-, Tenor-Soli, 4stimmigen gemischten Chor, 2 Oboen, Streicher und Generalbaß komponierte, einschließlich »Gloria Patri« in 9 einzelne Sätze ein, ohne sich an die biblische Verseinteilung zu halten. Hübsche, einfallsreiche Solopartien, durchsichtiger Chorsatz und farbige Orchesterbehandlung zeichnen dieses Werk aus, in dem die prägnante Korrespondenz zwischen dem ersten und dem letzten Satz, die kühne ausdrucksstarke Harmonik des »Et misericordia« und die kraftvolle Diktion des »Fecit potentiam« besonders beeindrucken.

Johann Sebastian Bachs Vertonung trägt wieder den Stempel des Außerordentlichen. Bach hat das **Magnificat**, sein einziges oratorisches Werk für 5stimmigen gemischten Chor, für die Weihnachtsvesper des Jahres 1723 komponiert; damals stand das Werk in **Es-Dur** und enthielt als Einlagen die Kirchenlieder »Vom Himmel hoch« und »Freut euch und jubiliert«, das »Gloria in excelsis Deo« in der Leipziger Textfassung und das Duett »Virga Jesse floruit«. In der 2. Fassung, die um 1730 angefertigt wurde und heute meist verwendet wird, ist das ganze Stück nach **D-Dur** transponiert, die Choral- und Liedsätze sind gestrichen. Ein Teil der Wirkung des Werkes erklärt sich aus der bei Bach ungewöhnlichen Kürze und Prägnanz der Chorsätze; Jubel und Begeisterung sind fest zusammengedrängt und zu äußerster Intensität verdichtet. Der Anfangschor bricht herein wie ein Rausch der Freude. Die Instrumentalsinfonie, besetzt mit Streichern, Flöten, Oboen, Fagotten, Trompeten, Pauken und Orgel, fließt in ununterbrochener Sechzehntelbewegung dahin, die Chor-Stimmen nehmen die Sechzehntel als jauchzende Koloraturen auf oder werfen die Worte »Magnificat anima mea« in scharfer rhythmischer Skandierung in das brausende Tonmeer. Die Mezzosopran-Arie »Et exultavit spiritus meus« steht in dem bei Bach als Ausdruck der Freude typischen ⅜-Takt, die Sopran-Arie »Quia respexit humilitatem ancillae suae«, ein Adagio in der Paralleltonart h-Moll, wird beherrscht von einem bezaubernden Motiv der Demut, das die Singstimme von der Oboe d'amore übernimmt. Der Solo-Sopran schließt mitten im Satz mit den Worten »beatam me dicent«; »Omnes generationes« fällt der Chor in madrigalischer Textinterpretation, in dichtem polyphonem Satz über gewaltig stürmenden Bässen ein, als wolle die ganze Menschheit die Seligpreisung bestätigen. Die Dramatik wird durch den Schluß des Satzes noch gesteigert. In 5stimmigem kanonischen Einsatz steigt das Thema vom Baß bis in den Sopran auf, mit einem Dominantnonenakkord auf Cis reißt die Musik im Fortissimo ab. Dann intoniert der Chor aufs neue im Adagio-Pianissimo die Worte »Omnes generationes« und führt den Satz in rascher Steigerung in fis-Moll zu Ende. Nach einer Baß-Arie und einem Duett für Alt und Tenor setzt der Chor auf die Worte »Fecit potentiam« mit grandiosen Dreiklangsmotiven und prächtigen Koloraturen wieder ein. Auch hier wird die Madrigalistik durch einen Absturz der Stimmen bei »dispersit superbos mente cordis sui« auf die Spitze getrieben, das Verderben der Hoffärtigen schildert eine Folge dreier scharf dissonanter, fortissimo gesungener Akkorde (übermäßiger Dreiklang, großer Septakkord, verminderter Septakkord; s. Bsp. S. 43). Eine Tenor-Arie macht die Erniedrigung der Gewaltigen und die Erhöhung der Niedrigen mit drastischer Tonsymbolik deutlich, der Solo-Alt singt von der Güte des Herrn, der die Hungrigen mit Gütern

füllt. »Suscepit Israel puerum suum« ist ein ruhig fließendes Terzett der weiblichen Solo-Stimmen, das durch das Oboen-Zitat des IX. Psalmtones dem ganzen Werk seine liturgische Bindung gibt; denn schon Martin Luther hatte für den gottesdienstlichen Gebrauch des Magnificat diesen sogenannten Tonus peregrinus vorgezogen, und in Sachsen war diese Tradition zu Bachs Zeiten weiterhin verbindlich. Der Chor »Sicut locutus est« gibt dem Wort des Herrn die Würde lapidarer Thematik:

Das nachfolgende »Gloria Patri«, das nach altkirchlichem Brauch nicht nur jeden alttestamentlichen Psalm, sondern auch jedes neutestamentliche Canticum abzuschließen hat, stellt akkordische Chorrufe und triolische, 5stimmig ineinander verschlungene Melismen zu wahrhaft ekstatischer Wirkung einander gegenüber; die Schlußformel »Sicut erat in principio et nunc et semper et in saecula saeculorum« wird von der Thematik des Anfangschores bestritten, so daß sich der Lobgesang in madrigalisch tiefem Wortsinn (»wie es war im Anfang«) zum Ganzen rundet.

Das leuchtende Vorbild Bachs hat in seinem Schülerkreis imponierende Werke innerhalb der überlieferten kirchenmusikalischen Gattungen entstehen lassen. **Johann Ludwig Krebs** (1713–80) hinterließ ein *Deutsches Magnificat* für 4stimmigen Chor und Generalbaß (Aufführungsdauer: ca. 15 Minuten), in dem die Präsenz des V. Psalmtones auf eine Verwendung im Weihnachtsfestkreis schließen läßt. **Carl Philipp Emanuel Bach** (1714–88) schuf 1749 in Berlin aus unbekanntem Anlaß sein vielgerühmtes, groß besetztes *Magnificat* (Wq 215, Aufführungsdauer: ca. 60 Minuten), das erst 1768 daselbst uraufgeführt wurde. Inzwischen gehört das für alle Stimmen sehr anspruchsvolle Werk zum gehobeneren Repertoire. Gleich der 1. Satz, dessen Musik mit dem »Gloria Patri« wiederkehrt, entfaltet im Miteinander von strukturell konzentriertem Chorsatz und so sparsamem wie kraftvollem Orchestersatz glanzvolle Pracht. Und alle folgenden Sätze, Arien wie Chorstücke, überraschen in ihrer Vielfalt durch immer wieder neue bezaubernde (Nr. 2 oder 4) oder überwältigende Schönheit (Nr. 3 oder 5). Die weitausladende Schlußfuge mit ihrem an Händel orientierten, majestätisch schreitenden Hauptthema wird durch den in selbständiger Fuge eingeführten Achtel-Comes zur Doppelfuge. Ihr Achtelthema liefert das Material für mitreißende Steigerungsabschnitte, deren Vorbild in den großartigen Schlußfugen des *Gloria* und *Credo* aus der *h-Moll-Messe* des Vaters Johann Sebastian Bach leicht zu erkennen ist. Ständig neu aufbauende oder auch die Entwicklung verzögernde formale Kühnheiten (wie z. B. die drei abwärts disponierten Baß-Einsätze, T. 125 ff., oder die fingierte Engführung, T. 175 ff.) verlangen auch vom Dirigenten klug disponierte weiträumige Steigerungstechnik.

Der jüngste Bach-Sohn **Johann Christian** (1735–82) legte sein *Magnificat*, das er 1758 in Mailand für seinen Dienstherrn, den Grafen Agostino Litta schrieb, in ganz anderer Art an. Das Werk (Aufführungsdauer: 6 Minuten) hat 2 gemischte 4stimmige Chöre, 2 Trompeten, Streicher und Generalbaß. Der Text wird fortlaufend fast ohne Wiederholungen in einem beispielhaft beherrschten 8stimmigen Vokalsatz inklusive »Gloria Patri« durchdeklamiert. Brillante Streicherbehandlung gibt Bewegung und Glanz, und gelegentliche Trompetenakzente schaffen strahlende Illuminationen.

Der häufige Bedarf an ausführlicher gestalteten liturgischen Formen veranlaßte manche Komponisten, mehrere für die jeweilige gottesdienstliche Gesamtform konstitutive Stücke in großformatiger künstlerischer Konzeption zusammenzufassen. Ähnlich der Praxis, sich bei der Meßkomposition auf die 5 (oder auch weniger) Hauptteile zu beschränken, bevorzugte man bei der musikalischen Gestaltung eines Stundengottesdienstes jedenfalls den Psalmteil und das Canticum. Eines der geschätztesten Werke der Gattung ist die sogenannte *Marienvesper* (*Vespro della Beata Virgina*, 1610) von **Claudio Monteverdi** (1567–1643), die sich in der 2. Hälfte des 20. Jh. einen bedeutsamen Platz im deutschen Oratorienrepertoire erworben hat. Monteverdi komponiert hier: *Ingressus* – 5 großbesetzte *Psalmen* mit 4 fast ausschließlich solistisch besetzten Geistlichen Konzerten auf alttestamentliche, den vorhergehenden Psalm meditierende Texte als Intermezzi – *Marienhymnus* »Ave maris stella«, eingeleitet von einer großangelegten doppelchörigen Sonata zum 11maligen einstimmigen Sopran-Cantus-firmus »Sancta Maria, ora pro nobis« – *Magnificat* im I. Psalmton. Die 5 jeweils vollständigen Psalmen bestehen aus dem 110. Psalm im IV. Psalmton, dem 113. im VIII. Ton, dem 122. im II. Ton, dem 127. im VI. Ton und Psalm 147,12–20 im III. Ton (Aufführungsdauer: ca. 100 Minuten).

Das Werk ist in Form und Besetzung so abwechslungsreich angelegt und so farbig und ausdrucksstark durchgeführt, daß es auch bei konzertanter Aufführung – also ohne den vollständigen Verlauf eines Vespergottesdienstes – die Hörerschaft zu ergreifen und zu überzeugen vermag. Es setzt allerdings sowohl bei Vokalsolisten und Choristen als bei den zahlreichen Spielern des originalen alten Instrumentariums gründliche Vertrautheit mit der Aufführungspraxis Monteverdis und ihren streckenweise artistischen technischen Anforderungen voraus.

Der Ambrosianische Lobgesang **Te Deum laudamus** hat unter den Hymnendichtungen der Kirche besondere Volkstümlichkeit erworben, weil er als Lob- und Dankgesang oft zu festlichen Gelegenheiten von öffentlicher Bedeutung gesungen wurde. Während die Dichtung, deren ekstatische Diktion und naive Bildhaftigkeit Bewunderung verdienen, früher dem heiligen Ambrosius, Bischof von Mailand (333–397), zugeschrieben wurde, glaubt man heute, daß der um 335 geborene Niketas von Remesiana (= Skopje) sie nach älteren Vorbildern redigiert hat. Lange Zeit hat sich die Kirche auf die gregorianische Fassung des Tedeum beschränkt; erst gegen Ende der Renaissance wurde es zum Gegenstand der Figuralmusik. In deutscher Übersetzung haben das Tedeum **Hassler**, **Praetorius**, **Schein**, **Demantius** vertont.

Von dem bedeutenden Dresdner Hofkapellmeister **Rogier Michael** (um 1554–1619), dem Vorgänger von Heinrich Schütz, existiert ein außergewöhnlich klangschönes *Tedeum*, in dem die einstimmige deutschsprachige Gregorianik versweise mit dem betreffenden lateinischen Text in 6stimmiger motettischer Satzart abwechselt.

Über den hinzugefügten Generalbaß etwa in **Jan Pieterszoon Sweelincks** (1562–1621) 5stimmigem lateinischen *Tedeum* (1619) wird im Lauf des 17. Jh. der instrumentale Aufwand immer größer, das Klangbild immer prächtiger. **Heinrich Schütz** schreibt 1668 zum Dankfest »wegen geschlossenen Friedens zwischen beyden Cronen« ein deutsches *Tedeum* (SWV 472) für zwei 4stimmige Chöre und Instrumente inklusive Trompeten und Heerpauken, in dessen Verlauf 3 Salven abgeschossen wurden. **Jean-Baptiste Lully** schafft 1677 ein pompöses Großwerk für Soli, 4stimmigen und 5stimmigen Chor und Orchester, und **Marc-Antoine Charpentiers** (1634–1704) *Tedeum D-Dur* für Soli, 4stimmigen gemischten Chor und Orchester, das dank der Benutzung der Eingangstakte des Präludiums als Eurovisionsfanfare einen deutlichen Popularitätsschub erfahren hat, gehört zu den meistgespielten Werken der Gattung.

In englischer Sprache wurde das Tedeum als Bestandteil des Morning-Service der anglikanischen Kirche von **Byrd**, **Gibbons**, **Purcell** vertont. Hier knüpfte **Georg Friedrich Händel** (1685–1759) an, dessen Werke die seiner englischen Vorgänger aus der kirchlichen Musikübung verdrängten. Händel hat den Tedeum-Text 5mal komponiert; 2 Vertonungen gewannen – sei es durch musikalische Qualität, sei es aus politischem Anlaß – besondere Bedeutung.

Das **Utrechter Tedeum**, 1713 zur Feier des Friedens von Utrecht, der den spanischen Erbfolgekrieg beendete, in englischer Sprache komponiert, ist eine kirchliche Festmusik von glänzender Wirkung, mit hochbarocker Satz- und Instrumentationskunst gearbeitet. Zum Chor treten 5 Solo-Stimmen, das

Orchester ist mit Streichinstrumenten, Trompeten, Oboen und Fagotten besetzt. Der von den Singstimmen mit choralhafter Würde in D-Dur intonierte Anfangssatz wird von den Instrumenten mit einer rauschenden fugierten Sinfonie begleitet. Er findet seine Fortsetzung in einem Allegro, das 2 gegensätzliche Themen nach Art einer Doppelfuge koppelt:

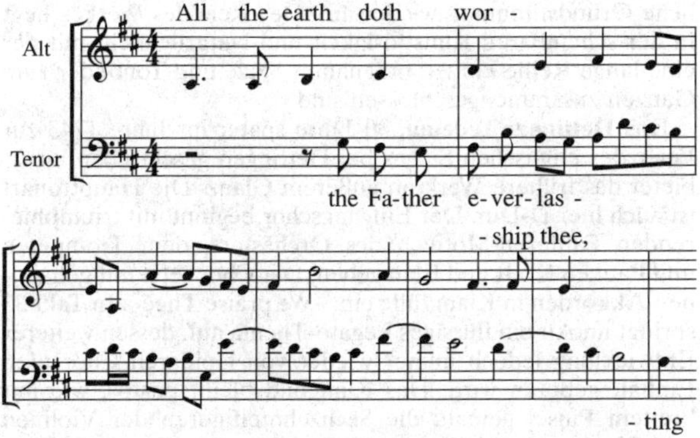

Die Solo-Stimmen singen zu schweren punktierten Rhythmen »To Thee all angels cry aloud«. In gewaltigen Akkorden von fünfstimmigem Chor und Orchester erklingt der Ruf: »Holy Lord God of Sabbath!« Apostel, Propheten und Märtyrer werden von den Solostimmen charakterisiert, zur Versinnbildlichung der heiligen Kirche setzt der Chor wieder ein. In unvermitteltem F-Dur, schlicht melodisiert, mit aufwärtsdrängenden Achtelläufen verziert, folgt der Satz »Thou art the King of Glory«, in dessen Mitte, nach d-Moll rückend, zwei langgehaltene Christus-Rufe stehen. In d-Moll, nach einem Orchester-Ritornell, gedenken die Solo-Stimmen der Menschwerdung und Passion Christi. Der Chor fällt in C-Dur mit dem Preise der Erlösung ein und bekräftigt die Tonart durch einen lapidaren Fugensatz »Thou sittest at the right hand of God«. Die Bitte um ein mildes Gericht wird von Solisten und Chor gemeinschaftlich in g-Moll vorgetragen. Ein Höhepunkt festlicher Freude ist der trompetenbegleitete Doppelchor »Day by day we magnify Thee«, der von einer nur 19 Takte langen Doppelfuge gekrönt wird. Ein letzter Halt vor dem Schluß ist das *Miserere* »O Lord, have mercy upon us«, ein ausdrucksvolles Adagio in h-Moll. Dann nimmt der Schlußchor »O Lord, in Thee have I trusted« die Grundtonart und die festliche Grundstimmung wieder auf. Der Reiz des Werkes liegt in der scheinbaren Kunstlosigkeit und Natürlichkeit, mit der eine lange Reihe kurzer, prägnanter Sätze und Tonbilder zum Ganzen zusammengeschlossen sind.

Das **Dettinger Tedeum**, 30 Jahre später im Jahre 1743 zur Feier des englischen Sieges bei Dettingen geschrieben, überbietet das frühere Werk an äußerem Glanz. Die Haupttonart ist auch hier D-Dur. Der Eingangschor beginnt mit triumphierenden Fanfaren-Motiven des Orchesters, dem Trompeten und Pauken Kraft und Elan geben. Der Chor setzt mit gehaltenen Akkorden in Klangfülle ein: »We praise Thee«. In Takt 33 springt im Alt ein flüssiges Legato-Thema auf, dessen weiterer Entwicklung jedoch immer wieder von lapidaren Chorrufen Einhalt geboten wird. Das Klangbild bleibt pastos, wie mit breitem Pinsel gemalt; die Sechzehntelfiguren der Violinen und Oboen geben Leben und Bewegung. Das folgende Stück, »All the earth doth worship Thee«, beginnt nach graziösem Orchester-Präludium in durchbrochenem Chorsatz und steigert sich allmählich zu großer Schlußwirkung. »To Thee all angels cry aloud« ist ein Largo, in dem der melodieführende Sopran mit einer schlichten, refrainartigen Phrase der Männerstimmen abwechselt. Das *Sanctus* wird von Trompeten eingeleitet; auf wunderbare Weise hebt erst der Alt, dann der Sopran den Ruf »Holy« als liegende Stimme aus dem bewegten Chorsatz und über ihn hinaus; ein machtvoller akkordischer Schluß preist Gottes Majestät. Aus dem folgenden ruhigen G-Dur-Satz bricht plötzlich in H-Dur das Bekenntnis zum »Father of an infinite majesty« auf. Der Solo-Baß stimmt in langgezogenen Melismen die Lobpreisung Christi an, die der Chor aufnimmt, und feiert in einer schlichten, ruhigen Arie das Menschenlos des Gottessohnes. Der Chor besingt in

5stimmigem, figurenreichem Satz die Erlösungstat des Heilands. In den folgenden Partien verzichtet Händel auf alle äußerlichen Effekte. »Thou sittest at the right hand of God« wird, von den Alt-, Tenor- und Baß-Soli gesungen, in demütige Haltung zurückgenommen. Das Gericht wird von Trompeten angekündigt; um so verhaltener klingt die Bitte »We there fore pray Thee«, ein ruhiger g-Moll-Satz, der in einen Nachsatz der in Terzen singenden Frauenstimmen wie in ein Gebet ausklingt. Gebetsstimmung, ruhige Ergebenheit atmet auch der harmonisch reiche Chor »Make them to be number'd with Thy Saints«. Der Satz »Day by day we magnify Thee« ist auch in dieser Komposition der Höhepunkt: ein D-Dur-Chor von volkstümlichem Klang, in der Faktur dem Anfangschor ähnlich, beschlossen durch eine weit ausgreifende Fuge, die am Ende Stimmen und Instrumente zu gewaltigen Klängen massiert. Dann folgt, höchst ungewöhnlich, ein ruhiger Epilog. Die Bitte um Erbarmen ist dem Solisten zugeteilt; »O Lord, in Thee have I trusted« singt der Chor im Tone ruhigen Vertrauens, das sich am Schluß, mit den Worten »Let me never be confounded«, zum 3maligen Bekenntnis fester Zuversicht steigert.

Zu den **Hymnen** im weiteren, nicht liturgischen Sinne zählen auch Händels *Anthems*, Kompositionen von Psalmtexten in Kantatenform. 10 dieser Hymnen hat Händel als Kapellmeister des Herzogs von Chandos in den Jahren 1716 bis 1718 für den gottesdienstlichen Gebrauch geschrieben, 4 weitere, die *Krönungs-Anthems*, entstanden 1727 zur Krönung Georgs II. in Westminster. Alle diese bedeutenden Kompositionen haben sich von ihrem Entstehungsanlaß loslösen können und in der Nachwelt große Popularität erworben.

So auch die **Trauerhymne**, die Händel im Jahre 1737 auf den Tod der Königin Karoline schrieb. Sie verbreitete den Ruhm Händels außerhalb Englands, der Historiker Charles Burney (1726–1814) hat sie gar für Händels bestes Werk erklärt. Die schlichte, durch Gefühlsunmittelbarkeit ergreifende Komposition, deren Text zum großen Teil aus Psalmversen besteht, hat die Würde eines Requiems auf die menschliche Vergänglichkeit. Die kurze, von Händel erst später hinzugefügte Ouvertüre, die die Grundtonart g-Moll anschlägt, ist die

Andeutung eines Trauermarsches. Stockend beginnt der erste Chor »The ways of Zion do mourn«, der, an das Kirchenlied »Herr Jesu Christ, du höchstes Gut« anklingend, sich erst allmählich zum gebundenen Satz zusammenfügt. Zu den zerrissenen Rhythmen des Chores »How are the mighty fall'n« steht die elegische Lyrik der 4stimmigen Fuge »She put on righteousness« in schönem Kontrast. In der Folge der Trauerchöre entfaltet sich die unerschöpfliche Phantasie des Komponisten. Das Solistenquartett singt der Entschlafenen »a beautifull crown from the Lords hand«. Der Schlußchor verbindet schwere Trauermarschrhythmen mit choralhaft einfacher Melodik und verklingt mit einem in die Tiefe hinabsinkenden Orchesternachspiel, das sich im Todesdunkel zu verlieren scheint.

Das evangelische Kirchenlied

Die Entwicklung des evangelischen Kirchenliedes, die von Martin Luther (1483–1546) und seinen musikalischen Mitarbeitern Georg Rhaw (1488–1548) und Johann Walter (1496–1570) ausging, schuf einen neuen Choraltypus, der bis in die Gegenwart als Urstoff geistlicher Musik seine Bedeutung behalten hat.

Die tragende Funktion, die der Musik in den lutherischen Liturgien zugemessen wurde, rief generationen-, ja jahrhundertelang eine Fülle von Lied- und anderen aus diesen fortgezeugten musikalischen Formen hervor. Der hohe, alle stilistischen Entwicklungen und kulturellen Epochen überdauernde geistige Horizont und künstlerische Anspruch Luthers und Walters wirkten als Beispiel und Maßstab für unzählige Komponisten aller Zeiten bis zur Gegenwart. Die unvergängliche Frische, die nicht nachlassende musikalische Ausstrahlung und Aussagekraft dieser vom evangelischen Kirchenlied inspirierten Literatur erklärt denn auch ihren hohen Stellenwert im überkonfessionellen Chorrepertoire des 20. Jh.

Gleich in der Generation der Reformatoren selbst und unter der stilistischen Devise des großen **Josquin** beschäftigten sich die führenden, beim weltlichen Chorlied schon genannten Meister mit der Komposition von Kirchenliedern, von (Tenor-)Liedsätzen und Liedmotetten. Auch **Thomas Stoltzer** (nach 1480–1526), dessen tragisches persönliches Schicksal immer wieder betroffen macht, **Balthasar Resinarius** (um 1485–1544), **Arnold von Bruck** (um 1490–1554) oder **Sixt Dietrich** (um 1493–1548) wären hier mit ihren oft kunstreichen Liedsätzen zu nennen, und aus der folgenden Generation sind die *Tricinien* von **Johann Kugelmann** (gest. 1542) und von **Caspar Othmayr** (1515–53) nicht nur die vielgerühmten *Bicinien* fest in der Praxis verankert.

In der 2. Hälfte des 16. Jh. erblüht dann mit dem württembergischen Tonsetzer-Theologen **Lucas Osiander** (1534–1604) nach dem Vorbild des *Genfer Psalters* (s. S. 53 f.) der *Kantionalsatz*, hier aber erstmalig mit dem Cantus firmus im Sopran. Dieser neue Typus veranlaßt gerade auch die prominenten Musiker der Zeit zu einer Flut von 4-, 5- und 6stimmigen Liedsätzen in vielfarbigen Handschriften. Die klar und meisterlich disponierte Harmonik des **Michael Praetorius** (1571–1621) könnte man mit der Kunst des Holzschnitts vergleichen, die lebhaften Schattierungen in der tonal freizügigeren Klanglichkeit von **Melchior Vulpius** (um 1570–1615), der mit 8 eigenen Melodien im heutigen Evangelischen Gesangbuch vertreten ist, eher dem Kupferstich, und die wärmere Farbigkeit der geschickten Chorlagen bei **Bartholomäus Gesius** (um 1560–1613) dem kolorierten Kupferstich. Die Kantionalsätze des kühlen Artisten **Hans Leo Hassler** (1564–1612) mit ihrer eigenwilligen, schwieriger zu intonierenden Terzbestimmtheit könnten geschliffenes Glas assoziieren. Weite Verbreitung genießen die harmonisch lebendigen Note-gegen-Note-Sätze des vielseitigen **Melchior Franck** (1580–1639), dessen mannigfache polyphone Liedbearbeitungen ebenfalls gerne gesungen werden, wie sich auch die kunstreichen mehrstrophigen Entfaltungen ganzer Liedinhalte von **Hassler** und **M. Praetorius** großer Beliebtheit erfreuen.

Die niederländische Schule hat ihrerseits zur Entwicklung des Liedsatzes mit Sopran-Cantus-firmus imponierende polyphone Beiträge geleistet. Es waren vor allem die (ausländischen) Dresdner Hofkapellmeister **Mattheus Le Maistre** (um 1505–77), **Antonio Scandello** (1517–80) und der mit seiner Rhythmik ins Artistische ausgreifende **Rogier Michael** (um 1554–1619), deren für eine Hofkapelle geschriebenen Liedbearbeitungen den höchsten künstlerischen Anspruch in dieser Gattung darstellen. Naheliegenderweise erfordern sie deshalb auch einen besonders qualifizierten und stilkundigen Chor(leiter). Die Verwendung von (alten) Colla-parte-Instrumenten ist naheliegend. Die erste ausgedruckte Generalbaßstimme findet sich im *Cantional* (1627) des Thomaskantors **Johann Hermann Schein** (1586–1630) und ist ad libitum aufzufassen. Eine ganz unbegleitete A-cappella-Ausführung dieser 4stimmigen Liedsätze, in denen die überlieferten reformatorischen Melodien übrigens schon leichte Veränderungen aufweisen, wäre also nicht ganz abwegig. Auch in **Heinrich Schütz'** viel gesungenen *Psalmen Davids* (1628) nach den Versfassungen von Cornelius Becker ist der Generalbaß ad libitum, und selbst in der eigenwilligen Konzeption von **Johann Crüger** (1598–1662), der die Dreiheit von 4stimmigem Kantionalsatz, Generalbaß und 2 monodischen Sopran-Instrumenten zur Einheit verschmolz und erstmals 1640 veröffentlichte, sind alle Instrumente nach Belieben einzusetzen. In Crüger begegnet uns übrigens der Meister, von dem im neuesten Evangelischen Gesangbuch (EG 1994) die meisten Melodien (16) enthalten sind. Nur sein direkter Nachfolger an der Berliner Hauptkirche St. Nicolai, **Johann Georg Ebeling** (1637–1676), bediente sich Crügers originellen, weithin geschätzten Liedsatztypus.

In der 2. Hälfte des 17. Jh. vermindert sich der Bedarf an chorischen Liedsätzen stetig. Mit dem Überhandnehmen von Geistlichem Konzert, Kantate und Oratorium verschwindet auch der alte A-cappella-Begriff; der Generalbaß wird – mit mindestens 3 Instrumenten besetzt – obligat, und die zur Gliederung größerer Formen gern eingesetzten, vereinzelten »Choralsätze« werden von Streichern oder dem gesamten

Kantatenorchester begleitet. Neue Melodien werden im Rhythmus immer einfacher, die reformatorischen zunehmend ausgeglichen. Beispielhafte Liedsätze dieses Genres finden sich etwa bei **Johann Rudolph Ahle** (1625–73), **Wolfgang Karl Briegel** (1626–1712), **Adam Krieger** (1634–1666), und in der 1. Hälfte des 18. Jh. natürlich vor allem bei **Johann Sebastian Bach**, **Reinhard Keiser** (1674–1739), **Christoph Graupner** (1683–1760) oder **Georg Philipp Telemann** (1681–1767).

Die Chorliteratur der Evangelisch-Reformierten zeigt eine andere Entwicklung. Da im reformierten Predigtgottesdienst weit über das Reformationsjahrhundert hinaus außer dem einstimmigen Gemeindegesang keinerlei Vokal- oder Instrumentalmusik Platz hatte, entstanden die vielerlei vokalen und instrumentalen Bearbeitungen des von Jean Calvin in Genf nach Straßburger Vorbildern initiierten *Genfer Psalters* allein für den außergottesdienstlichen Gebrauch. Es waren vor anderen die Note-gegen-Note-Sätze mit der Melodie im Tenor, mit denen **Claude Goudimel** (vor 1525–72) das Urbild des Kantionalsatzes geschaffen hat. Trotz gleichzeitiger hochwertiger Arbeiten in derselben Satztechnik etwa von **Philibert Jambe-de-Fer** (um 1520–72), von **Richard Crassot** (gest. 1572) oder von **Thomas Champion** (gest. nach 1580) waren es *Les centcinquante Pseaumes de David* von **Goudimel**, 1564 in Paris veröffentlicht, die Geschichte machten. Nicht zuletzt dank dieser 4stimmigen Meistersätze fand der Genfer Liedpsalter in zahlreichen Übersetzungen in der ganzen damaligen zivilisierten Welt Verbreitung und blieb bis weit in das 19. Jh. hinein das meistgedruckte Musikwerk des Abendlandes. Auch die erste deutsche Übersetzung durch den lutherischen Professor der Rechte, Ambrosius Lobwasser (1515–85), brachte gleich in der 1. Auflage von 1573 den vollständigen Kantional-Psalter Goudimels nach Deutschland. Dies hatte zur Folge, daß das Werk Goudimels bis heute weithin mit dem *Genfer Psalter* identifiziert wird und nach anderen Chorsätzen der beliebten Genfer Weisen kaum gefragt wurde. In Frankreich, Holland und Deutschland erwuchs dem Goudimel-Psalter anfangs des 17. Jh. eine spürbare Konkurrenz in den ebenfalls meisterlichen Kantionalfassungen von **Claude Le Jeune** (1528–1600), die sich in den letzten Jahrzehnten des 20. Jh. im deutschen Chorwesen wieder ihren festen Platz erobert haben.

Während die großformatigen, polyphon entfalteten Liedpsalm-Motetten Goudimels (1551 ff.) im deutschen Repertoire aus sprachlichen Gründen keinen Boden gewinnen konnten, gibt es von den entsprechenden Werken des **Jan Pieterszoon Sweelinck** (1562–1621) 3 verschiedene deutsche Übertragungen aus dem französischen Urtext, von denen sich die 1953 von Hans Holliger besorgte weithin durchgesetzt hat. Es handelt sich um 4- bis 8stimmige polyphone Bearbeitungen überwiegend nur der jeweils 1. Strophe, in denen die einzelnen Zeilen der Genfer Weise in wechselnden, mannigfaltigen kontrapunktischen Techniken entfaltet werden. Die schier unerschöpfliche Phantasie des Komponisten und seine überlegene formale und tonsetzerische Könnerschaft machen diese Liedpsalm-Motetten zu den großartigsten künstlerischen Ausformungen des *Genfer Psalters*.

Die Motette

Lange bevor die Messe und andere liturgische Texte Gegenstand der musikalischen Komposition wurden, hatte sich die Form freien religiösen Musizierens herausgebildet, die während des ganzen Zeitalters der Vokalmusik beherrschende Bedeutung hatte und die Gedankenfülle vieler schaffensmächtiger Komponistengenerationen in sich aufnahm: die Motette. Der Name Motette ist abgeleitet vom französischen *mot* ›Wort‹ und bezeichnet ein wortbestimmtes chorisches Gesangstück. *Motetus* hieß ursprünglich, in der Frühzeit der Mehrstimmigkeit, jene Stimme, die der tiefen Grundstimme, dem Ténor (auf der 1. Silbe betont), als nächsthöhere, bewegtere Gegenstimme hinzugefügt wurde. Die 3., noch höhere Stimme, die Oberstimme des 3stimmigen Satzes, hieß *Tri-*

plum. Von der einen Stimme ging der Name Motetus auf die ganze 3stimmige, später auch 4- und mehrstimmige Komposition über.

Die Motette, die älteste Form mehrstimmigen Musizierens, hat eine lange Entwicklung durchgemacht. Die 3- und 4stimmigen *Organa* des **Perotinus**, des jüngeren Meisters von Notre-Dame, vorzüglich die berühmten Sätze »Viderunt omnes fines« und »Sederunt principes«, dürfen als ihre Vorläufer gelten. Hier sind die Stimmen fest an den unveränderten gregorianischen Cantus firmus gebunden, den sie ornamental in einfachen Naturklängen umspielen. Die Motette der Ars antiqua des 13. Jh. entwickelt schon die Selbständigkeit der Stimmen, die über dem in langen Notenwerten fortschreitenden Tenor verschiedene Texte in verschiedenen Sprachen und in verschiedenartiger Bewegung singen. Die Ars-nova-Motette des 14. Jh., die vor allem durch Guillaume de Machault vertreten ist, behält die Mehrsprachigkeit der Texte und die Bindung an den Cantus firmus bei. Ihr bestimmendes Formprinzip ist die Isorhythmik, die Wiederholung gleicher rhythmischer Strukturen bei Veränderung der Tonhöhen. Erst bei den niederländischen Meistern entwickelt sich die Form zu voller Freiheit. Die Stimmen sind gleichberechtigt, nicht mehr einem Cantus firmus untergeordnet; sie gewinnen melodisches Eigenleben und verschmelzen zum harmonischen Satz. Die Form ergibt sich aus der Reihung einander folgender thematischer Episoden, der Wortinhalt bestimmt Ausdruck und Charakter der Musik. Eine unabsehbare Reihe höchst produktiver Meister hat der Motette ihre besten Kräfte gewidmet. **Ockeghem** und **Obrecht** lieferten bedeutende, noch heute spontan ansprechende und bewegende Beiträge, **Josquin Desprez** hat Meisterwerke von höchster Ausdruckskraft geschaffen, **Heinrich Isaac**, der fruchtbare **Orlando di Lasso**, der Spanier **Tomás Luis de Victoria** (um 1548–1611) und **Palestrina** gaben leuchtende Beispiele, denen Scharen ernster, gediegener und inspirierter Musiker wie **Jacobus Gallus** (1550–1591), **Leonhard Lechner** (1553–1606), **Adam Gumpelzhaimer** (1559–1625), **Hieronymus Praetorius** (1560–1629), **Jan Pieterszoon Sweelinck** (1562–1621), **Hans Leo Hassler**

(1564–1612), **Christoph Demantius** (1567–1643), **Melchior Vulpius** (1570–1615), **Michael Praetorius** (1571–1621), **Melchior Franck** (1579–1639) und **Andreas Hammerschmidt** (1611–75) nachgeeifert haben. **Heinrich Schütz**, der sich von der Klangkunst der Venezianer **Andrea** und **Giovanni Gabrieli** anregen ließ, **Johann Hermann Schein** und **Johann Sebastian Bach** führten auch diese Gattung zur Vollendung.

Es ist unmöglich, das ungeheuere Gebiet der Motette hier durch Besprechung von Einzelwerken auch nur annähernd erschöpfend zu behandeln, zumal der Gattungscharakter der einzelnen Kompositionen im allgemeinen so stark ist, daß die Aufzählung monoton ausfallen müßte. Wenn statt dessen wenige charakteristische Kompositionen und Werke nach dem Gesichtspunkt ihrer Rolle in der heutigen Aufführungspraxis ausgewählt worden sind, so haben sie den Charakter von Stichproben.

Orlando di Lasso (um 1532–94), der universale, die Stilmittel der Renaissancemusik zusammenfassende Vollender der niederländischen Schule, darf als Hauptmeister der Motette genannt werden. Er hat nicht weniger als 516 Motetten hinterlassen, die seine Söhne 10 Jahre nach seinem Tode in der Sammlung **Magnum Opus musicum** herausgegeben haben. Die ungeheuere Schaffensfülle, die dieses Vermächtnis bezeugt, ist von der Nachwelt niemals ganz bewältigt und angeeignet worden. Es scheint, daß Lasso, der Vielseitige, allen Genres Gewachsene, immer schöpferisch Aktive, sich nicht nur mit der unübersehbaren Vielzahl seiner Produktionen, sondern auch mit dem artistisch-elitären Anspruch seiner stilistischen Diktion, mit den ungewöhnlich hohen technischen Anforderungen an die musikalische Ausführung selbst im Wege steht. Es ist schwer, die Fülle zu sichten, das Außerordentliche vom Alltäglichen zu scheiden. Trotz aller Bemühungen der Spezialforschung ist das Werk Lassos für die Allgemeinheit kaum zugänglicher geworden; die repräsentativen, aus der Fülle hervorragenden Meisterwerke sind der musikalischen Öffentlichkeit noch nicht vertraut. Deshalb kann es auch hier nicht Ziel sein, einzelne Beispiele Lassoscher Motettenkunst anzuführen; die Auswahl könnte nur vom Zufall bestimmt sein. Auf das Gesamtwerk aber ist als auf die Mitte aller motettischen Kunst hinzuweisen. Orlando hat in seinen Motetten jede Art von Besetzung von 2 bis zu 12 Stimmen verwendet. Die 5stimmigen Sätze stehen nicht nur der Zahl, sondern auch der künstlerischen Bedeutung nach an der Spitze; Stücke wie *Tristis est anima mea* und *Adoramus te Christe* sind Höhepunkte Lassoscher Kunst. Die 4stimmigen Motetten sind ungleichwertig, unter den 6stimmigen findet sich das ebenso großartige wie berühmte *Timor et tremor.* Stilistisch erscheint das Motettenwerk vieldeutig: Lassos Größe besteht im Zusammenfassen, im Verschmelzen all dessen, was Vergangenheit und Gegenwart, Nähe und Ferne an Kunstmitteln boten. Die Cantus-firmus-Technik und die lineare, imitatorische Kunst der Niederländer finden bei ihm ebenso Bestätigung wie die akkordische Klangkunst der Venezianer. Wortsymbolik und Tonmalerei spielen eine große Rolle, ein starker Sinn für Farbwirkung lebt sich in häufigen Gegenüberstellungen hoher und tiefer Stimmen und in kontrastreichem Wechsel der Stimmenzahl aus. Auffällig ist, bei aller Klarheit des kontrapunktischen Stiles, die Rolle des harmonischen Elements, das nicht nur als Farb- und Stimmungsmittel, sondern auch als ursprüngliche musikalische Triebkraft Bedeutung hat: Harmonien haben in Lassos Musikwelt fast schon romantischen Sinn und Klang. Zu den Motetten zählt auch Orlando di Lassos berühmtestes Werk, die **Bußpsalmen** (**Psalmi Davidis poenitentiales**), die unter den repräsentativen Musikwerken des 16. Jh., etwa als Gegenstück von Palestrinas *Missa Papae Marcelli*, mit an erster Stelle stehen. Die Legende hat sie mit der Bartholomäusnacht in Verbindung gebracht. Sie entstanden aber schon Jahre vor diesem schrecklichen Ereignis, wahrscheinlich zwischen 1560 und 1565. Sie sind Ausdruck der ernsten und düsteren Zeitstimmung, der strengen und tiefen Religiosität, die von der Gegenreformation gepflegt wurde, und es ist charakteristisch für die weite, widerspruchsreiche Natur Lassos, daß er, der jeder Art von Humor und Lebensfreude zugeneigt war, andererseits gerade für diese dunkle und lastende Seite religiösen Erlebens überwältigenden Ausdruck gefunden hat. Die *Bußpsalmen* sind ein Kompendium, das alle Mittel des Vokalstils zusammenfaßt: kontrapunktische Kunstfertigkeit und melodische Schlichtheit, Klangfülle und Askese, harmonische Farbe und rhythmische Finesse. Die Grundstimmung der Reue und Zerknirschung, die alle 7 Psalmen festhalten, ist doch in den einzelnen Stücken durch tröstliche und zuversichtliche, erhabene und großartige Episoden abgewandelt. Der Ausdruck leidenschaftlicher Klage wird monumentalisiert durch die Größe einer zyklischen Konzeption, die zu ihrer Zeit kaum ihresgleichen hat. Weitere überragende Großwerke des Meisters sind die *Sibyllinischen Weissagungen* (*Prophetiae Sibyllarum*; 4stimmig, um 1560), die die vollkommenste Handhabung des chromatischen Stils der Spätrenaissance darstellen; außerdem *Die Klagen des Hiob* (*Sacrae lectiones novem ex propheta Hiob*; 4stimmig, 1565), die *Lamentationes Jeremiae* (5stimmig, 1585) und das Opus ultimum: die *Bußtränen des heiligen Petrus* (*Lagrimae di S. Pietro*; 7stimmig, 1595).

Leonhard Lechner (um 1553–1606), Schüler Lassos, aus Tirol stammend, vor allem in Nürnberg und Stuttgart wirkend, ist der bedeutendste Meister der Motette in der auf Lasso folgenden, aus der Renaissance in den Barock hineinwachsenden Generation. Schon im Jahre 1575, als 22jähriger, hat er unter dem Titel **Motectae sacrae** ein Sammelwerk von 31 4-, 5-, 6- und 8stimmigen Motetten veröffentlicht, das die ihm in einem Nürnberger Ratsprotokoll zugestandene Kennzeichnung als »gewaltiger Componist und Musicus« vollkommen rechtfertigt. Die Motetten des jungen Lechner stehen in der von den Niederländern begründeten Tradition, sind aber voll von Zügen einer neuen Freiheit. Die Imitationstechnik wird meist locker gehandhabt, Tonmalerei und Wortausdeutung werden nur vorsichtig eingeführt. Die Beziehung auf die Kirchentonarten scheint noch durch, ja, die Gruppen der 4-, 5- und 6stimmigen Stücke sind jeweils in der Reihenfolge dorisch, phrygisch, lydisch, mixolydisch geordnet. Der Satz ist thematisch und rhythmisch lebendig und überraschend einfallsreich, die Formen werden zuweilen durch Zäsuren und Wiederholungen in sich gegliedert. Charakteristisch sind vor allem die kernige

Kraft der Thematik und der Sinn für flüssige, weitausschwingende Melodik, auf der die besondere Sangbarkeit der Lechnerschen Motetten beruht. Die Texte enthalten neben lateinischen Psalmen, Propheten- und anderen Bibelstellen auch Hymnen und geistliche Humanistendichtung, das 9. Stück ist ein Widmungsgedicht. Von der Inspiration der Lechnerschen Musik kann durch herausgeschnittene Notenbeispiele nur ein schwacher Begriff gegeben werden. Bezeichnend für die Frische seiner Erfindung ist etwa jene Stelle aus dem 3. Stück, einer Hohelied-Motette für 4 gleiche Stimmen, wo der Viertakt plötzlich in tanzenden Dreitakt umschlägt und die Freude sich in Koloraturen auslebt:

Von hoher Feierlichkeit ist eine 3teilige Weihnachtsmotette für 4 gemischte Stimmen, deren phrygisches Thema gregorianischen Ursprungs ist:

Ein Anfang wie der der 8. Motette *Singet dem Herrn ein neues Lied* zeugt von dem Schwung der Lechnerschen Melodik,

eine akkordische, wie ein Nachklang Josquins wirkende Stelle der 9. *Illumina oculos meos* spricht für die Ausdrucksfähigkeit des Komponisten, die auch dunklen Stimmungen gerecht wird:

Ebenso enthält die reichere Polyphonie der 5- und 6stimmigen Motetten viele Momente spontaner Inspiration. Die 8stimmige Vertonung des 116. Psalms *Dilexi quoniam exaudiet Dominus vocem orationis meae* krönt die Sammlung mit vollem doppelchörigen Klang.

Mehr noch als diese Motettensammlung sind es aber zwei erst nach dem Tode des Komponisten im Jahre 1606 verbreitete Werke der Spätzeit, die den Ruhm Leonhard Lechners in der Gegenwart neu begründet haben: eine 4stimmige, zarte und poetische Vertonung des 1. und 2. Kapitels des Hohen Liedes in deutscher Sprache und eine Folge von 15 kurzen, 4zeiligen Spruchgedichten, denen der moderne Herausgeber den Titel *Deutsche Sprüche von Leben und Tod* gegeben hat. In beiden Werken zeigt sich Lechner als Meister einer Kurzform, die den Gefühlsinhalt in wenige Takte zusammendrängt und die Motette zum musikalischen Aphorismus konzentriert. Diese Behandlungsweise kommt vor allem dem zweiten Werk zugute, den Sprüchen eines unbekannten Dichters (vielleicht Lechners selbst), die in holzschnittartigen Worten von der Unbeständigkeit der Welt und der Beständigkeit Gottes reden. Man hat vermutet, daß Lechner mit diesem Werk sein eigenes Requiem geschrieben habe, und wirklich haben die Sprüche auch in ihrer musikalischen Form etwas Endgültiges, Vermächtnishaftes. Alle Eigenschaften der Lechnerschen Tonsprache sind erkennbar, die Klarheit der Textausdeutung, die die Stimmungskontraste schärft, die Freude am lyrischen Melos und an ausschwingender Figuration. Über allem steht aber ein tiefer Ernst, der in der dunklen Monotonie des ständig festgehaltenen g dorisch zum Ausdruck kommt. Das Thema des zweiten Spruches ist eine Art von Leitmotiv, das in Varianten und Anklängen wiederkehrt und die innere Einheit des Zyklus auch thematisch erkennbar macht.

Hans Leo Hassler (1564–1612), in Nürnberg als Sohn eines erzgebirgischen Organisten geboren, in Venedig von Andrea Gabrieli ausgebildet, in Augsburg, Nürnberg, Ulm und Dresden tätig, gilt als entschiedener Vorkämpfer des italienischen Geistes in der deutschen Musik. Seine Fähigkeit als Liedschöpfer belegte er in der Sammlung *Neue teutsche Gesang* von 1596 und im *Lustgarten* von 1601, der die berühmte, zum Kirchenlied umgedeutete Melodie »Mein G'müt ist mir verwirret« enthält. Als Kirchenkomponist betätigte er sich in den *Cantiones sacrae* von 1591, den *Sacri concentus* von 1601 und vor allem in **Psalmen und christliche Gesäng** von 1607, die die Reife seines motettischen Stiles bezeugen. Der Untertitel »Mit vier Stimmen auf die Melodeyen fugweis komponiert« gibt Auskunft über die Eigenart des Werkes. Es enthält 52 Choralbearbeitungen in fugierter, das heißt imitierender Technik. Wenn Haßler sich sonst gern italienisch gibt: hier zeigt er sich als Meister niederländisch-deutscher Kontrapunktik, dem die Liedweise nicht nur musikalisches Material, sondern religiöses Bekenntnis ist. Sie durchdringt den ganzen Satz, es gibt kaum eine Note, die ihr nicht zugehört oder nicht von ihr abgeleitet ist. Bei aller Klarheit der konstruktiven Logik bleibt aber immer der Lyriker Haßler spürbar, der leichte Fluß der Stimmen und die reine Schönheit ihres Zusammenklangs bestimmen den Eindruck. Eine Melodie wie *Ein feste*

Burg ist unser Gott wird nicht monumentalisiert, sondern aus verinnerlichtem Anfang allmählich entwickelt. Charakteristisch für die Dichte des fugierten Satzes sind die thematischen Verzahnungen der Stelle »mit Ernst er's jetzt meint«:

Die Motette *Aus tiefer Not schrei ich zu dir* zieht ihre melodische Kraft aus dem Quintfall am Anfang der Lutherschen Melodie, der, in allen Stimmen wiederkehrend, dem Satz dramatisches Leben gibt. Haßlers kompositorische Zutat ist die Ausfüllung dieser Quinte durch diatonisch auf- und absteigende Viertel, die, über den Raum einer Septime gedehnt, dem in einen Plagalschluß ausklingenden Satz ein ausdrucksvolles Ende geben (s. Bsp. S. 63). *Wir glauben all an einen Gott*, das Luthersche Credo, wird sinnentsprechend als 3strophige, Gottvater, Sohn und Heiligen Geist anrufende Motette verarbeitet. Hier ist es der Quintaufstieg der dorischen Melodie, der dem Satz Profil verleiht. In formaler Hinsicht ist vor allem der 5stimmige 3. Teil »Wir glauben an den Heiligen Geist« zu bewundern, in dem Cantus und Quintus – das heißt Sopran und 2. Tenor – die Liedmelodie in strengem Kanon als ver-

doppelten Cantus firmus singen, während Alt, 1. Tenor und Baß sie in freiem fugierten Spiel umgeben.

Das in religiösem Sinne bedeutendste Stück der Sammlung ist die Bearbeitung von Luthers *Vater unser im Himmelreich*. Es handelt sich um eine 10teilige Motette. Jede Strophe des Liedes, das heißt jede Bitte, bildet einen geschlossenen Satz; die Liedweise ist allen Sätzen gemeinsam. Der Gefahr der Monotonie hat Haßler kunstvoll vorgebeugt. Die 1. Strophe ist ein reich ausgeführtes Präludium. Die 2., »Geheiligt werd der Name dein«, wird in 2stimmigem Wechselgesang der hohen und tiefen Stimmen vorgetragen. Die 3., »Es komm' dein Reich zu dieser Zeit«, wird von der Umkehrung des Liedthemas eingeleitet. »Dein Will gescheh, Herr Gott, zugleich« ist eine Cantus-firmus-Motette, bei der die Liedweise in langen Notenwerten im Tenor liegt. Die 5. Strophe, »Gib uns heut unser täglich Brot«, ist das kunstreichste Stück: Den Cantus firmus singen in strengem 2stimmigen Kanon Altus und Quintus; Sopran, Tenor und Baß ergänzen den Satz zur Fünfstimmigkeit. Dann wird das Satzbild einfacher. In der 6. Strophe liegt der Cantus firmus im Sopran, in der 7. im Baß. Die 8. Strophe, »Von allem Übel uns erlös«, hat, wie die 1., durch ihre Länge Gewicht. Das »Amen« wird 2mal gesungen, zuerst in 4/2-, dann in beschwingtem 3/2-Takt.

SAMUEL SCHEIDT (1587–1654), Schüler Jan Pieterszoon Sweelincks, lebenslang in seiner Heimatstadt Halle wirkend, zählt mit Heinrich Schütz und Johann Hermann Schein zur Trias der großen Meister, die die deutsche Musik in der Epoche des Dreißigjährigen Krieges repräsentieren. Unter seinen

Vokalwerken (*Concertus sacri*, 1621/22; *Neue geistliche Konzerte*, 1631–35) sind am bedeutendsten die **Cantiones sacrae** von 1620, eine Sammlung von 38 8stimmigen, doppelchörigen Motetten. In ihrer Klangpracht sind sie charakteristische Schöpfungen des ernsten und tiefen Meisters, der noch fester als seine vorwärtsstrebenden Zeitgenossen der Vergangenheit verbunden war. Sein Satz von *Ein feste Burg ist unser Gott* (Nr. 16) ist, anders als der Haßlers, von schwerer barocker Fülle. Die 1. Zeile wird vom 1. Chor imitierend durchgeführt und vom 2. Chor in mehr akkordischem Satz wiederholt; »ein gute Wehr und Waffen« ist ein Wechselgesang kurzer, fast deklamatorischer Motive. Dann aber treten beide Chöre zu einem massigen Einsatz strahlender C-Dur-Dreiklänge zusammen. Die Kraft lutherischen Gottesglaubens war noch nicht so imponierend dargestellt worden:

Das Alternieren der Chöre, das immer mehr akkordische als lineare Wirkungen sucht, mündet in die 8stimmige, durch eine Oberstimme des 2. Soprans kolorierte Schlußzeile. Im Hymnus *Christe, der du bist Tag und Licht* sind alle 7 Strophen durchkomponiert. Die 1. Strophe ist ein 8stimmiger Motettensatz, in dem wieder viele akkordische, mit einfachen Harmoniefolgen spielende Stellen auffallen. Die 2. Strophe wird 4stimmig behandelt mit der Choralmelodie im Sopran, die 3. ebenso mit der Melodie im Tenor. Die 4. Strophe bildet ein Duett von Sopran und Alt, die 5. einen 4stimmigen Satz mit dem Cantus firmus im Baß. Die 6. Strophe ist ein Kanon im Einklang, im Abstand einer halben Note von 2 Sopranen über dem Choral des Tenors gesungen. In 8stimmigem homophonem Satz macht die 7. Strophe den klangmächtigen Beschluß.

Die Motette über das Jesaja-Wort *Zion spricht: der Herr hat mich verlassen* hat Scheidt für das Begräbnis seines Vaters geschrieben. Hier stehen ein hoher, mit 2 Sopranen, Alt und Tenor besetzter Chor und ein tiefer, aus Alt, Tenor und 2 Baß-Stimmen gebildeter Chor einander gegenüber, so daß die Möglichkeit starker Klangkontraste gegeben ist. Es entstand ein Werk, in dem persönliches Betroffensein, Schmerz und Klage unausweichlich beeindruckend Gestalt gefunden haben.

Johann Hermann Schein (1586–1630), aus dem Erzgebirge stammend, war als Leipziger Thomaskantor der prominenteste Vorgänger Bachs. Sein vokales Schaffen umfaßt sowohl geistliche wie weltliche Musik. Ein Musikhistoriker seines Jahrhunderts hat ihn als Meister des »Stylo madrigalesco« bezeichnet, und wirklich hat er der klangsinnlichen Eleganz des Madrigals nicht nur in den A-cappella-Quintetten des *Venuskränzleins* von 1609, in den *Waldliederlein* von 1621 und in der *Hirtenlust* von 1624 gehuldigt. Auch sein geistliches Schaffen ist von der Farbigkeit des Madrigals durchdrungen, er vermag sich aus der mittelalterlichen Überlieferung der motettischen Polyphonie zu lösen und nähert sich der modernen Technik des Generalbaß-Musizierens, dem Konzert der Instrumente und Solo-Stimmen. Mit dem *Cymbalum Sionium* von 1615 und dem 24stimmigen *Tedeum* von 1618 steht er noch auf dem Boden der alten Tradition, mit dem *Cantional*, einem 4- bis 6stimmigen Gesangbuch, hat er der gottesdienstlichen Praxis gedient. Dazwischen stehen aber Kompositionen in konzertierendem Stil, die dem Schützschen Individualismus nahestehen. Aufs beeindruckendste zeigt sich sein künstlerisches Naturell in den 26 Sätzen für 5stimmigen Chor und Generalbaß des **Israelsbrünnlein (Fontana d'Israel)** von 1623, die nicht als Motetten, sondern als geistliche Madrigale bezeichnet werden. Die Texte sind, wie der Titel sagen will, Stellen des Alten Testaments, überwiegend Psalmen und Prophetenworte. Schon das Thema des 1. Madrigals *O Herr, ich bin dein Knecht* ist charakteristisch für den Stil des Ganzen: ein profiliertes Thema in modernem Sinne, tonartlich unzweideutig festgelegt und dem Wort eng verbunden:

Ganz madrigalesk erfunden, mit Ausdruckschromatik gesättigt und durch melismatische Verzierungen gesteigert, ist der Anfang des 3. Stückes *Die mit Tränen säen*:

Das 5. Stück, der Psalm *Dennoch bleibe ich stets an dir*, ist ein Satz von motettischer Fülle und Lebendigkeit der Stimmen. Die Stelle »denn du hältst mich bei meiner rechten Hand« hat vertrauensvollen Klang, die strenge harmonische Sequenz »Du leitest mich nach deinem Rat« soll die unumstößliche Festigkeit und Zielsicherheit des göttlichen Ratschlusses symbolisieren:

Die 9. Motette *Der Herr denket an uns* atmet eine ähnliche Stimmung ruhigen Gottvertrauens; auch hier wird der dichte

polyphone Satz bei den Rufen »Ihr seid die Gesegneten des Herrn« von hymnischen Akkorden abgelöst. Eine anschaulich und ergreifend gemalte biblische Szene ist die 10. Motette, die Geschichte vom Tode Jakobs: *Da Jakob vollendet hatte*. Zu Anfang frappiert das Nebeneinander der Dreiklänge A-Dur und C-Dur sowie A-Dur und F-Dur. Das Verscheiden wird durch stockende Akkorde, A-Dur und G-Dur, wechselnd angedeutet. »Und ward versammelt zu seinem Volk« ergibt einen großen Aufstieg, der über E-Dur und C-Dur nach A-Dur zurückführt. Der 2. Teil, »Da fiel Joseph auf seines Vaters Angesicht und weinet über ihn und küsset ihn« ist Musik von starkem, mitreißendem Affekt. Das 13. Stück, ein Sinnspruch aus dem Prediger Salomo, fesselt wieder durch ein markantes, durch Quinte, Septime und Oktave charakterisiertes Kopfthema:

Unser Leben währet siebzig Jahr, die 15. Motette, ist reich an Ausdruck und Tonmalerei. »Müh und Arbeit« wird durch einen 3/8-Rhythmus gekennzeichnet, »als flögen wir davon« durch eilende Achtelpassagen anschaulich gemacht:

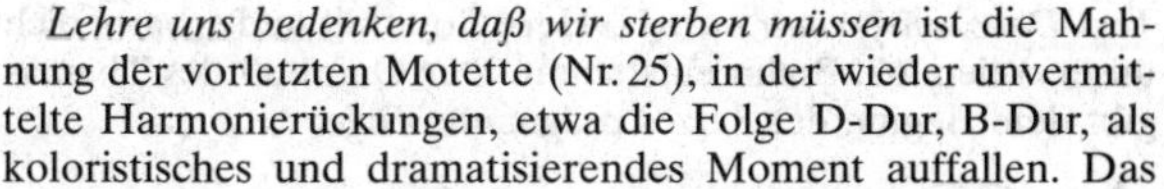

Lehre uns bedenken, daß wir sterben müssen ist die Mahnung der vorletzten Motette (Nr. 25), in der wieder unvermittelte Harmonierückungen, etwa die Folge D-Dur, B-Dur, als koloristisches und dramatisierendes Moment auffallen. Das letzte, 26. Stück ist *Nu danket alle Gott*, nicht das damals noch nicht existierende Kirchenlied, das Martin Rinckart zum 100. Gedenktag der Augsburger Konfession dichtete und Johann

Crüger mit seiner viel gesungenen Melodie versah, sondern ein freier 6stimmiger, weitgespannter und vielfältig gegliederter Satz nach dem Text des Jesus Sirach, der mit der Bitte »daß seine Gnade stets bei uns bleib, und erlöse uns so lange wir leben« in Glaubensgewißheit und Gottvertrauen ausklingt.

Heinrich Schütz (1585–1672) ist der freien, fließenden Polyphonie des motettischen Stils in seinem gesamten Schaffen verbunden gewesen. Unter seinen Hauptwerken, den *Psalmen Davids* (SWV 22–24) von 1619, den *Symphoniae Sacrae* von 1629 (SWV 257–276), 1647 (SWV 341–367) und 1650 (SWV 398–418), den *Geistlichen Konzerten* von 1636 und 1639 (SWV 282–337), den *Geistlichen Gesängen* von 1657 (SWV 423–431), sind es vor allem die *Cantiones sacrae* von 1625 (SWV 53–93) und die Sätze der 1648, im Jahre des Westfälischen Friedens, erschienenen *Geistlichen Chormusik* (SWV 369–397), die die Kunst des motettischen Satzes ausprägen.

Cantiones sacrae heißt eine Sammlung von 40 4stimmigen Motetten mit Basso continuo auf lateinische Texte, die Heinrich Schütz im Jahre 1625 als sein Opus 4 herausgab. Die Texte sind einem 1553 erschienenen Gebetbuch des lutherischen Theologen Andreas Musculus entnommen. Der musikalische Stil der Sätze schwankt zwischen traditioneller Polyphonie und neuer konzertierender Monodie. Die Stücke der ersten Art sind am besten in chorischer Besetzung, die der zweiten durch Solo-Stimmen wiederzugeben; ersteren ist die Stütze des Basso continuo entbehrlich, letzteren muß er, von Orgel und zusätzlichen Streichinstrumenten gespielt, als Begleitung beigegeben werden. Zu den ausgesprochen chorisch konzipierten Sätzen zählt die 3. Motette (SWV 55), deren Text *Deus, misereatur nostri* (»Herr Gott, hilf und erbarm dich unser«) dem 67. Psalm entstammt. Der Quintfall des Themas gibt dem Beginn des Satzes prägnante Züge:

Im allgemeinen macht aber nicht die Prägnanz der Themen, sondern die Zwanglosigkeit der Stimmverflechtung und der lyrische Fluß des harmonischen Ganzen die Wirkung aus. So in den zusammengehörigen Motetten 9 und 10, *Verba mea auribus percipe* (»Meine Worte höre in Gnaden an«, SWV 61) und *Quoniam ad te clamabo* (»Denn ich will vor dir beten«, SWV 62), die aus den Worten des 5. Psalms ein ausdrucksvolles, am Ende in wohllautende Melismen ausschwingendes Vokalkonzert entwickeln, und in den Nummern 11 und 12, denen Verse des Hohenliedes zugrunde liegen: *Ego dormio, et cor meum vigilat* (»Wenn ich schlafend ruh, wachet doch mein liebend Herz«, SWV 63) und *Vulnerasti cor meum* (»Hast verwundet mein Herze«, SWV 64). Hier klingt, dem Text entsprechend, ein fast weltlicher Ton auf, der Satz wird mit anmutigen Koloraturen geschmückt. Auch die Motetten 19 und 20 (120. Psalm: *Ad Dominum cum tribularer* – »Ich rief zum Herrn«, SWV 71, 72) und 26 bis 28 (Psalm 131: *Domine, non est exaltatum cor meum* – »Herr, mein Gott, nicht vermessen dränget mein Herze«, SWV 78–80) vertreten den alten, strengen Stil. Selbstverständlich können aber auch die mehr monodischen, auf intimere Klangdimension berechneten Motetten mit guter Wirkung von Kammerchören oder in abwechselnd solistischer und chorischer Besetzung gesungen werden.

Die **Geistliche Chormusik** bezeichnet im Schaffen von Heinrich Schütz die Rückkehr zum alten Stil der reinen, nicht durch einen Basso continuo gestützten Polyphonie. In seinem Vorwort nennt der Komponist diesen Stil »das rechte Fundament eines guten Contrapuncts« und rät vor allem den jungen deutschen Komponisten, diese »harte Nuss« aufzubeißen, bevor sie zum konzertierenden Stile fortschritten. Der 63jährige Meister bemühte sich, den Zusammenhang seiner modernistisch-frei wirkenden Kunst mit der strengen kontrapunktischen Tradition zu demonstrieren. Damit verlangt er keineswegs eine rein vokale Wiedergabe, sondern schlägt – wieder im Sinne der Tradition – vor, Chor- und Instrumentalstimmen nach Belieben zu mischen und auch die Orgel zu beteiligen. Die letzten Stücke der Sammlung sind geradezu für Singstimmen und Instrumente – Gamben, Fagotte, Posaunen – notiert;

der Text ist nur den Gesangspartien beigegeben, was wiederum nicht ausschließt, daß auch die heute übliche A-cappella-Wiedergabe dem Satzgefüge gerecht wird. Die *Geistliche Chormusik*, 1648 erschienen und den Leipziger Thomanern gewidmet, enthält 29 Motetten, 5- bis 7stimmig, auf Bibel- und Choraltexte in deutscher Sprache, die zu verschiedenen Gelegenheiten innerhalb Schütz' vielfältiger gesellschaftlicher Verpflichtungen als Einzelstücke entstanden waren. Sie unterscheiden sich in Länge, Charakter und Gewicht. Die 1. Doppel-Motette, *Es wird das Szepter von Juda nicht entwendet werden* und *Er wird sein Kleid in Wein waschen* (SWV 369, 370), sind Stücke in syllabisch deklamiertem Satz mit tiefem, das dunkle Prophetenwort deutendem Klangtimbre. In der 3., *Es ist erschienen die heilsame Gnade Gottes* (SWV 371), klingt der ekstatische Ton auf, der für das religiöse Gefühl des Komponisten charakteristisch ist. Höhepunkte sind die aufsteigenden, im 2stimmigen Kanon verketteten Skalen, die zwischen hohen und tiefen Stimmen abwechseln:

Die Doppel-Motette *Verleih uns Frieden genädiglich* und *Gib unsern Fürsten und aller Obrigkeit Fried und gut Regiment* (SWV 372, 373) ist eine Bitte um Frieden und um Wohlfahrt des Gemeinwesens. In der einen fallen die lebhafte Deklamation der Stelle »Und ist ja doch kein andrer nicht, der für uns könnte streiten« und die Quartenrufe »Denn Du, unser Gott« auf, die zweite malt in ausgehaltenen Akkorden das erbetene ruhige und stille Leben. Von schöner Wirkung ist das gebundene, polyphon ineinander verschlungene »Amen« am

Schluß. Tiefer Ernst erfüllt die Motette *Unser Keiner lebet ihm selber* (SWV 374), ein kurzes, konzentriertes, ausdruckgeladenes Stück. »Leben wir, so leben wir dem Herrn« wird mit überschwenglicher Freude gesungen,

»sterben wir« in schweren, gehaltenen Akkorden; aber bei »so sterben wir dem Herrn« steigen die Stimmen, in Terzen und Sexten verbunden, zur Höhe auf – eine Stelle, die durch Schlichtheit bezwingt:

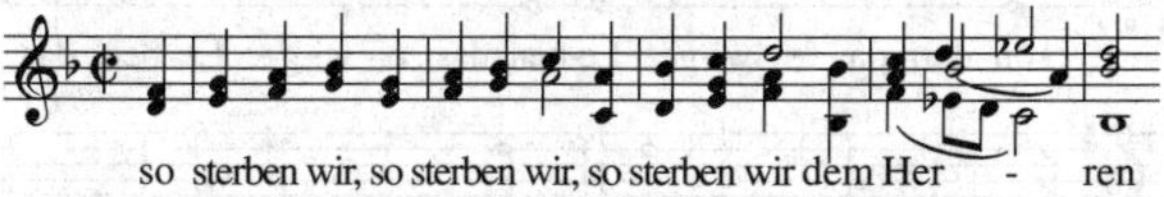

Herr, auf Dich traue ich, die 9. Motette (SWV 377), ist ein Gebet von beschwörender Kraft nach den ersten Versen des 71. Psalms. Ein anrührendes Stück ist *Die mit Tränen säen, werden mit Freuden ernten* (SWV 378). Leere Quintklänge, Mollharmonien und lange Seufzerketten versinnbildlichen die Tränen; in tanzendem Dreitakt und lichtem Dur wird die Freude dagegengestellt. Ebenso ausdrucksvoll ist der 2. Vers des Textes komponiert. »Sie gehen hin und weinen und tragen edlen Samen« erklingt in langsamem, gebundenem Satz. Der Gegensatz »und kommen mit Freuden und bringen ihre Garben« entfesselt eine fröhliche Achtelbewegung, die bis zum Schluß anhält. Die Sterbemotette *So fahr ich hin zu Jesu*

Christ (SWV 379) beginnt mit einem diatonischen Aufstieg zur Quarte, der kraftvolle Zuversicht ausdrückt:

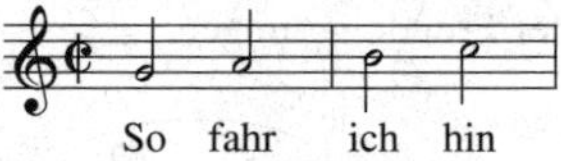

Mit ergreifender Naivität, klanglicher Schönheit und kontrapunktischer Meisterschaft zugleich sind die Worte der 5. Strophe aus dem Kirchenlied *Wenn mein Stündlein vorhanden ist* vertont. *Also hat Gott die Welt geliebt* (SWV 380), eines der meistgesungenen Stücke, ist eine Spruchmotette von lapidarer Kürze und Ausdruckskraft in überwiegend homophonem 5stimmigen Satz. Die Überschrift »Aria« wird durch die ununterbrochene musikalische Dominanz des Soprans gerechtfertigt, einen herrlichen Melodiebogen von schlicht volkstümlichem Klang, der zu den schönsten Eingebungen des Komponisten zählt:

Von hoher melodischer Schönheit und besonderem Reichtum der Erfindung ist die 13., erste 6stimmige Motette *O lieber Herre Gott, wecke uns auf* (SWV 381) auf den (nicht nur) von Schütz mehrfach komponierten Text eines altkirchlichen Adventsgebetes. An das gebundene Anfangsmotiv

und seine Verarbeitung reihen sich immer neue charakteristische Episoden, Zwei- und Dreitakt wechseln, akkordisch-homophone Stellen werden von lebhaft bewegter, die Motive verschränkender Sechsstimmigkeit abgelöst. Ebenso farbig ist die folgende Adventsmusik *Tröstet mein Volk* (SWV 382). *Ich bin eine rufende Stimme* (SWV 383), die Predigt Johannes des Täufers, beginnt mit einem prägnanten, kantigen Motiv, welches die hohe, heroische Gestalt des Propheten nachzuzeichnen scheint:

Die Musik erhöht die Eindringlichkeit des Wortes. Weihnachtliche Poesie klingt aus der Idylle *Ein Kind ist uns geboren* (SWV 384):

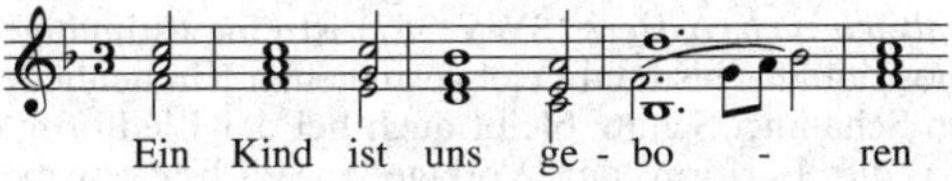

Der pastorale Ton der volkstümlichen Verkündigung steigert sich am Ende, wenn von der ewigen Herrschaft des Gottessohnes und vom Eifer des Herrn Zebaoth gesungen wird, zu ruhiger Größe. Mystischer Ernst ist der Grundton der Motette *Das Wort ward Fleisch* (SWV 385). Die Worte des Evangeliums Johannes' werden in klangvollem, deklamatorisch bewegtem Satz rezitiert. Ein glänzendes, bewegtes Stück ist *Die Himmel erzählen die Ehre Gottes* (SWV 386). Zweimal wird die Lobpreisung vorgetragen, zuerst nur, einem »Vorhang« vergleichbar, von den 3 hohen Stimmen, dann in mächtigen Akkordsäulen des 6stimmigen, homophon geführten Chores – eine musikalische Vision göttlicher Majestät, die der dichterischen Größe des 19. Psalms gerecht wird. Manche Bilder des Textes werden tonmalerisch verdeutlicht: Wenn die Sonne wie ein Bräutigam aus seiner Kammer tritt, »zu laufen den Weg«, rührt eine eilende Achtelbewegung den Satz bis in seine Tiefen auf. Der majestätische Lobgesang »Die Himmel erzählen die Ehre Gottes« wird ritornellartig wiederholt, als sei die tönende Architektur durch zwei gleiche Pfeiler gestützt. In dieser Wiederholung von V. 2 dokumentiert sich, geschichtlich zukunftsweisend, der Eigenwille der schöpferischen Persönlichkeit, der die von Alters her verbindliche, unantastbare Gestalt des biblischen Wortes zugunsten interpretatorischer Vertiefung und formaler Prägnanz verändert oder erweitert. Diese tiefgreifende kulturgeschichtliche Wandlung wird noch deutlicher, wenn Schütz im anschließenden »Gloria Patri«, das er nach altkirchlichem liturgischen Gebrauch dem Psalmtext folgen läßt, die Worte »wie es war im Anfang« auf den wörtlichen Notentext der Tutti-Musik »Die Himmel erzählen«, also vom »Anfang«, singen läßt – eine der ersten markanten Stellen der deutschen Musikgeschichte, in der verschiedene Prosatexte aus Gründen der formalen Straffung und der theologischen Exegese auf dieselbe Musik gesungen werden. *Herzlich lieb hab ich dich, o Herr* (SWV 387) ist eine 6stimmige freie Komposition des bis heute viel gesungenen Kirchenliedes von Martin Schalling. Schütz bleibt auch bei der Liedform; er erweitert die Barform der Vorlage zu a a' b c c', wobei der Stimmtausch in den Wiederholungen für Abwechslung sorgt. Alle 3 Strophen werden jeweils auf dieselbe Musik gesungen.

Die 20. Motette, *Das ist je gewißlich wahr* (SWV 388), gehört zu den meistgesungenen Stücken der Sammlung, in der sie nach Größe der Anlage, Aufführungsdauer, Leuchtkraft des Inhalts und Dichte der Form den Höhepunkt darstellt. Dieses in jeder Hinsicht außerordentliche Werk entstand gut 20 Jahre vor der Drucklegung als Begräbnismusik für Schütz' schwerkranken Freund, den Thomaskantor Johann Hermann Schein. Vermutlich war der Text – dem Brauch der Zeit folgend – beizeiten zwischen beiden Männern besprochen und die Komposition schon vor Scheins Tod vollendet worden. Ihre Wirkung beruht auf der Bekenntniskraft, mit der das Pauluswort entfaltet wird. Nach der majestätischen, dem Westwerk eines Domes vergleichbaren Introduktion gibt es souverän disponierte Steigerungen, Entspannungen mit neuen

Aufladungen zu neuen, strahlenden Höhepunkten, und dies alles auf dem Grundraster zwingender tonaler Stützpunkte. Die formale Dreiteiligkeit ist energetisch und harmonisch leicht zu verfolgen: der 1. Abschnitt bis »unter denen ich der fürnehmste bin«, der 2. bis »zum ewigen Leben« und dann der 3. mit seinen elementaren, aus Grundakkorden gemeißelten Klangwirkungen:

Ich bin der rechte Weinstock und *Unser Wandel ist im Himmel* (SWV 389, 390) fesseln durch melodischen Fluß des Satzes. In der Motette *Selig sind die Toten* (SWV 391) kommt noch einmal der Mystiker Schütz zu Worte. Von tiefer Wirkung sind die magischen Akkordfolgen bei »Sie ruhen von ihrer Arbeit«. Sie sollten nicht dazu verführen, das Stück, eine Seligpreisung, im Vortrag zu verweichlichen. Wie denn überhaupt in diesem Stilbereich die Wahl des Tempos weniger der künstlerischen Auffassung des Interpreten unterworfen sein darf. Vielmehr ist der für alle Ausdrucksbereiche der verschiedensten Texte gleich verbindliche Pulsschlag (Zählzeit: ca. 56–72 M. M.) zu befolgen. Unter den letzten Stücken müssen das 7stimmige, überwiegend homophon gesetzte *Ich weiß, daß mein Erlöser lebt* und der palestrinensisch ruhige Satz *Der Engel sprach zu den Hirten* (SWV 393, 395), eine klangvolle Verkündigung der Weihnachtsbotschaft, hervorgehoben werden.

In der 2. Hälfte des 17. Jh. verliert die Gattung der Motette kontinuierlich an Bedeutung, da – seit dem Aufkommen der Monodie – neue, modernere Formen wie Oper, Kantate und Konzert in das Blickfeld getreten sind. Interessanterweise verdanken wir die gültigsten Beiträge zur weiteren Entwicklung der Motettenkunst der Thüringer Bach-Familie. Komponisten wie **Johann Bach** (1604–73), **Johann Michael Bach** (1648–

1694) oder **Johann Ludwig Bach** (1677–1731) haben durch ihre ansprechenden Stücke von reichem persönlichen Profil einen festen Platz im geistlichen Repertoire des deutschen Chorlebens. Der Eisenacher Stadtorganist und Hofcembalist **Johann Christoph Bach** (1642–1703) bildet jedoch das wichtigste Glied in der Geschichte der Motette zwischen Schütz und J. S. Bach. Nicht umsonst verdanken wir letzterem die Überlieferung eines erheblichen Teiles der Werke seines Großonkels, und für Carl Philipp Emanuel war sein Urgroßonkel »der große und ausdrückende Componist«. In seinen 8stimmigen Doppelchor-Motetten mit Generalbaß zeigt sich Johann Christoph Bach nicht nur als Meister der zuvor von Schütz in seinen *Psalmen Davids* (1619) demonstrierten virtuosen Nutzung vielstimmiger Chorlagen und farbenreicher Raumklangregie. Vielmehr erweitert er die harmonischen Möglichkeiten auf der Höhe seiner Zeit und fügt der (eigentlich schon aussterbenden) doppelchörigen Gattung eine sentimentalische Komponente hinzu, die es in der Chormusik so noch nicht gegeben hatte. In seiner Adventsmotette *Lieber Herr Gott, wecke uns auf* erzielt er nach einer geradtaktigen Tutti-Introduktion ein faszinierendes Bewegungsspiel zwischen den beiden sich in Glanzpunkten gegenseitig überbietenden Chören im schnellen Dreitakt, um dann im wieder geradtaktigen, als 8stimmiges Fugato zurückgenommenen 3. Teil eine überwältigende Schlußapotheose aufzubauen. Sein *Lobgesang des Simeon* besticht durch die gestalterische Kühnheit, als Schlußteil den gesamten Beginn »Herr, nun lässest Du Deinen Diener in Frieden fahren« bibelwidrig wieder aufzunehmen und nach einer wörtlichen Reprise zu einer klangintensivierenden Coda zu führen. Relativ zur sonstigen Motettenproduktion alter Meister fallen Johann Christoph Bachs weitgreifende Formgestaltung und seine langen Aufführungszeiten auf. Der eben genannte Lobgesang kann 7 Minuten dauern, und die großangelegte Motette nach den Klageliedern Jeremiae *Unsers Herzens Freude hat ein Ende*, ein ungewöhnlich inspiriertes, tieflotendes Werk, kann je nach Raum 10 Minuten benötigen. Auch in seinen 5stimmigen Stücken beeindruckt Johann Christoph Bach durch Einfallsreichtum, geistige Weite und formale Dichte. *Der Gerechte, ob er gleich zu zeitig stirbt* nach Worten der Weisheit Salomos und die echt Bachische Doppelmotette (Bibeltext, kombiniert mit sinnvertiefender Liedstrophe) *Fürchte dich nicht*, ein Passionsgemälde von über 6 Minuten Aufführungsdauer, haben mit Recht ihren Platz im deutschen Chorwesen.

Von **Johann Sebastian Bach** (1685–1750) sind nur 7 Motetten überliefert; weitere 5, die ihm früher zugeschrieben wurden, haben sich als unecht erwiesen. Die im Verhältnis zu über 200 Kantaten geringe Anzahl von Motetten überrascht im Werk des Vollenders alter kirchenmusikalischer Traditionen. Sie erklärt sich daraus, daß das musikalische Denken der Zeit überwiegend instrumental und von den Formen des Konzertes, der Kantate und der Oper bestimmt war. Der reine A-cappella-Gesang war als kompositorische Aufgabe zur Ausnahme geworden. Bach hatte in keiner seiner Dienststellungen die Verpflichtung zu regelmäßiger Motetten-Komposition. Wo die Motette eingeführter Bestandteil der Liturgie war, wie z. B. in Mühlhausen und Leipzig, wurde sie jeweils vom Chorpräfekten geleitet. Deshalb ließ Bach im Gottesdienst überkommene Motettenkompositionen älterer Meister singen. Seine eigenen Motetten sind als Auftragsarbeiten für besondere Anlässe geschrieben worden, 3 von ihnen als Trauermusiken für Begräbnisse. Auch hat Bach seine Motetten keineswegs rein vokal, sondern zur Begleitung des Orgel-Continuo und mitgehender Instrumente singen lassen. Zur Motette *Der Geist hilft unsrer Schwachheit auf* sind eigenhändig geschriebene Begleitstimmen für Orgel, Streicher und Bläser erhalten. Die moderne Art der gänzlich unbegleiteten chorischen Aufführung hat da ihre Grenzen, wo im Stimmgewebe der Tenor (oder der Alt) unter den Vokal-Baß geführt ist. Bach konnte das unbedenklich tun, weil die Baßlinie durch das Mitgehen des Kontra- oder Orgel-Basses in der tieferen Oktave auch in solchen Stimmkreuzungen stets die tiefste Stimme blieb. Bei nur gesanglicher Ausführung entstehen jedoch falsche Akkorde oder falsche Fortschreitungen, die gegen die stilistischen Gegebenheiten und die kompositorische Absicht verstoßen. Bachs wenige Motetten sind dank der

Kraft ihrer thematischen Gedanken, der Kunst ihres polyphonen Satzes, der Reinheit ihres geistlichen Gehalts ein absoluter Höhepunkt aller Chormusik. Ihre Bewältigung setzt künstlerischen Ehrgeiz voraus, der ebensoviel Virtuosität wie Begeisterung erfordert. Ihre Aufführung in Kirche und Konzertsaal ist jeweils ein Augenblick der Erhebung, wie sie dem Menschen auf den höchsten Gipfeln der Kunst zuteil wird.

Singet dem Herrn ein neues Lied (BWV 225) ist eine Komposition von Worten des 149. und 150. Psalms aus dem Jahr 1726; die Stimmung des Jubels und der begeisterten Danksagung, die die Schlußstücke des Psalters erfüllt, wird hier zu ekstatisch erregter Musik. Die Motette, die für 8stimmigen Doppelchor gesetzt ist, besteht aus 3 Teilen; 2 bewegte Sätze umschließen einen ruhigen, durch eine Liedmelodie charakterisierten Mittelteil. Gleich mit dem 1. Takt bricht die Emphase des Gotteslobes über den Hörer herein. Die Oberstimmen des 1. Chores ergehen sich über dem 7 Takte lang ausgehaltenen Grundton b des Basses in lang ausgesponnenen Melismen; der 2. Chor feuert sie an mit akkordischen Viertel-Rufen »Singet«, die das ganze Stück hindurch wiederkehren.

Die Chöre wiederholen den 1. Themenkomplex mit vertauschten Rollen. Die folgende Textzeile »Die Gemeine der Heiligen sollen ihn loben« wird in 2maligem Wechselgesang der Einzelchöre 4stimmig durchgeführt. Bei der Stelle »Israel freue sich des, der ihn gemacht hat« treten die Chöre wieder zur Achtstimmigkeit zusammen. Eine harmonische Wendung führt von der Haupttonart B-Dur nach d-Moll, worauf der

1. Teil des Satzes in der Dominante F-Dur kadenziert. Den 2. Teil des Satzes beginnt der 2. Chor mit der Reprise des Anfangsthemas »Singet dem Herrn«, das der 1. Chor nun mit einem neuen, prägnanten Thema kontrapunktiert:

Aus diesem neuen, in langen Sechzehntelfolgen fortgesponnenen Thema entwickelt sich, noch immer mit Material der Anfangsgruppe durchsetzt, eine prächtige Fuge, die die Tonarten c-Moll und g-Moll berührt und von einer glänzenden Coda in der Grundtonart B gekrönt wird. Dem 2. langsamen Satz der Motette gibt der 2. Chor mit der 2. Strophe des Liedes *Nun lob, mein Seel, den Herren* das innere Band:

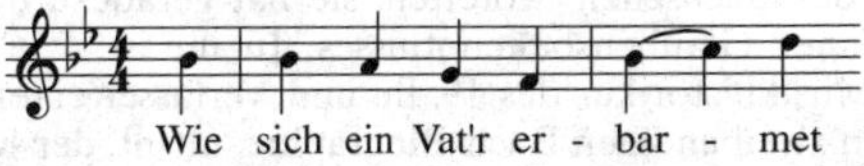

Die Zeilen des Liedes, das in 4stimmigem Satz gesungen wird, sind durch Pausen getrennt. Diese füllt der 1. Chor mit freien Zwischenrufen: »Gott, nimm dich ferner unser an«, so daß ein fast dramatisches Alternieren der Chöre entsteht. Der Eindruck einer anschaulichen Szene liegt nahe. Bachs Autograph vermerkt, daß dieser Satz mit vertauschten Chören wiederholt werden kann, wobei dann der 1. Chor die 3. Strophe des genannten Liedes zu singen hätte. Der 2teilige 3. Satz beginnt als bewegter Wechselgesang der Chöre, die sich in der Coda zur Vierstimmigkeit vereinigen und ein Thema im ⅜-Takt, dem Presto- und Freudenrhythmus der alten Musik, in einer kurzen, brillanten Fuge durchführen:

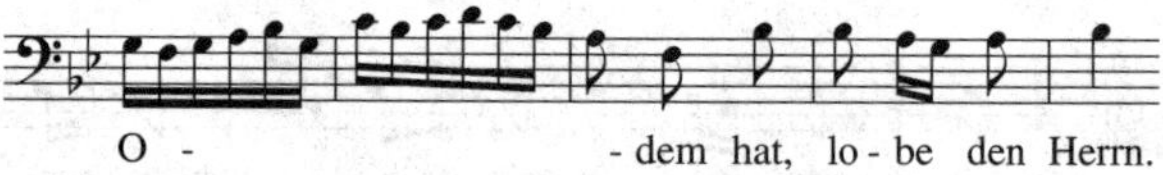

Der Geist hilft unsrer Schwachheit auf (BWV 226), nach Worten des Römerbriefes, ist für das Begräbnis des Thomas-Rektors Ernesti 1729 komponiert worden. Bach hat später die Liedstrophe »Du heilige Brunst, süßer Trost« angehängt, wohl um die Motette für den Pfingstgottesdienst zu verwenden. Das ganze Werk atmet die starke, fast frohe Zuversicht, mit der der christlich-barocke Geist dem Tode begegnete. Wieder liegt, sieht man von der Liedstrophe ab, ein 3teiliger Formbegriff zugrunde: Der Satz ist 8stimmig, in der Fuge und dem Schlußchoral 4stimmig.

Jesu, meine Freude (BWV 227), eine Choral- oder Liedmotette, ist nicht nur die umfangreichste und an Gehalt bedeutendste der Bachschen Motetten; sie hat geradezu den Charakter eines Glaubensbekenntnisses. In ihr ist, wie Philipp Spitta, Musikhistoriker des 19. Jh. und Verfasser einer grundlegenden zweibändigen Bach-Biographie, meint, der Kern des protestantischen Christentums verkörpert. Bach hat alle 6 Strophen des Liedes von Johann Franck komponiert, das von der Sicherheit des Lebens in Christo und von der Ohnmacht und dem Unwert der Welt handelt. Er hat die einzelnen Strophen durch Einfügungen aus dem Brief des Paulus an die Römer getrennt, die den Wandel im Geist dem Wandel im Fleisch gegenüberstellen. Der Satz »Das Gesetz des Geistes, der da lebendig macht in Christo Jesu, hat mich freigemacht von dem Gesetz der Sünde und des Todes« ist die Quintessenz, die durch Kirchenlied und Bibelwort gleichermaßen verkündet wird. Formal betrachtet, besteht die Motette aus einer Folge von Liedvariationen, zwischen denen freie motettische Gesänge eingeschoben sind. Die Technik der Variation wechselt; sie reicht von einfacher Harmonisierung der Grundmelodie bis zu deren freier Verarbeitung und Auflösung in ihre thematischen Partikeln. Mit der 1. Strophe des Liedes in schlichtem, 4stimmigem Satz hebt die Motette an:

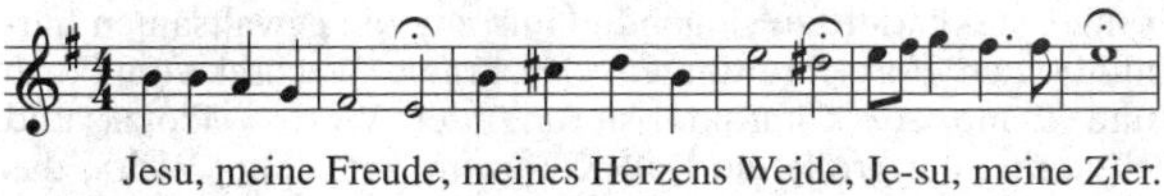

Der Satz schließt in E-Dur. Es folgt unmittelbar, mit Rückung nach e-Moll, in 5stimmigem Satz und syllabischer Deklamation, das Paulus-Wort »Es ist nun nichts Verdammliches an denen, die in Christo Jesu sind«. Das Wort »nichts« wird dreimal, abwechselnd laut und leise, wiederholt und auf geradezu naturalistische Weise hervorgehoben. Der ganze Satz hat den archaischen und apodiktischen Klang, durch den Bach zuweilen die Bedeutung des überlieferten, dogmatisch gültigen »Wortes« gleichsam predigend zu unterstreichen liebt. Die 1. Variation des Liedes läßt die Melodie unangetastet, bereichert aber die Harmonie zur Fünfstimmigkeit. Den zentralen Satz, »Denn das Gesetz des Geistes hat mich frei gemacht«, hat Bach in gedrängter Kürze als Terzett zweier Soprane und einer Altstimme komponiert – eine Kostbarkeit überirdischer, seraphisch heiterer Musik. Dann aber folgt mit der 3. Liedstrophe »Trotz dem alten Drachen« der dramatische Höhepunkt der Motette, ein Einbruch dämonischer Kräfte, die die Liedweise zu zerreißen drohen und doch ihre Elemente bestehen lassen:

In dieser Variation ist alles vereinigt, was Bach an Ausdrucksmitteln für die Sphäre des Widersachers zur Verfügung steht. Schon der Beginn mit dem dissonanten Quintsextakkord auf das Wort »Trotz« wirkt erschreckend. Die Verzerrung der Melodie, deren Linie sich erst im 3. Takt durchsetzt; das spitze, stakkatiert zu singende Unisono, die gewaltsamen harmonischen Fortschreitungen, der krasse Wechsel von Forte und Piano zur Charakterisierung der Worte »Trotz« und »Furcht«, die grollende Baß-Koloratur auf »tobe, Welt«, das alles summiert sich zu einem gewaltigen Ausbruch, dem wiederum die Versicherung »Ich steh hier und singe in gar sichrer Ruh«, in gleichförmiger Bewegung über ruhendem Baß-Orgelpunkt gesungen, als Zeichen unerschütterter Glaubensstärke gegenübersteht. Diese Variation, das dynamische Zentrum des Werkes, wird von Bach überdies durch ein fugiertes, kunstvolles Nachspiel über ein reich figuriertes Thema hervorgehoben:

Auf die Überwindung der bösen Mächte folgt mit der 4. Liedstrophe die Absage an die Welt: »Weg mit allen Schätzen.« Der Sopran singt die unveränderte Melodie, aber die Unterstimmen drängen sich mit aufgeregten Rufen »Weg, weg« dagegen an. Es ergibt sich ein kontrastreicher, durch die Selbständigkeit und Freiheit der Stimmführung fesselnder Chorsatz, der auch für die Leiden der Welt, für »Elend, Not, Kreuz, Schmach und Tod« ergreifenden Ausdruck findet. Wie an die 2. Liedstrophe, so schließt sich auch an die 4. ein Terzett, dieses Mal von den tiefen Stimmen Alt, Tenor und Baß gesungen. Es spricht in C-Dur und heiterer Bewegung vom Leben des Geistes, das über den Tod des Leibes triumphiert.

Hermann Kretzschmar, Musiker und Musikforscher im ausgehenden 19. Jh., hat auf die elementare, befreiende Wirkung dieses C-Dur hingewiesen, das keineswegs durch eine lange Pause von dem E-Dur-Schlußakkord des vorhergehenden Liedsatzes getrennt werden dürfe. Der 2. Teil des Terzetts steigert den Ausdruck zu lebhafter Freude:

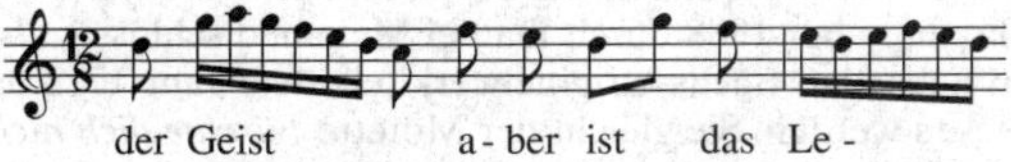

Überraschend ist die phrygische Schlußkadenz, die den C-Dur-Satz in die Dominante von a-Moll ausklingen läßt. A-Moll ist die Tonart der 4. Variation, die sich der Technik des Orgelchorals bedient. Zwei eng zusammengekettete Sopran-Stimmen, die teils in Terzen parallel gehen, teils sich in Imitationen umspielen, stimmen eine Art von Schlaflied an: »Gute Nacht, o Wesen, das die Welt erlesen.« Der Tenor singt eine in gleichmäßigen Achteln schreitende, aus der Umkehrung der 1. Liedzeile entwickelte Unterstimme nach Art eines Pedal-Basses. Der Alt singt die Liedweise als Cantus firmus, die einzelnen Zeilen durch lange Pausen trennend; der Abschied von der Welt hat schwermütigen Klang. Der letzte Motettensatz wird auf die archaisch feierliche Musik der 1. Motette gesungen, die hier verkürzt und verändert erscheint. Die größte Änderung betrifft den Schluß, »Um des willen, daß sein Geist in euch wohnet«, wo der Sopran sich mit einer kurzen, jubelnden Koloratur über den akkordischen Satz emporschwingt. Durch die Wiederaufnahme rundet sich die Variationensuite zur zyklischen Form. Die 6. Liedstrophe, »Weicht, ihr Trauergeister«, 4stimmig wie zu Anfang gesungen, ist der Abschluß.

Fürchte dich nicht, ich bin bei dir (BWV 228), nach Worten des Propheten Jesaja, ist ein Trostgesang, dessen heitere Stimmung sich schon in der lichten Tonart A-Dur ausspricht. Im Gegensatz zu dem kleingliedrigen Organismus der vorigen Motette besteht diese aus einem einzigen, vom 8stimmigen Doppelchor schwungvoll und pausenlos durchgesungenen Satz, dessen 3stimmige Fuge vom Sopran mit den beiden letzten Strophen des Paul-Gerhardt-Liedes *Warum sollt ich mich denn grämen* kontrapunktiert wird und dem eine 4stimmige Coda angehängt ist.

Die Motette **Ich lasse Dich nicht, Du segnest mich denn** (BWV Anh. 159) ist infolge einer Vermutung von Johann Friedrich Naue (1821) längere Zeit als Werk von Sebastian Bachs Großonkel Johann Christoph Bach angesehen worden. Sie konnte aber 1988 durch Daniel Melamed schlüssig als Johann Sebastian Bachs Originalwerk aus dem Jahr 1712 nachgewiesen werden. Sie gleicht der Motette *Fürchte dich nicht* in Form, Stil und Besetzung auffällig. Die 3stimmige Fuge der vereinigten Unterstimmen wird von den ebenfalls zusammengefaßten Sopranen durch die 3. Strophe des von einem unbekannten Dichter des 16. Jh. stammenden Kirchenliedes *Warum betrübst du dich, mein Herz* inhaltlich und musikalisch ergänzt. Der Schlußchoral geht auf die beiden letzten Strophen desselben seinerzeit viel gesungenen Liedes.

Komm, Jesu, komm (BWV 229) ist ein Gesang der Todessehnsucht und eines der tiefsten und ergreifendsten Werke Bachs überhaupt. Der Text stammt von Paul Tymich, einem 1694 verstorbenen Lehrer der Thomasschule; er ist kein Kirchenlied, sondern ein freies geistliches Gedicht, das in 2 Strophen Lebensmüdigkeit und Christusglauben einander gegenüberstellt. Die Motette, die durchgehend 8stimmig gesetzt ist, besteht aus 3 ineinander übergehenden Teilen und einer abschließenden »Aria«. Der 1. Teil, Lento in g-Moll, bringt ein vielfältiges, farbenreiches Wechselspiel beider Chöre, das durch die Einführung eines durch Septimenfall charakterisierten Themas, in allen 8 Stimmen nacheinander im Abstand eines Taktes einsetzend, zusammengefaßt wird:

Dann bricht in einem Fugato voll drängender Engführungen ein leidenschaftliches Fordern aus: die Rufe »Komm, komm«, mit denen beide Chöre abwechseln, haben beschwörenden

Klang. Der 3. Teil ist ein Wechselgesang der Chöre in anmutigem 6/8-Takt:

Der modulatorische Weg führt von Es-Dur über c-Moll, g-Moll, d-Moll in ein endgültiges g-Moll. Die 2. (11.) Strophe des Gedichts hat Bach als 4stimmige »Aria« komponiert und wie einen frei erfundenen Schlußchoral der Motette angehängt. Die Schönheit der Melodie entspricht dem Rang und der Bedeutung des ganzen Werkes:

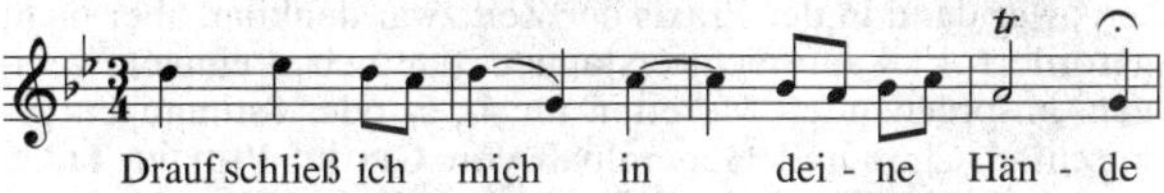

Lobet den Herrn, alle Heiden (BWV 230), der 117. Psalm, ist die einzige Motette, die 4stimmig und mit einem selbständigen, vom Chor-Baß abweichenden Continuo-Baß versehen ist, die also die Stütze der Orgel und der Baß-Gruppe unbedingt verlangt.

Aus einem gänzlich instrumental entwickelten Dreiklangsthema entwickelt sich ein leuchtkräftiger, polyphoner Satz, dem die Stelle »Denn seine Gnade und Wahrheit waltet über uns« als lyrischer, homophon kontrastierender Seitengedanke eingefügt ist (s. Bsp. S. 86). Ein »Alleluja« im 3/4-Presto beendet ein Werk, dessen Form, Stilbild und Überlieferungsgeschichte nach wie vor gewisse Unsicherheiten an seiner Echtheit aufkommen lassen.

Wiewohl die Erstellung neuer, stilistisch aktueller Motetten in der Mitte des 18. Jh. nicht mehr gefragt war, gehörte es doch

zur soliden Grundausbildung angehender Komponisten, über die Kontrapunkt-Studien am *stile antico* zur Technik des unbegleiteten, lediglich vom Generalbaß gestützten Chorsatzes vorzudringen. Das Colla-parte-Musizieren eines Streichquintetts war dann in der Praxis der Zeit zwar denkbar, aber nicht gefordert. Es kann nicht erstaunen, daß neben einigen wenigen, ansprechenden Motetten für 4-, 5- oder 8stimmigen gemischten Chor und Generalbaß von **Georg Philipp Telemann** (1681–1767), wie *Selig sind die Toten*, *Ein feste Burg* oder *Halt, was du hast*, die schönsten Stücke der Spätzeit dieser Gattung im großen Schülerkreis des begnadeten Pädagogen J. S. Bach zu finden sind. Sie werden u. a. wegen ihrer – im Verhältnis zu den Spitzenwerken von Bach selbst – kleineren Besetzungen und kürzeren Aufführungsdauern, also ihres besser zu bewältigenden Schwierigkeitsgrades wegen, häufiger aufgeführt.

Von Bachs Orgel-Meisterschüler **Johann Ludwig Krebs** (1713–80) stammt die empfindsame und klangschöne 5stimmige Doppelmotette nach dem 139. Psalm *Erforsche mich, Gott*. Sie wird von 2 Strophen des Paul-Gerhardt-Liedes *Herr, Du erforschest meinen Sinn* geistlich vertieft und formal umschlossen, während im Zentrum die 3 Durchführungen der hörbar korrekt gearbeiteten Fuge »Und siehe, ob ich auf bösen Wegen bin« von ausdrucksvoller Chromatik belebt werden. Aus dem umfangreichen Gesamtwerk der Bach-Söhne sind allein die beiden Begräbnismotetten des Bückeburger Hofkapellmeisters **Johann Christoph Friedrich Bach** (1732–95) zu nennen. Sie sind zwar beide von Geist und Form der Empfindsamkeit geprägt, aber sie lassen zugleich das große Vorbild und die beispielgebende Schulung durch den Vater erkennen. Die 1780 entstandene Motette entfaltet den kurzen Text aus dem 4. Psalm *Ich liege und schlafe ganz mit Frieden* in einer üppigen, fast 15 Minuten Aufführungsdauer benötigenden Form. Als 4stimmige Doppelmotette bringt sie im 2. Abschnitt die 1. Strophe des bis in die Mitte des 20. Jh. gesungenen Kirchenliedes von Johann Sigismund Kunth *Es ist noch eine Ruh vorhanden* im Sopran. Danach führt eine variative Reprise zu der Fuge über die 2. Psalmvershälfte »Du, Herr, hilfst mir, daß ich sicher wohne«. Ihre mitreißende Schlußsteigerung wird von der 1. Strophe des eben genannten Liedes im 4stimmigen Note-gegen-Note-Satz als Schlußchoral wirkungsvoll beschlossen. Die etwa um die gleiche Zeit entstandene Liedmotette *Wachet auf, ruft uns die Stimme* komponiert alle 3 Strophen dieses bekannten Kirchenliedes von Philipp Nicolai ebenfalls für 4 gemischte Stimmen. Die 1. Strophe wird mit der geläufigen Melodie in der Vergrößerung vom Sopran vorgetragen – umrahmt von einer aufrüttelnden Introduktion und einer aus dem gleichen Material gestalteten Coda. Die 2. Strophe ist, bis auf wenige Motive aus der Liedmelodie, frei entwickelt und bildet quasi den langsamen Satz der gut 20minütigen Gesamtform. Die 3., »gloriose« Strophe wiederholt in verdichteter Form die Disposition der 1. Strophe: Eine ekstatisch aufstrahlende Einleitung aus der entsprechenden Motivik der 1. Strophe führt zum Zitat des vollständigen 4stimmigen Liedsatzes, mit dem Johann Sebastian Bach seine Kantate *Wachet auf, ruft uns die Stimme* (BWV 140) beschlossen hatte, und zwar ebenfalls in Es-Dur. Eine knapp gefaßte Coda betont mit ihrer Fugato-Technik die formal gültige Schlußwirkung.

Schließlich hat Bachs Schwiegersohn **Johann Christoph Altnikol** (1719–59) 2 ungemein ansprechende, am Kirchenlied ausgerichtete Motetten hinterlassen. Die kleinere 5stimmige, aber immerhin über 9minütige geht auf den Jesus-Sirach-Text »Nun danket alle Gott«. Über jedem Takt dieses bewegten und einfallsreichen, gelegentlich an der gleichnamigen Liedmelodie Johann Crügers orientierten Stückes schwebt der Geist des großen Lehrmeisters, der seinen Schwiegersohn gelegentlich als Lieblingsschüler bezeichnet hat. Der Schlußchoral auf die 3. Strophe des gleichnamigen Kirchenliedes stammt von J. S. Bach selbst und ist fast gleichlautend von Carl Philipp Emanuel Bach überliefert worden. Altnikols große 4stimmige Motette komponiert alle 12 Strophen des Paul-Gerhardt-Liedes *Befiehl du deine Wege*, das in Sachsen auf die Melodie *Herzlich tut mich verlangen* von Hans Leo Haßler gesungen wurde. Dieser Cantus firmus erscheint unverändert in den Strophen 1, 6, 9 und 12 und gibt der imponierend maßvollen Gesamtform von fast 26 Minuten Aufführungsdauer ihre markanten Orientierungspunkte. Ohne daß Prosatexte eingefügt wären, ist doch die beispielhafte Gesamtarchitektur von Johann Sebastian Bachs *Jesu, meine Freude* (BWV 227) als Gestaltungsmuster erkennbar. Die einzelnen Strophen wechseln in Form, Satztechnik, Tonart und Tempo vom Liedsatz über Fuge – Aria – Trio – Toccata und Fuge zum Orgelchoral als (seltenem) Alt-Cantus-firmus, dem kompositorisch herausragenden Höhepunkt des Werkes.

Die Kantate

Die Kantate ist eine Schöpfung des Barock. Die Oper, die Erfindung des ausgehenden 16. Jh., stellte dem Chor die von Instrumenten begleitete Einzelstimme gegenüber, das neue, individualistische Prinzip der Monodie trat gleichberechtigt neben die alte, aus dem Gefühl der Gemeinschaft genährte Kultur der Polyphonie. Ähnlich ist die Kantate nicht mehr, wie die Motette, eine rein chorische Form. Der Wechsel von Solo- und Chorgesang bestimmt vielmehr ihren Aufbau, das Orchester ist das Band, das die gegensätzlichen Elemente zusammenhält. Die stilistische Entwicklung der Kantate hält im wesentlichen mit der Oper Schritt. Die Monodie der italienischen Komponisten **Peri** und **Monteverdi** spiegelt sich in der kirchlichen Form; Rezitativ und Arie dienen dem Ausdruck religiöser Lyrik. Einen bedeutenden Beitrag zur Entwicklung der Kantate hat **Heinrich Schütz** mit seinen *Geistlichen Konzerten* gegeben; bis zu **Bach** hin war die Bezeichnung »Konzert« für die Kantate gebräuchlich. **Andreas Hammerschmidt** (1611/12–75), der Schütz-Schüler **Matthias Weckmann** (um 1616–74) und sein Sohn **Jacob Weckmann** (1643–86), **Johann Rudolf Ahle** (1625–73), **Johann Kaspar Kerll** (1627–93), die Thomaskantoren **Sebastian Knüpfer** (1633–76) und **Johann Schelle** (1648–1701), **Johann Philipp Krieger** (1649–1725) und sein Bruder **Johann Krieger** (get. 1. Januar 1652–1735), **Johann Pachelbel** (1653–1706), **Georg Philipp Telemann** (1681–1767), **Johann Gottlieb Goldberg** (1727–56) mit dem weiten Schülerkreis um Johann Sebastian Bach haben Meisterwerke in der Kantatenform geschaffen.

Dietrich Buxtehude (1637–1707), der Meister des norddeutschen Orgelbarock, hat die Kantate in den weithin berühmten Abendmusiken der Lübecker Marienkirche gepflegt. Von seinen 140 überlieferten, sowohl für einfachere als auch klangprächtig ausladende Besetzungen geschriebenen Kantaten sind eine größere Anzahl in Gottesdienst und Kirchenkonzert wieder lebendig geworden. Buxtehudes Kantaten sind häufiger durch lapidare Einfachheit des musikalischen Satzes gekennzeichnet. Es ging dem Komponisten nicht so sehr um die Entwicklung und Steigerung einer musikalischen Form, sondern um die Kraft und Tiefe spontaner Wirkung. Im Fluß des ariosen Melos, im Aufbau und Zusammenschluß der kurzen Sätze zeigen sich italienische Einflüsse. Dennoch lebt auch in den schlichten Kantaten etwas von dem phantastischen und mystischen Geiste, der den Orgelwerken des Lübecker Meisters einen unvergleichlichen Zauber gibt. Wie als Orgel-Komponist, so steht Buxtehude auch als Kantaten-Schöpfer unmittelbar vor Bach. Er hat in der Verbindung von Arie und Kirchenlied, von subjektiver Lyrik und liturgischer Symbolik die Form vorbereitet, die Bach mit dem Reichtum seiner künstlerischen Phantasie erfüllt hat. Wenige, zufällig gewählte Beispiele müssen hier genügen, um von der Bedeutung dieses formal in sich ähnlichen, aber durch Farbigkeit und Originalität des Ausdrucks vielfältig interessanten Kantatenwerks einen Begriff zu geben.

Fürwahr, er trug unsere Krankheit (Bx 31) ist eine Passionskantate auf den Text der Karfreitags-Epistel Jesaja 53 von bezwingend einheitlicher Stimmungskraft. Die Aufteilung des Vokalparts in Chor- und Einzelstimmen bleibt dem Dirigenten überlassen. Die Instrumentalbegleitung wird von 2 Violinen, 2 Violen da gamba, Baß und Orgel bestritten. Eine Sinfonie in schweren Mollharmonien, aus durch Pausen getrennten Motivgliedern gefügt, legt die Trauerstimmung fest. Ihren Hauptteil füllt, durch chromatische Harmonien schreitend, der bedeutungsvolle Rhythmus 𝄾♪♪♪♩ aus. Im 1. Teil der Kantate übernimmt der Baß als Vorsänger mit einem ausdrucksvollen Arioso auf Vers 4a die Führung, 1. und 2. Sopran, Alt und Tenor respondieren 2-, 3- und im Tutti 5stimmig mit V. 4b. Der Schluß dieses Verses, von einfacher, wortgezeugter Melodik, enthält Episoden von schmerzlicher Spannung:

Nach einem Instrumental-Zwischenspiel beginnt der Solo-Sopran den 2. Teil mit V. 5, dem das Tutti erst noch wie zuvor mit V. 4b, dann, nach dem madrigalesken »Die Straf liegt auf ihm« des Solo-Basses, mit V. 5b, »auf daß wir Frieden hätten«, antwortet. Schließlich leitet das Fugato, »und durch seine Wunden sind wir geheilet«, die Schlußentwicklung ein.

Erstanden ist der Heilig Christ, eine Osterkantate, beginnt mit einer Sinfonie, in der wenige Adagio-Takte einen Allegro-Teil umrahmen. Der Baß setzt schwungvoll in volkstümlich Händelschem Tone ein:

Die Frauenstimmen singen an den Zeilenenden refrainartig »Halleluja«. In der 2. Strophe übernehmen die Frauen, 2stimmig imitierend, den Text; der Baß folgt mit »Halleluja«. Von der 3. Strophe an wirken alle in 3stimmigem, locker gearbeitetem Chorsatz zusammen; ein wohllautendes Musizieren, das der Osterfreude unbeschwerten Ausdruck gibt.

Wo soll ich fliehen hin, ein hochbedeutendes, seit langem gewürdigtes Spätwerk des Komponisten, vertritt den Typus der *Choralkantate*. Thematische Substanz gibt die auf Jakob Regnart zurückgehende Liedweise; die Liedstrophen von Johann Heermann und freie ariose Formen wechseln miteinander ab. Eine Sinfonie für Streicher und Generalbaß in der Haupttonart g-Moll, durch Echoeffekte unterbrochen, bildet die Einleitung. Das Folgende ist ein Dialog: die irrende Seele fragt, Christus antwortet. Die Seele, eine Sopran-Stimme, bedient sich der Liedmelodie: *Wo soll ich fliehen hin, weil ich beschweret bin mit vielen großen Sünden*? Christus, eine Baß-Stimme, erwidert mit einem freien Arioso: »Kommt her zu mir, alle, die ihr mühselig und beladen seid.« Deklamation und Melos folgen getreu dem Wortsinn; von hoher Schönheit ist die choralhafte Phrase: »So werdet ihr Ruhe finden für eure Seelen«, ergreifend die schlichte Verkündigung: »Denn mein Joch ist sanft, und meine Last ist leicht«. Unter der Zusage dieses Trostes bittet die Seele mit Wort und Melodie des Liedes um Gnade; Christus versichert ihr: »So wahr ich lebe, will ich nicht den Tod des Sünders«; bei »Bittet, so werdet ihr nehmen« belebt sich der Satz, »Klopfet an, so wird euch aufgetan« wird durch Klopfmotive der Streicher illustriert. Nach einem instrumentalen Zwischenspiel fügt der Tenor eine lyrische Meditation ein, die als strophische Arie mit Orchesterritornell ausgeführt ist. Nun findet die Seele den Weg zur Gnade. Die Sopran-Stimme singt zur Melodie eines zweiten Kirchenliedes (*Herr Jesu Christ, du höchstes Gut*): »So komm ich nun, mein Gott, allhie in meiner Angst geschritten.« Der Chor, der erst hier einsetzt, übernimmt die Melodie anfangs in 4stimmigem akkordischen Satz, dann in freier, aufgelöster Form. Ein ekstatisches »Amen« beschließt das Werk, das in die Tiefe religiöser Mystik greift:

Das jüngste Gericht, 1683 bezeugt und als Abendmusik an den Sonntagen um die Wende des Kirchenjahres mit erschütternder Wirkung in St. Marien zu Lübeck aufgeführt, hat lange Zeit hindurch als verschollenes Hauptwerk Dietrich Buxtehudes legendären Ruhm genossen. Nach der Wiederauffindung der Partitur im Jahre 1924 ist es möglich, den Eindruck im modernen Kirchenkonzert zu wiederholen. Das seltsame Werk trägt den Untertitel: »Das allererschröcklichste und allererfreulichste, nehmlich Ende der Zeit und Anfang der Ewigkeit, gesprächsweise in fünf Vorstellungen auff der Operen Art mit vielen Arien und Ritornellen in einer musicalischen Harmonia gezeiget«. Es besteht aus 5 Kantaten, die nicht zusammen, sondern an 5 Abenden vom vorletzten Sonntag nach Trinitatis bis zum 4. Advent aufgeführt wurden; es ist darum, Sebastian Bachs *Weihnachts-Oratorium* vergleichbar, seiner musikgeschichtlichen Herkunft und Bedeutung nach in dieses Kapitel einzuordnen. Die 5 Kantaten haben ein gemeinsames Thema, aber keine fortschreitende, zusammenhängende Handlung. Die **1.** Kantate beginnt – der Text ist vielleicht vom Komponisten selbst verfaßt – mit einem Aufruf an die Menschenkinder, zu wachen und mit der Sünde zu ringen. Die Laster – Geiz, Wollust, Hoffart – stellen sich in charakteristischen Arien einzeln vor und schließen im Terzett: »Laßt uns unsre Kunst verbrüdern und das Teutsche Reich durchgliedern.« Die göttliche Stimme, die als Baß-Solo durch das ganze Werk geht, warnt die Menschen mit Worten der Bibel und droht der Verderbnis den Untergang an. Das Kirchenlied *Man fragt nach Gott dem Herrn nicht mehr* schließt die 1. Kantate mit Ahnung des Gerichtes ab. Die **2.** Kantate stellt die böse und die gute Seele als 2. und 1. Sopran einander gegenüber. Die Reihe der Arien beendet der Chor mit der 2. Strophe des Liedes *Wie schön leuchtet der Morgenstern*. Die **3.** Kantate ist reich an großartigen Chorsätzen. Die Melodie *Vater unser im Himmelreich* wird vom Chor zu einem 3strophigen Hymnus geweitet. Ebenso bedeutend ist das Schlußstück, eine mehrteilige Fantasie über *Herzlich lieb hab ich dich, o Herr.* In der **4.** Kantate werden die Gegensätze weiter verschärft. Die böse Seele berauscht sich in einem fröhlichen Siziliano an der Lust des Gelages, »wenn Krüge und Gläser zum Trinken uns winken, wenn unterm Gejauchze der lärmen Klarinen uns hundert der niedlichsten Speisen bedienen«, und endet: »Ich kann nicht mehr, ganz voll und toll bin ich gesoffen, o weh, o Kopf, o Herz, ich vergeh!« Die stammelnde, die Logik der Syntax vernachlässigende Deklamation entspricht der dionysischen Situation. Die göttliche Stimme weckt die Trunkenen mit einem Weheruf; die gute Seele lobt dagegen den Wein der göttlichen Liebe; die 3. und 5. Strophe von *Wie schön leuchtet der Morgenstern* sind der chorische Schluß. Die **5.** und letzte Kantate enthält die Katastrophe des Gerichts. Noch einmal warnt der Chor, aber die böse Seele weist die traurigen Todesgedanken von sich. Und nun bricht mit einem wilden Männerchor und einem Ritornell von 5 Posaunen die Hölle los: »Itzt alles Erfreuen geht itzo zu Grunde, euer der scheußliche Abgrund begehrt.« »Zu spät«, klagt die böse Seele. Ein Chor von Richtern hält ihr in einem monumentalen Gesange ihr Schuldenregister vor: Sie versinkt in der Höllenpein, ein Männerchor von Dämonen begleitet mit grotesken Koloraturen ihren Absturz. Aber die göttliche Stimme preist die Frommen: »Ich will zu euch kommen und euch zu mir nehmen, daß ihr seid, wo ich bin.« Luthers Kirchenlied zum Lobgesang des Simeon, *Mit Fried und Freud ich fahr dahin*, durch ein Instrumentalvorspiel eingeleitet und vom 5stimmigen Chor reich paraphrasiert, ist der ruhige, feierliche Ausklang. Mag das Werk in seiner geistigen Anlage und in seiner musikalischen Form mit manchen zeitbedingten Elementen belastet sein, als barocke Todesvision, als Schöpfung einer spirituell erregten, den dunklen Regionen des Höllenglaubens zugeneigten Phantasie ist es ein Dokument des nachklingenden Mittelalters von hoher musikalischer und kulturgeschichtlicher Bedeutung.

Auch die oratorische Passionsmusik *Rhythmica oratio*, die Buxtehude 1680 dem schwedischen Hofkapellmeister Gustaf Düben gewidmet hat, ist seit den 60er Jahren unseres Jahrhunderts unter dem Titel **Membra Jesu nostri** (Bx 75) immer häufiger zu hören. Es handelt sich um einen mittelalterlichen lateinischen Text unbekannter Herkunft, der in 7 auch selbständig ausführbaren Teilen die Gliedmaßen des am Kreuz leidenden Jesu besingt: die Füße, die Knie, die Hände, die Seite, die Brust, das Herz, das Angesicht. Jede der mystisch-poetischen Betrachtungen wird erst von einem Instrumentalsatz und dann von einem tiefsinnig zugeordneten Wort aus der Heiligen Schrift eingeleitet. Die Besetzung fordert 2 Soprane, Alt-, Tenor-, Baß-Soli, 5stimmig gemischten Chor, 2 Geigen, 5 Gamben und Generalbaß. Am Schluß der gut einstündigen Gesamtfolge steht ein 5stimmiger »Amen«-Satz in klanglicher Vielfalt und formaler Kraft.

Johann Sebastian Bach hat sich seiner beruflichen Verpflichtungen wegen der Kantate regelmäßig widmen müssen; die Produktion erstreckt sich über alle seine Schaffensperioden, von der Arnstädter bis in die späte Leipziger Zeit. Die Kantate, ein fester Bestandteil des Gottesdienstes großer Kirchen, war ihm eine liturgische Form, deren unendliche Variabilität seiner Phantasie unbegrenzten Spielraum ließ und vor allem auch feine, intime Wirkungen des Satzes, des Ausdrucks und Kolorits erforderte. Bach hat 5 Jahrgänge von Kirchenkantaten geschrieben, also etwa 300, von denen 199 erhalten sind. Die Texte stammen, soweit sie nicht der Bibel und dem Gesangbuch entnommen sind, von dem Weimarer Konsistorialsekretär Salomo Franck, dem Hamburger Hauptpastor Erdmann Neumeister, dem Leipziger Oberpostkommissarius Christian Friedrich Henrici, der sich Picander nannte, und der Leipziger Offizierswitwe Marianne von Ziegler. Die Kantaten umfassen alle Zeiten des Kirchenjahres und damit die ganze christliche Vorstellungswelt mit ihren Gestalten, Symbolen und Erlebnissen. Sie enthalten überdies die persönlichsten, spontansten Bekenntnisse des Komponisten, für die weder in den Werken der absoluten Musik noch in den epischen und kultischen Formen der Passion und Messe Raum war. An Reichtum und Feinheit der musikalischen Mittel stehen die Kantaten nicht hinter den Orchesterwerken zurück und gehen weit über alle frühere Vokalmusik hinaus. Das Kirchenlied ist die Essenz der Kantatenmusik. Es erscheint als schlichter Chorgesang, als Cantus firmus und Thema kunstvoller musikalischer Satzformen, es durchdringt Arie und Rezitativ. Im allgemeinen ist der Chor der wichtigste Träger des musikalischen Geschehens und der religiösen Verkündigung. Bach hat aber, zum Teil wohl durch äußere Umstände veranlaßt, auch eine Reihe chorloser Solokantaten geschrieben. Da es nicht möglich ist, das gesamte Kantatenwerk hier ausführlich zu behandeln, soll versucht werden, durch ausgewählte, nach der Entstehungszeit geordnete Beispiele einen Begriff dieses Kunstbereichs zu geben, dessen eigentümliche, unvergleichliche Schönheit sich freilich nur dem religiös ergriffenen Gefühl ganz erschließt.

Gott ist mein König (BWV 71, **»Ratswechselkantate«**) ist eine der frühesten Bachschen Kantaten. Sie wurde am 4. Februar 1708 zur Feier des Ratswechsels in Mühlhausen aufgeführt. Textbuch und Stimmen wurden zu diesem Anlaß gedruckt, was keiner anderen Kantate zu Lebzeiten des Komponisten widerfahren ist. Der Text besteht aus Psalmworten und anderen Stellen des Alten Testaments. Bach hat sich bemüht, dem festlichen Anlaß durch eine glänzende, wirkungsvolle Komposition gerecht zu werden. Die Partitur besteht aus 7 Stücken, von denen 4 dem Chor zugeteilt sind. Der Chor singt abwechselnd in großer und kleiner Besetzung; Bach schreibt vor »Coro pleno« und »senza ripieni« (ohne Ripienisten). Ein großes Orchester ist aufgeboten: zu den Streichern treten Flöten, Oboen, Fagott, 3 Trompeten, Pauken und Orgel-Continuo. Stilistisch steht das Werk des Dreiundzwanzigjährigen noch den Vorbildern der norddeutschen Schule nahe: Die meist kurzen Themen sind von schlichter, etwas eckiger Faktur wie die Buxtehudes, den fugierten Entwicklungen fehlt noch der Zug zur Größe; nur in den Arien ist schon der Atem des Lyrikers Bach zu spüren. Prächtige Klangwirkung entfaltet der von Trompeten und Pauken eingeleitete Anfangschor mit den fanfarenartigen C-Dur-Rufen »Gott ist mein König« und einer polyphonen Steigerung in der Mitte. Lyrisches Gefühl erfüllt die folgende Tenor-Arie über die Worte Samuels »Ich bin nun achtzig Jahr, warum soll dein Knecht sich mehr beschweren?«, die vom Sopran durch die 6. Strophe des Johann-Heermann-Liedes *O Gott, du frommer Gott* figuriert kontrapunktiert wird. Höchst charakteristisch ist das Thema der vom kleinen Chor gesungenen a-Moll-Fuge:

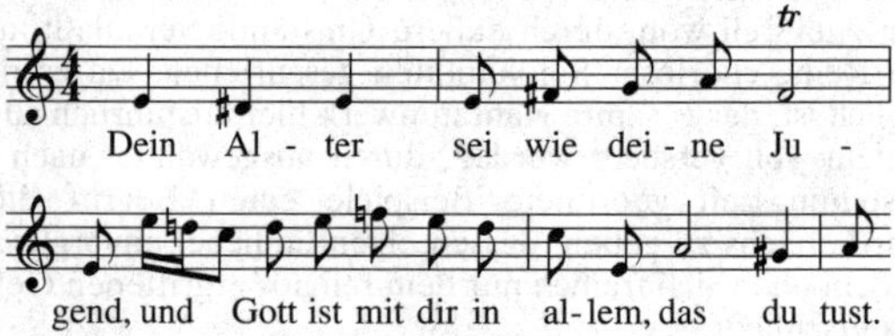

Flöten und Oboen begleiten eine Arie des Basses; Trompeten und Pauken spielen die Ritornelle einer Alt-Arie, die Gott als Schützer der Landesgrenzen besingt. Es folgt, vom großen Chor gesungen, ein demütiges Gebet: »Du wollest dem

Feinde nicht geben die Seele deiner Turteltauben«, und hier, in einem c-Moll-Larghetto, das durch Flöten, Oboen und eine wiegende Begleitfigur des Violoncello in dämmernde Klangfarben getaucht wird, enthüllt sich schon die ganze Tiefe des Bachschen Genius. Der fast monodische, eine kantable Oberstimme tragende Chorsatz hat italienisch weichen Klang, das Spiel der Modulationen ist von bezaubernder Zartheit: c-Moll, Es-Dur, g-Moll, f-Moll werden berührt, bevor der Satz in C-Dur erlösend ausklingt. Der Schlußsatz, der der neuen Stadtregierung Heil und Segen wünscht, greift auf das festliche C-Dur des Anfangs zurück; in den Gesang des großen Chores ist eine gravitätische Fuge des kleinen Chores eingefügt:

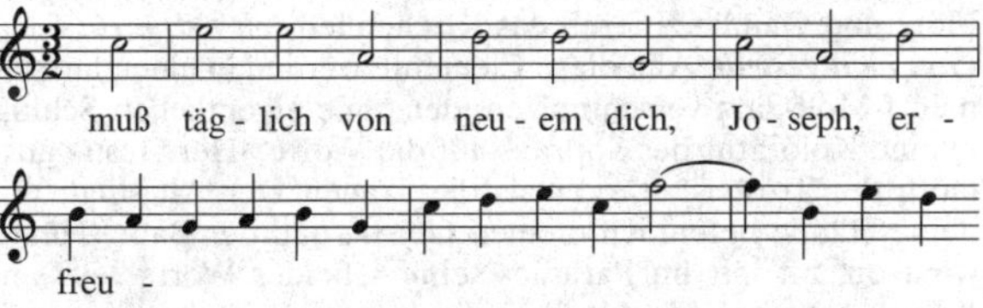

Eine Besonderheit der Kantate ist ein instrumentaler Echoeffekt, der sich am Schluß des 1. Satzes sowie in der Mitte und am Schluß des letzten Satzes findet: die Schlußphrase wird zuerst von Trompeten, dann von Oboen, dann von Flöten allein, also von immer zarteren Instrumenten, gespielt, so daß der prachtvolle Klangrausch der Chöre am Ende wie in der Ferne verschwebt.

Gottes Zeit ist die allerbeste Zeit (BWV 106, in der Ausgabe der Bachgesellschaft »Actus tragicus« überschrieben) ist eine Sterbekantate, die Bach in Mühlhausen zu unbekanntem Anlaß geschrieben hat. Der Text besteht aus Bibelstellen, die den ewigen Gegensatz von Todesangst und Lebensverheißung zum Ausdruck bringen. Eine elegische Sonatina in Es-Dur für Blockflöten, Gamben und Baß ist die Einleitung. Der Chor stellt die Worte »Gottes Zeit ist die allerbeste Zeit« wie ein Motto vor und erläutert sie durch eine musikalische Antithese. »In ihm leben, weben und sind wir« ist ein fröhlich eilender Es-Dur-Satz, dem der Nachsatz »In ihm sterben wir zu rechter Zeit« als chromatisch beschwertes c-Moll-Adagio folgt. Das Adagio endet mit einem Halbschluß auf der Dominante, an den die folgende Tenor-Arie unmittelbar anschließt. Die ganze Kantate ist in einem Zuge durchkomponiert, nur der Schlußchoral durch eine Pause abgesetzt. Der Tenor singt: »Ach Herr, lehre uns bedenken, daß wir sterben müssen«; der Baß fährt fort: »Bestelle dein Haus, denn du wirst sterben«; der Chor bestätigt mit einem eindringlichen, den Raum einer verminderten Septime umgreifenden Thema: »Es ist der alte Bund: Mensch, du mußt sterben.« Aber der Sopran hält den Stimmen des Alten Testaments das Schlußwort der Offenbarung des Johannes, »Ja, komm Herr Jesu, komm«, entgegen, Flöte und Gambe zitieren das Kirchenlied *Ich hab mein Sach Gott heimgestellt*. Alle diese Elemente werden in einen langsamen f-Moll-Satz verschmolzen, der ohne eigentlichen Schluß in eine Koloratur des Soprans auf die Worte »Herr Jesu« ausläuft; der Trost ist stärker als die Trauer. Der Alt singt: »In deine Hände befehl ich meinen Geist«, und der Baß: »Heute wirst du mit mir im Paradies sein« – beides Worte Jesu am Kreuz –, worauf der Alt die 1. Strophe aus Luthers Simeonslied *Mit Fried und Freud ich fahr dahin* anstimmt. Das alles spielt sich in arioser Form über einem in Sechzehntel-Skalen auf- und ablaufenden Continuo-Baß ab. Erst mit dem Einsatz des Liedzitats wird der Satz vollstimmig und umspielt den Cantus firmus, wie es in Orgelvorspielen üblich ist. Der Schlußchoral *Glorie, Lob, Ehr und Herrlichkeit*, die letzte Strophe des Liedes *In Dich hab ich gehoffet, Herr*, wird von Orchesterritornellen eingeleitet und unterbrochen. Die letzte Zeile, »durch Jesum Christum. Amen«, weitet sich zu einer brillanten Fuge aus, der Trauergottesdienst endet mit Gotteslob. Aber an die klangstarke Schlußkadenz des Chores sind 2 Akkorde, Dominante und Tonika, angehängt, von den Instrumenten, Flöten, Gamben und Bässen, piano gespielt: der Klang der Wehmut, mit dem das Ganze begann, hallt über den tröstlichen Schluß hinaus. Diese frühe Kantate ist ein Meisterwerk, das im Schaffen Bachs einzig dasteht, nicht nur wegen des rein biblischen Textes, sondern auch wegen ihrer durchkomponierten, improvisatorisch freien Form, die die ungebrochene Einheit der Stimmung verbürgt. Der tiefe Ernst und die geistige Überlegenheit, mit denen der junge Bach das Thema des Todes bewältigte, haben dem Werk besondere Bewunderung verschafft.

Weinen, Klagen, Sorgen, Zagen (BWV 12), die Kantate zum Sonntag Jubilate des Jahres 1714, ist berühmt durch ihren Anfangschor, der die Vorlage zum »Crucifixus« der *h-Moll-Messe* bildet. Dieselbe chromatisch absteigende Baßlinie, die in der Kantate *Christ lag in Todesbanden* (BWV 4) beiläufig auftritt, wird hier, wie in der Messe, als Passacaglia-Thema durchgeführt:

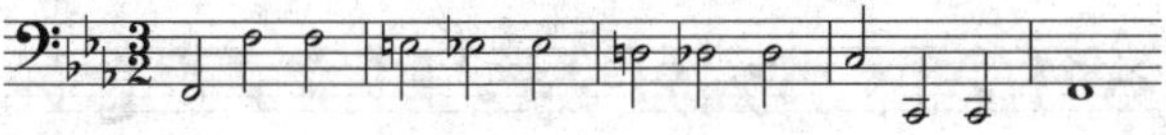

Auch die Anlage des Chorsatzes mit den klagenden Rufen der Einzelstimmen und der 12maligen Wiederholung des Basses ist bis auf einige Dissonanzverschärfungen der späteren Fassung dieselbe: Hier schließt sich ein freier Chorsatz als Mittelteil an, worauf die Passacaglia wiederholt wird. Der Satz ist außer dem Schlußchoral *Was Gott tut, das ist wohlgetan* das einzige Chorstück des Werkes. Zur Einleitung dient eine Sinfonia in der Haupttonart f-Moll, in der die Oboe konzertierend hervortritt; daß hier der Baß in diatonischen Sekundschritten einmal zur Quinte, einmal gar zur Undezime aufsteigt, darf als Kontrastidee zum chromatisch absteigenden Baß des Chorsatzes in Beziehung gesetzt werden. Drei charakteristische Arien für Alt, Baß und Tenor, die Alt-Arie wieder mit konzertierender Oboe, vervollständigen die Partitur.

Ich hatte viel Bekümmernis (BWV 21), für den 3. Sonntag nach Trinitatis des Jahres 1714 geschrieben, verkörpert einen neuen Kantatentyp. An die Stelle des Bibelwortes tritt eine Zweckdichtung, an die Stelle des durchlaufenden musikalischen Flusses das Formschema der Oper mit ihren geschlossenen Stücken Chor, Rezitativ und Arie. So sehr sich diese Kantate der Form nach von der vorher besprochenen unterscheidet, so nah steht sie ihr inhaltlich; auch sie ist wahrscheinlich außerhalb ihrer liturgischen Bestimmung als Begräbnisgesang verwendet worden. Sie beginnt mit einer pathetischen Sinfonia in c-Moll; Oboe und Violine konzertieren mit reichem Figurenwerk über gleichmäßig schreitenden Achtel-Bässen. Kurz vor dem Schluß stockt die Bewegung dreimal auf verminderten Septakkorden, eine Wirkung, die für die innere Erregtheit des Satzes bezeichnend ist. Das dreimal auf starken Akkorden wiederholte »Ich«, mit dem der Chor einsetzt, der Halt auf einem Akkord, der den Fluß des Satzes unterbricht, ist ein Effekt, der in dieser Kantate öfter vorkommt. Das charakteristische Thema des Anfangschores hat Bach ähnlich auch für eine Orgelfuge benutzt:

Der Satz »Ich hatte viel Bekümmernis in meinem Herzen« wird in langer fugierter Entwicklung durchgeführt. Dann folgt, nach einem Einschnitt, auf zwei Adagio-Akkorden das Wort »aber«, und in figurenreichem Vivace lebt sich die gegensätzliche Stimmung aus: »Deine Tröstungen erquicken meine Seele«. Die Sopran-Arie »Seufzer, Tränen« und die Tenor-Arie »Bäche von gesalzenen Zähren«, die auf die traurige Stimmung des Anfangs zurückgreifen, sind von hoher Schönheit. Der Chor fragt in einem ungemein ausdrucksvollen Adagio-Satz: »Was betrübst du dich, meine Seele, und bist so unruhig in mir?« Nach 2 intermittierenden Akkorden erklingt der Zuspruch: »Harre auf Gott, denn ich werde ihm noch danken.« Die Fuge, die sich anschließt, darf in der gleichmäßigen Achtelbewegung als Entsprechung zum Anfangschor aufgefaßt werden, so daß sich der 1. Teil der Kantate zum geschlossenen Ganzen zusammenfügt:

Der 2. Teil der Kantate beginnt mit einem Gespräch der Seele mit Christus, das als Rezitativ und mehrteiliges Duett breit ausgesponnen wird. Christus hat die zagende Seele getröstet. Der folgende g-Moll-Satz ist ein wundervolles Beispiel tiefempfundener Chorlyrik. In dem gleichmäßig fließenden Melos wird das Georg-Neumark-Lied *Wer nur den lieben Gott läßt*

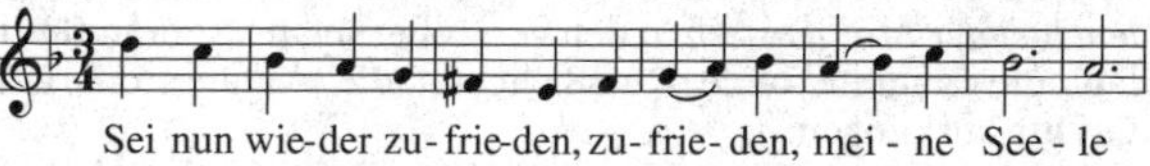

walten mit dem Text der 5. Strophe kontrapunktisch verflochten: »Denk nicht in deiner Drangsalshitze«. Danach wird mit Trompeten und Pauken in frohem C-Dur das »Lamm« besungen, das Fanfaren-Thema der Schlußfuge ist von einer Einfachheit, die man eher Händel als Bach zuschreiben möchte:

Nun komm, der Heiden Heiland (BWV 61) hat Bach zum 1. Advent des Jahres 1714 in Weimar komponiert und später in Leipzig wiederaufgeführt. Der Anfangschor wurde, was bei Bach selten ist, aus instrumentalem Geiste konzipiert: Bach hat ihm die Form einer französischen Ouvertüre mit der Satzfolge Langsam – Schnell – Langsam gegeben. Im 1. Teil, einem a-Moll-Largo in punktierten Rhythmen, dominiert das nur aus Streichern bestehende Orchester. Die Chor-Stimmen singen einzeln nacheinander die 1. Choralzeile hinein und finden sich bei der 2. Zeile zum 4stimmigen Satz zusammen. Im schnellen, mit »gai« überschriebenen Mittelteil übernehmen die Singstimmen in flüssiger Vierstimmigkeit die Führung; die Wiederkehr des ersten Zeitmaßes schließt den Satz im Maestoso ab.

Interessant ist das Baß-Rezitativ auf Worte der Offenbarung des Johannes: »Siehe, ich stehe vor der Tür und klopfe an«. Es wird von Pizzikato-Akkorden begleitet, die das Klopfen versinnbildlichen. Die Sopran-Arie »Öffne dich, mein ganzes Herze« bezaubert durch liebliche Melodik. Der kurze, von einem rauschenden Instrumentalsatz begleitete Schlußchor, der den Abgesang der letzten Strophe des Liedes *Wie schön leuchtet der Morgenstern* in der Vergrößerung im Sopran führt, läßt die Kantate ohne Rücksicht auf die Anfangstonart in G-Dur ausklingen.

In Leipzig hat Bach 1724 eine zweite Kantate über denselben Adventshymnus geschrieben (BWV 62). Den Anfangschor, der in h-Moll steht, trägt ein bewegter Orchestersatz; der 4stimmige Chor wird thematisch aus der Choralmelodie entwickelt, die er im Sopran führt. Von großer Wirkung ist die koloraturenreiche Baß-Arie »Streite, siege, starker Held«. Der Chor beteiligt sich nur noch mit dem 4stimmigen, jeden Hymnus abschließenden »kleinen Gloria« oder »Gloria Patri« im Schlußchoral. Die beiden Vertonungen, die ein Jahrzehnt auseinanderliegen, machen die Entwicklung der Bachschen Kompositionstechnik in illustrativer Weise deutlich.

Christ lag in Todesbanden (BWV 4), die vermutlich schon in Mühlhausen oder Weimar entstandene Osterkantate, vertritt den Typus der Liedkantate, den Bach in seiner Spätzeit wiederaufgenommen hat. Hier verzichtet Bach auf alle poetische Auslegung und Ausschmückung und zugleich auf das musikalische Rüstzeug der italienischen Oper, auf Rezitativ und Arie. Den Text liefert allein das Luther-Lied, das auf die lateinische Ostersequenz *Victimae paschali laudes* und das alte deutsche Lied *Christ ist erstanden* zurückgeht. Die musikalische Thematik ist ganz aus der Liedmelodie entwickelt, die innere Einheit des Satzes vollkommen. Damit verbinden sich der strenge Ernst der Textdeutung und der Ton einer düsteren Todesphantastik, der aus manchen Partien der Kantate klingt. Selten hat sich Bach so entschieden als Gotiker, als Anwalt deutsch-mittelalterlicher Frömmigkeit gezeigt. In 7 Sätzen werden die 7 Strophen des Liedes, deren jede 7 Zeilen zu je 7 Silben zählt, musikalisch behandelt. Die alte dorische Melodie hat Bach in der Praxis des 18. Jh. durch Erhöhung des 2. Tones von a zu ais in die Molltonalität übertragen:

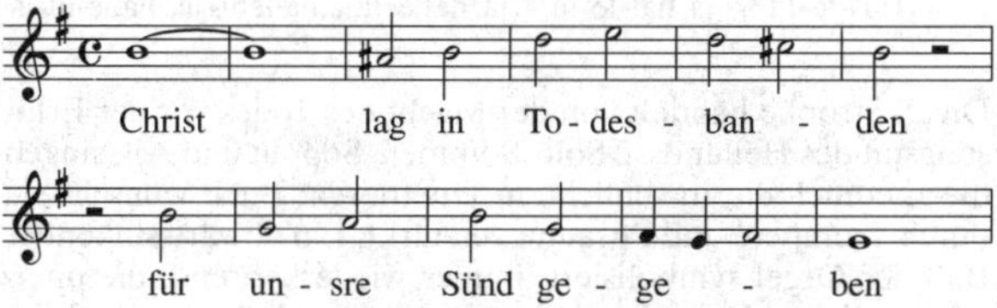

Dieser charakteristische Halbtonschritt wird geradezu zum Leitmotiv, das alle Sätze der Kantate durchzieht. Der Anfangschor, dem eine kurze, den Melodiekopf zitierende Sinfonia in e-Moll vorangeht, bringt den Cantus firmus in langen Notenwerten wie eine unantastbare Verkündigung im Sopran. Die Unterstimmen begleiten ihn mit einem reich figurierten Themengeflecht. Jede Zeile wird, dem Text entsprechend, anders charakterisiert. Während der 1. Liedzeile schreitet der Baß schwer in expressiver Chromatik. Bei »Er ist wieder erstanden« wandert ein kurzes Freudenmotiv durch die Begleitstimmen. »Des wir sollen fröhlich sein« wird durch Koloraturen ausgedrückt:

In der hier vorliegenden Form des mitteldeutschen Orgelchorals bringen zunächst die 3 Unterstimmen die einzelne Liedzeile fugierend in der Originalgestalt, bis der Sopran in der Vergrößerung hinzutritt. Die Violinen schmücken den Satz überdies durch selbständige Stimmen in Sechzehntelbewegung, die den thematischen Halbtonschritt vielfältig umspielen. Das abschließende »Halleluja« wird zu einer selbständigen, in Achtelbewegung hineilenden Fuge, die wie das Frohlocken himmlischer Chöre klingt; das Thema ist aus der letzten Liedzeile gebildet:

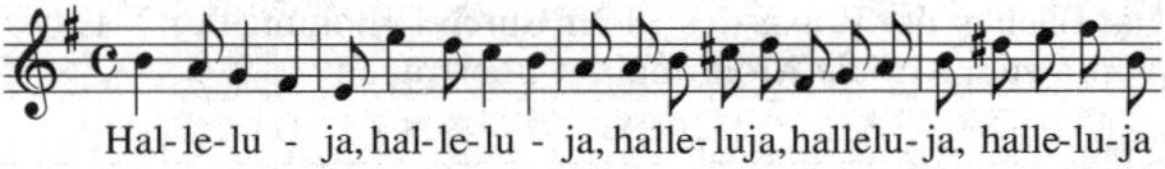

Die 2. Strophe handelt von der Macht des Todes vor der Erlösungstat des Heilands. 2 Solo-Stimmen, Sopran und Alt, singen die Liedmelodie in schlichtem Duettieren; Bach wünscht sie durch Trompete und Posaune verstärkt. Ein abwärtssinkender Baß der Orgel symbolisiert, immer wiederkehrend, die unerschütterliche Macht des Todes. Die 3. Strophe singt der Solo-Tenor auf den Cantus firmus; die Violinen begleiten seinen Gesang mit lebhaften Sechzehntelpassagen, in die der Sänger beim »Halleluja« miteinstimmt. Das eigenartigste Stück der Kantate ist die 4. Strophe, »Es war ein wunderlicher Krieg, da Tod und Leben rungen«. Bach malt den mystischen Kampf in einem generalbaßbegleiteten Motettensatz, wiederum in der Form des mitteldeutschen Orgelchorals: Sopran, Tenor und Baß bringen zeilenweise die Vorausimitation in der Verkürzung und der Alt den Cantus firmus in der Originalgestalt.

Spitze, stechende Achtelnoten und schlangenhaft sich windende Sechzehntelketten verschlingen sich zu einem dichten Stimmenknäuel. Die Schlußzeile, »Ein Spott aus dem Tod ist worden«, gewinnt ihre »spöttische« Umspielung des Cantus firmus in Hoquetusmanier aus der Umkehrung des Zeilenbeginns. Die unheimliche Klangvision scheint von derselben Phantasie eingegeben zu sein, die sich in vielen Höllendarstellungen mittelalterlicher Maler ausgelebt hat; bei Bach tritt diese Nachtseite des religiösen Erlebens nur selten zutage. Aber auch diesen Teil beendet das »Halleluja«, das sich über den Raum einer Oktave herabsenkt und den E-Dur-Dreiklang als Schlußakkord herbeizieht. Die 5. Strophe, die vom Kreuzestod Christi erzählt, ist ein streng gebundener Gesang des

Solo-Basses. Der Sänger singt jeweils eine Melodiezeile vor, die die Violinen des Orchesters notengetreu wiederholen, so daß Cantus firmus und freies Melos immerfort in beiden Stimmen alternieren. Nur bei der Erwähnung des »Würgers Tod« wird das gebundene thematische Spiel durch madrigalistische Klangeinschübe unterbrochen. Bedeutungsvoll ist in dieser Strophe die Verwendung des in der Barockmusik zur Darstellung schmerzlicher Affekte wiederholt anzutreffenden Passus duriusculus. Allein Sebastian Bach gebrauchte diese chromatische Baßführung in den Kantaten BWV 150, 12, 78 und im »Crucifixus« der *h-Moll-Messe*:

Die 6. Strophe, »So feiern wir das hohe Fest«, ein Duett von Sopran und Tenor, ist durch punktierte Freudenrhythmen des Basses und durch Triolenketten der in Terzen- und Sextenparallelen gehenden Singstimmen charakterisiert, wie sie ähnlich im »Sanctus« der *h-Moll-Messe* erklingen. Die 7. Strophe erscheint in reiner Gestalt als 4stimmiger Chorsatz und beschließt das phantastische Tongedicht in liturgischer Sachlichkeit.

Die Elenden sollen essen (BWV 75), für den 1. Sonntag nach Trinitatis des Jahres 1723 geschrieben, ist die Kantate, mit der Bach sein Amt als Thomaskantor in Leipzig antrat und die, wie berichtet wird, »mit gutem applausu« aufgenommen wurde. Es ist verständlich, daß er seiner Gemeinde ein eindrucksvolles Bild seiner Kunst geben wollte. Die Kantate ist 2teilig, reich an verschiedenartigen Formen und an kontrapunktischer Arbeit; dem Chor und dem Orchester fallen dankbare Aufgaben zu. Das Werk beginnt mit einem gravitätisch-langsamen Satz. Der Orchesterpart bewegt sich in den punktierten Rhythmen, die für den Stil der französischen Ouvertüre charakteristisch sind, der Chor führt ein sich windendes Motiv durch, das »Die Elenden« versinnbildlichen soll (herbe Dissonanzen wie das Zusammentreffen von fis und g im 4. Takt finden sich in dem Satz auch weiterhin):

Die Versicherung »Euer Herz soll ewiglich leben« wird dagegen in einem froh bewegten, unmittelbar anschließenden Fugensatz gegeben. Die Tenor-Arie »Mein Jesus soll mein Alles sein« ist voll innigen Gefühls, die Sopran-Arie »Ich nehme mein Leiden mit Freuden auf mich« drückt den Gefühlskontrast der Textworte durch einen Freudenrhythmus in Moll aus. Dem 4stimmigen Schlußchoral des 1. Teiles, »Was Gott tut, das ist wohlgetan«, ist eine lebhafte, aus der Liedmelodie entwickelte Orchesterbegleitung untergelegt. Eine prächtige Streichersymphonie, in die die Oboen dasselbe Lied als Cantus firmus hineinblasen, leitet den 2. Teil ein, aus dem die zuversichtliche, trompetenbegleitete Baß-Arie »Mein Herze glaubt und liebt« hervorzuheben ist. Derselbe vom Orchester getragene Liedsatz, der am Ende des 1. Teils stand, beschließt auch den 2. Teil der Kantate.

Die Himmel erzählen die Ehre Gottes (BWV 76), die Kantate des 2. Sonntags nach Trinitatis 1723, ist von Bach zugleich mit der vorigen komponiert worden und ähnelt ihr im Aufbau wie eine Zwillingsschwester: Auch hier findet sich die Instrumentalsymphonie, freilich ohne Verwendung eines Cantus firmus, zu Beginn des 2. Teils; auch hier werden der 1. und der 2. Teil von dem gleichen, orchesterbegleiteten Liedsatz – hier allerdings erst mit der 1., dann mit der 3. Strophe des Luther-Liedes *Es woll uns Gott genädig sein* – beschlossen. Die Stimmung des 19. Psalms, eines majestätischen Lobgesangs, erfüllt die Komposition. Aus elementaren Gesangsthemen:

und

besteht der 1. Chorsatz, den ein Orchesterpart von Streichern, Oboen und Trompeten begleitet. Aus Satzkunst und Klangfülle ergibt sich ein musikalischer Naturhymnus, in dem die Stimmen der Himmel und der Feste widerklingen. Unter den Solostücken sind die von der Solo-Violine begleitete Sopran-Arie »Hört, ihr Völker, Gottes Stimme«, die Trompeten-Arie des Basses »Fahr hin, abgöttische Zunft« und die durch schmerzliche Chromatik und ein aufbegehrendes Baßmotiv charakterisierte Tenor-Arie zu nennen, die dem hellen Grundklang der Kantate eine weltflüchtige Stimmung gegenüberstellt: »Hasse nur, hasse mich recht, feindliches Geschlecht; Christum gläubig zu umfassen, will ich alle Freude lassen.«

Preise, Jerusalem, den Herrn (BWV 119) wurde 1723 in Leipzig zur Feier der Ratswahl komponiert und im Festgottesdienst am 30. August aufgeführt. So sehr der Text mit seinen Hinweisen auf Stadt und Obrigkeit an den Anlaß gebunden ist, so sehr wächst Bachs Musik über diesen Anlaß hinaus. Die Chöre des Werkes gehören zu dem Prächtigsten, das Bach geschrieben hat. Der Ton einer weltlichen Repräsentanz, die den Glanz barocker Bürgerherrlichkeit versinnbildlicht, hebt sie von Bachs rein kirchlicher Musik ab; das kraftvolle, durch Reibungen der Stimmführung geschärfte C-Dur, das Richard Wagner in den *Meistersingern* wieder angeschlagen hat, klingt hier in ursprünglicher Fülle und Frische. Wiederum hat der Anfangssatz die Form einer 3teiligen französischen Ouvertüre, in der jedoch der Chor nur den Mittelteil, das Allegro, singt; das umrahmende Grave wird vom Orchester gespielt, das mit Streichern, Flöten, Oboen, Trompeten und Pauken reich besetzt ist. Vielleicht hat diese Sinfonia wirklich den Einzug der Ratsherren in die Kirche begleitet; sie trägt den Charakter eines feierlichen Marsches, punktierte Rhythmen, gewichtige Baßpassagen, fanfarenartige Einschübe der Trompeten und Pauken geben ihr Solennität. Der Chor zeichnet sich durch reiche Figuration und Dichte des polyphonen Satzes aus; schon das Thema läßt Überschwang an barocker Phantasie erkennen:

Der Tenor preist das »Volk der Linden«, einem Rezitativ des Basses wird durch Trompetenrufe Nachdruck gegeben, eine Alt-Arie ehrt die Obrigkeit als Gottes Ebenbild. Dann singt der Chor, wieder in reich figuriertem C-Dur: »Der Herr hat Guts an uns getan, des sind wir alle fröhlich«, und wenn gebeten wird, daß Gott lange Jahre im Regimente haushalten möge, erlaubt sich Bach eine drastische Tonmalerei: die langen Jahre werden durch einen 3 Takte langen Halt der Chorstimmen angedeutet. Der dem Tedeum entnommene Schlußchoral, fast durchgehend Note gegen Note gesetzt und mit einem klangdichten »Amen« beschlossen, bestätigt noch einmal den weltlich-festlichen Charakter, der der ganzen Kantate eigentümlich ist.

Sehet! Welch eine Liebe hat uns der Vater erzeiget (BWV 64) ist eine der Weihnachtskantaten des Jahres 1723.

Der Anfangschor nach den Worten des 1. Johannes-Briefes ist das gewichtigste Stück des Werkes: eine meisterliche 4stimmige Vokalfuge, in der die Instrumente im wesentlichen nur die Singstimmen verstärken. Das Thema mit dem markanten Quintfall als Kopf, dem wortgezeugten Mittelteil und der weitausschwingenden Koloratur am Ende birgt alle Gegensätze, aus denen sich in der Durchführung ein lebendiger polyphoner Satz ergibt:

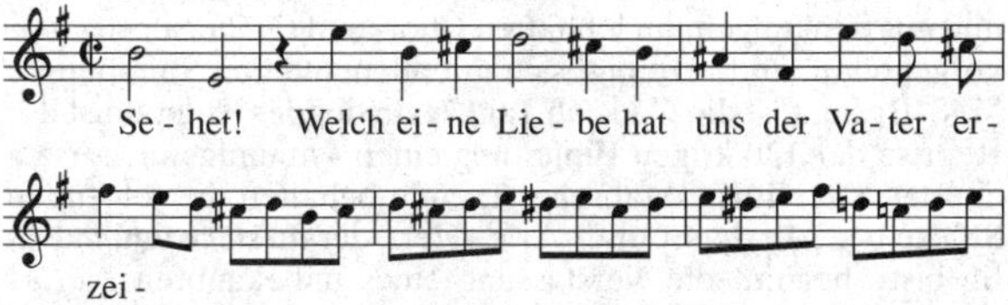

Auf die kunstvolle Fuge folgt unmittelbar die letzte Strophe von *Gelobet seist Du, Jesu Christ* in schlichtem Liedsatz. Ein Alt-Rezitativ, das die Schätze der Welt zurückweist, leitet über zu einem zweiten Kirchenlied: der Chor singt auf die Melodie *O Gott, Du frommer Gott* (II) die Strophe »Was frag ich nach der Welt und allen ihren Schätzen« über einer gleichmäßig fließenden Achtelbewegung des Basses. Eine durch Tonmalerei fesselnde Sopran-Arie, ein Baß-Rezitativ und eine Arie für Alt behandeln weiter die Nichtigkeit der Welt. Mit dem Schlußchoral »Gute Nacht, o Wesen, das die Welt erlesen«, der 5. Strophe von *Jesu, meine Freude*, klingt das Werk aus, das bei aller Einfachheit des Aufbaus zu den vollgültigen Dokumenten des Fugenmeisters Bach zählt.

Meine Seel erhebet den Herrn (BWV 10) ist eine Vertonung des deutschen *Magnificat*, die dem Lobgesang Marias überwältigende Kraft und Größe gibt. Sie entstand zum Fest Mariae Heimsuchung (2. Juli) 1724. Den Eingangschor beherrscht ein Freudenmotiv des Basses,

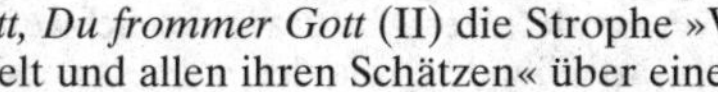

das durch 2 Oktaven auf- und absteigt und den ganzen Satz in allen Stimmen mit dem Ausdruck bewegter Freude durchzieht. Die Choralmelodie wird vom Sopran angestimmt. Es handelt sich um den IX. Psalmton, der schon von Martin Luther für den (vesper-)gottesdienstlichen Gebrauch des *Magnificat* empfohlen worden und bis weit ins 18. Jh. hinein in Sachsen hierfür verbindlich war. Alle Stimmen singen die biblische Prosa nach Lukas 1,46 und 47. Ab Takt 46 übernimmt der Alt die Choralmelodie eine Quinte tiefer, wiederum von der Trompete verstärkt und aus dem ungemein lebhaften Chor- und Orchestersatz hervorgehoben, und vereinigt sich mit allen anderen Stimmen im V. 48. Brillant ist die Coda ab Takt 71, in der der Komponist der Reprise der 12taktigen Einleitung einen 4stimmigen Chorsatz einfügt. Den Ton ekstatischer Freude behalten die folgenden Stücke bei. Mit der Sopran-Arie »Herr, der du stark und mächtig bist« beginnt die Versfassung eines unbekannten Autors zum *Magnificat*; sie wird beherrscht von einer dem Baßmotiv des Anfangssatzes ähnelnden Sechzehntelfigur des Streichorchesters. Die Baß-Arie »Gewaltige stößt Gott vom Stuhl« baut sich auf über einem Tumultmotiv, wie es Bach ähnlich in der Kantate *Ein feste Burg* (BWV 80) zur Schilderung der »Welt voll Teufel« verwendet. Der Absturz in den Schwefelpfuhl wird durch eine abwärtseilende Skala des Sängers versinnbildlicht, die auf dem tiefen Fis lautmalend liegenbleibt. Das Duett von Sopran und Tenor »Er denket der Barmherzigkeit« ist durch den von Oboen und Trompete eingefügten Cantus firmus des IX. Psalmtons formal ein echter Orgelchoral, der durch die chromatische Motivik der Singstimmen und des Generalbasses im ziehenden Siciliano-Rhythmus eine ungemein ansprechende Wirkung entfaltet. Die Solisten singen hier wieder den Luther-Text Lukas 1,54, und auch die Bläser deklamieren präzise diese Worte. Nach einem ariosen, klangvoll von den Streichern »wie Sand am Meer« begleiteten Tenor-Rezitativ, das Gottes Treue gegen Abraham rühmt, schließt die Kantate wie jedes im Gottesdienst musizierte *Magnificat* mit dem »Gloria Patri«; Bach benutzt dazu wieder den IX. Psalmton und setzt ihn mit den üblicherweise 2 Durchläufen und dem Cantus firmus im Sopran als auffallend klangschönen 4stimmigen Choral.

Wer nur den lieben Gott läßt walten (BWV 93), 1724 entstanden, ist ein Versuch, das Prinzip der Liedkantate mit einer freien dichterischen Idee zu verbinden. Der Dichter Picander hat dem Komponisten einen Text geschrieben, der die Liedzeilen mit kommentierenden Betrachtungen durchsetzt. Demgemäß läßt Bach ein Baß-Solo mit der Melodiezeile beginnen:

und fährt rezitativisch fort: »Sie drücken uns das Herz mit Zentnerpein, mit tausend Angst und Schmerz«, und führt diesen Wechsel die ganze Strophe lang durch. Entsprechend behandelt der Tenor die meditierend ausgeschmückte Strophe: »Denk nicht in deiner Drangsalshitze, – wenn Blitz und Donner kracht und dir ein schwüles Wetter bange macht, – daß du von Gott verlassen seist«, wobei Bach Blitz und Donner im Rezitativ durch anschauliche Cembalo-Figuren nachahmt. Überhaupt hat Bach in dieser Kantate die Allgegenwärtigkeit der Liedmelodie mit besonderen Mitteln angestrebt. Die Thematik der Tenor-Arie »Man halte nur ein wenig still«, eines Scherzo im 3/8-Takt, ist aus den ersten Noten des Cantus firmus entwickelt. Die 4. Strophe »Er kennt die rechten Freudenstunden« ist als Duett von Sopran und Alt über gleichmäßig bewegtem Continuo-Baß komponiert. In den 3stimmigen Satz spielen Geigen und Bratschen den Cantus firmus hinein, die Technik des Orgelchorals wird auf den orchesterbegleiteten Vokalsatz übertragen. Der Chor, dem der Anfangs- und Schlußgesang zugeteilt sind, hält sich streng an den Wortlaut des Neumarkschen Kirchenliedes. Für den Anfangschor hat Bach eine Form gefunden, die dem Grundgedanken dieser Kantate, der Verschmelzung von freier und liedgebundener Thematik, vollkommen entspricht. 2 Stimmen singen jeweils eine Liedzeile in figurierter Imitation voran, der ganze Chor wiederholt sie sodann als 4stimmig harmonisierten Cantus firmus. Erst im Abgesang verdichtet Bach die figurierte Vorausimitation zur Vierstimmigkeit. 2 konzertierende Oboen umranken das thematische Spiel mit fließenden Arabesken. Die Umspielung der Liedweise, ihr immerfort wiederholtes Auftauchen und Wiederverschwinden gibt dem ganzen Werk einen freien, phantastischen Charakter. Die ruhige Glaubensgewißheit des volkstümlichen Trostliedes durchweht als Grundstimmung alle Stücke der Kantate, in der sich musikalische Schönheit und Ausdruckskraft zu tiefer Wirkung verbinden.

Jesu, der du meine Seele (BWV 78), ein Werk in dunklem g-Moll, in dem die ganze Inbrunst und Ausdruckskraft der Bachschen Tonsprache beschlossen sind, wurde am 10. September 1724 zum 1. Mal aufgeführt. Den Anfangschor durchzieht ein chromatisch um eine Quarte abwärts gleitendes Motiv, das Bach immer wieder zum Ausdruck von Trauer und Klage verwendet (vgl. auch Kantaten BWV 4 und 12):

Als Baß eröffnet es, sogleich wiederholt, den Satz im Charakter einer Passacaglia, geht dann in die Mittelstimmen über, wird von den Chor-Stimmen aufgegriffen und variiert. Nur der Sopran, durch Oboen verstärkt, schwebt mit der Liedmelodie über dem stark chromatisierten Satzgefüge. Der Text lautet: »Jesu, der du meine Seele hast durch deinen bittern Tod aus des Teufels finstrer Höhle und der schweren Seelennot kräftiglich herausgerissen«. Das Herausreißen wird durch verschiedene kleine Sechzehntelmotive, eine aufwärtsdrängende Baßfigur und erregte Bewegung der Singstimmen dargestellt, wodurch der langsam schreitende Satz in rhythmischen Aufruhr gerät. Ein Duett von Sopran und Alt, »Wir eilen mit schwachen, doch emsigen Schritten«, ist in unablässig eilender Bewegung. Eine pittoresk begleitete Tenor-Arie spricht vom beherzten Streit gegen den Herrn der Hölle, ein dramatisches Baß-Rezitativ stellt der bedrohlich aufsteigenden Vision des Gerichts die rettende Liebe und den Gedanken an das Blut Christi entgegen. Die Modulation ist von g-Moll über Es-Dur nach c-Moll gelangt; im ernsten c-Moll einer Baß-Arie schwingt die schwermütige Stimmung aus. Der Schlußchoral »Herr, ich glaube, hilf mir Schwachen«, die 12. und letzte Strophe unseres Liedes, führt in die Haupttonart g-Moll zurück.

Mache dich, mein Geist, bereit (BWV 115), für den 22. Sonntag nach Trinitatis des Jahres 1724 geschrieben, verkörpert den Typus der Liedkantate. Das Hauptgewicht liegt in diesen Werken meist auf dem Anfangschor, der als kunstvoll ausgeführte, von einem reichen Orchestersatz getragene Choralphantasie erscheint. Die 1. Strophe des Liedes »Mache dich, mein Geist, bereit«, eine Warnung vor der Versuchung der Welt und des Satans, wird vom Chor-Sopran schlicht und unverziert gesungen; Baß, Tenor und Alt, motivisch untereinander verbunden, legen einen 3stimmigen Satz darunter. Die einzelnen Choralzeilen sind durch lange Pausen getrennt, die vom Orchester ausgefüllt werden. Der durchgehende Orchesterpart ist das innere Band des Satzes, eine kraftvolle Symphonie in G-Dur, die thematisch nicht auf den Cantus firmus Bezug nimmt, sondern ihm kontrastierende Elemente hinzufügt. Dem schönen, Schlichtheit und Kunstfertigkeit verbindenden Eingangschor entspricht der Fortgang der Kantate. Zwei ausdrucksvolle Arien, beide in Adagio-Zeitmaß, rufen zum Gebet auf. Der Alt warnt mit einer Wiegenlied-Melodie die schläfrige Seele; erregte Läufe des Orchesters im Allegro-Mittelteil malen das erschreckte Auffahren: »Es möchte die Strafe dich plötzlich erwecken.« Der Tenor mahnt in einem herrlichen, von Flöte und Violoncello piccolo (vgl. auch Kantate BWV 68) duettierend eingeleiteten und begleiteten Gesang, den Richter um Reinigung von der Sünde zu bitten. Mit der letzten Strophe des Liedes schließt das Werk: »Drum so laßt uns immerdar wachen, flehen, beten!«

Du Friedefürst, Herr Jesu Christ (BWV 116) entstand für den 25. Sonntag nach Trinitatis 1724. Die Bitte an den »Friedefürsten« leitet das Orchester mit einem frohen, Zuversicht aussprechenden Vorspiel ein:

Die Liedweise wird vom Sopran gesungen und vom Horn gestützt. Die Unterstimmen begleiten den 1. Stollen in homophonem Satz; vom 2. Stollen an übernehmen sie die bewegte Thematik des Orchesters, so daß sich ein lebendiges, von Imitationen durchsetztes Klangbild ergibt. Erst in der Schlußzeile finden sich die Stimmen wieder zu akkordischem Satz zusammen. Ein langes, stark modulierendes Orchesternachspiel schließt den großartigen Chorsatz ab. Eine Alt-Arie »Ach, unaussprechlich ist die Not« ist, ebenso wie die Rezitative dieser Kantate, von ergreifender Ausdruckskraft. Das Terzett, »Ach, wir bekennen unsre Schuld und bitten nichts als um Geduld«, für Sopran, Tenor und Baß zur Begleitung des Basso continuo, wird durch seine große Länge zum Schwerpunkt des Werkes. Die 7. und letzte Strophe des Liedes bildet den 4stimmigen Ausklang.

Liebster Immanuel, Herzog der Frommen (BWV 123), die Epiphanias-Kantate des Jahres 1725, atmet die mystische Stimmung, die sich bei Bach so oft mit der h-Moll-Tonart verbindet. Die Liedweise hat hymnischen und zugleich volkstümlichen Charakter.

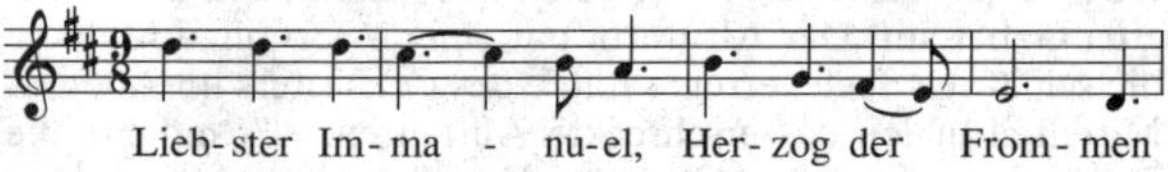

Der Anfang der Melodie, der Ruf »Liebster Immanuel«, durchzieht in immer neuen Einsätzen, stets 2stimmig in Terzen und Sexten gekoppelt, schon das Orchestervorspiel und wird dann vom Chor aufgenommen. Es ist ein Rufen einander überschneidender und ablösender Stimmen, getragen vom Wogen triolischer Rhythmen. Die fis-Moll-Arie des Tenors von den Schrecken der »harten Kreuzesreise«, von 2 Oboi d'amore begleitet, schlägt dunklere Töne an. Die tobenden Ungewitter, die den Frommen bedrohen, werden durch Koloraturen dargestellt. Die Sopran-Arie »Laß, o Welt, mich aus Verachtung in betrübter Einsamkeit« erhält durch treibende Rhythmisierung und spielerische Flötenfiguren den Charakter gelassener Weltflucht. Der Schlußchoral, ganz homophon gesetzt, bringt noch einmal die hymnische Schönheit der Melodie in harmonischer Klangfülle zur Geltung.

Wie schön leuchtet der Morgenstern (BWV 1) ist ein Glanzstück unter den Liedkantaten (erste Aufführung am 25. März 1725). Der majestätische Anfangschor faßt alle Künste der Cantus-firmus-Bearbeitung zusammen. Der Sopran singt ausschließlich den unverzierten Cantus firmus. Die Unterstimmen stehen zu ihm in enger thematischer Beziehung. So wird die Zeile »voll Gnad und Wahrheit von dem Herrn« (im 2. Stollen »mein König und mein Bräutigam«) nacheinander von Tenor und Alt in der Originalgestalt vorangesungen, bevor sie im Sopran in der Vergrößerung erklingt. Bei den Worten »Lieblich, freundlich« beruhigt sich der Satz; in der Schlußzeile steigert er sich zu ekstatischer Bewegtheit. Lange Zwischenspiele trennen die Gesangszeilen; Hörner geben dem Klangbild Glanz, die durchgehende, die Singstimmen umspielende Sechzehntelbegleitung der Violinen freudige Bewegtheit. Die Arien für Sopran und Tenor, beide sehr breit angelegt, erfüllt reiner lyrischer Wohllaut; die letzte Strophe des Nicolaischen Liedes, festlich instrumentiert, bildet den Schluß.

Bleib bei uns, denn es will Abend werden (BWV 6) ist die Kantate des 2. Osterfesttages 1725, ein intimes Musikstück von milder, abendlicher Stimmung. Dem Text liegen die Worte der Jünger zugrunde, die auf dem Wege nach Emmaus dem auferstandenen Herrn begegneten und ihn baten, nicht von ihnen zu gehen. Die Meditationen der Rezitative und Arien deuten die Symbolik der Szene mit dem Kontrast von Erdendunkel und Gotteslicht ins Allgemeine. Der Eingangschor, das bedeutendste Stück des Werkes, ähnelt im Klang dem Grabgesang, der die *Matthäus-Passion* beschließt:

Die Abendstimmung wird mit Todeslyrik verquickt, aber das musikalische Bild bleibt zwingend anschaulich. Der liedhafte Satz in ¾-Takt wird durch ein Fugato unterbrochen, das von sehnsüchtigen Rufen »Bleib bei uns« durchzogen ist:

Am Ende dieses Teiles vereinen sich alle Stimmen in ausgehaltenen Oktaven zu der Bitte »Bleib bei uns«. Dann setzt die sanfte Melodie im ¾-Takt als Reprise wieder ein; der C-Dur-Dreiklang am Ende hat versöhnliche Wirkung. Auf eine Alt-Arie folgt ein Choraltrio: der (Chor-)Sopran singt 2 Strophen des Nikolaus-Selnecker-Liedes *Ach bleib bei uns, Herr Jesu Christ* zu einer konzertierenden Begleitung des Violoncello piccolo (vgl. auch Kantate BWV 68) auf dem Fundament der Continuogruppe. Auf eine zweite Tenor-Arie folgt der Schlußchoral, der mit der 2. Strophe des Liedes *Erhalt uns, Herr, bei Deinem Wort* das Werk in g-Moll, wie es begonnen, ausklingen läßt.

Ihr werdet weinen und heulen (BWV 103) ragt unter den Leipziger Kantaten durch Kraft und Prägnanz des Ausdrucks hervor (erste Aufführung am 22. April 1725). Der Text der Dichterin Marianne von Ziegler stützt sich auf die Leidensverkündigungen des Johannes-Evangeliums; Jesus sagt zu den Jüngern, auf seine bevorstehende Passion hinweisend: »Ihr werdet weinen und heulen, aber die Welt wird sich freuen; ihr aber werdet traurig sein; doch eure Traurigkeit soll in Freude verkehrt werden.« Den zweimal ausgesprochenen Gegensatz von Freude und Trauer hat Bach in dem großartigen Eingangschor mit starken musikalischen Mitteln herausgearbeitet. Er stellt einem klagenden chromatischen Motiv ein freudig bewegtes innerhalb desselben Hauptthemas gegenüber:

Das Orchester beginnt, da die Freude das Wesentliche, die Trauer vorübergehend ist, sinngemäß mit dem Freudenrhythmus; die Singstimmen verbinden und verschlingen die Themen so, daß oft beide Affekte kontrastierend zugleich erklingen. Eine geniale Eingebung ist die Weise, in der Bach den 2. Teil des Textes einführt. Der volle Chor endet auf der Dominante fis-Moll, dann singt der Baß allein in freiem ariosen Melos weiter: »Ihr aber werdet traurig sein«, als spreche nun Christus selbst zu den Jüngern. Nacheinander treten die übrigen Stimmen wieder in fugiertem Satz dazu und führen die Freudenverkündigung, zwar immer wieder mit gehaltenen Tönen der Klage durchsetzt, glanzvoll zu Ende. Ein Tenor-Rezitativ und eine Arie für Alt malen den Stimmungsgegensatz weiter aus. Die Entscheidung bringt eine Tcnor-Aric in D-Dur, der Paralleltonart des herrschenden h-Moll, die mit fanfarenartigen Dreiklangsthemen, Koloraturen und der Versicherung »Mein Jesus läßt sich wieder sehen« zur Freude aufruft. Der Chor setzt mit der Melodie »Was mein Gott will, das g'scheh allzeit« das Schlußwort: »Dein kurzes Leid soll sich in Freud und ewig Wohl verkehren.«

Also hat Gott die Welt geliebt (BWV 68), für den 2. Pfingsttag des Jahres 1725 geschrieben, ist eine chorisch reich bedachte Kantate, die gänzlich, auch am Schluß, auf den Choral verzichtet. Der Text ist dem geheimnisvollen Gespräch Jesu mit Nicodemus entnommen, von dem der Evangelist Johannes im 3. Kapitel berichtet, und von Marianne von Ziegler frei in Verse gefaßt worden. Der Anfangschor, d-Moll in schwingendem Siciliano-Takt, spricht das Glück aus, das der Glaube an Gottes eingeborenen Sohn verleiht: »Wer sich im Glauben ihm ergibt, der soll dort ewig bei ihm leben«, ein idyllisches Stück, voll innerer Heiterkeit, die zu den reinsten Klängen der Bachschen Empfindungswelt gehört. Die 2 Arien des Werkes sind einer weltlichen Jagdkantate der Weimarer Zeit entnommen. Die Sopran-Arie »Mein gläubiges Herze, frohlocke, sing, scherze« wurde losgelöst vom Kantaten-Kontext berühmt. Mit ihrer fast durchgängigen Sechzehntelbegleitung ist sie ein Paradestück für das nach Plänen Sebastian Bachs konstruierte Violoncello piccolo, das später Viola pomposa genannt wurde. Es ist 5saitig und nach Geigenart, bei doppelter Korpustiefe, am Kinn zu spielen. Die Baß-Arie läßt ihre ursprünglich weidmännische Bestimmung deutlich erkennen. Bedeutsam ist der Schlußchor, der den Text des Evangeliums bringt: »Wer an ihn glaubet, der wird nicht gerichtet, wer aber nicht glaubet, der ist schon gerichtet, denn er glaubet nicht an den Namen des eingeborenen Sohnes Gottes.« Hier schafft Bach einen Kontrast zu dem lieblichen Eingangschor. In gemeißelter Thematik, in motettischem Satz, der von den mitgehenden Instrumenten nur selten um selbständige Stimmen bereichert wird, singt der Chor:

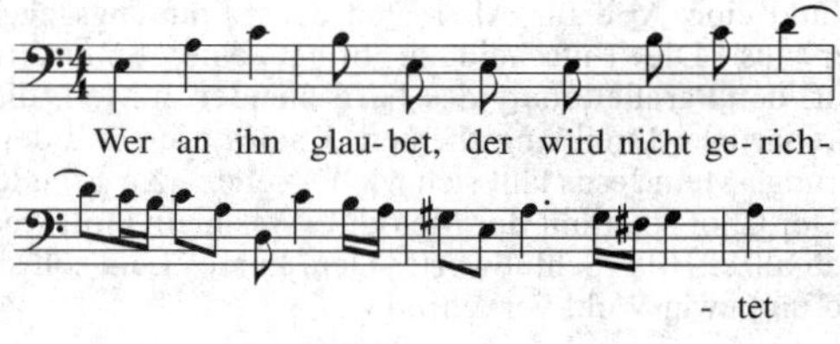

– ein strenges Schlußwort, das auch durch den finalen D-Dur-Dreiklang nicht gemildert wird.

Gott fähret auf (BWV 43), die Himmelfahrtskantate des Jahres 1726, ist eine umfangreiche 2teilige Komposition, deren Text ebenfalls von der Dichterin Marianne von Ziegler stammt. Dem von einem Orchester-Adagio eingeleiteten Anfangschor, dessen C-Dur barock-festlichen Klang hat, liegt ein Wort des 46. Psalms zugrunde: »Gott fähret auf mit Jauchzen und der Herr mit heller Posaune«. Die »helle Posaune« wird gleich zu Beginn des Allegro durch eine melodieführende Trompete, das »Auffahren« durch immer wiederkehrende aufsteigende Achtelläufe der Streichinstrumente illustriert; der Chor singt eine Melodie von hymnischem Schwung:

Die vielstimmig verschlungenen Achtelketten geben dem Satz bewegtes Leben, 3 akkordisch intonierende Trompeten setzen Glanzlichter auf, die Wirkung des Stückes liegt nicht in ausschweifender Länge, sondern in seiner gedrängten Kürze. Ein kurzes Rezitativ des Soprans berichtet mit den Worten des Markus-Evangeliums: »Und der Herr, nachdem er mit ihnen geredet hatte, ward er aufgehoben gen Himmel, und sitzet zur rechten Hand Gottes.« Die Phantasie der Dichterin malt die Szene ungemein lebendig aus. Eine Tenor-Arie erzählt von Tausenden himmlischer Heerscharen, die den Wagen des auffahrenden Königs begleiten, eine feierlich gestimmte Sopran-Arie gilt der Betrachtung: »Mein Jesus hat nunmehr das Werk vollendet und nimmt die Wiederkehr zu dem, der ihn gesendet.« Bedeutsam ist vor allem die von einem Rezitativ eingeleitete Baß-Arie des 2. Teils, die mit anschaulicher Tonmalerei den Helden feiert, »der ganz allein die Kelter hat getreten, voll Schmerzen, Qual und Pein«; ein Triumphgesang mit rollenden Koloraturen, von einer Solo-Trompete festlich begleitet. Die folgende a-Moll-Arie des Alts spricht dagegen vom Schmerz der irdisch gebundenen Seele: »Ich stehe hier am Weg und schau ihm sehnlich nach.« Der Chor kommt nur noch in dem 2strophigen Schlußchoral *Du Lebensfürst, Herr Jesu Christ* zu Worte, der aus dem Jahr 1655 von Christoph Peter, Stadtkantor in Guben, stammt.

Gelobet sei der Herr (BWV 129) ist ein weiteres Beispiel des Liedkantatentypus und entstand Ende der 20er Jahre. Das Gewicht liegt auf dem Anfangschor. Die in den Tönen des D-Dur-Dreiklangs absteigende Liedmelodie

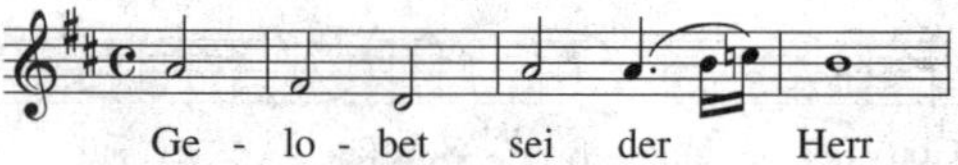

inspiriert den Komponisten zu einem reich figurierten Orchestersatz. Die strahlende Grundtonart wird nur selten durch Ausweichungen nach e-Moll und fis-Moll modulatorisch schattiert. Der Chor lobt Gott den Schöpfer, die folgende Baß-Arie Gott den Sohn; eine breit ausgeführte Sopran-Arie, die ein liedhaftes Thema mit großem Aufwand an Vokalkoloratur und imitierender Instrumentalfiguration behandelt, feiert den Geist. Auf eine dritte, dem Alt zugeteilte Arie folgt der Schlußchoral, der mit seiner prächtigen orchestralen Untermalung die D-Dur-Stimmung des Anfangs wieder anschlägt und dem Ganzen eine schöne Geschlossenheit verleiht.

Ein feste Burg ist unser Gott (BWV 80), in der vorliegenden Gestalt die vermutlich letzte Fassung von 1730 einer schon in Weimar für den Sonntag Oculi 1715 komponierten Kantate, ist ein Höhepunkt Bachscher Kantatenkunst. Die Glaubensgewißheit, die dieser Psalmdichtung Martin Luthers und ihrer großartigen Melodie innewohnt, hebt das Werk über die Sphäre der Intimität hinaus, die sonst das Kennzeichen der Kantate ist. Das Wesen dieser Musik ist Größe; sie berichtet von Erhebungen, Kämpfen und Triumphen, die nicht die Einzelseele, sondern die christliche Menschheit angehen. Das »Reich«, das uns doch bleiben muß, das Reich Gottes, tritt als strahlende Vision vor das innere Auge des Hörers. Immer hat man den Anfangschor mit dem Bilde der lutherischen Dichtung einer hochgetürmten Burg verglichen. Mit Emphase setzt das Liedthema der Tenöre ein:

Aus den Durchführungen der einzelnen Melodiezeilen ersteht eine Fugenarchitektur, die den Geist der Gotik wiederaufleben läßt. Während die Chor-Stimmen die Liedweise frei abwandeln, spielen Oboen und Bässe, den Klangraum von oben und von unten umgreifend, im Kanon die originale Melodie; der Schlußton der Bässe wird zum lange ruhenden Orgelpunkt, über dem die Singstimmen kadenzierend ausschwingen. In der 2. Strophe, einem Duett für Sopran und Baß, schildert tumultuöse Streicherthematik den Kampf des »rechten Mannes, den Gott hat selbst erkoren«. Der Sopran singt den Cantus firmus, der Baß gibt seiner Siegesgewißheit mit der Poesie zum Sonntag Oculi von Salomon Franck beredten Ausdruck. Noch großartiger ist das Bild, das durch die 3. Strophe beschworen wird: ein Schlachtengemälde, das den Aufstand der Mächte gegen die Gläubigen schildert. Während das Orchester mit grellen Trompetenrufen und verschlungenen Sechzehntelläufen der Violinen, die am Ende bis in die Baßtiefe hinabgreifen, einen Dämonenkampf entfesselt, singen Männer- und Frauenstimmen des Chores in Oktavkoppelung die Liedweise: »Und wenn die Welt voll Teufel wär und wollt uns gar verschlingen«. Dic Uncrschütterlichkeit des Glaubens kann nicht deutlicher und überzeugender symbolisiert werden. Die Solo-Stücke gehen alle auf die Erstfassung von BWV 80, auf die Weimarer Kantate *Alles, was von Gott geboren* (BWV 80a) und ihre Texte von Salomon Franck (1715) zurück. Die empfindsame Sopran-Arie »Komm in meines Herzens Haus« und das volkstümlich schlichte, Alt und Tenor in

Terzen und Sexten zusammenführende Duett »Wie selig sind sie doch, die Gott im Munde tragen« fügen sich als Kontrastelemente in das großartige Ganze, das mit der 4. Liedstrophe »Das Wort sie sollen lassen stahn« in monumentaler Einfachheit, in vierstimmiger Harmonie der Sänger und Instrumente ausklingt.

Wachet auf, ruft uns die Stimme (BWV 140), 1731 entstanden, hat wie die vorgenannte Kantate ein melodisch ungemein prägnantes Kirchenlied zum Thema, aber der mystische Text von den Töchtern Zion, die den Bräutigam erwarten, fordert eine andere Behandlung. Bach hält sich an das Bild, hinter dem der Dichter Philipp Nicolai, dem Gleichnis von den törichten und den klugen Jungfrauen folgend, die Frage der christlichen Bereitschaft verborgen hat. Seine Kantate ist ein Gemälde; durch die Tonmalerei schimmert die Bedeutung wie durch einen farbigen Schleier hindurch. Der Anfangschor enthält die Essenz des Ganzen: ein Stück voll mystischer Unruhe, voll von drängenden Rhythmen, pochenden Bässen, aufwärtsstrebenden Figuren der Violinen und Oboen. Albert Schweitzer deutet ihn als Schilderung des Erwachens. Der Sopran stimmt die Liedweise an: »Wachet auf« und behält sie das ganze lange Stück hindurch bei. Das Horn leiht ihm seine markante Klangfarbe; das Bild der Wächter hoch auf der Zinne könnte musikalisch nicht deutlicher gemalt werden. Die Unterstimmen begleiten den Cantus firmus mit bläserartigen Motiven, die wie ein Durcheinanderrufen klingen. Das in den Text eingeworfene »Alleluja« wird zu einem freien lyrischen Intermezzo; Alt, Tenor und Baß spinnen den Jubelruf in langen Koloraturen aus, der Sopran kommt erst auf dem Höhepunkt dazu. Der Solo-Tenor kündigt in einem Rezitativ das Kommen des Bräutigams an. Ein Duett von Sopran und Baß schildert die Erwartung der erwählten Jungfrau, der die Stimme des Bräutigams gleichsam von fern »Ich komme« zuruft. Eine Solo-Violine begleitet mit graziös-poetischer Figuration. Die 2. Strophe des Kirchenliedes singt der (Chor-)Tenor zu einer reigenartigen Melodie, die Geigen und Bratschen im Einklang über ruhig schreitenden Bässen spielen; es ist das Bild des nahenden Hochzeitszuges. Der Bräutigam begrüßt die erwählte Braut; ein Duett von Sopran und Baß feiert die mystische Vereinigung. Die letzte Strophe, textlich eine strahlende Vision himmlischer Freuden – »Gloria sei dir gesungen mit Menschen- und mit Engelszungen« –, erklingt in einfachster musikalischer Gestalt, in 4stimmigem Chorsatz. Seine unübertrefflich klare und dabei kühne Harmonik macht ihn zu einem der am häufigsten gesungenen Liedsätze Sebastian Bachs.

Nun ist das Heil und die Kraft (BWV 50) nimmt aus mehreren Gründen in Bachs Kantatenwerk eine Sonderstellung ein. Zum einen steht dieser Chorsatz allein; er bildet also gar keine Kantate, sondern erfüllt, wenn man ihn nicht einfach nach Bachs eigenem Brauch *»Concerto«* nennen will, entscheidende Kriterien eines *»Motetto«*, nämlich reine Chormusik, reiner Bibeltext und Doppelchörigkeit. Zum anderen gibt es in Bachs gesamtem geistlichen Kantatenschaffen keinen Doppelchor. Außerdem existiert keinerlei Autograph von diesem Werk. Grundlage aller Veröffentlichungen ist die Partitur von der Handschrift des Bach-Schülers Carl Gotthelf Gerlach (1704–61), der seit 1729 als Musikdirektor und Organist an der Leipziger Neuen Kirche wirkte. In Gerlachs Manuskript erscheint nirgendwo der Komponistenname; erst der Bach-Schüler Johann Philipp Kirnberger (1721–83) vermerkt die Autorschaft Bachs. Schließlich scheinen dem hohen kompositorischen Anspruch der gewählten Form einer Permutationsfuge eine größere Anzahl von sogenannten Satzfehlern zu widersprechen. Deshalb ist schon mehrfach die Echtheitsfrage gestellt worden. In Werner Neumanns Buch *J. S. Bachs Chorfuge* (Diss. Leipzig 1938) kann man die Analyse dieses Werkes nachlesen. Dabei erscheint die Gesamtform aus präzise 2mal 68 Takten bei jeweils ähnlicher, im 2. Teil intensivierter Steigerungsdisposition und klug abgewogener harmonischer Totale auf der Basis von 6 permutationsfähigen Kontrapunkten als ein Meisterwerk ersten Ranges, für das in dem betreffenden Stilbereich kein anderer Komponist als Johann Sebastian Bach ernsthaft in Frage kommt. Die Offenbarung des Johannes hat den Text geliefert. Als der Streit Michaels mit dem Drachen entschieden und der Teufel auf die Erde hinabgestürzt ist, ertönt im Himmel eine Stimme: »Nun ist das Heil und die Kraft und das Reich und die Macht unsers Gottes seines Christus worden, weil der verworfen ist, der sie verklagete Tag und Nacht vor Gott.« Bach hat den ganzen langen Schriftsatz musikalisch in ein einziges, 22 Takte langes Fugenthema gefaßt, dessen kraftvoll deklamierter 1. Teil lautet:

Die Bässe des 1. Chores beginnen in der Tonika D ohne vorbereitendes Vorspiel, im Unisono von den Orchesterbässen gestützt. Tenor, Alt und Sopran setzen jeweils nach 7 Takten ein, während die andern Stimmen das Thema zu Ende singen. Auf dem Höhepunkt dieser Exposition, mit dem 8. Takt des Soprans, tritt der 2. Chor mit der harmonisch vollstimmig gesetzten Umkehrung des Themas ein:

Zugleich kommen Trompeten hinzu, die die Originalgestalt des Themas blasen, und Oboen mit aufsteigenden Dreiklangsfanfaren: eine Siegessymphonie für den Erzengel Michael, den Gewinner des mystischen Kampfes. Die 2. Durchführung der Fuge, die von den Bässen des 1. Chores in der Dominante A angestimmt wird, führt in eine harmonisch ausgreifende, den geschlagenen Dämonen gewidmete Episode, die in fis-Moll kadenziert und abschließt. Nach einer Generalpause setzt unvermittelt in D-Dur die 3. Durchführung ein: Das Thema, akkordisch ausgesetzt, ist im Wechselgesang auf beide Chöre verteilt, Trompeten, Oboen und Pauken begleiten den Einsatz gleichsam mit einem Tusch. Auf dem Höhepunkt singen die beiden Tenor-Stimmen das Thema zugleich in originaler und umgekehrter Gestalt, während sich die Frauenstimmen mit bewegten Figuren um den doppelten Cantus schlingen. Zu Beginn der 4. und letzten Durchführung wiederholen die beiden Baß-Stimmen denselben Effekt. Der dichte 8stimmige Chorsatz öffnet sich noch einmal bei den Worten »weil der verworfen ist, der sie verklagete« – in Analogie zum 1. Teil in Cori-spezzati-Technik mit kühn ausgreifender Harmonik, die die Chöre wieder ineinander schlingt und hier in den Trugschluß nach h-Moll treibt. Dann beendet eine kurze, über E-Dur und A-Dur in die Grundtonart D-Dur drängende Kadenz den Satz, der so, wie er überliefert ist, ein in sich geschlossenes, erhabenes Kunstwerk darstellt, das keiner Fortsetzung bedarf.

Nach älterem kirchlichen Brauch hat Bach nicht nur Passionen, sondern auch Oratorien zu Weihnachten, Ostern und Himmelfahrt geschrieben. Da im strengen gattungsgeschichtlichen Sinne ein Oratorium stets den Bericht eines dramatischen Vorganges in Prosa zum Textbuch haben soll, während die Kantate auf lyrische Poesie geht, ist das als Kantate BWV 249 (*Kommt, eilet und laufet*) gezählte **Oster-Oratorium**, trotz dieser Benennung durch Bach selbst, eigentlich kein Oratorium. Der Autor der lyrischen Poesie ist unbekannt; Werner Neumann vermutet den Leipziger Christian Friedrich Henrici, gen. Picander. Das als Kantate BWV 11 gezählte **Himmelfahrts-Oratorium** (*Lobet Gott in seinen Reichen*) ist jedoch nach der beschriebenen Terminologie ein echtes Oratorium, das die Harmonie oder Summa der Himmelfahrtsberichte nach Lukas 24, Apostelgeschichte 1 und Markus 16 darstellt, kommentiert von madrigalischen Dichtungen eines unbekannten Autors.

Das Weihnachts-Oratorium (BWV 248) ist eine Zusammenfassung von 6 Kantaten, die Bach im Jahre 1734 für die Weihnachtsfestzeit – das heißt für die 3 Weihnachtstage, den Neujahrstag, den Sonntag nach Neujahr und das Epiphaniasfest – geschrieben und im jeweiligen Gottesdienst aufgeführt hat. Das Werk ist also im liturgischen und künstlerischen Sinne eine Einheit, ein Zyklus, dessen Aufführung sich über die schönste Festzeit des Kirchenjahres verteilt. Bach hat einen beträchtlichen Teil der Musik nicht neu für die Illustration der Weihnachtsgeschichte erfunden, sondern älteren weltlichen Werken entnommen und, äußerst geschickt mit geistlichem Text versehen, »parodiert«. Nicht weniger als 17 Stücke der Partitur, darunter die großen Einleitungschöre der einzelnen Kantaten und viele bedeutende Arien, entstammen Festkantaten, die Bach zum Geburtstag der Königin und des Kurprinzen von Sachsen und für andere weltliche Anlässe geschrieben und mit dem Telemannschen Collegium musicum aufgeführt hatte. Es ist fast ein Wunder zu nennen, daß der Hörer nirgends eine Diskrepanz von Musik und Text spürt. Der Jubel der Huldigungskantaten geht in die höhere Freude des Kirchenfestes auf, Weihnachtsstimmung durchdringt die verschiedenartigen Teile und verschmilzt sie zum Ganzen. Gerade dem *Weihnachts-Oratorium* gehört heute die besondere Liebe der Hörer, seine Aufführung in Kirche und Konzert ist ein unumgänglicher Bestandteil der winterlichen Festzeit. Daß Bach selbst die Kantaten zum Ganzen zusammengestellt hat, rechtfertigt ihre Gesamtaufführung als Oratorium. Da das Ganze für einen Konzertabend zu lang ist, tut man gut daran, das Werk zu teilen und je 3 Kantaten an 2 Abenden aufzuführen. Singt man alle 6 Kantaten, so sind beträchtliche Kürzungen nötig, die vor allem die Arien betreffen müssen. Nur die 1., 2. und 3. Kantate, das heißt die Weihnachtsgeschichte in engerem Sinne, aufzuführen und auf den Rest zu verzichten, ist die am weitesten verbreitete, aber keineswegs beste Lösung. Entsprechend seiner ursprünglichen Bestimmung als liturgischer Kantatenzyklus ist das Werk hier zu betrachten.

Jauchzet, frohlocket, auf, preiset die Tage, die 1. Kantate (1. Weihnachtsfeiertag), berichtet von Joseph und Maria, die nach Bethlehem zogen, und von der Geburt des Kindes. Der Anfangschor, von Pauken, Oboen und Trompeten eingeleitet, von rauschenden Skalen der Violinen begleitet, ist einer der D-Dur-Sätze in akzentuiertem 3/8-Takt, durch die Bach die höchste Freude auszudrücken liebt. Der Chor setzt nach ausführlichem, brillantem Orchestervorspiel unisono in tiefer Lage mit dem Ruf »Jauchzet, frohlocket« ein. Aus den syllabischen Rufen entwickelt sich das Hauptthema, das sogleich in ausgelassener Fröhlichkeit bis zum a^2 emporsteigt:

Das umfangreiche Stück ist in 3teiliger Liedform nach dem Schema $A^1 A^2$–B–C–$A^1 A^2$ angelegt. Der Hauptsatz erklingt zweimal, er kadenziert das 1. Mal in der Dominante, das zweite Mal in der Tonika. Es folgt ein Mittelsatz, der aus 2 thematisch verschiedenen Episoden in h-Moll und fis-Moll besteht, dann wird der Hauptsatz als Dacapo wiederholt. Der Evangelist beginnt die Weihnachtserzählung. Die Alt-Stimme unterbricht ihn mit einem lyrischen, von 2 Oboen begleiteten Rezitativ, das die Erwartung des Heilands ausspricht, und fordert in einer stimmungshaft verhaltenen a-Moll-Arie: »Bereite dich, Zion, mit zärtlichen Trieben«. Der 1. Choral ist das Adventslied *Wie soll ich dich empfangen*; es wird nach damaligem Leipziger Brauch auf die Melodie des Sterbeliedes *Herzlich tut mich verlangen* gesungen. Geburt und Tod sind eins; der Heiland ist, schon bevor er Mensch wird, zum Erlösertod bestimmt. Der dunkle Schatten, der in die Weihnachtsidylle fällt, ist mehr als eine künstlerische Kontrastwirkung, er gehört zum Bild des Kindes in der Krippe, er ist der Hintergrund der Christgeburt, die der Evangelist nun in einem kurzen Rezitativ berichtet. Den Eintritt des Heilands in die Welt begrüßt kein glänzender Jubelchor; die Vision des Stalles von Bethlehem wird in einem schlichten und doch ungemein kunstvollen Musikstück von volkstümlichem Klang aufgefangen, das der ärmlichen Szenerie ebenso wie der Bedeutung des Geschehens entspricht. Oboen und Fagott spielen eine in Terzenketten hinfließende Pastoralmusik, zu der der Chor-Sopran die 6. Strophe, »Er ist auf Erden kommen arm«, des zentralen Weihnachtsliedes *Gelobet seist Du, Jesu Christ* anstimmt. Der Solo-Baß, als Symbol Adams und damit der Menschheit, unterbricht den Gesang nach jeder Zeile durch rezitativische Betrachtungen, er deutet wissend den Sinn des tönenden Bildes. Eine andere Stimmung schlägt die folgende, von der Solo-Trompete begleitete Arie an. Der Solo-Baß huldigt mit kraftvoll rhythmisierter Melodie dem »großen Herrn und starken König«, der der Erde Pracht verachtet. Der Schlußchoral, die 13. Strophe von Luthers volkstümlichem Weihnachtslied *Vom Himmel hoch da komm ich her* symbolisiert durch das direkte Nebeneinander der schlicht instrumentierten und gesungenen Liedzeilen und der von Trompeten und Pauken kraftvoll geschmetterten Ritornelle, daß in dem winzigen Menschenkind armseligster Geburt der König der Menschheit, der Herrscher der Welt geglaubt und erkannt werden soll.

Und es waren Hirten in derselbigen Gegend, die 2. Kantate (2. Weihnachtsfeiertag), wird durch eine ausgedehnte Sinfonia in G-Dur eingeleitet, die zu den schönsten Instrumentalsätzen Bachs überhaupt zählt und die in der Art eines Prologs den wesentlichen Inhalt der folgenden Kantate darstellt: die Begegnung der Hirten und der Engel auf dem Felde von Bethlehem. 2 Themen werden einander gegenübergestellt, ein schwebendes, schwingendes, dem vibrierenden Ton der Streichinstrumente verbundenes, das die Erscheinung der Engel versinnbildlicht,

und ein behaglich-ruhiges, dem Schalmeienklang der Holzblasinstrumente zugeteiltes, das die Hirten charakterisiert:

Beide Themen umspielen und umschlingen einander, das Bild der auf- und abschwebenden, vom Glück der Verkündigung berauschten Engel und der gläubig und staunend emporschauenden Hirten wird anschaulich gemalt. Aber wichtiger als die Tonmalerei ist die rein musikalische Schönheit des Stückes, in dem Naturpoesie und religiöse Schau in graziösem Siciliano-Rhythmus zusammenklingen. Nachträglich kommentiert der Evangelist das Stück; er erzählt von dem Engel des Herrn, der in überirdischer Klarheit zu den Hirten tritt. Eine Sechzehntelfigur des Basso continuo, durch einen verminderten Septakkord harmonisiert, drückt ihr Erschauern aus:

Nach der 4. Strophe des Johann-Rist-Liedes *Ermuntre dich, mein schwacher Geist* mit der aufrichtenden Ermahnung: »Du Hirtenvolk, erschrecke nicht« verkündet der Engel seine Botschaft: »Denn euch ist heute der Heiland geboren, welcher ist Christus, der Herr, in der Stadt Davids.« Ein Baß-Rezitativ und eine koloraturenreiche Tenor-Arie kommentieren das Ereignis, bevor der Engel seine Botschaft vollendet und die Hirten zu dem Kinde weist, das in Windeln gewickelt in einer Krippe liegt. Bei diesem Bilde verweilt der Komponist. »Schaut hin, dort liegt im finstern Stall, dess' Herrschaft gehet überall« singt der Chor auf die Melodie *Vom Himmel hoch* und die Worte der 8. Strophe des Paul-Gerhardt-Liedes *Schaut, schaut, was ist für Wunder dar.* Der Baß wiederholt im Rezitativ die Aufforderung an die Hirten, nach Bethlehem zu gehen, und heißt sie, während das Violoncello eine wiegende

Begleitung spielt, dem Kinde ein Wiegenlied singen. Aus der Vorstellung des Wiegenliedes steigt die Vision Marias an der Krippe auf, die das Jesuskind in Schlaf singt. Die herrliche Alt-Arie »Schlafe, mein Liebster« wird der Stimmung so ganz gerecht, daß man ihre Herkunft aus einer Huldigungskantate an einen sächsischen Prinzen kaum glauben mag:

Nach dieser langen Abschweifung führt der Evangelist auf das Feld von Bethlehem zurück, wo die Menge der himmlischen Heerscharen erscheint; ihr Gesang ist durch die Kraft der Begeisterung und die gedrängte Fülle des Satzes der chorische Schwerpunkt des Oratoriums. Das Hauptthema, das durch den Aufschwung großer Intervallsprünge charakterisiert ist, wird in dichten Imitationen verarbeitet und von G-Dur über e-Moll nach H-Dur geführt:

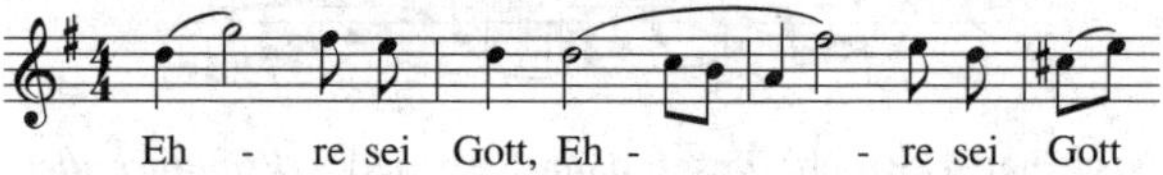

Eine erregte Staccato-Begleitung der Streichinstrumente gibt den Hintergrund. Der Wunsch »und Friede auf Erden« erhält durch dissonante Stimmenüberschneidungen einen tiefsinnigschmerzlichen Klang:

Um so freudiger ist der 3. Teil des Satzes – »und den Menschen ein Wohlgefallen« –, dessen lebhaftes, fugiertes Thema in langen Sechzehntelketten ausschwingt. Die Reprise des Hauptthemas »Ehre sei Gott« schließt den Satz mit großer Klangpracht ab. Der Solo-Baß als Stimme des Menschen lobt den Gesang der Engel und fordert alle auf, mit einzustimmen. Die Melodie *Vom Himmel hoch* beschließt mit der 2. Strophe des Paul-Gerhardt-Liedes *Wir singen Dir, Immanuel* auch diesen Teil, vom Streicher(-»Engels«-)thema der Einleitungssinfonia im Orchester-Baß getragen, während die Ritornelle von den Holzbläsern mit der »Hirten«-Thematik der Sinfonia musiziert werden, so daß Anfang und Schluß der Kantate in schöner Entsprechung stehen.

Herrscher des Himmels, erhöre das Lallen, die 3. Kantate (3. Weihnachtsfeiertag), hat den Weg der Hirten nach Bethlehem zum Inhalt. Der Eingangschor ähnelt im Charakter dem der 1. Kantate: auch hier ein D-Dur-Satz in lebhaftem ⅜-Takt, auch hier der Wechsel von syllabischer Wortdeklamation und gebundener Figuration. Anschaulich ist der Schritt der aufbrechenden Hirten geschildert; zu ihrem Gesang, der als Kanon in Gegenbewegung anhebt:

steht die Sechzehntelbegleitung der Violinen als Ausdruck der erregten Erwartung im Kontrast. Der Chor wendet sich von A-Dur nach cis-Moll und wird, ehe er zum eigentlichen Schluß kommt, vom Solo-Baß unterbrochen, der den Hirten den Sinn des Geschehens in Bethlehem deutet und damit eine längere Unterbrechung der Erzählung einleitet. Auf die 4. Strophe, »Dies hat er alles uns getan«, des Liedes *Gelobet seist Du* folgt ein ausgedehntes Duett für Sopran und Baß von lieblich-graziösem Charakter, das für das Erbarmen des väterlichen Gottes dankt. Dann faßt der Evangelist das ganze Geschehen der Kantate in einem Rezitativ zusammen: Die Hirten finden das Kind in der Krippe und breiten das Wort aus, das ihnen gesagt war; »Maria aber behielt alle diese Worte und bewegte sie in ihrem Herzen«. Das ist das Stichwort für die zweite Marien-Arie, die wieder der Alt-Stimme, diesmal von der Solo-Violine begleitet, zugeteilt ist: »Schließe, mein Herze, dies selige Wunder fest in deinen Glauben ein.« Der Chor bekräftigt ihre Worte durch die letzte Strophe, »Ich will dich mit Fleiß bewahren«, des Paul-Gerhardt-Liedes *Fröhlich soll mein Herze springen*. Die Hirten kehren wieder um, und der Schlußchoral ruft ihnen mit der 6. Strophe des Liedes *Wir Christenleut habn jetzund Freud* hinterdrein: »Seid froh, dieweil«. Dann schließt die Wiederholung des Eingangschors »Herrscher des Himmels« die Kantate ab.

Fallt mit Danken, fallt mit Loben, die 4. Kantate (Neujahr), nimmt nicht nur durch ihre von dem zentralen D-Dur entfernte Tonart F-Dur eine Sonderstellung im Zyklus ein. Auffällig ist auch der weitgehend homophone Stil des von sonoren Hörnern begleiteten Eingangschores, der der pietistischen Vorstellung vom weichen Hornklang als Sinnbild für den Namen des Erlösers sinnfällig Raum gibt. Die »Handlung«, die Beschneidung und Namengebung des Jesuskindes, wird in einem kurzen, unmittelbar auf den Anfangschor folgenden Rezitativ des Evangelisten abgetan; was noch folgt, sind lyrische Betrachtungen, die den Namen Jesu verherrlichen. Aber gerade in dieser Freiheit bezeugen sich die Phantasie des Dichters Picander und das religiöse Gefühl des Komponisten Bach. Ein in das Rezitativ eingefügtes Duett von Sopran und Baß spricht die Liebe zu Jesus ergreifend aus. Hier singt die Frauenstimme den einzigen von Sebastian Bach selbst stammenden Cantus firmus im *Weihnachts-Oratorium*, und der Baß symbolisiert wieder in der Person Adams die ganze Menschheit. In einer Arie des Soprans wird das Gespräch der Seele mit dem Heiland fast spielerisch stilisiert. Jesus antwortet durch eine 2. Sopran-Stimme als Echo auf die Fragen des 1. Soprans, eine Solo-Oboe klingt als 2. Echo nach. Die Künstlichkeit der Konzeption erklärt sich, wenn man weiß, daß die Arie ursprünglich in der Kantate *Hercules auf dem Scheide-*

wege (BWV 213) die Antworten des Orakels auf die Fragen des griechischen Helden enthielt. Ein zweites pathetisches Duett von Sopran und Baß und eine großartige, in Koloraturen hinfließende d-Moll-Arie des Tenors sind weiterhin zu erwähnen. Der breit ausgeführte, mit Vorspiel, Ritornellen und Nachspiel versehene Schlußchoral »Jesus richte mein Beginnen« bringt die 5. Strophe des von Johann Rist stammenden Neujahrsliedes *Hilf, Herr Jesu, laß gelingen*. Diese Kantate macht deutlich, wie nahe Bach der zeitgenössischen Oper stand, sobald er auf das ererbte Stilmittel der chorischen Polyphonie verzichtete.

Ehre sei dir, Gott, gesungen, der Anfangschor der 5. Kantate (Sonntag nach Neujahr), ist wieder ein Stück in großem geistlichen Stil: ein glänzend instrumentierter A-Dur-Satz in 3teiliger Dacapo-Form, der die Stimmen bald in kompakten Klängen zusammenführt, bald in Imitationen einander folgen läßt. Reizvoll ist der dynamisch verhaltene, in fis-Moll stehende Mittelteil, in den Singstimmen und Instrumente über dem durchgehenden Continuo-Baß abwechselnd eintreten. Die 5. und 6. Kantate behandeln die Ankunft der Weisen aus dem Morgenlande und die Nachstellungen des Herodes. Sie sind die dramatischsten Partien des *Weihnachts-Oratoriums*. Die Weisen werden in direkter Rede nach Art der Turbachöre der Passionen eingeführt. Sie fragen: »Wo, wo, wo ist der neugeborene König der Juden?« und fahren lebhaft fort: »Wir haben seinen Stern gesehen im Morgenlande.« Der Solo-Alt als Personifizierung von Kirche und Gemeinde der Gläubigen gibt ihnen die vom Glanz der Streicher unterlegten Antworten. Die 6. Strophe des Liedes *Nun, liebe Seel, nun ist es Zeit* von Georg Weissel, »Dein Glanz all Finsternis verzehrt«, schließt diesen Teil ab, und es folgt eine Arie des Basses, der um Erleuchtung der »finstren Sinnen« bittet. Dann berichtet der Evangelist von der Furcht des Herodes, der die Hohenpriester und Schriftgelehrten nach dem neuen König fragt. Die alte Weissagung »Und du Bethlehem im jüdischen Lande bist mitnichten die Kleinste unter den Fürsten Juda« wird durch einen schlicht-feierlichen Satz aus dem Rezitativ hervorgehoben. Dem Prophetenwort wird ein musikalischer

Kommentar beigegeben, ein Terzett, das Erwartung und Erfüllung dramatisch kontrastiert. Zaghaft singen Sopran und Tenor: »Ach, wann wird die Zeit erscheinen?« Mit energischer Deklamation unterbricht sie der Alt: »Schweigt, er ist schon wirklich hier.« Die Kantate endet schlicht mit einem 4stimmigen Liedsatz, »Zwar ist solche Herzensstube«, der 9. Strophe des Johann-Franck-Liedes *Ihr Gestirn, ihr hohlen Lüfte*.

Herr, wenn die stolzen Feinde schnauben, die 6., in die Haupttonart des Zyklus D-Dur zurückkehrende Kantate (Epiphanias), gibt dem Ganzen eine dramatische Schlußsteigerung. Der Eingangschor nutzt die Situation zu einem temperamentgeladenen, von Trompeten begleiteten Gesang des Vertrauens und der Zuversicht:

Ein Rezitativ des Soprans schilt die Bosheit des Herodes, die folgende Sopran-Arie huldigt mit anmutiger Melodie der Übermacht Gottes. Mit dem Besuch der Weisen an der Krippe zu Bethlehem und ihrem Traum, der sie auf anderem Wege, ohne Herodes wieder zu begegnen, in ihr Land zurückkehren heißt, endet der Bericht des Evangelisten. Eine kantable h-Moll-Arie des Tenors hält die Stimmung des Triumphes über das Böse fest, und ähnlich, wie Bach gegen Ende seiner *Matthäus-Passion* alle 4 Solisten in einem Schlußrezitativ zusammenbringt, faßt er sie zum Beschluß seines *Weihnachts-Oratoriums* zu einem letzten Bekenntnis zusammen: »Was will der Hölle Schrecken nun, da wir in Jesu Händen ruhn.« Am Ende steht eine Choralfantasie, die die Wirkung der Schlußstücke der 1. und 2. Kantate großartig überbietet. Die Melodie ist die im 18. Jh. auf vielerlei Texte gesungene des Sterbeliedes *Herzlich tut mich verlangen* wie schon im ersten

Liedsatz der 1. Kantate. Die Weihnachtsgeschichte endet mit einer versteckten Ankündigung des Kreuzestodes. Aber nun erklingt die Melodie in kraftvollem D-Dur. Sie ist in ihre einzelnen Zeilen zerlegt, aber die Zwischenspiele werden nicht von einzelnen Instrumenten, sondern vom ganzen Orchester in Sechzehntelbewegung ausgeführt. Es handelt sich um die 4. Strophe des Liedes *Ihr Christen auserkoren* von Georg Werner aus dem Jahr 1648. Die letzten Worte sprechen die Gewißheit aus: »Bei Gott hat seine Stelle das menschliche Geschlecht.«

Historie und Passion

Die Passionserzählung hat unter den liturgischen Evangelienlektionen der kirchlichen Hochfeste im christlichen Gottesdienst von alters her eine besondere Stellung eingenommen. Schon im 13. Jh. kam der Brauch auf, die Lesung der Leidensgeschichte auf verschiedene Stimmen zu verteilen: Der Diakon trug, in stimmlicher Mittellage, den Bericht des Evangelisten vor, ein anderer Kleriker sang in tieferer Lage die Worte Jesu, ein dritter, in höherem Tone, die Reden der Nebenpersonen. Als man überdies die Äußerungen des Volkes, der Hohenpriester und Soldaten zum Chor verstärkte, als den »Soliloquenten« die »Turba« gegenübertrat, war die Grundform des musikalischen Evangelienberichtes, wie er bis zu Schütz und Bach gültig blieb, im wesentlichen gegeben.

Die Entwicklungsgeschichte der *Historie* und damit der *Passion* ist nichtsdestoweniger reich an Spielarten und Formen, die die verschiedenartigen, sich reicher ausbildenden musikalischen Mittel in den Dienst der Verkündigung stellten. Die ursprüngliche, älteste Vortragsart ist die deklamatorische Form des gregorianischen Choralgesangs, der *Accentus* (im Gegensatz zum *Concentus*, der lyrisch gesteigerten Form der Gregorianik): eine einstimmige und unbegleitete musikalische

Rezitation auf wenigen Tönen in festgelegten, einfachen Intervallen. Die Passionsvertonung, die sich überwiegend einstimmig, an Chorstellen zu harmonisch schlichtem vierstimmigen Satz gesteigert, des gregorianischen Choraltons bedient, wird als *Choralpassion*, als *dramatische* oder auch *responsoriale Passion* bezeichnet. Mit dem emanzipatorischen Aufbruch der Neuzeit, d. h. mit dem künstlerischen Gestaltungswillen der Renaissance, entstand das Bedürfnis, die chorale Evangelienrezitation als Cantus firmus in einen harmonischen Klanggrund zu betten. Der Chor wurde zum Erzähler. In polyphonem, meist 4stimmigem Chorsatz wurde die ganze Erzählung einschließlich der Reden Christi und der übrigen Personen abgesungen: Der lyrische Geist der Musik triumphierte über den episch-dramatischen Gehalt des Wortes, die *Motettenpassion*, auch *Figuralpassion* oder *durchkomponierte Passion* genannt, wurde eine der bedeutungsvollsten Schöpfungen des Chorzeitalters zwischen Renaissance und Barock. Von Italien kam die reizvolle Mischform nach Deutschland, in der allein der Erzählerpart, der Evangelist, solistisch auftritt, während alle anderen Partien von der Zwei-, Drei- oder Vierstimmigkeit der *Soliloquenten* bis zur Vielstimmigkeit der *Turbae*, des Eingangschores (*Exordium*) und des Schlußchores (*Conclusio*) in differenzierten Ensemblebesetzungen erklingen. Die späteste und reichste Form, die alle Mittel der universalen Musik – den Instrumentalklang, die Arienform der Oper, den reichen Chorsatz des Oratoriums, das evangelische Kirchenlied – einbezog, ist die *oratorische Passion*; sie ist durch Johann Sebastian Bach zur Vollendung und Krönung der gesamten Gattung gemacht worden.

Die Auswahl der Evangelientexte war durch alten liturgischen Brauch festgelegt. Alle vier Evangelien wurden während der Karwoche rezitiert: nach Matthäus am Palmsonntag, nach Markus am Kardienstag, nach Lukas am Karmittwoch, und dem Karfreitag war das Johannes-Evangelium vorbehalten. Es gab drei Arten der Textbehandlung: den vollständigen Text eines Evangelisten, den gekürzten Text eines Evangelisten sowie die Zusammenstellung einer fortlaufenden Erzählung aus mehreren Evangelien, den Passionsbericht betreffend – vor allem, um die Sieben Worte des Erlösers am Kreuz vollständig zitieren zu können; dieser kombinierte Text wird als »Evangelienharmonie« oder »Summa« bezeichnet und wurde wie ja alle diese Lesungstexte selbstverständlich und bis ins 17. Jh. hinein in lateinischer Sprache gesprochen oder gesungen. Die lyrischen Einlagen der oratorischen Passion waren deutschgereimte Meditationen geistlicher Poeten. In späterer Zeit, im beginnenden 18. Jh., ging man zuweilen ganz vom Bibeltext ab und ersetzte ihn durch freie, gedichtete Erzählung.

Neben der Passion entwickelte sich die musikalische Historie auch auf der Grundlage anderer Stoffe, vor allem als Evangelienharmonien von der Geburt und von der Auferstehung Christi, als Weihnachts- und Oster-Oratorium. Wenn diese Formen auch nicht die Breitenwirkung erreichten, wie sie die Passionsmusiken durch das dogmatische und liturgische Gewicht der Leidensgeschichte entfalteten, so hat doch, neben der Oster-, die Weihnachtsgeschichte charakteristische poetische und mystische Vertonungen erfahren, die, da sie sich der gleichen rezitativischen und chorischen Mittel bedienen, im Anschluß an die Passion zu behandeln sind.

Die dramatische und die motettische Passion der Frühzeit

Johann Walter (1496–1570), der Freund und Mitarbeiter Martin Luthers, in Dresden und Torgau wirkend, hat 3 Passionen nach Matthäus, Johannes und dem Text der Evangelienharmonie geschrieben, die den Typus der deutschen dramatischen, aus dem Choralton entwickelten Passionsvertonung geprägt haben. Bedeutsam ist in diesem Sinne – als einfaches, schlichtes Urbild – vor allem das früheste der 3 Werke, die *Matthäus-Passion* von etwa 1530. Die liturgischen Formeln der Evangelienlektion gelten für die Rezitative ebenso wie für die Chorsätze. Der Evangelist stützt sich auf den Dominantton c, Jesus auf das um eine Quinte tiefere f, die übrigen Soliloquenten streben vom c zum höheren f empor. Die Intervallbewegungen der Stimmen beim Anheben und Schließen, bei

Absatz und Frage sind formelhaft bestimmt. Die 4stimmigen Chorsätze ruhen ebenso traditionsgebunden auf dem F-Dur-Dreiklang. Sie sind Note gegen Note gesetzt und, ohne Takteinteilung in modernem Sinne, als mehrstimmiges Psalmodieren nach dem Wortrhythmus vorzutragen. Sie verzichten noch gänzlich auf dramatische Charakterisierung, auf Ausdruck von Gefühlen oder Tonmalerei; es wirkt nur der dienende Geist der Musik selbst, die Kraft des liturgisch gebundenen, rezitativischen Melos und der reine Klang einfacher, in sich ruhender Harmonie.

Samuel Besler (1574–1625), Kantor in Breslau, hat Walters *Matthäus-Passion*, die sich fest im kirchlichen Gebrauch hielt und von Zeit zu Zeit modernisierende Umformungen erfuhr, grundlegend umgearbeitet, und seine Neufassung von 1612 läßt die Entwicklung der musikalischen Ausdrucksmittel erkennen. Jetzt wird die Erzählung von kurzen Chorgesängen, Ankündigung und Danksagung, umrahmt. Die melodischen Formeln des Rezitativs sind bereichert, der Bericht ist lebendiger, ausdrucksvoller geworden. In den Chorsätzen ist das Prinzip des monodischen Psalmodierens nicht mehr unbedingt herrschend. Die Frage der Jünger: »Herr, bin ichs?«, die Walter im Rezitativ belassen hatte, wird zu einer Aufeinanderfolge erregter Einzelstimmen. »Laß ihn kreuzigen« ist ein Durcheinander langgezogener Rufe, das sich erst nachträglich zum akkordischen Satz bindet. Oft wird der schlichte Satz durch melodische Floskeln der Ober- und Mittelstimmen bereichert. Man spürt, wie die erregte Lebensstimmung des Frühbarock in das statische Gefüge der liturgischen Kunst eindringt, wie der Kunstanschauung späterer Generationen der Boden bereitet wird.

Melchior Vulpius (1570–1615), Kantor und Lehrer in Weimar, hat sein Meisterwerk, eine *Matthäus-Passion*, im Jahre 1613 veröffentlicht. Auch er knüpft an die alte Choralpassion an und läßt den Evangelisten im Lektionston psalmodieren, wie ihn Johann Walter für die evangelische Kirchenmusik fixiert hatte, und zwar genau in der etwas flexibleren Fassung aus der vielgesungenen *Johannes-Passion* (1568) von **Jakob Meiland** (1542–77). Vulpius unterbricht den Bericht durch kurze, an die Grundtonart F gebundene Turba-Chöre. Aber seine harmonischen Mittel sind schon reicher, der Klang ist farbiger als bei anderen Komponisten seiner Generation. Es gibt Episoden von packender Kraft der Charakteristik. Die zwei falschen Zeugen singen einen kleinen imitierenden Duettsatz. Der Schrei nach Barrabas und der Ruf »Laß ihn kreuzigen« sind 6stimmig ausgesetzt, um die Macht und Fülle des Geschreis der Menge anzudeuten. Der 4stimmige Schlußchor klingt aus in ein melodisches Arabeskenspiel, das durch alle Stimmen geht und den Satz in eine lyrische Schwingung versetzt, welcher erst die Kadenz Einhalt gebietet. Auch hier melden sich schon Vorboten des kommenden Ausdruckszeitalters. Aber noch trüben sie nicht die verklärte Reinheit des Klanges, noch gilt das strenge Gesetz der liturgischen Kunst. In Anbetracht einerseits der längeren Rezitative im unbegleiteten Choralton und andererseits der Fülle äußerst reizvoller, harmonisch farbiger Liedsätze im Gesamtwerk von Melchior Vulpius empfiehlt sich in seiner *Matthäus-Passion* die Einfügung passender, vom Chor gesungener Liedstrophen an den Nahtstellen der Erzählung, wie es für die Praxis der Passionsaufführungen in Mitteldeutschland seit Johann Walter überliefert ist.

Nachhaltigen Einfluß auf die Entwicklung der oratorischen Form in Deutschland übte der berühmte italienische Zinkvirtuose **Antonio Scandello** (1517–80), den Johann Walter persönlich in Italien für die Dresdner Hofkapelle verpflichtet hatte. Dort wurde Scandello 1568 Hofkapellmeister. Mit seiner 1561 geschriebenen deutschsprachigen *Johannes-Passion* führte er, von der italienischen Figuralpassion ausgehend, die obengenannte Mischform zwischen dramatischer und motettischer Passion ein, in der allein der Evangelist solistisch im Walterschen lydischen Passionston rezitiert. Die männlichen Soliloquenten werden von 2–3 (solistischen) Männerstimmen, die weiblichen von 3 (solistischen) Frauenstimmen, die (solistischen) Jesus-Worte und das chorische Exordium von 4 gemischten Stimmen, und die Turbae samt Conclusio von 5 gemischten Stimmen gesungen. Alle diese Sätze sind erstmalig in Deutschland cantus-firmus-frei. Scandellos künstlerisch-formale Neuerungen hatten zündende Wirkung und wurden von deutschen Komponisten auf phantasievolle Weise weiterentwickelt.

Bartholomäus Gesius (um 1557–1613), Marien- und Stadtkantor in Frankfurt a. d. Oder, veröffentlichte als erste Komposition 1588 seine *Johannes-Passion*, die zu den geschätztesten Werken der Historiengattung zählt und sich der oben beschriebenen Mischform bedient. Auch er bleibt bezüglich der Evangelistenpartie beim Walterschen Passionston. Aber schon in diesem Frühwerk verbindet er eine im Liedhaften gründende Satzweise mit der stimmigen Durchgestaltung der Lasso-Schule. Sein Chorklang hat eine über die Jahrhunderte hinweg spontan ansprechende, in seiner Zeit einzigartige sentimentalische Komponente.

Ambrosius Beber, um 1600 im sächsischen Delitzsch wirkend, folgt in seiner 1600 veröffentlichten *Markus-Passion* dem Modell der von Scandello eingeführten Form weitestgehend. Lediglich ein Pilatus-Wort (»Was wollt ihr denn«) und der Ausruf des Hauptmanns unter dem Kreuz werden durch Vierstimmigkeit hervorgehoben. Das gänzlich Neuartige und Richtungweisende in Bebers auch heute verbreiteter Passion ist der (vermutlich vom Komponisten selbst stammende) g-dorische Lektionston des Evangelisten. Es ist das erste und einzige Mal vor Heinrich Schütz, daß in einer Passionshistorie vom lydisch-duralen Choralton abgewichen wird.

Joachim von Burck (1546–1610), als Blasius-Organist in Mühlhausen in Thüringen wirkend, lieferte mit seiner *Johannes-Passion* von 1568 den frühesten Beitrag zur deutschsprachigen Motettenpassion, die in den lateinischen Werken von **Antoine de Longueval** (Summa nach dem Johannes-Evangelium, 1507), **Balthasar Resinarius** (Summa nach dem Johannes-Evangelium, 1543), **Jacobus Gallus** (Summa nach dem Johannes-Evangelium, 1587) und **Bartholomäus Gesius** (Summa nach dem Matthäus-Evangelium, 1613) ihre Vorgänger und Begleiter hatte. Auch Burck benutzt die auf den Reformator Johannes Bugenhagen zurückgehende Summa nach dem Johannes-Evangelium, außerdem Markus 9,24 als Conclusio. Die Motettenpassion, die die von der kirchlichen Tradition überlieferte Rezitation cantus-firmus-artig meist im Tenor brachte und den gesamten Evangelienbericht in einen fortlaufenden polyphonen Chorsatz umschmolz, wurde im Laufe der Generationen die freiere, musikalisch angereichertere, den Zeitströmungen aufgeschlossene Form der Passionskomposition. Sie machte eine selbständigere Entwicklung durch als die konservativere, liturgisch gebundene Choralpassion und spiegelte den künstlerischen Reichtum des polyphonen Chorzeitalters eher wider, war aber auch mit dem Ende dieses Zeitalters, um die Mitte des 17. Jh., zum Untergehen verurteilt. Das Werk von Burck ist eine schlichte, häufig dem Wortrhythmus folgende Chorerzählung. Die Harmonik ist streckenweise durch Zitate des Passionschorals an die traditionelle F-Tonalität gebunden; Frauen- und Männerstimmen wechseln oft in 2stimmigen Sätzen ab, die Worte Jesu werden meist unter Verwendung von Cantus-firmus-Teilen von den Männerstimmen gesungen. In dem Chorsatz steckt viel dramatisches Leben. Die Dornenkrone wird durch Moll-Wendungen und gewaltsame Sprünge der Baß-Stimme als Schmerzsymbol hervorgehoben, der Spott der Kriegsknechte durch leichtfertige triolische Rhythmen gekennzeichnet, der Ruf »Kreuzige« wird durch Taktverschiebungen und Pausen zum wirren Geschrei, der Tod des Heilands ist mit äußerster Schlichtheit als Erfüllung des Leidensschicksals akzentuiert. Die Möglichkeiten, die die rein chorische Form bietet, sind in diesem Frühwerk eines 22jährigen bereits zu verblüffender Kunstfertigkeit entwickelt.

Leonhard Lechner (um 1553–1606), der ausdrucksgewaltige Lyriker, Schöpfer von Messen und Psalmen, Liedern, Canzonen und Villanellen, hat als Spätwerk aus dem Jahre 1593 eine *Johannes-Passion* für 4stimmigen Chor hinterlassen, die zu den hervorragendsten Schöpfungen ihrer Gattung zählt. Das Textbuch besteht aus den gekürzten Kapiteln 18 und 19 des Johannes-Evangeliums, die durch Partien aus den drei anderen Evangelien ergänzt werden. Der große lyrische Atem der Figuralmusik erfüllt die Komposition vom Anfang bis zum Ende; sie wirkt wie eine riesige Reihenmotette, die sich in immer neuen Episoden und Varianten fortspinnt. Der alte Choralton ist zwar auch hier noch als Grundlage der formalen Diktion durch alle Stimmen wandernd erkennbar, aber er wird immer wieder überspielt von lyrischem Figurenwerk, das den Fluß der Musik bewegt. An Tonmalerei fehlt es nicht; wenn die Häscher bei der Gefangennahme vor Jesus zurückweichen und zu Boden fallen, wenn Petrus mit dem Schwert zuschlägt, wenn der Hahn kräht, so findet der Komponist dafür unmißverständliche musikalische Symbole. Die Ausdruckskraft der Musik ist schon zu dramatischem Profil gesteigert. Wenn Pilatus den verspotteten Christus dem Volke vorstellt: »Sehet, welch ein Mensch«, so erstarrt der Satz in akkordischer Ruhe, um gleich darauf mit dem Geschrei »Kreuzige ihn« tobend loszubrechen. Der 5. Teil besteht aus den Sieben Worten des Erlösers am Kreuz, die Lechner in einer eigenen Abfolge zusammenstellt. Das Gebet des Gekreuzigten, »Vater, vergib ihnen, denn sie wissen nicht, was sie tun«, die Worte an den Schächer und das »Es ist vollbracht« sind mit einer solchen Ausdrucksdichte gestaltet, daß auch der moderne Hörer sich der tiefen geistlichen Wirkung nicht entziehen kann.

Christoph Demantius (1567–1643), in seiner böhmischen Geburtsstadt Reichenberg, in Zittau und Freiberg als Kantor tätig, krönte sein Lebenswerk im Jahre 1631 mit einer in motettischer Form gesetzten *Johannes-Passion*, deren durchgehend 6stimmiger, harmonisch ungemein farbiger Chorsatz ganz von der menschlichen Gefühlskraft und dem leidenschaftlichen Ausdruckswillen des Schütz-Zeitalters erfüllt ist. Die Spannung von archaischer Form und innerer Modernität wird zum besonderen ästhetischen Reiz des Werkes. Die Entwicklung, die von der liturgischen Objektivität der Historie zum Erlebnis des religiös-mystischen Dramas führte, hatte ihren Höhepunkt erreicht. Die deutenden und expressiven Züge überwiegen, Realismus und Mystik vermischen sich zu erregendem Zusammenklang. Symbolismus und Tonmalerei sind voll ausgebildet; man darf sogar von einer Kunst des Kolorismus sprechen. Die Ausnutzung der tiefen, dunklen Stimmlagen gibt nicht nur den Heilandsworten Gewicht, sondern versinnbildlicht auch die Trauer des Sterbens. Die Harmonik bedient sich aller Reizmittel, die der Dramatiker Monteverdi in die Musik eingeführt hatte; Chromatik, Querstandswirkungen, übermäßige Dreiklänge geben dem Satz Spannung und Leben. Die Textvorlage entspricht wörtlich dem gekürzten Johannes-Evangelium der Burck-Passion, mit V. 35 des 19. Kapitels als Conclusio. Dem 3teiligen Passionsbericht ist eine ebenfalls 3teilige »Weissagung des Leidens und Sterbens Jesu Christi aus dem 25. Kapitel des Propheten Jesaja« angehängt, eine Motette, die dem F-Dur der Passion des Neuen Testaments das mediantisch verwandte a-Moll der Weissagung des Alten Testaments ergänzend gegenüberstellt. Das Werk des Demantius, historisch betrachtet schon ein einsamer Nachzügler, faßt abschließend noch einmal alle Mittel und Möglichkeiten einer Kunstform zusammen, die erst in unserem Jahrhundert, in den Werken von Thomas und Pepping, wieder auferstehen sollte.

Die Oster- und die Weihnachts-Historie

Der an anderer Stelle bereits erwähnte Reformator Johannes Bugenhagen hatte 1526 eine *Evangelienharmonie* zur (Passions- und) Ostergeschichte veröffentlicht. Sie wurde um 1550 vermutlich im sächsischen Umkreis von Johann Walter von einem ungenannten Komponisten in einer der Historien-Mischform überraschend ähnlichen Form vertont. In dieser Oster-Historie ist der Evangelist bereits der einzige Solist. Sein dorischer Lektionston ist aus jenem Initium entwickelt, das uns in der Antiphon *Ad monumentum venimus*, im Osterlied *Erschienen ist der herrlich Tag* oder den Gesängen verschiedener Osterfeiern wiederbegegnet. Der Dresdner Hofkapellmeister **Antonio Scandello** (1517–80) nahm das Textbuch, die Dreiteilung und den Lektionston wörtlich auf und schuf 1568 die »Osterliche Freude der siegreichen und triumphierenden Auferstehung unseres Herrn und Heilandes Jesu Christi« in der mit seiner *Johannes-Passion* etablierten Mischform. Es sind vor allem die zahlreichen Jesus-Worte für 4 Männerstimmen, die den außerordentlichen Reiz und die Farbigkeit dieser Auferstehungs-Historie ausmachen – die reine Dreiklangsharmonik bei frei schwebender Tonalität, die vom Metrum unabhängige, deklamatorisch bestimmte Rhythmik, oder auch das Jubelgeschrei des Schlußchores zum 1. Korintherbrief 15,57. Sie blieb nicht ohne Grund über 200 Jahre im deutschen Chorrepertoire, aus dem sie selbst das entsprechende Werk von Schütz nicht verdrängen konnte; sie wurde ins Tschechische übersetzt und fand im 20. Jh. mehrere praktische Neuausgaben.

Die Weihnachts-Historie tritt erst Anfang des 17. Jh. in die Musikgeschichte ein, und zwar 1602 dank der glückhaften Zusammenarbeit zwischen dem Dresdner Ersten Hofprediger Polycarp Leiser und dem Dresdner Hofkapellmeister Rogier Michael (1554–1619). Vermutlich war es der namhafte und promovierte Theologe, der nicht nur die Anregung gegeben, sondern auch die 2teilige Evangelienharmonie erarbeitet hat: den 1. Teil als **Empfängnis-Historie** nach Johannes, Lukas und Matthäus mit Psalm 118,24 als Conclusio und den 2. Teil als **Weihnachts-Historie** nach Lukas und Matthäus mit der Weihnachtssequenz als Schlußchor. Vermutlich war es der allseits hochangesehene Musiker niederländischer Herkunft und Schule, der sich für die Mischform seines Vorgängers Scandello entschied, dessen Passion und Oster-Historie er alljährlich aufzuführen hatte. Aus der Gegebenheit, daß im 1. Teil der Lobgesang der Maria den Höhepunkt bilden sollte (das 8. von 10 Figuralstücken) und im 2. Teil der Lobgesang des Simeon (das 8. von 12 Figuralstücken), entwickelte er die für seine Zeit ungewöhnlich prägnante Gesamtform: Nach lutherischer Tradition geht das *Magnificat* auf den IX., dorisch zu interpretierenden Psalmton. Darum steht der ganze Adventsteil in d-dorisch, und der Lektionston wird durchgehend aus dem IX. Ton entwickelt. Das *Nunc dimittis* geht auf den V. (Weihnachts-)Psalmton, der darum auch die »Weihnachtstonart« F-Dur vorgibt. Darum steht der ganze Weihnachtsteil in F-Dur, und der Lektionston wird durchgehend aus dem V. Ton entwickelt. Dieses stringente Gesamtkonzept – die Erwartung in Moll, die Erfüllung in Dur mit dem jeweiligen neutestamentlichen Canticum im liturgischen Cantus-firmus-Satz als Höhepunkten – verleiht dem 1. Weihnachts-Oratorium der

Musikgeschichte seine nachdrückliche Wirkung. Das Werk (Aufführungsdauer: ca. 1 Stunde) wird in seiner Ausdruckskraft noch erhöht, wenn man ein Kammerensemble historischer Instrumente hinzuzieht oder an den formalen Nahtstellen Chorsätze zu passenden Kirchenliedern aus Rogier Michaels *Dresdner Gesangbuch* (1593) einfügt.

Die Historien von Heinrich Schütz

Die Historien von **Heinrich Schütz** sind vollendete, in sich ruhende Schöpfungen, Höhepunkte einer Entwicklung. Eine Betrachtung, die sie als anspruchslosere Vorläufer der reicheren Bachschen Formen begreifen wollte, würde an ihrem Wesen vorübergehen. Beide, Schütz und Bach, sind voneinander so verschieden wie die Jahrhunderte, in denen sie lebten, aber beide sind Vollender, Meister eines hohen, konsequent geprägten Stils, beiden gemeinsam ist die Kraft der religiösen Inspiration, die Musik zum Medium der Verkündigung macht.

Heinrich Schütz, der von 1585 bis 1672 lebte und von 1617 an 55 Jahre lang als sächsischer Hofkapellmeister in Dresden wirkte, steht auf der Grenze der aus dem Mittelalter sich herleitenden Kultur der polyphonen Motette und der neuen, von Monteverdi geschaffenen, ins Barock vorausweisenden Monodie, der Sprache der freien menschlichen Individualität. Seine Fortschrittlichkeit zeigt sich in seiner Zurückhaltung den liturgischen Formen und dem Kirchenlied gegenüber, in dem Überwiegen expressionistischer Züge und individueller Gestaltungsweisen, seine Traditionsverbundenheit im Festhalten an den alten, von den Venezianern übernommenen motettischen Formen. Auch seine Passionen, Altersschöpfungen des Achtzigjährigen, sind Grenzwerke zwischen Gestern und Morgen, zwischen Tradition und schöpferischer Freiheit. Traditionsgebunden sind die Verwendung der überlieferten Form der dramatischen Passion, die strenge Beschränkung auf den Bibeltext und auf solistisch und chorisch verwendete Menschenstimmen, der Verzicht auf lyrische Zutaten sowie auf begleitende Instrumente und schließlich die Beziehung auf Kirchentonarten. Neu ist die Belebung des Evangelisten-Rezitativs durch Elemente der freien Monodie, seine Loslösung aus der tradierten Choralrezitation. 3 Schützsche Passionsvertonungen – nach Lukas, Johannes und Matthäus – sind überliefert. Eine vierte nach Markus mit dem überlieferten Passionston für die Soliloquenten und stilistisch deutlich über Schütz hinausführenden, interpretatorisch dankbaren Chorsätzen, konnte dem Dresdner Vizekapellmeister **Marco Gioseppe Peranda** (1625–75) zugeschrieben werden. Schütz schrieb die *Lukas-Passion* nach 1653, die beiden anderen in den Jahren 1665 und 1666; sie zählen zu den spätesten Arbeiten des Meisters und dürfen als Krönung seines in langen Jahrzehnten gewachsenen Lebenswerkes gelten. Neben den Passionen stehen 2 Werke mehr heiteren Charakters, die glaubensfrohe Auferstehungsgeschichte (**Historia der Auferstehung Jesu Christi**, SWV 50) und die idyllische Weihnachts-Historie (*Historia der freudenreichen Geburt Jesu Christi*, SWV 435). Die erstere entstand 1623 als Schütz' erstes oratorisches Werk. Es empfängt seinen eigenen Reiz und seine starke Wirkung aus der jugendlichen Frische der Inspiration einerseits und dem ambivalenten Ausdruckswillen zwischen Tradition und Fortschritt andererseits. Schütz hält sich in Textbuch und Lektionston fast wörtlich an die Vorlage seines Vorgängers Scandello (1568). Aber nach dem Vorbild der italienischen Generalbaßmonodie und ihren konzertierenden Dialogen werden obligate Instrumente eingesetzt – vor allem der Generalbaß mit Orgel, Laute, Pandor, Baßgambe. Der Evangelist kann von 4stimmigem Gambenchor begleitet werden, was eine bezaubernde Assoziation von Goldgrund vermittelt. Alle Soliloquenten (außer Cleophas) musizieren 2stimmig, wobei die Jesus-Worte für Alt und Tenor gesetzt sind; aber nur eine Stimme muß gesungen sein, die andere kann gespielt werden oder überhaupt fortfallen. Wie denn insgesamt dem Interpreten eine Fülle selbständiger Möglichkeiten gelassen werden, dieser genialischen Darstellung der Ostergeschichte Farbigkeit und Leuchtkraft zu verleihen.

Die Historia der freudenreichen Geburt Jesu Christi (SWV 435) gehört in den Kreis der Schützschen Alterswerke, unterscheidet sich aber vom Stil der Passionen, da sie das instrumentale Kolorit als wichtiges Wirkungsmittel einbezieht und darum als spätes Gegenstück der frühen Auferstehungs-Historie gelten darf. Das Werk wird heute in einer Fassung gespielt, die aus der Urfassung, dem Erstdruck der Evangelistenpartie von 1664 und einer dritten, von Max Schneider in Berlin gefundenen Partitur kombiniert worden ist. Schütz schrieb die *Historie* im Auftrag des sächsischen Kurfürsten für die Dresdner Hofkapelle und richtete sich wörtlich nach dem Textbuch seines Vorgängers Rogier Michael (1602). Eingang und Schluß sind 4stimmige, von Streichern, Fagotten, Posaunen und Orgel begleitete Chöre. Leider sind die Stimmen zum Eingangschor bis auf den Generalbaß bisher nicht wiedergefunden worden; es gibt aber Tutti-Rekonstruktionen von Arnold Schering (1909), Friedrich Schöneich (1954) und eine herausragend gelungene, durchgehend überzeugende von Walter Kraft (um 1950). Als das eigentlich Neue und Charakteristische seiner Komposition bezeichnet Schütz in seinem Vorwort die Partie des Evangelisten, die nicht im alten Choralton, sondern im neuen, durch begleitende Harmonien gestützten »Stylo Recitativo« gehalten ist: »Und wird der verständige Director zu des Evangelisten Partey eine gute, helle Tenor-Stimme zu erwehlen und gebrauchen wissen, von welcher die Worte ohne einige Tactgebung mit der Hand nur nach der Mensur einer vernehmlichen Rede abgesungen werden mögen.« Die musikalische Phantasie des Komponisten lebt sich in den 8 von Solo-Stimmen, Chor und einem jeweils charakteristischen Instrumentarium getragenen sogenannten Intermedien aus. Den Engel, der den Hirten auf dem Felde die frohe Botschaft verkündet, der Joseph im Traum zur Flucht nach Ägypten und zur Rückkehr nach Israel auffordert, begleiten stets zartgoldene Gambenklänge (Violetta: Alt-Gambe). Erst die Menge der Heerscharen, die den zentralen weihnachtlichen Jubilus *Ehre sei Gott* anstimmen, ist von klanglichem Glanz umstrahlt: Ihr 6stimmiger, von Violinen und Gamben getragener Chorsatz strömt in weichen Melismen durch einen Kreis verwandter und doch farbig kontrastierender Tonarten. Im Spannungsfeld der Haupttonart F-Dur werden B-Dur, D-Dur, g-Moll, c-Moll und C-Dur berührt. Die Hirten sind 3 Alt-Stimmen (in der Hofkapelle also Männerstimmen); ihnen werden als Standesinstrumente Blockflöten und Dulzian zugeordnet. Die Weisen aus dem Morgenlande treten als Tenöre auf, von Violinen und Bässen begleitet. Zum Gesang der Hohenpriester, die das Gesetz Gottes auf Erden hüten, erklingen Posaunen. Herodes sind Trompeten beigegeben, die ihn als Statthalter der weltlichen Macht symbolisieren, denn die Trompeten gehören dem Fürstenstande zu. Nahezu das ganze Instrumentarium der Hofmusik und der Stadtpfeifer jener Zeit ist vertreten, und Volkstümlichkeit äußert sich auch in der volksliedhaften weihnachtlichen F-Dur-Tonart, in der Verwendung brauchtümlicher Instrumente und eines dudelsackartigen Basses in der Partie des Engels, womit der Komponist des »Christkindleins Wiege« andeuten will. In alledem zeigt sich eine Kunst fast dramatischer Charakterisierung, eine lebendige, farbenfrohe Phantasie, die die Geschichte von Bethlehem zur wunderbaren und doch anheimelnden, in ihrer Schlichtheit ergreifenden Offenbarung macht.

Die **Lukas-Passion (»Historia des Leidens und Sterbens unseres Herrn und Heilandes Jesu Christi nach dem Evangelium St. Lukas«**, SWV 480) ist die älteste, bald nach 1653 entstandene der 3 Passionen. Sie steht in F, der traditionellen, vom Passionston vorgegebenen Tonart. Für die Chorsätze wählte Schütz die lydische, durch die übermäßige Quart charakterisierte Tonart; für die Rezitative die ionische, dem modernen Dur entsprechende. Der Bericht des Evangelisten bleibt hier noch dem alten, die Töne f, a, c^1 umspielenden Choralton nahe; er verharrt in tenoraler Mittellage und enthält sich aller auffällig charakterisierenden Wendungen. Dennoch dürfte auch für ihn gelten, was Schütz dem Erzähler seiner Auferstehungs-Historie vorschreibt: er singe frei und fließend, im Zeitmaß natürlicher, ungezwungener Rede. Der naiv-anschauliche, an lebendig geschilderten Episoden reiche Text des Evangelisten Lukas gibt der Leidensgeschichte den Charakter einer wunderbaren, farbigen Erzählung, die Figuren, Ereignisse und Schauplätze deutlich vor das innere Auge des Lesers und Hörers stellt. Die Vorgänge des Abendmahls, Jesu Gebet und die Gefangennahme in Gethsemane, die Kreuzigung sind aus der Nähe, genau und mit Anteilnahme berichtet. Auch in den Worten Jesu überwiegt das konkrete, anschauliche Element; Christus ist, volkstümlicher Vorstellung entsprechend, der Prophet und Wundermann, der von der Herrlichkeit seines Reiches und den künftigen Leiden Israels weissagt. Schütz hat ihm, dem Brauch der alten Choralpassion folgend, die Baßregion zugewiesen. Sein Rezitativ ist, im Gegensatz zu dem des Evangelisten, bei aller den Gottessohn kennzeichnenden Würde ausdrucksgeladen, von großer, aus der Tiefe des Gefühls dringender rhetorischer Gewalt und reich an bildhaften Wendungen. Es moduliert frei zwischen den Bereichen der Kirchentonarten und ist erfüllt von starken, latenten harmonischen Spannungen. Das Gebet in Gethsemane, Ausdruck schmerzlichen Seelenkampfes, weicht aus der vom Evangelisten fixierten F-Tonart in ein modernes g-Moll aus und kehrt madrigalisch ausdeutend in die Ausgangstonart zurück:

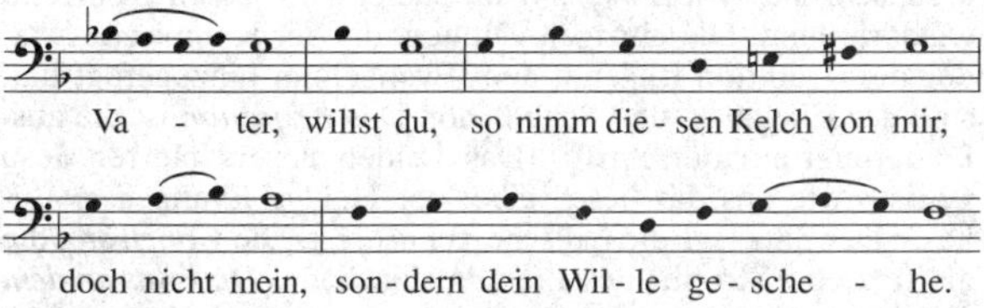

Bei den übrigen Soliloquenten hat sich Schütz nicht streng an die traditionelle hohe Stimmlage gehalten. Petrus singt Tenor, die Magd und zwei Knechte, die ihn als Jünger des gefangenen Jesus erkennen, sind Sopran, Tenor und Baß. Pilatus und der Zenturio sind Bässe, die zwei Schächer Alt und Tenor.

In den dramatischen Chören zeigt sich vor allem das Genie des Komponisten: Die kurzen Sätze sind von scharfem thematischen Profil und von einer Treffsicherheit der Charakteristik, die in wenigen Takten die Situation umreißt. Jede

Gruppe der Akteure hat ihr eigenes Gesicht. Die Jünger, anfangs demütig, ruhig in schlichten Harmonien singend, erregen sich bei der Gefangennahme zu der Frage: »Herr, sollen wir mit dem Schwert dreinschlagen« – ein Durcheinander freizügiger Stimmen, in dem das Wort »Schwert« jeweils durch eine schwirrende Figur hervorgehoben ist. Die Hohenpriester und Schriftgelehrten sind durch Starrheit charakterisiert, die »ganze Schar« des Volkes durch entfesselte Wildheit. Der Ruf »Kreuzige ihn« ist mit der Kontrapunktierung von scharf skandiertem Sprechgesang und drohend aufwärtsheulendem Legato-Melos eine beispielhafte Formulierung dieses Wutausbruchs:

Die Obersten des Volkes, die den Gekreuzigten verspotten, witzeln in leichtgefügtem Satz, die Kriegsknechte derb und drastisch, die Worte »so hilf dir selber« wie einen Kehrreim wiederholend. Die einzigen Zutaten, die der Komponist, wieder der Tradition folgend, dem Evangelium hinzugefügt hat, sind der Eingangs- und Schlußchor. Das *Exordium* ist die auskomponierte Überschrift: »Das Leiden unsers Herren Jesu Christi, wie uns das beschreibet der Heilige Evangeliste Lukas.« Der Satz legt die lydische Tonart fest. Die *Conclusio*, die als Text eine Strophe des alten Passionsliedes *Da Jesus an dem Kreuze stund* verwendet, ist eine freie, harmonisch weit ausgreifende Motette, die die Verheißung der Gnade durch tröstliche Dur-Kadenzen unterstreicht.

Die **Johannes-Passion** (SWV 481) ist durch die phrygische Tonart (die Tonleiter e – f – g – a – h – c – d) auf einen Klageton gestimmt. Schon die Einleitung wendet sich nach den archaischen Quintklängen des Beginns weicher Empfindsamkeit zu, der Schlußchor, der aus der Liedmelodie *Christus, der uns selig macht* motettisch entwickelt ist, bleibt in dieser empfindsamen, durch den Ausklang auf der Dur-Tonika charakterisierten Stimmung. Auch die Rezitative halten ohne jede Ausweichung die Grundtonart ein; der Quintsprung e – h, mit dem der Eingangschor beginnt,

Exordium

kehrt zuweilen als Markierung von Abschnitten oder bedeutungsvollen Stellen im Rezitativ des Evangelisten wieder:

Evangelist

Die Worte Jesu werden vom Bassisten vorgetragen, auch sie verlassen nicht den tonalen Raum. So herrscht im gesamten Bericht der geschlossene Eindruck des Klagetons. Petrus und Pilatus sind Tenöre, die Magd Sopran, des Hohenpriesters Knecht Baß.

In den Chören liegt das dramatische Leben des Werkes. Gerade in der *Johannes-Passion* sind sie von suggestiver Bild- und Ausdruckskraft und, bei aller Kargheit des klanglichen Aufwands, von bedrängender Dämonie. Jeder Satz ist ein dramatisches Epigramm, jede Situation eine packende Szene. Die Häscher, die zur Nachtzeit mit Fackeln und Waffen kommen, um Jesus gefangenzunehmen, sprechen mit verhaltener Stimme; ihre Antwort auf die Frage »Wen suchet ihr?« hat fahlen Klang. Die Chöre der Juden vor Pilatus sind charakterisiert durch hektische Erregtheit. Die Kriegsknechte, dic Christus verhöhnen, begrüßen ihn übertrieben zeremoniell und brechen mit den Worten »Lieber Judenkönig« gleichsam in böses Gelächter aus. Der Ruf »Kreuzige ihn« erklingt einmal in rhythmisch verschachtelten Melismen, ein zweites Mal Silbe für Silbe heftig hervorgestoßen. Meisterhaft ist der Ärger der Hohenpriester über die Kreuzesinschrift dargestellt.

Während eine Stimme eindringlich, mit übertriebener Betonung in gedehnten Notenwerten die anstößigen Worte Christi zitiert: »Ich bin der Juden König«, schreien alle anderen empört durcheinander. Das alles ist im Zusammenhang des Ganzen kein platter Realismus. Es ist, in Beziehung gesetzt zur Strenge der rezitativischen Teile, ein Ausgreifen ins Extreme, ein ekstatischer Ausbruch, der das Walten satanischer Mächte versinnbildlicht.

Die **Matthäus-Passion** (SWV 479), die letzte der Schützschen Passionen, ist die musikalisch reichste und dramatisch lebendigste. Sie steht in dorischer Tonart auf dem Grundton g. Die Tonleiter, die ihr zugrunde liegt, ist g–a–b–c–d–e–f. Da aber das e häufig zu es erniedrigt und das f zum Leitton fis erhöht wird, hören wir weithin g-Moll. Die Kunst des freien Sprechgesangs, die sich in der *Lukas-Passion* ankündigte, ist hier zur Vollendung entwickelt. Man hat für diesen Rezitationsstil, der aus der Verschmelzung von Gregorianik, italienischer Opernmonodie und deutscher Liedweise hervorgegangen ist, die Bezeichnung »Neugregorianik« geprägt. Tatsächlich wirkt sie wie eine Regeneration des alten Choraltons, wie ein Erneuern seiner liturgischen Würde mit reicheren, differenzierteren Mitteln. Noch immer ist der Tonraum von Grundton bis zur Quinte mit der Terz als Schwerpunkt der Bereich des Evangelisten, den er nur nach der Höhe und Tiefe überschreitet, wenn es besondere Akzente zu setzen gilt. Die Stelle »Um die neunte Stunde schrie Jesus laut« etwa steigt bis zum f empor. Die Jesusgestalt der *Matthäus-Passion* ist gleichsam die Synthese der Christusbilder, die die *Lukas-* und *Johannes-Passion* zeigten; sie vereinigt die menschlichen Züge des einen mit den göttlichen des anderen. Höhepunkte der Partie sind das hoheitsvolle Pathos, das die Einsetzung des Abendmahls hervorhebt, die Ergebung des Gebetes in Gethsemane und der großartig melodisierte, in Stufen zur Oktave aufsteigende und wieder absinkende Verzweiflungsruf des Gekreuzigten (s. Bsp. S. 153).

Judas, der Alt singt, ist durch eindringliche Wortwiederholungen als innerlich unsicherer Fanatiker gezeichnet. Auch der Sanguiniker Petrus, ein Tenor, hat die übersteigerte Aus-

drucksweise eines schwankenden Charakters. Die zwei Mägde sind Sopran-Stimmen. Kaiphas singt Baß, Pilatus Tenor, sein traumgläubiges Weib Alt, zwei falsche Zeugen sind Tenöre. Die beseelte Charakterschilderung des Matthäus-Evangeliums findet in den rezitativischen Partien ihre getreue Spiegelung.

Nicht weniger dramatisch-ausdrucksvoll sind die Chöre. Die Einleitung benutzt den Wechsel der großen dorischen Sext und der kleinen Moll-Sext zu Stimmungskontrasten. Das tiefalterierte Es auf »Leiden« und, im letzten Takt, mit dissonanter Verschärfung auf dem Namen »Matthäus« ist von ergreifender Wirkung. Die Hohenpriester sind durchweg mit starrer Würde gezeichnet. Die zwei falschen Zeugen, die gegen Jesus aufgestellt werden, singen im Kanon; der zweite wiederholt die Aussage des ersten wörtlich nachplappernd, anfangs einen Ton höher, dann einen Ton tiefer. Der Spruch »Er ist des Todes schuldig«, mit energischem Quintfall in gedrängtem, 4taktigem Satz, klingt wie ein unumstößliches Urteil. Die Abweisung des reuigen Judas und die Ablehnung des Blutgeldes sind kurze Sätze, in denen ein 4stimmiger Männerchor den Priestercoetus darstellt. Das Volk erscheint als erregte Menge. Gleich der 1. Chor des »ganzen Haufens« mit dem höhnisch emporgeworfenen Ruf der Bässe »Weissage uns, Christe« und der zudringlich wiederholten Frage »Wer ist es, der dich schlug« wird zu einem Bild der Roheit. Der Ruf nach Barrabas ist eine vielfache, durch ineinandergeschachtelte Imitationen gesteigerte Wiederholung des Namens, das 2malige »Laß ihn kreuzigen« ein naturalistisches, in 3 kurze Takte zusammengedrängtes Schreien. Die Spöttereien der Juden und der Kriegsknechte sind aus der Wortdeklamation entwickelte Charakterstücke. In dem Bekenntnis der Kriegsknechte, »Wahrlich, dieser ist Gottes Sohn gewesen«, fallen die erschreckten Sechzehntelrhythmen des Anfangs auf. Noch einmal nehmen die Hohenpriester das Wort, als sie Pilatus bitten, das Grab Jesu zu bewachen; sie malen die Legende der Auferstehung, deren Ausbreitung sie verhindern wollen, so deutlich aus, daß der Satz geradezu das Osterwunder vorwegnimmt. Der Schlußchor der *Matthäus-Passion* aber ist ein Stück erhabener und zugleich allgemeinverständlicher Musik. Den Text hat die letzte Strophe des Passionsliedes *Ach wir armen Sünder* geliefert, die Musik ist frei erfunden und in motettischer Form ausgesponnen. »Ehre sei dir, Christe, der du littest Not, an dem Stamm des Kreuzes für uns den bittern Tod« – der 1. Teil des Satzes steht in liedhafter Form. Feierlich setzt der Gesang in der Grundtonart g-Moll ein, der Name »Christus« wird über einer zur None aufsteigenden Skala der Bässe durch breite Dehnung hervorgehoben. Nach einer Pause folgt das 2. Glied der motettischen Entwicklung. »Und herrschest mit dem Vater dort in Ewigkeit« wird dreimal in akkordischer Deklamation aller 4 Stimmen wiederholt; beim dritten Mal ist die Grundtonart g-Moll wieder erreicht. »Hilf uns armen Sündern« wird 2stimmig in Terzen zuerst von den Frauenstimmen, dann von den Männerstimmen gesungen; ein »Miserere« von rührender Eindringlichkeit. Der Bittruf »Kyrie eleison, Christe eleison« ist das Ende: ein kunstvoller, die Subdominante und die Dur-Parallele der Tonika berührender Abgesang, der in ruhiger Entrückung mit einem langen, 2stimmigen Melisma der Soprane und Tenöre verklingt. Der Satz faßt die motettische Kunst der Vergangenheit mit zwingender Konzentration zusammen und weist zugleich in seiner harmonischen Fülle weit in die Zukunft der Musik voraus: ein Vermächtnis des zeitlosen Musikers Schütz, das über allem Wandel der Geschichte steht.

Die Historien zwischen Schütz und Bach

Im 2. Drittel des 17. Jh. verlagerte sich das Schwergewicht der Historien-Komposition von Mittel- nach Norddeutschland, und dies vor allem dank des wahrscheinlich bei Johann Hermann Schein in Leipzig ausgebildeten **Thomas Selle** (1599–1663). Ab 1624 versah er verschiedene Stellen in Holstein, und ab 1641 prägte er als Kantor am Johanneum für Jahrzehnte das Hamburger Musikleben. In seiner *Weihnachts-Historie* für Sopran, Tenor, zwei 5stimmige Chöre und ein umfangreiches solistisches Instrumentarium entfaltet Selle nur gute 10 Jahre nach Schütz' Auferstehungs-Historie all deren kühne Neuerungen – so etwa durch Einfügen von 6 in Form und Besetzung abwechslungsreiche Instrumentalsinfonien bei nur ca. 12 Minuten Aufführungsdauer der Historie, oder wenn er die Evangelistenpartie von Satz zu Satz mit allen aus der Gesamtbesetzung resultierenden Variationsmöglichkeiten bis hin zum 10stimmigen Doppelchor besetzt. Selles am häufigsten aufgeführtes Werk ist die *Johannes-Passion* von 1643 – Prototyp der aus der responsorialen Historie entwickelten *oratorischen Passion*, zu der letztendlich auch Sebastian Bachs Passionen gehören werden. Man erkennt die oratorische Passion, außer an monodischem Prinzip und Generalbaß, an der Erweiterung des Evangelientextes durch Einschübe von Instrumentalsätzen, Liedstrophen, kommentierenden (auch biblischen) Texten, an der Einteilung in Akte und an konzertierenden Instrumenten bis hin zum Orchestergebrauch. Selle verlangt in seiner obengenannten späteren *Johannes-Passion* (man kennt von ihm noch 2 frühere Passionen) fast dasselbe Instrumentarium wie in der Weihnachts-Historie: 2 Blockflöten, 2 Fagotte, 2 Zinken, Posaune, 3 Violinen, Gambe, Violone, 2 Tasteninstrumente. Die Fagotte begleiten den Evangelisten, die Geigen die Jesus-Worte (vgl. Bachs *Matthäus-Passion*), die Zinken den Pilatus, die Flöten Petrus und Knecht. Das Textbuch inklusive *Exordium* und *Conclusio* folgt wörtlich der Bugenhagenschen *Summa*, wie sie schon von Burck 1568 vertont hatte. Die Rezitativbehandlung ist wie die Passionstonart F-Dur ebenfalls traditionsorientiert, während die *Intermedien* genannten Schlußchöre der 3 Teile in ihrer ausladenden Form bei massierter Dreichörigkeit und packender Expressivität den Gesamteindruck entscheidend prägen. *Intermedium I* vertont Jesaja 53,4–5 (vgl. Demantius' *Johannes-Passion*), *Intermedium II* den 22. Psalm, und *Intermedium III* bietet die 3 Strophen des norddeutschen Agnus-Liedes *O Lamm Gottes, unschuldig* (vgl. Bachs *Matthäus-Passion*).

Mit seiner *Auferstehung nach den vier Evangelisten a 8 et 14* (um 1660) entfernt sich Thomas Selle am weitesten vom liturgischen Ursprung der Gattung. Während die ersten 3 Teile noch wörtlich der Bugenhagenschen Evangelienharmonie folgen, wie ihnen Antonio Scandello beispielhafte Form verliehen hatte, läßt Selle in 3 weiteren Abschnitten die Thomas-Geschichte, den Missionsbefehl und den Himmelfahrtsbericht folgen, was das Gesamtwerk auf 75 Minuten Aufführungsdauer bringt. Das Evangelisten-Rezitativ, das durchgehend von Gambenquartett und Generalbaß begleitet wird, ist gänzlich unabhängig vom Osterton und zugunsten vielfältiger Tonmalerei und auskomponierter Affekte metrisch ausnotiert. Die Jesus-Worte werden, wie in der *Johannes-Passion*, von 2 Geigen und Generalbaß begleitet. Auch für die 8stimmigen *Exordium* und *Conclusio* (letztere mit geringfügiger Veränderung von 1. Korinther 15,57) ist damit das Tutti des großräumigen, klanglich und interpretatorisch reizvollen Werkes beschrieben: 8stimmiger Chor, 2 Violinen, Gambenquartett und Generalbaß, dem partiell ein Dulzian beigegeben werden könnte.

Aus der großen Zahl der oratorischen Passionen hat sich die *Markus-Passion* von **Reinhard Keiser** (1674–1739) einen festen Platz im Repertoire erworben. Das vor 1717 in Hamburg komponierte, abendfüllende Werk hat schon das Interesse Johann Sebastian Bachs gefunden, der es sich abschrieb und wiederholt in Weimar und Leipzig zur Aufführung brachte. Nicht nur die operngewandte Behandlung von Rezitativ und Arie beeinflußten Bachs später entstandene Passionen nachweislich, sondern auch spezielle Details wie die Einbettung der Jesus-Worte in das Streichquintett – dessen Behandlung im Rezitativ Nr. 4, die Einsetzung der Liedstrophen *Was mein Gott will* in die Gethsemane-Szene und *Wenn ich einmal soll scheiden* nach dem Tod Jesu in Bachs *Matthäus-Passion* gehen auf Keiser zurück. Die Solistenbesetzung verlangt Sopran, (Männer-)Alt, 2 Tenöre und Baß; das Orchester zu Streichsextett und Generalbaß lediglich Oboe und Fagott. Das Textbuch umfaßt den Passionsbericht nach Markus 14,26–15,47 und wird in 2 Großabschnitten durch 10 Arien, 3 Instrumentalsinfonien und 4 Liedsätze gegliedert. Der »Sonata« genannte Eingangschor geht auf die christologische Fassung von Jesaja 53,5, und der von einem klangvollen »Amen«-Fugato gefolgte Schlußchor bringt die 1. Strophe (Friedrich von Spee) des Passionsliedes *O Traurigkeit, o Herzeleid* im 4stimmigen Satz – die 5. (Johann Rist) in einer cantus-firmus-freien Allabreve-Fuge, zu der die Violinen den Cantus firmus spielen, und die 6. Strophe (Johann Rist) wiederum im 4stimmigen Tutti-Satz bei leicht veränderter Melodie. Der Autor der lyrischen Texte ist unbekannt.

Von den 23 erhaltenen oratorischen Passionen von **Georg Philipp Telemann** (1681–1767) haben mehrere in der 2. Hälfte des 20. Jh. erneutes Interesse gefunden. Von der frühen *Lukas-Passion* (1728), von der *Matthäus-Passion* (1730) und der *Johannes-Passion* (1745) gab es verschiedene, auch repräsentative Einstudierungen. Einen festen Platz im Repertoire erwarb sich die etwa 90minütige *Lukas-Passion* (1744) für Sopran, (Männer-)Alt, Tenor, Baß, 4stimmigen Chor, Flöte, Oboe (d'amore), Fagott, Streichquintett und Generalbaß. Das Textbuch enthält das Lukas-Evangelium 22,39–23,48 ungeteilt, gegliedert durch 8 Arien und 4 Liedsätze, darunter der Eingangschor *Wann meine Sünd mich kränken* (Justus Gesenius) und der Schlußchor »So fahr ich hin« (5. Strophe des Liedes *Wenn mein Stündlein vorhanden ist*, Bonn 1575) jeweils im 4stimmigen Tutti-Satz. Die Jesus-Worte erscheinen auch hier in der Goldverhüllung des Streichersatzes, und unter den Arien finden sich so glanzvolle und gefühlsstarke Stücke wie die Jesus-Arie »Ihr werdet mich sehen«, die ebenfalls reizvoll instrumentierte Sopran-Arie »Ich befehl an meinem Ende«, die Tenor-Arie »Du, o ewiges Erbarmen«, nach Petri Verleugnung mit bebenden Unisono-Violinen zur Kantilene von Oboe d'amore und Solo-Violine, und andere.

Die Passionen Johann Sebastian Bachs

Johann Sebastian Bach hat 4 Passionsmusiken geschrieben; eine fünfte, nach dem Evangelisten Lukas, deren Partitur in des Meisters Handschrift aus Weimar (1713) erhalten ist und die man für ein Frühwerk hielt, ist schon 1911 von Max Schneider als nicht von Johann Sebastian Bach stammend identifiziert worden, ohne daß seitdem der eigentliche Autor hätte nachgewiesen werden können. Die Passionsmusik nach dem Evangelisten Johannes ist die früheste der Bachschen Passionsvertonungen. Bach hat sie am Anfang des Jahres 1723 in Köthen als Antrittsarbeit für seine neue Stellung als Kantor der Leipziger Thomaskirche komponiert. Hier, in Leipzig, wurde sie am Karfreitag 1723, noch ehe Bach fest angestellt worden war, aufgeführt. Bach hat das Werk während seiner Amtszeit mehrere Male, zuerst 1727, wiederholt und dabei bedeutsame Umarbeitungen vorgenommen. 2 Passionen nach Picanderschen Texten sind verloren; Bach schrieb die erste im Jahre 1725, die zweite, die sich an das Markus-Evangelium anlehnte und für die er Stücke aus der Trauerode für die Königin Christiane Eberhardine benutzte, im Jahre 1731. Die dazwischenliegende *Matthäus-Passion* wurde im Herbst 1728 begonnen und am Karfreitag 1729 aufgeführt.

Alle Passionsvertonungen Johann Sebastian Bachs sind Oratorienpassionen. Bach hält, im Gegensatz zu anderen Komponisten seiner Zeit, am Bibelwort der Evangelienerzählung fest. Er bereichert aber den Bericht durch lyrisch-meditative Einschübe, Chorsätze und Arien, deren Texte er zeitgenössischen geistlichen Dichtern wie Brockes und Picander entnimmt. Die musikalischen Mittel sind denkbar reich, anspruchsvoll und vom Standpunkt der Zeit modern. Die Formen der Oper werden unbedenklich mit denen der kirchlichen Tradition kombiniert. Der Arie wird breiter Raum gewährt, das Rezitativ zu einer Ausdruckskraft entwickelt, die ohne jede Beziehung zum alten, gregorianischen Lektionston ist. Der instrumentale Teil gewinnt höchste Bedeutung; Verwendung von Flöten, verschiedenartig timbrierten Oboen, von Solo-Violine und Viola d'amore ergibt ein fein getöntes Kolorit. Der liturgische Geist der Komposition wird durch zwei Elemente verbürgt: durch den strengen, motettisch-polyphonen Chorsatz, der bis in die kurzen Turba-Chöre vorherrschend bleibt, und durch die Einfügung des protestantischen Kirchenliedes, das das reiche, frei konzipierte Werk fest mit den Fundamenten der liturgischen Tradition verklammert.

Die **Johannes-Passion** (BWV 245) wird in ihrer musikalischen Eigenart durch die Besonderheit der biblischen Textvorlage bestimmt. Der Passionsbericht des Johannes-Evangeliums ist arm an äußerem Geschehen. Er beginnt mit der Gefangennahme Jesu in Gethsemane, enthält die Verleugung des Petrus, das Verhör beim Hohenpriester Hannas, das Gericht des Pilatus, die Kreuzigung und das Begräbnis. Dementsprechend ist die musikalische Behandlung auf Einheit und Zusammenfassung bedacht. Die Gerichtsszene, die den 2. Teil eröffnet, steht im Mittelpunkt des Werkes. Christus ist, gemäß dem Bilde des Johannes-Evangeliums, der erhabene Herr der Welt, eine ganz und gar göttliche Gestalt. Der Ton des Ganzen ist herb und streng. Ein enger Tonartenkreis faßt den Hauptteil der Musik. Das g-Moll des Anfangschores darf als Haupttonart betrachtet werden, die an entscheidenden Stellen, im »Kreuzige«-Chor und in der Golgatha-Arie des Basses, wiederkehrt. Allerdings hat Bach diese Bedeutung der Tonart erst nachträglich, aber gewiß mit absichtsvoller Korrektur, betont: In der 1. Fassung begann die *Johannes-Passion* in Es-Dur mit dem Chorsatz, der jetzt, einen halben Ton höher transponiert, am Ende des 1. Teils der *Matthäus-Passion* steht. Der *1. Teil* der *Johannes-Passion* verharrt in der Nähe von g-Moll, in c- und d-Moll sowie B-Dur; erst mit der Verleugnung des Petrus weicht die Musik in entfernte Kreuztonarten aus. Der *2. Teil*, die Pilatus-Szene, beginnt in a-Moll und wendet sich bald in den g-Moll-Bereich zurück. Erst mit der wachsenden Erregung der Menge tauchen die Kreuztonarten wieder auf. Während der Kreuzigung herrschen g-Moll, B- und Es-Dur. Beim Tode des Herrn weicht die Musik nach h-Moll, der Klage-Tonart Bachs, und dem fernen, das Ungeheuerliche des Ereignisses bezeichnenden fis-Moll aus. Der Schluß, der Grabgesang, ist nach c-Moll verdunkelt, der Schlußchoral bringt die erlösende Aufhellung nach Es-Dur.

Der *Eingangschor* kündigt an, was Bach aus der Leidenshistorie zu machen gewillt ist: das gewaltige, in einem Guß geschmiedete Stück ragt weit über die schlichteren Invokationen älterer Passionsmeister hinaus. Mit dem dreimaligen Ruf »Herr« wendet sich der Chor an den Herrscher, der auch in der Erniedrigung des Leidens verherrlicht worden ist. Über langgehaltenen Baß-Orgelpunkten spielen die Violinen als Mittelstimmen eine kreisende Sechzehntelfigur, die während des ganzen Stückes durchgehalten wird und zuweilen in die Tiefe der Baßregion hinabsinkt. Die thematische Oberstimme haben Flöten und Oboen mit einem Motiv ergreifender Klage:

Der Chor, mit dessen Einsatz die Streichbässe in einen pochenden Achtelrhythmus verfallen, spinnt die Sechzehntelbewegung der Violinen in thematischen Koloraturen aus und bringt als Gegenthema das eigentliche Hauptmotiv des Satzes, einen profilierten, von musikalischer Kreuzessymbolik (Synkope und Quartschritt) geprägten Moll-Gedanken, der später, nach Es-Dur übertragen, den Mittel- und Hauptteil des 3teiligen Stückes beherrscht:

Von ähnlich elementarer Gewalt, aber viel einfacher in der Faktur ist der *Schlußchor*, dessen Thema zu den volkstümlichsten Bachschen Eingebungen zählt:

Ein sentimentalisch trauervoller Grabgesang, vom c-dorisch notierten Hauptthema episodisch in verwandte Tonartbereiche ausweichend und durch die stete Wiederkehr des Hauptgedankens das Unausweichliche des Leides bekundend; ein menschlich rührender Epilog zur Passion des Gottessohnes, dem als geistlich-liturgische Abrundung noch der *Choral* folgen muß.

Der Part des *Evangelisten* bildet das Rückgrat des Werkes. Der Wortlaut ist dem 18. und 19. Kapitel des Johannes-Evangeliums entnommen, 2 Episoden – die Reue des Petrus im 1. Teil und das Zerreißen des Tempelvorhangs im 2. Teil – sind von Bach aus dem Matthäus-Evangelium eingefügt worden. Der Bericht, traditionsgemäß einer hohen Tenor-Stimme zugeteilt, ist musikalische Prosa, freier Sprechgesang, der sich gänzlich von dem Vorbild des gregorianischen Lektionstons freigemacht hat und selbständig aus der Wort- und Satzmelodie des Luther-Textes entwickelt ist. Gerade in diesem Teil der Komposition sind die Modernität und die Unabhängigkeit des Bachschen Genius zu bewundern. Die Singstimme zeigt eine unerschöpfliche Bild- und Ausdruckskraft, sie steigert sich zum lyrischen Gesang in den chromatischen Melismen der Stelle: »Und [Petrus] ging hinaus und weinte bitterlich«, sie wird zur Wehklage im Bericht von der Geißelung, den der Baß mit punktierten Rhythmen wie mit Stockschlägen untermalt:

Jesus, dessen Gestalt vor allem im Gespräch mit Pilatus zu hoheitsvoller Erscheinung wächst, singt traditionsgemäß Baß, die Nebenfiguren sind individuell durch verschiedene Stimmlagen charakterisiert: Petrus und Pilatus als Bässe, Magd und Diener als Sopran und Tenor. Den harmonischen Untergrund der Rezitative, der von der Orgel ausgeführt wird, kennzeichnet eine Fülle und Freizügigkeit der Modulationen, die von der Souveränität und Konventionslosigkeit des Harmonikers Bach zeugen.

Die dramatischen Chöre, die *Turbae*, sind von höchster Schärfe der Charakteristik. Die große Zahl der z. T. sehr kurzen Stücke werden durch formale musikalische Entsprechungen zur Großform gefügt. So entsprechen z. B. die Chöre Nr. 3 und 5 den Chören Nr. 23 und 25. Der gesamte Mittelbau des 2. Teils ist vom Rezitativ Nr. 26 bis zum Rezitativ Nr. 53 in vollendeter Symmetrie der Form und des musikalischen Materials um den E-Dur-Satz Nr. 40 (»Durch dein Gefängnis, Gottes Sohn«) herumgelegt. Der 1. Teil der *Johannes-Passion*, der bis zur Verleugnung des Petrus geht, enthält nur 3 kurze Choreinwürfe: 2 gehören den Kriegsknechten, die Jesus gefangennehmen; der 3., etwas längere illustriert die Fragen der Knechte an Petrus: »Bist du nicht seiner Jünger einer?« Im 2. Teil aber hat Bach es sich angelegen sein lassen, die fanatisierte Menge zum bedeutsamen und gefährlichen Mitspieler im Drama zu machen. Der Volksauflauf vor dem Richthaus ist eine imposante Massenszene. Gleich zu Anfang, wenn Pilatus hinaustritt und fragt: »Was bringet ihr für Klage wider diesen Menschen?«, tönt ihm ein vielstimmiges, langanhaltendes Geschrei entgegen; die Erregung ist von Anfang an auf dem Siedepunkt. Der Chor »Wäre dieser nicht ein Übeltäter« enthält schon alle Elemente der Charakterisierung, die Bach für diesen Zweck bereit hat: scharfzackige oder chromatisch auf- und abwärtsheulende Thematik, dicht verschachtelte, wie Durcheinanderrufen wirkende Imitationen, Ketten dissonanter Durchgänge, die Wut und Haß ausdrücken – von alters her feiert der Naturalismus in diesen Teilen der Passion Triumphe. Ein Meisterstück ist die Verhöhnung des dornengekrönten Christus durch die Kriegsknechte, ein zeremonieller Satz über gravitätisch schreitenden Bässen, von Flöten und Oboen wie von spöttischem Gelächter begleitet. Pilatus führt Jesus, mit Dornenkrone und Purpurkleid geschmückt, vor das Volk. Da bricht der Sturm los: »Kreuzige, kreuzige!« Langgezogene, heulende Rufe, stets im dissonierenden Intervall der Septime oder der Sekunde einsetzend, dazu scharf rhythmisierte Schreie, die am Ende mit den Gegenstimmen zu hartnäckig gesteigerten Koloraturen verschmelzen. Nach diesem Ausbruch folgt eine Beruhigung. Die Juden besinnen sich auf ein Gesetz, das Gotteslästerer zum Tode verurteilt, und versuchen Pilatus durch legale Argumente zu überzeugen. Der Chor »Wir haben ein Gesetz« ist bei aller Eindringlichkeit gemäßigter im Ausdruck. Er wird sogleich auf den Text »Lässest du diesen los, so bist du des Kaisers Freund nicht« wiederholt. Dann erklingt wieder, ebenfalls notengetreu wiederholt, das »Kreuzige«, und nach letztem Zögern überantwortet Pilatus den Gefangenen zur Kreuzigung. Die Kreuzesszene hat nur noch 2 kürzere Chorsätze. Für den Chor der Juden »Schreibe nicht: Der Juden König« verwendet Bach die Musik des Spottchores (Nr. 34) »Sei gegrüßet, lieber Judenkönig«. Der Chor der Kriegsknechte aber, die um den Rock des Heilands losen, bietet das Bild eines sarkastischen Intermezzos, ähnlich wie auf Passionsbildern alter Meister die Soldaten zuweilen als groteske Rüpel dargestellt sind: die Söldner singen, von gleichförmigen Dreiklangsfiguren des Violoncellos »würfelnd« begleitet, eine C-Dur-Fuge, die am Schluß in geraffte Homophonie ausläuft.

Das lyrisch-meditative Element, das sich in *8 Arien* und *2 ariosen Solosätzen* verkörpert, ist in den epischen Ablauf eingefügt. Alle Arien stehen an Stellen, die zur Betrachtung herausfordern, und sind auslegenden Charakters; als Unterlage hat Bach den Wortlaut der Brockesschen Passion benutzt. Die Gefangennahme Jesu im 1. Teil gibt Anlaß zu 2 Sologesängen, einem herben d-Moll-Stück, das die Alt-Stimme in einen kontrapunktischen Satz der Bässe und Oboen einbaut, die »Stricke der Sünden« versinnbildlichend, und einer durch ein eilendes Flöten-Solo charakterisierten Sopran-Arie (»Ich folge dir gleichfalls mit freudigen Schritten«). Das bedeutendste Stück ist die Tenor-Arie, die den 1. Teil beschließt, eine breit hinströmende, vom Streichorchester getragene fis-Moll-Elegie, die die Untreue des Petrus betrauert. Im 2. Teil wird die Geißelung Anlaß lyrischer Lamentation. Auf ein arioses Baß-Adagio folgt unmittelbar eine Tenor-Arie, die das Geißelungsmotiv des Rezitativs in der Singstimme und im Orchesterpart vielfältig verarbeitet. Beide Stücke sind durch den verschleierten Klang der begleitenden Violen d'amore und Violoncelli charakterisiert. Der ersten Erwähnung des Namens »Golgatha« folgt eine großangelegte Baß-Arie in der Haupttonart g-Moll. Mit aufwärtsstrebenden Sechzehntelläufen setzen die Streichinstrumente ein, der Solist übernimmt die rasche Bewegung: »Eilt, ihr angefochtnen Seelen«; »wohin?« fragen die Chor-Stimmen in aufgestörten Zwischenrufen, und der Solo-Baß antwortet, zuerst auf einem dissonierenden verminderten Dreiklang, dann in die Tonika kadenzierend: »Nach Golgatha«. Der Tod Jesu wird zum lyrischen Zielpunkt. Das letzte Wort »Es ist vollbracht« wird von der Alt-Stimme in einer gefühlsgesättigten Kantilene in der Trauertonart h-Moll aufgenommen; instrumentale Partnerin ist wieder die Viola da gamba. Der Mittelsatz der Arie, ein Allegro in D-Dur, feiert den Sieg des »Helden aus Juda«; als verkürzte Reprise erklingt zweimal das bedeutungsvolle Wort »Es ist vollbracht«, in das Violen-Ritornell des h-Moll-Teils eingefügt. Nur ein einziger Satz des Evangelisten, »und neigte das Haupt und verschied«, trennt die Arie von der nächsten lyrischen Einlage, die die Form einer Choralkantate hat. In einer durch weite Intervallsprünge gekennzeichneten Melodie stellt der Solo-Baß die Frage nach der Erlösung, während der Chor wie von ferne die Liedstrophe »Jesu, der du warest tot, lebest nun ohn' Ende« hineinsingt. An die Erzählung von dem Erdbeben und der Auferstehung der Heiligen schließen sich ein tonmalerisch fesselndes Arioso des Tenors und eine von Flöte und Oboe da caccia begleitete Sopran-Arie, die der Trauer zartlyrischen Ausdruck gibt.

Das *Kirchenlied* ist das liturgische Element, durch das der Passionsbericht in den Rhythmus des Gottesdienstes eingeordnet wird. 12 Liedstrophen, alle im 4stimmigen Satz, sind in die Partitur der *Johannes-Passion* eingefügt. Dreimal erscheint die Melodie des Stockmannschen Passionsliedes *Jesu Kreuz, Leiden und Pein*, die für das Werk ähnlich leitmotivische Bedeutung hat wie die Melodie *O Haupt voll Blut und Wunden* für die *Matthäus-Passion*. Außerdem sind Melodien wie *Herzliebster Jesu, was hast du verbrochen*, *Vater unser im Himmelreich*, *O Welt, ich muß dich lassen*, *Valet will ich dir geben* verwendet. Als Abschluß dient die 3. Strophe »Ach Herr, laß dein lieb Engelein« aus dem Lied *Herzlich lieb hab ich Dich, o Herr*, eine von Bach in hoher Stimmlage zitierte Weise, die dem Werk tröstenden Ausklang gibt.

Die **Matthäus-Passion** (BWV 244) Johann Sebastian Bachs hat sich seit ihrer Wiederentdeckung durch die Aufführung der Berliner Singakademie unter der Leitung Felix Mendelssohns im Jahre 1829 besondere Bewunderung erworben. Sie gilt als Gipfelwerk ihrer Gattung, als eine der seltenen Schöpfungen der Musikgeschichte, in denen sich die absolute, zeitlose Vollkommenheit der Kunst offenbart. Sie verdankt diese allgemeine Wertschätzung ihrer unvergleichlichen inneren Fülle, ihrem Reichtum an musikalischer Erfindung und geistig-geistlicher Bedeutung. Gerade in diesem Werk, im Gegensatz zu der knapper gefaßten, dramatisch komprimierten *Johannes-Passion*, zeigt sich Bach als das Genie des Barock, das Größe durch verschwenderischen Aufwand künstlerischer Mittel realisiert, zugleich aber die Fülle durch Form zu bändigen vermag. Schon der Umfang des Werkes ist so außergewöhnlich, daß eine ungekürzte Wiedergabe große Anforderungen an Ausführende und Hörer stellt und man immer wieder geraten hat, die 2 Teile der Passion an 2 Tagen, etwa am Gründonnerstag und Karfreitag, aufzuführen. Der Text des Matthäus-Evangeliums ist durch lyrische Exkurse und Meditationen unterbrochen. Ihre dichterische Formulierung stammt von Picander, der offenbar nach Richtlinien des Komponisten arbeitete, so daß Anlage und Aufbau des Ganzen das Werk Bachs sein dürften; die Auswahl und Einfügung der Liedstrophen besorgte Bach allein. Picander hat den Personen der Passionshandlung die Figur der Tochter Zion hinzugefügt, die von einem Chor der gläubigen Seelen begleitet ist; sie personifiziert die sündige und reuige, durch das Leiden des Heilands erlöste Menschheit. Als musikalischer Apparat sind 2 alternierende oder zusammenwirkende Chöre, 2 Orchestergruppen und 2 Orgeln aufgeboten. Der Satzstil entspricht dem Reichtum des Klanggewandes. Die Formen sind in die Breite gedehnt, die Stimmführung ist oft zu akkordischer Fülle verdichtet, das Kolorit stark und vielfältig. Die Partitur enthält über den Evangelienbericht und die Liedstrophen hinaus 30 Musikstücke als lyrische Zutat; 11 davon sind Akkompagnato-Rezitative. Es ist kein Zufall, daß Bach diese ausdrucksfähige, freie, doch bindende und weiterleitende Form hier so ausgiebig verwendet hat. Es ging ihm, das zeigt auch der lebendige, über reich bewegtem harmonischen Untergrund gesungene Vortrag des Evangelisten, um unmittelbar ergreifende Gegenwärtigkeit der Darstellung. So geschlossen bei Bach die Form der Einzelstücke ist, wesentlich bleibt aber der gebundene, pausenlose Ablauf des Ganzen, und die Wiedergabe hat dafür zu sorgen, daß das Passionsdrama in unerbittlichem Fortschreiten dem Hörer zum ergreifenden Erlebnis wird. Dabei wird die Fülle teils ausladender, teils sehr kurzer Einzelteile in ähnlicher Weise zur musikalischen Großform geordnet, wie Bach es 6 Jahre vorher für seine *Johannes-Passion* entwickelt hatte. Die 4 Turbae Nr. 5–15 entsprechen z. B. den 4 Turbae Nr. 72–82. Der ins Kolossale gedehnte 2. Teil ist von Rezitativ Nr. 42 bis zum Rezitativ Nr. 68 symmetrisch um die besetzungsmäßig einzigartige Sopran-Arie Nr. 58 (mit Solo-Flöte, 2 Oboi da caccia, ohne Generalbaß) herum angelegt. Hier ist das eigentliche Zentrum, der formale Angelpunkt des ganzen Werkes.

Der Tonartenkreis der *Matthäus-Passion* ist weiter gezogen als der der *Johannes-Passion*. Grund- und Ausgangstonart bildet das e-Moll des Anfangschores. Es gibt dem Werk eine schwermütige Grundstimmung, die von dem erhabenen Ernst der *Johannes-Passion* sehr verschieden ist. Der 1. Teil der *Matthäus-Passion* ist ganz auf diese Grundtonart bezogen, der fis-Moll und h-Moll verwandt sind und die sich in dem großen, instrumental umrahmten Schlußchoral des 1. Teiles zu E-Dur auflichtet. Der 2. Teil aber löst sich aus der Grundtonart. Das h-Moll des Beginns, das zuweilen noch in wichtigen Arien wieder aufklingt, hat keine bindende Kraft. Die Musik schweift durch weite tonale Räume, die dramatischen Vorgänge der Gerichtsverhandlung und der Kreuzigung führen zu Kontrasten und Spannungen, g-Moll und d-Moll sind vorübergehend Ruhepunkte; am Ende setzt sich das c-Moll des Grabgesanges durch, das schon im 1. Teil in der Arie »Ich will bei meinem Jesu wachen« bedeutungsvoll aufklang. So sind Anfangs- und Schlußchor die tonalen Pole des Werkes. Als Spannung zwischen e-Moll und c-Moll darf die Tonalität der *Matthäus-Passion* bestimmt werden.

Der *Eingangschor*, ein imposantes, wie ein gewaltiger Strom hinrauschendes Musikstück von 90 Takten, legt den Stil der kontrapunktischen Fülle und der expressiven Eindringlichkeit fest. Geigen und Bratschen, Flöten und Oboen spannen ein dichtverschlungenes Stimmengewebe über den ruhenden Fundamenten der Bässe, die sich nur stellenweise am thematischen Spiel beteiligen und an Höhepunkten durch bis zur Tredezime aufsteigende Skalen pathetische Akzente setzen. »Kommt, ihr Töchter, helft mir klagen«, ruft die »Tochter Zion« ihre Gefährtinnen. Der 1. Chor beginnt mit einer weitgeschwungenen, an eine Gegenstimme gebundenen Melodie:

Die Gefährtinnen, repräsentiert durch den 2. Chor, antworten mit betroffenen Zwischenrufen (»Wen? Wie? Was?«) und stimmen erst gegen den Schluß hin in den gebundenen Gesang ein. Man hat im Eingangschor das Abbild einer durcheinanderwogenden Volksmenge gesehen, die sich ausschweifender Klage hingibt. Das Bild wird vervollständigt durch die Vorstellung von Engeln, die wie auf alten Gemälden auf die Welt des Leidens hinabschauen: Ein Chor von Knabenstimmen singt das Passionslied *O Lamm Gottes unschuldig am Stamm des Kreuzes geschlachtet* in den polyphonen Satz hinein, der damit zu einer großartigen Choralkantate wird; als schlichter, unveränderter Cantus firmus steht die Melodie über dem Wogen der chromatisch gleitenden Stimmen.

Der *1. Teil* der *Matthäus-Passion* enthält das *Abendmahl*, das *Gebet in Gethsemane* und die *Gefangennahme*, 3 breit ausgeführte, deutlich voneinander getrennte Szenen. Die ersten Worte, die Jesus spricht, stehen wie ein Motto über dem Ganzen: »Des Menschen Sohn wird überantwortet werden, daß er gekreuziget werde.« Bach vermeidet in diesem Werk zur Bezeichnung der Evangelienerzählung das Wort »Rezitativ«, weil die Worte Jesu auf eine Weise hervorgehoben sind, die weit über den rezitativischen Stil hinausgeht. Nicht nur, daß die Deklamation entweder ausdrucksvoll akzentuiert und über weiten Intervallraum hin gedehnt oder arios gebunden ist. Bach läßt auch, sobald Jesus spricht, das Streichquintett mit gehaltenen Akkorden zur Orgel hinzutreten; er umgibt die Christusgestalt (der Vergleich mit der alten religiösen Malerei ist unabweisbar) mit einem tönenden Heiligenschein, der ihre göttliche Natur offenbart. Unmittelbar auf die ersten Worte Jesu folgt die 1. Liedstrophe: »Herzliebster Jesu, was hast du verbrochen?« Schon hier zeigt sich, wie eng und sinnvoll Bach Kirchenlied und Evangelienhandlung verknüpft, wie die lyrische Betrachtung dem Bericht auf Schritt und Tritt folgt. Die Chöre der Hohenpriester, die sich heimlich verschwören, und der Jünger, die die Verschwendung des köstlichen, auf Jesu Haupt gegossenen Wassers tadeln, sind dramatisch charakterisierende Musik. Die Episode der frommen Jüngerin ist Anlaß zu der 1. Arie, »Buß und Reu«, die die

Tropfen der Bußtränen mit der Spezerei vergleicht; ein fis-Moll-Stück von dem lyrisch-elegischen Klang, der der *Matthäus-Passion* eigen ist. Auf den Bericht vom Verrat des Judas folgt die 2., nicht minder berühmte Arie, »Blute nur, du liebes Herz«. Violinen und Flöten begleiten die Sopran-Stimme mit einem ständig wiederkehrenden Seufzermotiv; der h-Moll-Klang wird durch kühne chromatische Alterationen belebt. Die *Abendmahlsszene* gipfelt in den Einsetzungsworten: »Nehmet hin, das ist mein Leib« und in der Prophezeiung vom himmlischen Abendmahl im Reich des Vaters. Das Arioso in ruhig fließendem 6/4-Takt, das die Singstimme in einen 4stimmigen Streichersatz einbaut, gehört zu den bewundernswertesten Eingebungen Bachs. Es vereinigt ideale Schönheit mit erhabener Größe, es steigert sich zu wahrhaft prophetischer Entrückung.

Die *Gethsemane-Szene* wird durch einen tonmalerisch anschaulichen Bericht des Evangelisten eingeleitet. Hier erscheint zweimal hintereinander das Passionslied »O Haupt voll Blut und Wunden«, die Leitmelodie der *Matthäus-Passion.* Jesu Worte »Meine Seele ist betrübt bis an den Tod« leiten über zu einem *lyrischen Intermezzo*, das zu den ausdrucksvollsten Partien des Werkes gehört. Bach glossiert die Situation durch 2 aufeinanderfolgende, eng aufeinander bezogene Musikstücke. Das erste ist eine Choralphantasie über *Herzliebster Jesu* mit dem Text der 3. Strophe: »Was ist die Ursach aller solcher Plagen? Ach, meine Sünden haben dich geschlagen.« Der Solo-Tenor beginnt, vom 1. Orchester begleitet, mit einer ausdrucksvollen Klage, über pochenden Sechzehntel-Bässen schweben Seufzermotive der Flöten und Oboi da caccia. Der 2. Chor, vom 2. Orchester begleitet, antwortet leise mit dem Passionsgesang. Zeile für Zeile respondieren die beiden Klanggruppen, der Satz, der in f-Moll begann, endet mit offenem Halbschluß auf der Dominante von c-Moll. Unmittelbar daran schließt sich ein ähnliches, wieder auf den Wechsel von Tenor-Solo und Chorgesang gestelltes Stück. Es knüpft an die letzten Worte des Christus-Rezitativs an: »Bleibet hier und wachet mit mir.« Albert Schweitzer hat darauf hingewiesen, daß das Hauptmotiv, mit dem die Oboe unbegleitet im Charakter einer Fanfare einsetzt, als Wachsignal zu deuten ist:

Der Solo-Tenor übernimmt es auf die Worte »Ich will bei meinem Jesu wachen« und spinnt es aus zu einer kunstvollen Koloratur-Arie, die der Chor mit dem immer wiederholten, leisen Zwischenwurf »So schlafen unsre Sünden ein« in freiem, nicht choralgebundenem, aber bewundernswert kunstvollem (doppelkontrapunktischen) vierstimmigen Satz unterbricht; eine Nachtszene, die die düstere äußere Szenerie und das innere Geschehen, die Verlassenheit des ringenden Gottessohnes, zu mystischer Einheit verschmilzt. Eine Baß-Arie kommentiert die Worte des Heilands, die den Sieg über die Anfechtung verkünden: »Nicht wie ich will, sondern wie du willst.«

Im folgenden Abschnitt, der die *Gefangennahme* Jesu behandelt, wächst der Chor vollends in eine Rolle hinein, die weit über die des kommentierenden Betrachters hinausgeht. Auf das Stichwort des Evangelisten: »Da traten sie hinzu und legten die Hände an Jesum und griffen ihn«, folgt ein Stück ausgesprochen dramatischen Charakters, das als »Arie für zwei Chöre« bezeichnet ist. Die Chöre vertreten die allegorische Figur der Tochter Zion und ihr Gefolge, die Menschheit. Die Tonart des in ruhiger Bewegung schreitenden Stückes ist e-Moll, die Anfangstonart des Werkes. Geigen und Bratschen intonieren eine langgesponnene, den Grundton umspielende Melodielinie, die sich wie ein Band durch den ganzen Satz zieht und als musikalisches Symbol der Kette, die den Gefangenen fesselt, gedeutet worden ist. Flöte und Oboen beginnen dagegen einen 2stimmigen Klagegesang, der von den Frauenstimmen des 1. Chores aufgenommen und, stellenweise in Terzen und Sexten gebunden, fortgeführt wird: »So ist mein Jesus nun gefangen.« Der 2. Chor aber, 4stimmig besetzt und vom 2. Orchester begleitet, unterbricht die Klage durch erregte, scharf rhythmisierte Zwischenrufe (»Laßt ihn, haltet, bindet nicht!«), als versuche er, dem Geschehen Einhalt zu gebieten. Dann verbinden sich beide Chöre zu einem Ausbruch der

Empörung und Verzweiflung, der die Mächte der Natur zum Schutze des Heilandes aufrufen will: »Sind Blitze, sind Donner in Wolken verschwunden?« Die gezackte, zerrissene Thematik spiegelt das Zucken der Blitze, während Sechzehntelketten der Bässe das dumpfe Rollen des Donners versinnbildlichen. Nach einer Generalpause malt ein jäher Fis-Dur-Einsatz des Orchesters mit stürmischen Streicherpassagen den feurigen Abgrund der Hölle, der den Verräter Judas verschlingen soll. Nach diesem dramatischen Exzeß kehrt Bach um so entschiedener zu liturgischem Stil zurück. Den 1. Teil der Passion beschließt, anstelle des ursprünglichen schlichten Liedsatzes, in der endgültigen Fassung eine lang und kunstvoll ausgesponnene Fantasie über die 1. Strophe des Passionsliedes *O Mensch, bewein dein Sünde groß*, die beide Chöre mit ihren Orchestern zu weicher Klangfülle zusammenfaßt. Das Stück, ursprünglich als Einleitungschor der *Johannes-Passion* komponiert, hat hier, nach E-Dur transponiert, seine endgültige Stätte gefunden. Es gehört zu den Bachschen Eingebungen, die den Hörer durch seltsam unmittelbare Gefühls- und Stimmungskraft ergreifen. Der Chor-Sopran singt Zeile für Zeile die Liedweise, von den Unterstimmen in lockerem, meist imitatorischem Satz begleitet. Das Orchester, in dem Flöten und Oboi d'amore dominieren, führt unentwegt Seufzermotive in Sechzehnteln durch. Der harmonischen Freizügigkeit sind durch die in der Tonart verharrende Liedweise Grenzen gesetzt; lang ausgehaltene Orgelpunkte des Basses verstärken den Eindruck der Ruhe. Ein Ausklang von tröstlicher Wirkung, der die Verklärung des Leidenden und die Erlösung der Menschheit vorwegzunehmen scheint.

Der handlungsreichere *2. Teil* der Passion umfaßt 4 große, durch Episodenszenen bereicherte Abschnitte: die *Verhöre vor Kaiphas* und *Pilatus*, die *Kreuzigung* und die *Grablegung*. Die Tochter Zion stimmt zur Einleitung eine rührende Klage an, eine Alt-Arie in h-Moll, die der Chor durch kurze motettische Einschübe auf Worte aus Hohelied Salomos 6,1 gliedert. Dann führt der Evangelist mit lebhaft deklamierter Rede in die Versammlung der Hohenpriester und Ältesten ein. Die zwei falschen Zeugen, die gegen Jesus aussagen, singen – ähnlich wie bei Schütz – einen kurzen Kanon, der das Aufbauen des Tempels mit karikiert aufschneiderischem Pathos persifliert. Das Schweigen des Beschuldigten wird durch eine Tenor-Arie zur Begleitung der Gambe kommentiert. Auf die zweite, dringlichere Frage nach seiner messianischen Eigenschaft antwortet Jesus mit einer Prophezeiung: »Ihr werdet sehen des Menschen Sohn sitzen zur Rechten der Kraft und kommen in den Wolken des Himmels.« Hier wird das schlichte Rezitativ unversehens zur musikalischen Vision. Die akkordische Begleitung der Streichinstrumente nimmt thematische Gestalt an, über sicher schreitenden Bässen umranken die Violinen die Singstimme mit wolkenhaft schwebenden Figuren. Die dramatischen Turba-Chöre, die nun folgen, sind 8stimmig gesetzt. Das Todesurteil ist eine 5taktige, schneidend formulierte Sentenz. Im Spottgesang der Schergen heben sich die höhnischen Rollfiguren heraus, die den Worten: »Weissage, Christe, wer ist's, der dich schlug?« brutalen Klang geben. Die Verleugnung des Petrus ist rezitativisch behandelt; die melodische Dehnung der Worte »und weinete bitterlich« ist ein oft zitiertes Beispiel Bachscher Ausdruckskunst. Die Alt-Arie, die sich anschließt, ist nicht Verdammung des Sünders, sondern Fürbitte für den Schwachmütigen, der bereut: ein Duett der Singstimme und der Solo-Violine in h-Moll, das durch seine überirdische Schönheit der Episode Gewicht gibt. Der Reue des Judas, der den Hohenpriestern das Blutgeld zurückgibt und sich erhängt, folgt als lyrische Betrachtung eine Baß-Arie konzertanten Charakters, die wieder die Solo-Violine als Begleitinstrument verwendet.

Während des *Verhörs* durch Pilatus, da, wo Jesus die Antwort verweigert, erklingt wieder die Liedweise *O Haupt voll Blut und Wunden*, hier mit den Worten des Liedes *Befiehl du deine Wege*. Dann spitzen sich die Ereignisse dramatisch zu. Der »Barrabas«-Ruf des Volkes, ein einziger rhythmisierter Schrei beider Chöre auf dem verminderten Septakkord, hat an naturalistischer Wirkung bei Bach sonst nicht seinesgleichen. Die Chöre »Laß ihn kreuzigen« mit ihren verminderten Intervallen und dem drohenden Aufwärtssteigen des ganzen Satzes, die fanatisierte Herausforderung »Sein Blut komme über uns« halten den Ton wilder Erregung fest. Um so schärfer kontrastieren die lyrischen Einlagen. Die a-Moll-Arie des Soprans »Aus Liebe will mein Heiland sterben«, die von lyrischen Ornamenten der Flöte begleitet und, ohne Baßstütze, von den Harmonien zweier Oboi da caccia getragen wird – die Achse der gesamten Formdisposition (vgl. S. 162) –, ist eines der affektlosesten, durch rein musikalische Schönheit wirkenden Stücke der Partitur. Die g-Moll-Arie des Alts »Können Tränen meiner Wangen nichts erlangen« fesselt vor allem durch das einleitende Rezitativ, in dem punktierte Rhythmen der Streichinstrumente, dissonant durch Septakkordfolgen gleitend, die Peitschenschläge der Geißelung malen.

Die beiden ersten Strophen des Paul-Gerhardt-Liedes *O Haupt voll Blut und Wunden* leiten die Szene der *Kreuzigung* ein. Eine Baß-Arie, von einem Solo der Viola da gamba begleitet, kommentiert die Episode des Kreuzträgers Simon von Kyrene. Die Spottchöre des Volkes und der Hohenpriester sind breit ausgeführt. Imitierende Einsätze der Stimmen machen deutlich, wie die einzelnen Gruppen des Volkes die lästernden Zurufe nachplappern, die Aufforderung »So steige herab vom Kreuz« wird mit grausamem Hohn unablässig wiederholt, wobei der Tonraum der absteigenden Figur allmählich von der Quinte bis zur Undezime gedehnt wird. Ein Arioso der Alt-Stimme apostrophiert ausdrucksvoll das »unselige Golgatha«, die Stätte, wo der Herr der Herrlichkeit schimpflich verderben muß. Die nachfolgende Arie des Alt, die von Zwischenrufen des Chores unterbrochen wird, verspricht den Gläubigen Trost und Erlösung. Beide Stücke, die die sonore Tiefe der Altstimme zur Geltung bringen, sind überdies durch den dunklen Klang zweier meist in Terzen und Sexten geführten Oboi da caccia als Klagegesänge charakterisiert. Der Schmerzensruf Jesu ist nach altem Brauch durch expressives Melos und die Vorschrift »Adagio« aus dem Rezitativ hervorgehoben:

Bei diesem Ruf des tiefsten menschlichen Leidens schweigen die Violinen, die sonst die Stimme des Herrn mit schwebenden Akkorden umgaben. Den Tod des Heilands beklagt die letzte Strophe von Paul Gerhardts Passionslied: *Wenn ich einmal soll scheiden, so scheide nicht von mir.* Hier, da sie zum letzten Male erklingt, ist die phrygische Weise nicht, wie vorher, nach Dur, sondern nach Moll gedeutet. Die letzte Zeile mit ihrer chromatischen Wendung nach a-Moll, mit dem fast beiläufigen Erscheinen der Tonika auf unbetontem Taktteil und dem geheimnisvoll ins Leere schwingenden Halbschluß auf der Dur-Dominante ist eine der bewundernswertesten Eingebungen des Harmonikers Bach:

Das Zerreißen des Vorhangs im Tempel, von der Generalbaßgruppe mit auf- und abwärtsrasenden Skalen gemalt, das Erdbeben und die Erscheinung der Heiligen werden in rezitativischer Form behandelt. Dagegen dehnt sich der letzte Teil der Passion, die *Grablegung* des Gekreuzigten, zu einer musikalischen Trauerzeremonie, die ganz von den menschlichen Regungen der Schwermut und des Mitleidens erfüllt ist. Das Rezitativ des Basses »Am Abend, da es kühle ward« ist ein geistliches Abendlied von herzanrührendem Klang; die ausdrucksvolle, der Wortmelodie nachgehende Führung der Singstimme entspricht ganz der glücklichen poetischen Formulierung nach einem Gedicht von Johann Franck, das die Versöhnung der Menschheit mit Gott feiert. Samtener Bratschenklang versinnbildlicht die Abendstimmung. Die folgende Baß-Arie, in der zu den Streichinstrumenten die Oboe da caccia hinzutritt, hält die mild-versöhnliche Stimmung fest. Der Chor der Hohenpriester, die von Pilatus die Bewachung des Grabes erbitten, besteht aus einer klangprächtigen 8stimmigen Introduktion und einer 4teiligen, 4stimmigen und imitatorisch dicht gearbeiteten Motette. Dann beginnt der 2teilige Schlußgesang, der die Stelle der alten Danksagung vertritt. Ein ruhevoller Wechselgesang der Solo-Stimmen und des Chores ist die Einleitung: »Nun ist der Herr zur Ruh gebracht« beginnt der Baß mit einem Zitat aus Nr. 75; Tenor, Alt und Sopran folgen in rezitativischer Rede mit je eigenen Zitaten aus den Nummern 25–26, 10 und 58, als spräche jeder einzelne seinen Spruch am Grabe, während der Chor in 4stimmigem Satz jedesmal respondiert: »Mein Jesu, gute Nacht.« Die 4 Zeilen des Gesanges kadenzieren in As-Dur, Es-Dur, f-Moll und c-Moll, womit die Tonart des letzten Stückes erreicht ist. Dieser letzte Satz ist eine *Totenklage*, die dem Schmerz in geradezu ausschweifender Weise Ausdruck gibt:

Die Melodie wird in vollem 4stimmigen Satz, mit echoartigem Alternieren der beiden Chöre, in 3teiliger Liedform durchgeführt. Es-Dur und c-Moll sind die tonalen Schwerpunkte, eine tröstliche G-Dur-Episode schließt den Mittelteil; die Reprise kehrt zu der Trauerstimmung des Anfangs zurück. Noch dem letzten, lang ausklingenden c-Moll-Dreiklang der Chorstimmen mischen Violinen und Oboen mit dem Leittonvorhalt h vor c eine schmerzliche Dissonanz bei.

Das Oratorium des Barock

Die Geschichte des Oratoriums beginnt gleichzeitig mit der Geschichte der Oper, um das Jahr 1600. Der Begriff bezeichnet eine musikalische Kunstform, die Handlungen und Vorgänge mit epischen und lyrischen Mitteln darstellt, ohne die szenischen Wirkungen des Theaters, Bild und Aktion, zu Hilfe zu nehmen. Das Oratorium ist gleichsam ein musikalisches Drama auf imaginärer, geistiger Bühne. Wie die Oper ist es eine Schöpfung der überquellenden, alle Lebensgebiete überflutenden und mit phantastischen Erfindungen schmückenden Form- und Spiellust, die zu den Wesenskräften des Barock gehört. Es ist zweckmäßig, den Begriff gegen die mehr liturgisch bestimmten, an den Bibeltext gebundenen Formen der *Historie* und der *Passion* abzugrenzen. Zum *Oratorium* gehört im allgemeinen die subjektiv-freie dichterische und musikalische Gestaltung sowie die konzerthafte, außergottesdienstliche Wirkung auf ein künstlerisch interessiertes Publikum. Der Name ist so zufällig wie der der Schwestergattung »Oper«. Er geht auf das »Oratorio«, den Betsaal von San Girolamo della Carità in Rom zurück. Dort veranstaltete Filippo Neri (1515–1595), Leiter einer weltpriesterlichen Gemeinschaft, Bet-Übungen, in denen die alte Kunst des Laudengesangs gepflegt wurde. Man setzt die Schöpfung des Oratoriums zu dem Zeitpunkt an, in dem der Komponist **Emilio de Cavalieri** (etwa 1550–1602) die neuen Ausdrucksmittel der jungen Florentiner Oper mit den Überlieferungen des liturgischen Dramas und der volkstümlichen Darstellungsform verschmolz. Sein Werk, *Rappresentazione di anima e di corpo* (»Spiel von Seele und Leib«), im Jahr 1600 in Rom im Betsaal der Congregazione dell'Oratorio aufgeführt, wird von der Musikgeschichte als erstes Oratorium verzeichnet, obgleich es, szenisch dargestellt, eher der Gattung der geistlichen Oper zuzuzählen wäre: Die Grenzen zwischen den nahverwandten Gattungen sind nicht immer scharf zu ziehen.

Der Text, von der Dichterin Laura Guidiccioni verfaßt, ist ein Gespräch zwischen dem Leib als dem irdischen Teil des Menschen und der Seele als Bürgin seiner himmlischen Existenz. Die Weltlust tritt mit einem Gefolge von Musikanten und Tänzern personifiziert auf, die Stimmen der Verdammten klingen warnend aus dem Abgrund; der Leib aber folgt den Lehren der Seele, die ihm den Weg zur Erlösung zeigt. Die Solo-Gesänge sind im Stile der ausdrucksvollen Monodie der

Florentiner Oper komponiert. Was die Bezeichnung als Oratorium rechtfertigt, ist der weit über das für die Oper geltende Maß hinausgehende Anteil der Chöre, die – in vielerlei Funktion und Besetzung im Sinne barocker Klangraumarchitektur – durchgehend in homophoner Satzweise verwendet werden. Sie vor allem bestimmen den Charakter des klangprächtigen »Hör-Spiels«, das den Glanz der Oper in eine rein musikalische Sphäre überträgt.

Die Geschichte des Oratoriums verzeichnet als wichtigste Schauplätze der Entwicklung Italien, Wien und das nördlichere Deutschland, als Komponisten neben dem in Rom wirkenden **Giacomo Carissimi** (1605–74), der mit einer Reihe biblischer Stücke (unter anderen *Jonas*, *Jephtha*, *Ezechias*, *Balthazar*, *Abraham et Isaac*, *David et Jonathas*) zum bedeutendsten, noch zur Händelzeit verehrten Oratorien-Meister des 17. Jh. wurde, Namen wie **Alessandro Scarlatti**, **Leonardo Vinci**, **Leonardo Leo**, **Giovanni Battista Pergolesi**, **Giovanni Legrenzi**, **Johann Joseph Fux**; als Dichter hervorragende Dramaturgen der Opernbühne wie Apostolo Zeno und Metastasio.

Im nördlichen Deutschland fand die dem Formentwurf des Oratoriums nahestehende Dialogkomposition phantasievolle Entfaltung in abwechslungsreichen und auch großräumigeren Werken von **Andreas Hammerschmidt**, **Johann Rosenmüller**, **Dietrich Buxtehude**. Selbständige künstlerische Großformen entwickelten sich hier aber – im Blick auf das italienische Oratorium – relativ spät mit der Loslösung von Bibelwort und Gottesdienst und den poetischen Arbeiten so prominenter Librettisten wie Barthold Heinrich Brockes, Karl Wilhelm Ramler oder Johann Gottfried Herder in der Mitte des 18. Jh. Die bedeutendsten Meister der Zeit nahmen sich dieser neuartigen Textvorlagen an und schufen publikumswirksame und auch über Jahrhunderte hinweg aussagefähige Großwerke, die sich ihren Platz in Konzertsaal und Kirche bewahrt oder wiedererrungen haben. Von **Reinhard Keiser** wäre *Der für die Sünde der Welt gemarterte Jesus* (1704) zu nennen, den auch **Georg Philipp Telemann** (1722) vertonte. Auch Telemanns *Der Tod Jesu* (1756), *Die Auferste-*

hung und Himmelfahrt Jesu (1760) und *Der Tag des Gerichts* (1762) fanden weitere Verbreitung. Sein Amtsnachfolger **Carl Philipp Emanuel Bach** schuf *Die Israeliten in der Wüste* (1769) und *Die Auferstehung und Himmelfahrt Jesu* (1777), sein Bruder **Johann Christoph Friedrich Bach** *Die Kindheit Jesu* (1773). **Carl Friedrich Grauns** *Der Tod Jesu* (1755) blieb weit über hundert Jahre das deutsche Passionsoratorium schlechthin.

Aus vielerlei Wandlungen, wie sie Zeitgeschmack und wechselnder Einfluß kirchlicher und opernhafter Musizierformen bedingte, bildete sich die reiche und variable Form heraus, die opernhafte Elemente – Rezitativ und Arie, Ouvertüre, Marsch und Tanzstück – mit dem großen Erbe kirchlich-chorischer Polyphonie verschmolz und Raum für ideale, die Sinnenwelt überfliegende Konzeptionen bot, für die die Opernbühne keinen Platz hatte.

Das Oratorium Georg Friedrich Händels

Georg Friedrich Händel (1685–1759), in Halle geboren, Organist und Kirchenkomponist, früh der Musikbühne zugetan, ging über Hamburg, Neapel, Venedig, Hannover nach London, wo er als Leiter und Komponist der Königlichen Akademie in den Jahren von 1711 bis 1740 eine lange Reihe von Opern schuf. Des finanziellen Risikos als Theaterunternehmer müde, wandte er sich schon in den 30er Jahren dem Oratorium zu, dem er die volle Schaffenskraft seiner späten Lebensjahrzehnte widmete. Das Händelsche Oratorium entstand als Sublimierung der Oper, die auf die Äußerlichkeit des Kostüm- und Kulissenwesens verzichtete und dafür die Fähigkeit gewann, auf der unsichtbaren Bühne der Phantasie erhabene religiöse und im edlen Sinne volkstümliche Themen zu bewältigen. Durch seine Oratorien, die er mit großen Laienchören unter Mitwirkung hervorragender Solosänger aufführte, wurde Händel zum Begründer der englischen Chorkultur, die sich bis heute erhalten hat. Händels an musikalischen Schönheiten überreiche Opern sind Erfüllungen des barocken

Stilideals und eben darum in ihrer Wirkung bis zu einem gewissen Grade an ihre Entstehungszeit gebunden. Seine Oratorien, auf die Geschichten der Bibel, der Legende und des antiken Mythos gegründet, sind Meisterwerke zeitloser Kunst, allen Epochen gleich zugänglich und in ihrer Vielfalt und Inhaltsfülle von der Musizierpraxis keiner Zeit erschöpft.

Acis und Galatea (HV 49), das früheste unter den oratorienhaften Werken Händels und eine der vollendetsten Schöpfungen des Komponisten überhaupt, wurde gegen 1720 in Cannons für den Herzog von Chandos geschrieben; es trägt den Titel »Masque«, was auf eine halbszenische Aufführungsform mit kostümierten, aber konzertant singenden Sängern hinweist; in deutschen Ausgaben wurde das Werk als »Pastoral« bezeichnet. Schon im Jahre 1708 in Italien hatte Händel den beliebten Stoff in einer Kantate bearbeitet, deren Titel *Aci, Galatea e Polifemo* (HV 72) lautet. Die Komposition von 1720 hat mit dem älteren Werk nichts gemeinsam. Allerdings nahm Händel 1732 eine Verschmelzung der beiden Partituren vor und fügte in dieser 3. Fassung des Sujets einige neue Nummern, darunter die durch ihre Baß-Koloraturen berühmte Arie des Polyphem, hinzu. Später kam er jedoch auf die Fassung von 1720 zurück, die als authentische Form des Pastoral-Oratoriums gelten darf. Die Personen sind Galatea (Sopran), Acis (Tenor), Damon (Tenor oder Sopran), Polyphemus (Baß), ein Chor von Hirten.

Die alte Fabel, die zuerst von Theokrit dichterisch geformt wurde, ist ein Stück sizilianischer Naturpoesie. Die idyllische Landschaft, deren Frieden stets von der vulkanischen Gewalt des riesigen Aetna, von Felsstürzen und Lavaströmen bedroht ist, wird personifiziert in den Figuren der Nymphe Galatea, ihres Geliebten Acis und des eifersüchtigen Riesen Polyphem, der die schöne Hirtin mit Felssteinen erschlägt. Bei Händel ist es Acis, der von dem barbarischen Rivalen getötet und von Galatea betrauert wird. Die Textfassung weist den Solo-Stimmen den Hauptanteil am musikalischen Geschehen zu. Aber auch die Chöre sind so bedeutend, daß das reizvolle Werk von jeher als Chor-Oratorium geschätzt wird.

Esther (HV 50b) ist, wie *Acis und Galatea*, ein Werk auf der Grenze zwischen Oper und Oratorium. Die 1. Fassung aus dem Jahr 1720 ist als »Masque« bezeichnet. Die 2. Fassung von 1732 bereicherte das Werk und gab ihm oratorienhafte Gestalt; sie wird modernen Aufführungen zugrunde gelegt. Der Text ist wahrscheinlich von Arbuthnot und Pope verfaßt, die Erweiterungen der 2. Fassung stammen von Samuel Humphrey. Das Personenverzeichnis nennt: Ahasverus, König von Persien (Tenor); Haman (Baß); Harbonah (Tenor); einen persischen Hauptmann (Tenor); Esther (Sopran); zwei Israelitinnen (Sopran und Alt); Mardachai (Alt); einen israelitischen Priester (Tenor) und zwei Israeliten; der Chor erscheint als Gruppe persischer Krieger und als israelitisches Volk.

Das Buch Esther, das dem Oratorium als Vorlage diente, ist eine der farbigsten Erzählungen der Bibel, erfüllt von der Sinnlichkeit und Phantastik orientalischer Fabulierkunst. Die Handlung spielt zur Zeit der jüdischen Gefangenschaft. Die schöne Israelitin Esther ist zur Lieblingsfrau des Königs Nebukadnezar (im Oratorium Ahasverus) aufgestiegen. Der Jude Mardachai bestimmt sie, beim König für ihr unglückliches Volk zu bitten, dem der mächtige Minister Haman schwere Verfolgungen angedroht hat. Esther tritt, ohne Furcht vor der Todesstrafe, mit der das Gesetz solche Kühnheit ahndet, unangemeldet vor das Antlitz des Königs, der sie gnädig anhört und ihre Bitte erfüllt. Haman fällt in Ungnade, die Israeliten feiern ihre Rettung. Dieser ungemein theatergerechte Stoff mußte den 35jährigen, noch ganz im Opernschaffen befangenen Händel fesseln. Aber die Textfassung vermeidet jede opernhafte Dramatisierung und legt das Gewicht auf die lyrisch-meditativen Partien, auf die Klagen und den Jubel des israelitischen Volkes. Händel und seinen Mitarbeitern schwebte also von Anfang an eine rein musikalisch bestimmte, von den Gesetzen der Bühne unbeeinflußte Oratorienform vor, deren Hauptakteur der Chor ist, der Sprecher der leidenden und beglückten, betenden und dankenden Menschheit. Schon dieses frühe, in 3 Akte geteilte Oratorium enthält große musikalische Schönheiten.

Das **Alexander-Fest** wurde am 20. Februar 1736 vor einem glänzenden Auditorium von 1300 Personen in London aufgeführt und 5mal wiederholt; der Erfolg blieb dem Werk treu, das zu den beliebtesten Schöpfungen Händels zählt. Die Vertonung der berühmten, im Jahre 1697 gedichteten Ode Drydens, die schon mehrere Musiker vor Händel komponiert hatten, ist nicht eigentlich ein Oratorium, sondern eine Kantate für Soli und Chor. Die Dichtung entwickelt keine Handlung, sondern schildert ein Fest des siegreichen Makedonen Alexander, das durch Hymnen des Sängers Timotheus verschönt wird. Der Schluß bringt eine geistliche Pointe: dem heidnischen Sänger wird die christliche Cäcilia gegenübergestellt und gleichgeordnet: »Er zog den Menschen himmelan – den Engel sie herab.« Die Ode ist ein Hymnus auf die Macht der Musik. Daß sie den großen Musiker Händel zu einer seiner inspiriertesten Partituren anregte, ist verständlich.

Erstaunlich bleibt, daß Händel hier, ohne irgendwelche künstliche, historisierende Stilmittel zu verwenden, eine Musik aus griechischem Geiste geschaffen hat, die Vision eines apollinisch heiteren und dionysisch berauschten Kunstfestes, wie es die antiken Sänger, Kitharöden und Flötenspieler gefeiert haben mögen. Das Fest beginnt mit einem Liebes- und Hochzeitshymnus für Alexander und seine Geliebte Thais, den der Tenor anstimmt und der Chor wie einen Reigen in wechselnden Figuren weiterführt. Ein gemessen rhythmisierter, von Wohlklang erfüllter A-Dur-Satz, der Grazie und Gravität vereinigt. Einem Lobgesang auf Bacchus in wiegendem ¾-Rhythmus, dem Oboen und Hörner, paarweise in Fanfarenmotiven geführt, Farbe und Klang geben, folgt eine Trauermusik auf den gefallenen Perserkönig Darius, eine Ehrung des überwundenen Gegners. Das »lydische Brautlied« des Solo-Tenors ist als eine der köstlichsten Händelschen Arien zu erwähnen. Ein 2teiliger, aus kunstvoller Chaconne und bewegtem Schlußteil gefügter Jubelchor zum Preise der Musen beschließt den 1. Teil. Mit arpeggierendem Saitenspiel des Sängers, von den Violinen des Orchesters angedeutet, beginnt der 2. Teil. Ein Kriegsgesang mit Pauken und Trompeten weckt Alexander aus seinem Liebestraum. Die Geister der Gefallenen erscheinen, Alexander ergreift die Fackel, um zur Rache den Tempel von Persepolis in Brand zu stecken. Auf den kriegerischen Rausch folgt die fromme Feier Cäciliens. Der Chor verkündet ihr Nahen in einem zuerst schlicht deklamierten, dann zur kunstvollen Fuge entfalteten Satz. Die plötzliche Wendung zum polyphonen Stil möchte den Eintritt des christlichen Geistes in die heidnische Welt bezeichnen. Eine Quadrupelfuge, deren kraftvoll geschnitzte, aufsteigende und absinkende Themen – den Versen des Dichters gemäß – den Gegensatz von »himmelan« und »herab« symbolisieren, besiegelt die Versöhnung von heidnischer und christlicher Kunst. Mit diesem grandiosen Stück pflegt das Werk zu schließen; mit Recht, da hier die Dichtung Drydens endet. Der Anhang, den Händel auf Verse Newburgh Hamiltons komponierte, wirkt weniger prägnant.

Die **Ode zum St. Caecilien-Tag** (HV 76), ebenfalls nach einer Dichtung Drydens, 3 Jahre später als das *Alexander-Fest* komponiert und am Cäcilien-Tag, dem 22. November 1739, in London aufgeführt, ist als lyrischer Ausklang des vorigen Werkes zu verstehen. Der christlichen Patronin der Musik, die in der *Alexander*-Kantate nur am Schluß zitiert worden war, wird nun ausschließlich in einem kurzen, aber von hohem Enthusiasmus erfüllten Tongedicht gehuldigt. Die Ode Drydens umspannt den gesamten Weltlauf von der Schöpfung bis zum Ende der Zeit und zum Anbruch der Ewigkeit. Sie zeichnet sich nicht nur durch poetischen Schwung, sondern auch durch Gedanken- und Bilderfülle aus, die der Musik Gelegenheit zu lyrischer Vertiefung und farbiger Tonmalerei gibt.

Das fesselndste Musikstück der Partitur steht am Anfang: ein Arioso des Solo-Tenors, welches mit anschaulicher orchestraler Tonmalerei den »verworrenen Mißklang« der leblosen Natur schildert, der durch den Ruf des Schöpfers in Wohllaut und Ordnung verwandelt sei. Aus trüben Septakkorden steigt in den Intervallen des A-Dur-Dreiklangs der Ruf »Erwach, erwach« auf, der den Sieg der Harmonie über das Chaos ankündigt. Der Chor feiert den Triumph der Schönheit in aufsteigenden Skalen und Dreiklangsmotiven. Die Instrumente stimmen einzeln in den Lobgesang ein; Violoncello und Trompete gesellen sich zu den Solo-Stimmen, Flöte, Laute und Orgel umspielen eine Arie des Soprans. Der Schlußchor beschreibt die Rolle der Musik am Jüngsten Tage. Hell in Dreiklangstönen über anderthalb Oktaven aufsteigend, bläst die Trompete zum Gericht, in langen, ineinander verschlungenen Tonketten singt der Chor von Tod und Auferstehung.

Saul (HV 53), 1738 komponiert und am 16. Januar 1739 in London aufgeführt, bezeichnet in Händels Biographie jenen Moment, in dem der Komponist sich endgültig von der Oper zum Oratorium wandte. Das Opernunternehmen, dem er jahrzehntelang seine Energie gewidmet hatte, war wieder einmal gescheitert, und die national bestimmte, italienischer Kunst feindliche Volksmeinung ließ wenig Hoffnung auf ein Wiedererstehen des Instituts. Ein Schlaganfall hatte den Unermüdlichen gemahnt, daß auch seine Kräfte nicht unerschöpflich seien. Eine Kur in Aachen gab ihm überraschend schnell die Gesundheit wieder. Er nutzte sie, nachdem er mit *Faramonde*, *Serse* und *Alessandro Severo* von der Bühne Abschied genommen, zu Arbeiten von gigantischen Maßen, die das noch unerforschte Gebiet des chorischen Oratoriums in seiner ganzen Weite ermessen sollten. *Saul* ist ein Werk von barocker Breite und Fülle, ein riesiges Tongemälde, einem Bild von Rubens vergleichbar, überladen mit Ereignissen und Gestalten. Der Textdichter, wahrscheinlich Newburgh Hamilton, hat ein episodenreiches biblisches Epos geschaffen, das auch die Musik kaum durch ihre Akzente zu gliedern vermag. Das Personenverzeichnis nennt eine lange Reihe von Figuren: Saul (Baß), Jonathan (Tenor), David (Männer-Alt), Abner (Tenor), Merab (Sopran), Doeg (Baß), die Hexe von Endor (Tenor), der Geist Samuels (Baß), ein Amalekiter (Tenor), Abiathar, ein Priester (Baß). Dem Chor ist, ähnlich wie in der antiken Tragödie, eine betrachtende Rolle zugeteilt.

Der Text stellt von Anfang an dem König Saul in David einen jugendlichen Gegenspieler entgegen: Die Rivalität der beiden, der Untergang des alten Herrschers und der Aufstieg des jungen, ist der Stoff des 3aktigen Oratoriums. Es beginnt mit dem Bericht von Davids Sieg über Goliath. Die Siegesfeier erregt Sauls Eifersucht und Zorn. Vergeblich versucht David, den König mit seinem Gesang zu besänftigen. Als Saul seinen Speer nach ihm wirft, entflieht David. Jonathans Vermittlung stiftet Frieden, der König gibt David seine Tochter Michal zur Frau. Aber die Eifersucht Sauls entbrennt von neuem und läßt ihn seine Waffe gegen den eigenen Sohn, den Freund Davids, richten. Der finstere Wahnsinn des Königs wächst. Angst treibt ihn zur Hexe von Endor, die den Schatten Samuels beschwört. In der Schlacht gegen die Amalekiter sucht er den Tod; in die Trauer des Volkes mischt sich die Begeisterung für David, den künftigen König.

Israel in Ägypten (HV 54) entstand im Jahre 1738 und wurde am 4. April 1739 aufgeführt. Den Text stellte sich Händel selbst aus der Bibel zusammen; er verwendete den 78., den 105. und 106. Psalm sowie den Lobgesang der Israeliten am Roten Meer, der im 13. Kapitel des 2. Buches Mose aufgezeichnet ist. Dieser Lobgesang bildet den Keim des Werkes. Händel schrieb ihn zuerst, setzte dann den Bericht des Auszugs aus Ägypten ergänzend davor und fügte endlich als Einleitung einen Trauerchor der Israeliten über den Tod Josephs hinzu, der aber bei der Drucklegung wieder fortblieb. So ergab sich die endgültige 2teilige Gestalt des Oratoriums, dem die Ouvertüre fehlt. *Israel in Ägypten* hat episch-lyrischen Charakter. Die Vorgänge werden erzählt, es gibt keine Personen und Rollen wie in den dramatischen Oratorien. Beteiligt sind 6 Solo-Stimmen (2 Soprane, Alt, Tenor, 2 Bässe) und der Chor, dessen Rolle als Erzähler und als Sänger hymnischer Lob- und Danklieder ins Kolossale wächst. Die Größe, um die Händel sich im *Saul* auf äußerliche Weise durch breites Ausspinnen der Handlung, durch Figuren- und Bilderfülle bemüht, ist hier mit rein musikalischen Mitteln durch einen monumentalen Chorstil verwirklicht.

Schon der einleitende Doppelchor, die Klage der Israeliten in der ägyptischen Knechtschaft, legt den grandiosen Stil des Werkes fest: ein ruhiger c-Moll-Satz über starren Bässen, gleichförmig in Bewegung und Harmonik, ein Bild der Hoffnungslosigkeit, aus dem sich die Schreie des Volkes als dissonante Instrumentalakkorde abheben. Mit dem Bericht von den Plagen, die Jehova den Ägyptern sendet, kommt das Geschehen in Gang. Das erste der Zeichen, »des Stromes Gewässer ward zu Blut«, ist eine 4stimmige g-Moll-Chorfuge, deren mit einem Septimenfall einsetzendes Thema (Händel entnahm es einer seiner 1736 gedruckten Klavierfugen) schwer schreitet wie das unheilvolle Schicksal. Von der Plage der Frösche berichtet eine Arie des Solo-Alts, illustriert durch eine hüpfende Begleitfigur der Violinen. »Und es kam der Fliegen Gewühl« ist ein Doppelchor, dessen Gruppen jeweils in wortgebundener Homophonie deklamieren: Zweiunddreißigstelläufe der Violinen malen das Schwirren der Insektenflügel; den Einbruch der Heuschrecken bezeichnet eine gestelzt schreitende Bewegung der Bässe; in ehernen akkordischen Zwischenrufen erklingt die Stimme des Herrn. »Er sandte Hagel herab« ist ein hinfließender Doppelchor, begleitet von wie Regenguß rauschenden Violinfiguren; Donner und Blitz werden durch kontrapunktische Verdichtungen herausgehoben. Die Finsternis, die sich über das Land breitet, entsteht als unheimliche Klangvision. Streicher und Fagotte präludieren in düsteren Harmonien, der Chorsatz, in tiefer Stimmlage, greift von der Tonika C immer wieder tief in die B-Tonarten und wendet sich am Ende, während die Textdeklamation vom Sopran in den Baß hinabsinkt, über kühne Modulationen nach E-Dur. »Er schlug alle Erstgeburt« ist eine im Staccato stürmende Chorfuge in a-Moll, von Akkordschlägen des Orchesters begleitet. Als Kontrast singt der Chor in G-Dur von der Gnade des Herrn, der »gleichwie ein Hirt« mit dem Volk Israel dahinzog. Mit einem a-Moll-Chor über ein archaisch schlichtes Thema wird der große Augenblick des Auszugs in die Freiheit gefeiert. Noch einmal folgt eine Situation von malerischer Großartigkeit. Mit zweimaligem Chorruf, in den Dreiklängen von C-Dur und Es-Dur, gebietet der Herr der Meerflut, daß sie austrockne. Der Durchzug durch das Rote Meer ist eine pittoreske Szene: die Hauptstimmen schreiten unentwegt in gleichmäßigen Vierteln, umgeben von wogenden Gegenstimmen, die wie flutende Wasserberge anstürmen. Der Untergang der nachsetzenden Feinde wird durch aufrauschende Triolenbewegung des Orchesters illustriert. Ein kurzer Hymnus führt zum Schlußchor des 1. Teiles: Das gerettete Volk fürchtet den Herrn und erkennt seinen Diener Moses an, der es aus der Knechtschaft in die Freiheit geführt hat.

Im 2., lyrischen Teil erweist Händel sich als Meister des »Anthems«, der eigentümlich englischen Form der chorischen Hymne. Das Orchester präludiert mit einer Folge in punktierten Rhythmen aufsteigender Durdreiklänge, die unverbunden wie Blöcke nebeneinanderstehen. Posaunen tragen den Vorspruch des Chores: »Moses und die Kinder von Israel singen also zu dem Herrn.« Der folgende Lobgesang ist ein Doppelchor, der sich im Kontrast eines feierlichen Hauptthemas mit gebundenen Koloraturketten und gestoßenen Rufen der Nebenthemen zu jubelnder Ekstase steigert. Nach einem Intermezzo zweier duettierender Solo-Soprane entwickelt eine 4stimmige Doppelfuge, von wenigen Grave-Takten eingeleitet, in strengem kirchlichen Stil den Gedanken: »Er ist mein Gott, ich will ihn preisen.« Ein breit ausgeführtes Duett zweier Bässe feiert den Herrn als den starken Helden, der Wagen und Pferde ins Meer gestürzt hat. Der Chor malt die Erinnerung an die Schrecken der Verfolgung und die wunderbare Rettung weiter aus in einem 4sätzigen, kantatenhaften Komplex. Ein Largo beschwört noch einmal das Bild der untergehenden Feinde. Der Satz »Die Tiefe deckte sie« wird in unheimlichen Rückungen nach Moll wiederholt. Ein jubelnder, in ein freies Fugato auslaufender Doppelchor preist die Wunder, die die Hand des Herrn tut. Ein kurzes Adagio-Zwischenstück führt zu einer strengen Fuge über ein herbes Moll-Thema; sie endet mit naturalistischer, akkordisch hämmernder Deklamation der Worte: »Du sandtest Deinen Grimm, der verzehrte sie wie Stoppeln«. Sanft wogende Terzenbewegung der Violinen leitet den folgenden Chor ein, der vom Wunder des wegsam gemachten Meeres handelt. Das Erstarren der Tiefe und die wie ein Wall stehende Flut werden mit deutlicher Tonsymbolik gemalt. 2 Arien, für Tenor und Sopran, unterbrechen die Reihe der Chorgesänge, die sich fortsetzt in einem 2teiligen, aus Introduktion und Fuge bestehenden Stück, das wie eine harmonisch reichere Variante des früheren Chors »Er ist mein Gott« erscheint. Auf ein Duett von Alt und Tenor folgt ein neuer chorischer Höhepunkt: Ein 8stimmiger Chorsatz schildert mit thematischen Vokabeln von dramatischer Ausdruckskraft das Staunen und die Angst der Feinde Israels; punktierte Rhythmen, bewegte Harmonik und affektgeladene Thematik ergeben ein Tongemälde von visionärer Größe. Nach einer Alt-Arie setzt der Chor zum Schlußgesang an, der sich, von kurzen Tenor-Rezitativen unterbrochen, hymnisch ausbreitet. Der von Trompeten, Posaunen und Pauken begleitete Chor »Der Herr regiert auf immer und ewig« wird zweimal, wie eine feierliche Doppelstrophe, gesungen. Der Schlußchor, den die Solo-Stimme der Seherin Mirjam anführt, nimmt die koloraturenreiche Thematik des Chors wieder auf, der den 2. Teil des Oratoriums eröffnete, und rundet so den Lobgesang zu großer zyklischer Form.

Der Messias (HV 56) entstand im August und September des Jahres 1741 in einem Zeitraum von 24 Tagen; die Uraufführung fand auf Einladung des Vizekönigs von Irland am 13. April 1742 in Dublin statt. Den Text hat Händels Freund Charles Jennens oder, wie man heute annimmt, sein Hauskaplan Pooley aus Bibelworten zusammengestellt; auf jeden Fall war Händel selbst bei der Redaktion entscheidend beteiligt.

Die Komposition des *Messias* beendete eine Periode des Mißerfolgs und der Unsicherheit, die der niemals ruhende Meister mit einem Vielerlei kleinerer und größerer Werke, mit Oratorien kleinerer Form, mit Instrumentalmusik und seiner letzten Oper *Deidamia* ausgefüllt hatte. Mit dem *Messias* nahm er den Gedanken des großen Chor-Oratoriums, dem er zuletzt mit *Israel in Ägypten* imposante Gestalt gegeben hatte, wieder auf und führte ihn mit äußerster Konsequenz zu Ende. Er faßte seine schöpferische Energie in einer großartigen Eingebung zusammen und schuf ein Werk, das nicht nur im Händelschen Gesamtschaffen, sondern auch in der Geschichte des Oratoriums einen unbezweifelbaren Höhepunkt bedeutet.

Immer ist Händels *Messias* als etwas Einsames, Unvergleichliches empfunden worden. Diese Besonderheit liegt schon in der textlichen Konzeption. Der *Messias* ist die äußerste Vergeistigung der Oratorienform, die keiner dramatischen Fabel, keiner menschlichen Akteure und Schicksale bedarf, ein Stück Gottes- und Weltgeschichte, dargestellt durch das Medium der lyrisch-hymnischen Musik. In einem kühnen, sich über alle Konventionen hinwegsetzenden Entwurf wird der Messiasgedanke unmittelbar, ohne Einschaltung von Historie und Dogmatik, künstlerische Realität. Die Musik hat sich an den erhabensten Stoff herangewagt und ihn bezwungen. Das Werk besteht aus 3 Teilen. Der 1. enthält die messianische Verheißung und die Geburt des Heilands. Der 2. schildert Passion und Auferstehung. Der 3. ist Meditation und Bekenntnis, Verherrlichung des Messiasgedankens, der die Welt erfüllt und überwindet. Denn mag auch die Leidensgeschichte in der Mitte des Werkes stehen: der Messias Händels ist nicht der Dulder, wie ihn die Passionsmusiken nach dem Evangelientext beschreiben, sondern der Weltenherrscher und Himmelskönig, der eins ist mit dem allmächtigen Gotte.

Die Ouvertüre, ein aus Introduktion und Fuge bestehendes Stück in e-Moll, wurde häufiger als ein Bild der die Ankunft des Heilands erwartenden Welt gedeutet. »Tröste dich, o Zion« ist das erste Wort der Verheißung, das erklingt; der Tenor singt es in einem E-Dur-Larghetto, dem eine Arie nach Jesaja 40,3 und 4 folgt. Der Chor ergreift das Wort in einem durch wiederholte Sextenführungen klanglich aufgeladenen Satz, der freudige und feierliche Züge in konstrastierender Thematik ineinanderflicht. Majestätisch spricht in einem Baß-Rezitativ, dem eine Arie folgt, die Stimme Jehovas. Eine Chorfuge in g-Moll berichtet von der Erwartung der Menschheit, die vom Heiland Läuterung und Reinigung erhofft. Der folgende Abschnitt bereitet das Wunder der Christgeburt vor. Rezitativ, Arie und Chor atmen die gleiche hoffnungsfrohe Stimmung; der Ruf »Er kommt« ist eine jauchzende Koloratur. Ein begleitetes Baß-Rezitativ schildert die Nacht, die über den Völkern liegt. In h-Moll, von der Baß-Stimme in Legato-Linien unisono mit dem Streichorchester gesungen, erklingt die Prophezeiung: »Das Volk, das da wandelt im Dunkel, es sieht ein großes Licht.« Der Chor jubelt dem Heiland entgegen; aus der locker gefügten Thematik hebt sich als mächtiger Ruf der göttliche Name ab: »Wunderbar, Herrlichkeit, der starke Held, der Ewigkeiten Vater, Friedefürst.« Und das

Wunder wird Wirklichkeit. Eine poetische Musik, gleichsam ein kleines Weihnachts-Oratorium, erzählt die Geschichte der Geburt mit einer Anschaulichkeit, die den Hörer zum Miterlebenden macht. Eine Pastoral-Symphonie, den Melodien italienischer Pifferari nachgebildet, schildert die Hirten auf dem Felde. Im Glanze von Geigen-Arpeggien tritt der Engel des Herrn zu ihnen. Von Trompeten angekündigt, nahen die himmlischen Heerscharen, die die Ehre Gottes singen. Immer wieder unterbricht der Oktavruf der Männerstimmen »Und Fried auf Erden« das Freudenlied; am Ende entschwindet die Engelsvision mit einem Orchesternachspiel, das in 3fachem Piano verklingt. Zwei Sopran-Arien, deren zweite, »Er weidet seine Herde«, zu den berühmtesten Stücken der Partitur zählt, halten die idyllische Stimmung aufrecht, ein kammermusikalischer Chorsatz beendet den 1. Teil.

Ganz anders ist die Stimmung des 2. Teiles, der der Leidensgeschichte gewidmet ist. In einem ergreifenden g-Moll-Satz singt der Chor vom Lamm, das die Sünde der Welt trägt. Eine Alt-Arie berichtet von den Leiden des Herrn. Der Chor klagt in einem f-Moll-Largo, das von punktierten Rhythmen des Orchesters begleitet ist. Es folgen eine Fuge und ein Satz von verschlungener, das Irren der zerstreuten Herde malender Polyphonie: ein Triptychon der Klage, das den Beweinungs-Darstellungen der bildenden Kunst entspricht. Rezitativ und Chorfuge schildern den Hohn der Söldner, die den Gekreuzigten verlachen, ein kurzes Rezitativ des Soprans meldet seinen Tod. Dann, nach einer vermittelnden Tenor-Arie, schlägt die Stimmung um: auf die Trauer der Passion folgt der Triumph der Auferstehung. Ein Chorsatz, der, anfangs 5stimmig, hohe und tiefe Stimmen einander antwortend gegenüberstellt, dann aber sich zu klangsatter Vierstimmigkeit verdichtet, begrüßt den »König der Ehren«. Eine D-Dur-Fuge fordert dic Engel zum Lobgesang auf. Der unisono einsetzende, in lebhafte Polyphonie übergehende Chor »Der Herr gab das Wort« verkündigt die Ausbreitung der christlichen Lehre. Die reizvolle Siziliano-Arie »Wie lieblich ist der Boten Schritt« mit den anschließenden Chorsätzen ist in 5 verschiedenen Fassungen überliefert. Eine Arie des Basses singt vom Zorn der Heiden;

der Chor antwortet mit einem kraftvollen »Auf, zerreißet ihre Bande«. Das Zeugnis des Tenors von der Macht Gottes, der seine Feinde zerschlägt, bestätigt der Chor mit einem der inspiriertesten Stücke, die Händel gelungen sind: Das große »Halleluja«, das den 2. Teil des *Messias* krönt, ist ein Meisterwerk, das feurige Begeisterung und kunstvolle Architektur vereinigt. Der »Halleluja«-Ruf, auf Tonika und Dominante in der Trompetentonart D-Dur unablässig wiederholt, gibt dem Chorsatz den Charakter elementarer Einfachheit. Ein Seitenthema wird in einer fugierten Episode durchgeführt. Dann brechen die »Halleluja«-Rufe, während die Oberstimmen in gehaltenen Tönen zur Höhe aufsteigen, in den Unterstimmen von neuem los, nun zum ersten Male bis in die Moll-Parallele ausweichend. Nach einer 2. Durchführung schließt das Stück mit aus unersättlicher Wiederholung des Freudenrufs gewonnener Steigerung, ein imposantes Zeugnis Händelscher Größe, die sich im Einfachsten bezeugt.

Der 3., meditative Teil muß nun mit ruhigeren Klängen beginnen. Die Sopran-Arie »Ich weiß, daß mein Erlöser lebet« bringt nach dem Höhepunkt des Enthusiasmus einen Höhepunkt der Verinnerlichung. Kurze, schlichte Chorsätze behandeln das Dogma von Tod und Auferstehung. Ein Rezitativ des Basses, von einer Arie gefolgt, bringt die Verkündigung des Paulus: »Wir entschlafen nicht alle, doch werden wir alle verwandelt.« »O Tod, wo ist dein Stachel« ist ein Duett von Alt und Tenor über gleichmäßiger Baßbewegung. Dann kommt der Chor wieder zu Wort. »Drum Dank sei dir, Gott«, ein ruhig schreitender Es-Dur-Satz, in Stimmung und Faktur das vorhergehende Duett fortsetzend, leitet über eine verbindende B-Dur-Arie des Soprans zum Finale, das in der triumphierenden D-Dur-Tonart das messianische Bekenntnis abrundet. Im Largo setzt der Gesang ein: »Würdig ist das Lamm, das da starb.« Eine Fuge, von den Männerstimmen intoniert und mit bewundernswerter Kunst zu immer reicherem Leben und Klang entfaltet, huldigt dem, dem alle Gewalt, Ehre und Macht gebührt. Das »Amen«, als selbständige Fuge ausgeführt, wird zur letzten, krönenden Steigerung der gewaltigen Partitur. Ein weitgeschwungenes, über den Raum einer Oktave ansteigendes Thema treiben Stimmen und Instrumente zu einer lyrischen Emphase empor, der endlich, nach dem gleichsam atemlosen Halt einer Generalpause, 3 kraftvoll kadenzierende Adagio-Takte ein Ziel setzen.

Samson (HV 57), im Jahre 1741 unmittelbar nach der Vollendung des *Messias* komponiert, aber erst 1743 in London aufgeführt, mag aus dem Bedürfnis des Dramatikers Händel entstanden sein, eine Gestalt von Fleisch und Blut, ein konkretes, menschlich ergreifendes Geschehen auf die imaginäre Bühne des Oratoriums zu stellen. Der kraftstrotzende, bedenkenlose Held, der der Philisterin Dalila in Liebe verfällt, der geblendet und durch den Verlust seines Haares – des Zeichens seiner Stärke – entehrt wird, der seine Schuld in schwerer Knechtschaft büßt und endlich sich und seine Feinde rächend unter den Trümmern des Hauses begräbt, dessen Säulen er mit der Kraft seiner Arme umstürzt, ist eine der vitalsten, blutvollsten Figuren des Alten Testaments, das im Buch der Richter von ihm erzählt. Aber Händels Textdichter Newburgh Hamilton, der eine Vorlage Miltons benutzte, hat sich nicht durch die leidenschaftlichen und pittoresken Züge der Gestalt und ihrer Geschichte zur Dramatisierung des Stoffes verführen lassen. Gerade der *Samson* ist in strengstem Sinne Oratorium, episch-lyrisches Musikwerk. Die Handlung beginnt mit der Gefangenschaft des Helden, die seelischen Leiden des Blinden, Ohnmächtigen, sind der eigentliche Stoff. Dalila tritt wie eine längst überwundene Erinnerung des Vergangenen auf, und lediglich der Untergang der siegestrunkenen Philister dient einem Tongemälde von packender Anschaulichkeit. Die Personen sind: Samson (Tenor); Manoah, sein Vater (Baß); Micha, sein Freund (Männer-Alt); ein Israelit; auf der Gegenseite Dalila (Sopran); der Riese Harapha; der Chor verkörpert die Stimmen der Israeliten, der Philisterinnen und der Dagonspriester.

Belsazar (HV 61), im Sommer 1744 gleichzeitig mit dem folgenden Werk, dem *Hercules*, komponiert und am 27. März 1745 in London aufgeführt, nimmt nach einigen Schöpfungen intimeren Charakters die Linie des großen biblischen Chororatoriums wieder auf. Dem Text von Charles Jennens liegt die im Buch Daniel aufgezeichnete Erzählung von dem Babylonierkönig zugrunde, der die heiligen Tempelgefäße der gefangenen Juden zum Gelage mißbrauchte und den Frevel mit dem Tode und dem Untergang seines Reiches büßen mußte: ein großartiger Vorwurf, der die Leidenschaften bis zum Exzeß entfesselt, ein weltgeschichtliches Drama, das drei Völker – Babylonier, Perser und Juden – einander als Akteure gegenüberstellt. Als Personen erscheinen Belsazar, König von Babylon (Tenor); Nitocris, seine Mutter (Sopran); Cyrus, Fürst der Perser (Männer-Alt); Daniel, jüdischer Prophet (Männer-Alt); Gobrias, ein zu Cyrus übergegangener Assyrer (Baß); ein babylonischer Hofmann und ein Bote (Tenor und Baß). Dem Chor ist mit der Repräsentation der 3 Völker eine große Aufgabe zugeteilt. Die Musik, die Händel zu diesem ungemein farbigen, phantastischen Stoff geschrieben hat, zählt zu seinen stärksten Eingebungen. Sie ist so voll dramatischen Lebens, daß man erfolgreich versucht hat, dieses Oratorium als Chordrama auf der Bühne aufzuführen.

Hercules (HV 60) wurde zugleich mit *Belsazar* in einem Zeitraum von etwa 4 Wochen komponiert. Das Textbuch schrieb der Geistliche Thomas Brougthon, der die *Trachinierinnen* des Sophokles als Quelle und Vorbild benutzte. Die erste Aufführung fand am 5. Januar 1745 in London statt. Händel bezeichnete das Werk, das mit seinem antiken Vorbild die Einfachheit der dramaturgischen Form gemeinsam hat, als »musikalisches Drama«. Es handelt sich um ein Drama der Eifersucht: Die eigentliche Heldin ist Deianira, des Hercules Gattin, die um ihren Mann kämpft und ihn am Ende unwissentlich ermordet. Die Personen sind: Hercules (Baß); Deianira, seine Gemahlin (Sopran); Hyllos, sein Sohn (Tenor); Iole, Fürstin von Oichalia (Sopran); Lichas, ein Herold (Männer-Alt); Priester des Zeus (Baß); Chor der Trachinier und der Oichalier.

Judas Makkabäus (HV 63), im Sommer 1746 komponiert, am 1. April 1747 in London aufgeführt, ist der Nachhall der kriegerischen Ereignisse, die das sogenannte *Gelegenheitsoratorium* (*Occasional Oratorio* HV 62, 1746) hervorriefen. Ein fast vergessener Kronprätendent aus dem Hause Stuart, Prinz

Charles Edward, der in Frankreich lebte, machte überraschend Ansprüche geltend, landete in Schottland und entfesselte dort einen Aufstand, der jedoch nach einigen Monaten im April 1746 in der Schlacht bei Culloden vom Hannoverschen Königshaus niedergeschlagen wurde. Vielleicht war es diese Beziehung zum Zeitgeschehen, die dem Werke einen durchschlagenden Erfolg einbrachte, einen Erfolg, der Händels Stellung in England endgültig festigte und ihn zum allseitig verehrten Volkskomponisten machte. Ebensosehr aber riefen die Eigenschaften des Werkes selbst diese Wirkung hervor: der Stoff – die alttestamentliche Heldengeschichte der Makkabäer –, das einfache, von dem Geistlichen Thomas Morell verfaßte Textbuch, das auf jede Ausschmückung durch nebensächliche Episoden verzichtet und das Interesse ganz auf den Freiheitskampf des jüdischen Volkes konzentriert, und endlich die reife, starke Händelsche Musik, die gerade in diesem Werke wie niemals vorher Größe und Volkstümlichkeit, Erhabenheit und Schlichtheit vereint. *Judas Makkabäus* darf neben dem *Messias* als Händels volkstümlichstes Werk bezeichnet werden. Es ist jederzeit oft aufgeführt worden, hat sich viele Bearbeitungen gefallen lassen müssen, seine Melodien sind Besitz der gesamten musikalischen Welt. Das Textbuch behandelt Abschnitte aus den jüdischen Glaubenskämpfen im 2. vorchristlichen Jahrhundert, von denen die Bücher der Makkabäer berichten. Handelnde Personen sind Judas Makkabäus (Tenor) und sein Bruder Simon, der Hohepriester (Baß). Die übrigen treten nur als typische Gestalten aus dem Chor der Israeliten heraus: eine Israelitin (Sopran); ein Israelit (Baß); ein Bote (Männer-Alt); Eupolemus, jüdischer Gesandter in Rom (Baß), erscheint in einer Botenrolle am Schluß des Werkes.

Die Ouvertüre hebt an mit einem Marsch, der sich von g-Moll nach B-Dur wendet. Auffällig ist das Thema der folgenden Fuge, das in gezackter Linie auf- und absteigt und durch Pausen zerrissen ist. Ein eingefügter langsamer Teil mit punktierten Rhythmen und seufzenden Violintrillern, unverkennbaren Symbolen der Klage, wird auf den Tod des weisen Mattathias zu beziehen sein. Mit der Trauerfeier für Mattathias, den Vater Judas' und Simons, beginnt der 1. Akt. Die Zeremonie wird zur 4teiligen Kantate. Der 1. Chor – Largo in c-Moll – ist eine Klage der Volksmenge; die in Dreiklangsintervallen absteigende Phrase »Der Retter ist nicht mehr« bezeichnet die Unwiderruflichkeit des traurigen Schicksals. Auf ein in gemessenen Rhythmen schreitendes Duett einer Israelitin und eines Israeliten folgt ein 2. Chor in f-Moll, der durch 12/8-Rhythmen und durch chromatische Harmonik charakterisiert ist. Ein Sologesang, den Händel wahlweise für Baß oder für Alt gesetzt hat, schließt die Trauerszene ab. Dann richtet sich das Denken des Volkes auf die Zukunft. Nach einem schlichten Gebet stimmen die Männer das Fugenthema an: »Send einen Mann voll Mut und Geist, der unsre Bande kühn zerreißt.« Simon, der Hohepriester, verkündet in feierlichem Rezitativ, daß Gott die Bitte des Volkes erhört habe, und nennt Judas Makkabäus als neuen Führer. Seine Arie, von C-Dur-Fanfaren begleitet, und der folgende Chor bereiten die Stimmung für den Auftritt des Helden vor. Mit einer von kraftvollen Oktavläufen der Streicher umrahmten D-Dur-Arie tritt Judas sein Amt an. Eine Reihe von Solo-Gesängen antwortet seinem kriegerischen Aufruf. Das Volk huldigt ihm in einem kurzen Chorsatz und bezeugt seinen Mut in einem feurigen Allegro-Stück in lebhaftem 3/8-Takt, das – getragen von elementar bewegtem Streichersatz, nur von Alt- und Männerstimmen gesungen – einem Freudenausbruch der Krieger gleicht. Vom Hohenpriester zum Gebet aufgefordert, beschließt das Volk den Akt mit einem motettischen Chorsatz, der, zwischen ruhig getragenem Gesang und aufsteigenden Skalenläufen abwechselnd, die Stimmen zu Fülle des Wohlklangs vereint.

Der Sieg ist errungen. Der 2. Akt beginnt, von stürmischen Streicherpassagen eingeleitet, mit einem chorischen Freudengesang, der sich aus kurzen, weitintervalligen Jubelrufen erst langsam zu gebundener Polyphonie zusammenfügt. Fast erschreckend wirkt ein wiederholtes plötzliches Pianissimo auf das Wort »Fall«, das den Tonstrom überraschend unterbricht. Der eigentliche Siegesgesang, das berühmte »Zion hebt ihr Haupt empor«, ist von Händel nachträglich eingefügt worden:

Die getragene Melodie, die vom Duett der Solisten angestimmt, dann vom Chor aufgenommen und über Terzenketten und aufsteigende Skalen zum Höhepunkt, einem langgehaltenen Septakkord auf der 7. Stufe, gesteigert wird, ist eine Schöpfung aus Händels spätester Zeit. Die folgenden Stücke – Arie, Duett und Chor – sind erfüllt von Feststimmung; eine Arie des Judas mit Stakkato-Koloraturen mahnt zur Demut vor dem Herrn. Da meldet ein Bote neues Unheil: der Syrer Antonius hat seinen Feldherrn Gorgias zum Angriff auf Israel ausgesandt. Die folgende Klage der Israelitin ist eine der ruhigen, schwebenden ¾-Takt-Melodien, in die Händel erhabene Trauer zu kleiden pflegte; der Chor spinnt sie aus und läßt sie in einem Adagio-Schluß verklingen. Simon erinnert an die Macht Gottes. Dem Aufruf des Judas »Blast die Trompet, erhebt das Feldgeschrei!« antworten Chorgesang und schmetternde Kriegsinstrumente. Mit einem schlichten, liedhaften Gesang zieht das Heer zum Kampf. Simon bleibt zurück, das Heiligtum zu schützen. In einer durch farbiges Instrumentalkolorit ausgezeichneten Arie der Israelitin und in einem feierlichen, von c-Moll nach C-Dur umschlagenden Chor verwirft das Volk jeden Götzendienst und bekennt sich zu seinem Gott. Das Gelöbnis »Wir dienen Gott, und Gott allein« steht, akkordisch-homophon wie eine Choralzeile gesungen, in der Mitte des Stückes. Eine Fuge, die einen in halben Noten schreitenden Cantus durch kraftvolle Achtelbewegung kontrapunktiert, ist der Schluß.

Mit Gebet und Opferhandlung beginnt der 3. Akt. Die heitere Sopran-Arie der Israelitin, »Dann tönt der Laut' und Harfe Klang«, zählt zu den berühmten Stücken des Komponisten. Dann naht, durch ein Rezitativ des Boten vorbereitet, der Höhepunkt des Oratoriums; das siegreiche Heer kehrt aus dem Kampfe zurück. Die hymnisch schlichte, 2-, 3- und 4stimmig mit Verwendung von Terzenparallelen gesungene Melodie »Seht den Sieger ruhmgekrönt« hat wohl unter allen Eingebungen Händels die größte Popularität erworben. Wahrscheinlich geht sie auf eine französische Chanson-Weise zurück, was ihren liedhaft-volkstümlichen Duktus erklären würde. Sie ist aber – für den heutigen Hörer befremdlich zu wissen – in der ursprünglichen Fassung des *Judas Makkabäus* gar nicht enthalten und in den ersten Aufführungen des Werkes noch nicht erklungen. Händel hat sie erst ein Jahr später für den *Josua* geschrieben und nachträglich in den erfolgreicheren *Makkabäus* hinübergenommen. Seitdem aber hat sie sich fest mit der Vorstellung dieses Oratoriums verbunden; auf ihr Erklingen wartet der Hörer von Anfang an mit Spannung. Zu dieser Wirkung trägt auch die raffinierte Schlichtheit bei, mit der der Komponist sie eingeführt hat. Dreimal hintereinander ertönt die 32taktige Weise, thematisch unverändert, nur in wechselnder Besetzung der Stimmen und Instrumente. Der Chor der Jünglinge – 2 Soprane und Alt, von 2 Hörnern gestützt – setzt leise ein, als ziehe das Heer aus der Ferne heran. Frauen und Mädchen, 1. und 2. Sopran, fallen ein, ebenso leise intonierend, von Flöten begleitet. Dann erst singt der ganze Chor mit großer Stimmfülle zum vollen Orchester, und ein Marsch der Instrumente, aus dem gleichen thematischen Material entwickelt und im gleichen Rhythmus weiterschreitend, begleitet den Einzug der Sieger. Das Volk jubelt ihnen entgegen; »singt unserm Gott« fordern zuerst Solo-Stimmen, dann der Chor. Der kunstvolle polyphone Stil kommt wieder zur Anwendung. Judas mahnt in einer durch Moll-Klang charakterisierten Arie, auch der Gefallenen zu gedenken. Dann bringt Eupolemus, der Gesandte Israels in Rom, die Nachricht von einem Bündnisangebot der Römer. Lobgesänge füllen den Rest des Werkes. Auf einen die Stimmen zu dichten Klangballungen verschränkenden g-Moll-Satz des Chores folgt ein pastoraler Sologesang; dem Freudengesang des Hohenpriesters schließt sich das lapidare, Ton um Ton zur Sexte auf- und wieder absteigende »Halleluja« des Chores an, das das Werk in der Trompetentonart D-Dur beschließt.

Josua (HV 64) wurde, wieder nach Worten Thomas Morells, unmittelbar nach dem wohl als Fortsetzung des erfolgreichen *Judas Makkabäus* geschriebenen *Alexander Balus* (HV 65) im Sommer 1747 komponiert und am 23. März 1748 aufgeführt. Daß die Gestalt des ersten der Richter, des Nachfolgers Moses', der die Israeliten in das gelobte Land führte, Händels Phantasie beflügeln konnte, daß die kriegerischen

Abenteuer seiner Lebens- und Amtszeit als Stoff für eine große musikalische Historie geeignet waren, leuchtet ein. Wenn dennoch die Wirkung etwa des *Samson* nicht ganz erreicht ist, so mag das daran liegen, daß der Held der tragischen Züge entbehrt und das Interesse von Anfang an – ähnlich wie zwischen Saul und David – zwischen Josua und dem jungen Helden Othniel geteilt ist. Trotz dieser Einschränkung bleibt *Josua*, schon durch die grandiose Szene des Falles von Jericho, eines der bedeutenden, aufführungswürdigen Oratorien der Händelschen Spätzeit. Personen sind Josua (Tenor); Kaleb (Baß); Othniel (Männer-Alt); Achsa, Kalebs Tochter (Sopran); ein Engel (Sopran); der Chor der Israeliten.

Salomo (HV 67) ist im Mai und Juni 1748 komponiert und am 17. März 1749 zum ersten Mal aufgeführt worden. Der Textdichter, möglicherweise Thomas Morell, hat den weisen und kunstliebenden König von Israel zum Helden einer lyrischen Idylle gemacht und sich für die poetische Diktion der Arien und Chöre offensichtlich durch die Sprache der Psalmen und des Hohenliedes inspirieren lassen. So ist ein Werk zustande gekommen, das von den übrigen alttestamentlichen Oratorien, von ihrer meist herben und düsteren Grundstimmung, von ihren kriegerischen Stoffen und Handlungsabläufen auf seltsame Weise abweicht. Der 1. Akt schildert mit blumiger Rhetorik das Eheglück Salomos. Der 2. Akt gilt dem Richter, dessen weises Urteil den Streit zweier Frauen um ein Kind schlichtet. Der 3. gibt Bericht von einem Feste, das der Sängerfürst zu Ehren der Königin von Saba veranstaltet. Das Ganze ist kein Drama, sondern eher eine 3teilige Kantate, die der Musik weiten Raum zur Entfaltung bietet. Mit seiner reich erfundenen Musik zählt *Salomo* zu den stärksten unter den Händelschen Oratorien. Außer Salomo, der für eine männliche Alt-Stimme geschrieben ist und auch durch einen Bariton besetzt werden kann, singen: der Hohepriester Zadok (Tenor); ein Levit (Baß); die Königin, Pharaos Tochter (Sopran); Nicaule, Königin von Saba; die zwei streitenden Weiber (Soprane); der Chor übernimmt die Stimmen der Priester und des Volkes.

Jephtha (HV 70) ist das letzte der Händelschen Oratorien, sein letztes großes Werk überhaupt. Der 65jährige Meister begann die Komposition des Textes, den Thomas Morell nach der Erzählung aus dem Buch der Richter geschrieben hatte, am 21. Januar 1751. Während der Arbeit wurde Händel von der Augenkrankheit befallen, die später zu seiner Erblindung führte. Im Autograph steht am Schluß des 2. Aktes, bei dem Chor »Wie hart, wie dunkel, Herr, ist dein Beschluß«, die Notiz: »Bis hieher, den 13. Februar 1751 verhindert worden, wegen Relaxion des Gesichts meines linken Auges.« Vorübergehende Besserung erlaubte es dem Komponisten, das Oratorium fortzuführen und nach langer Arbeitszeit am 30. August abzuschließen. Die 1. Aufführung fand am 26. Februar 1752 in London statt. Mag Händels hartes Schicksal auf das Werk nicht ohne Einfluß geblieben sein, mögen manche Teile nicht die volle Kraft seines Geistes spüren lassen und vor allem der Schluß, in tiefster Bedrückung und Furcht vor der Nacht der Blindheit niedergeschrieben, der Spannung und Erfindungsfülle entbehren, so enthält doch gerade der *Jephtha* auch geniale Ausblicke auf die Zukunft, Vorahnungen Gluckscher und Beethovenscher Ausdrucksgewalt, so daß er in wahrem Sinne als Vermächtnis gelten darf. Das Textbuch verarbeitet und verwandelt den Stoff derart, daß er den Komponisten auf neue Weise zum Vordringen in klassische Erlebnisbereiche inspirieren konnte. Das grausige Motiv des Kindesopfers, das den Kern der Jephtha-Geschichte bildet, wird dem Hörer dadurch nähergebracht, daß zu Anfang das jüdische Volk in den blutigen Bräuchen des Molochkults befangen gezeigt wird: das Opfer-Gelübde erscheint also wie ein Rückfall in atavistische Gewohnheit. Die Lösung, daß Iphis, ähnlich wie Iphigenie, durch den Spruch des Engels dazu bestimmt wird, als Jungfrau Gott zu dienen, daß sie dem Leben zugleich erhalten und entrückt wird, gibt der Fabel eine Wendung, wie sie dem Humanitätsgefühl der aufkommenden Klassik entsprach. Personen der Handlung sind: Jephtha, der jüdische Richter (Tenor); Zebul, sein Bruder (Baß); Storge, seine Frau (Mezzosopran); Iphis, seine Tochter (Sopran); Hamor, Geliebter der Iphis (Männer-Alt), und der Chor der Israeliten.

Die Ouvertüre, 3teilig in der Form Largo–Allegro–Largo angelegt und durch ein angefügtes Menuett abgeschlossen, ist durch die g-Moll-Tonart, durch die wuchtige Schwere der langsamen Teile und den klagenden Charakter des bewegten Mittelsatzes auf einen tragischen Ton gestimmt. Wie in Glucks Ouvertüre zu *Iphigenie in Aulis* kann man in ihr die Gegenüberstellung des unerbittlichen Schicksals mit der Klage und Ergebung des Opfers erkennen. Ein nur 3taktiges Orchesterritornell über ein »Schicksalsmotiv« – eine 3malige, kanonisch verschränkte, über einen Quintraum absteigende Moll-Skala – steht wie ein Motto am Anfang der Handlung. Es leitet in ein Secco-Rezitativ Zebuls, der das von den Ammonitern unterdrückte Volk aufruft, seinen Bruder Jephtha zum Richter und Führer zu wählen und dem Götzendienst und der Knechtschaft ein Ende zu machen. Das Thema von Zebuls Arie, das ähnlich in der ersten B-Dur-Fuge von Bachs *Wohltemperiertem Klavier* vorkommt, hat Händel der Messe des böhmischen Musikers Franz Johann Habermann entnommen, dem er auch andere Teile der *Jephtha*-Partitur entlehnte: Die Auffassung der Zeit würdigte Originalität weniger in der Erfindung als in der Verarbeitung. Das Volk sagt dem Molochdienst ab in einem gewaltsam modulierenden Chorsatz, in dem der Rausch der heidnischen Riten nachzuklingen scheint. Jephtha stellt sich vor in einer betont nüchternen G-Dur-Arie, die menschliche Tugend und Treue als Waffen gegen die Gewalt des Schicksals preist. Storge klagt über die bevorstehende Trennung von ihrem Gatten Jephtha, Hamor wirbt in einer Arie um Iphis, Jephthas Tochter, die ihm freundlich erwidert. Ein weit ausgesponnenes Duett der Liebenden, in Form und Ausdruck schon weit in den frühklassischen Stilbereich vorgreifend, schließt die idyllische Episode ab. Die folgende Szene gehört Jephtha, der sein verhängnisvolles Gelübde ablegt. Textdichter und Komponist haben diesem Moment Bedeutung und Eindringlichkeit gegeben. Der Monolog Jephthas beginnt als Secco-Rezitativ. Wilde Phantasien, lichte und düstere Bilder erregen seinen Geist, übermenschliche Kraft durchzuckt seinen Arm. Der Erwählte spürt die Nähe Gottes und gelobt ihm ein Opfer. Mit dem feierlichen Gelöbnis setzt das Orchester mit langgehaltenen Akkorden der F-Dur-Tonart ein: »Was zuerst daheim erscheint vor mir, sei Dir, o Herr, geweiht und fall als Opfer dir.« Mit einem akkordischen Aufschrei setzt der Chor der Israeliten ein: »O Gott, sieh unsre Drangsal an.« Fugiert, von akkordisch geballten Episoden unterbrochen, mit Themen, die die chromatischen Möglichkeiten und die verminderten Intervalle der Moll-Skala ausnutzen, wird der Bittgesang weitergeführt und endet bei den Worten »Segne mild, die dir flehend nahe« in aufleuchtendem D-Dur. Die folgende Arie der von düsteren Ahnungen gequälten Storge ist eines der für diese Partitur charakteristischen Nachtstücke, eine Beschwörung der Gespenster des Schattenreichs, mit den wirkungsvollsten Mitteln musikalischer Symbolik gestaltet. Iphis verscheucht die Schwermut ihrer Mutter mit einer heiteren Bourrée. Anschließend verkündet das Volk in einem großen Chorsatz sein Gottvertrauen und seine Entschlossenheit. Donner, Sturm und Wogen werden als Symbole göttlicher Macht in drastischer Tonmalerei der Stimmen und der Instrumente zitiert. Dann ordnet sich der Satz zum Fugato, das in elementarer Einfachheit zu Ende geht.

Der 2. Akt erhält den großen dramatischen Stil und die erhabene Stimmung aufrecht. Der Sieg über Ammon ist errungen. Hamon berichtet im Rezitativ von dem Kampf: Der Himmel öffnete sich und sandte zahllose Scharen der Cherubim, die dem Heere Jephthas voranzogen und den Feind schlugen. Ein Chorsatz schildert mit hymnischem Gesang und rauschenden Streicherfiguren den Siegeszug der Engel, eine Allegro-Fuge über ein durch den Oktavraum aufwärtsjagendes Thema berauscht sich an dem Bilde: »Sie fahren sausend im Sturmwind daher.« Der von Flötenspiel begleitete Gesang der Iphis, die den heimkehrenden Vater erwartet, ist liebliche Episode. Von Zebul angekündigt, erscheint der Sieger Jephtha, der in einer stolzen F-Dur-Arie den Ruhm des Kampfes seinem Gott zuteilt: »Jehovas Arm mit starkem Streich zerstreut den Feind und brach sein Reich«. Der »starke Streich« wird naturalistisch durch rhythmische Schläge des ganzen Orchesters verdeutlicht, die, immer wiederkehrend, das Stück leitmotivisch beherrschen. Der Chor stimmt in den Siegesgesang ein. Das

Zerstreuen der Feinde wird durch ein Auseinanderfallen des Satzes, das kriegerische Eingreifen Jehovas durch eine immerfort wiederholte, in einer Oktave aufsteigende Tonleiter gemalt. Nun erreicht das Geschehen seinen dramatischen Höhepunkt. Zu den Klängen einer Symphonie im wiegenden Siciliano-Takt zieht Iphis an der Spitze der Mädchen ihrem heimkehrenden Vater entgegen. Ihre Begrüßung ist eine Gavotte; Zwischenspiele und Begleitungsfiguren der Violinen scheinen die Tanzbewegungen der Begleiterinnen anzudeuten. Knabenstimmen und Schalmeien führen den Reigen fort. Das lichte G-Dur des Freudenfestes wird durch eine jähe Wendung nach Es-Dur verdunkelt: Entsetzt schreit Jephtha auf, da seine eigene Tochter ihm entgegentritt, zu spät fleht er sie an zu fliehen. Seine Verzweiflungsarie mit ihrem Unisono-Kopfthema, dessen Töne wie Hammerschläge niederfallen, mit ihren von c-Moll in dunkle Subdominantregionen von f-, b- und es-Moll führenden Modulationen ist eines der für diese Partitur kennzeichnenden Nachtstücke. Als ebenbürtig darf die von einem Sturm wilder Erregung durchflutete Arie Storges, der Mutter, gelten, die sich schützend vor die Tochter stellt. Hamor bietet sich selbst zum Opfer. Ein Quartett von dramatischer Ausdruckskraft hält die Situation fest. Über dem stockend rhythmisierten, unruhig modulierenden Klanggrund des Streichorchesters wechseln die Stimmen Storges, Hamors, Jephthas und Zebuls mit Klagerufen ab. Die drei Bittenden verbinden sich zum Ensemble gegen Jephtha, der starr bei seinem Gelübde beharrt: wieder ein neuartiges, zukunftweisendes Stück, das in der älteren musikdramatischen Literatur nicht seinesgleichen hat. Iphis ergibt sich willig und ohne Klage in ihr Schicksal; ein Akkompagnato-Rezitativ und eine h-Moll-Arie verkünden ihren Entschluß. Noch einmal gibt der verzweifelte Vater seinem Schmerz Ausdruck in einem durch die Tonarten schweifenden und doch in starren Largo-Rhythmus gezwängten Akkompagnato-Rezitativ, das sich vergebens gegen Gott empört: »Er nahm den Eid und hielt den Bund – so muß auch ich.« Nun, nach diesen Stürmen der Verzweiflung, Auflehnung und hoffnungslosen Ergebung ist die Zeit reif für einen der erhabensten und ergreifendsten

Chorsätze, die Händel geschaffen hat: »Wie hart, wie dunkel, Herr, was du gebracht, wie tief verborgen unserm Blick.« Die Einleitung ist ein c-Moll-Largo; ein punktierter Rhythmus begleitet die Deklamation der Singstimmen, denen sich Oboen anschließen. Ein kanonisches Larghetto, das sich von f-Moll nach g-Moll wendet, wird zu einem Gesang milden Schmerzes. Ein fugierter Satz, der zwischen Es-Dur und c-Moll schwankt, verkündet die Erkenntnis: »Kein sichres Glück, kein dauernd Heil wird uns auf Erden hier zuteil.« Dann, nach einem fragenden Halbschluß, bringt eine über gleichmäßiger Achtelbegleitung schwebende Larghetto-Melodie in c-Moll die Lösung: »Was uns geschieht, ist recht.« Wie sich nach der einstimmigen, eine kleine Septime umfassenden Phrase der Männerstimmen, »Was uns geschieht«, der Schmerz in einer Unisono-Figur des Orchesters noch einmal aufreckt und dann alle Stimmen zugleich mit endgültiger Dur-Kadenz verkünden: »Ist recht«, wie sich dieses Dur dann in den letzten Takten doch wieder in ein herbes Moll zurückverwandelt, das ist von einer Eindringlichkeit der Formulierung, die Kennzeichen großer, einsamer Kunst ist. Die starke, das Dunkel überwindende Religiosität des Alten Testamentes ist in diesem Chorsatz, wie kaum irgendwo anders, nacherlebt. Zugleich zeigt das Stück eine Modernität, die die seelischen Kämpfe und Siege des klassisch-humanen Musikzeitalters vorwegnimmt.

Das Arioso und die Arie Jephthas, die den 3. Akt eröffnen, zeichnen sich durch gleiche dramatische Kraft und Größe aus. Mit der Zerrissenheit des schmerzlichen Rezitativs kontrastiert die visionäre Klarheit der Arie: »Tragt sie, Engel, sanft mit euch.« Ein stockend einsetzender e-Moll-Gesang, der sich nach E-Dur wendet, ist Iphis' Abschied vom Leben. Noch einmal verdichtet sich die angstvolle Stimmung in einem Priesterchor, der aus Fugato-Thematik und akkordischer Deklamation gefügt ist. Dann löst sich die Verstrickung durch das Wunder. Eine bewegte Sinfonia begleitet die Erscheinung des Engels, der Jephtha seines Gelübdes entbindet. Mit einer frohen Arie weiht der Himmelsbote Iphis zur jungfräulichen Priesterin. Ein fugiert ausschwingender Chorsatz dankt für die

Gnade des Himmels. Arien Jephthas, Zebuls und Storges spinnen den Schluß breit aus; Iphis, nun ganz Priesterin, erhebt sich zu jubelnder Begeisterung. Ein Quintett der Solo-Stimmen ergibt einen letzten opernhaften Höhepunkt, die »Amen-Halleluja«-Fuge des klangprächtigen Schlußchores leitet in die geistliche Sphäre zurück.

Die Chorkunst der Renaissance Chanson, Madrigal und Lied

In höherem Grade als die Musik der Kirche ist die weltliche Musik der früheren Epochen von Bedingungen der Zeit und des Ortes, von nationalen und gesellschaftlichen Voraussetzungen, vom Wechsel der Kulturen und der Moden abhängig gewesen. Eine bunte, kaum übersehbare Vielfalt von Formen und Stilen, von vergänglichen und unvergänglichen, zeitgebundenen und absolut gültigen Werken, von Liedern und größeren, formal entfalteteren Gesängen ist das Erbe, das die Jahrhunderte von der Gotik bis zum Barock hinterlassen haben. In derselben Zeit, in der sich die mehrstimmige Kunstmusik im Raume der Kirche entwickelte, setzte auch die Ausbildung von Kunstformen in der weltlichen Musik ein. Sie stützte sich auf Gedichte und Melodien des Volksliedes und des höfischen Gesanges, auf die Lieder der Minnesänger, der Troubadours und Trouvères. Die Technik der Komposition entsprach der der geistlichen Musik, war aber gegenüber dieser durch affektbedingte Beweglichkeit und schärfere Pointierung der Wirkungen gelegentlich glanzvoller. Im Gegensatz zur geistlichen Musik, die in Motette und Messe bald größere Formen entwickelte, beschränkte sich das weltliche Musizieren auf die kleinere, liedhaft-lyrische Form; es stand im Dienst gesellschaftlicher Unterhaltung, feierte die allgemeinen, immer gleichen Freuden der Welt, Liebe, Geselligkeit, Trunk und Jagd, und maßte sich noch nicht an, als absolute und autonome Kunst Geltung zu fordern.

Die reiche und lebendige weltliche Musik, die die *Ars nova* des ausgehenden Mittelalters geschaffen hat, gehört nicht in den Bereich der Chormusik. Die **Balladen**, **Chansons**, **Rondeaux** und **Virelais** **Guillaume de Machaults**, des Sängers vergangener Ritterlichkeit (1300/05–77), sind wesentlich solistisch konzipiert, und die als **Ballata**, **Caccia**, **Madrigal** (abgeleitet entweder von *Mandra* ›Herde‹, also ›Hirtenlied‹, oder von *matricalis* ›heimatlich‹ oder von *materialis* ›weltlich‹) nominierte Liedkunst des italienischen Trecento, die mit dem Namen des blinden Musikers **Francesco Landini** (um 1335–1397) verbunden ist, hat überwiegend intimen Charakter. Erst die Renaissance, die gegenüber Adel und Klerus die Stellung des Bürgertums stärkte und eine selbständige Kultur der Städte entwickelte, hat in Festen und Aufzügen, in Schulen und Einrichtungen der öffentlichen Repräsentation die Bedingungen und Gelegenheiten der Chorpflege geschaffen. Die französischen Meister **Guillaume Dufay** (um 1400–74) und **Gilles Binchois** (um 1400–60) stehen mit ihren 3stimmigen Chansons auf der Grenze zur neuen, in weitere soziale Räume dringenden Kunst. Die Chansons von **Josquin Desprez** (um 1440–1521) sind mit ihrer Ausdruckskraft und Formvollendung, ihrer natürlichen Deklamation und der Steigerung der Stimmenzahl ein Höhepunkt niederländischer Liedkunst. Sie leiten die große Epoche der französischen Chanson im 16. Jh. ein, an der Komponisten wie **Clément Janequin** (vor 1480–1558), **Adrian Willaert** (vor 1490–1562), **Nicolas Gombert** (um 1500 – um 1556), **Pierre Certon** (um 1510–72), **Claude Goudimel** (vor 1525–72), **Claude le Jeune** (1528–1600), **Guillaume Costeley** (um 1531–1606), **Orlando di Lasso** (um 1532–94) beteiligt sind. Die Chanson wurde als gefühlshaft-melodischer Gesang und als heiter-bewegtes Scherzlied gepflegt. Später entstand unter italienischem Einfluß die strophisch-homophone **Vaudeville** (von frz. *voix de ville*). Die französische Vorliebe für deskriptive Musik äußerte sich in Programmchansons, die Schlachten, Jagdszenen, Vogelkonzerte darstellten. Diese gefällige, gesellschaftliche

Kunst fand weite Verbreitung: der Pariser Verleger Attaignant hat 50 Bände mit mehr als 1500 Chansons gedruckt und vertrieben.

Italien entwickelte seine eigenen Formen weltlich-gesellschaftlicher Musik. Die **Frottola** (von *frocta* ›Sammlung, Strauß‹) blühte im 15. und 16. Jh. in Florenz, Mantua und Venedig, als Karnevalslied und musikalische Begleitung von Maskenzügen, als elegant-leichtsinniges Liebeslied, in homophonem Satz zu Lautenbegleitung gesungen. Ihr folgte gegen die Mitte des 16. Jh. die süditalienische, in Neapel beheimatete **Villanella** (Bauernliedchen). Der ländlich-volkstümliche Charakter der Gattung äußerte sich darin, daß der homophone Satz häufiger aus einfachen Dreiklangsparallelen bestand.

Als anspruchsvolle, literarisch bestimmte Musikform konnte sich das **Madrigal** gegenüber den Formen volkstümlichen Musizierens durchsetzen. Das Madrigal des 16. Jh. hat mit dem des 14. nichts als den Namen gemein. Die Anregung ging von der Literatur aus. Der Kardinal und Dichter Pietro Bembo stellte den Typus auf. An Vorbildern Petrarcas, Ariosts, Tassos schulte sich eine Madrigaldichtung, die in freien Strophen aus 11- und 7silbigen Zeilen amouröse, phantastische, mythologische Themen, auch Widmungen und Huldigungen behandelte. Die Musik pflegt einen anspruchsvollen polyphonen Stil. Charakteristisch sind Lebendigkeit des Satzes und Vielfalt der kompositorischen Mittel. Homophone und imitierende Episoden wechseln ab, die Harmonik wird durch Alterierungen bereichert, um dem poetischen Ausdruck gerecht zu werden. Chromatik, melodische Glut, eindringliche Deklamation, anschauliche Tonmalerei bilden sich aus, die Stimmung steigert sich zur Leidenschaft, die ästhetische Forderung der Naturnachahmung wird aufgestellt. Alles, was die kultische Würde der Kirchenmusik verbot, fand im Madrigal Raum, so daß es zur Form künstlerischer Freiheit und schöpferischer Kühnheit wurde. In dieser Eigenschaft gewann es über Italien hinaus internationale Geltung und Bedeutung.

Die Geschichte des Madrigals wird in 3 Perioden eingeteilt. Die 1. beginnt 1533 mit dem Erscheinen der ersten Sammlung gedruckter Madrigale in Rom: Die wichtigsten Komponisten sind die in Italien wirkenden Niederländer **Jakob Arcadelt** (nach 1500 – vor 1572), **Philippe Verdelot** (gest. vor 1552), **Adrian Willaert** (vor 1490–1562). Die 2. Periode ist die klassische Zeit der großen Meister, der **Orlando di Lasso** (um 1532–94), **Giovanni Pierluigi da Palestrina** (um 1525–94), **Andrea Gabrieli** (um 1515–86), **Giovanni Giacomo Gastoldi** (um 1556–1622), **Baldassare Donati** (um 1530–1603) das Gesicht geben. Die 3., durch Steigerung des Ausdrucks und Verschärfung der Charakteristik schon auf die kommende dramatische Monodie vorausdeutende Periode zählt **Luca Marenzio** (1553/54–99), **Don Carlo Gesualdo, Fürst von Venosa** (um 1560–1613), **Claudio Monteverdi** (1567–1643) und, durch sein im Jahre 1611 in Venedig erschienenes Opus 1, **Heinrich Schütz** (1585–1672) zu ihren Meistern.

England ist durch den um das Jahr 1300 datierten »Sommerkanon«, einen erstaunlich geglätteten, naturhaften Rundgesang, früh als Land volkstümlichen Chorgesangs ausgewiesen. Der berühmte Dankgesang der englischen Soldaten nach der Schlacht bei Azincourt im Jahre 1415, einem Entscheidungskampf des Hundertjährigen Krieges zwischen England und Frankreich, ist ein weiteres Zeugnis elementarer, volkstümlicher Chorlyrik. Durch den bedeutenden Komponisten **John Dunstable** (um 1385–1453), der lange im Gefolge des Bruders König Heinrichs V. in Frankreich weilte, geriet die englische Musik unter französischen Einfluß, von dem sie sich erst in der elisabethanischen Epoche befreite. Die Musik des »Goldenen Zeitalters« bedient sich italienischer Formen. Aber die Werke der englischen Madrigalisten dürfen doch als charakteristisch englisch gelten in ihrer sinnfälligen, kraftvollen Melodik, ihrer satten Klangfülle, in der Größe ihres Gefühls, ihrer Naturhaftigkeit und Volkstümlichkeit. Die Hauptmeister der elisabethanischen, auf der Grenze von Renaissance und Barock stehenden Musik sind **William Byrd** (1543–1623), **Thomas Morley** (1557–1602), **John Dowland** (1562–1626), **John Wilbye** (1574–1638), **Orlando Gibbons** (1583–1625). Sie alle, zeitlich fast derselben Generation angehörend, zum Teil auch auf den Gebieten der Kirchen- und der Instrumentalmusik schöpferisch, haben der weltlichen Kunst des Madrigals in ihrer Heimat zu hoher Blüte verholfen.

Der deutsche mehrstimmige **Liedgesang** ist bis in die Zeit der Minnesänger zu verfolgen. Der letzte von ihnen, Oswald von Wolkenstein (um 1377–1445), hat neben vielen einstimmigen Melodien 37 2- und 3stimmige Gesänge hinterlassen. Die ältesten Handschriften stammen, wenn man von der schon am Ende des 14. Jh. zusammengetragenen Mondseer Liederhandschrift Hermanns, des Mönchs von Salzburg, absieht, aus der 2. Hälfte des 15. Jh.: das Lochamer Liederbuch und das Schedelsche Liederbuch, beide um 1460 in Nürnberg aufgezeichnet und nach ihren Besitzern genannt, das Rostocker Liederbuch aus den Jahren 1465–87 und das Glogauer Liederbuch von 1477–88. Sie alle enthalten neben einstimmigen Weisen 2- und 3stimmige Liedsätze – das Glogauer Buch sogar einen 4stimmigen Satz –, die sich der Technik der gleichzeitigen niederländischen Meister bedienen. Unter den Melodien finden sich noch heute gesungene Weisen wie *Entlaubet ist der Walde*, *Ich fahr dahin*, *All mein Gedanken*, *Ach Elslein, liebes Elslein*, *Es liegt ein Schloß in Österreich*, schlichte, gefühlvolle, zu lyrischer Fülle verdichtete Gesänge, die für die weltliche Musik die Bedeutung von Cantus firmi annahmen und von den Komponisten immer wieder in kunstvollen Sätzen verarbeitet wurden. Der Satz des deutschen Kunstliedes ist überwiegend 4stimmig; die Liedweise liegt anfangs im Tenor, später auch im Diskant, die übrigen Stimmen entwickeln sich aus Imitationen. Ähnlich wie in der geistlichen Musik der Renaissance wird auch hier oft nur die Hauptstimme solistisch oder chorisch gesungen worden sein, während die Nebenstimmen den Instrumenten überlassen blieben. In Texten und Melodien der Lieder spiegelt sich unmittelbar das Leben der Zeit. Liebessehnsucht und Liebesglück, Naturgefühl und Lebensfreude singen sich aus; es gibt Scherz- und Klagelieder, Hofweisen sowie derbe Landsknechts- und Bauernlieder. Aber trotz ihrer Lebensnähe ist auch diese Kunst keineswegs volkstümlich im Sinne von einfach oder anspruchslos, sondern wie das italienische Madrigal eine Kunst der Gesellschaft: Ihre Träger waren in erster Linie Hofkapellen der Fürsten, denen die Komponisten als Kapellmeister vorstanden.

Heinrich Isaac (um 1450–1517) ist, obwohl niederländischer Abstammung, der Prototyp des deutschen Liedmeisters geworden. Vielseitiger, in niederländischer und italienischer Schreibart gewandter Künstler, Humanist, Weltmann und Diplomat, im Dienste Kaiser Maximilians I. in Augsburg, Innsbruck und Wien tätig, hat er den Liedsatz auf die Ebene großer Kunst gestellt. Als Erfinder oder zumindest Bearbeiter der Melodie *Innsbruck, ich muß dich lassen* ist er unsterblich geworden. Seiner Generation gehören auch der durch Kühnheit und Herbheit des Stils ausgezeichnete **Heinrich Finck** (1444/45–1527) und der für den harmonischen Wohllaut seiner Sätze berühmte **Paul Hofhaimer** (1459–1537) an. Der Isaac-Schüler **Ludwig Senfl** (um 1486–1542/43) ist als Schöpfer von etwa 250 Liedsätzen der fruchtbarste, zugleich kunstreichste und ausdrucksstärkste Meister des Gesellschaftsliedes seiner Zeit, die ihn als »Princeps totius Germaniae« feierte. In den Jahren nach 1539 erschien in Nürnberg die berühmteste Liedsammlung der Epoche, *Ein Auszug guter und neuer teutscher Liedlein*, herausgegeben von dem Arzt und Sammler **Georg Forster** (um 1510–68), der sich vielseitig als Dichter, Komponist und Bearbeiter betätigte.

In der 2. Hälfte des 16. Jh. gewannen italienische Einflüsse auch im weltlichen deutschen Lied die Oberhand; der alte Cantus-firmus-Satz wird durch den freien Madrigalstil ersetzt, melodischer und harmonischer Wohlklang fließen reichlicher in die lineare Polyphonie ein. Hauptmeister des späten 16. Jh. ist der Niederländer **Orlando di Lasso** (um 1532–94), dessen universale Schaffenskraft auch dem deutschen Lied zugute kam. Außer etwa 200 italienischen Madrigalen und rund 150 französischen Chansons hat er 94 deutsche Lieder geschrieben, die in der Weite ihres Ausdrucksbereichs Zeugnis einer großen Renaissance-Natur sind. Neben ernsten Gesängen stehen Scherzlieder, in denen Lassos übermütiger und derber Musikantenhumor zu Worte kommt. **Antonio Scandello** (1517–80) und der Niederländer **Jakob Regnart** (um 1540–99), dessen leichtgefügte 3stimmige Villanellen mit Begeisterung gesungen wurden, sorgten weiter für die Italianisierung des Liedes, der sich auch die deutschen Meister nicht entziehen konnten. Bei **Leonhard Lechner** (um 1553–1606), dem Komponisten deutscher Villanellen und *Neuer lustiger teutscher Lieder nach Art der welschen Canzonen*, ist sie stärker spürbar als bei dem konservativen **Johannes Eccard** (1553–1611), dem Verfertiger kraftvoller, klanglich glänzender Liedsätze. Als Liedschöpfer höchsten Ranges ist **Hans Leo Hassler** (1564–1612) zu nennen, der durch die Kraft und Innigkeit seiner melodischen Erfindung alle übrigen Meister überragt und überdies die ursprüngliche, für das Lied charakteristische Einheit von Dichtung und Musik wiederherstellte, indem er seine Texte selber schrieb. Seine Sammlung *Neue teutsche Gesang* enthält Lieder wie *Jungfrau, dein schöne G'stalt* und *Feinslieb, du hast mich g'fangen.* Sein weltliches Hauptwerk *Lustgarten neuer teutscher Gesäng, Balletti, Gaillarden und Intraden* darf als Höhepunkt und künstlerische Verfeinerung des Gesellschaftsliedes dieser Epoche gelten. Es enthält 39 vokale und 11 instrumentale Sätze, unter den ersten das tiefempfundene Liebeslied *Mein G'müth ist mir verwirret*, das durch geistliche Parodierung mit Paul Gerhardts Text *O Haupt voll Blut und Wunden* zur vielgesungenen Passionsbetrachtung geworden ist. Als Nachzügler der großen Liedzeit darf der Thomaskantor **Johann Hermann Schein** (1586–1630) gelten, der das gesellige Lied mit Eifer und künstlerischem Gelingen gepflegt hat. *Venuskränzlein*, *Musica boscareccia oder Waldliederlein*, *Diletti pastorali* (»Hirtenlust«), *Studentenschmaus* sind die Titel seiner mit leichter Hand und feinem Geschmack gesetzten, von Wohllaut und heiterer Laune überquellenden Liedsammlungen, die nicht nur durch Einführung eines Generalbaß-Instruments in die Zukunft weisen und fast schon wie Vorklänge eines musikalischen Rokoko wirken. Das 17. und 18. Jh. schoben andere Formen, das Sololied und die instrumental begleitete Kantate, in den Vordergrund. **Johann Sebastian Bachs** weltliche Kantaten – Huldigungs- und Festkantaten wie *Zerreißet, zersprenget, zertrümmert die Gruft* (»Der zufriedengestellte Äolus«, BWV 205) *Vereinigte Zwietracht der wechselnden Saiten* (BWV 207), *Ver-*

gnügte Pleißenstadt (BWV 216), *Hercules auf dem Scheidewege* (BWV 213), *Tönet, ihr Pauken* (BWV 214), *Preise dein Glücke, gesegnetes Sachsen* (BWV 215) und die burlesken Stücke *Der Streit zwischen Phöbus und Pan* (BWV 201), die »Kaffee-Kantate« *Schweigt stille, plaudert nicht* (BWV 211) und die Bauern-Kantate *Mer hahn en neue Oberkeet* (BWV 212) – sind Höhe- und Endpunkt dieser Entwicklung.

Klassik
und Romantik

Die liturgisch gebundene Chormusik der Klassik und Romantik

Die geistliche Musik des späten 18. und des 19. Jh. steht in einer anderen Welt als die früherer Epochen. Bis zum Ausgang des Barock war die Kirche die weithin beherrschende Macht. Noch Johann Sebastian Bachs großartiges Werk wurzelt ganz in ihrem Boden, ist nach Gehalt und Stil religiös bestimmt. Die Aufklärung, die umwälzende Geistesbewegung des 18. Jh., setzte der religiösen Glaubensbindung das Ideal der freien, sich selbst genügenden Humanität entgegen. Damit war der Schritt zur Säkularisierung der Künste getan. In der Musik gewannen die weltlichen Formen, Oper, Symphonie, Sonate, an Bedeutung, sie spiegelten die wichtigsten Zeitinhalte wider und zogen die stärksten schöpferischen Kräfte an sich. Aber wie Religion und Kirche, zwar vorübergehend in den Hintergrund des Geisteslebens gedrängt, dennoch ihre alte, auf überzeitliche Fundamente gegründete geistige Macht bewahrten, so büßte auch die Musik, die in ihrem Raume erwuchs, wenig von ihrer früheren Würde und Bedeutung ein. Sie wandelte sich mit den Zeitläuften, sie bediente sich der neuen Mittel und Klänge, die die Zeit herausbildete; ihre künstlerische Qualität und der Kern ihrer geistlichen Verkündigung blieben bestehen.

Das ist die Erkenntnis, die die bedeutenden geistlichen Musikwerke des romantischen Jahrhunderts vermitteln. In den Spitzenleistungen geistlicher Kunst ist dieses Jahrhundert der großen Zeit des Barock vergleichbar. Beethovens *Missa solemnis* steht neben der *h-Moll-Messe* Bachs, Bruckners geistliche Kompositionen erneuern mit romantischen Mitteln die A-cappella-Musik der palestrinensischen Epoche. Die Mehrzahl der großen Meister hat sich auch der geistlichen Musik gewidmet. Haydn und Mozart schufen eine beträchtliche Zahl von kirchlichen Werken, deren religiöser und liturgischer Geist heute nicht mehr bezweifelt wird. Musiker wie Schubert und Dvořák haben einen Ton echter Frömmigkeit getroffen, der Urromantiker Berlioz hat ernstlich mit der Aufgabe der religiösen Kunst gerungen, Liszt, Bruckner und Reger haben neue Sphären geistlicher Musik erschlossen. Die Individualisierung des lyrischen Ausdrucks, wie sie die Romantik bewirkte, mochte eine Gefahr für die Strenge der kultischen Form bedeuten. Andererseits führte sie zu einer Vertiefung und Verinnerlichung auch des religiösen Gefühls, aus der der Musik neue Dimensionen erwuchsen. Daß das Requiem, die Totenmesse, ein bevorzugter Vorwurf der romantischen, von dem Geheimnis des Todes faszinierten Musiker wurde, ist in diesem Zusammenhang verständlich. Die Steigerung der klanglichen Mittel, die Ausbildung des musikalischen Kolorits, die keineswegs Veräußerlichung bedeutete, kam wiederum dem kultischen Wesen zugute. Der festliche Klang Brucknerscher Messen oder die bewegende Ausdruckstiefe Brahmsscher Kirchenwerke bezeichnen neue Höhepunkte musikalisch-geistlicher Inspiration.

Wolfgang Amadeus Mozart

Wolfgang Amadeus Mozarts (1756–91) Kirchenmusik hat lange im Schatten seiner Opern- und Instrumentalwerke gestanden; sie ist aber ein gewichtiger Teil seines Gesamtschaffens, wie sie auch eine bedeutende Leistung auf dem Gebiete kirchlich-religiöser Kunst insgesamt darstellt. Mozart hat alle seine Kirchenwerke unmittelbar für den praktischen Gebrauch geschrieben. Der größte Teil entstammt seiner Salzburger Zeit, in der er als angestellter Musiker des Erzbischofs für die musikalische Gestaltung des Gottesdienstes im Dom und in der Peterskirche zu sorgen hatte. Er schrieb, wie es auch die Meister früherer Epochen taten, unbefangen, ohne historisierende Anlehnung, im Stile seiner Zeit und im Geiste der katholisch-süddeutschen Tradition. Man muß seine Musik aus dem Lebensgefühl des Rokoko verstehen; sie ist so geistlich wie die heiteren, lichten Kirchenbauten, die das 18. Jh. in Bayern und Österreich geschaffen hat. Sie atmet eine natürliche, ungekünstelte, von pathetisch-gewichtigen Zügen freie Frömmigkeit, sie dient gewissenhaft dem liturgischen Wort und kleidet es in thematische Formulierungen von überzeugender Symbolkraft. Als Gebrauchskunst knüpft Mozarts Kirchenmusik an die barocke Handwerkstradition der kirchlichen Chor- und Kapellmeister an. In ihrer Mischung galanter und gelehrter Stilelemente gehört sie der Gegenwart, der 2. Hälfte des 18. Jh., an. In der Freiheit und heiteren Schönheit der melodischen Erfindung weist sie in die Zukunft der klassisch-romantischen Musikepoche voraus.

Die Messen der Salzburger Zeit

Von den 15 vollendeten und einigen unvollendeten Messe-Kompositionen, die von Mozart überliefert sind, können hier nur einzelne charakteristische Beispiele vorgestellt werden. Einige der Messen sind frühe Jugendwerke. Nicht nur diese, sondern auch spätere Arbeiten pflegen die Form der *Missa brevis*, der streng auf das liturgische Wort konzentrierten, auf jede konzertante Ausweitung und Ausschmückung verzichtenden Kurzmesse. Der Erzbischof Hieronymus Colloredo, Mozarts Salzburger Dienstherr, verlangte, daß die gesamte Meßhandlung nicht länger als eine dreiviertel Stunde dauern dürfe, und forderte damit vom Komponisten äußerste Beschränkung und Konzentration. An den Anfang stellt der Mozartforscher Alfred Einstein die **c-Moll-Messe** (KV 139); der 13jährige Knabe soll sie 1768 in Wien komponiert haben. Wenn diese Hypothese zutrifft, ist das Werk ein sprechendes Zeugnis für das frühreife Genie des Komponisten, nicht nur durch die reiche Instrumentalbesetzung mit Oboen, Trompeten, Posaunen, Pauken und Streichorchester, sondern noch mehr durch die Kunst und die sinnvolle Gründlichkeit der Ausarbeitung. Schon das mit einem langgehaltenen c-Moll-Dreiklang einsetzende, über eine Folge verminderter Septakkorde nach es-Moll und zurück zur Dominante von c-Moll modulierende *Kyrie* ist von geradezu romantischem Harmoniegefühl erfüllt. Im Fortgang mit dem *Gloria* fällt das mit Trillern und Koloraturen der Solo-Stimmen gezierte »Laudamus te« auf, ebenso das von gleichmäßigen f-Moll-Triolen der Streicher getragene »Qui tollis«, dem das fröhliche »Quoniam tu solus sanctus« des Solo-Soprans folgt. Die eigenwillig mit dem Tritonus-Intervall ansetzende Fuge »Cum sancto spiritu«

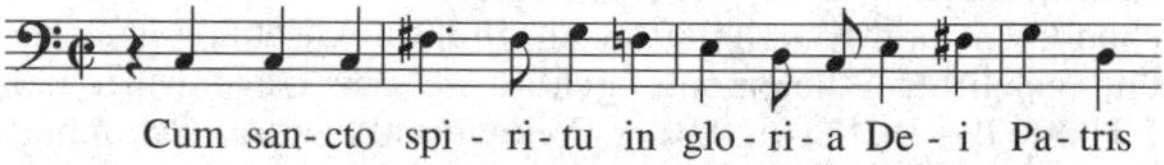

zeigt flüssiges kontrapunktisches Können. Das »Crucifixus« des *Credo*, wieder in der Haupttonart c-Moll, mit den gedämpften, auf dem tiefen c schmetternden Trompeten und den synkopischen Akzenten der übrigen Instrumente ist eine Episode von dramatischer Ausdrucks- und Stimmungskraft, die Sopran-Koloratur des »Resurrexit« bildet einen packenden Kontrast. Auch das *Benedictus* in F-Dur und das in c-Moll mit Posaunenklang einsetzende *Agnus Dei* sind Stücke von höchst persönlicher Prägung. Die anspruchsvolle, mit Phantasie und großer religiöser Ausdruckskraft ausgeführte Gesamtkonzeption dieser Missa solemnis lassen darin eine echte Schöpfung des Sturm und Drang erkennen. Dennoch muß man fragen, ob nicht die Meinung älterer Forscher wie Hermann Aberts anzuerkennen ist, die das »vom Himmel durch die Welt zur Hölle« führende Werk erst in das Jahr 1772 datiert.

Auch die **C-Dur-Messe** (KV 66) ist von festlich-repräsentativem Charakter. Mozart verwendet Trompeten und Pauken und musiziert mit beträchtlichem Aufwand an Klang und kompositorischer Kunst in die Breite. Das Werk ist zu Ehren eines Familienfreundes der Mozarts geschrieben, der im Oktober 1769 als Pater Dominicus in der Salzburger Peterskirche sein erstes Hochamt hielt, und trägt daher den Namen **»Dominicus-Messe«**. Die Stimmung ist wesentlich heiterer als in dem vorigen Werk. Schon im *Kyrie* fällt der Tenor-Einsatz im Walzertakt auf. »Laudamus te« und »Domine Deus« im *Gloria* sind Gesänge der Solo-Stimmen; »Quoniam tu solus sanctus« ist eine Koloratur-Arie des Soprans. Wieder besteht das *Credo* aus Einzelsätzen, unter denen das mit einem Dreiklangsabstieg der Chor-Stimmen beginnende, zu schwerem c-Moll verdichtete Adagio des »Crucifixus« auffällt. Von eigenartigem Reiz ist das *Benedictus*, in dem die gehaltenen Töne der Solo-Stimmen von einer stakkatierten Sechzehntelbewegung der Violinen begleitet werden.

Auf 2 Missae breves der Frühzeit, die **G-Dur-Messe** (KV 49) und die gehaltvoll-konzentrierte **d-Moll-Messe** (KV 65) ist hinzuweisen. In das Jahr 1773 fällt die anspruchsvollere **Trinitatis-Messe C-Dur** (KV 167), ein Werk des Siebzehnjährigen, der nun schon seine Italienreisen hinter sich und eine neue Entwicklungsstufe erreicht hatte: Oboen, Trompeten, Posaunen und Pauken treten zum Streichorchester und der Orgel, auf Solo-Stimmen wird der vom Erzbischof gebotenen Kürze halber verzichtet. Dafür ist der Chorsatz reich ausgeführt, vor allem in der thematisch von großem Atem getragenen Fuge »Et vitam venturi saeculi« im *Credo*:

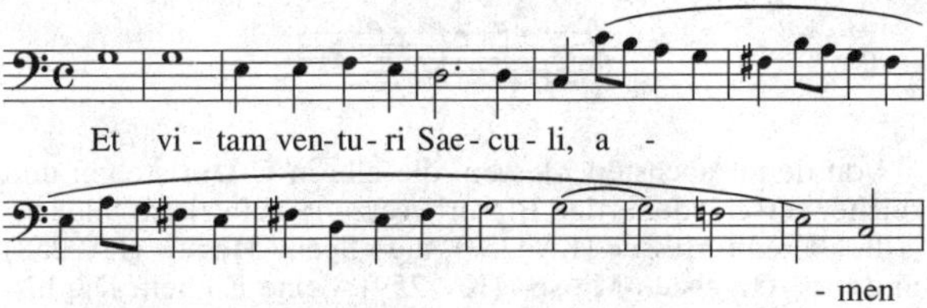

In der kurzen, 1774 komponierten **F-Dur-Messe** (KV 192), die sich wieder durch einen fein gearbeiteten, polyphon verästelten Chorsatz auszeichnet, taucht im *Credo* das – übrigens liturgische, der Intonation des Gloria zugehörige – Viernoten-Motiv auf, das Mozart bis in das Finale der *»Jupiter-Symphonie«* (KV 551) immer wieder aufgegriffen hat:

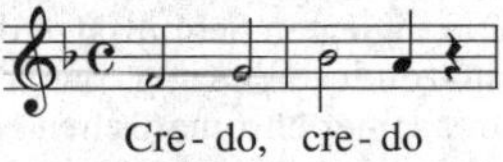

12mal wiederkehrend, durchzieht es den ganzen Satz und gibt ihm eine außerordentliche, von Mozart vorher nicht erreichte Geschlossenheit. Da auch die übrigen Sätze – das *Benedictus* und das in d-Moll einsetzende, von kühnen chromatischen

Wendungen durchwirkte *Agnus Dei* – an Kolorit und Ausdruck reich sind, darf das schlichte, nur von Violinen, Baß und Orgel begleitete Werk zu den wertvollsten Meßkompositionen des jungen Mozart gezählt werden. Die aus dem gleichen Jahr stammende **D-Dur-Messe** (KV 194) tritt dagegen etwas zurück.

Als eher leichtgewichtige Missa brevis volkstümlichen Charakters ist die 1775 in München geschriebene **C-Dur-Messe** (KV 220) zu nennen. Sie verwendet wieder ein reicheres, durch Trompeten und Pauken verstärktes Instrumentarium, verzichtet aber auf kontrapunktische Kunst. Den Beinamen **»Spatzenmesse«** hat sie wegen einer zwitschernden Vorschlagfigur der Violinen im *Sanctus* erhalten:

Von den 4 nächsten Messen, die alle in **C-Dur** stehen und reiche, verschiedenartige Bläserbesetzung aufweisen, bilden 3 – die **»Credo-Messe«** (KV 257), die **»Spaur-Messe«** (KV 258) und die **»Orgelsolo-Messe«** (KV 259) – eine Einheit. Die bisherige Datierung von KV 257, 258 und 259 in das Jahr 1776 wurde mittlerweile von der Forschung relativiert: Man gibt den Zeitraum zwischen 1775 und 1777 für ihre Entstehung an und vermutet, daß KV 258 vor KV 257 entstanden ist. Die Messe KV 262, **»Missa longa«** genannt, ist vermutlich 1776 geschrieben. Sie zeichnet sich unter ihren Schwesterwerken nicht nur durch größere Länge, sondern auch durch reiche kontrapunktische Arbeit und feine Ausführung des Instrumentalparts aus. Die fugierten Schlußsätze des *Gloria* und des *Credo* sind von glänzender Wirkung, das »Qui tollis peccata mundi« hebt sich mit seiner chromatischen Harmonik und den scharfen dynamischen Kontrasten als ein Moment religiöser Erschütterung von dem repräsentativen Stile des Ganzen ab. Mehr lyrischen Charakters ist die **»Credo-Messe«** (KV 257). Sie hat ihren Namen von dem markanten Kopfthema des *Credo*, das wie ein Leitmotiv, von Stimmen und Instrumenten in Oktaven gesungen und gespielt, durch den ganzen Satz wiederkehrt und dem Bekenntniswort kraftvolle Betonung gibt. Das Verfahren der F-Dur-Messe wird hier, rhythmisch und dynamisch noch stärker akzentuiert, wiederholt:

Als Beginn des *Sanctus* erscheint wieder das Viernoten-Thema der F-Dur-Messe. Eine breit ausgeführte Idylle ist das *Benedictus*: Hier und im kantablen *Agnus Dei* zeigt sich vor allem der schlichte, liedhafte Ausdruck der Musik, der auf Schubert vorausweist. Die **C-Dur-Messe** (KV 258), die **»Spaur-Messe«**, gelegentlich auch »Piccolomini-Messe« genannt, zur Konsekration eines Grafen von Spaur, späteren Domdechanten in Salzburg, komponiert, behält die neugewonnene lyrisch-poetische Einfachheit bei, ist aber reicher als das vorige Werk an kontrapunktischer Arbeit und an anschaulichen tonmalerischen Episoden. Das im Unisono von Singstimmen und Instrumenten absteigende »Descendit de coelis«, das von seufzenden Orchesterakzenten begleitete »Et incarnatus«, das »Crucifixus«, in dem die leise Klage der hohen Solo-Stimmen von lauten, chromatisch aufsteigenden Rufen der Chor-Bässe kontrapunktiert wird, danach das »Resurrexit«, im Unisono aufsteigend als Umkehrung des »Descendit« – ein Kurzbericht vom Erdenwandel des Heilands, auf engsten Raum zusammengedrängt. Die sogenannte **Orgelsolo-Messe** in **C-Dur** (KV 259) enthält eine Besonderheit, ein dem Chorsatz des *Benedictus* untergelegtes Orgel-Solo, das diesem sonst meist lyrisch behandelten Stück ungewöhnliche konzertante Brillanz gibt.

Eine lyrische Kostbarkeit ist die **B-Dur-Messe** (KV 275), die im Jahre 1777, vor Mozarts Reise nach Mannheim und Paris, entstand. Intimen Charakters, nur von Violinen, Bässen und Orgel begleitet, auf Gelehrsamkeit und Kontrapunkt ganz verzichtend, erscheint sie als ein persönliches Bekenntniswerk des jungen Mozart. Alles ist von quellender melodischer Schönheit, in einem hohen, heiteren Stil gehalten, der die Unterscheidung von weltlicher und geistlicher Musik vergessen macht. Das Anfangsthema, von Bässen und nachschlagenden Achteln der Geigen begleitet, legt den Charakter fest:

Das *Credo* ist kurz und zu musikalischer Einheit zusammengefaßt, das *Sanctus* beginnt mit einem lyrisch schwingenden Fugato, das *Benedictus* ist ein arioses Sopran-Solo. Ergreifend wirkt das nach g-Moll verdunkelte *Agnus Dei*, dem das »Dona nobis pacem« wie ein heiteres, sein Thema durch alle Stimmen führendes Rondo-Finale folgt. Volkstümlichkeit und Musizierlust verbinden sich, ohne doch jemals aus dem Bereich des Liturgischen herauszutreten.

Die **Messe in C-Dur** (KV 317), bekannt unter der Bezeichnung **»Krönungsmesse«**, hat Mozart am 23. März 1779 vollendet. Sie ist nicht mehr zu den Jugendwerken zu zählen. Ihr festlicher Charakter, der sich in der reichen Orchesterbesetzung mit Oboen, Fagotten, Hörnern, Trompeten, Posaunen, Pauken, Streichern und Orgel erweist, erklärt sich aus der Bestimmung für das zwei Wochen nach der Fertigstellung zu begehende Osterhochamt im Salzburger Dom. Der Name **»Krönungsmesse«** kam erst Anfang des 19. Jahrhunderts auf, nachdem die Wiener Hofmusikkapelle diese Messe 1790 zur Krönung Kaiser Leopolds II. und späterhin zu wiederholten Malen bei Krönungsfeierlichkeiten zur Aufführung gebracht hatte. Das symphonische Element, das im Erstarken der orchestralen Thematik zum Ausdruck kommt, nimmt größeren Raum ein, das Opernhafte, das den Komponisten mehr und mehr fesselte, drängt sich ein. Solo-Stimmen und Chor treten einander wirkungsvoll gegenüber, im *Credo* fehlt es nicht an Textdeutungen und Tonmalereien, die nun schon – der polyphone, imitierende Abstieg des »Descendit«, die sordinierten Geigenpassagen im »Incarnatus« – mit beträchtlichem künstlerischen Raffinement gearbeitet sind. Das *Benedictus* ist ein terzenfreudiges, tänzerisches Allegretto, das Sopran-Solo des *Agnus Dei* nimmt die Melodie der Gräfin im *Figaro*, das berühmte »Dove sono« in andeutenden Zügen vorweg:

Hier, im freien Stil der ländlichen Festmesse, scheint es zuweilen, als setze sich die individuelle Schöpferkraft über die liturgischen Bindungen hinweg. Um so strenger ist die kirchlich-liturgische Haltung in dem folgenden, 1780 für den Salzburger Dom geschriebenen Werk gewahrt, in der **Missa C-Dur** (KV 337), der letzten Messe aus Mozarts Salzburger Zeit. Hier herrschen Ernst und feierliche Einfachheit, das *Benedictus* wird, ein einmaliger Fall, zur dissonanzenreichen, streng durchgeführten a-Moll-Fuge. Erst im *Agnus Dei*, einem Konzert für Solo-Sopran, Oboe, Fagott und obligate Orgel, einem poetisch-anmutigen Stück musikalischen Rokokos, scheint sich der schöpferische Musiker für die Askese schadlos zu halten.

Kleinere Kirchenwerke

Auch aus der Zahl der kleineren Mozartschen Kirchenwerke können nur einige hervorragende Stücke genannt werden. Von den 2 Lauretanischen Litaneien, **Litaniae de Beata Maria Virgine B-Dur** (KV 109) und **Litaniae Lauretanae D-Dur** (KV 195) ist besonders die zweite wertvoll, ein Mariengebet, in dem schwärmerische mit heiteren Stimmungen abwechseln. Von den Chorsätzen, die sich um die Sopran-Arie »Sancta Maria« gruppieren, ragen das von polyphonen und dramatisch effektvollen Momenten durchsetzte »Kyrie« und das flehende »Salus infirmorum« hervor. Krönung des Werkes ist das »Agnus Dei«, ein Adagio, das die Kantilene des Solo-Soprans dem Chorklang gegenüberstellt und nach einem dissonanten Aufschrei, »Miserere«, in der tiefen Lage der Singstimmen mit einer beruhigenden plagalen Schlußwendung verklingt. Von den Litaneien **De venerabili Altaris Sacramento B-Dur** (KV 125) und **Es-Dur** (KV 243) ist ebenfalls die zweite bedeutender, ein aus Arien und Chorsätzen zusammengeschlossenes Werk voll starker Ausdrucksgegensätze, in dem posaunengetragenen Adagio, »Tremendum ac vivificum sacramentum«, bis zum Erschüttern gesteigert, überhöht von einer Chorfuge, »Pignus futurae gloriae«, die zu den Meisterleistungen Mozarts im polyphonen Stile zählt. Zu den reichsten und phantasievollsten Kirchenkompositionen gehören die **Vesperae de Dominica** (KV 321) und die **Vesperae solennes de Confessore** (KV 339), die Mozart in den letzten Salzburger Jahren, 1779 und 1780, geschrieben hat. Beide sind vokal und instrumental in reichem, konzertantem Stile gehalten, die einzelnen Sätze in wirkungsvollen Kontrasten einander gegenübergestellt. Psalm (Psalm 110: »Dixit Dominus«) und Canticum (»Magnificat«) bilden in beiden Werken den klangprächtigen Rahmen, der eine Fülle chorischer und arioser Schönheit einschließt. Der letzte der jeweils 4 Psalmen (Psalm 113: »Laudate pueri«) ist hier wie dort eine Fuge, die erste in F-Dur frei hinströmend, die zweite archaisch-feierlich in d-Moll stehend.

2 Werke kleineren Maßes haben besonderen Ruhm erworben, weil in ihnen der Genius Mozarts sich besonders unmittelbar, mit vollkommener, durch keine liturgische Konvention gebrochener Einfachheit bezeugt. Im Jahre 1777 entstand das Graduale **Sancta Maria, mater Dei** (KV 273) für 4 Singstimmen, Streicher und Orgel, ein Werk von überströmender Gefühlsfülle. Mozart schrieb es in eigener Sache als Bitte an die Gottesmutter, zum Abschied aus dem Vaterhaus vor seiner Reise nach Mannheim. Das andere ist das **Ave verum corpus**, Motette für 4 Singstimmen, Streicher und Orgel (KV 618), im letzten Lebensjahr wahrscheinlich zum Fronleichnamsfest für den befreundeten Leiter des Kirchenchors in Baden, Anton

Stoll, komponiert: ein 2strophiger Gesang von nur 46 Takten, mit »sotto voce« überschrieben, aber reich an harmonisch nuancierter Steigerung. Wie sich beim Anblick des von der Lanze verwundeten Heilands die D-Dur-Tonart nach F und weiter nach d-Moll wendet, wie dann das D-Dur mit einem imitierenden Stimmeneinsatz, einer Andeutung liturgischer Polyphonie, wiederhergestellt wird, das zeugt von tiefer Ergriffenheit und religiösem Ernst.

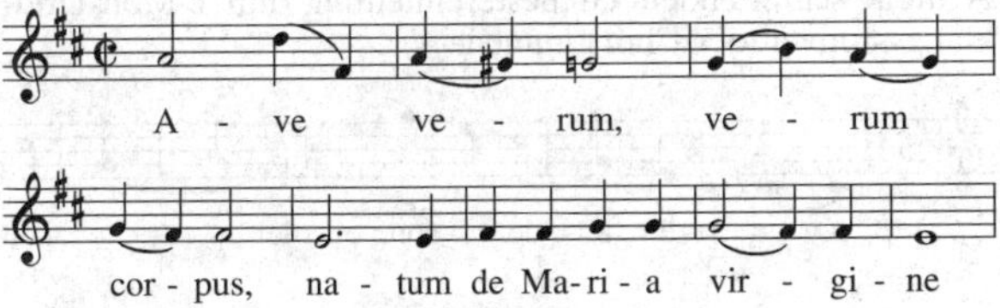

Die Messe in c-Moll und das Requiem in d-Moll

Zuletzt ist von 2 Werken zu sprechen, die unvollendet geblieben sind und dennoch an Wirkung und Verbreitung alle vollendeten übertroffen haben und heute geradezu repräsentativ für die Mozartsche Kirchenmusik im Konzert sind. Die **Messe in c-Moll** (KV 427) für Singstimmen, Streicher, Oboen, Hörner, Fagotte, Trompeten, Posaunen, Pauken und Orgel ist nicht nur in der äußeren Anlage, sondern auch in der Souveränität des chorisch und symphonisch durchgebildeten Stiles die bedeutendste der Mozartschen Meßvertonungen, ein Werk des gereiften Meisters, der mit der *Entführung aus dem Serail* seinen Stil gefunden und sich zudem gerade mit dem Erlebnis Bach auseinandergesetzt hatte. Sie verdankt ihre Entstehung einem persönlichen Anlaß: Mozart hatte gelobt, eine Messe zu komponieren, wenn er seine geliebte Konstanze als Frau heimführen dürfe. Die Messeteile, die er 1782 schrieb und im August 1783, durch Sätze aus älteren Messen ergänzt, in der Salzburger Peterskirche mit Konstanze als Sopranistin aufführte, sind Einlösung dieses Gelübdes, und es versteht sich, daß sie mit besonderer menschlicher Beteiligung geschrieben wurden. Komponiert sind *Kyrie*, *Gloria* (»Laudamus te«, »Gratias«, »Domine«, »Qui tollis«, »Quoniam tu solus«, »Jesu Christe«, »Cum sancto spiritu«), *Sanctus*, *Benedictus*, ein kurzes Bruchstück des *Credo* und das »Incarnatus«. Man pflegt das Werk bei Aufführungen durch Einfügungen aus Mozarts C-Dur-Messen zu ergänzen; es ist aber seiner stilistischen Besonderheit eher angemessen, es als Torso aufzuführen. Das *Kyrie* beginnt, nach einer kurzen, zeremoniell in Achteln schreitenden Orchestereinleitung, mit c-Moll-Dreiklangsmotiven der Chorstimmen:

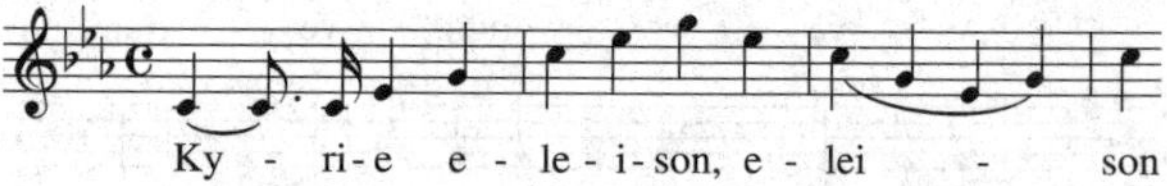

Der chromatische Nachsatz des Themas wird mit einem aus der Achtel- und Sechzehntelbewegung des Orchestervorspiels gebildeten Kontrapunkt zusammengeführt, woraus sich ein reich bewegtes Satzbild ergibt. Das *Gloria* setzt in C-Dur mit vollem Chor- und Bläserklang ein. Dem fugierten Satz liegt wieder ein in den Dreiklangstönen aufsteigendes Thema zugrunde:

»Laudamus te« ist Sopran-Arie, wie denn überhaupt die Bevorzugung des für Konstanze bestimmten Solo-Soprans in dieser Messe auffällt. An das »Gratias«, ein 5stimmiges Chor-Adagio von nur 12 Takten, schließt sich das »Domine Deus« als Duett zweier Soprane an; die Zerlegung des *Gloria*-Textes in eine Folge kurzer Sätze ist eine Eigentümlichkeit des Werkes. Von monumentaler Ausdruckskraft ist das als 8stimmiger Doppelchor komponierte »Qui tollis«, das sich in g-Moll über scharf punktierten Orchesterrhythmen zu gewaltiger Stimmfülle entwickelt. Der dreimal wiederholte chromatisch absinkende Baß des Anfangs läßt an das »Crucifixus« von Bachs h-Moll-Messe denken. »Quoniam tu solus sanctus« wird als Terzett der Solo-Stimmen behandelt; aus dem chorischen Anruf »Jesu Christe« entwickelt sich eine breit ausgesponnene Fuge über ein in seinen aufsteigenden Quartschritten mit starken melodischen Energien geladenes Thema:

Der kurze Beginn des *Credo* ist eine rauschende Entrata; sie läßt bedauern, daß von dem Kernstück der Messe, dem Glaubensbekenntnis, nur das »Et incarnatus est« ausgeführt wurde. Dieses aber ist eine Kostbarkeit: ein Hirtenidyll, im 6/8-Takt vom Sopran in fließenden Koloraturen gesungen, vom Schalmeienklang der Holzblasinstrumente, Flöte, Oboe und Fagott, umspielt. Das *Sanctus* setzt 5stimmig ein als Largo von hoher Feierlichkeit, das »Osanna« ist eine 4stimmige figurierte Chorfuge, deren Thema wieder durch die Dreiklangsbrechung, dieses Mal in absteigender Richtung, charakterisiert ist:

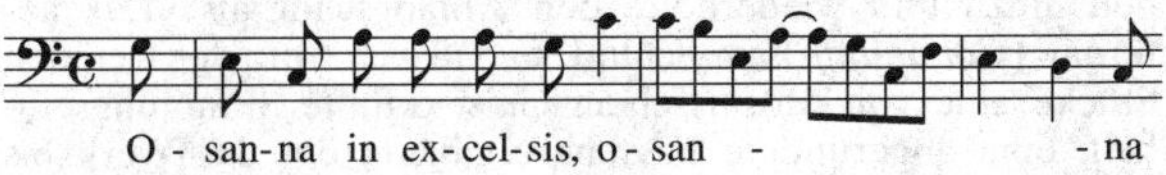

Mit dem *Benedictus*, das in a-Moll einsetzt und mit jubelnden Chor-Koloraturen in C-Dur ausklingt, endet das Fragment.

Ein Bruchstück ist auch die letzte Kirchenkomposition Mozarts, sein letztes Werk überhaupt, das von romantischen Überlieferungen umsponnene **Requiem d-Moll** (KV 626). Daß Mozart am Ende seines Lebens eine Totenmesse komponierte, ist Folge eines Auftrags. Ein Graf Franz von Walsegg-Stuppach, der es liebte, sich als Autor fremder, gekaufter Werke feiern zu lassen, bestellte die Komposition im Juli des Jahres 1791 durch einen geheimnisvollen Boten, und der kränkelnde, vielleicht schon von Todesahnungen ergriffene Mozart mag den Auftrag des Unbekannten als Mahnung an sein eigenes, bald bevorstehendes Ende aufgefaßt haben. Der subjektive Zug der Komposition, der sie von allen anderen Kirchenwerken Mozarts unterscheidet, würde darin eine Erklärung finden. Das Mozartsche Requiem ist zwar eine Vertonung des liturgischen Textes, aber trotz seiner archaischen Fugenherrlichkeit, trotz der imponierenden Größe der »Dies-irae«-Visionen weniger ein liturgisches als ein menschliches Werk, eine Auseinandersetzung des am Leben Hängenden mit dem Rätsel des Todes; es konnte nur zum Teil von Mozart fertiggestellt werden. Der Tod ließ ihn das Werk nicht vollenden; sein Schüler Franz Xaver Süßmayr hat die fehlenden Stücke, zum Teil nach Mozarts Skizzen, im Auftrag von Konstanze Mozart hinzugefügt. Daraus aber ergibt sich eine gewisse Ungleichwertigkeit des Werkes: Etwa zwei Drittel der Partitur dürfen als Mozartisch gelten. »Requiem« (*Introitus*) und *Kyrie* hat Mozart fertig ausgeführt, die 7 Stücke des »Dies irae« (*Sequenz*) bis zur Hälfte des »Lacrimosa«, das »Domine« und »Hostias« aus dem *Offertorium* hat er in den wesentlichen Stimmen skizziert. Süßmayr arbeitete die skizzierten Teile aus, komponierte das *Sanctus*, *Benedictus* und *Agnus Dei* ganz neu hinzu und wiederholte den Anfangschor als »Lux aeterna« (*Communio*) am Schluß, so daß sich trotz der fremden Stücke eine von Mozartschem Geist erfüllte Stimmungseinheit, eine abgerundete Fassung ergibt, in der das Werk bis heute meist aufgeführt wird.

Der *Introitus*, »Requiem aeternam dona eis, Domine«, ist eine Eingebung, die an Suggestionskraft in der Musikliteratur ihresgleichen sucht. Die Atmosphäre des Werkes umfängt den Hörer mit dem ersten d-Moll-Takt, mit dem schwermütigen Klang der Bassetthörner und Fagotte. Mozart verzichtet in der ganzen Partitur auf die hohen Lagen der Holzbläser, auf Flöten, Oboen und Klarinetten, sowie auf den weichen Ton der Hörner. Trompeten, Posaunen, Pauken bestimmen das herbe Kolorit, die Streichinstrumente haben überwiegend begleitende Funktion. Im Forte setzen die Singstimmen ein; bei den Worten »Et lux perpetua luceat eis« wendet sich der Satz, zu akkordischer Homophonie konzentriert, nach B-Dur. Zu einer fließenden Sechzehntelfigur der Violinen singt der Solo-Sopran auf die liturgische Weise des IX. Psalmtones den Psalmvers »Te decet hymnus, Deus in Sion« (Psalm 65,2 und 3). Aber die Bitte »Exaudi orationem meam«, vom Chor ausgerufen, von punktierten Orchesterrhythmen begleitet, klingt wie ein verzweifeltes Flehen. Der Chor greift das Anfangsthema wieder auf und übernimmt dazu als Gegenstimme jene fließende Figur der Violinen. Dann setzt mit dem *Kyrie* eine mit 4 Durchgängen weiträumig angelegte Fuge ein, die, in Sechzehntelläufen hinrollend, mit einem archaischen leeren Quintklang schließt:

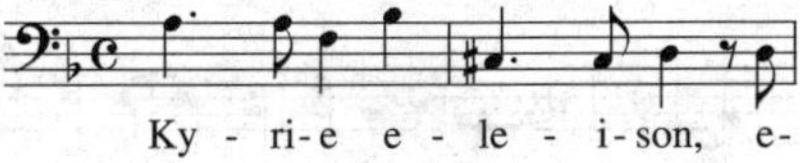

Wie ein verheerender Sturm in naturalistischer Deklamation des Chores, bricht das »Dies irae« (*Sequenz*) los; die Angst der Kreatur klingt in den kreiselnden Einwürfen der Bässe:

Die Posaune ruft zum Gericht; das »Tuba mirum« ist ein großer Moment des Werkes:

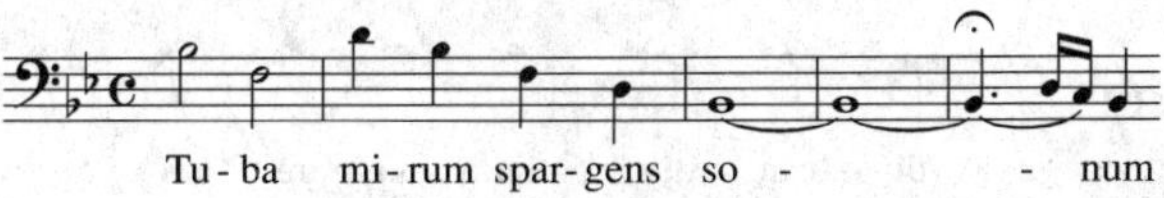

Aus dem Ruf der Posaune und des Baßsängers entwickelt sich ein Quartett der Solo-Stimmen, dessen stockende, von Pausen unterbrochene Deklamation das Verzagen vor der Strenge des Gerichtes ausdrückt. Überwältigend ist die Majestät des Weltenrichters mit dem dreimaligen Chorruf »Rex« zu majestätisch schreitenden Orchesterpassagen gemalt. Ergreifend ist das plötzliche Piano des Schlusses; die Bitte »Salva me« erklingt, erst von den Frauen-, dann von den Männerstimmen gesungen, danach vom ganzen Chor (a cappella) wiederholt. Das Gebet der Solo-Stimmen »Recordare Jesu pie«, vom weichen Klang der Bassetthörner begleitet, ist ein Wunder religiöser Lyrik. Hier erscheint zum einzigen Male der Klang der seligen Ruhe, die die Schrecken des Todes überwunden hat:

Mit dem Chorsatz »Confutatis maledictis« gewinnt die düstere Stimmung wieder die Oberhand. Die Leiden der Verdammten werden durch bohrende Ostinato-Figuren der tiefen Streichinstrumente versinnbildlicht, die Bitte »Voca me cum benedictis« wird zart davon abgehoben. Ein inniges Arioso, von leisen, emphatischen Seufzern der Violinen begleitet, ist das »Lacrimosa«, dessen Melodie in mächtigem Crescendo durch anderthalb Oktaven ansteigt:

»Domine Jesu« und »Hostias« (*Offertorium*) werden beide von der kraftvoll durchgestalteten Fuge »Quam olim Abrahae promisisti« beschlossen. Das *Sanctus*, dessen D-Dur mit dem dunklen Moll-Grundklang des Werkes kontrastiert, das lyrisch empfundene *Benedictus* und das *Agnus Dei* sind Süßmayrs Arbeit. Dann setzt der Anfangschor wieder ein. Die tröstliche Schlußlösung zu finden, war Mozart nicht mehr vergönnt; der leere Quintklang des Schlußakkordes hallt nach als Symbol der kalten Übermacht des Todes.

Joseph Haydn

»Seine Andacht«, sagt ein Zeitgenosse, »war nicht von der düsteren, immer büßenden Art, sondern heiter, ausgesöhnt, vertrauend, und in diesem Charakter ist auch seine Kirchenmusik geschrieben.« Joseph Haydn (1732–1809) hatte schon früh als Chorknabe bestimmende kirchenmusikalische Eindrücke aufgenommen, sein Verhältnis zur geistlichen und Chormusik war durch eigene liturgische und sängerische Praxis in jugendlichem Erleben gewachsen und geformt. Deshalb sind auch seine Messen, von denen sich 12 erhalten haben, stets unmittelbar für den kirchlichen Gebrauch geschrieben. In ihnen fesselte das Instrumentale Haydns schöpferische Phantasie vor allem, der symphonische Geist der Komposition ist auch in seinen Messen spürbar. Daneben werden die Solo-Stimmen grundsätzlich mit wichtigen Rollen bedacht, während der Chor, das alte, ursprüngliche Instrument kirchlichen Musizierens, an Selbständigkeit und Bedeutung verliert. Die Bezeichnung *Instrumentalmesse*, die man für die Meßkompositionen der klassisch-romantischen Zeit gefunden hat, um ihren Abstand von dem alten A-cappella-Stil zu bezeichnen, besteht für Haydn zu Recht. Dennoch enthalten seine Werke dankbare chorische Aufgaben genug, so daß sie in Kirche und Konzertsaal stets wieder aufgeführt werden.

Die früheste der Haydnschen Messen, abgesehen von einer 1750 komponierten **Missa brevis Nr. 1 F-Dur**, ist die **Missa in honorem Beatissimae Virginis Mariae Nr. 4 Es-Dur** aus dem

Jahre 1766. Wegen ihres konzertant ausgeführten Orgelparts wird sie als *»Große Orgelsolo-Messe«* bezeichnet. Hier bewahrt der Chor noch sein volles Recht. Durch tiefere Ausdruckskraft hebt sich das »Incarnatus«, ein Tenor-Solo, heraus, dem sich das »Crucifixus« als chromatisch klagender f-Moll-Satz des Chores anschließt. Reizvoll ist das *Benedictus*, ein wohllautendes Quartett der Solo-Stimmen, zu dem der Organist mit kunstreichem Passagen- und Figurenwerk konzertiert.

In der **Missa Sancti Nicolai Nr. 6 G-Dur** von 1772 überwiegen die heiteren, idyllischen Züge. Das *Sanctus* erzielt durch rauschende Violinfiguren und imitierend einsetzende Chorstimmen erhabene Wirkung, das *Benedictus* gehört wieder den Solisten. Eine Besonderheit ist, daß das im 6/4-Takt schreitende *Kyrie* am Schluß als »Dona nobis pacem« wiederkehrt; nach den Rahmenstücken wird das Werk auch *»Sechsviertel-Messe«* genannt.

Die **Missa Sanctae Caeciliae Nr. 5 C-Dur**, 1773, ist die längste der Haydnschen Messevertonungen. Nach der feierlichen Anrufung »Kyrie eleison«, einem 7taktigen Largo des Chores, setzt ein Allegro über dieselben Textworte ein, dem das »Christe eleison« als a-Moll-Allegretto im 3/4-Takt folgt; die Wiederkehr des *Kyrie* wird zur kunstvollen Chorfuge:

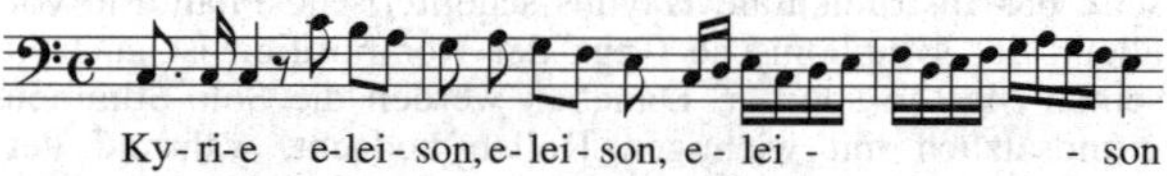

Das *Gloria*, der am breitesten ausgeführte Teil des Werkes, besteht aus 6 aneinandergeschlossenen Einzelstücken verschiedenen Charakters. »Laudamus te« ist eine Sopran-Arie, »Gratias agimus tibi« eine weitausgesponnene Chormotette. Von eindringlicher Wirkung ist das »Qui tollis«, ein ausdrucksstarkes, instrumental reich begleitetes c-Moll-Adagio der Chor- und Solo-Stimmen. Auch dieser Abschnitt schließt mit einer markant profilierten C-Dur-Fuge (s. Bsp. S. 231).

Credo und *Sanctus* sind demgegenüber kürzer gefaßt. Einen Ruhepunkt bildet das *Benedictus*, ein instrumental gerahmter

Chorsatz in c-Moll, in seiner homophonen Schlichtheit von hoher Schönheit und Würde.

Die **Missa brevis Sancti Joannis de Deo Nr. 7 B-Dur**, um 1775 komponiert, ist als *»Kleine Orgelmesse«* bekannt. Von knappster, der oberdeutschen Missa brevis folgender Form, im sogenannten »Wiener Kirchentrio« nur von 2 Violinen, Baß und Orgel-Continuo begleitet, ergreift sie durch den Ausdruck inniger Frömmigkeit. Das Glanzstück der schlichten Partitur, durch unverhältnismäßige Breite und subtile Feinheit der Ausführung hervorgehoben, ist das *Benedictus*, ein anmutiges, von Rokoko-Heiterkeit strahlendes Konzert einer Sopran-Stimme mit der leicht und durchsichtig ornamentierten obligaten Orgel.

Die **Missa Cellensis** oder **Mariazeller Messe Nr. 8 C-Dur** aus dem Jahre 1782 zeichnet sich durch festlichen Glanz und stetigen musikalischen Fluß aus. Aus dem Gesamtverlauf heben sich charakteristische Episoden ab: das scharf akzentuierte »Qui tollis« im *Gloria*, das von a-Moll nach c-Moll modulierende Largo »Et incarnatus est« im *Credo*, das kraftvoll konturierte g-Moll-*Benedictus*, das eine Arie aus Haydns Oper *Il mondo della luna* verarbeitet, die Fuge »Dona nobis pacem«, die das Werk in liturgisch strengem Stil beschließt.

Die übrigen Messen sind nach Haydns englischen Reisen entstanden und Zeugnisse seines Spätstils, was vor allem in ihrer durchweg ausführlicheren Gestaltung und in der reicheren instrumentalen Besetzung zum Ausdruck kommt. Die **Missa in Tempore Belli** (›Messe in Kriegszeit‹) **Nr. 9 C-Dur**, 1796 komponiert, *»Paukenmesse«* genannt, entwickelt das *Kyrie* nach einer verhaltenen Largo-Introduktion in kraftvoll bewegter Linienführung. Das *Gloria* behält den frischen Ton bei, das »Qui tollis« – vom Vivace ins Adagio, von C-Dur nach A-Dur übergehend – ist ein Zwiegesang des Solo-Violoncellos und der Solobaß-Stimme, in den der Chor mit einfällt. Das

Credo ist reich gegliedert, die c-Moll-Episode, die das »Incarnatus« und »Crucifixus« in einem Largo zusammenfaßt, und die schwungvolle Fuge »Et vitam venturi saeculi« treten hervor. Das von dramatischen Kontrasten erfüllte *Agnus Dei* hat der Messe den Namen gegeben. Ruhig stimmt der Chor das Gebet an das Lamm Gottes an. Da dringt in eine Pause des Schweigens, ganz leise, wie von fern, aber hartnäckig festgehalten, ein dumpfer Rhythmus der Pauken. Im ersten »Miserere« treten die Trompeten hinzu, die sich im zweiten »Miserere« mit den Holzbläsern zum schmetternden Fortissimo steigern. Zum 3. »Agnus« schweigen die Bläser. Die Bitte »Dona nobis pacem« erstirbt, während die Pauke nur noch leise grollt, in ängstlichem Flüstern. Dann bricht lärmend eine Kriegsmusik der Bläser und Pauken los, die – das vom Chor nun breit entfaltete »Dona nobis pacem« kontrapunktierend – bis zum Ende das Wort behält. Was Beethoven in der *Missa solemnis* versucht hat, die Kontrastierung von weltlicher Kriegsnot und geistlichem Frieden, findet sich schon hier bei Joseph Haydn in kühn antithetischer Gestaltung.

Die **Missa Sancti Bernardi de Offida Nr. 10 B-Dur**, gleichfalls aus dem Jahre 1796, trägt den Namen *»Heiligmesse«*, weil Haydn in das *Sanctus* das volkstümliche Kirchenlied *Heilig, heilig* eingeflochten hat. Alt und Tenor intonieren die Melodie zu Beginn des Satzes:

Im *Gloria* ist die lebhaft bewegte, die Stimmen geschmeidig gegeneinanderführende Schlußfuge hervorzuheben. Der kraftvoll entschiedene Einsatz des *Credo* fordert ebenso Beachtung wie die Feinheiten des »Crucifixus«, das chromatisch aufsteigende Unisono bei »Passus«, die schmerzlichen, ins Pianissimo zurücksinkenden Akzente bei »Et sepultus est«. Das *Benedictus* ist ein ruhig-heiteres, von instrumentaler Thematik der Violinen beherrschtes Stück, das zuweilen von punktierten Rhythmen oder triolierenden Sechzehntelketten durchstrukturiert wird.

Aus dem Jahre 1798 endlich stammt die **Missa in angustiis Nr. 11 d-Moll** für 4 Solisten, Chor, 3 Trompeten, Pauken, Streicher und obligate Orgel. Sie ist auch unter dem Namen *»Nelson-Messe«* bekannt, seit sie im Jahr 1800 zu Ehren des Admirals Lord Nelson in Eisenstadt aufgeführt wurde, als dieser auf der Rückreise nach England Fürst Esterházy einen Besuch abstattete. Die Messe, eine der letzten Haydns, zeichnet sich durch ihre aparte, wirkungsvoll eingesetzte Orchesterbesetzung aus, durch Einfallsreichtum und kunstreiche Ausarbeitung. Die Solo-Partien sind ausführlicher und sängerisch dankbarer gestaltet als in den anderen Messen, wobei der Solo-Sopran besonders reich bedacht ist und das Baß-Solo des »Qui tollis« einen glanzvollen Höhepunkt bietet.

Michael Haydn

Die geistlichen Chor- und Orchesterwerke von Michael Haydn (1737–1806), dem jüngeren Bruder Joseph Haydns, wurden bis weit in das 19. Jh. hinein häufig aufgeführt. Sie fielen dann nahezu 100 Jahre in Vergessenheit, um im letzten Drittel des 20. Jh. wiederentdeckt zu werden. Von den verschiedenen Neuausgaben wird das **Requiem c-Moll** für 4 Solisten, gemischten Chor, 2 Trompeten, 3 Posaunen, Pauken, Streicher (ohne Bratschen) und Orgel-Continuo häufiger gespielt. Michael Haydn schrieb es 1771 zum Tode seines Salzburger Dienstherrn Fürsterzbischof Sigismund von Schrattenbach. Durch die Reife seiner kompositorischen Handschrift, die Kühnheit seiner Harmonik und die Ausgewogenheit seiner vokalen und instrumentalen Mittel erregte es sogleich Aufsehen. Es erklang in Salzburg auch nach dem Totenamt des Fürsten mehrfach, und W. A. Mozart, der mit seinem Vater an den fürstlichen Exequien teilgenommen hatte, wurde noch 20 Jahre später bei der Komposition seines Requiems in Gesamtform und vielerlei Details von diesen frühen Eindrücken beeinflußt. Schließlich wurde Michael Haydns Requiem auch zum Totenamt seines Bruders Joseph 1809 in Wien zur Aufführung gebracht.

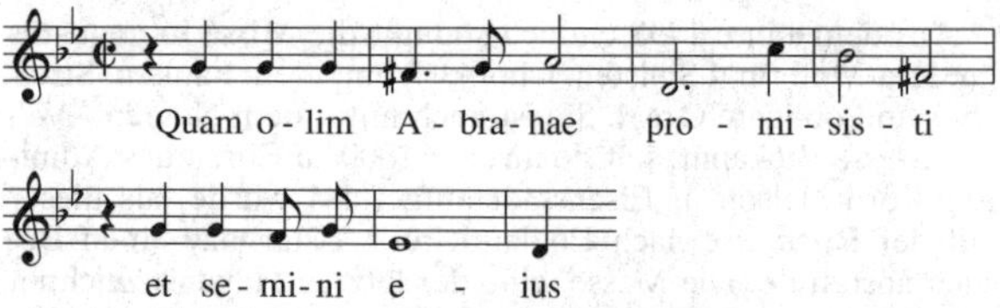

Introitus und *Kyrie* sind in weitgespannter Liedform zusammengefaßt. Der A-Teil ist die Antiphon »Requiem aeternam« in der Grundtonart für Chor und Orchester, wobei das Instrumental- und Vokalthema aus der gregorianischen Vorlage entwickelt ist. Wie gemeißelt erklingt das »et lux perpetua«. Der B-Teil in der Dur-Parallele Es-Dur wird vom Psalmwort im I. Ton gebildet. Den 1. Vers singen die Frauenstimmen einstimmig, den 2. alle 4 Stimmen im liturgischen Note-gegen-Note-Satz. Der C-Teil mit der Reprise der Antiphon im Solo-Quartett ist der meisterlich instrumentierte ausdrucksmäßige Höhepunkt des 1. Satzes. Er moduliert nach c-Moll zum *Kyrie* als der musikalischen Reprise des A-Teils. Besonders reizvoll ist das »Christe« in der Wechseldominante durch seine antiphonale Setzweise (D-Teil). Schließlich greift das 2. »Kyrie« in der Grundtonart auf den A-Teil zurück. Die *Sequenz* erscheint mittels der Rondo-Form ebenfalls als ein geschlossenes Ganzes. Der Hauptgedanke erklingt in c-Moll als »Dies irae«, »Quantus tremor«, »Rex tremendae« (g-Moll), »Quaerens me« (B-Dur) und »Huic ergo«. Auch andere Abschnitte prägen sich durch Wiederholungen ein. So ist etwa das »Judex ergo« des Solo-Altes die Quarttransposition des Sopran-Solos »Mors stupebit«, oder das »Lacrimosa« wird mit »Qua resurget« wörtlich wiederholt. Das chromatische lyrische Seitenthema, das im »Tuba mirum« bei »per sepulcra« zum ersten Mal erscheint, kehrt im »Ingemisco«, im Orchesterpart des »Lacrimosa« und innerhalb des »Amen« bei »Pie Jesu« wieder. Überhaupt wird das »Amen« im Wechselspiel seines aus dem »Oro supplex« gewonnenen Hauptthemas mit dem chromatischen Seitengedanken zu außerordentlicher Ausdruckskraft gesteigert.

Das *Offertorium* in g-Moll für 4 Solisten, Chor und Orchester ist besonders farbig und einfallsreich – z. B. bei der harmonisch und klanglich kühnen Stelle »de profundo lacu«. In der im klassischen Allabreve gehaltenen Quam-olim-Fuge mit ihren 3 Durchführungen wäre auf die großartige Coda hinzuweisen, wo auf dem Orgelpunkt erst der Dominante und dann der Tonika ein 4stimmiger Kanon im Quartabstand aus dem »promisisti«-Motiv erscheint. Vor der Wiederholung der Fuge steht das »Hostias« als klangschöne Alt-Arie und Männer-Duett. Das *Sanctus* gehört dem Chor und Orchester. Sie modulieren für das Solo-Terzett des »Hosanna« von c-Moll nach Es-Dur, bis das »Hosanna« im Chor-Tutti und der Grundtonart aufgenommen wird. Das breit ausgesponnene *Benedictus* wird von den 4 Solisten nach der gregorianischen Vorlage imitierend in Es-Dur gesungen, bis der Chor im liturgischen Note-gegen-Note-Satz die Zusammenfassung bietet.

Das *Agnus*, mit der *Communio* wieder zur Großform verschmolzen, steigert das etwa 45minütige Gesamtwerk zu seinem ausdrucksmäßigen Höhepunkt. Schon das 4taktige Vorspiel beschreibt den stimmungsmäßigen Raum, in dem die drei Anreden an das Gotteslamm vom Sopran in c-Moll, vom Baß in Es-Dur, vom Tenor in f-Moll in flehender Geste vorgetragen werden, während in respondierender Anlage der Chor die Bitten um ewige Ruhe und dabei die harmonisch bewegenden Modulationen übernimmt – bis zum entrückenden G-Dur des *Communio*-Verses der Solisten mit dem einstimmigen Pianissimo-Schluß der Streicher. Die »Cum-sanctis«-Fuge steht wieder in der Grundtonart c-Moll und geht im Allabreve über dem Perpetuum mobile des Continuo, wie wir es etwa aus der 1. *Credo*-Fuge von Sebastian Bachs h-Moll-Messe kennen.

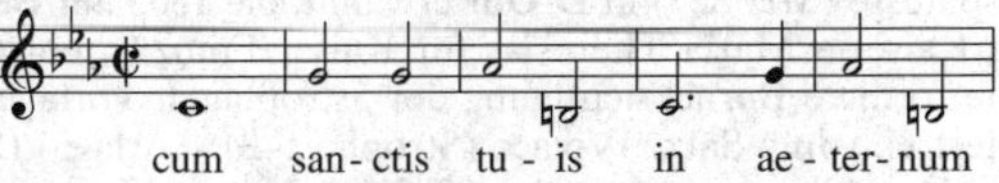

Die Fuge hat 4 Durchführungen, die formal beeindruckend von den Klangflächen des »Quia pius es« durchwirkt werden. Die Wiederaufnahme der »Requiem«-Bitte ist als lyrische Antithese zur Fuge aus den Takten 38–42 und 18–23 des *Introitus* in wörtlicher Reprise zusammengefügt. Die Wiederholung der »Cum-sanctis«-Fuge vollendet das bewundernswert schöne Werk.

Aus der großen Zahl von Michael Haydns Kirchenkompositionen, die ihn berühmt gemacht haben, und darunter besonders aus seinen 32 Messen, ragt nach Zahl der Ausführenden und Aufführungsdauer die **Missa hispanica** hervor. Sie soll durch Vermittlung Joseph Haydns im Jahre 1786 auf Bestellung des spanischen Königshauses entstanden sein und verlangt 4 Vokalsolisten, 2 gemischte 4stimmige Chöre, doppelte Oboen, Fagotte, Hörner, Trompeten, dazu Pauken, Streicher und Orgel-Continuo. Mancherlei bedeutsame Details machen das groß angelegte Werk zu einem begehrten Glanzpunkt chorischer Programmgestaltung – so z. B. die geschickte, angenehme Sanglichkeit seiner Vokalpartien, die auf Michael Haydns Festhalten an der palestrinensischen Stimmführungstechnik und seine Ablehnung neapolitanischer Neuerungen zurückzuführen ist. Die 4stimmige *Kyrie*-Fuge etwa ist ein solches Muster an Vokalität, und auch die 4 Solisten haben (besonders im *Gloria*) erfreulich sangbare und dankbare Aufgaben. Die virtuose »Cum-sancto-spiritu«-Fuge bildet eine wirkungsvolle Chornummer; das 3sätzige, dabei vielgestaltige *Credo* bietet u. a. mit dem zehnmal innerhalb von 266 Takten wiederkehrenden »secundum scripturas« fesselnde Gestaltungsmöglichkeiten – wie endlich auch die 4stimmige »Dona-nobis-pacem«-Fuge (Allegro con fuoco) mit reizvollen Seitensätzen ein echter Schlußsatz in stringentem formalen Zugriff und brillantem Klangbild ist.

Von Michael Haydns 5 **Tedeum**-Kompositionen sei allein die späteste (MH 827) in **D-Dur** erwähnt, die 1803 auf Bestellung Kaiserin Maria Theresias für Kaiser Franz II. entstand. Ohne formale Berücksichtigung der 5strophigen Vorlage disponiert Haydn 4 Sätze: Vivace (Strophe 1–3) – Adagio (Strophe 4,1) – Allegretto (Strophe 4,2–5,4) – Vivace (Strophe 5,5) als Schlußfuge im Allabreve mit 3 deutlich modellierten Durchführungen: die 1. in D-Dur, die 2. in h-Moll, die 3. enggeführt wieder in der Grundtonart. Und dies alles mit 2

Oboen, 2 Trompeten, Pauken und Streichern (und ohne Soli) in hellem, strahlendem Klangbild mit markanten rhythmischen Profilen.

Ludwig van Beethoven

Ludwig van Beethoven (1770–1827) hat 2 Vertonungen des Messetextes hinterlassen, von denen die 1., die *C-Dur-Messe* (op. 86), zu Unrecht im Schatten des berühmten Spätwerks, der *Missa solemnis*, steht. Beide Messen sind aus demselben Geiste geschaffen, der das revolutionierende Erlebnis der Aufklärung in sich trägt, der aber aus der neugewonnenen Freiheit seines Menschseins ein Verhältnis zum Göttlichen, ja zum dogmatisch bestimmten Gott des Christentums sucht, das an Ernst und Innigkeit nicht hinter dem älterer, von ungebrochener Religiosität erfüllter Zeiten zurücksteht. Daß ein so bewußter, geistig verantwortungsvoller Künstler wie Beethoven den Messetext komponiert hat und wie er ihn komponiert hat, beweist, daß er nicht einer vagen, schwärmerischen Gottesvorstellung nachhing, sondern daß er die überlieferte Form christlichen Glaubens und christlicher Gottesverehrung anerkannte. Neu aber sind seine Auffassung und Deutung des alten Textes: Er liest und komponiert ihn nicht als einen sicheren, nicht diskutierbaren Besitz der Tradition und des Ritus, sondern betrachtet ihn als Individuum, selbständig, und dabei ehrfürchtig als bedeutendes Dokument der Gotteserkenntnis, das immer von neuem nach Entschlüsselung verlangt. Seine Meßkompositionen sind darum in keinem Takte schematisch oder konventionell. Die musikalischen Typen der Messeteile, die der Brauch herausgebildet hatte, haben für ihn keine Geltung. Das Detail gewinnt neue Bedeutung, jedes einzelne Wort wird komponiert, jedes Bild musikalisch ausgeführt. Beethovens Messen vollziehen eine Regeneration der Textbetrachtung und damit eine Erneuerung des religiösen Erlebens durch die Musik. Die Kraft seines Geistes und die Größe seiner religiös gebundenen Natur sorgten dafür, daß diese Betrachtung an den Kern des geistlichen Mysteriums drang. An der religiösen Eigenschaft der Beethovenschen Kirchenwerke ist nicht zu zweifeln. Sie sind, so unbequem auch ihre gesangliche Ausführung zuweilen sein mag, aus dem Geist des gemeinschaftlichen, kultischen Gesanges gestaltet. Ob sie im praktischen Sinne liturgische Musik sind – die Frage mag bei der übermäßigen Länge der *D-Dur-Messe*, ähnlich übrigens wie bei Bachs h-Moll-Messe, offenbleiben. Geistliche Musik im ernstesten Sinne sind sie gewiß.

Die **Messe C-Dur op. 86** für 4 Solo-Stimmen, Chor und Orchester wurde im Jahre 1807, etwa zugleich mit der *Symphonie Nr. 5 c-Moll*, zum Namenstag der Fürstin Esterházy komponiert und in Eisenstadt aufgeführt – an derselben Stätte, an der auch Joseph Haydns Messen erklungen waren. Daß ihre unkonventionelle Haltung wenig Verständnis fand, ist nicht verwunderlich. Das *Kyrie* beginnt, nach einem leise vorausgeschickten »Kyrie«-Ruf der Chor-Bässe, mit einem liedhaften Gesang der in Terzen verbundenen Frauenstimmen:

»Christe eleison« ist als a-Moll-Episode eingeschoben, die Wiederkehr des »Kyrie« ergibt die gewohnte 3teilige Form. Mit großem instrumentalen Glanz, mit in Gegenbewegung auf- und absteigenden Skalen der Streicher, setzt das *Gloria* ein, das ein kurzes Motiv als immer wiederkehrenden Leitgedanken verwendet:

»Et in terra pax«, von Hörnerklang begleitet, hat den Ausdruck demütiger Frömmigkeit. Das »Gratias agimus«, in dem der Solo-Tenor die Führung übernimmt, hält diese Stimmung fest. Charakteristisch für Beethovens Textdeutung ist, daß er die Majestät des »Deus omnipotens« durch einen kurzen Einwurf der Trompeten und Pauken illustriert. Das »Qui tollis«, vom Solo-Alt intoniert, von den übrigen Stimmen weitergeführt, wendet sich nach f-Moll. »Qui sedes ad dexteram Patris« bringt eine kurze, intensive Steigerung, das »Miserere« ist ein Bittgesang von ergreifendem Ausdruck. Mit »Quoniam tu solus sanctus« tritt das C-Dur wieder in sein Recht, »Cum sancto spiritu« wird auf traditionelle Weise fugiert:

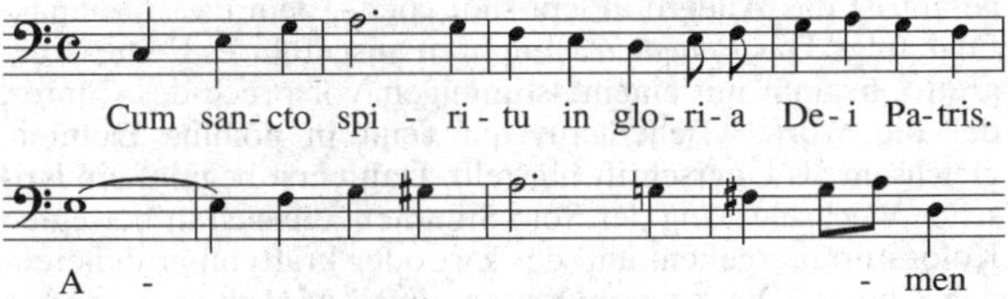

Das *Credo* beginnt nicht mit kräftig vorgetragener Glaubensgewißheit: Leise und stockend, wie in scheuer Ehrfurcht, wiederholt der Chor dreimal das Wort »Credo«, erst beim vierten Male sich zum Forte aufschwingend. Dann, bei »in unum Deum«, setzen majestätisch sämtliche Bläser ein: Menschendemut und Gotteswürde werden eindringlich einander gegenübergestellt. Auffällig sind in diesem Satz die ostinaten Begleitfiguren der Streichinstrumente, wie sie ähnlich Bruckner später verwendet hat. Von besonderer Ausdruckskraft ist das »Crucifixus«, eine b-Moll-Episode voll schmerzlicher Akzente, der der Solo-Baß mit einem kraftvollen D-Dur-Unisono des Streichorchesters die Verkündigung »Et resurrexit« entgegenstellt. »Qui locutus est per prophetas« wird von Trompeten und Pauken untermalt, den Schluß bildet die Fuge über ein weitgespanntes Thema (s. Bsp. S. 240).

Das *Sanctus*, sonst meist Ort der Entfaltung sakraler Klangpracht, ist ein kurzes, durchweg leise gehaltenes Adagio in

A-Dur. Bläser spielen eine ruhige Melodie, die der Chor aufnimmt; Bässe und Pauken scheinen ein Erschauern des Menschen vor der Heiligkeit Gottes anzudeuten. Ebenso knapp gefaßt ist das Allegro »Pleni sunt coeli«, dem die »Osanna«-Fuge folgt. Das *Benedictus*, ein breit ausgeführtes F-Dur-Allegretto, beginnt mit einem 4stimmigen Vorspruch des Chores, der die Worte »Benedictus qui venit in nomine Domini« gleichsam als Überschrift hinstellt. Dann erst beginnt ein lyrischer Wechselgesang der Solo-Stimmen, die sich in bewegten Koloraturen ergehen, und des zart oder kraftvoll grundierenden Chores. Die kurze »Osanna«-Fuge wird danach wiederholt. Reich an Ausdruck ist das *Agnus Dei.* Es beginnt in leisem c-Moll-Klang mit Triolen der Bläser; der Chor wechselt zwischen leidenschaftlichem Anruf und flehender Bitte. Ergreifend ist der Übergang zum »Dona nobis pacem«. Das »Miserere« verklingt im Piano mit den Streichbässen. Nach zweimalig geflüstertem »Dona« des Chores zu einer lieblichen Klarinettenfigur erklingt die Bitte um Frieden in den Solo-Stimmen – eine Phrase von unbeschreiblicher Innigkeit, deren Klang den ganzen folgenden C-Dur-Satz erfüllt:

Noch einmal meldet sich mit leisen »Miserere«-Rufen in der Harmonie des verminderten Septimenakkords das zaghafte

Flehen, doch dann führt derselbe Übergang in den frei hinströmenden Schlußsatz, dem die ersten, liedhaften Takte des *Kyrie* als abrundender Ausklang angefügt sind.

Missa solemnis ist die Gattungsbezeichnung für eine feierliche, durch musikalischen Aufwand über das Maß der liturgischen Gebrauchskunst, etwa das der Missa brevis, hinausgehende Festmesse. Dies gilt auch für die **Missa solemnis D-Dur op. 123**, die Beethoven im Jahre 1818 zur Feier der Amtseinführung seines Schülers, des Erzherzogs Rudolf, als Erzbischof von Olmütz zu schreiben begann, die ihn aber jahrelang über den vorgesetzten Termin hinaus beschäftigte und die erst im Jahre 1823 vollendet und zugleich mit der *9. Symphonie* veröffentlicht wurde. Die erste Aufführung fand 1824 in Petersburg statt. Beethovens Versicherung, daß er die Messe für sein bestes Werk halte, ist von der Nachwelt nur sehr langsam als gültig akzeptiert worden. Heute aber gilt das Werk, in dem Beethoven die individualistisch präzisierte Ausdrucksfähigkeit seines Spätstils auf das überzeitliche Thema des christlichen Glaubensmysteriums anwandte, als Gipfel seines Schaffens. In dieser Eigenschaft bildet sie ein Gegenstück zur h-Moll-Messe Bachs: Was das barocke Welt- und Gottesgefühl auf dem Boden alter Überlieferung in einer über alles kompositorische Tageswollen, Denken und Erfinden weit hinausgehenden, endgültigen musikalischen Sprache verkündete, das wird vom freien, zur Selbstverantwortung erwachten Geist der Klassik in prometheischem Aufschwung neu erworben, bestätigt und bezeugt.

Die Messe beginnt mit einem ruhigen, lyrischen D-Dur-Satz, dem *Kyrie*, das nach Beethovens Vorschrift »mit Andacht« zu singen ist. Dreimal, auf den Akkorden der Tonika, der Subdominante und der Dominante, läßt der Chor den Ruf »Kyrie« ertönen; jedesmal hallt der Ruf einer Solo-Stimme nach, zuerst des Tenors, dann des Soprans, endlich des Alts. Die Gleichberechtigung von Chor und Einzelstimme, von Gemeinschaft und Individuum, ist schon in den ersten Takten betont. »Christe eleison« ist in einen zwischen h-Moll und fis-Moll pendelnden Zwischenteil eingefügt, dessen archaisierendes Thema motettisch durchgeführt wird:

Die Wiederkehr des »Kyrie«, harmonisch intensiviert, schließt bestätigend in der Grundtonart in D-Dur. Auch das *Gloria*, ein reichgegliederter Chor-Hymnus, steht in der Haupttonart. Nach einem enthusiastischen Anlauf des Orchesters setzt es mit einem Chormotiv ein, das den Jubel der Lobpreisung in eine lapidare Formel preßt:

Über einer lebhaften Bewegung der Bässe entwickelt sich der Satz. Das »In terra pax«, von den Chor-Stimmen in tiefer Lage intoniert, bringt den ersten, vorübergehenden Ruhepunkt; mit den Worten »Laudamus te« tritt das jubelnde Motiv des Anfangs wieder in seine Rechte. Ergreifend ist das Pianissimo subito bei »Adoramus te« mit einer Wendung nach H-Dur, auf die unvermittelt in D-Dur das fugierte »Glorificamus te« folgt:

Zweimal ansetzend, bleibt es auf einem langgehaltenen C-Dur-Dreiklang liegen, den das Orchester nach Moll alteriert, womit der Übergang zu dem den Solo-Stimmen vorbehaltenen B-Dur-Teil des »Gratias agimus tibi« gewonnen ist; auch dieser Teil hat einen mächtigen Höhepunkt in der Anrufung des »Pater omnipotens«, wo mit einer charakteristisch Beethovenschen Harmonierückung die Haupttonart D-Dur wieder erreicht wird. Der 2. Hauptteil des *Gloria*, »Qui tollis peccata mundi«, ist ein Larghetto, das im wesentlichen auf die Tonarten

F-Dur und D-Dur bezogen ist und sich am Schluß mit einer plötzlichen Rückung nach fis-Moll wendet. Der Satz ist reich an Ausdrucksnuancen, von den flüsternden »Miserere«-Bitten des Chores bis zum Trompetenglanz der Vision »Qui sedes ad dexteram Patris«. Das »Quoniam tu solus sanctus«, der 3. Teil, jagt in akzentuierten synkopischen Rhythmen rasch vorüber. Dann setzt, in der wieder erreichten Haupttonart D-Dur, die überaus breit dimensionierte, mehrteilige Schlußfuge ein:

Schon das Thema mit seinen drängenden Akzenten läßt die Dynamik dieses von Bach gänzlich verschiedenen Fugenstils erkennen: Die über weite Intervalle gedehnten »Amen«-Rufe, die harmonischen Kühnheiten, die von Phantasie und Temperament diktierte Freiheit der Stimmführung kennzeichnen diese dramatisierte Polyphonie. Großartig ist der Höhepunkt der Entwicklung, wo das Thema in der Engführung, in taktweise einander folgenden Einsätzen der 4 Stimmen von der Baßtiefe bis zum h^2 der Soprane aufsteigt und in breiter, chromatisch geschärfter Kadenz zum Abschluß geführt wird. Die Solo-Stimmen beginnen den 2., noch mehr beschleunigten Teil der Fuge, den der Chor mit den punktierten Rhythmen des »Quoniam« kontrapunktiert. Das Hauptthema, in rollenden Unisono-Koloraturen vom ganzen Chor gesungen, bildet hier den Höhepunkt. Aber noch ist der Gipfel der Steigerung nicht erreicht: als krönende Coda wird – den liturgischen Kanon durchbrechend – der Anfangsteil des *Gloria*, nun zum Presto gesteigert, wiederholt, so daß das Ganze durch die »Gloria«-Formel wie durch eine Klammer zusammengefaßt erscheint.

Noch reicher an Geheimnis, von wahrhaft apokalyptischer Kraft der Visionen ist das *Credo*. Kaum jemals ist der Text des christlichen Bekenntnisses mit so bohrender Intensität auf seinen tiefsten Sinngehalt hin ausgelotet und erschöpft worden. Die Auseinandersetzung mit den alten Heilswahrheiten, ihre Verwandlung und Neuerwerbung durch die Kraft eines radikalen, konventionslosen Geistes darf zu den größten religiösen Leistungen des 19. Jh. gezählt werden. Das mit der Haupttonart D terzverwandte B-Dur ist die Tonart des *Credo*. Für das Glaubenszeugnis hat Beethoven eine eindringliche, auf eine gregorianische Formel zurückgehende Devise gewählt, die den Satz als Leitmotiv durchzieht:

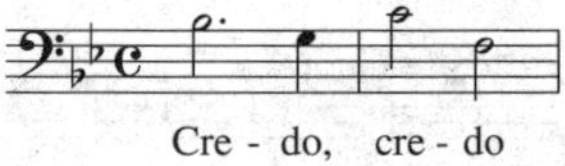

Der Glaube an den Vater, den allmächtigen Schöpfer, wird in einem kraftvollen Allegro-Satz ausgesprochen. Ein zweiter, thematisch gleicher Ansatz gilt dem Herrn Jesus Christus, dem eingeborenen Sohn: Bei der rätselvollen Stelle »Ex patre natum ante omnia saecula« schweift die musikalische Darstellung mit plötzlich eindunkelnder, zum Pianissimo zurückgehender G-Dur-Wendung ins Mystische. Beim »Descendit de coelis« wird der äußere Vorgang des Herabsteigens durch Oktavenschritte und durch die überlieferten absteigenden Skalen des Orchesters illustriert. Eine lyrische Anteilnahme des Komponisten gilt dem Gedanken »Propter nos homines et propter nostram salutem«, der mit warmer Empfindung vorgetragen wird. Mit dem »Incarnatus« tritt das musikalische Bekenntnis ins Innerste des Mysteriums. Über den Sextakkord auf cis wendet sich die Musik, plötzlich zum Adagio zurückgehalten, anfangs scheinbar in dorisches d-Moll, das sich dann aber als weiträumiges, nach F-Dur und a-Moll tendierendes C-Dur herausstellt. Mit halber Stimme, wie ehrfurchtsvoll ergriffen, verkündet der Solo-Tenor die Botschaft, daß Gott Mensch geworden sei: »Et incarnatus est de spiritu sancto ex Maria virgine«. Die Solo-Stimmen nehmen Wort und

Melodie auf; Holzblasinstrumente geben einen vibrierenden harmonischen Klanggrund, über dem die Flöte mit Trillerfiguren hinschwebt – vielleicht als musikalisches Symbol der »Taube«, des Heiligen Geistes, zu deuten. Der Chor spricht, leise auf einem Tone rezitierend, die Worte der Botschaft nach. Es ist eine Stelle kühn ins Mystische vorstoßender Musik. Schlicht klingt der kurze Satz »Et homo factus est«. Mit Dissonanzen und Akzentverschiebungen setzt das »Crucifixus« ein, das sich bei dem seufzend wiederholten Worte »passus« zu einem von den Instrumenten ausdrucksvoll begleiteten Trauergesang entwickelt. »Et sepultus est«, stockend gesungen, von Pausen unterbrochen, ist der düstere Schluß: Die letzten 4 Takte, die von dem herrschenden d-Moll nach f-Moll modulieren, sind eine Grabmusik von abgründiger Traurigkeit. Hell und kraftvoll klingt dagegen in den Tenören, denen sich der ganze Chor zu einem kurzen, archaisierend harmonisierten A-cappella-Satz verbindet, der Ruf: »Et resurrexit tertia die secundum scripturas.« Bei »Et ascendit in coelum« tritt mit lebhaften, durch alle 4 Singstimmen aufsteigenden Achtelskalen die Tonmalerei in ihre Rechte. Das himmlische Reich wird in einem Allegro-Satz geschildert, den nur einmal die Posaunen bei der Drohung des Jüngsten Gerichts unterbrechen. Dann meldet sich nachdrücklich im Orchester und in den Chorstimmen das *Credo*-Thema; die Glaubensartikel werden in einem gedrängten, verschiedene Texte überlagernden Chorsatz zu Ende geführt. Um so breiter behandelt Beethoven die Vision des ewigen Lebens. 2 Fugen folgen einander, denen dasselbe Thema zugrunde liegt:

Die 1., von Holzbläsern und Hörnern eingeleitet und gestützt, die Stimmen oft in Terzparallelen führend, ist ein bewegtes

Bild himmlischer Seligkeit. Die 2., die das Thema mit einer rollenden Achtelbewegung kontrapunktiert und den Ausdruck durch gegentaktige Akzente schärft, steigert den Jubel. Daß in den »Amen«-Rufen, wie schon in der Schlußkadenz der 1. Fuge, das *Credo*-Thema auftaucht, festigt die innere Bindung der Sätze. Endlich wird die stürmische Bewegung von einem akkordischen Grave aufgehalten. Die Solo-Stimmen treten mit fließenden Melismen vor den Chor, der zum Pianissimo zurückgeht; die Achtelbewegung glättet sich zu aufsteigenden Skalen der Instrumente: der Jubel verklingt, die Vision verschwebt.

Sanctus und *Benedictus* bilden eine Einheit, als Ganzes nicht weniger gewichtig als das *Credo*, aber der Textvorlage entsprechend mit stärkeren lyrischen Momenten. Ruhig, in tiefer Lage der Instrumente und der Singstimmen, in der freizügig ausgeweiteten Haupttonart D-Dur, beginnt das *Sanctus*, dem sich das fugierte »Pleni sunt coeli« und das ebenfalls fugierte »Osanna«, beide zu äußerster Kürze konzentriert, anschließen. Dann, in einem 32taktigen Präludium der tiefen Streichinstrumente und der Holzbläser, das in mannigfachen chromatischen Wendungen von der Haupttonart D-Dur nach der Subdominante G moduliert, kündigt sich das *Benedictus* an. Mit dem Einsatz der Solo-Violine, die auf dem endlich erreichten G-Dur-Dreiklang, nur von 2 Flöten begleitet, mit einer sanft gleitenden Melodie aus höchster Höhe durch den Raum von mehr als 2 Oktaven hinabschwebt, tritt es ein. Kaum je ist das Wunder der Transsubstantiation, der Gegenwart Gottes im Brot und Wein des Abendmahls, zwingender Musik geworden; was Musik an mystischer Wahrheit geben kann, das hat sie hier erfüllt. Die Melodie der Solo-Violine zieht sich durch das ganze Stück, als sei es das Adagio eines Konzertes. Trompeten, Hörner, Posaunen und Pauken skandieren leise den Rhythmus des Wortes »Benedictus«. Die Solisten singen die Geigen-Melodie nach; der Chor beschränkt sich auf schlichtes Rezitieren und übernimmt erst zuletzt die thematische Führung, wenn das kraftvolle, imitierend einsetzende Thema des »Osanna« eine andere Stimmung anzuschlagen scheint. Doch von neuem beginnt die

Melodie der Violine und läßt den Satz in einer Fülle von Wohllaut ausklingen.

Der Schlußsatz endlich ist berühmt durch eine dramatische Episode, die aus dem Frieden der Kirche in den Streit der Welt hinausführt und deshalb in ihrer künstlerischen und liturgischen Berechtigung oft angezweifelt, aber doch immer wieder als charakteristisch Beethovenscher Geniezug anerkannt wurde. Das *Agnus Dei* beginnt mit ruhiger Würde als h-Moll-Adagio. Der Solo-Baß, leise vom Männerchor gestützt, stimmt die Bitte um Erbarmen an. Alt und Tenor führen die Melodie duettierend weiter, zuletzt, nach einem kurzen, hymnischen Bläser-Zwischenspiel, tritt auch der Sopran dazu, der Chor bekräftigt refrainartig das »Miserere«, während eine fließende Achtelbewegung der Violinen und Holzblasinstrumente das Drängen des Bittens anzuzeigen scheint. Mit einer Modulation nach D-Dur, durch einen überleitenden Spannungsbogen der Chorstimmen dem Vorigen eng verbunden, schließt sich das »Dona nobis pacem« an. Beethoven hat es überschrieben »Bitte um innern und äußern Frieden« und schon damit den zwiespältigen Inhalt des Satzes angedeutet. Es ist ein Allegretto im $^6/_8$-Takt, ein Stück von unbeschwerter, spielerischer Schönheit. Man mag es als Bild einer friedlichen Welt deuten, die sich sorglos ihres Glückes erfreut. Aber auf dem Höhepunkt, während die Streicher-Bässe die heitere tänzerische Bewegung ins Großartige steigern, brechen Gesang und Orchesterspiel plötzlich ab. Leise pocht in fremder Tonart auf dem tiefen f ein Marschrhythmus der Pauke; wie von fern klingt eine Fanfare der Trompeten. Der Solo-Alt, dann der Tenor, bitten in ›ängstlich‹ erregtem Rezitativ: »Agnus Dei, miserere nobis« zu leisem Tremolo der Streicher. Dann ertönen Pauken und Trompeten in voller Stärke, als sei das Kriegsunheil drohend nahe; der Sopran antwortet wie mit einem Aufschrei, die Solo-Stimmen leiten mit der Bitte »Dona nobis pacem« in die Musik des Friedens zurück. Der Chor nimmt die Bitte mit einem aus Händels *Messias* entlehnten Motiv auf: nur er, der Heiland, kann der Welt den Frieden geben. Aber der Chorfuge stellt sich eine erregte, die Stimmen mit der Härte des Beethovenschen Spätstils gegeneinanderführende Orchesterfuge entgegen. Noch einmal übertönen Trompeten, Posaunen und Pauken mit gewaltigen Akkorden und kriegerischem Marschrhythmus den Bittgesang; dann behauptet dieser das Feld, nur kurz vor dem Ende noch von leise nachhallenden, in der Ferne verklingenden Schlägen der Pauke unterbrochen. Es ist jedoch, als bleibe der Zwiespalt ungelöst: Beethoven schließt die Messe nicht mit der erlösenden Apotheose des himmlischen Friedens – er läßt den Hörer in der irdischen, im Widerstreit von Krieg und Frieden befangenen Welt.

Luigi Cherubini

Luigi Cherubini (1760–1842), der französierte Italiener, der in Paris die Revolution und das Kaiserreich überdauerte und zum langjährig amtierenden Direktor des Conservatoire de Musique aufstieg, hat als Kirchenmusiker seiner Zeit ein Vorbild gegeben. Er verschmolz das Erbe der alten chorischen Polyphonie, des Palestrina-Stils, mit der instrumentalen Kultur der Klassik und schuf einen Typus katholischer liturgischer Musik, dessen feierliches Pathos erst von Bruckner wieder erreicht wurde. Die Kirchenmusik Cherubinis, die im wesentlichen der zweiten Hälfte seines langen Lebens angehört, ist ein Produkt der Weltabkehr und -entsagung und schon dadurch in ihrem religiösen Ernst legitimiert. Nach langem, erfolgreichem Wirken als Opernkomponist hatte sich Cherubini, gekränkt durch die Mißachtung, die Napoleon ihm entgegenbrachte, aus der Öffentlichkeit zurückgezogen; außer seinem Amt als »Inspecteur« des Conservatoire de Musique gab er jede musikalische Tätigkeit auf. Auf unerwartete Weise wurde seine Schaffenskraft im Jahre 1808 während eines Landaufenthalts auf Schloß Chimay im Hennegau durch die Bitte der Prinzessin von Chimay, ihr eine Messe zu schreiben, neu angeregt: Die *F-Dur-Messe*, die auf diese Weise entstand, leitete eine Periode überwiegend geistlicher Produktion ein, die dem dramatischen Werk Cherubinis an Wert und Bedeutung zum mindesten die Waage hält. Wenn auch der Ruhm Cherubinis, den Beethoven und Brahms noch bestätigten, danach ein wenig verblaßte, so bleiben seine Werke doch unverändert wertvoll durch ihre edle, oft elegisch gefärbte Schönheit und ihren reinen chorischen Stil, dessen Sangbarkeit auch heute noch von unmittelbar ergreifender Wirkung ist.

Von den 11 Messen, die Cherubini geschrieben hat, ist die im Jahre 1811 entstandene **d-Moll-Messe** die bedeutendste – eine *Missa solemnis* von hoher geistlicher Würde, musikalisch breit und mit reicher thematischer Gedankenfülle ausgeführt. Das Orchestervorspiel des *Kyrie* legt Charakter und Stimmung des ganzen Werkes fest. In einen Prolog von klassisch klaren Proportionen sind Gebetsernst, sanfte Klage und demütige Bitte zusammengedrängt. Die Chor-Stimmen, die dazutreten, haben fast nur den Charakter von Füllstimmen; den thematischen Umriß dieses *Kyrie* gibt das Orchester. Das »Christe eleison« ist ein idyllischer F-Dur-Satz der Solo-Stimmen. Das *Kyrie* kehrt kurz wieder und geht sogleich in eine Fuge über:

Der lyrische Fluß des Themas breitet sich über den ganzen langen Satz aus, der barocke Freiheit mit klassisch-sonatenhaftem Formmaß verbindet. Das *Gloria* ist der musikalische Schwerpunkt des Werkes. Es beginnt in D-Dur mit fanfarenartigen Dreiklangsmotiven der Chor-Stimmen. »Et in terra pax« wird als beruhigte Episode eingeschaltet, »Laudamus te« ist eine klangprächtige Fuge (s. Bsp. S. 250).

Aus der Wiederholung der einzelnen Teile in veränderter Reihenfolge ergibt sich eine gegliederte und zugleich ge-

schlossene Gesamtform. Das »Gratias« ist ein heiter-lyrisches, von reicher Orchesterbegleitung getragenes Terzett der Solo-Stimmen Sopran, Tenor und Baß. Das bedeutendste Stück der Partitur ist das »Qui tollis«, ein Andantino largo in h-Moll, das ganz von einer ostinaten Figur der Violinen durchzogen ist:

Die Bitte »Miserere« wird zum lyrischen Gegenthema:

Aus diesen Elementen formt der Komponist einen Satz, der dramatische Ausdruckskraft mit hoher Würde vereinigt. Im Gegensatz zu diesem ernsten Stück ist das »Quoniam« ein heiteres Quartett der Solo-Stimmen von italienischer Kantabilität. Die Schlußfuge »Cum sancto spiritu«, deren 5taktiges Thema meist mit einem in der Skala aufsteigenden Kontrapunkt erscheint, zeichnet sich durch bewundernswerte Kunst der Faktur und klangliche Brillanz aus (s. Bsp. S. 251).

Das *Credo* faßt den Text bis zu den Worten »Descendit de coelis« in einen bewegten Allegro-Satz zusammen. Ähnlich wie in Mozarts »Credo-Messe« (KV 257) bekräftigt ein akzen-

tuiertes ²⁄₄-Motiv jeweils das Wort »Credo«. Mit dem »Incarnatus« wird die musikalische Darstellung intimer und ausdrucksvoller. Cherubini behandelt die Menschwerdung Christi in einem Satz für 6 Solo-Stimmen, der, nur von Zwischenspielen der Holzblasinstrumente und harfenartigen Pizzikato-Akkorden der Streicher gestützt, fast A-cappella-Charakter hat.

Die reinen, durch chromatische Ausweichungen schattierten C-Dur-Klänge sind bestrickend. Noch packender in der Wirkung ist das »Crucifixus«. Der Chor singt die Leidensverkündigung auf einem einzigen, 50 Takte lang festgehaltenen Ton, auf E, der Dominante von a-Moll, pianissimo in langen, vom Wortrhythmus bestimmten Notenwerten. Die Bässe wiederholen immerfort einen trauermarschartigen Rhythmus; die gedämpften Violinen umwinden das Ganze mit einer fließenden Achtelbewegung, die das menschliche Mitleid mit dem Leiden des Gottessohnes versinnbildlichen mag. Mit dem »Resurrexit« kehrt die Darstellung in gewohnte Bahnen zurück, aber der Passus »Et in spiritum sanctum« ist, entgegen allem Brauch, ein arioses Larghetto der Solo-Stimmen. Erst das »Amen« wird als Chorfuge breit und mit mächtiger Steigerung ausgeführt. *Sanctus* und *Benedictus* entsprechen überlieferten Typen, jenes als kraftvoller Chorhymnus, dieses als ruhevoller Gesang der Solisten. Beide Stücke werden von dem kurzen chorischen »Osanna« beschlossen. Im *Agnus Dei* zeigen sich noch einmal die ganze Gefühlstiefe und Ausdruckskraft des Meisters. Die Singstimmen beginnen im Ton vertrauensvoller Bitte, aber bald gewinnt ein kleines Viernoten-Motiv, das schon im 1. Takt des Orchestervorspiels in begleitender Funktion auftrat, Bedeutung:

Dreimal steigert sich die Bitte zu leidenschaftlicher Eindringlichkeit, dann wendet das »Dona nobis pacem«, vom Solo-Alt auf eine schlichte Melodie angestimmt, vom Chor in flüssigem Allegro weitergeführt, die Stimmung zu heiterer Zuversicht. Die Coda hemmt den Strom der Musik durch Generalpausen und glockenartig anschlagende Horntöne und läßt das Werk beruhigt ausklingen.

Die Requiem-Vertonungen

Die Vertonung der Totenmesse war eine Aufgabe, die dem elegischen Naturell Cherubinis besonders entsprach: Zweimal, in dem *c-Moll-Requiem* von 1816, das in staatlichem Auftrag zum Gedächtnis des von den Revolutionären hingerichteten Königs Ludwig XVI. komponiert, aber erst 1818 zur Totenfeier des Komponisten Joseph Méhul uraufgeführt und später auch zu Beethovens Totenamt gesungen wurde, und in dem *d-Moll-Requiem* für Männerchor, das der gealterte Meister im Jahre 1836 schrieb und für seine eigene Totenfeier bestimmte, hat er diese Aufgabe gelöst. Beide Kompositionen verzichten auf Solo-Stimmen. Was dem **c-Moll-Requiem**, der früheren der 2 Kompositionen, bis heute seine ergreifende Wirkung bewahrt hat, ist der schwermütige Klang der wahrhaftig todesnahen, vom dunklen Geheimnis der Vergänglichkeit und der Wandlung inspirierten Musik, die ungebrochene Einheit der Stimmung, die jeden lichten Kontrast ausschließt und doch gerade in ihrer Hingabe an das Dunkel etwas unendlich Tröstliches hat. Mit den ersten Takten des ausschließlich von Bratschen, Celli, Bässen, Fagotten und Hörnern begleiteten *Introitus* ist diese Stimmung da, die den Hörer bis zum Schluß umfängt und einen unauslöschlichen Eindruck hinterläßt. Der Anfang mit dem aus der Tiefe sich emporwindenden Gang der Violoncelli und Fagotte und dem Choreinsatz in tiefer Lage auf dem c-Moll-Akkord ist eine eindringliche Formulierung großer Musik:

Tiefe Trauer beherrscht den Satz; der Versus »Te decet hymnus« wird nur im Pianissimo angestimmt. Die Episode »Et lux perpetua luceat eis« bringt kaum merkliche, von Dissonanzen getrübte Aufhellung. Die Anrufung »Kyrie eleison, Christe eleison« ist, über 16taktigem Orgelpunkt auf C liturgisch rezitierend, knapp gehalten, und der erlösende C-Dur-Dreiklang, in den der Satz nach einem akzentuierten verminderten Septimenakkord ausklingt, wirkt nach so viel lastender Trauer wie ein Strahl der Gnade. Nach dem g-Moll-Satz des *Graduale* setzt das »Dies irae« (*Sequenz*) mit gewaltigem Unisono-Ruf der Trompeten, Hörner und Posaunen ein. Ein dröhnender Schlag des Tamtam kündigt das Weltgericht an. Nicht mehr als einen einzigen Schlag gönnt der Komponist dem in der Kirchenmusik seltener und hier in der europäischen Musik zum ersten Mal verwendeten Instrument, aber gerade darum ist die Wirkung erreicht, die spätere Komponisten durch ganze Orchester von Schlaginstrumenten hervorgerufen haben. Cherubini behandelt nun die ganze Sequenz als geschlossenen, aus 4 großen Abschnitten bestehenden Satz, in dem das tonmalerische mit dem markant-deklamatorischen Element verschmilzt. Ein stürmendes c-Moll-Allegro faßt die gesamte Schilderung bis zur Erscheinung des Weltenrichters, des »Rex tremendae majestatis«, zusammen. Die Worte »Salva me« leiten mit einer Dur-Wendung zum 2. Abschnitt, »Recordare Jesu pie«. Der Chor singt einstimmig, im Wechsel von Frauen- und Männerstimmen, zu einer Begleitfigur der Violinen, die man als das Züngeln der Flammen des Fegefeuers gedeutet hat. Bei den Worten »Inter oves locum praesta« finden sich die Stimmen wieder zusammen, um sich in einem Dominantseptnonenakkord auf D zielkräftig zu entfalten. Ein mächtiger g-Moll-Höhepunkt kündet im Martellato von der Qual der Verdammten in den Höllenflammen, dann – bei »Voca me cum benedictis« – beruhigt sich der Satz mit derselben Dur-Wendung, die schon bei »Salva me« erschien, und leitet zum abschließenden »Lacrimosa«, einem von schweren Seufzerakzenten durchsetzten Largo, das von gleichmäßig fließenden, weichen Violinfiguren begleitet wird. Das *Offertorium* »Domine Jesu« hält dem »Dies irae«, der *Sequenz*, an Bedeutung die Waage: ein weit ausgreifend dimensionierter Satz, reich an düsteren und großartigen Episoden, der bei der Nennung des Bannerträgers Sankt Michael und des heiligen Lichtes in eine baßfreie durale und dadurch hellere Klanglichkeit übergeht. »Quam olim Abrahae promisisti« ist eine breit angelegte Tripelfuge, ein Meisterstück des Kontrapunktisten, gefolgt von dem an feinen harmonischen Wendungen reichen »Hostias«.

Sanctus und *Pie Jesu* sind kurz gehalten, das erste Stück von äußerster, syllabisch deklamierter liturgischer Konzentration, das andere ein klanglich dichter Chorgesang von palestrinensischem Wohllaut. Das *Agnus Dei* steht auf der Höhe des *Introitus*. Aus ängstlicher Beklommenheit, die aus dem 3maligen Anruf des »Lammes« klingt, löst sich die Stimmung in gläubig vertrauende Ruhe. »Requiem sempiternam« deklamieren die Stimmen, unterbrochen von glockenhaft anschlagenden Holzbläserakkorden. Mit dem langgehaltenen Dominantton G, der chromatisch wie in drängender Bitte zur Oktave aufsteigt, bereiten die Bässe die Coda in der Haupttonart c-Moll vor. Der Schluß ist ein langsames, magisches Verklingen. 18 Takte lang intonieren die Singstimmen in fast flüsterndem Wechselgesang den Grundton C, während die Bewegung des Orchesters mit einem wiegenden, immerfort wiederholten Motiv verhallt. Der C-Dur-Dreiklang, fünfmal mit leiser Eindringlichkeit angeschlagen, ist der lösende Ausklang.

Das **Requiem d-Moll** verdient vor allem wegen der Besonderheit der Chorbesetzung Beachtung. Es ist für 3stimmigen, gelegentlich unterteilten Männerchor geschrieben, wie es alteingeführte französische Praxis war, was dem Klangbild herbes, düsteres Kolorit verleiht. Satzstil, melodische Erfindung und Instrumentation sind dichter, konzentrierter als in der früheren Komposition. Der *Introitus* ist ein ruhiges, lyrisches Musikstück in von der Liturgie vorgegebener 3teiliger Form. Der Vers des 65. Psalms, »Te decet hymnus«, führt das sanft abwärts sinkende Seitenthema ein, das sich mit V. 3 »Exaudi orationem meam« zu größerer Ausdrucksintensität steigert. Ein akzentuierter Dominantnonenakkord der Instrumente bildet die Überleitung zur Wiederholung der Antiphon. Das *Kyrie* führt in durchsichtigem Satz eine Melodielinie von aufsteigender Tendenz durch, so daß sich ein befreiender Kontrast ergibt. Das folgende *Graduale* ist ein 3stimmiger A-cappella-Satz. Das »Dies irae« (*Sequenz*) erweist sich als reich an dramatischen und harmonisch kühnen Episoden. Bei »Judex ergo cum sedebit« und »Rex tremendae majestatis« verbindet sich die Kraft der Männerstimmen wirksam mit dem scharf rhythmisierten Orchesterklang. Das »Lacrimosa«, das mit lapidarem Chor-Unisono beginnt, wendet sich zu dem breit auskomponierten letzten *Sequenz*-Vers »Pie Jesu« nach D-Dur. 2 akkordische »Amen«-Rufe schließen den Gesang nachdrücklich ab. Im *Offertorium* (»Domine Jesu«) ist vor anderem die im lichten C-Dur eines von hohen Flöten und Klarinetten geprägten Instrumentalsatzes leuchtende Stelle »Sed signifer sanctus Michael« bemerkenswert. Im klangprächtigen *Sanctus*, dem wiederum a cappella gesungenen, kaum von Instrumenten gestützten *Pie Jesu* und dem *Agnus Dei* klingt die elegische Stimmung aus. Wie schon im *Kyrie* und im »Dies irae« läßt der Komponist die Singstimmen in D-Dur schließen, leitet aber durch ein Orchesternachspiel in das d-Moll des Anfangs zurück – auch diese Schlußentwicklung, vergleichbar dem *c-Moll-Requiem*, in der harmonisch-rhythmischen Disposition und Ausdrucksdichte ein Meisterwerk ersten Ranges.

Franz Schubert

Von den 6 Messen Franz Schuberts (1797–1828) sind 4 – die in F-Dur, die häufig aufgeführte in G-Dur, die in B- und in C-Dur – in den Jahren 1814–16 entstanden, Werke des Siebzehn- bis Neunzehnjährigen, die aus der Fülle einer überströmenden Jugendbegabung geschaffen wurden. Ungleich gewichtiger, charakteristische Meisterwerke der Gattung, sind die *Messe in As-Dur* aus dem Jahre 1822 und die in *Es-Dur* aus dem Jahre 1828, dem Todesjahr des Komponisten. Sie teilen die Vorzüge der Frühwerke, sind erfüllt von der gleichen liedhaften Melodiosität, von der gleichen Lust unbekümmerten Musizierens, gehen aber durch Größe und Weite ihrer Form, durch den Ernst in der Auffassung und in der Interpretation des liturgischen Textes weit über jene hinaus. Ihre musikalische Sprache ist von einer Ursprünglichkeit, in die das Erbe der polyphonen Vergangenheit nur noch schwach hineinwirkt. Das Klang- und Harmoniegefühl der jungen Romantik, die expressive, liedhafte Melodie bestimmen Form und Wesen, das Menschlich-Volkstümliche ist stärker als das Liturgisch-Erhabene: ein Typus romantisch-sakraler Musik war geschaffen, der Meistern wie Dvořák oder auch Liszt und Bruckner als Vorbild gedient hat.

Die **Messe in As-Dur** (D 678) für 4 Singstimmen, Orchester und Orgel ist ein ganz und gar romantisches, zugleich aber wahrhaft liturgisches Werk. Schon der Beginn des *Kyrie* legt den Charakter des Ganzen fest. 2 Klarinetten und ein Fagott stellen den melodischen Hauptgedanken des Satzes wie eine Devise hin – aber nicht wie einen dominanten, energiegeladenen Gedanken, sondern wie eine lichte Vision, eingegeben von Phantasie und Gefühl:

Der Chor führt das »Kyrie eleison« in breit hinströmendem Gesange aus, zweimal schieben die Solo-Stimmen das »Christe eleison« als Seitenthema dazwischen, so daß sich statt der üblichen 3teiligen eine 5teilige Form ergibt. Das *Gloria*, im enharmonisch terzverwandten E-Dur, ist mit klanglichem Glanz und musikalischer Gründlichkeit ausgeführt. Zu Bläserakkorden und Sechzehntelpassagen der Violinen stimmt der Chor den Lobgesang an. Von bezaubernder Anmut ist das »Gratias agimus«, das in Zweistimmigkeit von Solo-Sopran, Klarinette und Violinen musiziert wird:

Das kraftvoll akzentuierte »Domine Deus, rex coelestis« wird durch die Wiederkehr des »Gratias«, dieses Mal in 4stimmig ausgefülltem Satz, umrahmt. Mit dem »Domine Deus, Agnus Dei, qui tollis peccata mundi« klingt eine schwärmerische Frömmigkeit auf, die in dem elegischen cis-Moll-Thema des Solo-Alts zum Ausdruck kommt:

Den Text gestaltet Schubert – wie in Vorwegnahme des *Agnus Dei* – als 3fachen Anruf, der jeweils vom Solisten vorgestellt und vom Chor mit »miserere nobis« beantwortet wird. Im 4. Abschnitt dient das gleiche Thema, nun in E-Dur vom ganzen Chor gesungen, dem »Quoniam tu solus sanctus« als melodischer Kern. Hier ergibt sich ein großer Moment, wenn Soli und Chor zweimal versichern: »Tu solus altissimus«, und auf einem voll instrumentierten verminderten Septakkord das »Tu« wie einen Schrei der Verehrung hinausschleudern, worauf nach einer Pause die Chorstimmen, im Pianissimo aus der Baßtiefe aufsteigend, die Huldigung »Tu solus dominus« anfügen. Dann, im 5. Abschnitt, beginnt die Chorfuge »Cum sancto spiritu«, wirksam besonders durch die lang ausgesungenen »Amen«-Melismen, durch die Engführungen des Themas in der Coda und durch die Orgelpunkte auf Tonika und Dominante, die dem Schluß Würde und Gewicht geben.

Das *Credo* ist bemerkenswert, weil es ganz auf den überlieferten, freilich durch die Mittel romantischer Harmonik modifizierten Choralton gestellt ist. Wirkung und Ausdruckskraft des Bekenntnisses liegen in der musikalischen Einheitlichkeit. Damit nähert sich der Satz den liturgisch gebundeneren Vertonungen früher Meister und steht in entschiedenem Gegensatz zu den entsprechenden Kompositionen des 19. Jh., etwa zum *Credo* aus Beethovens *Missa solemnis*, das gerade in der Ausarbeitung der Einzelheiten seine Neuheit bezeugt. So hat der sonst meist komplizierte Satz hier einfache 3teilige Form. Das Bekenntnis wird in 4stimmigem, traditionsgebunden harmonisiertem Chorsatz in C-Dur hingestellt; immer wieder wird es durch das Wort »Credo«, begleitet von einem kräftigen Orchesterakkord, bestätigt. Der 2. Teil, ein ruhiger Zwischensatz in As-Dur, enthält Geburt und Passion Christi. Bezaubernd ist der Klang des »Incarnatus«. Männer- und Frauenstimmen sind als getrennte Chorgruppen geführt, die einen von Posaunen und Fagotten, die anderen von Oboen und Klarinetten begleitet. Der akkordische Satz wird durch dynamische, zwischen Pianissimo und Fortissimo wechselnde Abstufungen zu packender Ausdruckskraft gesteigert. Mit dem »Resurrexit« beginnt der 3. Teil, der das thematische und harmonische Material des 1. verarbeitet und das Bekenntnis ohne die traditionelle Fuge knapp und prägnant beschließt. Das *Sanctus* fesselt durch romantisch-mystische Wirkungen. Der Anfang ist eine Verherrlichung des Erhabenen: tremolierende Streicher, weiche Hornklänge, leise rhythmisierende Holzbläser; die Harmonie rückt von F-Dur über den übermäßigen Dreiklang f–a–cis eine halbe Stufe aufwärts, so daß der Chor, von Posaunen begleitet, in fis-Moll einsetzt. Dasselbe wiederholt sich noch zweimal auf verschiedenen Tonstufen – in es-Moll und c-Moll –, dann erst, in dem lieblichen »Pleni sunt coeli«, setzt sich die Haupttonart durch. Das »Osanna« steigert zu ekstatischer Freudigkeit; das *Benedictus* führt die Chorstimmen in choralartigem Satz über einer gleichmäßig schreitenden Achtelbewegung der Bässe. Das *Agnus Dei*, in f-Moll, ist ein melodiöser Gesang der Solo-Stimmen, den der Chor nur durch ein leises »Miserere« beantwortet. Mit dem »Dona nobis pacem«, das in die Haupttonart As-Dur zurückkehrt, tritt der Chor wieder in seine Rechte und führt im Wechselgesang mit den Solisten, in lyrischer Emphase, die Messe zu Ende.

Die **Messe in Es-Dur** (D 950) unterscheidet sich von dem älteren Schwesterwerk durch eine innere Erregtheit, die sich oft in extremen Ausdrucksgraden bezeugt. Sie stammt aus dem letzten Lebensabschnitt des Komponisten, in dem schon die Schatten des Todes in die Welt seines Musizierens fielen. Dennoch herrscht auch hier die ungetrübte melodische Schönheit, die das gesamte Werk Schuberts kennzeichnet. Das chorisch-homophone *Kyrie* ist zu einem klangintensiven lyrischen Vorspruch konzentriert. Blockhaft setzt das *Gloria* ein mit einem 4stimmigen A-cappella-Ruf des Chores und der aufrauschenden Antwort des Orchesters. Chorische Vierstimmigkeit und Wechsel von Frauen- und Männerstimmen bleiben bis zum »Gratias agimus« herrschend. Das »Qui tollis« aber ist ein wild bewegter Zwischensatz. Die Posaunen intonieren eine an das liturgische »Dies irae« anklingende Melodie, gegen die die Streichinstrumente mit synkopischen Tremolo-Akzenten angehen. Der Chor deklamiert, die Stimmen in Oktaven koppelnd, in abgerissenen Anrufungen, nur in der Bitte »Miserere« findet er sich zu harmonischer Vierstimmigkeit zusammen. Das »Quoniam« wiederholt den klangprächtigen Beginn des *Gloria*, eine breit angelegte und in 6 Durchgängen recht frei gestaltete Fuge über ein 10taktiges Allabreve-Thema schließt den Teil steigerungsmächtig ab:

Das *Credo* beginnt leise mit einem in Sechzehnteln mensurierten Paukenwirbel, der wie ein Leitmotiv immerfort wiederkehrt. Der Chor singt das Glaubensbekenntnis liturgisch-gebunden in klarem Es-Dur. Ein Nachklang palestrinensischer Schönheit liegt über dem Satz. Wie in der *As-Dur-Messe*, sind auch hier Geburt und Leidensgeschichte Christi zu einem 2teiligen Mittelsatz von lyrisch-balladeskem Klang zusammengeschlossen. »Et incarnatus est« singt der Solo-Tenor auf eine kantable Melodie von italienischem Schmelz, die die Violoncelli präludierend vorwegnehmen, während die übrigen Streichinstrumente leise rhythmisierend die tragenden As-Dur-Harmonien angeben. Ein 2. Solo-Tenor und der Sopran führen die Melodie im 3stimmigen kanonischen Satz weiter. In as-Moll, von zitternd-erregten Streicherrepetitionen begleitet, setzt das »Crucifixus« ein, das dem Chor zugeteilt ist. Es steigert sich vom Pianissimo über heftige Akzente schnell zu einem Aufschrei auf einem verminderten Septakkord, der mit 3fachem Forte bezeichnet ist und sogleich wieder ins Pianissimo zurücksinkt. Beide Teile, »Incarnatus« und »Crucifixus«, werden mit leichten harmonischen Varianten gekürzt wiederholt. Vom »Resurrexit« an benutzt Schubert das thematische Material des Anfangs, so daß sich für das ganze *Credo* eine 3teilige Form ergibt, der das »Et vitam venturi saeculi« als breit ausgeführte Fuge angehängt wird. Das klangprächtige *Sanctus* ist kurz, das *Benedictus*, ein Stück von in sich ruhender Schönheit, geht auf eine liedhafte Schubert-Melodie, die bei der Wiederholung in den Tenor gelegt und von einer ebenso melodisch geführten Sopran-Stimme übersungen wird:

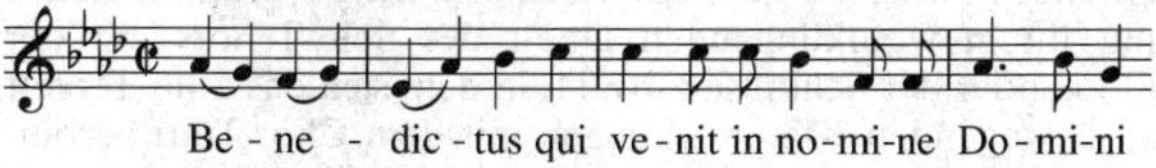

Ergreifend wirkt der Einsatz des *Agnus Dei*: Die Anrede an das Lamm Gottes ist ein gravitätisches Viernoten-Motiv C–H–Es–D, das ein Kreuzzeichen als Sinnbild von Jesu Kreuzestod darstellt und hier meist mit einer erregten Gegenstimme gekoppelt erscheint:

Der Vokalsatz wird von Posaunen verstärkt und von unruhig synkopierten Streicherfiguren und sforzierten Hornstößen begleitet: Ausdruck der unausweichlichen Leidensbestimmung des Gottessohnes, auf den das flehentlich und immer eindringlicher gebetete »Dona nobis pacem« demütig antwortet. Als Coda kehrt der Ausbruch des »Agnus« mit äußerster Steigerung wieder, und seine Erregung klingt bis in die zwischen Pianissimo und Fortissimo achtmal inständig wiederholte Friedensbitte nach.

Von den zahlreichen kleineren geistlichen Chorwerken Schuberts werden unter anderem die späteren *Tantum-ergo*-Kompositionen häufiger aufgeführt: das *Tantum ergo in D-Dur* (D 750) von 1822 mit kleinerer Orchesterbesetzung und das *Tantum ergo in Es-Dur* (D 962) von 1828 mit 4 Solisten und größerem Orchester. Auch die *Stabat-mater*-Vertonungen finden sich immer wieder auf den Programmen: das lateinische *Stabat mater in g-Moll* (D 175) für Chor, Orchester und Orgel, und das deutsche *Stabat mater in f-Moll* (*»Jesus Christus schwebt am Kreuze«*; D 383) auf einen Text von Friedrich G. Klopstock für Sopran-, Tenor- und Baß-Solo, Chor und Orchester. In letzterem sind es besonders die antiphonalen Wirkungen zwischen 4stimmigem Frauen- und 4stimmigem Männerchor in der Nr. 5 oder die tiefempfundene c-Moll-Arie Nr. 6 mit ihrem wohlklingenden Duett des Solo-Tenors mit der Oboe oder der Schlußsatz Nr. 11, in dem sich das Solo-Terzett zu bewegenden Klangwirkungen mit dem Chor-Tutti verbindet, die die Glanzpunkte einer Wiedergabe ausmachen.

Hector Berlioz

Unter den 3 wirkungsmächtigsten, von hoher Meisterschaft geprägten Totenmessen, die die klassisch-romantische Musik hervorgebracht hat, steht das **Requiem op. 5** von Hector Berlioz in der Mitte: zwischen dem Fragment gebliebenen *d-Moll-Requiem* Wolfgang Amadeus Mozarts und dem melodieseligen *Requiem* Giuseppe Verdis – ein phantastisches Gemälde metaphysischer Schrecken und Seligkeiten, eine grandiose kirchliche Zeremonie, erneuert durch die visionäre Kraft des romantischen Geistes. Hector Berlioz (1803–69), das ungebärdige Genie der französischen Romantik, hat das Werk unter dem Titel **Grande messe des morts** im Jahre 1837 in staatlichem Auftrag für eine geplante Feier zum Gedenken an die Opfer der Julirevolution von 1830 geschrieben. Da diese Feier unterblieb, wurde die Ehrung des gefallenen Generals Damrémont zum Anlaß der glänzenden, vom Dirigenten Habeneck geleiteten Aufführung im Pariser Invalidendom am 5. Dezember 1837. Aus der feierlichen Bestimmung erklärt sich der außergewöhnliche vokale und instrumentale Aufwand: Der Komponist fordert 200 Chorsänger, 100 Streicher und ein Heer von Bläsern und Schlagzeugspielern. Aber das *Requiem* ist kein in Äußerlichkeit sich erschöpfendes Gelegenheitswerk. Es ist die Auseinandersetzung des Romantikers mit dem immer gegenwärtigen Geheimnis des Todes, die Begegnung des exzentrischen Individualisten mit dem alten, gefestigten Glauben und dem Ritus der katholischen Kirche. Die Glut und Fülle der geistlichen Visionen, die Bilder des Jüngsten Gerichts, die ergreifenden Töne des Lobes und der Fürbitte reihen das Werk unter die bedeutendsten Schöpfungen der geistlichen Musik. Eine charakteristische Briefstelle zeugt von der Begeisterung, mit der Berlioz seine Aufgabe anging: »Große Mühe hatte ich, meines Stoffes Herr zu werden. In den ersten Tagen hatte mich die Poesie dieser Prose des Morts in einem Grade trunken gemacht und erregt, daß mein Geist keines klaren und durchsichtigen Gedankens mehr fähig war. Jetzt ist Ordnung in den Vulkanausbruch gekommen, der Lavastrom hat sich ein Bett gegraben, und mit Gottes Hilfe wird alles gut gehen. Zweifellos werde ich mir den Vorwurf der Neuerungssucht zuziehen, weil ich diesem Gebiet der Kunst einen Ausdruck der Wahrheit geben möchte – ich bringe erschreckende Verbindungen, die noch nie versucht worden sind, und von denen ich die erste Idee zu haben glaube.« Bei allem instrumentalen Aufwand, den vor allem die Einführung von 4 gesondert postierten Blasorchestern im »Tuba mirum« bedingt, ist das *Requiem* doch in erster Linie ein chorisches Werk. Der Chor trägt den vokalen Part fast allein, nur im *Sanctus* tritt ein Solo-Tenor dazu. Ungewöhnlich und der Chorpraxis widersprechend ist freilich, daß Berlioz auf den selbständigen Chor-Alt verzichtet, die

Frauenstimmen meist zusammen führt und dafür den Tenören viel zumutet.

Von den 10 Sätzen, in die der Komponist die Totenmesse gegliedert hat, kommen 5 auf die *Sequenz* »Dies irae«. Voran gehen der *Introitus* und das *Kyrie*, es folgen das *Offertorium* mit »Domine Jesu« und »Hostias«, *Sanctus* und *Agnus Dei*. Der Beginn des *Requiem* ist ein Anheben aus dem Nichts. Eine Skala, von Violinen und Bratschen auf der G-Saite gespielt, steigt in langsamen, gleichmäßigen Schritten vom Grundton G bis zur Quinte D. Das D, durch Bläser verstärkt und lange gehalten, schwillt an und ab wie eine hallende Stimme der Klage. Zum zweiten Male, nach einer Pause des Schweigens, steigt die Skala bis zur Sexte, zum dritten Male, chromatisch aufwärtsdrängend, zur Oktave, die durch ein 3mal wiederholtes Rufmotiv bestätigt wird. Dann setzen die Chor-Bässe mit einem Trauergesang ein; er wird von einem chromatisch absteigenden Staccato-Motiv der Tenöre kontrapunktiert, das als Umkehrung jener einleitenden Skala aufzufassen ist:

Das »Dona eis«, von den Tenören in Terzen gesungen, wird zum tröstlichen Klang, den die Soprane, von Holzbläsern gestützt, mit einer instrumentalen Koloratur begleiten. Aber in die beruhigt ausklingende Kadenz des Abschnitts tönt, von Hörnern und Fagotten verstärkt, das »Requiem aeternam« der Bässe, das die übrigen Stimmen aufnehmen. Die Bitte »Et lux perpetua luceat eis« führt zu einer fremdartigen harmonischen Wendung, einem Schwanken zwischen den Dur-Dreiklängen auf H und C. Über einer kreisenden Begleitfigur der

Violoncelli singt der Chor, in Einzelstimmen zerlegt, den traditionellen *Introitus*-Psalm 65,2 und 3. Dann kehrt die Antiphon »Requiem aeternam« wieder. Das »Lux perpetua« wird dieses Mal von einer flimmernden Halbtonbewegung der Flöten und Klarinetten untermalt. Noch einmal ertönt in den Anfang erinnernder Durchführung das »Requiem«-Thema; dann fallen die Stimmen in flüsterndes Rezitieren, aus dem schließlich die Schlußkadenz der in Dur erstrahlenden Grundtonart ersteht – erst im Forte, dann im 3fachen Pianissimo. Das »Kyrie eleison« erklingt im verhaltenen Parlando, »Christe eleison« als chromatische Kantilene. Bei der Wiederkehr steigert sich das »Kyrie eleison« zum Aufschrei und verklingt leise auf dem Septakkord der Tonika, den das Orchester nach einer chromatischen Weiterführung erst im 3. Takt in einen Dur-Dreiklang auflöst und dann in die Grundtonart g-Moll zurückführt. Über einem Baßmotiv, das aus der Skala des Satzbeginnes entwickelt ist, verklingt der Satz in 4fachem Pianissimo.

Das »Dies irae« beginnt nicht, wie in vielen dieser Kompositionen, mit einem Forte-Schlag, sondern in gläubiger Verinnerlichung. Die Streicher-Bässe spielen eine choralartige Weise, die von den Chor-Bässen später aufgenommen wird. Die Soprane intonieren im Einklang mit den hohen Holzblasinstrumenten leise die *Sequenz*:

Aus der Einstimmigkeit wird Zwei- und Dreistimmigkeit, ein chromatischer Lauf des Orchesters treibt die Tonart von a-Moll nach b-Moll empor. Unter den langgehaltenen Tönen des Soprans und den erregten Rufen des Tenors schreitet kraftvoll die Choralweise des Basses:

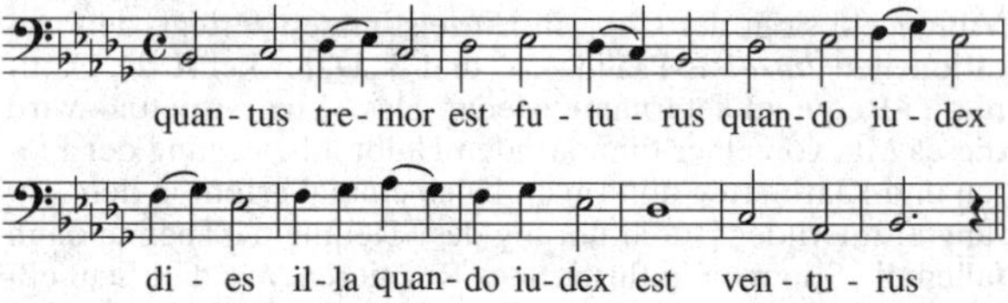

Der chromatische Orchesterlauf, zum zweiten Male ansetzend, trägt das musikalische Geschehen auf die Ebene von d-Moll. Wenn er zum dritten Mal, weiter ausholend und noch mehr steigernd, bis zum Es emporsteigt, bricht auf diesem Ton ein Sturm schmetternder Trompeten und Posaunen los: die ehernen Stimmen rufen zum Jüngsten Gericht. Dies ist der vielbewunderte und oft als ›theatralisch‹ kritisierte Effekt des Berliozschen *Requiems*, der sich doch bei jeder Aufführung von neuem als Eingebung von beeindruckender Größe und visionärer Kraft zeigt. 4 Sonderorchester, an den 4 Ecken des Podiums, auch des Konzert- oder Kirchenraumes, aufgestellt, mit Trompeten, Posaunen, Tuben, Pauken und Schlagzeug besetzt, schleudern eine Flut von Bläserklang über Chor, Hauptorchester und Hörer hinweg. Es ist erstaunlich, wie Berlioz aus einfachen Dreiklangsmotiven und wenigen chromatischen Nebentönen diese ungeheure Klangvision zustande bringt, die ebenso als Exzeß romantischer Phantastik zu bewundern ist, wie sie als Vorwegnahme des modernen Gedankens der Raummusik Beachtung verdient. In lapidarer Einstimmigkeit, immer wieder von Bläserakzenten und aufflackernden Fanfaren unterbrochen, singen die Bässe von der Posaune des Gerichtes, die die Seelen vor den Thron des Höchsten zwingt. Noch einmal setzt das überdimensionale Bläserkonzert ein, wenn das Bild des Weltenrichters erscheint, vom Chor in archaischer Würde durch das altertümliche Mittel eines 2stimmigen Kanons beschworen. Dann reißt das Dröhnen plötzlich ab, die Angst der sündigen Kreatur klingt in einem Abgesang des Chores nach. Das folgende kurze Stück ist ganz von dieser Angst erfüllt. »Quid sum miser tunc dicturus« singen die Tenöre einstimmig, stockend, auf das variierte, durch Pausen zerschnittene »Dies-irae«-Thema. Streichbässe und Holzbläser füllen die Pausen durch Fragmente derselben Melodie, leise Seufzer des Englischhorns begleiten den Gesang. Das nächste Stück, »Rex tremendae majestatis«, entfesselt wieder die ganze Klangfülle des Chores und des Orchesters. Der zweimalige Ruf »Rex« wird von majestätischen Bläserakkorden eingerahmt. Es beginnt ein dramatisch erregter Satz, dem die Vorstellung einer sich flehend um den Thron des Richters drängenden Menge zugrunde liegt. Die Musik entfaltet eine Realistik in der Schilderung höllischer Schrecken, wie sie die Malerei etwa in den Rubensschen Darstellungen des Höllensturzes erreicht hat. Die Vision der Verdammten steigt aus dem wilden Angstgeschrei des Chores auf. Der schneidende Sekundakkord h–c–e–g im Sforzato, der die heißen Höllenflammen malt, das unheimliche »Schweigen« und der einzelne, abgründige Baßton bei »Voca me et de profundo lacu« sind meisterhafte Details dieser Tonmalerei. Bei dem Verzweiflungsschrei »Ne cadam in obscurum« setzen mit einem gewaltigen Akkordschlag die 4 Bläserorchester wieder ein, die dann den zweiten Anruf des Weltenherrschers mit schmetternder Klangfülle begleiten. Dazwischen aber klingt immer wieder sanft und vertrauensvoll die Bitte »Salva me, fons pietatis«, die den Satz als beruhigender Epilog beschließt. Mit dem »Quaerens me«, einem Satz für 6stimmigen Chor a cappella, kehrt Berlioz, bewußt um Kontrastwirkung bemüht, zur Einfachheit alter Kirchenmusik zurück. Den ersten beiden 3stimmig behandelten Gesangstrophen folgt ein erregter, 6stimmiger Mittelteil auf die Worte »Ingemisco tamquam reus«. Die wiederkehrende Hauptstrophe wird nun von leise rezitierten Achteln der Bässe und der Tenöre getragen. Der Schluß »Et ab haedis me sequestra« ergibt eine große harmonische Steigerung. In der Verschmelzung altmeisterlichen und romantisch-modernen Klanges liegt der eigentümliche Reiz des Stückes. Das »Lacrimosa« beschließt die *Sequenz* als ein großartiges lyrisches Chor-Finale. Man hat auf den italienischen Charakter des Stückes hingewiesen, in dem die Singstimmen durchweg die Melodie führen, während das Orchester mit stereotypen Figuren begleitet.

Die Tenöre intonieren das Hauptthema:

Eine Reihe ausdrucksvoller Nebenmotive treten ihm zur Seite. Es herrscht, bei durchgehend festgehaltenem a-Moll, eine Grundstimmung von Schwermut und Trauer. Wunderbar ist die Wirkung, wenn das Seitenthema bei seinem zweiten Auftreten in A-Dur erscheint:

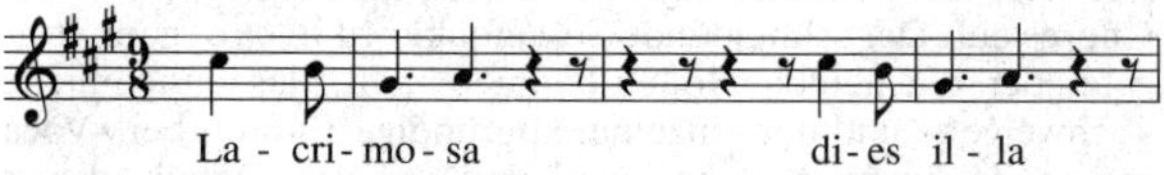

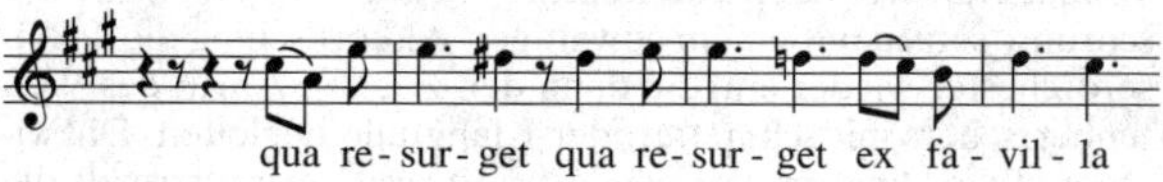

Gegen Schluß klingt noch einmal der Ton des Schreckens, wenn die Singstimmen und die Instrumente aller 5 Orchester das Hauptthema in lautstarkem Unisono herausschleudern. Die breit angelegte Schlußentwicklung bestätigt die Grundtonart A-Dur.

Von seltsamer Wirkung ist das *Offertorium*. Die Violinen beginnen allein in d-Moll mit einer ruhig schreitenden, zuweilen von schmerzlichen Akzenten aufgestörten Melodie, die von Bratschen und Bässen aufgenommen und fugiert wird. Die Chor-Stimmen halten das ganze Stück hindurch ein Zweiton-Motiv a–b–a fest, das sie unentwegt wiederholen und das die Bläser wiederum mit einem einzigen, in das Klanggewebe der Fuge hineinstechenden Ton beantworten. Der Instrumentalsatz wird reicher und bewegter, die Bitte an den heiligen Michael bringt eine große klangliche Steigerung. Aber der

Chor verharrt auf seinem Zweiton-Motiv, bis endlich am Schluß, beim Gedanken an das ewige Licht, das den Nachkommen Abrahams versprochen worden ist, die Stimmen sich in die Töne des D-Dur-Dreiklangs auseinanderfalten und ein erlösender Klang in die fahle Stimmung tritt. Dem Komponisten schwebte das Bild der Seelen im Fegefeuer vor; das qualvolle Warten auf die Erlösung, der endliche Anbruch der Seligkeit können nicht eindringlicher versinnbildlicht werden. Das kurze »Hostias«, Lobgesang und zugleich Fürbitte für die Toten, hält die gebrochene Stimmung aufrecht; der Männerchor deklamiert in statuarischer Homophonie. In den Pausen des Gesangs erklingt jeweils ein langgehaltener, an- und abschwellender Akkord, gespielt von 3 Flöten in hoher Lage, darunter, durch einen Zwischenraum von mehr als 3 Oktaven getrennt, ein einzelner Baßton, von Posaunen (Berlioz verlangt ihrer 8) geblasen – ein Tonsymbol von unmittelbar packender Primitivität, Grabesdunkel und Himmelslicht in einem einzigen Klangbild zusammengefaßt. Von hoher poetischer Schönheit ist das *Sanctus*. Gedämpfte Violinen halten zarte, ätherische Akkorde, über ihnen schwebt eine Flötenstimme, darunter ein raunendes Tremolo der Bratschen. Der Solo-Tenor, der hier zum einzigen Male zu Worte kommt, stimmt seine schmelzreiche Kantilene an, die vom Frauenchor Zeile für Zeile in 3stimmigem Satz auf anderer Tonstufe wiederholt wird:

Die »Osanna«-Fuge, die Frauen- und Männerstimmen beteiligt, wirkt als kraftvoller Kontrast. Beide Teile, »Sanctus« und »Osanna«, werden in reicherer Instrumentierung wiederholt, die Fuge wird dabei um eine Coda bereichert. Der letzte Satz, das *Agnus Dei*, rundet das Werk ab, indem er auf den Anfang zurückgreift. Das eigentümliche Zusammenklingen hoher Flöten und tiefer Posaunen des »Hostias« leitet zu der Melodie »Te decet hymnus«, die in gleicher Gestalt wie im *Introitus*

wiederkehrt. Noch einmal leuchtet die kraftvolle Kadenz-Wendung des »Lux perpetua« auf, dann führt ein kurzer G-Dur-Satz auf die Worte »Quia pius es, amen« das Werk in friedvollem Ausklang zu Ende.

Gioacchino Rossini

Gioacchino Rossini (1792–1868) hat sich, wenn man von frühen Schülerarbeiten absieht, der Kirchenmusik erst nach seiner Abkehr von der Opernbühne gewidmet. In den langen Jahrzehnten der Muße, die er in Paris und in Italien verbrachte, entstanden ein *Stabat mater*, 1832 komponiert und 1841 zur endgültigen Fassung erweitert, 3 Chöre für Frauenstimmen und die *»Petite Messe solennelle«*.

Das **Stabat mater** ist das Werk, das den Kirchenkomponisten Rossini neben dem Opernkomponisten gleichermaßen bedeutend erscheinen läßt. Man muß von allen Begriffen der deutschen kirchenmusikalischen Tradition absehen, wenn man der Komposition gerecht werden will. Rossini hat sich für den religiösen Stoff keine besondere, »gelehrte« Tonsprache geschaffen. Das Melos der Arien und Ensembles, das seine Opern erfüllt, dient ihm auch hier, und von den Chören geht nur der letzte, »In sempiterna saecula«, durch angedeutete Fugierung über die Satzweise der Chor-Finales in den ernsten Opern hinaus. Aber die Melodien, auf die die Worte der alten Sequenz gesungen werden, sind von so hoher Schönheit, daß das Werk als ergreifende Schöpfung der Musica sacra anzuerkennen ist. Heinrich Heine, der 1842 die Aufführung des *Stabat* in Paris hörte, hat die naive Schönheit dieser Musik überzeugend geschildert. Er spricht von einer Kinderprozession, die er in Cette gesehen hatte, und fährt fort: »An diese kleine fromme Mummerei mußte ich unwillkürlich denken, als ich der Aufführung des Stabat von Rossini zum ersten Mal beiwohnte: das ungeheure, erhabene Martyrium ward hier dargestellt, aber in den naivsten Jugendlauten, die furchtbaren Klagen der Mater dolorosa ertönten, aber wie aus unschuldig kleiner Mädchenkehle, neben den Floren der schwärzesten Trauer rauschten die Flügel aller Amoretten der Anmut, die Schrecknisse des Kreuztodes waren gemildert wie von tändelndem Schäferspiel, und das Gefühl der Unendlichkeit umwogte und umschloß das Ganze wie der blaue Himmel, der auf die Prozession von Cette herableuchtete, wie das blaue Meer, an dessen Ufern sie singend und klingend dahinzog.« Das heißt nun nicht, daß Rossini die Marienklage leichtfertig komponiert habe. Der Ton des Schmerzes, der Erhabenheit und der Anbetung durchklingt die Musik, immer gemäßigt durch eine Schönheit, die der Trauer die Schwere und Härte nimmt.

Die Introduktion, von Chor und Solisten gesungen, wird vom Violoncello mit einer gebundenen, in den Intervallen des verminderten Septimenakkords durch 2 Oktaven aufsteigenden Figur eröffnet, der ein Akkord der Holzbläser antwortet: ein naives, ausdrucksvolles Symbol des Schmerzes, das am Ende des Werkes wiederkehrt. Nach einem zum Fortissimo ansteigenden und wieder zum Pianissimo absinkenden Orchestervorspiel stimmt der Chor-Baß eine Moll-Melodie an, die die übrigen Stimmen in homophonem Satz weiterführen:

Der Tenor leitet eine kurze Episode der Solo-Stimmen ein, die in das ferne Des-Dur moduliert, um in den anschließenden Tutti-Takten wieder in die Haupttonart g-Moll zurückzuführen. Von erhebender Größe ist die Stelle, an der das Hauptthema von den Männerstimmen aus der Tiefe gegen den gehaltenen Grundton g der Frauenstimmen und der Orchesterinstrumente emporgetrieben wird. In stockenden, von der Introduktion reprisenartig verbundenen Lamentationen klingt der Satz aus. Die Tenor-Arie »Cuius animam« mit ihrer emphatischen, zur Oktave emporgeschwungenen Melodie, mit ihren auf großen Atem bauenden Steigerungen und ihrer zum hohen Des aufsteigenden Kadenz ist das berühmteste Stück des Werkes. Das Duett von Sopran und Alt »Quis est homo, qui non fleret« verbindet den Klang des Mitleidens mit dem Glanz 2stimmiger Koloraturen. Von herberer Art ist die zwischen a-Moll und A-Dur wechselnde Baß-Arie »Pro peccatis suae gentis«. Der Solo-Baß intoniert auch das folgende Stück, »Eia mater, fons amoris«, das den A-cappella-Chor als Klanghintergrund beteiligt. Das Quartett der Solo-Stimmen, »Sancta mater, istud agas«, bildet das opernhafteste Stück des Werkes. Von ergreifender Schönheit ist die von Horn- und Holzbläserklängen eingeleitete Alt-Arie »Fac ut portem Christi mortem«. In der folgenden Arie für Sopran und Chor erhebt sich der Stil des Werkes zu ernster Größe: Der Text »Inflammatus et accensus per te, Virgo, sim defensus« bestimmt durch die Vorstellung des Gerichts den Charakter der Musik. Gegen ein 8 Takte lang scharf rhythmisiertes C der Trompeten und Posaunen drängen chromatische Harmonien der Streicher an. Zu gleichmäßig vibrierenden Rhythmen singt der Solo-Sopran in leidenschaftlich bewegter Melodie. Der Chor wiederholt im hämmernden Unisono auf dem C der Blechbläser die Worte »in die iudicii«. Der Gesang des Soprans wendet sich in großartiger Steigerung von c-Moll nach Es-Dur, bei der Wiederholung von c-Moll nach C-Dur und schwingt sich, vom Chor mit modulatorischen Harmonien begleitet, am Schluß zweimal zum c^3 auf. Das Quartett der Solo-Stimmen »Quando corpus morietur« ist ein homophoner, stark chromatischer A-cappella-Satz von ernstem Charakter. Wundervoll sind die Worte »Paradisi gloria« komponiert, bei denen die Menschenstimmen wie triumphierende Trompeten klingen, ergreifend ist der chromatisch abwärtssinkende Schluß. Der Schlußchor setzt majestätisch mit 3 akkordischen »Amen«-Rufen des Chores auf Tonika, Subdominante und Dominante ein. Dann scheint eine 4stimmige Doppelfuge zu beginnen (s. Bsp. S. 273).

Aber nach der Exposition geht der Satz, Motivglieder in Sequenzen durchführend, in freieren Stil über und kadenziert nach einem Orgelpunkt D in der Haupttonart g-Moll. Eine Coda schließt sich an, die sich zu einem akkordischen Höhepunkt verdichtet. Sogleich wiederholt, bricht sie im Fortissimo

auf einem verminderten Septimenakkord ab. Nach einer Generalpause nimmt das Violoncello leise in den Tönen desselben Akkords die Phrase wieder auf, mit der der 1. Satz begann. Der Chor singt in Hoquetus-Manier mit der Musik des Anfangs »Amen«. Ein kurzer, chorisch glanzvoller Allegro-Satz schließt das Werk ab.

Die **»Petite Messe solennelle«** für 4 Solisten, Doppelquartett, 2 Klaviere und Harmonium schrieb Rossini 1863 im Alter von 71 Jahren. Der Titel »Kleine Messe« bezieht sich allein auf die kleine Besetzung des Werkes, das mit fast 90minütiger Aufführungsdauer Rossinis umfangreichste geistliche Komposition ist. Sie entstand zur Einweihung der Hauskapelle des Grafen Pillet-Will in Paris, woraus sich die reduzierte Besetzung – die übrigens für das damalige Frankreich so ungewöhnlich gar nicht ist – leicht erklärt. Sie ist relativ einfach zu besetzen und wird deshalb häufig aufgeführt, während sich Rossinis spätere Orchesterfassung weniger hat verbreiten können.

Gleich der 1. Satz zeigt die vielfältigen Vorzüge dieses Werkes: überquellender Reichtum in Melodik und Harmonik, reich strukturierte Rhythmik, phantasievolle Formgestaltung in klassischer Klarheit. Das 1. *Kyrie* (3teilig: a-Moll – C-Dur – a-Moll) wird als 2. *Kyrie* mit verwandelten Tonarten und einem 6taktigen Seitensatz wörtlich wiederholt (c-Moll – A-Dur – fis-Moll). Inmitten das »Christe eleison« (c-Moll) ist ein meisterlicher, klangvoller Doppelkanon im reinen Palestrina-Stil a cappella. Auch das in 6 Abschnitte geteilte *Gloria* gehorcht der Bogenform. Die majestätische Introduktion kehrt als Einleitung zur »Cum-sancto-spiritu«-Fuge und auch als Einleitung der Schluß-Stretta wieder. Das »Et in terra« bis zum »Glorificamus« geht im durchbrochenen Satz erst der Solisten, dann des Chores in ständigem 3fachen Pianissimo bei reizvollster Harmonik. Das »Gratias« ist ein Terzett im Fugato von Baß-, Alt- und Tenor-Solo, aus dem die 4 chromatisch fallenden Takte der Mittelachse, die bezaubernde Wirkung der 3stimmig gesetzten Reprise und die Klangschönheit der Coda herausragen. Das »Domine Deus« erscheint als brillante Tenor-Arie, das »Qui tollis« als zartes Frauen-Duett, bei dem die kühn von f-Moll nach E-Dur versetzte Reprise mit atemberaubender Wirkung von 4 chromatisch steigenden Takten eingeleitet wird. Die Baß-Arie »Quoniam tu solus sanctus« entspricht an demonstrativen Möglichkeiten stimmlicher Präsentation der Tenor-Arie (Nr. 4). Die Darbietung des Mittelteiles der Reprise (»Tu solus sanctus«) einen Halbton höher ist ein kompositorisches Glanzlicht. Die »Cum-sancto-spiritu«-Fuge im »Allegro a capella«

bringt 3 ausgedehnte Durchführungen, in denen die Fortspinnungen der Zwischenspiele ein stetig überquellenderes Eigenleben entwickeln. Die Wiederaufnahme der *Gloria*-Introduktion gibt endlich den Impuls zur großartig ausladenden Stretta. Alle 6 Sätze sind durch modulatorisch verbindende Gelenke entweder am Ende des einen oder am Beginn des folgenden Satzes direkt untereinander verbunden, wodurch der Interpret in der Gestaltung der Satzübergänge weitgehend gebunden ist.

Ähnlich verhält es sich bei den 3 Teilen des *Credo*, die die Fülle des kanonischen Textes nicht etwa nach den 3 Glaubensartikeln ordnen, sondern in einfacher Liedform: A: »Credo in unum Deum«, Tutti E-Dur, Allegro Cristiano – B: »Crucifixus«, Sopran-Arie As-Dur (also auch hier tonale Gegenklangbeziehungen wie schon im *Kyrie*), Andante sostenuto – A: »Et resurrexit«, Tutti E-Dur, Allegro wie oben. Die Sparsamkeit in der Materialbehandlung ist außerordentlich. Deshalb ist auch der musikalische Formverlauf spontan einsichtig und als überzeugend zu verfolgen – so z. B. dank der wiederholten, in den fortlaufenden Text eingesprengten akkordischen »Credo«-Rufe. Eine weit ausholende Doppelfuge

in beispielhaft klaren Formen und imponierender Konzentration des Motivmaterials enthält 3 klassische Durchführungen und führt zu einer glanzvollen Coda.

Das *Offertorium* erscheint nicht als gesungener Text, sondern, wie in Frankreich nicht unüblich, als Instrumentalstück. Das fast 7minütige »Preludio religioso« für Klavier atmet in seiner Formensprache – für Rossini ungewöhnlich – Bachschen Geist.

Ein 8taktiges Harmonium-Ritornell leitet zum a cappella

gesungenen *Sanctus*, das die Harmoniefolge der *Gloria*-Introduktion aufnimmt. Dieser C-Dur-Satz ist auffallend knapp im antiphonalen Wechsel von Solisten und Chor konzipiert. Das abschließende Chor-»Hosanna« erklingt wieder mit der Harmoniefolge des Anfangs. Abweichend vom Meßkanon fügt Rossini vor dem *Agnus* die für Sopran-Solo und Klavier im Andante sostenuto komponierte 5. Strophe »O salutaris hostia« aus dem Fronleichnamshymnus *Verbum supernum prodiens* ein, die in einigen – auch deutschen – Diözesen als selbständiger Abendmahlsgesang eingeführt ist. Das *Agnus Dei* ist dann wieder ein breit ausladender Satz in responsorialer Anlage. Der Solo-Alt singt den vollständigen Text der drei Anrufungen des Gotteslammes, und der Chor antwortet jeweils mit dem »Dona nobis pacem« im gleichbleibenden Note-gegen-Note-Satz. Das dritte Mal leitet er zu einer 6taktigen Coda, in der Solo-Alt, Chor und Instrumente sich zu einem ungemein klangschönen durchbrochenen Satz vereinen. Diese 6 Takte werden wiederholt und führen nach dem Steigerungsprinzip zu einem volltönenden E-Dur-Schluß. Die Wiederaufnahme der geistreichen Instrumentaleinleitung des *Agnus* beschließt Rossinis gewichtigste Kirchenkomposition.

Felix Mendelssohn Bartholdy

Felix Mendelssohn Bartholdy (1809–47) wurde anfangs durch das kirchliche Umfeld seiner Jugend und später durch seine Tätigkeit für König Friedrich Wilhelm IV. von Preußen zu liturgisch-gebundenen Kompositionen angehalten. Von seinen 5 für Soli, gemischten Chor und Orchester durchkomponierten Psalmen wird der 1837/38 entstandene 42. am häufigsten aufgeführt. Schon Robert Schumann lobte Mendelssohn, der **Psalm 42 op. 42** sei »die höchste Stufe, die er als Kirchenkomponist, ja die neuere Kirchenmusik überhaupt, erreicht hat.« Aus der fast halbstündigen Psalmkantate prägen sich dem Hörer die bezwingende formale Disposition des I. Chorsatzes, die bezaubernden Klangwirkungen der Sopran-Arie mit Solo-Oboe und des Quintetts Nr. VI sowie die großartige Schlußsteigerung der Fuge »Preis sei dem Herrn« ein, deren Thema aus dem markanten »Harre-auf-Gott«-Motiv des IV. und VII. Satzes entwickelt ist.

Mendelssohn selbst hielt **Psalm 95 op. 46** für 2 Sopran- und einen Tenor-Solisten, 4stimmigen Chor und Orchester für das gelungenste Stück dieser Art. Es entstand 1838 in Leipzig und wurde auch anfangs 1839 im dortigen Gewandhaus vom Komponisten uraufgeführt, aber erst 1841 bekam es seine endgültige, zum Druck bestimmte Fassung. Sie teilt den Psalm in 2 Abschnitte, von denen der erste V. 1–7a in 4 Sätzen in den Tonarten Es-, C-, As- und Es-Dur umfaßt. Um der Gesamtform willen bringt der *1. Satz* V. 6 und 7, der *2. Satz* erst V. 1–3, und der *3. Satz* als Arie für 2 Soprane V. 4. Der *4. Satz* enthält V. 5 als Chorfuge und anschließend die V. 6 und 7 als variative Reprise des 1. Satzes mit angehängter Modulation nach g-Moll für den *5. Satz*, der den 2. Abschnitt des Psalms, V. 7b–11, bringt. Die überlegene Gestaltung der inhaltlichen Problematik der Textvorlage macht die tiefe Wirkung dieser Psalmkantate aus und läßt auch die Kühnheit des im Pianissimo vergehenden g-Moll-Schlusses als geistlich-formalen Zielpunkt verstehen.

Die vielgesungene Hymne **Hör mein Bitten** (1844), für Sopran, 4stimmigen Chor und Orgel komponiert und dem Berliner Hofkapellmeister Wilhelm Taubert gewidmet, später mit einer Orchesterfassung versehen, ist eigentlich auch eine Psalmkantate, denn der Text ist eine 4strophige Versfassung nach Psalm 55,2–8. Die 1. Strophe in G-Dur gehört dem Solo-Sopran; der Chor tritt erst auf der Schlußnote der Solistin mit dem einstimmigen Hauptgedanken ein und leitet zur 2. Strophe über, die im 3/8-Takt und der Paralleltonart e-Moll steht. In bewegtem responsorialen Wechselspiel zwischen Sopran und meist einstimmigem Chor geht die Entwicklung über h-Moll wieder nach e-Moll und zum Rezitativ der 3. Strophe, das von a-Moll nach D-Dur führt und damit wieder zur Haupttonart G-Dur der 4. Strophe. Diese ist formal der einfachen Liedform der 1. Strophe verwandt; während dort der A-Teil in G-Dur, der B-Teil in g-Moll und der A'-Teil wieder in G-Dur stand, bringt hier der Sopran den A-Teil in G-Dur, der Chor den B-Teil in D-Dur, und die wörtliche Reprise des A-Teils in G-Dur wird vom Chor akkordisch unterlegt – eine mit Recht viel bewunderte, lyrisch-stimmungsvolle Schlußentwicklung.

Robert Schumann

Robert Schumann (1810–56) komponierte 1852 als Schlußpunkt seiner systematischen Chorwerkreihe seine ersten kirchlich-liturgischen Formen in lateinischer Sprache: die Messe **Missa sacra c-Moll op. 147** für Soli (Sopran, Tenor und Baß), Chor, Orchester und Orgel und das *Requiem Des-Dur op. 148* für Soli (Sopran, Alt, Tenor, Baß), Chor und Orchester. Während letzteres sich bislang im Repertoire nicht hat durchsetzen können, findet sich die Messe hin und wieder auf den Konzertprogrammen – mit Recht, denn nicht für den kirchlichen Gebrauch, sondern für den Konzertsaal sind beide Werke entstanden. Das wird in der Messe etwa am freien Umgang des Komponisten mit dem Meßkanon deutlich. Im *Gloria* etwa werden nach dem 2. Durchgang der »Cum-sancto-spiritu«-Fuge »Gloria« (4 Takte), »Quoniam« (17 Takte) und »Gloria« (8 Takte) reprisenartig eingefügt, bevor der 3. Fugendurchgang in Engführung zur Coda führt, die wiederum den *Gloria*-Text bringt. Der Marientext als *Offertorium* für Sopran-Solo, Violoncello und Orgel – eine begeisternd schöne Kammermusik – entspricht ebenfalls nicht dem Meßkanon. Auffällig sodann die autarke Gestaltung des 15minütigen *Sanctus*, des Hauptsatzes der Gesamtform. Nach dem *Benedictus* wird ohne jede »Hosanna«-Reprise die 5. Strophe des Fronleichnamshymnus *Verbum supernum prodiens* als lyrisches Responsorium für Baß und 4stimmigen Chor eingeschoben. Dieses »O salutaris hostia« ist zwar hier und dort üblich, aber nicht in der hier vorliegenden Einbindung mit nachfolgender 24taktiger wörtlicher *Sanctus*-Wiederholung und abschließendem ausführlichen »Amen«-Fugato.

Schumanns *c-Moll-Messe* beginnt mit einem sehr geschlossenen, nach innen gewendeten, schon mit dem feinsinnig instrumentierten Orchestervorspiel den Hörer fesselnden

1. Satz. Das *Gloria* (»nicht zu schnell«) ist voll strahlender, von Blechbläsern durchleuchteter Lobpreisung. Eine äußerst knappe und geistvolle »Gloria«-Fuge und ein antithetisch lyrisch-kantables »Et-in-terra-pax«-Fugato geben belebend durchbrochenen Satz. Das responsoriale »Gratias« setzt im prägnanten Wechselspiel von Solo-Sopran, Oboe und gemischtem Chor funkelnde Akzente. Der Bläserklang im »Domine Deus« bleibt als charaktervolles Klangbild haften. Formal außergewöhnlich der 1. Durchgang der »Cum-sancto-spiritu«-Fuge:

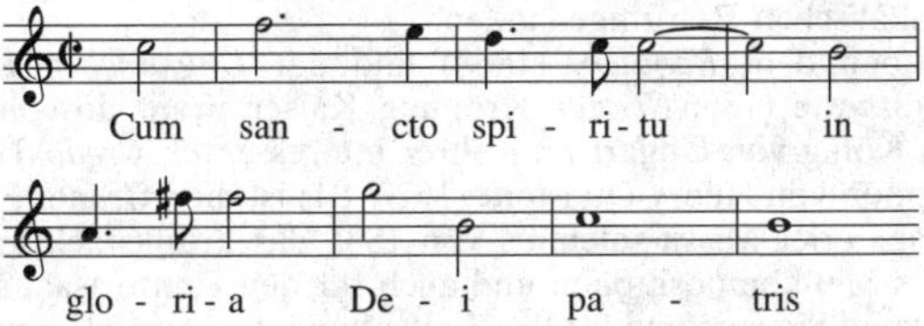

Jede Stimme singt das 8taktige Thema allein, gefolgt von einem 4taktigen Tutti-»Amen«. Das *Credo* zeichnet sich durch eine im Brahmsschen Sinne stabile, grundierende, weiträumige Komplexe zusammenbindende Orchesterbaßführung aus. Starke, einfallsreiche Partien fallen vom »Deum de Deo« bis zum »non erit finis«, vom »qui ex patre« bis zum »remissionem peccatorum« auf. Das ganze, schon oben angesprochene *Sanctus* ist ein großer kompositorischer Wurf mit einer Fülle einzelner Schönheiten. Das *Agnus* entspricht in Tonart und einigen Motiven dem *Kyrie*; es bietet einen ungemein dichten, farbigen Klangteppich und im »Dona nobis pacem« eine äußerst reizvolle, erst weit ausgreifende und nach den »pacem«-Fermaten in einer C-Dur-Coda sich friedvoll und stetig rhythmisch beruhigende Harmonik.

Franz Liszt

Von Franz Liszt (1811–86) sind 5 Messen überliefert: eine frühe *für 4stimmigen Männerchor und Orgel*, deren spätere Zweitfassung 1870 veröffentlicht wurde. Sie entstand 1848 für den kleinen Ort *Szekozerd* in Ungarn, hält sich streng an liturgische Anforderungen und Dimensionen und folgt gregorianischen Vorlagen oder Anregungen. Auch die breiter angelegte *Missa choralis* von 1865 für gemischten Chor und Orgel wird im katholischen Kultus häufiger verwendet; auch sie entspricht mit ihren gregorianischen Anklängen Liszts kirchenmusikalischen Reformgedanken.

Neben dem *Requiem* (1868) und der *Ungarischen Krönungsmesse* (1866/67, zur Krönung Kaiser Franz Josephs I. zum König von Ungarn) mit ihrer interessanten *Credo*-Transkription von Henry Du Mont (1610–84) ist die **»Graner Festmesse«** oder **Missa solemnis** von 1855 das Prunkstück unter Liszts Meßkompositionen und auch für den Konzertsaal sehr geeignet. Sie entstand für die Einweihung der seit 1822 neu errichteten klassizistischen Kathedrale zu Esztergom (Gran) im Auftrag des Fürstprimas von Ungarn und beschäftigt bei 70minütiger Aufführungsdauer 4 Solisten, bis zur Achtstimmigkeit geteilten gemischten Chor und großes Orchester mit u. a. 3 Flöten, 4 Trompeten, 4 Hörnern, 3 Posaunen und Tuba, 4 Pauken, Schlagzeug, Harfen und Orgel. Das neudeutsch-zukunftsträchtige, in der Tonalitätsbehandlung kühne und in der Instrumentation auf dem Gebiet der Kirchenmusik damals gänzlich ungewohnte, Richard Wagner stupend nahestehende Werk wurde bis zur Uraufführung am 31. August 1856 als zu lang und als »Unsinn von Zukunftsmusik« angefeindet und mußte denn auch für die Aufführung in Gran in Einzelheiten gekürzt werden. Dabei handelt es sich um eine formal spontan einleuchtende, motivisch konzentrierte, durch mannigfache thematische Entsprechungen zusammengebundene Komposition voll Einfallsreichtum und ohne jedwede Redseligkeit. Gleich das *Kyrie* in seiner einfachen Liedform A–B–A beschreibt den hohen Geist dieser festlichen Messe. Das charaktervolle Thema des »Christe eleison«

kehrt einprägsam im »Qui tollis« des *Gloria*, im »Benedictus« des *Sanctus* und im *Agnus* wieder. Das Material der klangzaubernd instrumentierten *Gloria*-Introduktion durchwirkt den ganzen Satz und strahlt im »Et resurrexit« des *Credo*, im »Hosanna« des *Sanctus* und schließlich im »Dona nobis pacem« des *Agnus* wieder auf. Auch das *Credo* ist dank seines griffigen Hauptthemas von imponierender Geschlossenheit und prägt sich durch geniale Klangvisionen, von »et homo factus« bis »et sepultus est«, von »et in spiritu sancto« bis »et vitam venturi saeculi«, dem Hörer ein. *Sanctus* und *Agnus* stehen dem an bildhafter Leuchtkraft nicht nach. Mit dem Unisono-Quintfall des markanten *Credo*-Themas schließt die Messe musikalisch und geistlich in unüberhörbarer Endgültigkeit.

Giuseppe Verdi

Giuseppe Verdis (1813–1901) **Requiem**-Vertonung ist die letzte in der großen Reihe, die durch die Namen Mozart und Berlioz eingeleitet wird, und ohne Zweifel die musikalisch reichste Totenmesse, die die klassisch-romantische Epoche hervorgebracht hat, eine der gültigsten Konfrontierungen der transzendental gerichteten Musik mit ihrem eigensten Thema, dem Tode.

Verdi hat das Werk nach dem Tode Rossinis 1868 begonnen und nach dem Tode des Dichters Manzoni 1874 vollendet. Das Requiem ist Musik seiner späten Reifezeit, neben und nach der *Aida* komponiert; es feiert das Andenken zweier bedeutender Künstler Italiens. Es ist repräsentative Musik von allgemeingültiger Bedeutung und darf zugleich als kirchliche Musik von höchstem geistlichen Ernst gelten. Verdi hat die lyrischen Kantilenen, die Ensemble- und Chorformen der italienischen Oper in die Partitur seines Requiems übernommen, er hat den Vokalteil mit der ganzen Pracht und Farbenglut des romantischen Orchesters untermalt. Aber er hat mit diesen Mitteln dem Sinngehalt des Requiem-Textes erschütternde Ausdruckskraft gegeben und ist der liturgischen Würde nichts schuldig geblieben. Gerade der Glanz der klanglichen Mittel bewirkt, daß das Dunkel und die Majestät des Todesgedankens um so stärker hervortreten. Wenn bei Berlioz die romantische Dämonie der deskriptiven Musik ins Jenseitige erhöht wird, so ist hier die reine Schönheit der Melodie durch die Beziehung auf das transzendente Thema vertieft und vergeistigt.

Verdi gliedert seine Komposition des Requiem-Textes in 7 Sätze, von denen der 2., die »Dies-irae«-*Sequenz*, der längste und am reichsten gegliederte ist. Der Tonartenkreis, den das Werk umgreift, ist erstaunlich weit gezogen, eine herrschende Tonalität nicht festzustellen; zwischen dem a-Moll des Beginns und dem c-Moll des Schlußsatzes werden kontrastierende Tonartencharaktere mit romantischer Freiheit verwendet. Mit einem in den Dreiklangstönen e – c – a, dann weiter diatonisch zur tieferen Oktave e absinkenden Motiv – einem Symbol der Klage und der Ergebung – setzen die Violoncelli im Pianissimo ein. Die Chor-Stimmen singen in tiefer Lage die Worte »Requiem aeternam« (*Introitus*). Mit einem Seufzermotiv, das in eine dissonante Vorhaltskette des Orchesters eingefügt ist, fahren nur 4 Soprane fort: »Dona eis, Domine«. Aber schon bei den Worten »et lux perpetua luceat eis« intoniert das Orchester ein ätherisch zartes A-Dur: die Antithese von Dunkel und Licht, die das romantische Werk durchzieht, ist schon auf den ersten Partiturseiten ausgeprägt. Kraftvoll setzt mit einem 4stimmigen A-cappella-Satz im klassisch imitatorischen Stil der Chor mit dem Psalmvers ein: »Te decet hymnus, Deus, in Sion«. Der Beginn des Satzes mit seinem Moll-Dur-Kontrast wird wiederholt, so daß sich die kanonische Dreiteiligkeit des Introitus ergibt. Dann schließt sich unmittelbar in fließender Bewegung, in nun stetig festgehaltenem, modulatorisch geweitetem A-Dur das *Kyrie* an, von den Solisten im Wechselgesang angestimmt, vom Chor zu wachsender Klangfülle gesteigert, von einem immer wiederkehrenden absinkenden Baßmotiv getragen: ein Satz von blühender melodischer Schönheit, der nach flehenden, nach B-Dur ausweichenden »Christus«-Rufen im Pianissimo verklingt.

Vier gewaltige Orchesterschläge auf dem g-Moll-Dreiklang, die als elementares Klangereignis im Fortgang des Werkes leitmotivische Bedeutung erhalten, reißen gleichsam den Vorhang vor der düsteren Vision des »Dies irae« (*Sequenz*) weg. Der chromatische Abstieg der Chor-Stimmen ist das Symbol, das Verdi für den Jammer der Sünder am Tage des Jüngsten Gerichts gefunden hat:

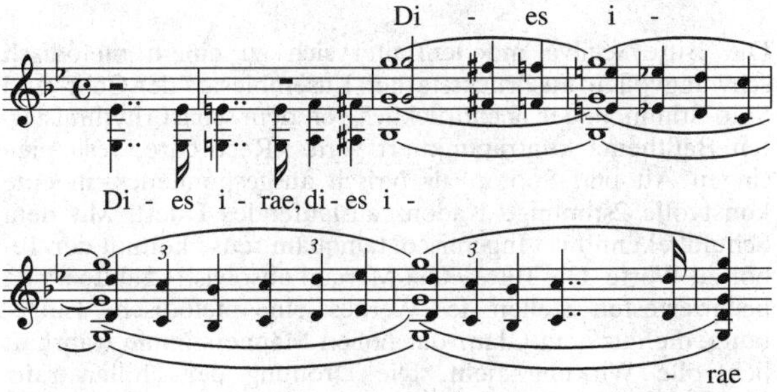

Nach gewaltigen Klangballungen verklingt der Gesang in leiser Unisono-Rezitation. Trompeten, denen das Echo eines Fernorchesters antwortet, blasen den Auferstehungsruf. Ein chromatisch aufsteigendes Crescendo führt über den in massiver Fülle geschmetterten as-Moll-Dreiklang zum Choreinsatz »Tuba mirum spargens sonum«. Das verhaltene, von Stakkato-Motiven begleitete Baß-Solo »Mors stupebit« ergibt einen scharfen Kontrast. Auf dem gehaltenen Ton a intoniert der Solo-Alt die Worte »Liber scriptus proferetur«, aus denen sich eine leidenschaftlich-ausdrucksvolle Kantilene entwikkelt; strahlende D-Dur-Dreiklänge der Bläser künden von der königlichen Würde des Richters. Wie ein erschreckter Zwischenruf wird der Choraufschrei »Dies irae« eingeschaltet. Dann singen Alt, Tenor und Sopran in einem expressiven g-Moll-Terzett, »Quid sum miser tunc dicturus«, von der

Angst der sündigen Seele. Mit einem in den Tönen des c-Moll-Dreiklangs akzentuiert abwärtsspringenden Motiv, das die 3stimmig singenden Tenöre in leiser As-Dur-Deklamation ergänzen, schildern die Männerstimmen die Majestät des strafenden Gottes:

Die Bitte »Salva me« entfaltet sich zu einem melodisch schwungvollen, ausdrucksstarken Ensemblesatz der Chor- und Solo-Stimmen, der nachdrücklich von dem scharf rhythmisierten Baßthema kontrapunktiert wird. »Recordare, Jesu pie« singen Alt und Sopran als lyrisch ausgesponnenes, in eine kunstvolle 2stimmige Kadenz auslaufendes Duett. Mit dem Schuldbekenntnis »Ingemisco, tamquam reus« kommt der Tenor zu Worte. Die Bitte »Qui Mariam absolvisti« zählt zu den inspiriertesten Stellen des Werkes, eine melodische Eingebung, die aus dem Glanz der hohen Männerstimme wahrhaft lichtvolle Wirkung zieht. Die Drohung der Höllenstrafe, »Confutatis maledictis«, ist dem Solo-Baß zugeteilt. Die Wiederholung des »Dies-irae«-Chores, von den 4 stereotypen g-Moll-Akkordschlägen eingeleitet, setzt erneut einen Einschnitt. Dann beginnt mit einem liedhaften Alt-Solo das »Lacrimosa«,

ein üppig-klangvoller Abgesang, der Solisten und Chor-Stimmen vereinigt, charakterisiert durch seufzende, die Melodie begleitende Synkopen und durch ätherische, die Gnade Gottes symbolisierende Tremoli der Violinen. Von unwirklich entrückendem Eindruck ist der Schluß des durchgehend auf die b-Moll-Tonalität bezogenen Satzes: Das »Amen« der Singstimmen erklingt in dem tonartfremden G-Dur, an das das Orchester direkt den abschließenden B-Dur-Dreiklang anfügt.

Das *Offertorium* »Domine Jesu« ist ein intimes, von den Solo-Stimmen bestrittenes Stück, das sich mit dem Tenor-Solo »Hostias et preces« zu strahlender Leuchtkraft erhebt. Als doppelchörige Fuge hat Verdi das *Sanctus* komponiert:

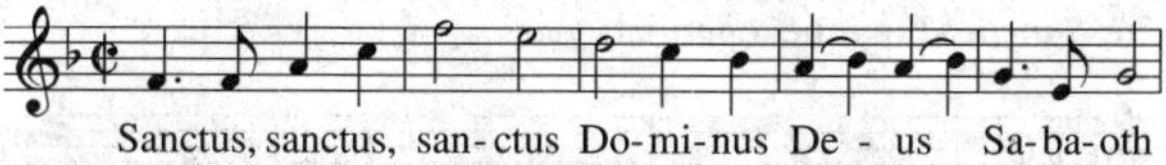

In der Paralleltonart d-Moll schließt sich das *Benedictus*, auf dasselbe Thema gesungen, unmittelbar an. Der harmonische Ablauf kompliziert sich, bis mit dem »Hosanna«-Ruf wieder ein ätherisches, von stakkatierten Holzbläserpassagen begleitetes F-Dur einsetzt, das sich über chromatischen Orchesterskalen zu erhabenem Schluß steigert. Das *Agnus Dei*, das die Singstimmen in Oktaven führt und erst nach und nach die Instrumente mit ausfüllenden Harmonien hinzutreten läßt, ist eine der verhaltensten, ganz nach innen gewendeten Partien des Werkes:

Dagegen erhebt sich das »Lux aeterna« (*Communio*), das die tieferen Solo-Stimmen – Alt, Tenor und Baß – zum Teil im A-cappella-Satz bestreiten, schon mit dem Violin-Tremolo der Anfangstakte in die Region romantischer Mystik: cinc visionäre Episode, eine der trostvollsten Überwindungen der Todesangst, die der Musik zu verdanken sind. Todesangst steigt noch einmal auf mit dem Einsatz des Schlußsatzes, wenn der Sopran unbegleitet auf einem Ton rezitiert: »Libera me, Domine, de morte aeterna«, und die Chor-Stimmen in leisem Sprechgesang das Gebet wiederholen. Noch einmal rufen die 4 g-Moll-Akkordschläge die Schrecken des Jüngsten Gerichtes herauf, noch einmal erklingt der Chorausbruch »Dies irae«. Dann kehrt mit dem absteigenden Moll-Dreiklangsthema, das das Werk eröffnete, die ergebene Stimmung des Anfangs zurück; der Anfangsteil »Requiem aeternam« wird, einen halben Ton höher transponiert, in b-Moll und B-Dur als A-cappella-Gesang wiederholt. Die Bitte »Libera me« wird zur kraftvollen Fuge, deren Thema als freie Umkehrung auf die *Sanctus*-Fuge bezogen ist:

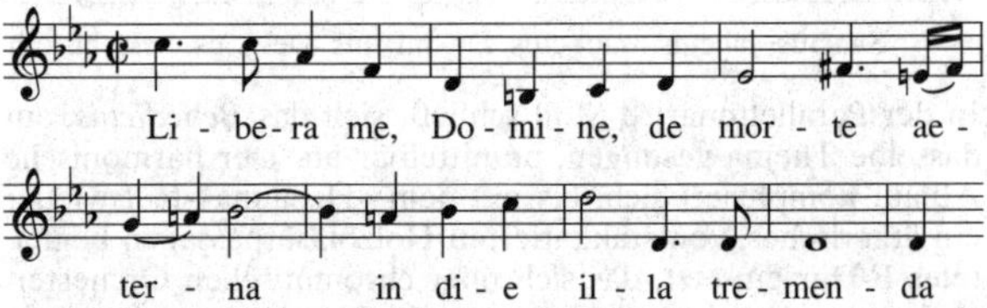

Nach einer verdichtenden Engführung mündet die Fuge in eine letzte akkordische Steigerung »Domine, libera me de morte aeterna«. Dann bleibt, über leisen Tremoli und sich gleichsam ins Nichts verflüchtigenden Erscheinungen des Anfangsmotivs, die leise Gebetsrezitation des Solo-Soprans zurück, jetzt vom stehenden C-Dur-Akkord getragen und vom Chor mit der abschließenden, im Pianissimo ersterbenden Formel »Libera me« bestätigt.

Quattro pezzi sacri (Vier geistliche Stücke), vom 80jährigen Verdi im letzten Jahrzehnt des 19. Jh., nach dem *Falstaff*, komponiert, sind der religiöse Epilog eines überwiegend der weltlichen Form der Oper gewidmeten Schaffens. In ihnen verbindet sich gefestigte, den lakonischen, konzentrierten Ausdruck suchende Altersmeisterschaft mit der seltsamen Lust des Experimentierens, die der Musik des greisen Verdi seit dem *Othello* einen überraschenden, zukunftweisenden Neuheitsreiz verleiht.

Nr. 1 Ave Maria, für 4stimmigen gemischten Chor a cappella, ist eine Kompositionsstudie. Ihm liegt eine »Scala enigmatica« zugrunde, die ein Verlag mehreren Komponisten, darunter Verdi, zur Bearbeitung vorgelegt hatte:

Die in tonalem Sinne recht unbequeme Tonfolge hat Verdi in 4 Versetten bearbeitet. Er legt sie nacheinander in den Baß, den Alt und, nach F transponiert, in den Tenor und den Sopran, während die übrigen Stimmen ihr eine Harmonisierung geben, die das Tonartgefühl in hohem Grade ausschaltet, ohne aber die Tonalität durch ein neues Prinzip modaler oder serieller Art zu ersetzen. Dennoch sind die Kühnheiten des Satzes von frappierender Wirkung.

Nr. 2 Stabat mater, für 4stimmigen gemischten Chor und Orchester, ist ein Meisterwerk kirchlicher Musik, das in seiner formalen Prägnanz und Ausdruckskraft zu den besten Vertonungen des Gedichtes zählt. Nach 4 akzentuierten leeren Quintenakkorden des Orchesters beginnt der Chor mit einem mit schmerzlichem Halbtonvorhalt einsetzenden Oktaven-Unisono in g-Moll:

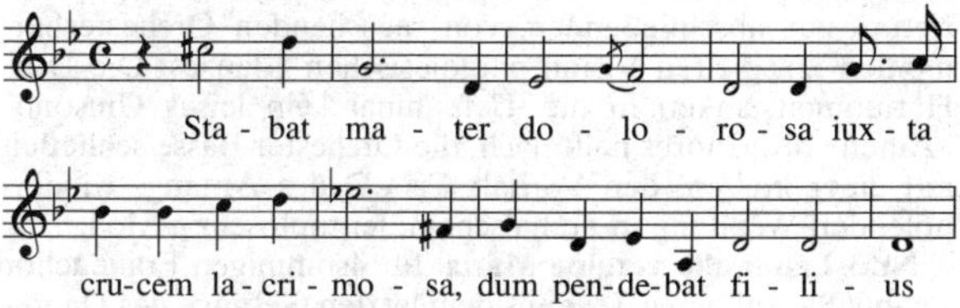

Ohne alle Wortwiederholungen werden die Strophen der Dichtung in gedrängter, ausdrucksvoll modifizierter Folge gesungen. »Quae maerebat et dolebat« ist eine kantable, von As-Dur nach f-Moll modulierende Melodie der Bariton-Stimmen. Bei der Stelle »Pro peccatis suae gentis vidit Jesum in tormentis« setzt das Orchester schärfere rhythmische Akzente, »Vidit suum dulcem natum« erklingt in unterbrochener Deklamation zu Pizzikato-Akkorden der Saiteninstrumente. Nach einer ätherischen Harmoniefolge der Violinen setzt der Chor a cappella in klangvollem H-Dur ein: »Eia, Mater, fons amoris«. Die Bitte »Tui nati vulnerati« wird in eine weitausschwingende Melodie voll tiefen Gefühls gekleidet, die zuerst von den Alt-Stimmen allein gesungen, darauf vom vollen Chor mit der folgenden Textstrophe wiederholt wird; sie bildet den melodischen Höhepunkt des Werkes:

Höllenflammen und Gericht sind durch dynamische Steigerungen hervorgehoben, die Palme des Sieges wird durch einen gehaltenen D-Dur-Dreiklang der Bläser versinnbildlicht. Dann führt ein einzelner, von Pizzikato-Akkorden begleiteter Hornton Fis durch den Todesgedanken »Quando corpus morietur« zur abschließenden, von rauschenden Orchesterharmonien umspielten Vision paradiesischen Glanzes. Die Dur-Harmonien sinken in die Tiefe hinab, ein leises Unisono-»Amen« des Chores hallt nach, die Orchester-Bässe schließen mit einer kurzen, den Vorhalt Cis – D des Anfangs wiederholenden Wendung in archaischem, leittonlosem g-Moll.

Nr. 3 Laudi alla vergine Maria, für 4stimmigen Frauenchor a cappella, auf einen Text aus dem letzten Gesange des Danteschen *»Paradiso«* komponiert, sind eine Neubelebung palestrinensischer Schönheit, die durch das verfeinerte, nuancenreiche Klanggefühl der Romantik intensiviert wird. In 6 miteinander kontrastierenden musikalischen Strophen wird der Hymnus in teils homophonem, teils imitierendem Satz melodisch nachgeformt und in seinem Gehalt an Ausdruck und Poesie erschöpft.

Das **Tedeum (Nr. 4)** für doppelten 4stimmigen gemischten Chor und Orchester ist das umfangreichste und bedeutendste der *Vier geistlichen Stücke*. Es beginnt mit der gregorianischen Intonation; die Bässe des 1. Chores singen »Te deum laudamus«, die Tenöre des 2. respondieren »Te dominum confitemur«. Die Männerstimmen rezitieren in engen Lagen reiner Dreiklänge die ersten Zeilen des Ambrosianischen Lobgesangs; sie singen von Erde, Himmeln und Mächten, von Cherubim und Seraphim, die den Herrn verehren. Der 3malige Ruf »Sanctus« bricht mit Urgewalt auf einen Es-Dur-Dreiklang des ganzen Chores und des vollen Orchesters herein. Aus verhallenden, von den Violinen in die Höhe getragenen Ges-Dur-Akkorden löst sich ein kantables Thema, mit dem der Chor von der Lobpreisung der Apostel, Propheten und Märtyrer singt. Die Majestät des göttlichen Vaters wird durch eherne Des-Dur-Akkorde der Bläser und des Chores dargestellt. Von ähnlichem Glanz ist die Stelle »Tu rex gloriae«, die vom Chor einstimmig wie ein glaubensfroher Gemeindegesang zu prächtigen Bläserharmonien gesungen wird:

Aus dem Thema entwickelt sich ein komplizierter, zur Achtstimmigkeit verästelter Chorsatz, der bei den Worten »Salvum fac populum tuum« zu akkordischer Monumentalität chorischen A-cappella-Gesanges zusammengefaßt wird. Bei der Bitte um Gnade am Tage des Gerichts, »Dignare domine«, sinkt die Musik, nach fis-Moll modulierend, in ein Pianissimo-Chor-Unisono zurück. Die Rufe »Miserere« schweben, von Solo-Stimmen gesungen, im Tonraum eines ungewissen e-Moll; beim Gebet »Fiat misericordia tua, domine« ist das endgültige, lösende E-Dur erreicht. Das Bekenntnis »In te speravi« wird noch zweimal zu dynamischer Fülle, bis zum h^2 der Soprane, gesteigert. Beim zweiten Mal ist es einem nur für wenige Takte aus dem Chor hervortretenden Solo-Sopran anvertraut; der Meister der individualistischen Melodie behält das letzte Wort. Wenn der volle E-Dur-Klang der Schlußakkorde verhallt ist, bleiben nur die ersten Violinen wie ein einziger nachzitternder Lichtstrahl in äußerster Höhe auf dem e^4

liegen, während die tieferen Instrumente in schattenhaftem Pianissimo über eine chromatische Harmoniefolge die Moll-Subdominante erreichen. Dann tönt in tiefster Tiefe ein leises E der Bässe nach; Licht und Dunkel, Ewigkeit und Tod sind in ungelöstem, unverschleiertem Kontrast wie eine offene Frage an das Ende nicht nur eines Werkes, sondern eines ganzen schöpferischen Lebens gestellt.

Charles Gounod

Charles Gounod (1818–93), der vor allem durch seine *Faust*-Oper zu Weltruhm gelangte französische Komponist, hatte den Schwerpunkt seines Schaffens auf dem Gebiet der Kirchenmusik. Während der italienischen Studienjahre, die er dem Rom-Preis des Pariser Conservatoire verdankte, hatte er die Palestrina-Tradition der dortigen Kirchenmusik erfahren und studiert: Die Klarheit ihrer harmonischen Strukturen, die Reinheit ihrer überpersönlichen Formensprache und die verfeinerte Technik ihrer Vokalität hatten ihn überzeugt und zunehmend zu kirchlichen Kompositionen angeregt, in denen die Stilmittel von Palestrinas Chorkunst vielfältig erkennbar sind. Von seinen insgesamt 15 Messen sind die Mehrzahl A-cappella-Kompositionen, und nur wenige folgen der eigentlichen Zeitströmung, der Orchestermesse. Das erfolgreichste Werk dieser Art ist die sogenannte **Cäcilienmesse** G-Dur **(Messe solennelle en l'honneur de Sainte Cécile)** von 1855 für Sopran-, Tenor-, Baß-Solo, Chor, Orchester und Orgel, die Gounods führende Rolle in der geistlichen Musik Frankreichs während der 2. Hälfte des 19. Jh. begründete. Der Erfolg anläßlich der Uraufführung am Cäcilientag 1855 in der Pariser Kirche St. Eustache war außerordentlich; in der Verschmelzung von expansiver Stilistik der Hochromantik – etwa in der ausufernden Orchesterbesetzung mit u. a. 4 Fagotten, 6 Harfen und dem eben 1849 erfundenen Riesenkontrabaß »Octobasse« – mit vergeistigter Strenge des Palestrinastils – etwa in dem aus der Gregorianik gewonnenen Beginn des *Kyrie* – hatte Gounod den Nerv der Zeit getroffen und der geistlichen

Musik neue Horizonte erschlossen. Beispielhaft sind die feinsinnigen Wirkungen im *Kyrie* durch das Spiel mit reinen, entchromatisierten Dreiklängen entfernterer Verwandtschaften oder die überraschenden Klangbilder aus Hörnern, Harfen, hohen tremolierenden Streichern und Summchor zu Beginn des *Gloria*. Das Solo-Terzett mit Chor, »Domine fili«, ist eine großartig gesteigerte Ensembleszene. Unumstößlichkeit und Einmütigkeit verkörpern das Blechbläsertimbre und die chorische Einstimmigkeit im *Credo*, wo auch das »Qui propter nos homines«, das »Crucifixus« und das »passus et sepultus est« dank der gekonnten, einfallsreichen Durchdringung des Vokalparts mit den Orchesterfarben und -rhythmen Höhepunkte der Ausdruckskunst bilden. Der Steigerung des »Resurrexit« bis zu den Beckenschlägen des »Et ascendit« wird der Hörer sich so wenig entziehen können wie der atemberaubenden Entwicklung des orgel- und harfenbegleiteten »Et expecto«. Das *Offertorium* ist nach französischem Brauch ein reines, hier »Anrufung« genanntes Orchesterstück. Klangvoll und melodienselig das *Sanctus*, dem dann das von 9fach geteilten Geigen getragene *Benedictus* folgt. Der letzte Satz bringt als Besonderheit zwischen den drei »Agnus«-Bitten zwei Intermedien auf den Kommunionstext Matthäus 8,8: »Ach Herr, ich bin nicht wert«, erst vom Solo-Tenor, dann vom Solo-Sopran in idealer, der Gregorianik abgelauschten Vokalität vorgetragen.

Gounod bietet in einem Anhang noch ein 3teiliges Gebet für Kaiser Napoleon III.: das Gebet der Kirche im 4stimmigen A-cappella-Satz Note-gegen-Note, das der Armee im einstimmigen Männerchor mit Bläsern und das der Nation in chorischer Einstimmigkeit mit auftrumpfenden Orchester-Tutti. Wenn man diese historische Reminiszenz nicht fortlassen will – und in Gounods formalem Gesamtplan ist dieser Anhang selbstverständlich enthalten –, kann man den lateinischen Text leicht für demokratische Verhältnisse umschreiben.

Franz von Suppé

Franz von Suppé (1819–95), durch seine erfolgreichen Operetten (*Boccaccio* u. a.) und seine vielgespielten Bühnenmusiken zu Wiener Possen (*Dichter und Bauer* u. a.) berühmt gewordener Theaterkomponist, hat nach eigenem Zeugnis seine wenigen Kirchenwerke mit besonderem Engagement und Ernst geschaffen. Das für seinen langjährigen Theaterdirektor Franz Pokorny 1855 in memoriam geschriebene **Requiem »Missa pro defunctis« d-Moll** für 4 Solisten, bis zur Achtstimmigkeit geteilten gemischten Chor und normale Sinfonieorchesterbesetzung mit Tamtam ist das gewichtigste darunter und seit einigen Jahren zunehmend im Repertoire. Bei blühender Melodik ist die Harmonik farbig und die Rhythmik lebendig – etwa im »Mors stupebit«, das seine 45 Takte lang eine pausengewürzte, rhythmisch ostinate Orchesterbegleitung im 5er-Takt durchgestaltet. Die Form ist im Ganzen wie im Einzelnen von klassischer Klarheit. *Introitus* und *Kyrie* bilden einen Satz, der vom Versus an am Werkende als *Communio* wörtlich wiederkehrt, und zwar inklusive der ausgedehnten *Kyrie*- bzw. »Cum-sanctis-tuis«-Fuge

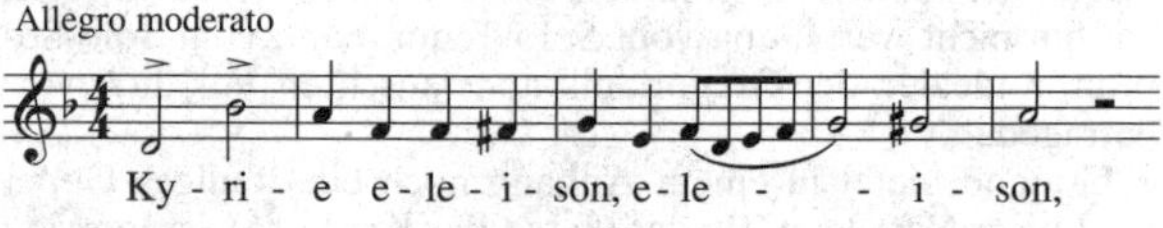

mit ihren 4 Durchführungen samt Engführung und Orgelpunkt vor der hochtransponierten Coda. In der 6sätzigen *Sequenz* bieten sich naheliegenderweise die vielfältigsten Anregungen für Einfalls- und Farbenreichtum, so etwa gleich im erregt zupackenden »Dies irae« und darin bei der harmonisch und rhythmisch faszinierenden Stelle »Quantus tremor«; später z. B. in den markierten Chor-Parlandi zu den Solisten-Appassionati des »Recordare«, die über das »Juste judex« bis zum »Preces meae« atemberaubend gesteigert werden. Die Frauen- und Männerchöre im »Confutatis« bleiben ebenso im Gedächtnis haften wie die expressive Alt-Arie des »Lacrimosa« mit ihren den *Introitus* zitierenden Chor-Einwürfen. In den bestechend klar disponierten 3 Durchführungen der »Quam olim Abrahae«-Fuge (*Offertorium*) fallen die sich zur Coda verkürzenden Engführungen und der 4taktige Orgelpunkt im Sopran mit seiner harmonischen Spannungszunahme auf. Schließlich bilden das von den 4 Solisten a cappella zu singende *Benedictus* und das harmonisch reizvolle *Agnus Dei* erwähnenswerte Besonderheiten. Der letzte Satz »Libera me« bringt wachsende Konzentration durch sich verdichtende Zitate aus dem »Dies irae« der *Sequenz*, dem *Agnus*, dem *Introitus* und dem *Offertorium*, und mit diesem wird über ruhevolle, weitgespannte Klangflächen der lösende D-Dur-Schluß erreicht.

Friedrich Kiel

Friedrich Kiel (1821–85), gesuchter Kompositionslehrer der Berliner Musikhochschule und prägende Persönlichkeit des Berliner Musiklebens in der 2. Hälfte des 19. Jh., schrieb äußerst erfolgreiche und häufig aufgeführte Chorwerke, die mit der pauschalen Ablehnung der romantischen Epoche durch die Vertreter der Neuen Musik in Vergessenheit geraten waren, aber nun, der Jahrtausendwende zu, wachsendes Interesse finden. Seinen eigentlichen Durchbruch in die musikalische Öffentlichkeit erzielte Kiel mit seinem ersten *Requiem f-Moll op. 20* für Sopran-, Alt-, Tenor- und Baß-Solo, Chor und Orchester. Diese Wertschätzung wurde durch die *Missa solemnis c-Moll op. 40*, das knappe und glanzvolle *Tedeum D-Dur op. 46* für Soli, Chor und Orchester, und das späte *Requiem As-Dur op. 80* für Soli, Chor und Orchester – das größere, im Einzelnen wie im Ganzen weiter gespannte, profilierter ausgeführte der beiden Requien, immer nur gesteigert.

Es mag verständlich erscheinen, daß aus Kiels Chorschaffen die **Missa solemnis c-Moll** für 2 Soprane, Alt-, Tenor-, Baß-Soli, gemischten Chor und Orchester aus dem Jahr 1865 wieder zunehmende Verbreitung findet. Carl Adolf Lorenz schrieb darüber 1914: »[Kiels Missa solemnis] ist ein grandioses Werk, reich an Erfindung, überaus kunstvoll in der kontrapunktischen Behandlung der Singstimmen, sehr sangbar, höchst wirkungsvoll instrumentiert. Sätze wie das Kyrie, Qui tollis, Cruzifixus, das Credo und Sanctus gehören zu dem schönsten, was die musikalische Literatur auf diesem Gebiet ihr eigen nennt.« Und wirklich handelt es sich um ein »solennes« Werk, das gleich das *Kyrie* mit Blechbläsern und Pauken beginnen läßt und naheliegenderweise an späteren lobpreisenden Textstellen (»Quoniam tu solus sanctus«, »Credo in unum Deum« u. a.) mit glanzvollen Bläserpartien leuchtende Klanggipfel setzt. Des Komponisten eigentliche Leistung, nämlich die Verschmelzung der hochromantischen Harmonik und ihres Klangbildes mit der Bach-Händelschen Oratorientradition, offenbart sich nicht nur in den meisterlich gearbeiteten und mit strömendem Atem erfüllten Fugen (die »Cum-sancto-spiritu«-Fuge im *Gloria* mit ihrer klingenden Polyphonie und ihrem klassischen »Amen«, »Et vitam venturi saeculi« im *Credo* u. a.), sondern auch in den von hellen Bläserakzenten belebten und von interessant-spritzigen Paukenrhythmen angetriebenen Presto-Dreiertakten des *Gloria* und des »Osanna«, die in ihrem geistigen Entwurf an die betreffenden Presto-Dreier in Johann Sebastian Bachs *h-Moll-Messe* erinnern. Auf die geistreiche musikalische Dramaturgie bei den Übergängen vom »sepultus est« zum »Et resurrexit« und vom *Benedictus* zur »Osanna«-Reprise sei besonders verwiesen sowie auf die herrlich strömenden Belcanto-Bögen z. B. im »Christe eleison« (*Kyrie*), im »Gratias« (*Gloria*), im »Et incarnatus est« (*Credo*) und in der glutvollen »Dona-nobis-pacem«-Fuge (*Agnus Dei*) mit ihrer lyrisch-klangintensiven, gültig disponierten und instrumentierten Schlußentwicklung.

Anton Bruckner

Anton Bruckner (1824–96) bildet in der Musik des romantischen, säkularisierten Jahrhunderts eine einsame Erscheinung: seine Kunst ist von Grund auf geistlich inspiriert. Wenn die übrigen Komponisten seines Ranges in ihrem überwiegend weltlichen Schaffen sich gelegentlich geistlichen Werken zuwandten, so liegt es bei Bruckner umgekehrt: sein Schaffen entwickelte sich im Raum der Kirche, und auch seine Symphonien, mit denen er in die »Welt« hinaustrat, bleiben ihrem Wesen nach von mystischen Inhalten erfüllte, religiös erfühlte Musik. Von seinen kirchlichen Werken sind die 3 Messen früh entstanden. Der langsam reifende, noch als fast Vierzigjähriger unablässig um Vervollkommnung seines kompositorischen Handwerks bemühte Künstler hat im Jahre 1864, während seiner Organistentätigkeit in Linz, mit der *d-Moll-Messe* sein erstes von ihm selbst als gültig anerkanntes Werk geschaffen. 1869 und 1872, nach Vollendung der *1. Symphonie*, folgten in Wien die *Messen Nr. 2* in *e-Moll* und *Nr. 3* in *f-Moll*. Das *Tedeum C-Dur* von 1885 und der *150. Psalm C-Dur* von 1892 gehören Bruckners Spätzeit an. Allen 5 Werken ist der gleiche, großartig sakrale Stil gemeinsam, die Verschmelzung alter Polyphonie und Fugenmeisterschaft mit Klang und Kolorit des hochromantischen Orchesters, die Synthese von Bach und Wagner, deren sich türmende Harmonie eine mystische Feierlichkeit ergibt, wie sie sich ähnlich überschwenglich in den Kirchenbauten des süddeutschen Barock bezeugt hatte.

In der **Messe Nr. 1 d-Moll** sind schon die wesentlichen Elemente der Brucknerschen Tonsprache enthalten. Das *Kyrie* beginnt mit einem langgehaltenen, in gleichmäßigen Vierteln rhythmisierten Orgelpunkt der Bässe auf dem Grundton D, über dem die Geigen und Bratschen das Thema, in kanonischen Imitationen auf- und absteigend, gleichsam erst entstehen lassen. Dann intoniert der Chor, wieder im Kanon, das Thema, das nach einem aufsteigenden Quintsprung chromatisch absinkt und alle Möglichkeiten freischweifender harmonischer Behandlung in sich birgt:

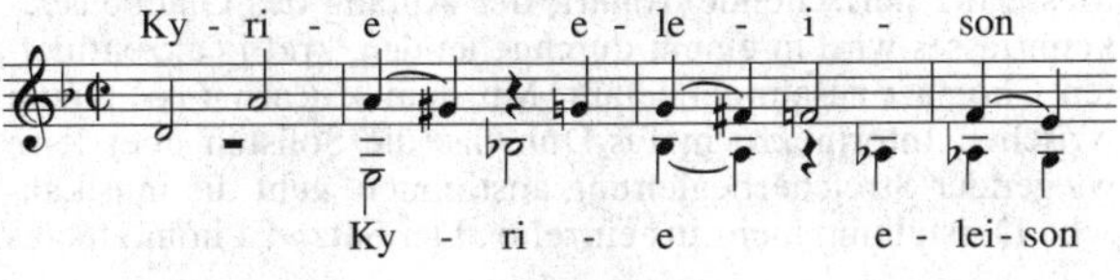

Quintaufstieg – oder, in der Umkehrung, Quintfall – und Chromatik bestimmen den weiteren Fortgang des *Kyrie*, das, 3teilig gegliedert, zu einem mächtigen Höhepunkt auf den neapolitanischen Sextakkord Es ansteigend, in d-Moll verklingt. Das *Gloria* setzt nach der Intonation des Priesters verhalten mit der Verkündigung »Et in terra pax hominibus« ein; in der Lobpreisung »Laudamus te« bricht zum ersten Mal der Glanz des Brucknerschen D-Dur hervor, der nun den ganzen Satz über alle seine Episoden hin beherrscht. Die Danksagung »Gratias agimus tibi« wird zu einer durchsichtigen, von instrumentaler Polyphonie getragenen Episode zurückgezogen. Die Bitte »Agnus Dei qui tollis peccata mundi, miserere nobis« setzt die Wesenskräfte des Mystikers Bruckner ins Spiel; geheimnisvolle Hornrufe zu reinen Dur-Harmonien der Holzblasinstrumente führen in die Sphäre der Entrückung, die ein Wesensmerkmal der Brucknerschen Frömmigkeit ist. Mit dem Bekenntnis des Solo-Basses »Quoniam tu solus sanctus« setzt das Hauptthema des Satzes wieder ein; das »Amen« wird zur Fuge geweitet, die den Satz mit triumphierender Geste in D-Dur beschließt:

D-Dur bleibt nicht nur im *Credo*, sondern bis zum Ende der Messe die herrschende Tonart; der Anfang des Glaubensbekenntnisses wird in einem durchgehenden, kräftig akzentuierten Chorsatz zusammengefaßt. Mit dem »Incarnatus«, einem lyrischen Intermezzo in Fis-Dur, das die Solisten über leise wiegender Streicherbegleitung anstimmen, geht die musikalische Darstellung mehr ins einzelne. Der Satz »Et homo factus est« moduliert tonmalerisch nach C-Dur. Zu erregten Streicherfiguren erklingt auf dem Ton c im Unisono des Chores und im Fortissimo der Ruf »Crucifixus«. »Passus« ist ein leiser verminderter Septakkord, »et sepultus est« eine choralartige, von Orgelklängen umrahmte Kadenz in F-Dur. Ein langes, aus einem Pianissimo-Paukenwirbel ansteigendes Orchester-Crescendo leitet das »Resurrexit« ein. Das Bild der Gottesherrschaft wird mit orchestraler Pracht ausgemalt, bei den Worten »Et in spiritum sanctum« kehrt die Thematik des Anfangs wieder, die nun reicher und breiter ausgeführt wird. Langgezogene »Amen«-Rufe bilden den Schluß. Majestätisch setzt das *Sanctus* ein, dem das »Pleni sunt coeli« als lebhafter Kontrast angefügt wird. Dem *Benedictus* gibt eine liebliche G-Dur-Melodie der Violinen den Charakter:

Nach einem langen und harmonisch reichen Orchestervorspiel beginnen die Solo-Stimmen in durchbrochenem Satz das Lob dessen, der kommt im Namen des Herrn, das der Chor aufnimmt und fortsetzt. Eine bezaubernde, von gleichmäßigen Achteln der Violinen und Holzbläser zusammengehaltene Episode zerstäubt das thematische Material zu leisen, einander ablösenden Satzteilen, bis Trompeten, Posaunen und der massierte Chor den »Benedictus«-Ruf zu mächtigem Klanghöhepunkt steigern. Der ganze Ablauf wird in variierter Form wiederholt, das »Osanna« bildet eine kurze glanzvolle Coda. Das *Agnus*, in B-Dur, dessen Hauptthema eine absteigende Skala ist, greift auf die verhaltenen Farben und Stimmungen des *Kyrie* zurück. Mit dem »Dona nobis pacem« setzt leise das versöhnliche D-Dur wieder ein. Nach zweimaligem Aufschwung der Singstimmen verklingt die Messe im Pianissimo mit der Andeutung des Quintenthemas, das das *Kyrie* eröffnete.

Die **Messe Nr. 2 e-Moll** für 8stimmigen gemischten Chor und Blasorchester ist nicht nur im Schaffen Anton Bruckners, sondern in der Musik des 19. Jh. überhaupt eine Ausnahme. Sie verzichtet auf alle romantischen Klangmittel, auf orchestrales Kolorit und symphonische Steigerungstechnik, sie kehrt zur klaren Chorpolyphonie der Renaissancemeister zurück. Bruckner, damals Linzer Domorganist, schrieb das Werk zur Einweihung einer Votivkapelle des Doms, und die unmittelbare kirchliche Bestimmung wird den strengen liturgischen Stil vorgegeben haben. Verwunderlich ist nicht, daß Bruckner sich dieses archaischen Stils bediente, was sicher viele mediokre Amtsgenossen neben ihm auch taten, sondern daß er in diesem Stil ein Meisterwerk schaffen konnte, das an Lebenskraft und innerer Wahrhaftigkeit allen »modernistischen« Schöpfungen der Zeit die Waage hält. Ein 8stimmiger Chor singt den Messetext in fortlaufender Folge ohne Mitwirkung von Solo-Stimmen, gestützt durch ein Orchester von Holz- und Blechblasinstrumenten, das jede expressive Nuance, jedes weiche Vibrato ausschließt. Das herrliche, ruhevolle *Kyrie*, die »Amen«-Fuge des *Gloria* und das *Sanctus* sind im Stil alter Polyphonie gehalten. Das 4stimmige *Credo* beginnt mit lapidaren, einstimmigen melodischen Formeln, wie sie später Paul Hindemith in seiner Chormusik wieder aufgegriffen hat, und bringt im F-Dur-Adagio des »Incarnatus«, im f-Moll des »Crucifixus« und im Allegro-Aufbruch des »Et resurrexit« dramatisch-ausdruckshafte Episoden. Mit dem Bekenntnis zum Heiligen Geist rundet sich der Satz durch Wiederaufnahme der Thematik des Anfangs, auf die konventionelle Schlußfuge wird zugunsten gedrängter liturgischer Kürze verzichtet. Das chorisch locker gesetzte, 5stimmige *Benedictus* umspielen arabeskenhafte Figuren der Holzbläser, das 8stimmige, klanggesättigte *Agnus* führt zum feierlich-ruhigen Ausklang im langgehaltenen, abschwellenden E-Dur-Dreiklang.

Die **Messe Nr. 3 f-Moll** für 4stimmigen Chor, Solo-Stimmen und Orchester ist die äußerlich großartigste und innerlich gehaltvollste der Brucknerschen Messevertonungen. Hier sind, wie schon in der frühen *d-Moll-Messe*, alle harmonischen und orchestralen Mittel der Zeit eingesetzt, und der geistliche Charakter der Komposition ist voll gewahrt. In diesem Werk vor allem bezeugt sich Bruckners Frömmigkeit, die die Verlorenheit, die Angst und das Ringen kennt, der das leise, aus mystischer Ahnung kommende Flüstern ebenso gemäß ist wie das feierlich triumphale Bekenntnis. Das Hauptmotiv, eine Folge von 4 von der Tonika zur Dominante absteigenden Noten, ist bezeichnend für den lapidaren thematischen Stil des Werkes:

Leise, aus gedämpfter Mittellage der Stimmen, in durch Pausen unterbrochenen Ansätzen steigt der Gesang des Chores auf. Schon nach wenigen Takten werden die »Kyrie«-Rufe durch das »Christe eleison« abgelöst, in das auch Solo-Baß und Solo-Sopran eingreifen. Charakteristisch sind im Orchester die aufsteigenden Sechzehntelskalen der Violinen, wie sie später auch im *Tedeum* als Ausdruck ruhiger Entrückung auftreten. Erst bei der Wiederkehr wird das »Kyrie« mit der ganzen Fülle Brucknerscher Harmonik breiter ausgeführt und über eine ostinate kreisende Baßfigur zum Höhepunkt gesteigert, dem ein verklingender Abgesang angehängt ist. Der Übergang von dem im Fortissimo ausgehaltenen Ces-Dur-Dreiklang zu dem pianissimo einsetzenden Quintsextakkord h–d–f–g, der sich in die Dominante der Grundtonart f-Moll auflöst, ist einer der Brucknerschen Geniezüge, die den tonalen Raum gleichsam ins Unendliche weiten. In strahlendem C-Dur über kraftvoller Baßbewegung setzt das *Gloria* ein. Das »Qui tollis« ist ein ausdrucksvolles Adagio. Im »Miserere« wechseln weiche, ineinander verschlungene Melismen der Solo-Stimmen und Pianissimo-Parlando des Chores mit emphatischen Tutti-Ausbrüchen ab. Der Schluß des *Gloria* ist eine ruhig schreitende Fuge über ein in weiten Intervallsprüngen klaffendes Thema, die lange in Moll-Regionen umherschweift und in lauten C-Dur-Jubel mündet:

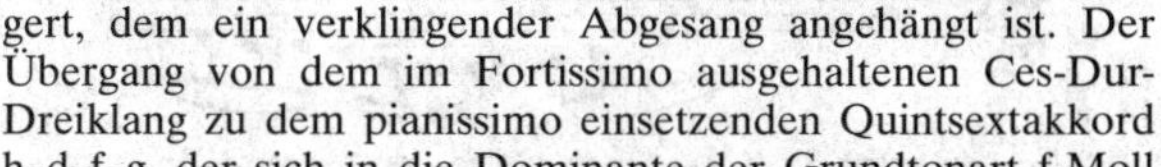

Das *Credo*, in mächtigem chorischen Alfresco beginnend, behält den C-Dur-Klang bei. Mit der Vortragsbezeichnung »misterioso« beginnt das »Incarnatus« in E-Dur als Tenor-Solo. Die aufsteigenden Skalen der Violinen kehren wieder und verwandeln sich in eine kontinuierende Synkopenbegleitung, die sich über das »Crucifixus« hin erstreckt und der ganzen Episode etwas geheimnisvoll Schwebendes gibt. Das Passionsbekenntnis bekommt zudem durch ein leidenschaftlich erregtes Baß-Solo düstere Züge; das »Resurrexit« ist ein Beispiel des Brucknerschen, harmonische Blöcke aneinanderreihenden Lapidarstils, der den Chor überwiegend homophon als Klangmasse verwendet. Besondere Originalität zeigt der abschließende Satz »Et vitam venturi saeculi«, ein Stück von Fugencharakter, dessen polyphoner Fluß aber immer wieder von dem akkordischen Ruf »Credo, credo« unterbrochen wird, eine drastische Betonung des Bekenntnisses »Ich glaube«, das geradezu die musikalische Form sprengt:

Das *Sanctus*, auf kleinsten Raum zusammengedrängt, ohne den ebenfalls kurzen Anhang des »Pleni sunt coeli« und »Osanna« nur 18 Moderato-Takte umfassend, ist gleichwohl ein Wunder geistlicher Inspiration. Zu reinen F-Dur-Harmonien der Violinen und Oboen singt der Chor leise, wie entrückt, nur das Wort »heilig«, bis unversehens mit einem gewaltigen C-Dur-Ausbruch der Singstimmen und des vollen, von Trompeten, Posaunen und Pauken gestützten Orchesters der Name Gottes, »Dominus Deus Sabaoth«, erklingt. Das *Benedictus* darf als Herzstück der Messe gelten: ein frei hinströmender As-Dur-Gesang, den die Streichinstrumente in klangsatter Mittellage anstimmen, den die Solo-Stimmen in zart lyrischer Bewegtheit fortsetzen. Erst bei der Reprise des Hauptthemas nimmt der Chor die Führung an sich. Das »Osanna« des *Sanctus* beschließt den Satz in d-Moll. In der Haupttonart f-Moll setzt das *Agnus* ein. Beim »Miserere« übernehmen die Streichinstrumente des Orchesters die leise raunende Grundierung, die an dieser Stelle in mehreren Kompositionen aufklingt. Mit der Bitte »Dona nobis pacem« wendet sich der Satz nach F-Dur. Das absteigende Viernoten-Motiv, das als »Kyrie«-Ruf die Messe eröffnete, meldet sich wieder, nun aber nach Dur transponiert, und es ist vielleicht die eigentümlichste Schönheit des Werkes, daß diese unscheinbare Tonfolge f – e – d – c als zartes, verhauchendes Solo der Oboe, ganz ohne den sonst bei Bruckner üblichen Pomp der rauschenden, von Bläserglanz leuchtenden Dur-Dreiklänge, das Werk still beschließt.

Das **Tedeum C-Dur** hat unter den Brucknerschen Chorwerken die größte Volkstümlichkeit erworben – zum Teil, weil es häufig, auf des Komponisten eigene Anregung, als »Finale« der unvollendeten *9. Symphonie* aufgeführt wird, ebensosehr aber als selbständiges Werk von besonderer Qualität: der Brucknersche Lapidarstil, der sich schon in den Messen anmeldete, ist hier zu äußerster Einfachheit und Schlagkraft ausgebildet; das reine C-Dur, das an entscheidenden Stellen des Werkes wiederkehrt, ist ein elementares Glaubenssymbol des romantischen Klanggefühls, dessen Wirkung sich niemand entziehen kann. Bruckner hat den Ambrosianischen Lobgesang unabhängig von den 5 vorgegebenen Strophen in eine 5teilige, in freiem Sinne zyklische Form gefaßt, die annähernd durch das Schema A – B – C – B – A dargestellt werden kann, wobei freilich keine Wiederholung, sondern stetige Verwandlung und Erweiterung der einzelnen Formglieder stattfindet. Er beginnt in chorischem Unisono, das von Bläserakkorden und einer stereotypen, das ganze Werk durchziehenden Quintenfigur der Streicher getragen wird (s. Bsp. S. 302). Bald nehmen die Solo-Stimmen das Wort, die mit dem Gesang der Cherubim und Seraphim den Satz über As-Dur nach f-Moll leiten.

Leise setzt der Chor mit dem »Sanctus« ein, das sich zu glanzvollem C-Dur-Ausbruch steigert. Im ganzen 1. Teil bleibt die Grundtonart über alle Ausweichungen hin herrschend. Charakteristisch ist die Stelle »Tu devicto mortis aculeo«, wo über einem Orgelpunkt G der Bässe die Tenöre ein scharf konturiertes, schon auf die Schlußfuge vorausweisendes Motiv bringen:

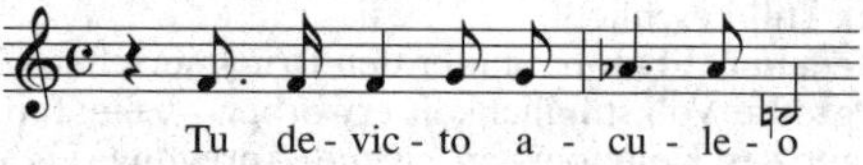

Der 1. Teil kadenziert mit einem Halbschluß in f-Moll. In f-Moll setzt auch der 2., die Stelle des langsamen Satzes vertretende Teil ein. Das Tenor-Solo »Te ergo quaesumus«, dessen Schlußphrase von den übrigen Solo-Stimmen mit Dur-Harmonien umkleidet wird, ist der schönste melodische Gedanke des Werkes:

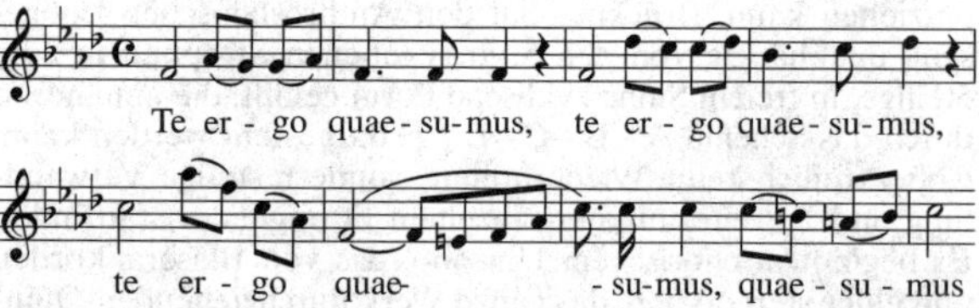

Er wird sogleich um eine Tonstufe höher wiederholt. In zarten Modulationen führt das Solistenquartett, von aufsteigenden

Skalen der Solo-Violine umrankt, den Satz nach F-Dur zurück, gehaltene Posaunenakkorde klingen im Pianissimo nach. Der Satz »Aeterna fac«, das Mittelstück der Brucknerschen Form, ist ein kraftvolles Chor-Allegro, das am Schluß durch ekstatische Rufe der Tenöre zum Lobgesang gesteigert wird. Das »Salvum fac« ist eine breiter ausgeführte Wiederholung des »Te ergo«, dem ein gedrängter, von der Thematik des Anfangsteils gespeister Allegro-Satz angehängt wird. Dann folgt, nach einer zarten, lyrischen Intonation der Solisten, die Schlußfuge:

Sie führt zu einem dynamischen Höhepunkt auf dem sogleich ins Piano zurücksinkenden Dominantdreiklang, worauf ein langer Orgelpunkt G in die akkordische, über kühne Harmoniestufen aufwärtssteigende Coda leitet. Bewundernswert ist vor allem die elementare harmonische Wendung des Schlusses, die durch ein von cis zu g emporschreitendes Chor-Unisono das abschließende, von hellem Bläserklang strahlende C-Dur herbeizwingt.

Der **150. Psalm** darf als Nachtrag des Brucknerschen Chorschaffens betrachtet werden. Auch hier herrscht, wie im *Tedeum*, klanggewaltiges C-Dur. »Halleluja«-Rufe eröffnen das Werk, der Aufruf »Lobet den Herrn« wird in homophonem Chorsatz mit großem harmonischen Aufwand variiert. Bei den Worten »Alles, was Odem hat« legt ein Solo-Sopran zarte, gebundene Melismen über die Akkorde des Chores.

Die Wiederkehr der anfänglichen »Halleluja«-Rufe führt zu einer Fuge, die ein lapidares, aus Oktave und Halbton, dem größten und dem kleinsten Intervall gefügtes, harmonisch kühn erfundenes Thema mit kontrapunktischer Meisterschaft ausspielt:

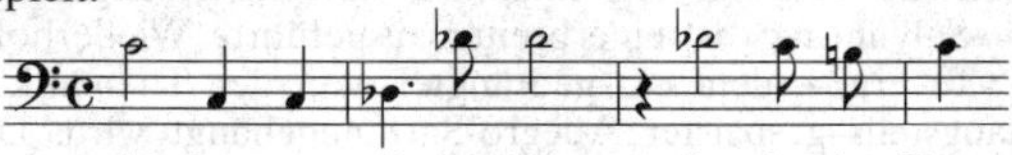

Felix Draeseke

Felix Draeseke (1835–1913), der leidenschaftliche Anhänger und Vorreiter der Neudeutschen Schule, gewinnt zum Ausklang des 20. Jh. mit 2 großen Meßkompositionen seinen Platz im Oratorienrepertoire zurück. 1877–80 entstand Draesekes **Requiem h-Moll op. 22** für 4 Solo-Stimmen, Chor und Orchester, das am 3. Mai 1883 in der Leipziger Thomaskirche zur Gedenkfeier des Allgemeinen Deutschen Musikvereins an Richard Wagner uraufgeführt wurde und aus gleichem Anlaß für Franz Liszt 1886 in Weimar erklang. Keim des Requiem ist das »Lacrymosa« (Lausanne 1865), das das Material für das ganze »Dies irae« (Dresden 1877) abgibt. Die *Sequenz* insgesamt ist von weitgehender motivischer und formaler Geschlossenheit und ansprechender Ausdruckskraft, *Offertorium* und *Preces* sind dank der Einführung des Cantus firmus des evangelischen Sterbeliedes »Jesus, meine Zuversicht«, der auch die lateinische Coda prägt, von deutlicher formaler Prägnanz. Die kontrapunktisch kunstreiche, aus 2 Durchgängen und Coda bestehende »Osanna«-Fuge wird klanglich und formal reizvoll von *Sanctus* und *Benedictus* umrahmt. Das *Agnus Dei* ist seiner tonalen Disposition wegen beachtenswert: Die Introduktion moduliert von der Haupttonart h-Moll nach cis-Moll; es folgt ein 3facher Septkanon im doppelten Kontrapunkt mit Modulationen von cis- nach e-, von e- nach fis- und d- nach e-Moll, um mit kühner modulatorischer Kunstfertigkeit in As-Dur zu schließen. Die *Communio* ist in harmonischer

Dichte aus dem Tonmaterial des *Agnus* entwickelt. Die knappe und konzentrierte Schlußfuge bringt 2 Durchführungen mit Engführungen und breiter Schlußwirkung, wobei der Zielakkord wie in Mozarts *Requiem* terzfrei bleibt.

1890/91 schrieb Draeseke seine **Große Messe in fis-Moll op. 60** für 4 Solo-Stimmen, Chor und Orchester, die er Hermann Kretzschmar »verehrungsvoll gewidmet« hat. Das *Kyrie* folgt dem ausgewogenen Formanspruch eines 1. Satzes; das »Christe eleison« geht im strengen Kanon der Quarte von h, e^1, a^1 und d^2 aus, das zweite *Kyrie* als 5stimmige Fuge. Das *Gloria* ist eine (12malige) Rondoform, dessen »Cum-sancto-spiritu«-Fuge mit fesselnden Details aufwartet: die 3. Durchführung bringt ein Thema kanonisch in Es-Dur, die 4. das Thema 6stimmig harmonisiert im Unisono der Soprane, danach die Umkehrung kanonisch, und schließlich die Vergrößerung im Unisono des ganzen Chores. Aus dem großen *Credo*-Komplex ist die formgliedernde 4malige Wiederholung des »Credo«-Motivs bemerkenswert und in der gedrängten Fugen-Folge die eine Durchführung der 8stimmigen »et-vitam«-Fuge in H-Dur. Der Abschnitt »Crucifixus« bis »sepultus est« besticht durch ungewöhnliche und dabei sicher durchgestaltete Harmonik und die Schlußfuge zum II. Artikel »cuius regni« durch ihr in 2 Durchführungen ausgebreitetes prägnantes Thema. Der Reiz des *Sanctus* liegt in seiner interessanten, klanglich ausgeformten harmonischen Entwicklung. Das *Benedictus* in A-Dur ist für Sopran-Solo und Chor und mit einer ungemein reizvollen Coda ausgezeichnet. Das *Agnus* schließlich fällt durch seine vom Meßkanon abweichende Textbehandlung auf: dem 3maligen »Agnus«-Anruf folgen 35 Takte »miserere« und 100 Takte »dona nobis pacem« in mehrfacher Verschachtelung und mit einer ausführlichen, harmonisch aparten Coda in Fis-Dur.

Antonín Dvořák

Antonín Dvořák (1841–1904), neben dem älteren Bedřich Smetana der bedeutendste tschechische Musiker des 19. Jh., hat eine Reihe geistlicher Chorwerke geschrieben, die liturgische Texte mit den muskalischen Mitteln der Hochromantik behandeln. Er begegnet sich darin mit Anton Bruckner. Während aber Bruckner mit modernen Mitteln eine kirchlich-liturgische Kunst zu schaffen bemüht war, ging es Dvořák mehr um freie künstlerische Bearbeitung religiöser Vorwürfe. Seine geistlichen Kompositionen sind von vornherein mehr für den Konzertsaal bestimmt. Das sagt nichts gegen den Ernst ihres religiösen Gehalts. Sie sind Ausdruck naiver, undogmatischer Frömmigkeit, die sich mit starkem und tiefem menschlichen Gefühl verbindet. Das slawisch-volkstümliche Melos, die leuchtende, schubertnahe Harmonik, die orchestrale Klangfülle, die Dvořáks weltliche Werke auszeichnen, dienen ihm auch zur Vertonung von Messe, Sequenz und Psalm.

Das **Stabat mater op. 58**, das früheste der geistlichen Werke Dvořáks und die erste große tschechische Sakralmusik, wurde in den Jahren 1876 und 1877 komponiert und im Jahre 1880 in Prag aufgeführt; 1881 erschien es im Druck. Schwere menschliche Erschütterungen – schnell hintereinander starben 3 Kinder des Komponisten – waren der Anlaß, daß Dvořák sich mit dem Text der Marienklage beschäftigte, die das Leiden um den Tod des Sohnes besingt. Er hat diesem Text Töne des Schmerzes und des Trostes abgewonnen, die seine Komposition neben den Vertonungen der Vergangenheit bestehen lassen. Dvořák gliedert die *Sequenz* in 10 musikalische Sätze, von denen der erste und der letzte, »Stabat mater« und »Quando corpus«, durch thematische Beziehungen verbunden sind. Der 1. Satz beginnt leise mit dem langgehaltenen, auf abwechselnde Blas- und Streichinstrumente verteilten Ton Fis, der Dominante der Haupttonart h-Moll. Nach 8 Takten löst sich vom Anfangston eine absteigende Tonlinie, die thematische Bedeutung gewinnt und in ruhiger Steigerung bis zum Höhepunkt eines verminderten Septimenakkordes geführt wird, worauf die Musik wieder ins Pianissimo zurücksinkt. Den Versrhythmus leise skandierend, das Melos durch Pausen unterbrechend, setzen die Chor-Tenöre ein: »Stabat mater dolorosa«. Sie enden auf dem Anfangston fis; die übrigen Chorstimmen nehmen ihn auf, ein kurzer 4stimmiger Chorsatz wiederholt die Worte der Tenöre. Nach einem kurzen Zwischenspiel setzen die Soprane mit einer ähnlichen stockenden Phrase wie die Tenöre ein. Noch einmal unterbricht ein Zwischenspiel, dann erst entwickelt sich ein 4stimmiger Chorsatz, der sich, wie das Orchestervorspiel, zu akkordischen Höhepunkten steigert. Die Worte »Cuius animam gementem« übernimmt der Solo-Tenor in lyrischer Kantilene. Zu leisen, stark modulierenden Akkorden der Posaunen und Trompeten beklagt der Solo-Sopran das Leid der Mutter: »O quam tristis et afflicta«. Die 4 Solo-Stimmen und der Chor nehmen die Klage auf, es entwickelt sich ein langer durchführungsartiger Satz, der vom entfernten F-Dur allmählich in die Haupttonart zurückführt. Mit dem gehaltenen Fis des Orchesters setzt der erste Teil als gedrängte Reprise wieder ein; der Satz endet in gewaltig aufrauschendem und schnell abklingendem H-Dur, das ebenso die Härte des Schmerzes wie die Milde des Trostes zu bezeichnen scheint.

Mit den eindringlich melodisierten Worten »Quis est homo, qui non fleret« beginnt der Alt ein ausdrucksvolles Quartett der Solo-Stimmen. Wie ein Aufschrei wirkt das Solo des Basses »Pro peccatis suae gentis vidit Jesum in tormentis«. Der Schluß, »Vidit suum dulcem Natum«, ist ein leises Psalmodieren der vier Solisten zu dunklen Bläserakkorden und dumpfen Paukenrhythmen. Der folgende Chor, »Eia, Mater, fons amoris«, schreitet in c-Moll im Rhythmus eines Trauermarsches. In der Mitte steht eine gebundene trioartige Episode, die am Schluß wiederkehrt. B-Moll ist die Tonart des folgenden Stükkes, eines Gebets, das der Solo-Baß anstimmt: »Fac ut ardeat cor meum in amando Christum deum.« Der Frauenchor nimmt das Gebet leise auf; eine kurze Steigerung beteiligt auch die Männerstimmen. Fesselnd ist die harmonische Entwicklung, die E-Dur und C-Dur als tonartferne Ruhepunkte berührt. Der in 6/8-Bewegung hinfließende Es-Dur-Chor »Tui

Nati« hat idyllischen Klang; ein leidenschaftlich bewegter Mittelteil kontrastiert mit der milden Stimmung. Vollends tröstlich klingt das folgende, 6. Stück, ein in gleichmäßigen Vierteln fließender schlichter Gesang des Tenors, »Fac me vere tecum flere«, den der Männerchor in ebenso schlichtem akkordischen Satz nachsingt; hier ist die Anfangstonart h-Moll nach H-Dur aufgehellt. Nur die Stelle »Juxta crucem tecum stare« bringt härtere Akzente. Der Chor »Virgo virginum praeclara«, dem eine modulatorisch starke akkordische Einleitung vorausgeht, ist ein melodiereicher Gesang in A-Dur, ein Stück, in dem Naivität und geistliche Würde auf italienische Weise zusammenklingen. Nun ergreifen die Solo-Stimmen das Wort. »Fac ut portem Christi mortem« ist ein klagender Zwiegesang des Soprans und des Tenors, die Alt-Arie »Inflammatus et accensus« ein Meisterstück leidenschaftlich schmerzlichen Ausdrucks. Die Grundtonart d-Moll ist durch Chromatik geweitet; das Solo wird, bevor es sich zum erlösenden Dur-Schluß durchringt, zu erregtem Martellato gesteigert. Der letzte Satz greift die Musik des Anfangs wieder auf. Soli und Chor singen das Schußgebet: »Quando corpus morietur, fac ut animae donetur paradisi gloria.« Mit der Bitte um die Seligkeit des Paradieses wendet sich der Satz in einer großangelegten akkordischen Kadenz des vollstimmigen Chores nach D-Dur, das nun über einige harmonische Ausweichungen hin als Haupttonart beibehalten wird. Das »Amen« setzt mit dem absteigenden Motiv des ersten Orchestervorspiels im Allegro molto ein. Akkordische Rufe führen zu einem strahlenden Klanghöhepunkt. Dann setzt das Orchester aus, der Chor wiederholt mit voller Stimmkraft in einem klanggesättigten 7- bis 9fach geteilten A-cappella-Satz reiner Dreiklangsharmonien das Gebet. Auf dem letzten Dominantdreiklang fällt das Orchester-Tutti wieder ein und leitet in raschem Diminuendo in die Coda, die, vom Solo-Sopran im Pianissimo intoniert, von allen Stimmen noch einmal mit dem ersten Thema des 1. Satzes gesteigert, in verschwebenden D-Dur-Harmonien verklingt.

Das **Requiem op. 89** entstand im Jahre 1890 für das Musikfest in Birmingham und wurde im folgenden Jahre unter der Leitung des Komponisten dort aufgeführt. Es ist das ernste, düstere Gegenstück zum lyrisch-elegischen *Stabat mater.* Freilich bleibt die Tonsprache des Komponisten auch diesem Vorwurf gegenüber gemäßigt; es fehlen die harten Akzente des Schreckens, wie sie sich bei Berlioz und Verdi finden, dafür herrscht der Ton einer durch tröstliche Episoden aufgehellten Trauer. Die Partitur besteht aus 13 Stücken, die alle – mit der einen Ausnahme des Solo-Quartetts »Recordare« – den Chor beteiligen. Die Haupttonart ist b-Moll, das durch Ausweichungen in kontrastierende Tonarten belebt wird. Dem Werk liegt als Leitthema ein in seiner lakonischen Einfachheit bedeutungsvolles Motiv zugrunde, das die Partitur in mannigfachen Verwandlungen wie ein Todessymbol durchzieht – ein einziger Ton, von seinem oberen und unteren Halbton umspielt:

Von den Violinen unbegleitet intoniert, klingt das Motiv gleichsam aus dem Nichts auf. Von den Bässen in Oktaven verstärkt, sinkt es schrittweise in die Tiefe und wird von einem Dominantseptakkord auf F aufgefangen. Dann setzt der Chor in b-Moll, in tiefer Stimmlage, mit der Fürbitte ein: »Requiem aeternam dona eis, Domine« (*Introitus*). Horn, Flöte und Oboe flechten immer wieder das Halbton-Motiv ein; aus ihm entwickelt sich eine steigernde Passage, die den von Bläsern begleiteten Psalmvers »Te decet hymnus« einleitet. Der Solo-Tenor nimmt die Worte auf; die Bitte »Exaudi orationem meam«, vom Chor angestimmt, wird von den Solo-Stimmen bekräftigt; die Versicherung »Ad te omnis caro veniet« leitet zur Musik des Anfangs zurück. Die Vorstellung des ewigen Lichtes ruft eine große Klangsteigerung hervor. Das anschließende »Kyrie eleison« (*Kyrie*) wird von Chor-Stimmen einzeln im Pianissimo auf das klagende Halbton-Motiv gesungen und dann im 4stimmigen, aus dem »Te decet« gewonnenen A-cappella-Satz zu einer überraschenden Wendung nach B-Dur gesteigert, die die Blechbläser des Orchesters kraftvoll bestätigen. In Dur verbleibt auch das kurze, in der Tiefe mit dem Hauptthema verklingende Nachspiel.

Der 2. Satz, das *Graduale*, ist musikalisch wie ein Intermezzo, dessen Melos der Solo-Sopran aus dem Halbton-Leitmotiv entwickelt. Der Frauenchor stützt die Solo-Stimme – auch in der höchst wirkungsvoll einen Halbton höher gesetzten variativen Reprise – durch zarte Harmonien. Nach einer auf kühnen Modulationen sich strömend entfaltenden Sopran-Kantilene fügt der Männerchor einen 10taktigen A-cappella-Satz an, der das b-Moll-Stück in G-Dur ausklingen läßt. Mit scharfem Kontrast setzt in der Haupttonart b-Moll das »Dies irae« ein: der Komponist hat die *Sequenz* in 6 Sätze zerlegt. Zu tumultuoser Orchesterbewegung singt der Chor in Oktaven eine alten Choralklang nachahmende Melodie:

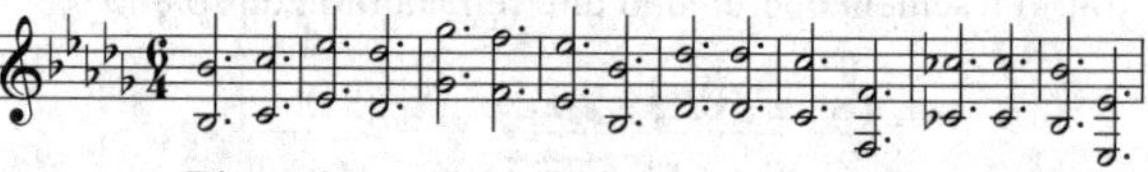

Die Stimmführung bleibt den ganzen Satz hindurch choralartig klar konturiert; naturalistische Rufe mischen sich in den von Hörnern und Posaunen verstärkten Gesang, der im Pianissimo verklingt. Das »Tuba mirum«, das unmittelbar anschließt, ist die eigenartigste und bewundernswerteste Eingebung des Werkes. Dvořák verzichtet nicht auf die traditionellen, vom Text geforderten Trompeten. Aber sie rufen zur Auferstehung nicht, wie bei Berlioz und Verdi, mit schmetternden Fanfaren. Sie lassen das Halbton-Motiv wie einen einsamen Ruf ertönen und fangen es in der dissonanten Harmonie eines übermäßigen Dreiklangs auf, den ein dumpfer Tamtam-Schlag markiert:

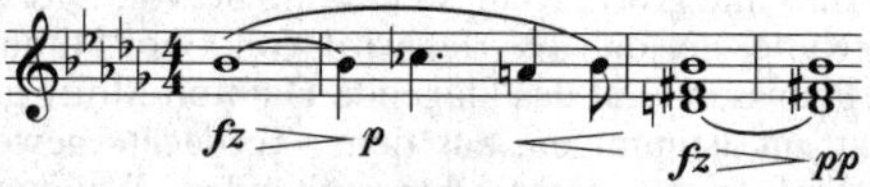

Die Wirkung ist beklemmend: dreimal, jeweils um einen halben Ton höher, erklingt der Ruf, dann nehmen gedämpfte Streicher das Thema auf. Eine einzelne Flöte verklingt in der

Höhe, in der Tiefe hallen Posaunen, Tuba und Pauke nach. Die Vision des anbrechenden Jüngsten Tages ist in wenigen Takten konzentriertester musikalischer Symbolik angedeutet. Die 4 Solisten fahren in der Schilderung des Gerichtes fort, von kurzen Choreinwürfen unterbrochen. Auffällig ist das von einem choralartigen Bläsersatz getragene Tenor-Solo »Liber scriptus proferetur«, dem eine Oboe kadenzartige Zwischenspiele einfügt. Die Reprise des »Dies irae« schließt diesen Satz ab; er endet in Es-Dur. Wieder, wie im *Graduale*, klingt ein kurzer A-cappella-Satz des Männerchors nach. Die Furcht vor dem Gericht erfüllt den nächsten Satz »Quid sum miser tum dicturus«: ein fesselndes Musikstück, befremdlich in Harmonik und Stimmführung, mit seinem ausgesparten, durchbrochenen Satz eine geniale Umsetzung der Textaussage. Beim Einsatz der Solo-Stimmen, »Rex tremendae majestatis«, bindet sich der Satz zu feierlicher Bewegung und verklingt mit der Bitte »Salva me, fons pietatis« über dumpfen Rhythmen der Pauke; As-Dur und cis-Moll sind die herrschenden Tonarten. Ein Ruhepunkt ist das D-Dur-Quartett der Solo-Stimmen »Recordare, Jesu pie«, ein Stück von vokalem Wohllaut und melodischer Schönheit, ergreifend durch leidenschaftliche Kraft des Ausdrucks. Jagende Streicherskalen leiten den g-Moll-Satz »Confutatis maledictis« ein, der sich bei der Stelle »Oro supplex et acclinis« besänftigt und nach H-Dur aufhellt. Heftige Streicher-Triolen in der Harmonie des verminderten Septimenakkordes erklingen zu Beginn des »Lacrimosa«, dessen expressives Melos von düster-majestätischen Episoden und von hartnäckig wiederholten Einsätzen des Todesmotivs durchsetzt ist. Erst beim Anruf »Pie Jesu«, wo die b-Moll-Tonart wieder erreicht ist, beruhigt sich die Musik zum Ton flehentlicher Bitte.

Das *Offertorium* »Domine Jesu Christe« wird von einem Holzbläsersatz in lichten F-Dur-Harmonien eingeleitet; eine slawisch gefärbte Melodie der Chor-Bässe, die die Alt-Stimmen, von Holzbläsern in Sexten begleitet, wiederholen, gibt dem Satz volkstümlichen Klang (s. Bsp. S. 312). Im Wechsel von Solo- und Chor-Stimmen entwickelt sich ein F-Dur-Satz von vokalem und instrumentalem Glanz, der von einer

D-Dur-Episode, »Libera animas omnium fidelium«, unterbrochen wird. Auch dieser Teil steigert sich zum vollstimmigen Ensemble, das bei der Stelle »Libera eas de ore leonis« mit entfernten Modulationen und kühner Enharmonik beschwörende Töne anschlägt. Herrlich klingt das von Bläser-Triolen begleitete, der Introduktion des Satzes zugrundeliegende Unisono der Solo-Stimmen »Sed signifer sanctus Michael«, das der Chor in Terzen weiterführt:

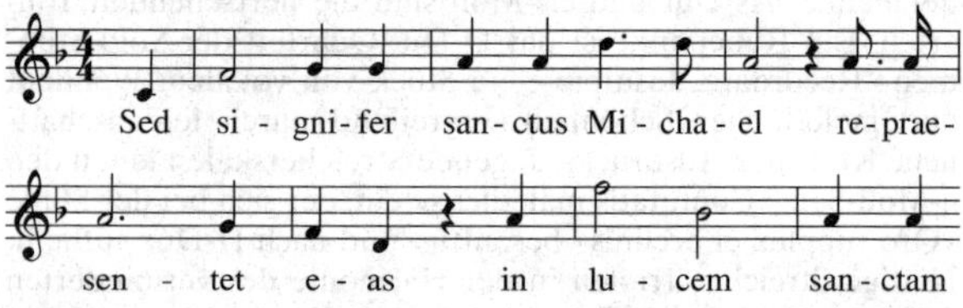

Nach einer Fortissimo-Fermate des Orchesters auf der Dominante schließt sich auf der Tonika im Sinne der Tradition die »Quam-olim-Abrahae«-Fuge an, die in Anwendung einer brillanten Steigerungstechnik formal recht undogmatisch gehandhabt wird. 6 Durchführungen könnte man feststellen, ehe der mitreißend wirkungsvolle Satz auf weitgespanntem Atem zum glanzvollen Ende kommt. Das folgende »Hostias« ist thematisch eng mit dem *Offertorium* verbunden. Der Solo-Baß eröffnet es mit derselben Melodie »Domine Jesu Christe«. In ihrer Fortführung durch Alt, Sopran und Tenor, im verhaltenen Klang der eingeschobenen, aus dem Thema der »Quamolim«-Fuge entwickelten Chorsätze »Fac eas, Domine, de morte transire ad vitam« entfaltet sich ein Überfluß zarter harmonischer und instrumentaler Reize. Die »Quam-olim-Abrahae«-Fuge wird als Abschluß auch dieses Teils wiederholt.

Das *Sanctus* beginnt in den Solo-Stimmen mit ruhiger Feierlichkeit, der ein Choreinsatz grandiose Steigerung gibt. Dem »Pleni sunt coeli« wird ein ekstatisches Sopran-Solo hinzugefügt, das von allen Solo- und Chor-Stimmen thematisch gebunden aufgenommen wird. Der »Hosanna«-Chor leitet aus dem B-Dur des *Sanctus* durch Hochalteration des dominantischen f nach fis in das H-Dur des in weicher Klangfülle strömenden *Benedictus*, das mit dem abermaligen »Hosanna« über das mediantische a-Moll und die Dominante F-Dur in die B-Dur-Tonart zurückkehrt. »Pie Jesu«, das 12. Stück der Partitur, ist ein meditativer, streckenweise unbegleiteter Chor in g-Moll, dem durch die Besetzung mit 5 tiefen Stimmen (Alt, 2 Tenöre, 2 Bässe) ein dunkles, rembrandtsches Timbre und durch das für die Romantik typische, schwerblütig-schleifende Dreier-Tempo eine ergreifende Dichte des Ausdrucks verliehen wird. Einer 8taktigen, aus dem Leitthema des Gesamtwerkes geformten Modulation auf dem Grundton g folgt eine variative Reprise in G-Dur, die durch die Besetzung des ersten Abschnittes mit den 3 unbegleiteten hohen Solo-Stimmen (Sopran, Alt, Tenor) eine wie in Himmelslicht getauchte Verwandlung erfährt.

Der Schlußsatz *Agnus Dei*, in der Haupttonart b-Moll, enthält eine bewundernswerte Fülle musikalischer Eingebung und Ausdruckskraft. Das Halbton-Motiv, das das ganze Werk durchzog, meldet sich noch einmal nachdrücklich zu Worte und diktiert den Verlauf des melodischen Geschehens. Nach einem kurzen Vorspruch des Solo-Tenors setzt der Chor mit dichtem, voll harmonisiertem Gesang ein, vom Orchester leise mit punktierten Rhythmen begleitet. Das 2. »Agnus« wird vom Solo-Sopran eingeleitet und vom Chor in klangvoll ausladender Erweiterung wiederholt. Die 4 Solisten eröffnen in kunstreichem Satz das 3. »Agnus«, dem der Chor durch die Klangwirkungen von geteiltem, je 3stimmigem Frauen- und Männerchor anrührende Wirkung verleiht.

Analog zu den schwebenden Sextakkordketten des Frauenchores leiten die Holzbläser zur *Communio* hinüber. In zweimaligem Ansatz steigt der Solo-Sopran zum letzten, strahlenden Klanggipfel des Werkes auf: »Lux aeterna luceat eis«. Durch den Tenor in der Oktave verstärkt, schwebt die Sopran-Stimme über den im Es-Dur-Dreiklang aufleuchtenden, durch chromatische Harmonien nach B-Dur modulierenden Klangmassen des Chores und des durch die Orgel verstärkten Orchesters. Mit den Worten »quia pius es« sinkt die Musik allmählich ins Piano zurück. Noch einmal übernimmt das Halbton-Motiv, vom Horn angestimmt, die Führung. Solo-Alt und Solo-Sopran entwickeln aus ihm ihre ruhig ausschwingenden Melodien, alle Stimmen vereinigen sich, von Trompeten und Posaunen gestützt, zu leisen, lösenden B-Dur-Akkorden. Mit emphatischem Akzent setzt der kurze Epilog des Orchesters ein, der das Moll wieder in sein Recht einsetzt und das Werk in leisen Bläserakkorden ausklingen läßt.

Die **Messe in D-Dur op. 86** für kleinen und großen gemischten Chor und Orgel entstand im Frühsommer 1887 für die Einweihung der neuen Kapelle beim Schloß des Gründers der Tschechischen Akademie der Wissenschaften und Künste, Josef Hlávka, in Lužani. Dort fand dann auch am 11. September 1887 unter Dvořáks Leitung die Uraufführung dieses gezielt mit kleinem Apparat für den liturgischen Gebrauch geschriebenen Werkes von etwa 35 Minuten Aufführungsdauer statt. Nachdem mehrere Verlage die Messe ihrer begrenzten Besetzung wegen als schwer verkäuflich abgelehnt hatten, entschloß sich der Komponist 1892 für den Londoner Verlag Novello zu einer Orchesterbearbeitung, in der die Partien des kleinen Chores von Solisten ausgeführt werden. In dieser Fassung wurde das Werk bald international bekannt. Es bleibt schwer verständlich, daß die heute so beliebte Orgelfassung fast 100 Jahre auf ihre Drucklegung warten mußte.

Gleich das *Kyrie* beeindruckt durch die motivische Konzentration seines durchbrochenen, belebt fließenden Satzes (s. Bsp. S. 315). Das »Christe eleison« besticht durch seine aparte, ungewohnte Deklamation, die sich im 2. Abschnitt als Kontrapunkt zum »Kyrie«-Thema erweist. Das 2. »Kyrie« wiederholt wörtlich das 1., bis die Coda wieder – liturgisch

nicht ganz korrekt – den »Christe«-Gedanken ins Spiel bringt. Das *Gloria* ist in 4 Abschnitten gestaltet: *Allegro vivo* mit viel glanzvollem Klang und rhythmischem Profil, im »Adoramus« imitatorisch aufgelockert – *Andante con moto* für das »Gratias«, dessen antiphonales Wechselspiel zwischen geteilten Frauen- und geteilten Männerstimmen, wie auch die modulatorischen Entwicklungen des »Domini fili« neue Perspektiven schaffen – *Un poco più lento* im »Qui tollis« mit packenden »miserere«-Parlandi – und wieder *Allegro vivo* ab dem »Quoniam« mit einem korrekten Durchgang der »Cum-sancto-spiritu«-Fuge und einer spektakulären »Amen«-Coda.

Das *Credo* gliedert sich in 5 Teile, deren erster und letzter, von böhmischer Volksmusik inspiriert, responsorial angelegt sind. Der Chor-Alt trägt einen Textabschnitt vor, den die 3 anderen Stimmen in variativer Fortspinnung im 3stimmigen Satz nachsingen – ein eher liturgischer als madrigalisch-textinterpretatorischer Vorgang. Das »Et incarnatus est« wird vom kleinen Chor in ausgesparter Faktur zu farbenreichen Orgelharmonien gesungen, bis der große Chor über einem 22taktigen Orgelpunkt im Pianissimo seine fesselnden Klangfarben leuchten läßt. Im »Crucifixus« wird der Höhepunkt der tonalen Entwicklung erreicht und in der Wirkung durch die Einführung der Hoquetus-Technik im »et sepultus est« noch verstärkt. Der 4. Teil, »Et resurrexit«, im Tempo I erinnert sich – diesmal über den Tenor – an das Responsorialverfahren des 1. Teils und bringt bei den Worten »et iterum venturus est« die traditionelle Durchführung eines markanten Fugenthemas.

Das *Sanctus* gibt sich klangintensiv und prächtig zwischen Pianissimo und Fortissimo, das *Benedictus* eher zurückgenommen mit ausführlichem Orgelvorspiel und weitgestecktem tonalen Horizont bei ausgewogener chorischer Linienführung und mit breit aufstrahlender variativer »Hosanna«-Reprise. Es folgt das *Agnus* in bemerkenswert eigenwilliger Formung. Der kleine Chor singt über gleichmäßigem Achtelfluß der Orgel den Kanon einer 8taktigen Melodie zum vollständigen Text eines Verses. Von Takt 33 an tritt der Tutti-Chor ein, um auf die Bitte »miserere« mit je einer einzelnen Stimme ein neues, in verminderte Septakkorde gebettetes Thema von flehendem Ausdruck zu singen. Von ergreifender Wirkung ist dann der Beginn des »Dona nobis pacem« im Solo-Tenor auf die Melodie des »Agnus«-Kanons, wenn sie mit Erreichen der Grundtonart D-Dur von den 3geteilten Sopran-Stimmen in Fauxbourdonketten mit seraphischer Klanghelle, bei Übernahme der Achtelbewegung von der Orgel, beantwortet wird. Die letzten 12 Takte verklingen in äußerster Zartheit.

Auch das **Tedeum op. 103** für Sopran- und Bariton-Solo, gemischten Chor und Orchester findet zunehmend Verbreitung. Es entstand im Sommer 1892 als Dvořáks letzte große Kirchenkomposition im Auftrag des New Yorker Nationalkonservatoriums, dessen Leitung der Komponist im Herbst desselben Jahres übernehmen sollte – ein Termin, der mit den 400-Jahr-Feiern zur Entdeckung Amerikas zusammenfiel. Die Uraufführung fand am 21. Oktober 1892 unter Dvořáks Leitung in der New Yorker Carnegie Hall statt und wurde ein glänzender Erfolg. Daß es sich um ein echtes Konzertstück handelt, das nicht für den liturgischen Gebrauch bestimmt ist, erkennt man daran, daß der Komponist die 5 Strophen des Ambrosianischen Lobgesangs auf 4 symphonische Sätze verteilt, denen er mit einem ebenfalls lateinischen Lob der Dreieinigkeit eine triumphale Coda hinzufügt.

Der *1. Satz* (*Allegro moderato maestoso*) steht in der Bogenform A–B–A, wobei die Rahmenteile in großartigem Alfresco die Grundtonart G-Dur erstrahlen lassen, während der etwas langsamere Mittelteil die volkstümliche böhmische Singpraxis von Vorsänger und Chorus durch Solo-Sopran und Männerchor aufleben läßt. Auch sonst spielen Motivbildungen böhmischer Volksmusik in allen Instrumentengruppen und das ganze Werk hindurch eine konstitutive, immer wieder belebende oder auch heitere Rolle. Der *2. Satz* (*Lento maestoso*) gibt dem Solo-Bariton die 3. Strophe allein, während er bei dem »Tu sempiternus« der 4. Strophe ritornellartig vom Frauen- und vom Männerchor eingerahmt wird. Der *3. Satz* bringt mit ganztaktigem *Vivace* das sinfonische Scherzo – einfallsreich und äußerst reizvoll instrumentiert. In einer gewissen Analogie zum 2. steht der *4. Satz*: Die letzten Zeilen der 5. Strophe werden im Lento vom Solo-Sopran vorgetragen und vom Chor mit flüsternden »miserere«-Einwürfen beantwortet. Erst der »Benedicamus«-Anhang vereinigt alle Kräfte, um in auftürmender Steigerungstechnik von f-Moll über gis- und h-Moll die Grundtonart G-Dur und mit ihr das Motivmaterial des 1. Satzes zu erreichen. Aber nach 6 Takten gibt es nochmals 8 Takte entfernter tonaler Ausweichungen, bis die aus einem plötzlichen Piano aufbrausende authentische Kadenz das G-Dur wiederfindet und ein lärmend über das Ziel hinausschießendes Orchesternachspiel die Grundtonart triumphierend bestätigt.

Gabriel Fauré

Gabriel Fauré (1845–1924), eine der einflußreichsten Persönlichkeiten des französischen Musiklebens in der 2. Hälfte des 19. Jh., war von Jugend an und durch seinen Berufsweg von der Kirchenmusik geprägt worden. Er hinterließ eine beträchtliche Zahl geistlicher Werke für den liturgischen Gebrauch, aus denen – und über das kirchliche Genre hinaus – die **»Messe de Requiem« c-Moll op. 48** als eines seiner bedeutendsten herausragt. Es entstand 1887/88, angeregt durch den

Tod seines Vaters 1885 und den seiner Mutter 1887, für Sopran- und Bariton-Solo, gemischten Chor, Orgel und Orchester, und wurde gleich im Mai 1888 in seiner Pariser Kirche Sainte Madeleine aufgeführt, später u. a. zu Faurés eigenem Totenamt 1924 in derselben Kirche. In der langen Reihe gewichtiger und auch vielgespielter Requiem-Kompositionen nimmt die von Fauré eine Sonderstellung ein, und zwar erstens wegen ihrer Satzfolge. Selbst wenn die *Sequenz* einstimmig nach der liturgischen Weise als Gemeindegesang eingefügt wird, fehlen im Gesamtbild die erregend dramatischen Elemente der Visionen des Jüngsten Gerichtes. Aus der kanonischen Meßform erscheinen lediglich *Introitus* und *Kyrie* (ohne 2. »Kyrie«), *Offertorium*, *Sanctus*, »Pie Jesu« (anstelle des *Benedictus*, und mit mehrfach regelfremd eingefügtem »sempiternam«), *Agnus* und *Communio*. Der 6. Satz »Libera me« und der 7. »In Paradisum« entstammen örtlichen Bestattungsriten.

Und zweitens vermeiden alle Sätze dramatische Akzente oder schnellere Tempi. Obwohl somit das ganze 40minütige Werk einheitlich lyrisch-meditativen Charakter hat, gänzlich auf die Fugenform verzichtet und auch eine formübergreifende Reprise nur ein einziges Mal gegen Ende der *Communio* mit 8 Takten aus dem *Introitus* verwendet, entsteht doch dank phantasievollen, mannigfaltigen Farbwechsels keinerlei Eintönigkeit. Alle Mitwirkenden werden in ausgespartester Weise eingesetzt – wie etwa der Solo-Sopran allein im (überirdisch schönen) »Pie Jesu«, oder der Bariton in den beispielhaft gesanglichen »Hostias« und »Libera me«. Im Orchester dominieren mit geteilten Bratschen und Celli die dunklen Farben, während die Geigen unisono spielen und erst im *Sanctus* mit der Harfe einsetzen. Die Bläser verzichten auf Oboen und werden ebenfalls äußerst sparsam beschäftigt. Das durchgehend strukturgebende Instrument ist die Orgel. Auch der Chor erscheint in zurückgenommenem, ausgespartem Klangbild, wie etwa in Einzelstimmen, in Unisoni oder in schlicht rhythmisierten Note-gegen-Note-Partien. Dabei sind auch hier die tiefen Lagen prägend, sei es durch Fortlassen des Soprans, sei es durch (fast durchgehende) Teilung der Männerstimmen. Der letzte Satz schafft dann mit dem responsorialen Wechselgesang zwischen den Sopranen und dem 4stimmigen Männerchor auf dem D-Dur-Klangteppich der ostinat rhythmisierten, leicht bewegten und hell zu registrierenden Orgel den erlösenden Ausblick »in paradisum«.

Giacomo Puccini

Giacomo Puccini (1858–1924), der auf den Bühnen der ganzen Welt gespielte italienische Opernkomponist, war von Haus aus zum Kirchenmusiker bestimmt. In seinem Geburtsort Lucca sollte er, wie schon sein Urgroßvater, Großvater und Vater, Organist und Chorleiter an der Kathedrale werden, und hierfür wurde er am dortigen Konservatorium ausgebildet. In diesem Rahmen schuf er, 20jährig, zum Fest des Heiligen Paolino, des Schutzpatrons der Glocken, eine Motette (*Mottetto per San Paolino*) und ein *Credo* mit Orchester, die ein derart begeistertes Echo fanden, daß Puccini sich zur Ausarbeitung einer ganzen Messe ermutigt sah. Aus seiner Motette wurde nun das *Kyrie*; das *Gloria* wurde als 9teilige Festmusik breit auskomponiert, das vorhandene *Credo* überarbeitet und die ein wenig unverhältnismäßig knappen, aber doch in Form und klangschönem Inhalt den großen Musiker verratenden *Sanctus* und *Agnus Dei* hinzugefügt. Das etwa 50minütige, zum Studienabschluß dem Konservatorium vorgelegte Werk wurde am 12. Juli 1880 zum Paolino-Tag in Lucca uraufgeführt und erzielte lebhaftesten Beifall. Puccini ging nun nach Mailand und begann seine spektakuläre Karriere in der Opernszene; sein erstes großes, geistliches Jugendwerk geriet in Vergessenheit.

Erst nach 1945 entdeckte ein Freund Puccinis, der in den USA wirkende Priester Dante del Fiorentino, die Partitur der *»Messa a 4 voci con orchestra«*. Er besorgte 1951 die Erstveröffentlichung, setzte sich für die Wiederaufführung ein und gab dem Werk, der dominanten Ausarbeitung des *Gloria* wegen, den Titel **»Messa di Gloria«**. Unter diesem Namen verbreitete sich Puccinis Jugendwerk über die Musiksäle der ganzen Welt, und das mit guten Gründen. Trotz einer gewissen Unausgeglichenheit in der Gesamtform verbindet das große Chorstück im Einzelnen Einfallsreichtum mit klassischer formaler Klarheit. Dabei zeigen die Stimmbehandlung und die ebenso farbige wie wirkungsvolle Orchestrierung höchstes Können, und die Satzkunst im bewußt durchgestalteten *Gloria* beweist bewundernswerte Könnerschaft. Man beachte etwa die brillante Darstellung des 18- bis 20taktigen *Gloria*-Themas in der Liedform A–A'–B–A" und seine Verarbeitung in der Vergrößerung von der 6. Durchführung der souverän disponierten und realisierten großen »Cum-sancto-spiritu«-Fuge an. Oder das ganz und gar im italienischen Belcanto tönende »Qui tollis«, wie es in der Einstimmigkeit vom Baß über das Tutti und den Sopran zum variativen Kanon zwischen Alt/Baß und Sopran/Tenor großartig gesteigert wird. Man höre auf die differenzierte Orchesterbegleitung in den Takten vor Z. 9 des schmelzreichen »Gratias«, auf die folgende, im Meßkanon nicht vorgesehene, wörtliche »Gloria« (A")-Reprise und die Begleitung des »Domine Deus« durch die »Gratias«-Kantilene. So wird auch z. B. im *Credo* das »Et in spiritum« auf die Musik des »Et ex patre natum« gesungen – Wiederaufnahmen, die der formalen und geistigen Straffung innerhalb der Großform dienen. Sehr wirkungsvoll ist schließlich im *Credo* der A-cappella-Satz mit Tenor-Solo »Et incarnatus est« und die folgenden zauberhaften Entfaltungen des »ex-Maria«-Motivs.

Glanzlichter der Partitur finden sich in den harmonisch weit ausgreifenden Partien z. B. des *Gloria*, im »Gratias« nach Z. 13, oder um die Z. 28 herum in der Schlußentwicklung der zeitlich ausgedehnten *Gloria*-Satzfolge mit ihrem chromatisch steigernden »Amen«. Auch die kühne Tonalitätsbehandlung im »Crucifixus« des *Credo* mit der anschließenden chromatischen Überleitung zum Tritonus-Fugato des »Et resurrexit« zeigt Puccinis jugendfrische Orchestermesse als ein auf der Höhe der Zeit überlegen gestaltetes oratorisches Werk.

Max Reger

Max Reger (1873–1916), Erneuerer der Orgelmusik aus dem Geiste der Bachschen Polyphonie, als Komponist von Kammer- und Orchestermusik ein Spätromantiker, der die Harmonik chromatisch bis an die Grenzen der Tonalität zerdehnte, hat der geistlichen Chormusik als Schöpfer von Motetten, Choralkantaten und Gesängen gedient. Die Harmonie ist der Motor seiner Musik, Melodie erscheint in der Gestalt des objektivierten, zum Zwecke kontrapunktischer Verarbeitung erfundenen Themas Bachscher Provenienz. Es ist daher verständlich, daß Regers Wirkung als Vokalkomponist begrenzter ist, zumal der komplizierte harmonische Bau seiner Sätze an die Musikalität der ausführenden Sänger hohe Anforderungen stellt. Die Kraft seiner schöpferischen Phantasie und die Tiefe des religiösen Gehalts stellen seine Chorwerke in die Linie der großen geistlichen Tradition, die durch Bach und Bruckner bezeichnet ist.

Der **100. Psalm D-Dur op. 106** für gemischten Chor, Orchester und Orgel, Regers bedeutendstes geistliches Chorwerk, verschmilzt Formelemente der barocken Kantate mit denen der klassischen Sonate. Das Werk besteht aus 4 ineinander übergehenden Sätzen, die wie Allegro, Andante, Scherzo und Finale der klassischen Instrumentalform einander folgen. Der Chorsatz ist zum Teil polyphon-linear, zum Teil homophon-harmonisch gehalten. Gleich der Anfang des *1. Satzes* ist ein Meisterstück des Harmonikers Reger, der ungeheure Kräfte aus den Spannungen der kühn geweiteten Tonalität freimacht. Über dem tonartfremden Baßton C, der als Orgelpunkt 16 Takte lang liegen bleibt, setzen die höheren Instrumente in der Haupttonart D-Dur mit einem Freudenmotiv ein, das sie, ohne die Dissonanz aufzulösen, durch gleitende Harmonien vorwärtstreiben. Der Chor wirft, einstimmig in Oktaven, scharf rhythmisierte Rufe dazwischen: »Jauchzet dem Herrn«. Im 11. Takt scheint sich C-Dur als Tonart durchzusetzen, aber sogleich beginnt, getragen von dem nun zu 5stimmigem Satz auseinandertretenden Chor, eine neue chromatische Entwicklung, die über einen rumorenden Anstieg der Orchester-Bässe zum ersten, auf die Haupttonart D-Dur bezogenen Klanghöhepunkt führt. Einstimmig, Soprane und Tenöre auf dem hohen a, singt der Chor die Worte: »Alle Welt«. 2 leise Akkorde der Hörner leiten zu einer ruhigen, die Textworte »Dienet dem Herrn« ausdrückenden Episode, die die Bedeutung eines lyrischen Seitenthemas hat. Aus dem Wechsel der beiden Themengruppen ergibt sich ein kraftvoller, stellenweise über bewegten Bässen hinschreitender Chorsatz in freiem polyphonen Stil, der nach mancherlei harmonischen Abenteuern in endlich gefestigtes D-Dur ausklingt. Der *2.*, langsame *Satz*, der nach einer Generalpause unmittelbar anschließt, zählt zu den schönsten und tiefsten Eingebungen des Komponisten. Die Worte »Erkennet, daß der Herr Gott ist« werden Anlaß zu einer Meditation, in der Demut und Ehrfurcht zusammenklingen. Hörner und Posaunen beginnen mit irisierenden Akkorden, nach einem synkopierten Pauken-Solo setzt der Chor ein. Die Harmonien a-Moll, c-Moll, d-Moll, cis-Moll folgen einander, die Stelle »daß der Herr Gott ist« wird durch 2 vom Orchester und der Orgel mit gewaltiger Klangfülle gestützte Septimenakkorde hervorgehoben, die der c-Moll-Region angehören. Ein tonales Zentrum ist lange nicht festzustellen, erst spät setzt sich der wiederholt aufklingende D-Dur-Dreiklang als Schwerpunkt durch. Reizvoll ist die Episode »Er hat uns gemacht zu seinem Volk und zu Schafen seiner Weide« dank der Klangwirkungen 3geteilter Sopran-, dann Alt- und schließlich auch der Männerstimmen. Das Seitenthema des 1. Satzes klingt an, der Chor endet mit einem Halbschluß in D-Dur. Unmittelbar folgt in Fis-Dur mit graziösem ¾-Takt der *3. Satz*. Die Textworte »Gehet zu seinen Toren ein mit Danken, zu seinen Vorhöfen mit Loben« mögen dem Komponisten die alttestamentliche Vorstellung eines kultischen Tanzfestes suggeriert haben. Von packender Wirkung ist am Schluß die abrupte Einführung des von Chor und vollem Orchester ausgehaltenen C-Dur-Dreiklangs in den Fis-Dur-Raum. Eine orchestrale Überleitung, die schon im 1. Satz verwendet wurde, führt zu der mit unerschöpflicher Kraft des polyphonen Denkens entwickelten Schlußfuge, deren mit einem festen

Kontrapunkt verkettetes Thema am Ende mit dem von Trompeten geblasenen Lied-cantus-firmus »Ein feste Burg ist unser Gott« kombiniert wird:

Das etwa 40minütige Werk entstand 1908/09 für die 350-Jahr-Feier der Universität Jena, deren Philosophische Fakultät dem Komponisten bei diesem Anlaß die Ehrendoktorwürde verlieh. Die Uraufführung war am 31. Juli 1908 in der Jenaer Stadtkirche unter der Leitung von Fritz Stein. Wie für diese Schaffensphase Regers typisch, ist sowohl der Chor- als auch der Orchestersatz äußerst kompakt, die Entfaltung der Stimmen und die Plastizität der differenzierten Einzelvorgänge eher behindernd geraten. Deshalb hat der Komponist Paul Hindemith, der die Psalmkantate mehrfach zu dirigieren hatte und von ihrem hohen Wert überzeugt war, in den 1950er Jahren eine Bearbeitung mit dem Ziel der Entschlackung, der klanglichen und formalen Straffung und Ausführungserleichterung vorgelegt, die dem Erscheinungsbild dieser genialen oratorischen Musik sehr förderlich ist und zu ihrer Verbreitung beigetragen hat.

Das **Requiem op. 145a**, das Reger in seiner letzten Lebenszeit begonnen hat, blieb Fragment; aber der vollendete Anfangssatz ist eine in sich geschlossene, tiefernste Trauermusik, die die Aufführung im Konzertsaal verdient. Für Reger ist, wie für Mozart, d-Moll die Tonart des Todes als des Führers in eine andere, übersinnliche Welt. Reger beginnt den *Introitus* in äußerster Klangtiefe mit einem Orgelpunkt D, der von der Orgel gehalten, von den Kontrabässen in gleichmäßigen Vierteln rhythmisiert wird und über dem sich in ätherischem Klang Akkordschichtungen aufbauen. Es ist dieselbe thematische Idee, die Regers etwa gleichzeitiger, ebenfalls »Requiem« betitelter Komposition des Hebbelschen Gedichts »Seele, vergiß sie nicht, Seele, vergiß nicht die Toten« (*Requiem op. 144 b*) zugrunde liegt, aber der musikalische Fortgang ist in beiden Fällen verschieden. Hier, im liturgischen Requiem, bleibt der Orgelpunkt über 64 Sostenuto-Takte, das heißt fast den ganzen 1. Hauptteil des Satzes hindurch, unbewegt liegen. Die Violinen intonieren darüber leere Quintklänge, ein Seufzer der Flöte, dunkle Akkorde der gedämpften Hörner heben sich ab, wie eine Klage klingt eine absteigende, chromatisch harmonisierte Melodie des Streicherchors. Dann setzt der Chor in tiefer Lage, in Quinten d – a, mit dem Wort »Requiem« ein. Die Solo-Stimmen nehmen das Wort auf und variieren es in einander durchklingenden Rufen. Bald bindet sich der Chorgesang zu 4- bis 7stimmigem Satz in durchgehender Viertelbewegung. Groß ist die Wirkung, wenn der Baß endlich um einen Ganzton von D nach C sinkt, übrigens ohne Rücksicht auf das harmonische Geschehen in den Oberstimmen, die sich ihm erst nachträglich anpassen und den 1. Teil des Satzes in C-Dur schließen. Ein romantischer Lichteinbruch sind die hohen As-Dur-Harmonien der 3geteilten Violinen bei der Stelle »Et lux perpetua luceat eis«, die im Wechselgesang von Chor und Solisten bis zu einem ruhevollen D-Dur-Schluß ausgesponnen wird. Kraftvoll und majestätisch setzt, nach einem zwischengeschalteten B-Dur-Takt des Orchesters, der Chor in c-Moll ein: »Te decet hymnus«. Von dramatischer Wirkung ist der Wechsel von Piano der Solo-Stimmen und Fortissimo des Chores und Orchesters bei den Rufen »Exaudi«. Der Abgesang »Ad te omnis caro veniet« kadenziert in A-Dur. Mit leisen Akkorden der gedämpften Bläser beginnt die musikalisch reicher ausgeführte Wiederholung der Antiphon »Requiem aeternam dona eis, Domine«. Die Rufe »Kyrie eleison« (*Kyrie*) werden durch Trompeten und Posaunen gestützt, die Bitten »Christe eleison« bilden einen zarten lyrischen Kontrast. Die 28 Molto-sostenuto-Takte des 2. »Kyrie« entfalten sich wie der Beginn des *Introitus* über dem Orgelpunkt D. Wie ein Erinnern klingen in den Singstimmen die Motive des Anfangs auf, der leere Quintklang D – A verhallt diminuierend ins Unhörbare.

Oratorium und Chorballade

Das Oratorium, die Schöpfung des phantasiereichen, in Bildern und Affekten schwelgenden Barock, erwies sich als lebensfähig genug, die Epoche seiner Entstehung zu überdauern. Es wuchs in die neue, von den geistigen Ergebnissen der Aufklärung und den sozialen Folgerungen der Französischen Revolution bestimmte Welt hinein und wurde einer der stärksten Pfeiler der bürgerlichen Musikkultur. Die musikalische Begeisterung der Laien und Liebhaber führte in Deutschland allerorts zur Gründung von Chorvereinigungen, die entweder den Typus der »Liedertafel«, der geselligen Vereinigung zum Volksliedgesang, oder der »Singakademie«, der Arbeitsgemeinschaft zur Konzertaufführung größerer Chorwerke, vertraten und, entsprechend ähnlichen, schon bestehenden Vereinigungen in England, zum wesentlichen Element des öffentlichen Musiklebens wurden.

Die Oratorien **Joseph Haydns**, die diese Entwicklung mächtig anregten und lange bevorzugter Gegenstand der Choraufführungen blieben, sind das Bindeglied zwischen der barocken und der klassisch-romantischen Chorkultur. Unmittelbar von Händel inspiriert, auf englische, barocken Geist atmende Texte komponiert, wurden sie doch andererseits Vorbild für eine Entwicklung, die aus den religiösen Bindungen des Barock in die Geistes- und Gefühlsfreiheit des 19. Jh. hinausführte. Lehnen sich **Mendelssohns** Oratorien, in deren Mittelpunkt biblische Helden stehen, noch eng an das Muster Händels an, so vertreten **Schumanns** Vertonungen romantisch-märchenhafter Stoffe den neuen Typus des weltlichen Oratoriums, und die farbigen, von Shakespeare und Goethe inspirierten Chordramen des **Hector Berlioz** führen vollends in das grenzenlose Reich der poetischen Phantasie.

Der Unterschied zwischen geistlichem und weltlichem Oratorium, der schon bei Händel nicht wesentlich war, verwischte sich vollends. Die Form wurde durch die Tendenz zur Lockerung und Ausbreitung bestimmt, welche die romantische Entwicklung in Oper und Symphonie kennzeichnet. Orchestrale und vokale Elemente mischen sich stärker, die Formauflösung der Wagnerschen Schule greift vom Musikdrama auf das Oratorium über. Die Oratorien **Franz Liszts** und **César Francks**, die großen Chorkantaten **Hans Pfitzners** sind Zeugnisse des romantischen Kunstwillens, der die Geheimnisse des Himmels und der Erde zu ergründen strebt und mit der Größe seiner Leistungen neben der schöpferischen Fülle des Barock fortdauert.

Joseph Haydn

Die Schöpfung (H XXI:2) komponierte Joseph Haydn in den Jahren 1795–98, um die Mitte seines siebenten Lebensjahrzehnts, als Frucht seines englischen Aufenthalts und der Begegnung mit dem Oratorium Georg Friedrich Händels. Sie wurde am 29. April 1799 in Wien erstmals aufgeführt. Die Textdichtung eines sonst nicht bekannten englischen Autors namens Lidley, der sich Miltons *Verlorenes Paradies* zum Vorbild nahm, soll ursprünglich für Händel bestimmt gewesen sein, der sie aber nicht vertonte. Sie ist ein breit ausgesponnener, mit anschaulichem Detail und frommen Lobgesängen durchsetzter Bericht von der Erschaffung der Welt, der den Erzengeln Gabriel, Uriel, Raphael und dem Chor der himmlischen Heerscharen in den Mund gelegt ist. Am Ende stimmt auch das erste Menschenpaar, Adam und Eva, in das Lied der himmlischen Sänger ein. Der 1. Teil behandelt den 1. bis 4. Schöpfungstag mit der Erschaffung der Erde und der Gestirne, der 2. Teil den 5. und 6. Tag mit der Erschaffung der Tiere und Menschen, der 3. Teil feiert die paradiesischen Freuden des 7. Tages. Die charakteristisch englische, naiv weltgläubige Frömmigkeit der Dichtung entsprach dem Geist und Wesen Haydns, der die optimistische Weltlichkeit des Aufklärungszeitalters und den kirchlichen Glauben in sich zur Harmonie verband. Der Wiener Diplomat und Kunstliebhaber Gottfried van Swieten übersetzte den Text, den Haydn von seiner zweiten Londoner Reise mit nach Haus brachte, ins Deutsche und regte den Komponisten zur Vertonung an. Haydn arbeitete mit großer Anstrengung 3 Jahre lang und vollendete ein Werk, dem an Umfang und Bedeutung nichts aus seinem ganzen früheren Schaffen gleichkommt und das einer jahrhundertlangen Entwicklung zum Vorbild wurde.

Das Oratorium beginnt mit einem der eigenartigsten Instrumentalsätze der Musikliteratur, mit der *Vorstellung des Chaos*, aus dem der Kosmos entstanden ist. Daß Haydn, das Genie der Ordnung und der Form, mit dem musikalischen Bilde der Formlosigkeit und der vorzeitlichen Unordnung eines seiner großartigsten Stücke gelungen ist, zeugt von der Weite und Tiefe seiner künstlerischen Natur. Die chaotische Vision dieses Vorspiels ist der unermeßliche Hintergrund, vor dem die heiteren Bilder der Weltschöpfung erst ihre Bedeutung als Werke göttlicher Macht und Güte gewinnen, die Polarität des Nichts und des Seins ist die Spannung, die das Werk über die bloße Idylle hinaushebt. Ein starr ausgehaltenes Unisono-C des ganzen Orchesters symbolisiert die unendliche Leere. Undeutlich wie Schemen schweben thematische Rudimente im Dämmerlicht ziellos schweifender Harmonien. Die funktionelle Bedeutung der Klänge wird verschleiert, so daß die Tonart ungewiß bleibt, Dissonanz und Auflösung werden mit einer in der klassischen Musik beispiellosen Kühnheit ineinander verschränkt, so daß der Wechsel von Spannung und Lösung, das Grundprinzip tonaler Musik, aufgehoben ist. Chromatik, Vorhaltsbildungen und Ausweichungen in ferne harmonische Bereiche verwirren das Ohr. Der erste Forte-Höhepunkt des c-Moll-Stückes täuscht ein Des-Dur vor, der Tonika-Dreiklang c – es – g erscheint unverschleiert vollständig und in Grundstellung – durchgehende Umkehrungen in Sextakkord- und Quartsextakkordform deuten ihn vorher an – erst als Schlußakkord in Takt 58 und 59. Aber das ›chaotische‹ Musikstück läßt doch vage das 3teilige Schema der Sonatenform durchscheinen. Der 1. Teil, aus 2 Themengruppen bestehend, kadenziert in der Paralleltonart Es-Dur und leitet über in eine Durchführung des Seitenthemas, die in die stark verkürzte Reprise des Hauptteils zurückführt. Eine chromatisch gleitende, im Pianissimo verschwebende Coda beschließt den Satz in c-Moll. Wichtiger aber als der technische Aufwand ist die künstlerische Wirkung: das Gestaltlose ist Gestalt geworden.

In schlichtem Rezitativ beginnt die Baßstimme Raphaels die Erzählung: »Im Anfang schuf Gott Himmel und Erde«. Mit gedämpften Stimmen setzt der Chor ein: »Und der Geist Gottes schwebte auf der Fläche der Wasser.« Der C-Dur-Einbruch des vollen, von Trompeten überglänzten Orchesters bei den Worten: »Und es ward Licht« ist ein elementares Klangereignis, das von der ersten Aufführung des Werkes bis heute seine überwältigende Wirkung bewahrt hat. Die Naturgewalt des Dur-Dreiklangs ist, sooft die Stelle auch im Jahrhundert der Tonmalerei kopiert wurde, niemals eindringlicher bezeugt worden. Der Engel Uriel, der Tenor, berichtet in einer A-Dur-Arie vom Sieg des Lichts und, in einer knappen Modulation nach c-Moll, von der Flucht der Höllengeister. Der Chor nimmt die Schilderung auf; einander jagende Einsätze eines abwärtsstürzenden Themas, von Posaunenklang verstärkt, verkünden den Schrecken des Höllensturzes, eine liebliche, einfache Melodie malt die lichte Schönheit der entstehenden Welt. Wieder nimmt Raphael, der Baß, das Wort. Er berichtet, von anschaulichen Orchester-Ritornellen begleitet, von den Stürmen der elementaren Welt, von Blitz und Donner, von Regen, Hagel und Schnee. Nach einem kurzen Lobgesang des Solo-Soprans und des Chores singt Raphael weiter vom wogenden Meere, von den Gipfeln der Berge, die sich aus den

Wassern erheben, von breiten Strömen und vom leise rauschenden Bach im stillen Tale. Den idyllischen Ton, in den sein Gesang ausklingt, nimmt Gabriel auf; die Sopran-Arie »Nun beut die Flur das frische Grün«, in heiterer Pastoralstimmung gehalten, ist ein liebliches Blumenstück, in dem sich bukolische Klänge der Flöten, Klarinetten und Oboen mit den Koloraturen der Sängerin mischen. In D-Dur fallen die himmlischen Heerscharen ein: »Stimmt an die Saiten«; die Chorfuge, »denn er hat Himmel und Erde bekleidet«, mit markantem, durch einen Septimenfall charakterisiertem Baßthema einsetzend, hat Händelschen Gestus. Sonne, Mond und Sterne werden von Uriel begrüßt. Das langsame Aufsteigen des Tagesgestirns, das sich aus langgezogenen Vorhaltsakkorden der Streicher wie aus Nebelschleiern zu strahlender Größe erhebt, ist ein ebenso zwingendes Tongemälde wie das stille Gleiten des Mondes am Nachthimmel, das durch gebundene Geigenklänge über dunklen Bässen dargestellt wird. Mit einem reich gegliederten C-Dur-Finale, das sich in opernhafter Stretta zu einem langgehaltenen Dominant-Orgelpunkt steigert, beschließen Solo- und Chor-Stimmen den *1. Teil* des Oratoriums: »Die Himmel erzählen die Ehre Gottes«.

4 Schöpfungstage umfaßt der 1. Teil, 2 der *2. Teil*: Gott erschafft die lebendige Kreatur, daß sie auf der schönen Erde wohne. Hier entfaltet Haydn seine Kunst der Genremalerei, hier wird die Partitur zu einem Bilderbuch, das die geflügelten und vierbeinigen Bewohner einer paradiesischen Welt vor dem inneren Auge des Hörers vorüberziehen läßt; hier nimmt das Werk einen idyllischen Charakter an, der mit der ernsten Größe des 1. Teiles wirksam kontrastiert. Die Beschreibung der Vogelwelt bleibt der Sopran-Stimme vorbehalten. Die Arie Gabriels, die den Flug des Adlers, das Aufsteigen der Lerche, das Girren des Taubenpaars mit vokalen und instrumentalen Mitteln, mit schwebenden Flugsymbolen, Trillern und Terzenfiguren schildert, ist ein Kabinettstück, in dem die Schäferpoesie des Rokoko nachklingt. Der Gesang der Nachtigall, in Moll beginnend und in jubelnde Koloraturen ausklingend, gibt dem Stück einen lyrisch ausholenden Schluß. Raphaels Rezitative, die von den Tieren des Wassers und der

Erde handeln, sind die Gegenstücke. Der Löwe, der mit tiefem Kontrafagott-Triller brüllt, der Tiger, der mit kurzen, schnellen Streicherläufen emporspringt, der Hirsch, den eine Jagdmusik begleitet, das trabende Roß, Rind und Schaf, die zu Schalmeienklang auf grünen Matten weiden, schwirrende Insekten und Gewürm, das sich in chromatischen Baßlinien am Boden windet: die tonmalerische Akribie ist auf die Spitze getrieben, und es darf danach als absichtsvolle künstlerische Pointierung gelten, wenn die Erschaffung des Menschen in einem schlichten Cembalo-Rezitativ berichtet und in einer mehr lyrischen als beschreibenden Tenor-Arie Uriels kommentiert wird. Die Lobgesänge des 5. Tages sind den Solisten und dem Chor zugeteilt. Ein liebliches Terzett steigert sich zu einem glänzenden Chorschluß, der von Koloraturen des Soprans und des Tenors durchflochten ist. Ähnlich, aber reicher hat Haydn den Schlußgesang des 6. Tages ausgeführt. 2 Chorsätze umrahmen ein Terzett der Solisten, dessen ruhevolle Stimmung von einer dunklen Episode des Basses unterbrochen wird. Zum ersten Male fällt, während die Musik mit Triolen des Streichorchesters von E-Dur nach Ges-Dur ausweicht, die Ahnung des Todes in die junge Welt: »Du nimmst den Odem weg: in Staub zerfallen sie.« Der Chor preist das vollendete Werk in einer kontrapunktisch und harmonisch reichen Fuge, die den hymnischen Charakter des Werkes wiederherstellt.

Ein Orchestervorspiel von lichtem E-Dur-Klang eröffnet den *3. Teil*, der das paradiesische Leben des ersten Menschenpaares vor dem Sündenfall schildert. Adam und Eva, zum Bewußtsein ihrer selbst erwacht, erheben ihre Stimmen und rufen alle Wesen der Natur zum Lobe Gottes auf – ein Duett mit Chor, das, über triolisch pulsierender Orchesterbegleitung ruhig beginnend, sich über einen heiteren Mittelteil zu feurig bewegtem Schluß steigert, ein rauschendes Preislied, erfüllt von der naiv-frohen Morgenstimmung der neu erschaffenen Welt. Nach einem ausdrucksvollen Rezitativ verbinden sich die Baß-Stimme Adams und die Sopran-Stimme Evas zu einem Zwiegesang, der wie die Idealisierung eines opernhaften Liebesduetts wirkt und in seinem Schlußteil fast buffonesken Klang hat. Der Schlußchor des Werkes, »Singet dem Herrn alle Stimmen«, ist eine Fuge, der ein einleitendes Andante vorangeht. Das einfache Thema »Des Herren Ruhm, er bleibt in Ewigkeit« wird mit großer Klangfülle in reizvollen harmonischen Wendungen durchgeführt; eingeschobene, in Terzenkoloraturen fließende »Amen«-Rufe der Solo-Stimmen gliedern das Stück in 2 Teile, denen eine lapidare, die Chor-Stimmen zu höchster Strahlkraft ballende Coda angehängt ist.

Die Jahreszeiten (CXXI:3), Joseph Haydns zweites großes Oratorium, wurden unmittelbar nach der *Schöpfung* in den Jahren 1799 und 1800 komponiert und am 24. April 1801 im Schwarzenbergschen Palais zu Wien zum ersten Mal aufgeführt. Wieder liegt ein englischer Text zugrunde, ein Gedicht von James Thomson, das wieder van Swieten ins Deutsche übertragen hat. Die vier Jahreszeiten werden aus der Sicht des Bauern, dessen Leben und Wirken sie in ewig gleichem Rhythmus bestimmen, geschildert. Saat und Ernte, Jagd und Weinlese sind die Themen, die winterliche Spinnstube macht den Beschluß. So ergibt sich eine Folge von Genrebildern überwiegend idyllischen Charakters. Damit wird das Werk zum Gegenstück der ernsten, in den Bereich des Erhabenen greifenden *Schöpfung*. Die Überfülle der Bilder und Detailmalereien, die hier wie dort oft belächelt worden ist, die aber in der *Schöpfung* durch den roten Faden des biblischen Berichts zusammengehalten wird, erschwert in den *Jahreszeiten* die Bindung des Ganzen. Das Werk gliedert sich in 4 in sich geschlossene Kantaten; ähnlich wie im Bachschen *Weihnachts-Oratorium* bestimmt der Formbegriff des Oratoriums nur den äußeren Umriß. Immerhin ist es dem Textdichter gelungen, dem irdischen Poem durch eine religiöse Schlußwendung einen erhöhenden Ausklang zu geben: der Nacht des Erdenwinters wird die Vision der lichten Himmelswelt gegenübergestellt. Haydn hat diese Möglichkeit der Steigerung ausgenutzt und dem Ganzen einen feierlichen Schluß gegeben, der die Würde der *Schöpfungs*-Musik erreicht. Der Chor wird als »Landvolk« und »Jäger« bezeichnet, als Solisten treten der Pächter Simon (Baß), seine Tochter Hanne (Sopran) und der junge Bauer Lukas (Tenor) hervor.

Der *Frühling*, den der 1. Teil des Oratoriums besingt, ist die Zeit der Saat und der Hoffnung. Den heiteren Gesängen der Lenzesfreude geht ein stürmisch bewegtes, in Moll-Farben gehaltenes Vorspiel voraus, das den Übergang vom Winter zum Frühling schildert, ein seltsam regelloses, die Sonatenform mit Exposition, Durchführung und Reprise nur ungefähr andeutendes Stück, das der »Chaos«-Musik am Anfang der *Schöpfung* verwandt ist. 4 Largo-Takte, die Tonfolge g–f–es–d, in ganzen Noten unisono von Streichern und Fagotten gespielt, scheinen die Öde und Eisesstarre des Winters zu malen. Dann bricht im Vivace ein Drängen und Treiben los, als rängen die Mächte der Natur miteinander um die Herrschaft. Auf einem verminderten Septakkord, dem Höhepunkt des Sturmes, bricht die Musik ab, es folgt unmittelbar das Rezitativ der 3 Solisten, die die Flucht des Winters und das Nahen des Frühlings verkünden:

Der 1. Chor ist eine der unvergeßlich sich einprägenden Eingebungen, denen Haydns Oratorien ihre große Volkstümlichkeit verdanken – ein Lied der Frühlingserwartung, in dessen Mittelteil Frauen- und Männerstimmen sich im Wechselgesang gegenübertreten. Die Mahnung der Männer: »Frohlocket ja nicht allzufrüh«, die die Moll-Harmonien und Dissonanzen des Winters warnend zurückruft, ergibt einen wirksamen Kontrast, aber die Wiederkehr des Hauptteiles stellt die frohe Stimmung wieder her. Auch die Baß-Arie Simons, des Pächters, atmet diese Stimmung naiver Naturfreude. Hier hat sich Haydn den Scherz gemacht, den Ackersmann, der dem Pfluge flötend nachschreitet, die allbekannte Melodie aus dem 2. Satz der *Symphonie Nr. 94 G-Dur »mit dem Paukenschlag«* pfeifen zu lassen; das Orchester zitiert die Reminiszenz mit amüsierlicher Ausführlichkeit. Die Arbeit ist getan; der Segen des Himmels muß bewirken, daß die Saat Früchte trägt. Ein Bittgesang der Landleute fleht um Regen und Sonnenschein. Hier

hat Haydn ein gewichtiges Stück religiöser Aussage geschrieben, das zu den ernsten Höhepunkten der Partitur zählt. Chor und Solo-Stimmen entfalten sich in ruhig fließender Melodie, die sich im 2. Teil in ein polyphones Gewebe verästelt. Der strenge, durch eine fortlaufende Baßlinie gebundene Orchestersatz und die harfenartig rauschenden Violinfiguren des Schlusses geben dem Stück die Würde der Anbetung. Als heiteres Intermezzo folgt ein Freudenlied der Jugend. Hanne, Simons Tochter, und Lukas, ein junger Bauer, führen als Solo-Sopran und Solo-Tenor den Chor der jungen Leute. Vom lichten A-Dur wendet sich der terzenfrohe Gesang nach G-Dur und verharrt endlich in D-Dur. Eingängig ist vor allem eine Episode der Mädchen und Burschen, in der das Orchester das Prickeln und Schwellen der Lenzestriebe ausdrückt. Mit harmonischem Ruck nach B-Dur setzt der Schlußchor ein, Maestoso beginnend und in ein fugiertes Allegro von bäuerlich kraftvollem Klang auslaufend.

Der 2. Teil des Oratoriums, die Schilderung eines *Sommertages* vom Morgen bis zum Abend, ist ganz der Naturschilderung gewidmet. Ein kurzes Präludium stellt die entweichende Nacht und die heraufkommende Dämmerung dar. Der Weckruf des Hahnes ertönt, von der Oboe geblasen; es zeugt von musikalischem Humor, wie Haydn den eifrigen Vogel, seinen Schrei 3mal mit gesteigerter Eindringlichkeit wiederholend, mit dem »Kikeriki« erst zur Quinte, dann zur Sexte, endlich zur Septime aufsteigen läßt. Das Horn des Hirten ertönt, Simon schildert in einer Arie den Auszug der Herde. Hanne kündigt die Morgenröte an. Ein kurzes Solisten-Ensemble malt in chromatisch aus der Tiefe aufsteigenden Harmonien und starkem Crescendo des ganzen Orchesters den Aufgang der Sonne. Von Violinpassagen und Trompetenklängen begleitet, erscheint das Gestirn »in flammender Majestät«: ein Tonbild, das an suggestiver Kraft dem lakonischen »Und es ward Licht« der Schöpfungsgeschichte entspricht. Ein reich gegliederter, mit kunstreichen Koloraturen der Solo-Stimmen geschmückter Sonnenhymnus schließt sich an. Die Morgenfrische weicht bald der Mittagsglut. Ein Largo in E-Dur, von Lukas gesungen, spricht von der drückenden, Mensch und Tier belastenden Hitze. Hanne preist dagegen die Kühle des schattigen Haines, in dem die Schalmei des Schäfers klingt; die Sopran-Arie mit Oboen-Solo »Welche Labung für die Sinne« ist ein bezauberndes Stück pastoraler Musik. Dann aber verdüstert sich die Szene. Die Harmonik wird komplizierter, dumpfer Donner grollt, stockende Pizzikato-Akkorde versinnbildlichen die ängstliche Erwartung der Natur. Eine Generalpause des Orchesters entspricht dem Moment der »Todesstille«. Dann bricht mit einem grellen Blitzschlag, einer in den Tönen des verminderten Septakkords abstürzenden Staccato-Figur der Flöte, das Unwetter los. Die »Gewitter«-Musik in chromatisch verschleiertem c-Moll, die dem entsprechenden Stück in Beethovens Pastoralsymphonie manche Wirkung vorwegnimmt, geht in ein von Angstrufen unterbrochenes Chor-Fugato über. Dann zieht das Wetter vorüber. In stetem Diminuendo beruhigt sich die Musik, die Blitze leuchten fern, die Wolken verziehen sich; aus den Schleiern der Chromatik tauchen reine C-Dur-Klänge empor. Der Schlußgesang ist ein Bild des Abendfriedens. Das heimkehrende Rind brüllt mit ungefügem Posaunenton, die Wachtel schlägt, die Grille zirpt mit schwirrendem Sekund-Intervall der Flöten, die Almglocke klingt, Es-Dur-Klang breitet sich aus wie das milde Sternenlicht der Nacht.

Der *Herbst*, der 3. Teil, ist ein Triptychon, dessen Tafeln in den bunten, kräftigen Farben alter Kalenderbilder gemalt sind. Ernte, Jagd und Weinlese sind die Feste der Jahreszeit. Simon, Lukas und Hanne singen das Lob des Fleißes. Der Chor führt das den Segen der Arbeit verherrlichende Stück in einer Fuge weiter, die aus mächtigen thematischen Stützen und Streben gezimmert ist. Sie wird von einer klangvollen Coda gekrönt, die zum Höhepunkt eines Dominant-Nonenakkordes ansteigt. Dann beginnen Scherz und Spiel. Lukas lobt sein Hannchen, die »Tochter der Natur, die weder Putz noch Schminke kennt«, Hanne preist »ein redlich Herz«, das weder Gold noch Pracht verblenden können. Das buffoneske Duett vertieft sich in einem Adagio-Satz zu schlichtem Ernst, wenn das Paar das Glück treuer Liebe besingt. Die Jagdszene wird durch eine a-Moll-Arie des Simon eröffnet, die mit jagender

Streicherbewegung und rollenden Baß-Koloraturen den Eifer des Spürens und Hetzens verdeutlicht; der Hund streift, der Vogel steigt auf, Blitz und Knall der Büchse werden mit drastischer Klangmalerei nachgeahmt. Den ängstlichen Hasen ist ein eilig huschendes Rezitativ, dem stolzen Hirsch ein hörnerschmetternder Chor gewidmet, der in jubelnde »Halali«-Rufe ausklingt. Das 3. Bild, ganz erfüllt von Lust und Übermut, ist die Weinlese. Flöten und Fiedeln spielen wirbelnde Tanzweisen, der Dudelsack brummt seine Quintenbässe, die Singstimmen schreien ausgelassen »aus vollem Halse« – ein dionysisches Finale, zum Rausch erhöht.

Im 4. Teil schließlich kommt der *Winter* mit Nebel und Dunkelheit. Ein Adagio, wieder in chromatischen c-Moll-Harmonien, gibt das Bild der erstarrenden Natur. Rezitativische und ariose Gesänge malen das trübe Bild weiter aus. Eine Arie des Lukas erzählt in atemlosem Presto von den Irrwegen des Wanderers, der im tiefen Schnee den Weg verloren hat und erst spät, ermüdet und fast erfroren, einen Lichtschein sieht, der ihn zu menschlichen Behausungen führt. Damit schlägt die Stimmung um. Der Hörer wird in die warme Stube geführt, in der gesponnen, gesungen und geschwatzt wird. Ein Spinnliedchen, charakterisiert durch surrende Streicherfiguren und Sforzato-Akzente der Bässe, die den Rhythmus des Fußtritts markieren, wird von Hanne und den Mädchen angestimmt; der volle Chor fällt am Schluß mit ein. Dann folgt, wieder von Hanne gesungen, ein Scherzlied von einem Bauernmädchen, das einem verliebten Edelmann einen Denkzettel gibt; ein schelmisch-biederes Strophenlied, dessen Refrain der Chor mit Gelächter variiert. Eine Arie Simons rückt die Betrachtung auf eine höhere Ebene und bereitet den großartigen, ins Metaphysische greifenden Schluß des Naturgedichts vor. Frühling, Sommer, Herbst und Winter werden als Sinnbilder menschlicher Lebensstadien begriffen: »Schon naht der bleiche Winter sich und zeiget dir das offne Grab.« Über die Vergänglichkeit aber triumphiert die Ewigkeitshoffnung. Trompeten in klarem C-Dur verkünden den großen Morgen, der jenseits des Grabes anbricht. Ein Finale, das aufs glücklichste Naivität und religiösen Ernst verbindet, entwirft mit der gleichen Anschaulichkeit, die die Naturmalereien auszeichnete, ein Bild der jenseitigen Welt, der Himmelspforten und des Heiligen Berges, den das Zelt des Herren krönt. Aus den Fragen des in 2 Gruppen geteilten Chores und den zuversichtlich-gläubigen Antworten der Solisten ergibt sich ein Wechselgesang von fast liturgischer Würde. Eine Chorfuge von Händelschem Zugriff rundet das Werk ab. Wie das Schöpfungsoratorium mit dem Idyll des Schlußteils in menschliche Region hinabsteigt, so erhebt sich umgekehrt das Naturpoem der *Jahreszeiten* am Ende in religiöse Sphären. Dieser Schluß gibt dem Werk die Würde einer Weltfeier im Geist der großen abendländischen Musiktradition.

Wolfgang Amadeus Mozart

Auf dem Gebiet des Oratoriums hat Wolfgang Amadeus Mozart (1756–91) außer dem selten gegebenen *Die Schuldigkeit des ersten Gebots* (KV 35, 1767) allein die **Betulia liberata** (KV 118) geschaffen. Er komponierte diese Azione sacra während seiner zweiten Italienreise im Juli 1771 im Auftrag von Giuseppe Ximenes Fürst von Aragon in Padua auf eines der meistgedruckten Libretti von Pietro Metastasio (1698–1782), das dieser 1734 auf Veranlassung Kaiser Karls VI. geschrieben hatte. Es handelt sich um die biblische Geschichte von Judith und Holofernes nach dem Buch Judit, dem 1. Buch der sogenannten Apokryphen. Metastasio gestaltete sie in der Libretto-Form des neapolitanischen Oratoriums (2 Teile mit je 6 Arien und 1 oder 2 Chorsätzen am Anfang oder Schluß jeden Teils) so wirkungsvoll, daß sie schon vor Mozart mindestens 12mal komponiert worden war und nach ihm noch häufiger, z. B. 1821 von Antonio Salieri, vertont wurde.

Mozart besetzt 3 einzelne Sopran-Soli, Alt-, Tenor- und Baß-Solo, 4stimmig gemischten Chor, je 2 Flöten, Oboen, Fagotte und Trompeten, 4 Hörner und Streicher. Seine *Ouvertüre*, deren 3 aus einem Grundmotiv geformten Teile erst später die heute üblichen Tempobezeichnungen hinzugefügt bekamen und die 3 Chorsätze sind in Form und Inhalt ausgereifte, ausdrucksstarke Stücke. Der Schlußchor bringt im Andante, alternierend mit Judiths ariosem Finale, viermal den Lobpreis Gottes auf die Melodie des IX. Psalmtones (vgl. auch den *Introitus* des Mozartschen *Requiems*). Im 2. Teil (Allegro) wird in syllabischer Tutti-Deklamation Betulias Kampf und Sieg besungen, der zum Vorbild für eines jeden Menschen Kampf gegen die Sünde dienen soll. Auch die Arien zeugen in Anlage, Durchführung und Instrumentation vom Ernst der Ausarbeitung und vom Reifestadium des Mozartschen Personalstils.

Ludwig van Beethoven

Der Meister der *Missa solemnis* und des Chorfinales der *9. Symphonie* ist in der Betrachtung des Oratoriums und der Chorkantate eher am Rande zu erwähnen. Die gesteigerte Größe jener 2 Chorwerke bleibt Ausnahme, die zum übrigen Chorschaffen Beethovens (1770–1827) in geringerem Verhältnis steht. Die *Trauerkantate auf den Tod Josephs II.* (WoO 87) und die *Kantate auf die Erhebung Leopolds II. zur Kaiserwürde* (WoO 88) sind Gelegenheitswerke der Bonner Frühzeit; den späten Schöpfungen *Meeresstille und glückliche Fahrt op. 112* und *Opferlied op. 121b* mangelt es an Volumen und Gewicht. Als Versuch in größerem Maßstab ist sein einziges Oratorium *Christus am Ölberge op. 85*, als reiz- und wirkungsvolle Besonderheit die *Chorfantasie c-Moll op. 80* für Klavier, Orchester und Singstimmen zu nennen.

Das Oratorium **Christus am Ölberge op. 85**, im Jahre 1811 herausgegeben, aber schon in den Jahren 1801 und 1802 komponiert und 1803 aufgeführt, ist der Versuch des Künstlers der Aufklärungszeit, der alten geistlichen Form der musikalischen Bibelerzählung gerecht zu werden. Daß dieser Versuch nicht glückte, liegt einerseits an der Art des Textes: Beethoven wählte zur Komposition nicht Wort und Darstellung der Bibel, sondern dem Zeitgebrauch entsprechend eine paraphrasierende, von vornherein opernhaft angelegte Dichtung von Franz Xaver Huber, die bei aller Feinheit der psychologischen und dogmatischen Exegese dem Stoff nicht gerecht wird und den bearbeiteten Ausschnitt aus dem Passionsgeschehen – das Gebet Jesu in Gethsemane und die Gefangennahme – zur rührenden und dramatisch packenden musikalischen Anekdote macht. Andererseits aber konnte Beethoven selbst weder zur epischen Form des Oratoriums noch zum religiösen Gehalt der Passionsgeschichte ein nahes Verhältnis finden: das Werk ist eher der Nachfolge Grauns als der Bachs zuzuzählen. Den Hauptanteil tragen die Solo-Stimmen, Christus (Tenor), ein Seraph (Sopran) und Petrus (Baß); der Chor hat dramatische und betrachtende Funktion.

Eine Dreiklangsfanfare der Hörner, Fagotte und Posaunen in es-Moll eröffnet das Werk wie der Ruf zu einer kirchlichen Zeremonie. Ein langes orchestrales Vorspiel, das nicht durch thematische Beziehungen, aber durch die lastende Schwere der Stimmung auf das Vorspiel zu Florestans Kerkerszene im 2. *Fidelio*-Akt vorausweist, leitet das Rezitativ und die Arie Jesu ein, die beide bei aller Kraft der Schilderung menschlichen Leidens die göttliche Natur der Christusgestalt nicht ahnen lassen. Ein Seraph erscheint und verkündet dem Gottessohn den Beschluß des Vaters: Nur durch das Leiden Christi kann die Menschheit erlöst werden. Die Arie des Seraphs wird durch den Chor der Engel, der der Menschheit Heil und Erlösung verheißt, zu klanglichem Glanz gesteigert; von starker dramatischer Wirkung ist die drohende Wendung: »Doch weh, die frech entehren das Blut, das für sie floß.« Jesus ergibt sich in den Willen des Vaters; sein Duett mit dem Seraph ist tiefempfundene Musik. Nun wendet sich die Schilderung ganz den äußeren Vorgängen zu, das Oratorium wird zur Oper. Mit einem pianissimo einsetzenden, wie von fern sich nähernden Marsch schleichen im Dunkel der Nacht die Krieger heran, die den Heiland gefangennehmen wollen. Ein 3stimmiger Chor gibt ihnen abenteuerliche, auf die Brigantenchöre der italienischen Oper vorausdeutende Gestalt. Noch einmal bittet der Heiland in einem kurzen, von den Rhythmen des Marsches durchzogenen Rezitativ seinen Vater, die Stunden des Leidens schnell an ihm vorüberfliehen zu lassen. Dann stürzen sich die Häscher auf ihn: »Hier ist er, der Verbannte, der sich im Volke kühn der Juden König nannte.« Die Rufe der verängstigten Jünger vermischen sich mit dem Gesang der Krieger. Die dramatische Spannung der Situation wird noch gesteigert durch das Aufbegehren des Petrus, der mit dem Schwert den Häschern entgegentreten will. Jesus bedeutet ihm, das Schwert in der Scheide ruhen zu lassen; ein Terzett des Seraphs, Jesu und Petri bindet die widersprechenden Empfindungen in einen flüssigen, fast buffonesken Satz. Die Chöre der Krieger und der Jünger fallen ein, ein Maestoso hält die dramatische Bewegung auf und verwandelt sie in oratorische Feierlichkeit. Mit dem fugiert einsetzenden Chor »Preiset ihn, ihr Engelchöre« endet das Werk in einem C-Dur-Rausch, wie er später am Schluß des *Fidelio* wiederkehrt.

Die **Fantasie c-Moll op. 80** für Klavier, Chor und Orchester ist eine der eigenartigsten Schöpfungen Beethovens; sie darf in einer Betrachtung der Chormusik nicht fehlen, obgleich sie keinem der gebräuchlichen Formschemata dieser Gattung entspricht. Ihrer Anlage nach muß sie zu den Klavierkonzerten gezählt werden; die Beteiligung des Chores ist aber so wesentlich, daß auch die Klassifizierung als Kantate gerechtfertigt wäre. Dem reizvollen Werk, das im Jahre 1808 zwischen der *5. Symphonie*, dem *4. Klavierkonzert G-Dur* und der *6. Symphonie* entstand und das am 22. Dezember desselben Jahres mit dem Komponisten am Flügel uraufgeführt wurde, liegt eine poetische Idee zugrunde. Der Komponist beginnt allein am Klavier zu phantasieren, er häuft Akkorde, Arpeggien und Passagen, ohne eine feste thematische Gestalt zu finden. Die Instrumente, durch sein beschwörendes Spiel herbeigerufen, kommen ihm zu Hilfe. Die Bässe intonieren einen Marschrhythmus, Hörner und Oboen blasen anfeuernde Quintenrufe. Da ist der Bann gebrochen, der Pianist spielt, wie von einer glücklichen Eingebung fortgerissen, eine heitere Melodie, die er im Wechselspiel mit Flöte, Oboen, Klarinetten und Fagott mannigfach variiert. Diese Melodie geht auf eine frühe Eingebung zurück; sie findet sich in dem 1794/95 komponierten Klavierlied *Seufzer eines Ungeliebten* (WoO 118) nach Gottfried August Bürgers *Gegenliebe*, aber erst hier hat sie ihre endgültige Stellung und Form erhalten. Ein c-Moll-Allegro und ein A-Dur-Adagio variieren sie in gegensätzlicher Art. Aber damit nicht genug. Was später in der *9. Symphonie* im Großen ausgeführt wird, ist hier im Kleinen vorweggenommen. Nach präludierenden Arpeggien des Klaviers setzt der Chor ein:

Das Variationenspiel beginnt im Wechsel von Frauen- und Männerstimmen von neuem, ein Schluß-Presto, immerfort von Einwürfen des Klaviers angefeuert, steigert den Gesang zu einem freudigen Hymnus auf die Kunst. Der zugrundeliegende Text des Poeten Christoph Kuffner mag vielleicht gerade in seiner rührenden Zeitbedingtheit auch nach 200 Jahren noch auf der Basis historischer Betrachtungsweise ansprechen. Wer einen dichterisch höherwertigen Text mit persönlich nachzuvollziehender Aussage vorzieht, sei nachdrücklich auf das sehr sensibel in die Beethovensche Kantate einempfundene Gedicht von Johannes R. Becher *Seid gegrüßt, laßt euch empfangen* hingewiesen.

Franz Schubert

In jüngerer Zeit findet **Mirjams Siegesgesang op. 136** (D 942) für Sopran, gemischten Chor und Klavier von Franz Schubert (1797–1828) auf ein Gedicht von Franz Grillparzer wieder größeres Interesse. Das etwa 20minütige Werk entstand im März 1828 für die Sängerin Josefine Fröhlich. Es beschreibt den Zug des Volkes Israel durch das Rote Meer in 6 Sätzen, deren letzter – vor der Schlußfuge – die Reprise des ersten ist. Besonders im B-Teil des 2. Satzes, wenn beschrieben wird, wie das Meer sich dem durchziehenden Volke öffnet, erhält der Chor Gelegenheit zu erregten Sechzehntel-Rezitationen und das Klavier zu lautmalerischem Figurenwerk. Der Bericht von der Vernichtung des ägyptischen Heeres im 4. Satz enthält mitreißende rhythmische Akzente und dramatische Höhepunkte. Der Grabgesang über den Pharao und seine Soldaten, der als e-Moll-Kanon zwischen Männer- und Frauenstimmen im 5. Satz erscheint, bildet den lyrischen, meditativen Ruhepunkt vor dem schnellen C-Dur-Schlußsatz mit seiner in 6 Durchgängen einfallsreich geformten Fuge zum Lob des errettenden Gottes.

Franz Lachner (1803–90) hat die von Schubert geplante, aber nicht mehr begonnene Orchestrierung des wirkungsvollen Werkes schon 1830 fertiggestellt. Sie kann in ihrer einfühlsamen Schubert-Nähe nachdrücklich empfohlen werden. Eine spätere Instrumentierung für romantische, große Orchesterbesetzung von **Felix Mottl** (1856–1911) ist von direkterer, plakativer Wirkung.

Felix Mendelssohn Bartholdy

Noch deutlicher als bei Joseph Haydn ist der Einfluß des Händelschen Vorbildes in den Oratorien Felix Mendelssohn Bartholdys zu erkennen. Für Mendelssohn, der von 1809 bis 1847 lebte, bedeutete die musikalische Kultur des Barock schon eine vergangene, ferne Welt, an deren Wiederentdeckung er mit seiner vielzitierten Berliner Neuaufführung der Bachschen *Matthäus-Passion* selbst beteiligt war. Die polyphone Kunst, die Ausdrucksherbheit der barocken Meister waren ihm, dem Romantiker, schon archaische Elemente, die mit künstlerischer Absicht verwendet wurden, um dem musikalischen Stil Größe und Würde zu geben. Darum haftet seinen Oratorien etwas Vergangenheitsbezogenes, Traditionsbewußtes an, das aber keineswegs als epigonal zu bezeichnen ist. Die Verschmelzung von romantischer Gefühlswärme und barokker Formstrenge ergibt einen aparten Klang. Dazu kommt, daß Mendelssohn, wie Händel, ein nahes und ernstes Verhältnis zu den biblischen Stoffen hatte, die er komponierte. Paulus, den gegen das Christentum wütenden, dann zu Christus bekehrten und als Märtyrer zeugenden Juden, und Elias, den eifernden, wundertätigen Propheten des Alten Testaments, hat er als Helden gewählt. Der Plan eines 3. Oratoriums, in dessen Mitte Christus selbst stehen sollte, blieb unausgeführt. Die Themen bezeugen seine undogmatische, familienspezifische Frömmigkeit, die die jüdische und christliche Religion – gemäß der Bibel, die beide enthält und verkündet – als Einheit zu begreifen suchte.

Paulus op. 36 wurde, nach 2jähriger Arbeitszeit, 1836 von dem 27jährigen Komponisten vollendet und am 22. Mai desselben Jahres während des Rheinischen Musikfestes in Düsseldorf aufgeführt. Den Text hatte der Dessauer Konsistorialrat Julius Schubring aus Worten der Bibel zusammengestellt. Der 1. Teil des Oratoriums behandelt, nach einer hymnischen Einleitung, die Predigt und die Steinigung des Stephanus und die Bekehrung des Paulus durch die Vision vor Damaskus. Der 2. Teil enthält das Wirken des Apostels und seine Verfolgung. Als singende Personen erscheinen Paulus als Baß, Stephanus und Barnabas als Tenöre, zwei falsche Zeugen als Bässe; die biblische Erzählung ist auf Sopran-, Alt- und Tenor-Stimme verteilt, der Chor hat dramatische und betrachtende Funktion.

Die *Ouvertüre* beginnt mit dem Kirchenlied *Wachet auf, ruft uns die Stimme*, das hier als Symbol der geistigen Erweckung, der Bekehrung zum Licht des Christentums verstanden wird. Tiefe Streichinstrumente, Klarinetten und Fagotte intonieren die Melodie in romantisch-weichen Akkorden, Violinen, Flöten und Oboen treten dazu und steigern das Thema zu einem Höhepunkt, von dem ein Halbschluß in das Allegro, einen fugierten Moll-Satz im ¾-Takt, überleitet. Das Stück, das sich von Achtel- zu Sechzehntelbewegung entwickelt und in das Posaunen und Trompeten immer wieder das Thema »Wachet auf« hineinblasen, ist ein Musterbeispiel für die Romantisierung barocker Polyphonie. Es steigert sich zu einer Dur-Aufhellung, die der Liedweise strahlenden Glanz gibt. Ein Einleitungschor zum *1. Teil* stellt das Thema des Oratoriums auf: »Herr, gib Deinen Knechten mit aller Freudigkeit zu reden Dein Wort.« Wie zur Barockzeit sind Kirchenlieder als 4stimmige Chorsätze in den Verlauf eingeschaltet; »Allein Gott in der Höh sei Ehr« ist das erste. Dann beginnt die Erzählung. Ein Sopran-Rezitativ berichtet von Stephanus, dessen Predigten und Wundertaten die jüdischen Schriftgelehrten empören. Sie stellen zwei falsche Zeugen auf, die, in kanonischer Form wie schon bei den alten Meistern, ihre Anklage vorbringen und den Stephanus der Lästerung wider das Gesetz beschuldigen. Das Volk hört auf sie und führt Stephanus vor den Rat; ein großartiger, mit prägnanten Motiven komponierter d-Moll-Satz kündet das Mißtrauen gegen die Lehre des Jesus von Nazareth, der das mosaische Gesetz ändern wolle. Stephanus (Tenor) verteidigt sich in einem Rezitativ, das zu den schönsten und ausdrucksvollsten Stücken der Partitur zählt. Seine Rede beginnt tranquillo in g-Moll; ein kurzes Legato-Motiv des Orchesters markiert Tonika, Subdominante und Dominante als harmonische Schwerpunkte. Aber bei der Vorstellung des höchsten Gottes ereifert sich der Angeklagte und wird zum Ankläger derer, die ihn richten wollen. Der Satz wendet sich, zum Allegro gesteigert, nach a-Moll. Das empörte Volk fordert in einem aggressiven, von A-Dur zum Es-Dur-Dreiklang modulierenden Chorsatz seinen Tod. Ein kurzer Einwurf des verzückten Stephanus (»Siehe, ich sehe den Himmel offen und des Menschen Sohn zur Rechten Gottes stehn«) führt die Tonalität nach d-Moll zurück. Auf dem Höhepunkt der dramatischen Erregung wird als meditatives Intermezzo eine Adagio-Arie des Solo-Soprans eingeschaltet: »Jerusalem, die du tötest die Propheten«, ein höchst charakteristisches, zartes Stück, in dem die Singstimme vom Holzbläserklang getragen wird. Die Steinigung des Stephanus, die dann folgt, ist ein scharf rhythmisierter Chorsatz in c-Moll, dessen Vokalpart aus naturalistischen Schreien besteht. Die Liedstrophe »Dir, Herr, Dir will ich mich ergeben« leitet zur Totenklage um den Märtyrer über. Ein elegisches Chor-Andante in Es-Dur, von harfenden Violinfiguren begleitet, ist die Seligpreisung des Dulders.

Nun erst tritt Paulus, von einer Baß-Stimme gesungen, in das Geschehen ein. In einer erregten h-Moll-Arie wütet er, noch als fanatischer Christenfeind Saulus, gegen die Jünger und die Gemeinde ihrer Anhänger: »Vertilge sie, Herr Zebaoth, wie Stoppeln von dem Feuer!« Die in langen, gleichmäßigen Notenwerten schreitende Melodie des Sängers ist größtenteils im Einklang mit den Orchesterbässen geführt, was ihr Gewicht und ihren Nachdruck noch verstärkt. Die Alt-Stimme berichtet in einem kurzen Rezitativ vom Zuge des Saulus nach Damaskus und schließt sogleich ein tröstliches Arioso an: »Doch der Herr vergißt der Seinen nicht«, eine jener liedhaften, durch Gefühlsfülle ergreifenden Melodien, deren Erfindung Mendelssohns besondere Stärke war. Das lyrische Intermezzo bereitet den Wendepunkt vor; ein Rezitativ des Tenors berichtet das Wunder der Bekehrung. Ein volltönender E-Dur-Dreiklang malt das Licht vom Himmel, das den Niederstürzenden umleuchtet; der Frauenchor, von Akkorden der hohen Holzblasinstrumente getragen, singt die Worte des Herrn. Dreimal erklingt die mystische Stimme, mit sanftem Ruf des Namens einsetzend, leise und doch unwiderstehlich befehlend: »Saul, was verfolgst Du mich? Ich bin Jesus von Nazareth, den Du verfolgst! Stehe auf und gehe in die Stadt, da wird man Dir sagen, was Du tun sollst« – 3 kurze, nur wenige Takte umfassende Adagio-Sätze, die die Wirkung der Geisterstimme in Mozarts *Don Giovanni* ins Licht einer göttlichen Offenbarung umkehren. Ein von gewaltigem Orchester-Crescendo eingeleiteter Chorsatz wiederholt den Befehl: »Mache dich auf, werde Licht!« Ein vielfach verschlungenes h-Moll-Fugato, das jagende Violinfiguren begleiten, singt von der Finsternis, die die Erde bedeckt; der akkordische, majestätische D-Dur-Schluß verkündet die Herrlichkeit des Herrn. Wieder erklingt, in D-Dur von 4stimmigem Chor gesungen, von Fanfaren-Einwürfen der Trompeten, Hörner und Posaunen unterbrochen, die 1. Liedstrophe »Wachet auf!« Und wieder ertönt die Stimme des Paulus, des nun Bekehrten, den das blendende göttliche Licht mit Blindheit geschlagen hat. Auch diese Arie steht in h-Moll, aber die Tonart hat hier den elegischen Klang, den Bach ihr gab; in Zerknirschung fleht der Sünder mit Worten der Psalmen um Gottes Barmherzigkeit. Ein Tenor-Rezitativ erzählt die Berufung des Jüngers Ananias, der beauftragt wird, die Blindheit des Paulus zu heilen; dazu klingen wieder die Bläserakkorde der Damaskus-Vision, nun aber in den Tonarten C-Dur und a-Moll. In einer Arie mit Chor äußert Paulus Dank und Zuversicht, der Solo-Sopran berichtet in einem koloristisch reich ausgeführten Rezitativ die Heilung: »Und alsbald fiel es wie Schuppen von seinen Augen, und er ward wieder sehend und stand auf und ließ sich taufen.« Mit einem groß angelegten Chor schließt der 1. Teil des Oratoriums. Ein massiv-akkordisches 6taktiges Thema hält als Anfang, Mitte und Schluß die Form zusammen. Dazwischen stehen polyphon gelockerte Episoden, deren zweite sich zu einem kunstvollen Fugato entwickelt. Eine »Amen«-Fuge, die die früheren Themen mitverarbeitet, leitet zum abschließenden akkordischen Hauptthema zurück.

Noch großartiger ist der Chor, der den *2. Teil* eröffnet: »Der Erdkreis ist nun des Herrn, denn alle Heiden werden kommen und anbeten.« Der Chor ist durch Teilung der Soprane zur Fünfstimmigkeit erweitert. Auf eine pathetische Adagio-Einleitung folgt eine Fuge über 2 gegensätzliche, miteinander abwechselnde, am Schluß kontrapunktisch verkettete Themen, ein Stück von Händelschem Geist, durch strömenden thematischen Fluß imponierend. Der Apostel zieht aus, den Heiden zu predigen, begleitet von Barnabas, den Gott ihm zum Gefährten bestimmt hat. Beider Stimmen, Tenor und Baß, verbinden sich in einem Duettino, dem ein wohlklingender Chor folgt: »Wie lieblich sind die Boten, die den Frieden verkündigen«, ein G-Dur-Satz in ruhig fließendem 6/8-Takt; wieder eine charakteristische Eingebung des Melodikers Mendelssohn. Als drittes idyllisches Stück schließt sich ein Arioso des Soprans an, ein Lied von der Gnade des Herrn. Dann aber nimmt die Musik wieder dramatische Züge an. Die Juden erkennen in dem Prediger Paulus denselben, der schon in Jerusalem das Volk verstörte und dem alten Gott abspenstig machte. Ein straff rhythmisierter d-Moll-Satz ist ihr Gottesbekenntnis, in einem erregten, von schnellen Akkord-Repetitionen getragenen g-Moll-Chor steigert sich ihr Haß von heimlichem Flüstern bis zu Schreien der Raserei. Auf dem Höhepunkt bricht der Chor ab, und wie aus einer anderen Welt klingt, von Klarinette, Fagott und Violoncello durch ein leises, imitatorisch melodiöses Präludium eingeleitet, die vom Solo-

Quartett gesungene Liedstrophe: »O Jesu Christe, wahres Licht«. Die 2., vom Chor übernommene Strophe begleitet ein Filigran aus duftigen Sechzehntelfiguren der Holzblasinstrumente und der Violinen. Auf ein Duett der beiden Apostel folgt im Rezitativ des Soprans die Erzählung von dem Lahmen in Lystra, den Paulus gehend macht. Die Heiden erweisen darauf den Aposteln göttliche Verehrung; ein sinnenschöner A-Dur-Chor bittet: »Seid uns gnädig, hohe Götter.« Aber Paulus empört sich gegen ihre Anbetung und predigt ihnen den wahren, unsichtbaren Gott; seinen feierlich pathetischen Gesang »Aber unser Gott ist im Himmel« weitet der Chor zu einem motettischen d-Moll-Satz, den die Liedmelodie *Wir glauben all an einen Gott* als Cantus firmus durchzieht, im Orchester durch Altposaune, Hörner und Oboen akzentuiert. Da erhebt sich das Volk gegen den Prediger. Juden und Heiden tun sich zusammen, ihn zu steinigen; »aber der Herr stand ihm bei und stärkte ihn«. Eine Cavatine des Tenors, »Sei getreu bis in den Tod«, bereitet den letzten, *3. Teil* des Oratoriums vor. Die schlichte, aus dem Wortklang entwickelte Melodie wird von ruhig fließenden Sechzehntelläufen des Violoncellos umspielt; wie eine tröstende Weissagung klingen die Worte: »Fürchte dich nicht, ich bin bei dir«. Wieder genügt einfaches, liedhaftes Melos, das Ernsteste zu sagen. Paulus verabschiedet sich von den Ältesten der Gemeinde zu Ephesus, um sich in Jerusalem dem Gericht der Juden und dem Martyrium zu stellen. Die Bitte der Gemeinde, ein trauernder a-Moll-Chor, hält ihn nicht zurück; »sie geleiteten ihn in das Schiff und sahen sein Angesicht nicht mehr«. Damit endet die Handlung. 2 Chorsätze sind der lyrische Ausklang; sie preisen die Liebe des Herrn und verheißen dem Frommen die Krone der Gerechtigkeit. Eine Fuge, die dem Psalmtext »Lobe den Herrn, meine Seele, und was in mir ist, seinen heiligen Namen« ein lebhaftes, harmonisch reizvolles Thema gibt, führt zum klangprächtigen D-Dur-Schluß.

Elias op. 70, als alttestamentliches Gegenstück zum *Paulus* gleich nach dessen Vollendung geplant, aber erst 10 Jahre später, 1846, abgeschlossen und in Birmingham aufgeführt, wirkt gegenüber dem eher lyrischen, nazarenisch-schwärmerischen *Paulus* als dramatisch ehernes Spätwerk. Schon der Stoff schreibt diesen Charakter vor. Der Held ist eine der erhabenen, gotteigenen Prophetengestalten der Bibel. Der Text zeigt ihn in bewegten Bildern als Wundertäter, der den Regen vom Himmel auf das ausgedörrte Land hinab erbittet, als Kämpfer, der über den Götzendienst des Baal triumphiert. Die Kontraste und spannungsvollen Situationen sind gegeben, und der Komponist hat sie ausgenutzt, um eine farbige, dramatisch fesselnde Partitur zu schaffen. Als Solo-Stimmen erscheinen eine Witwe, die den Elias beherbergt, ein Knabe, der nach dem Wetter ausschaut (Sopran), der Engel und die Königin (Alt), Obadjah und Ahab (Tenor); Elias singt Baß.

Mitten in das Geschehen führt der Komponist seine Hörer. Im Anschluß an 4 leitmotivische d-Moll-Akkorde der tiefen Blechbläser tönt die Stimme des Propheten Elias, der verkündet, es solle weder Tau noch Regen fallen, bevor er, Elias, es ansagen werde. Charakteristisch sind die verminderten Quintintervalle auf dem Höhepunkt der Prophezeiung. Danach erst setzt die *Ouvertüre* ein, ein fugierter d-Moll-Satz, der die Dürre und die Not des Volkes darstellt. Er leitet unmittelbar in den 1. Chor des *1. Teils* über, die Klage des Volkes um die verlorene Ernte, die Bitte um Hilfe. Die Bitte des Chores wird in intimerer Form als Duett zweier Soprane wiederholt; der 2stimmige a-Moll-Satz »Zion streckt ihre Hände aus« ist echter Mendelssohn, wohlklingendes, liedhaft empfundenes Duettieren. Der fromme Obadjah ruft das Volk zur Reue auf; die Tenor-Arie »So ihr mich von ganzem Herzen suchet« ist ein Bekenntnis der Gottessehnsucht; die emphatisch geschwungene Melodie wird von einer wiegenden Begleitung getragen, aus der die Holzblasinstrumente – Fagott, Klarinette und Flöte – solistisch hervortreten. Das Volk antwortet mit einem verzweifelt erregten Chorsatz: »Aber der Herr sieht es nicht, er spottet unser.« Der Komponist arbeitet mit naturalistischen Mitteln: heftig aufzuckende Baß-Thematik zum c-Moll-Tremolo der Violinen, massierte Akkordschläge mit kühnen Dissonanzbildungen. Die verminderten Quinten, die schon die Prophezeiung des Elias charakterisierten, gewinnen als

Thema des Fluches, der über dem Volke liegt, leitmotivische Bedeutung. Ein choralartiger Moll-Satz und ein polyphon gelockerter Schlußteil in C-Dur stellen die Bilder des zürnenden und des gnädigen Gottes einander gegenüber; beruhigt und hoffnungsvoll verklingt der Gesang in leisen, gehaltenen Akkorden. Ein Intermezzo berichtet, wie Elias durch einen Engel aus dem mit Dürre und Hungersnot geplagten Lande gerettet und an den Bach Crith geführt wird, wo Raben ihm Brot bringen. Ein Doppelquartett der Engel begleitet seinen Weg. 8 Solo-Stimmen, teils schlicht homophon, teils in durchbrochenem, imitierendem Satz geführt, vereinigen sich zu einem liedhaften Gesang, dessen milde, lichte Schönheit zu den bezauberndsten Eingebungen des Komponisten zählt. Sie entstand 1844 als 8stimmige A-cappella-Motette und Gruß an König Friedrich Wilhelm IV. von Preußen und Dank an Gott für seine Errettung von dem Attentat am 26. Juli 1844. Als auch der Bach vertrocknet ist, weist der Engel den Elias weiter nach Zarpath, wo eine Witwe ihn aufnehmen soll. Der Prophet erweckt den Sohn der Witwe, der an einer Krankheit gestorben ist, zum Leben. Die Szene ist in einem dramatischen Duett geschildert, das die Klagen der Trauernden, das Gebet des Elias und den jubelnden Dank der Mutter in großartiger Steigerung zusammenfaßt. Der Chor fällt ein mit einem von fließenden Sechzehntelfiguren der tieferen Streichinstrumente begleiteten Danklied: »Wohl dem, der den Herren fürchtet« – ein lyrisch-heiteres, im Mittelteil mit einem fanfarenartig aufsteigenden Dreiklangsthema zu fester Zuversicht gesteigertes Stück, ein bewegendes Dokument romantischer Religiosität.

Auf das intime Zwischenspiel folgt die dramatische Hauptszene des Werkes. Der Prophet tritt aus der Verborgenheit hervor. Er kündigt an, daß er nun, im dritten Jahre der Dürre, vor den König von Israel treten will und daß Gott es wieder regnen lassen werde auf Erden. Sein Rezitativ nimmt, vom d-Moll der Einleitung des Oratoriums nach Es-Dur transponiert, die schweren Bläserakkorde und den verminderten Quintschritt, die musikalischen Symbole seiner prophetischen Sendung, wieder auf. Elias spricht zu Ahab, dem götzendienerischen König, und ruft die Priester des heidnischen Baal zu einem Wettstreit auf. Ein Brandopfer soll bereitet, aber kein Feuer daran gelegt werden. Beide – die Priester Baals und Elias, der einzige übriggebliebene Priester Jehovas – sollen den Namen ihres Gottes anrufen. Welcher den zündenden Blitzstrahl auf den Altar sendet, der soll als wahrer Gott verehrt werden. Die großartige Szene wird nun aufs farbigste ausgemalt und zu äußerster Wirkung gesteigert. Die Baalspriester beginnen mit einem Bittgesang von recht äußerlichem Männerchor-Pathos:

Männerstimmen, von Hörnern und Posaunen begleitet, und Frauenstimmen, von Holzblasinstrumenten getragen, wechseln einander ab und vereinigen sich zu auftrumpfendem Tutti-Satz. Das rituelle Pathos schlägt um in drängende Erregung; ein jagender Allegro-Satz mit Chor-Unisono scheint schon die innere Unsicherheit der Betenden anzudeuten. Höhnisch mahnt Elias die Priester, lauter nach ihrem Gott zu rufen. Mit einem lapidaren, durch scharfe Dissonanzen gekennzeichneten fis-Moll-Satz raffen sie sich von neuem auf. Ihr Gesang mündet in ein wirbelndes Presto. Auf ihre Rufe »Baal, gib uns Antwort!« folgt nichts als Schweigen. Zweimal 2 Takte Generalpause symbolisieren die Ohnmacht des Götzen und die Enttäuschung des Volkes, dessen fanatisierte Glaubensbegeisterung ins Nichts greift. Nun ist für Elias der Augenblick des Triumphes gekommen. Er betet zu Jehova:

Die Adagio-Melodie, die in 3 Ansätzen vom Grundton um eine Dezime ab- und wieder in gleichmäßigen Schritten zur Dominante aufsteigt, ist Inbegriff alttestamentlicher Frömmigkeit. Hier, auf dem Spannungshöhepunkt, schaltet der Komponist als retardierendes Moment ein Kirchenlied ein: »Wirf Dein Anliegen auf den Herrn«, das von 4 Solo-Stimmen zu gehaltenen Akkorden der Bläser und kadenzierenden Violinfiguren gesungen wird. Noch einmal ruft Elias die Engel des Herrn; da stürzt die Flamme vom Himmel auf den Opferaltar herab. Ein e-Moll-Satz malt mit schwirrenden Streicherfiguren den Brand. Der Feuerzauber mündet in einen choralartigen Gesang des Volkes, das dem Eindruck des Wunders erliegt: »Der Herr ist Gott, es sind keine anderen Götter neben ihm.« Elias läßt die Priester des Götzen Baal hinrichten; seine a-Moll-Arie »Ist nicht des Herrn Wort wie ein Feuer?« offenbart die schreckliche, furchterregende Seite alttestamentlicher Gottesschau. Ein eingeschobenes, kurzes Arioso des Alts beklagt noch einmal die Abtrünnigkeit des Volkes. Dann kündigt sich das zweite Wunder an. Der Prophet fleht zu Gott, die Not des Volkes zu enden und Regen zu spenden. Dreimal wiederholt er, im ariosen Rezitativ, immer dringender seine Bitte, die der Chor des Volkes wie in einem Responsorium bekräftigt. Er sendet einen Knaben, auszuspähen, ob der Himmel das Gebet erhöre. Dreimal antwortet der Knabe, während ein leiser C-Dur-Akkord der Holzblasinstrumente die atemlose Stille und Spannung malt: »Ich sehe nichts« – eine geniale kompositorische Vision. Dann zwingt die beschwörende Kraft des Propheten das Raunen und Rauschen des Windes und des Regens herbei, die in arpeggierenden

Sechzehntelfiguren der Violen leise aufklingen. Noch ein letzter, von Akkorden der Hörner und Posaunen getragener Aufschwung des Gebets: dann verkündet die Stimme des Knaben, vom rasch anwachsenden Tremolo des Orchesters begleitet, das Nahen einer Wolke vom Meere her. Der ersehnte Regen stürzt herab, durch ›tropfende‹ Triolenfiguren der Violinen symbolisiert, das Volk dankt in einem Chorsatz, der durch dissonante Akkordschichtungen der Stimmen und durch rauschende Begleitfiguren des Orchesters die jubelnde Stimmung deutlich macht.

Der *2. Teil* des Oratoriums setzt ein mit einer meditativen Zwischenaktmusik. Die Sopran-Arie »Höre, Israel!» zählt zu den ansprechendsten Momenten des Werkes. Die schlichte, von Flöten, Oboen und Klarinetten begleitete Melodie des h-Moll-Adagio ist ganz aus dem Wortklang entwickelt, eine immerfort wiederholte Beschwörung: »Ach daß du merktest auf sein Gebot!« An den Dur-Teil der Arie schließt sich ein gravitätischer Chorsatz, »Fürchte dich nicht, spricht unser Gott«, der in eine dissonanzenreich enggeführte Fuge einmündet. Der Ton h des scharf skandierten Rufes »Fürchtet euch nicht« hat als harmonischer Angelpunkt zwischen den Tonarten e-Moll und G-Dur kritische Bedeutung. Die Handlung geht weiter: Elias beschuldigt den König Ahab des Götzendienstes. Die Königin hetzt das Volk auf, den unbequemen Mahner zu töten. Der Volkschor »Wehe ihm, er muß sterben« ähnelt in seinem dissonanzenreichen, mit schnellen Orchesterfiguren untermalten Realismus den Turba-Chören der Bachschen Passionen. Dem wilden a-Moll-Ausbruch wird eine beruhigende A-Dur-Episode gegenübergestellt. Obadjah beredet in einem ariosen Rezitativ den Propheten, in die Wüste zu fliehen. Elias gibt den Kampf auf und flieht. Seine vom Violoncello begleitete fis-Moll-Arie »Es ist genug«, an Innigkeit und Ernst das ausdrucksvolle Hauptstück des Werkes, ist erfüllt vom Klang einer Resignation, die zugleich Erhebung über das Leben, Eingehen in die erlösende Sphäre der Vollendung ist. Engelchöre geleiten den Wanderer in die Wüste, auf den Berg Horeb. Die Alt-Arie »Sei stille dem Herrn« und der schlichte, choralartige Chorsatz »Wer bis ans Ende beharrt, der wird selig« geben der resignierten Episode tröstlichen Ausklang. Dann setzt das Geschehen zur Schlußsteigerung an. Ein Engel befiehlt dem Elias, auf den Gipfel des Berges Horeb zu treten: »Verhülle dein Antlitz, denn es naht der Herr.« Und es ereignet sich die Begegnung mit dem unsichtbaren, unvorstellbaren Gott, die Höhepunkt und Erfüllung dieses Prophetenlebens ist. Der Chorsatz, der dieses Ereignis schildert, ist ein inspiriertes Musikstück, dessen farbige Tonmalerei mystischen Sinn hat. Aus leisesten, rasch anschwellenden e-Moll-Harmonien des mit Hörnern, Trompeten und Posaunen besetzten Orchesters steigt, mit einem vom Grundton zur Quinte und Sexte fortschreitenden Motiv, der Ruf des Frauenchores auf: »Der Herr ging vorüber.« In 3 Ansätzen wird die Erscheinung des Gottes vorbereitet. Ein Sturmwind, ein Erdbeben, ein Feuer gehen ihm voraus, aber der Herr ist nicht in ihnen. Dann, mit einer zarten Wendung nach E-Dur, wird das Wunder Ereignis: »Und nach dem Feuer kam ein stilles, sanftes Sausen, und in dem Säuseln nahte sich der Herr.« Einfache, reine Harmonien, von leisen Streicherfiguren umspielt, verkünden die Gegenwart Gottes; in einem klangprächtigen Doppelchor in C-Dur, von Bläserharmonien gestützt, singen die Seraphim sein Lob. Ein einstimmiger Männerchor, in den die Frauenstimmen mit vollen Akkorden einfallen, befiehlt dem Propheten, wieder hinabzugehen in das Land Israels und seinen Kampf gegen den Götzendienst zu Ende zu führen. In einer Arie spricht Elias seinen Gehorsam aus. Sein Lebensende ist in einer großen, balladesken Chorerzählung zusammengefaßt. Noch einmal kehrt er in die Welt zurück: »Und der Prophet brach hervor wie ein Feuer, und sein Wort brannte wie eine Fackel.« Ein stürmischer f-Moll-Satz erzählt von dem letzten, eifernden Wirken des Propheten; eine C-Dur-Fanfare des Orchesters, die der Chor aufnimmt, leitet den Bericht seiner Himmelfahrt ein. Mit einem plötzlichen, ohne Modulation erreichten A-Dur-Klang kündigt sich dieses letzte Wunder an: »Siehe, da kam ein feuriger Wagen mit feurigen Rossen«. Der Satz wendet sich von d-Moll über C-Dur nach Es-Dur; in Terzen aufsteigende Tonleitern der Singstimmen symbolisieren die Auffahrt zum Himmel, lapidares Unisono des Chores bildet den Schluß.

Der nun folgende *Epilog* gibt den neutestamentlichen Ausblick: Die Weissagung vom Kommen des Messias, der das Werk des Elias vollenden wird. Der Chor und ein Solistenquartett feiern den Heiland. Die harmonisch kraftvolle Schlußfuge »Herr unser Herrscher, wie herrlich ist Dein Name in allen Landen« singt noch einmal in hellem Ton das Lob Gottes.

Die erste Walpurgisnacht op. 60, Ballade von Goethe für Chor und Orchester in Musik gesetzt von Felix Mendelssohn Bartholdy, ist unter den im Formenkatalog der Romantik gern gepflegten Chorballaden als eine der meistaufgeführten zu nennen. Goethe hatte das Gedicht eigens zur Vertonung als Chorkantate geschrieben; Mendelssohn nahm die Anregung des Dichters auf und begann schon früh, auf seiner ersten italienischen Reise, mit der Komposition. Erst viel später aber wurde das Werk vollendet und im Jahre 1843 aufgeführt. Der Dichter bezeugt in dem heiter-phantastischen Poem seine Sympathie mit dem Heidentum. Er ironisiert zugleich den Gespensterglauben an die Walpurgisnacht, dem er freilich an anderem Orte, in der *Faust*-Dichtung, eine poetische Funktion zugeteilt hat. Ein gallischer Volksstamm, der von christlichen Unterdrückern geknechtet ist, will in nächtlicher Heimlichkeit den alten Brauch des Druidenkults erfüllen und das Frühlingsfest begehen. Um die christlichen Wächter zu täuschen und zu erschrecken, vermummen sich die Feiernden und vollführen einen teuflischen Lärm. Die Wächter glauben, die Hölle sei losgebrochen, und fliehen. Das ist die »erste Walpurgisnacht«, von der sich der Glaube an den Teufels- und Hexenspuk der Mainacht herschreiben mag. Mendelssohn hat aus dem launigen Text ein Kabinettstück romantisch-humoristischer Musik gemacht, das durch seine grotesken Züge Berlioz nahesteht. Zum Chor, der sowohl Heiden wie Christen vertritt, kommen mehrere Solisten: ein Druide (Tenor), ein Priester (Bariton), eine alte Frau aus dem Volke (Alt), ein Wächter der Druiden (Baß), ein christlicher Wächter (Tenor). Mit etwa 45 Minuten Aufführungsdauer ist diese brillant angelegte Chorballade zwar nicht abendfüllend, aber von spontaner und faszinierender Wirkung.

Robert Schumann

Durch Robert Schumann (1810–56), den Romantiker des Klaviers und des Liedes, wurde das Oratorium in den Gefühls- und Stilbereich der deutschen Romantik einbezogen. Hatte Mendelssohn die ursprüngliche geistliche Bedeutung der Oratorienform respektiert und die große Tradition Händels zu erneuern versucht, so wandte sich Schumann – radikaler, extrem individualistisch empfindend – entschieden von allen Vorbildern ab und entwickelte aus den charakteristischen Wesenskräften der romantischen Gegenwart, aus ihrer Phantastik, ihrer poetischen Schwärmerei, ihrer Gefühlsinnigkeit einen neuen Typus der Chorerzählung, der im Verhältnis zu den barocken Vorbildern kleineren, intimeren Formats und entsprechend der besonderen Begabung des Komponisten ausgeprägt lyrischen Wesens war, der aber als eigentümliche, reine Schöpfung der Romantik überzeitliche Bedeutung hat.

Das Paradies und die Peri op. 50, Schumanns erstes Oratorium, wurde im Jahre 1843 vollendet. Den Stoff entnahm der Romantiker auf Anregung seines Freundes Emil Flechsig, der den betreffenden Abschnitt des Originals übersetzte, dem Epos *Lalla Rookh* des irischen Dichters Thomas Moore. Die Dichtung ist ein Erlösungsmythos, der sich orientalisch-indischer Bilder und Gestalten bedient. Ein sündiger Engel, eine Peri, will die Seligkeit des verlorenen Paradieses wiedergewinnen. Ein Spruch verkündet ihr, sie werde Einlaß in das Paradies finden, wenn sie »des Himmels liebste Gabe« darbrächte. Zweimal wird sie abgewiesen. Ein Tropfen vom Blute eines Kriegers, der für die Freiheit gefallen ist, der letzte Seufzer einer Liebenden, die mit dem Geliebten den Tod geteilt hat, genügen nicht der Forderung. Beim dritten Male wird sie erhört: die Träne eines reuigen Sünders öffnet ihr die Pforte des Paradieses. Das ist im Grunde ein religiöser Stoff, und darum steht das Werk trotz seiner exotischen Einkleidung der Tradition des geistlichen Oratoriums nicht so fern, wie es auf den ersten Blick erscheinen will. Neu ist aber die romantisch-freie, lyrische Form. Schumann verzichtet ganz auf das Rezitativ, das überlieferte Mittel der Erzählung. Auch die berichtenden Partien haben liedhaften Charakter, in ununterbrochenem melodischen Fluß von Solo- und Chorgesängen, wie eine große Ballade, zieht das Geschehen vorüber. Das mag vor allem der Grund dafür sein, daß Schumann die Bezeichnung »Oratorium« vermied und von einem »neuen Genre für den Konzertsaal« sprach. Bericht, Betrachtung und Lyrik verfließen ineinander. Singende Personen sind die Peri (Sopran), eine Jungfrau (Sopran), ein Engel (Alt), ein Jüngling (Tenor), ein Mann (Bariton), der Tyrann Gazna (Baß). Die Erzählung ist auf Solo-Stimmen und den Chor verteilt, der auch die tonmalenden Stimmungsbilder und die großen, zusammenfassenden Schlußgesänge des 3teiligen Werkes vorträgt.

»Die Geschichte der Peri«, sagt Schumann, »ist wie für Musik geschrieben. Die Idee des Ganzen ist so dichterisch, so rein, daß es mich ganz begeisterte.« Der eigentümliche Zauber des Werkes umfängt den Hörer von den ersten Takten an bis zum jubelnden Finale, das die Stimme der Peri, bis zum c^3 aufwärtsgeschwungen, mit dem Gesang des vollen Chores zu leuchtender Strahlkraft verbindet.

Der Rose Pilgerfahrt op. 112, Schumanns letztes, 1851 in Düsseldorf geschriebenes Oratorium, verkörpert noch einmal den romantischen, poetisch-märchenhaften Typus. Ganz auf leise, intime Wirkung gestellt – die erste Aufführung fand im Hause des Komponisten am Klavier statt, die Orchesterfassung wurde erst nachträglich ausgearbeitet –, ganz von volkstümlichem Liedklang erfüllt, steht das Werk im äußersten Gegensatz zur monumentalen Händelschen Form; der Kontrast von Barock und Biedermeier könnte nicht einleuchtender demonstriert werden. Die Dichtung Moritz Horns behandelt ein Lieblingsmotiv der Romantik, das Friedrich de la Motte Fouqué mit seinem Undinen-Märchen zuerst angeschlagen hatte: Eine Elfe verläßt die Geisterwelt, um Mensch zu werden; als armes Menschenmädchen erlebt sie das Leid und das Glück der Kinder dieser Erde. Sie liebt, bringt ein Kind zur Welt und stirbt, und Engel singen ihr Requiem. Der Aufstieg aus der Elementarsphäre durch die Menschenwelt in die himmlische Höhe wird in naiven, schlichten Bildern dargestellt. Das ganze etwa 60minütige Werk ist ein Meisterstück poetischer Stimmungskraft und schlichter, reifer Satzkunst. Rose, die Hauptpartie, singt ein Sopran. Eine Tenor-Stimme fungiert als Erzähler, als Personen des Spiels erscheinen die Elfenfürstin (Mezzosopran), Marthe (Alt), der Totengräber (Baß), der Müller (Bariton), die Müllerin (Mezzosopran), der Förstersohn (Tenor). Der Chor, in den Elfen- und Engelszenen zum Frauenchor reduziert, hat in volksliedhaften und kunstvolleren, Bilder und Stimmungen schildernden Gesängen vielfältige und dankbare Aufgaben zu erfüllen.

Szenen aus Goethes »Faust« (WoO 3) heißt eine umfangreiche, die herkömmliche Besetzung des Oratoriums – Solo-Stimmen, Chor und großes Orchester – verwendende Komposition, die Schumann in den Jahren von 1845 bis 1853 beschäftigte. Es ist die Auseinandersetzung des romantischen, jeder literarischen Anregung zugänglichen Musikers mit Goethes *Faust*-Dichtung, dem unergründlichen poetischen Koloß, der das künstlerische Schaffen des Jahrhunderts überschattete. Schumanns Komposition, die sich streng an den Goetheschen Wortlaut hält, unterscheidet sich von der Mehrzahl der übrigen *Faust*-Vertonungen, indem sie von vornherein den Inhalt der ganzen Goetheschen Dichtung, nicht nur die Gretchentragödie oder die Fabel des Puppenspiels, zum Vorwurf hat. Der Komponist begann seine Arbeit mit der Schlußszene des 2. Teils; sie wurde als Chorkantate im Goethe-Gedenkjahr 1849 in Dresden, Leipzig und Weimar aufgeführt. Von hier aus schritt er rückwärts und fügte zunächst den Szenenkomplex »Fausts Tod«, sodann die Gretchenszenen aus dem 1. Teil der Goetheschen Dichtung hinzu; die Ouvertüre entstand zuletzt. Das Ganze ist dennoch nicht, wie die etwa gleichzeitig entstandene *Faust*-Komposition Hector Berlioz' (*»La Damnation de Faust«*), ein geschlossenes, durch den Faden einer fortlaufenden Handlung und durch voll ausgeführte dramatische Charaktere zusammengehaltenes Oratorium geworden. Es gleicht mehr einer lyrischen Kantate, die Szenen aus der als bekannt vorausgesetzten Dichtung aneinanderreiht und durch die Einheit der musikalischen Stimmung miteinander verschmilzt. Die *1. Abteilung* enthält die Liebesszene im Garten,

Gretchens Monolog vor dem Bild der Gottesmutter und die Szene im Dom, die *2. Abteilung* den Sonnenaufgang am Anfang von Goethes 2. *Faust*-Teil und die Todesszenen des 5. Aktes. Die *3.*, musikalisch gewichtigste *Abteilung* ist eine frühe Vertonung der ganzen Schlußszene, wie sie später Gustav Mahler in seiner 8. Symphonie unternommen hat. Die Verklärung, die Reinigung und Rettung der Sündigen und Irrenden ist das Ziel, die eigentliche, erlösende Aufgabe der romantischen Musik. Auch darin unterscheidet sich Schumann von Berlioz, den vor allem das satanische Element des Stoffes reizte. Bei Berlioz ist Mephistopheles die aktive Hauptgestalt; das Drama endet mit dem Höllensturz Fausts, der ganze 2. Teil der Goetheschen Dichtung, der lange Weg der Läuterung und Erlösung, bleibt unberücksichtigt. Die charakteristischen Stimmen des Schumannschen Werkes sind: Faust (Bariton), Mephistopheles (Bariton), Gretchen (Sopran), Böser Geist (Baß), Ariel (Tenor), vier graue Weiber (Soprane und Alte), die heiligen Anachoreten: Pater ecstaticus (Tenor), Pater profundus (Baß), Pater seraphicus (Baß); Doctor Marianus (Tenor oder Bariton), Mater gloriosa (Alt), drei Sünderinnen (2 Soprane und Alt), Una Poenitentium (Sopran). Der Chor hat die Sänger des »Dies irae« im Dom, Elfen, Lemuren und Engel darzustellen.

Die *Ouvertüre*, »Langsam, feierlich« überschrieben, auf den traditionellen Allegro-Teil verzichtend, ist ein überwiegend düster gehaltener d-Moll-Satz, ein konzentriertes, stimmungshaftes Vorspiel im Sinne der späteren romantischen Oper.

Der *1. Teil* des Oratoriums ist ganz der lieblichen und mitleidenswerten Gestalt Gretchens gewidmet. Die Szene im Garten ist ein Duett in der idyllischen F-Dur-Tonart, Gretchens Gebet vor dem Bild der Mater dolorosa ein wehmütiger, von Figuren untergründiger Erregung durchsetzter a-Moll-Satz.

Der *2.*, mittlere *Teil* gilt ausschließlich der Gestalt Fausts, des Tätigen, Strebenden, im Weltleben sich Vollendenden. Er rückt die Rahmenszenen von Goethes 2. *Faust*-Teil – das Erwachen zu neuem, frohem Leben und den Tod – dicht nebeneinander. Der Gesang Ariels in pastoralem F-Dur ist ein lieblicher romantischer Elfenzauber. Der Gesang der Geister schwillt an zu der Mahnung »Alles kann der Edle leisten, der versteht und rasch ergreift«. Ariel verkündet den Aufgang der Sonne; die Elfen ziehen sich in die Dämmerung zurück, der schlafende Faust erwacht: »des Lebens Pulse schlagen frisch lebendig«. Das alles ist mit äußerster Zurückhaltung, mit einem Minimum an tonmalerischem Effekt, liedhaft schlicht gestaltet. Mit der folgenden Szene »Mitternacht« schlägt die Stimmung um. Vier graue Weiber stehen vor dem Palast des alternden Faust: Mangel, Schuld, Sorge, Not. Nur eine darf eintreten: die Sorge. Fausts Gespräch mit der gespenstischen Besucherin ist ein liedhaft gebundener Wechselgesang. In d-Moll, der Tonart der Ouvertüre, beginnt das nächste Stück, »Fausts Tod«. Der Chor der Lemuren ist eine makabre Groteske. Alt-Stimmen (der Komponist fordert nach Möglichkeit Knabenstimmen) und Tenöre singen, »mit neckischen Gebärden« das Grab aushebend, eine kindische, banale Melodie. Fausts letzter Monolog ist auf C-Dur gestimmt, das über die harmonischen Trübungen des geisterhaften Totengesangs hinaus bis zum sanft verklingenden Schluß des Stückes herrschend bleibt.

Der *3. Teil*, der Schlußteil, »Fausts Verklärung«, ist der musikalisch gewichtigste Teil des Werkes, zugleich der Teil, in dem der Chor die bedeutendsten Aufgaben zu erfüllen hat. Er gliedert sich in 3 größere, zum Teil aus verschiedenen einzelnen Chornummern zusammengesetzte Komplexe: der 1. umfaßt die Gesänge der Anachoreten, der 2. die Lieder der Engel, die Fausts unsterbliches Teil emportragen, der 3. die Heiligung Fausts, des Doktor Marianus und der Büßerin Margarethe sowie den abschließenden Chorus mysticus:

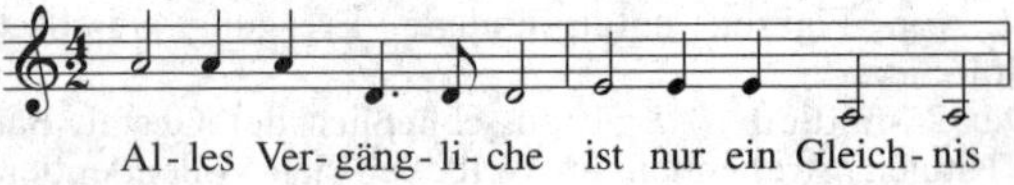

Dieser *Schlußchor* ist eine orchesterbegleitete Motette für 8stimmigen Doppelchor und Solo-Stimmen, die den Klang alter geistlicher Chormusik beschwört. In dem reinen vollstimmigen Satz klingt das Erlebnis Palestrinas nach, dessen Musik Schumann kurz zuvor kennengelernt hatte. Der 1., langsame Teil führt das Quintenmotiv des Anfangs imitatorisch durch. Den 2., lebhaften Teil, der sich nach F-Dur wendet, komponierte Schumann in 2 Fassungen. Die 1. Fassung, der ein triumphierendes Motiv zugrunde liegt, hat er, als »zu weltlich«,

später durch eine zartere, mystisch-lyrische Komposition ersetzt. Bei Aufführungen wird aber im allgemeinen die kraftvolle, zu Höhepunkten von großer Klangfülle gesteigerte, am Ende sanft verschwebende 1. Fassung bevorzugt, die das Werk mit stärkerer Abschlußwirkung abrundet.

In die gleiche späte Schaffensperiode fallen die Chorballaden, die Schumann für den Vortrag großer Chorvereinigungen im Konzertsaal komponierte – zuerst 1851 **Der Königssohn op. 116**, Ballade von Ludwig Uhland, für Solo-Stimmen, Chor und Orchester. Nach mehreren kleineren, sich in Aufwand und Aufführungsdauer steigernden Arbeiten für gemischten Chor und Orchester (*Beim Abschied zu singen op. 84*, 1847; *Requiem für Mignon op. 98b*, 1849; *Nachtlied op. 108*, 1849, und *Neujahrslied op. 144*, 1849) ist *Der Königssohn* die erste als »Opern-Ersatz« konzipierte dramatische Kantate von größerer Form (Aufführungsdauer: 25 Minuten) und größerem Aufwand: Alt-, Tenor-, Bariton-, Baß-Solo, im Orchester u. a. 3 Flöten; zu 4 Hörnern, 2 Trompeten, 3 Posaunen und Tuba im 4. Satz noch 2 Cornets à Piston in A; im 1. Satz Triangel, sonst Pauken. Die Düsseldorfer Uraufführung 1852 wurde ein großer Erfolg, denn es handelt sich um ein fesselndes, wirkungsvolles Werk mit farbigen Bildern und packender Dramaturgie. Der (6.) Schlußsatz ist ein echter Höhepunkt in der reifen Handschrift des Schumannschen Spätstils. Die wesentlichen form- und strukturbildenden Elemente liegen alle im Orchester, wohingegen der Chorpart einfach, einstimmig, in Oktaven, in Terzen oder sonstigen Koppelungen, gehalten ist.

1852 folgte **Des Sängers Fluch op. 139**, wieder nach einer Ballade von Ludwig Uhland, bearbeitet von Richard Pohl, für Solo-Stimmen, Chor und Orchester, (dem 19jährigen) Johannes Brahms gewidmet. Auch in diesem etwa 35minütigen, postum 1857 in Elberfeld uraufgeführten Stück wird ein größerer Apparat verlangt. Bei den Solisten Sopran (Königin), Alt (Erzählerin), Tenor (Jüngling), Baß I (Harfner), Baß II (König); beim Orchester im letzten Satz 3 Flöten und 3 Oboen, insgesamt große Blechbesetzung, Pauken und Harfe. Die originale Uhland-Ballade findet sich nur im 1. (2 Strophen), 3. (1 Strophe) und 12. Satz bis Ende (6 Strophen). Sonst handelt es sich um Neudichtungen von Pohl oder dessen Umdichtungen der Uhland-Balladen *Die drei Lieder*, *Gesang und Krieg*, *Rudello* und *Hohe Liebe*. Die Vielzahl der Vorlagen wird durch die Reprise des 1. Satzes im letzten (14. Satz) zusammengebunden. Stil und Satzart entsprechen ganz *op. 116*; mit starken dramatischen Wirkungen in Rhythmik, Harmonik und Tonalität wird das eigentliche Geschehen wieder im Orchester dargestellt.

Ebenfalls 1852 entstand auch Schumanns **Vom Pagen und der Königstochter op. 140**, Vier Balladen von Emanuel Geibel für Solo-Stimmen, Chor und Orchester, im selben Jahr von Schumann in Düsseldorf uraufgeführt. Die *1. Ballade* (Aufführungsdauer: 7 Minuten) ist ein zauberhaftes, farbiges, sensibel instrumentiertes Stück, das Sopran (Prinzess), Alt (Erzählerin), Tenor (Page) und Männerchor vorschreibt. Es enthält ein eingeschobenes, formal in sich geschlossenes »Jagdlied«, in dem das Orchester durch Verdoppelungen des Chorsatzes und »Mitspielen« eine andere Behandlung erfährt als in allen anderen Chor-/Orchestersätzen. Auch die *2. Ballade* (Aufführungsdauer: 6 Minuten) ist von stark anrührendem Gehalt und bewegt-bewegender Gestaltung. Sie verzichtet auf den Chor und besetzt die Solisten Alt (Erzählerin), Tenor (Page), Baß (König) und im Orchester zusätzlich 3 Flöten und Pauken. In der atmosphärisch dichten *3. Ballade* (Aufführungsdauer:

7 Minuten) agieren Sopran (Meerkönigin), Baß (Meermann), Frauenchor und im Orchester 3 Posaunen und Harfe. Ein einfallsreicher, harmonisch kühner und reizvoll instrumentierter Satz. Die *4. Ballade* (Aufführungsdauer: 8 Minuten) verlangt schließlich den gemischten Chor, als Solisten Alt (Prinzess und Erzählerin), Baß I (König), Baß II (Meermann) und im Orchester Pauken und Harfe. Schumanns formale Konzeption wirkt hier besonders konzentriert: Der relativ einfache, motivisch ungebundene Chor wird beim Buchstaben A in die Wiederholung des Orchestervorspiels eingefügt; so auch 13 Takte vor F. Der 8taktige Orchesterzwischensatz ab Buchstaben E wird ebenfalls anschließend wörtlich mit eingefügtem Chor wiederholt. Die vier Geibel-Balladen bilden eine erzählerische, thematische Einheit, was durch die Wiederaufnahme des Hauptthemas aus der 1. Ballade in der 4. Ballade als Rahmung deutlich wird. Die Schlußentwicklung fasziniert durch packende und ergreifende Ausdrucksdichte.

Es kann nicht übersehen werden, daß Schumanns drei große Balladen-Kompositionen die differenzierteste, sorgfältigste, kenntnisreichste Orchesterbehandlung seines Gesamtwerkes bieten.

Hector Berlioz

Die Chorwerke Hector Berlioz' (1803–69) sind nur bedingt der Gattung des Oratoriums zuzuordnen. Das leidenschaftliche, revolutionäre Temperament des Komponisten, das sich über alle überlieferten Formbegriffe hinwegsetzte, raffte sämtliche verfügbaren Klangmittel zusammen, um seine ausschweifenden Visionen zu verwirklichen: Töne und Worte, Instrumente und Menschenstimmen sind ihm, wie später dem ähnlich universal empfindenden Gustav Mahler, willkommene Helfer, das umfassende Gebilde zu schaffen, das er – mit Beziehung auf den alten, ursprünglichen Wortsinn – »Symphonie« nennt. »Man wird sich zweifellos«, schreibt Berlioz im Vorwort der Partitur von *»Roméo et Juliette«*, »über die Art dieses Werkes nicht täuschen. Obgleich die Singstimmen häufig verwendet worden sind, ist es weder eine Konzert-Oper noch eine Kantate, sondern eine Symphonie mit Chören.« Diese Definition scheint auf den Typus anzuspielen, den Beethoven mit seiner *9. Symphonie* aufgestellt hatte. Berlioz ist im Gesamtbild der romantischen Musik in erster Linie der Virtuose des Orchesters, so wie Franz Liszt der Virtuose des Klaviers ist. Er, Berlioz, hat die Farbenpalette des Instrumentalklangs unendlich bereichert, er hat die Ausdrucksfähigkeit des Orchesters nahezu bis zur Deutlichkeit der Wortsprache gesteigert. Und gerade dieses Ringen um Deutlichkeit des Ausdrucks war es, das ihn antrieb, die Menschenstimme, den Gesang, das Wort mit in den symphonischen Klangbereich einzubeziehen. Mögen die Singstimmen für die schöpferische Phantasie dieses Symphonikers nur sekundäre Bedeutung haben, sie sind ihm doch unentbehrlich, und er bedient sich ihrer in zunehmendem Maße. Sind in *»Roméo et Juliette«* die wichtigsten Partien noch allein dem Orchester zugeteilt, so tragen in *»La Damnation de Faust«* (*»Fausts Verdammnis«*) die Singstimmen, Soli und Chöre, überwiegend das Geschehen. Beide Werke haben, ebenso wie die geistliche, bewußt an die alte Tradition anknüpfende Idylle *»L'Enfance du Christ«* (*»Des Heilands Kindheit«*) in der Geschichte des Oratoriums ihre Stelle.

»Roméo et Juliette«. Dramatische Symphonie mit Solisten und Chören op. 17, im Jahre 1839 komponiert und in Paris aufgeführt, ist eine Frucht der Shakespeare-Begeisterung, die den jungen Hector Berlioz so wie das ganze romantische Paris schon um 1830 erfaßt hatte und die zur Ehe des Komponisten mit der englischen Schauspielerin und Julia-Darstellerin Harriet Smithson führte. Das berauschende Erlebnis, das die Tragödie der Liebenden von Verona für den jungen, exzentrischen Musiker bedeutete, hatte sich mittlerweile geklärt. Berlioz hatte inzwischen zwei Symphonien und eine Oper geschrieben, und man mag die Partitur als einen Versuch betrachten, die Wirkungen der beiden Gattungen zu kombinieren. Während seiner Arbeit an *»Roméo et Juliette«* steht er noch immer völlig im Banne der Dichtung. Er wählt Szenen und Situationen des Schauspiels aus, malt farbenprächtige

Tonbilder, vertieft poetische Stimmungen zu symphonischen Impressionen, ohne sich um dramatischen Zusammenhang und geschlossene musikalische Form zu bemühen. Vokale und instrumentale Stücke wechseln ab; aus der Folge der Szenen und Bilder ergibt sich die freie romantische Form, die durch ein inneres Band, durch die poetische Atmosphäre der Konzeption, zusammengehalten wird. Der Chor singt in kleiner und großer Besetzung, zuweilen in die Parteien der Capulets und Montagues geteilt. Die Solo-Stimmen sind von untergeordneter Bedeutung, die Helden der Tragödie als Stimmen nicht vertreten; ein Tenor singt Mercutios Erzählung von der Fee Mab, nur der Pater Lorenzo, eine Baß-Partie, tritt als festumrissene dramatische Person dem Chor gegenüber.

Der Aufbau des Werkes ist ungewöhnlich. *Teil 1* beginnt mit einem Orchesterstück (*Allegro fugato*), das der 1. Szene der Shakespearschen Tragödie entspricht. Auf diese instrumentale Ouvertüre folgt ein *Prolog* in der Form eines Chor-Rezitativs, der nach altem Theaterbrauch im voraus den Gang der Handlung erzählt. Berlioz gibt damit dem Hörer einen Leitfaden, sich den Zusammenhang der dramatischen Fragmente, aus denen die Partitur besteht, zu ergänzen. Dann endet dieses vorausgeschickte Miniatur-Oratorium, und die »dramatische Symphonie« beginnt.

Im nun folgenden *2. Teil* ist die 1. Szene ein Instrumentalstück. Die Überschrift lautet: »Romeo allein. Melancholie. Konzert und Ball in der Ferne. Großes Fest bei Capulet.«

Die 2. Szene (*3. Teil*) bringt einen scharfen Stimmungskontrast: »Heitere Nacht. Capulets Garten still und verlassen. Die jungen Capulets ziehen, vom Feste heimkehrend, vorüber, Nachklänge der Ballmusik singend.« Romeo bleibt allein zurück; es beginnt die »Scène d'amour«, das weitausholende, leidenschaftliche Orchester-Adagio, das Herzstück des Werkes. Die Skala der Gefühle, die Shakespeare in dem nächtlichen Liebesgespräch der Balkonszene erklingen läßt, wird hier in der glühenden, ausdrucksmächtigen Sprache der Instrumentalmusik durchmessen.

Unvermittelt, wie in der Symphonie auf das Adagio das Scherzo folgt, schließt sich der nächste Satz (*4. Teil*) an: »Königin Mab, die Fee der Träume.« Mercutios Märchen von der launischen Fee, die nachts in einer Nußschale mit einem Gespann von Sonnenstäubchen ausfährt, um den Schläfern flüchtige, trügende Träume zu schenken, hat den Komponisten zu einem sprühenden Orchester-*Scherzo* inspiriert, einem musikalischen Elfenspuk. Die weitere Entwicklung der Handlung – die heimliche Vermählung der Liebenden durch den Pater Lorenzo, den Tod Tybalts, die Verbannung Romeos, Julias durch den Schlaftrunk des Paters bewirkte Ohnmacht – übergeht der Komponist. Die Musik setzt wieder ein an einem Ruhepunkt: »Julias Leichenzug« ist das nächste Stück der Partitur, eine zarte, lyrische Totenklage, die sich aus einem schleppenden Orchester-Fugato entwickelt. Wenn Berlioz das Geschehen im Grabgewölbe – Romeos Eintritt, seine Verzweiflung, seinen Selbstmord, Julias zu spätes Erwachen und die Vereinigung der Liebenden im Tode – in einem Orchesterstück schildert, so überfordert er die instrumentale Sprache; der Satz, der dem Erleben der Todgeweihten vom trügerischen Freudentaumel bis zum verhauchenden Todesseufzer nachgeht, wirkt wie melodramatische Untermalung eines nicht gesprochenen Dialogs.

An die Katastrophe der Tragödie fügt Berlioz einen musikalischen Ausklang, ein breit ausgeführtes Chor-*Finale*, das die Partitur zur Kantate abrundet. Die Menge eilt in das Grabgewölbe, die Capulets und die Montagues treten drohend einander gegenüber, den alten Streit von neuem zu entfachen. Da tritt der Pater Lorenzo, die einzige singende, als kantable Baßpartie ausgeführte Figur des Werkes, zwischen sie und beschwört sie durch Rede und Gebet, den unheilvollen Zwist beizulegen, der so schweres Opfer gefordert hat. Noch einmal will das Kampf-Motiv der Introduktion aufflackern, dann ist der Trotz überwunden. Ein aufwendiger, opernhafter Chorsatz vereinigt die feindlichen Geschlechter zum Versöhnungsschwur.

»La Damnation de Faust« (»Fausts Verdammnis«) op. 24, in den Jahren 1845 und 1846 komponiert und im Dezember 1846 in Paris aufgeführt, geht, ebenso wie *»Roméo et Juliette«*, auf frühe Eindrücke und Entwürfe zurück. Schon im Jahre 1829 veröffentlichte Hector Berlioz, 26jährig und noch Schüler des Konservatoriums, als op. 1 *»Scènes de Faust I«* (*»Acht Szenen aus Goethes Faust«*); sie waren die Frucht eines aufwühlenden Goethe-Erlebnisses, das neben den Begegnungen mit Vergil und Shakespeare zu den wichtigen Richtpunkten seiner Entwicklung zählt. Anderthalb Jahrzehnte später gewann dieses Erlebnis wieder schöpferische Kraft. Während einer Konzertreise durch Österreich, Ungarn und Deutschland überfiel ihn ein Schaffensrausch. Er komponierte im Wagen, in der Bahn, auf dem Schiff, im Gasthof, inspiriert durch das Erlebnis der Länder und Landschaften, die er durchreiste. Daß seine *Faust*-Dichtung in Ungarn beginnt, daß Mephisto »in Hainen und Auen an den Ufern der Elbe« Gnomen und Sylphen beschwört, ist unmittelbar auf Reiseeindrücke zurückzuführen. Im übrigen aber ist dieses Werk, im Gegensatz zu *»Roméo et Juliette«*, keineswegs von Zufall und künstlerischer Willkür bestimmt. Das langsame Reifen der Idee hat die Form gerundet. Diese »dramatische Legende« (so nennt Berlioz sein Werk) ist ein Ganzes. Die Faust-Tragödie wird im Zusammenhang dargestellt, in Anlehnung an den 1. Teil der Goetheschen Dichtung, aber mit der Freiheit der Auffassung und Deutung, die das Genie des französischen Romantikers forderte: Daß Faust nicht erlöst wird, sondern zur Hölle fährt, entspricht nicht nur der Überzeugung dieses dem Dämonischen geneigten Musikers, sondern der Romantik überhaupt – denken wir an Grabbe und Heine, denken wir an die frühesten Bühnenaufführungen der Goetheschen Dichtung, die das »Her zu mir« als Triumph Mephistos deuteten. In ihrer zwiespältig von Goetheschem und romantischem Geist bestimmten und dennoch bruchlosen Eigenart ist die Legende von Fausts Verdammung das geschlossenste und damit populärste unter den Vokalwerken des Komponisten Berlioz geworden. Die Hauptfiguren der Dichtung sind, anders als im *»Roméo«*, voll ausgeführte Solopartien: Faust ist Tenor, Mephistopheles Bariton oder Baß (Berlioz hat die Partie in einer höheren und einer tieferen Fassung notiert), Margarethe Mezzosopran. Dazu kommt als Episodenfigur der Baß Brander. Dem Chor sind vielfältige Aufgaben gestellt, er hat Landleuten und Bürgern, Studenten und Soldaten, Sylphen und Höllengeistern Stimme und musikalische Gestalt zu leihen.

Der *1. Teil* der Legende spielt in den Ebenen Ungarns. Es gibt keine Ouvertüre; ein Monolog Fausts, getragen von pastoralem Streichermelos, eröffnet das Werk: Faust in der Natur, unter dem fröhlichen Volk, hingegeben an die Lust der Erde. Aber in die frohen Chorgesänge der Landleute klingt von fernher der Lärm des Krieges. Trompetensignale nähern sich, ein Heer zieht vorüber. Hier hat Berlioz seine Bearbeitung des Rakoczy-Marsches eingefügt, einer ungarischen Nationalmelodie, deren Feuer durch die funkelnde, mit Bläserklang, Beckenschlägen und dem Dröhnen der großen Trommel prunkende Instrumentation zu lodernder Glut erhitzt wird:

Die Schlußsteigerung, die das Marschthema immer wieder auf verschiedenen Tonstufen im Baß ansetzen läßt und das zigeunerische Moll in strahlendes Dur verwandelt, rief bei der ersten Aufführung des Stückes in Pest emphatischen Beifall hervor und ist noch heute von hinreißender Wirkung. »Man kann«, so entschuldigt Berlioz diesen unmotivierten Ausflug nach Ungarn, »einer Figur wie Faust die exzentrischsten Reisen zumuten, ohne daß die Wahrscheinlichkeit dadurch in Frage gestellt wird.« Die musikalische Wirkung rechtfertigt die dramaturgische Willkür; der Kontrast der ländlichen und kriegerischen Klänge ergibt eine farbenprächtige Introduktion.

Mit dem *2. Teil* des Oratoriums nähert sich Berlioz dem Goetheschen Vorbild. Die Handlung spielt nun im Norden von Deutschland. Faust ist allein in seinem Studierzimmer: die Situation des 1. Monologs. Die Szene ist voll von ergreifenden Einzelzügen. Der reine C-Dur-Dreiklang der Violoncelli und Bratschen malt das Schweigen der dunklen, sternenlosen Nacht, in die Faust hinaussieht. Die Rede wird zum Rezitativ.

Faust setzt die Giftschale an die Lippen, um sein leeres Leben zu enden; da erklingen über einer glockenhaft schwingenden Baßbewegung ferne Stimmen: die Gesänge der Ostermesse, die die Auferstehung des Herrn feiern. Faust ist überwältigt; in einem Rezitativ äußert sich seine Bewegtheit. Das ist der Augenblick, in dem der Widersacher sein Spiel beginnt. Wie mit einem Tigersprung erscheint Mephistopheles aus dem Dunkel. Das Motiv, das sein Erscheinen begleitet, ist eine der genialsten musikalischen Kurzformeln, die für die grauenerregende Wirkung des Bösen erfunden worden sind: 3 kurze, stakkatierte Noten, 3 abwärtsrückende, von F nach H modulierende, die Tritonus-Spannung überbrückende Sextakkorde, von Posaunen, Fagotten, Trompeten, großer und kleiner Flöte gespielt, auf dem letzten Ton durch einen blitzenden Beckenschlag verschärft:

Entschiedener kann die Stimmung nicht in ihr Gegenteil verkehrt werden; die frommen Gesänge sind verklungen, die Magie der Hölle wirkt im Tremolo der Streichinstrumente, im Drohen der begleitenden Posaunen. Als »Geist des Lebens« stellt sich der höllische Gast vor; Faust folgt ihm, um die Freuden der Welt zu genießen. Wenige Musiktakte begleiten den Flug, der die beiden nach Leipzig, in Auerbachs Keller, entführt. Die Trinkszene der Studenten hat Berlioz, der Meister des grotesken Humors, mit Akribie ausgemalt. Die »Bestialität«, von der Mephisto spricht, zeigt sich in dem lärmenden Chor der Trinker. Branders Lied von der »Ratt im Kellernest« ist ein holperndes Couplet. Die Stimmung erreicht ihren Höhepunkt, als die Studenten der toten Ratte die ewige Ruhe wünschen und auf das »Amen« eine schulmäßige 4stimmige

Fuge anstimmen, deren Thema aus der Melodie des Liedes entwickelt ist: eine Satire des Romantikers auf die barocke Kunst des Kontrapunkts, die in Leipzig ihre Stätte hatte:

Mit einer Umformung des Dreinoten-Motivs, das sein erstes Erscheinen begleitete, tritt Mephistopheles in die lustige Runde und erbietet sich, das Lied vom Floh vorzutragen. Aber Faust mißfällt das rohe Treiben. Wieder erklingt die Musik des Fluges, und Mephistopheles entführt Faust an die lieblichen Ufer der Elbe, wo ihn Gnomen und Sylphen mit Liebesvisionen umgaukeln. Die Melodie ihres mit impressionistischer Lockerheit gesetzten Chores ist eine der berühmtesten des Werkes:

Vor dem Auge des Träumenden erscheint das Bild eines Mädchens. Der Chor fällt wieder ein. Dann aber verwandelt sich die Chormelodie zum Thema eines Instrumentalsatzes, des Sylphentanzes, eines der pittoresken Berliozschen Orchesterstücke, die den Ruhm des Komponisten begründet haben:

Mit dem Ruf »Margarethe« fährt Faust aus dem Traume auf; Mephisto verspricht ihm, daß er das liebliche Traumbild leibhaftig sehen und besitzen soll. Als turbulentes Finale folgt eine Chorszene, deren dramaturgischer Zweck es ist, den Schauplatz des Folgenden anzudeuten, die Stadt, in der Margarethe zu Hause ist.

Der *3. Teil* enthält die Begegnung Fausts mit Margarethe. Seine Arie atmet unruhige Erwartung. Mephisto kündigt Margarethe an. Ihr Rezitativ ist ein bezauberndes Stimmungsbild; ihre Gedanken kreisen um den Fremden, Unbekannten, dessen Bild ihr Mephistopheles im Traum gezeigt hat. Sie singt das Lied vom König in Thule. »Gotisches Lied« nennt es Berlioz, und er gibt sich Mühe, den Eindruck des Altertümlichen, Vergangenheitsdunklen durch eine Begleitung von Bratschen und Bässen und durch das befremdende Intervall der übermäßigen Quart hervorzurufen:

Mephistopheles ruft – die Szene ist vor Margarethes Hause zu denken – die Irrlichter, durch ihre trügerischen Flammen das liebende Mädchen zur Sünde zu verführen. Der Tanz der Irrlichter ist ein zeremonielles Menuett. Das Teufelsständchen, das folgt – die Stretta des Irrlichtertanzes nimmt schon die Melodie vorweg –, ist mit seiner chansonhaften Eleganz, mit seiner Pizzikato-Begleitung, die eine virtuos gespielte Laute vortäuscht, ein Meisterstück dämonischen Humors. Das Thema des Liedes vom König in Thule, leise als Reminiszenz gespielt, führt in Margarethes Kammer zurück. Margarethe erblickt Faust; ein schwärmerischer Liebesgesang vereint ihre Stimmen. Sie scheint willenlos in seine Arme zu sinken, da tritt Mephisto herein und mahnt Faust zum Aufbruch. Die Nachbarn, durch das Ständchen aufmerksam gemacht, eilen herbei. Berlioz nutzt die kontrastreiche Situation zu einem geschickten Finale; die Liebesbegeisterung des Paares klingt mit dem Hohn Mephistos zu einem bewegten Terzett zusammen, den die drohenden Stimmen des draußen lärmenden Volkes noch steigern.

Im *4.* und letzten *Teil* eilt das Geschehen auf die Katastrophe zu. Eine Romanze Margarethes vertritt den Monolog »Meine Ruh ist hin«. »Beschwörung der Natur« ist das nächste Bild, die Entsprechung zu Goethes Szene »Wald und Höhle«. Es ist die letzte Besinnung, die diesem dem Elementaren verbundenen Faust vergönnt ist: ein »Andante maestoso« in der cis-Moll-Tonart. Mephistopheles stört die Meditation des Einsamen mit der Mahnung an Margarethe, die im Kerker des Todes harrt, weil sie ihre Mutter mit dem von Faust gereichten Schlaftrunk vergiftet hat; das Motiv des Kindesmordes ist hier ausgelassen. Faust erkauft ihre Rettung von Mephisto um den Preis seiner Seele; mit einem dumpfen Wirbel der großen Trommel unterschreibt er das höllische Pergament. Berlioz läßt das rezitativische Gespräch der beiden von den Hörnerklängen einer fernen Waldjagd begleiten. Sie leiten über zur folgenden Szene, dem Höllenritt: »Faust und Mephisto auf schwarzen Pferden daherbrausend«. Was bei Goethe eine flüchtig vorübereilende Vision ist, wird bei Berlioz zum katastrophischen Höhepunkt des Ganzen. Mephisto, der nun Faust in seiner Gewalt hat, führt ihn nicht in Margarethes Kerker, sondern geradewegs in die Hölle. Der Rhythmus der galoppierenden Zauberpferde beherrscht das

ganze Stück; in einer klagenden Melodie der Oboe klingt die Angst der verlorenen Seele. Ein frommer Gesang von Landleuten, die vor einem Kreuz knien, tönt flüchtig hinein, Gespenster folgen den Reitern, Totenglocken hallen, das ganze dröhnende und rasselnde Instrumentarium des Geisterbeschwörers Berlioz ist zu einem wirbelnden Crescendo aufgeboten. Dann stürzen beide mit einem Siegesruf Mephistos in den Abgrund. Ein Triumphgesang der Höllengeister tönt ihnen entgegen. Die gemeine Melodisierung ergibt zusammen mit der leuchtenden Klangpracht der Instrumentation einen infernalischen Effekt. Berlioz steigert ihn noch, indem er die Dämonen in einer von Swedenborg übernommenen Höllensprache singen läßt:

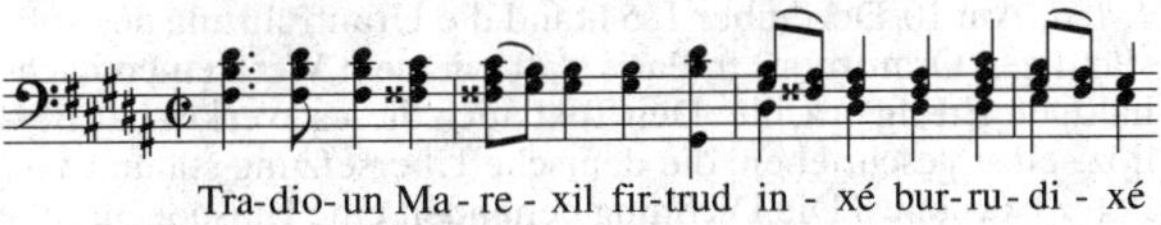

Auf die äußerste Dramatisierung folgt eine epische Episode. Ein einstimmiger Männerchor, der die Rolle des Erzählers übernimmt, beklagt in kurzem Rezitativ das schreckliche Ende Fausts. Dann klingen Harfen, Flöten und ätherische Akkorde von Violinen. Margarethes Seele wird in den Himmel aufgenommen; Chöre der Seraphim, von Kinder-, Frauen- und Männerstimmen dargestellt, singen in arpeggienumrauschtem Des-Dur ihre Verklärung.

»L'Enfance du Christ« (»Des Heilands Kindheit«) op. 25 ist Hector Berlioz' Beitrag zur Gattung des geistlichen Oratoriums: ein Werk von intimem, stellenweise kammermusikalischem Charakter, aber eine Komposition von hoher, poetischer Schönheit. »Man kann gar nicht genug bewundern, wie ein Künstler, der mit so viel Treue die stürmischsten Leidenschaften des menschlichen Herzens gemalt hat, den reinen, ruhigen Stil der Erhabenheit des Evangeliums zu finden und sich in der religiösen Betrachtung zu solcher Höhe zu erheben vermochte« – diese Anerkennung, die der Brief eines Priesters dem Komponisten zuteil werden ließ, darf als treffendes Urteil zitiert werden: nicht nur die ästhetische, auch die geistliche Qualität der Musik steht außer Frage. Berlioz bezeichnet das 3teilige Werk als »Geistliche Trilogie«. Die Partitur ist in mehrjähriger Arbeit entstanden. Schon im Jahre 1850 wurde der Hirtenchor aus dem *2. Teil* (*Flucht nach Ägypten*) in Paris aufgeführt, und nur auf ihn bezieht sich die Geschichte von einer Mystifikation des Publikums, die Berlioz in seinen Memoiren berichtet: Er kündigte das Stück als Werk eines fingierten alten Meisters Pierre Ducré aus dem Jahre 1679 an, dem die Hörer achtungsvollen Beifall zollten. Die *Flucht nach Ägypten*, das Mittelstück der Trilogie, wurde 1853 in Leipzig aufgeführt, der *3. Teil* des Werkes entstand danach, zuletzt der *1. Teil.* Am 10. Dezember 1854 fand die Uraufführung des vollständigen Oratoriums in Paris statt, die dem Werk einen nachhaltigen Erfolg brachte. Den Text auch dieses Werkes hat Berlioz selbst geschrieben; die deutsche Übersetzung stammt von Peter Cornelius. Die Dichtung behandelt eine Episode aus der Kindheitsgeschichte Christi, die Rettung Jesu vor dem bethlehemitischen Kindermord durch die Flucht nach Ägypten. Als singende Personen erscheinen Maria (Mezzosopran), Joseph (Bariton), Herodes (Baß), Polydor (Baß), ein Centurio (Tenor), ein Hausvater (Baß), ein Erzähler (Tenor). Der Chor wirkt als Männer-, Frauen- und gemischter Chor, er verkörpert Magier, Hirten, Engel, Ägypter und Ismaeliter.

Der Traum des Herodes ist der *1. Teil* betitelt. Ein Erzähler singt den Prolog: in einem kurzen, abwechselnd von Holzbläsern und Streichern begleiteten Rezitativ bereitet er die Hörer auf den Inhalt der folgenden Szenen vor. Die Exposition des Geschehens gibt Berlioz als pittoreskes Stimmungsbild: eine Straße in Jerusalem, römische Soldaten auf nächtlicher Runde. Ein Centurio trifft einen Bekannten, Polydor, der auf Befehl des Prätors in der tristen Stadt Jerusalem bleiben muß, um die Geister vom Lager des abergläubischen Königs Herodes zu verscheuchen. Im Rezitativ berichten die beiden Soldaten vom Wahn des Herodes. Dann setzt das Marschthema wieder ein: »Die Abteilung setzt sich in Marsch und entfernt sich«. Im Königspalast spielt die 2. Szene. Herodes fährt aus einem Angsttraum auf: »Schon wieder dieses Kind, das mich entthronen soll« – Shakespeare hat die Szene inspiriert. Herodes' Baß-Arie ist ein ausdrucksstarkes Gesangsstück. Er läßt Priester und Schriftgelehrte rufen. Der König erzählt ihnen seinen Traum. Dann geben sie die Antwort: »Geboren ward ein Kind, das bestimmt ist zu rauben Dein Reich und Deine Macht. Doch niemand kennt das Kind noch den Namen, dem es eigen.« Sie raten dem König, alles Neugeborene dem Tode zu weihen, und Herodes stimmt zu. Sein Gesang weitet sich zu einer Chor-Stretta von opernhaftem Effekt, deren Nachspiel in eine lange Generalpause mündet. Dann folgt unmittelbar die nächste Szene: »An der Krippe zu Bethlehem«. Hier läßt Berlioz den Zauber des Pastoralklangs wirken, der in Verbindung mit der Geschichte von Bethlehem von besonderer Reinheit und Lieblichkeit ist. Ein Zwiegesang des Elternpaares, ein Stück geistlicher Schäferdichtung mit kleinen tonmalerischen Zügen, schildert das Glück der Heiligen Familie. Zu Akkorden der Orgel und der geteilten Violinen ertönt, von Frauenstimmen gesungen, der Anruf der Engel, die Maria befehlen, nach Ägypten zu ziehen, um das Kind vor drohender Gefahr zu retten. Ein 4stimmiges »Hosanna«, von der Orgel und wenigen Orchesterinstrumenten begleitet, beschließt den *1. Teil*.

Der *2. Teil*, *Die Flucht nach Ägypten*, ist das Kernstück des Werkes. Hier ließ Berlioz sich vom Stil alter Meister, noch mehr aber zweifellos von den Darstellungen alter Maler inspirieren, die die Episoden der Reise, Marias Ritt auf dem Maultier und die Rast an der Quelle, oft geschildert haben. Schon der Klang der kurzen, polyphon entwickelten Ouvertüre erinnert an die reinen Farben und die heitere Idealität frühitalienischer Bilder; das leittonlose fis-Moll-Thema soll eine archaisierende Wirkung erzielen:

Schalmeien leiten den Chor der Hirten von Bethlehem ein, die von den Reisenden Abschied nehmen. Das nächste Bild, die Rast der Heiligen Familie, ist noch schlichter gehalten. Ein 6/8-Allegretto der Holzbläser und Streicher schildert das »liebliche Plätzchen, wo Bäume standen dicht belaubt und Wasser reichlich war zu finden«. Der Erzähler berichtet im Romanzenton vom Glück der Ruhe, die die Engel beschützen; ihr »Halleluja« rundet das Stück ab.

Breiter ausgeführt ist der *3. Teil*, *Die Ankunft in Sais*. Er beginnt mit dem Zug durch die Wüste, einem müde sich hinschleppenden Marsch. Endlich ist Sais erreicht. Der Erzähler berichtet vom Hochmut der Bewohner und kündigt neue Leiden der Pilger an. Verwirrt durch das Getöse der großen Stadt, suchen die Wanderer Herberge. Joseph bittet um Gastfreundschaft, wird aber von den Einwohnern als Heimatloser abgewiesen. Endlich klopft er an eine bescheidene Hütte; da öffnet ein Ismaelite und nimmt das Paar freundlich auf. Die Güte der ismaelitischen Familie wird in einem Chorsatz geschildert; die Geschäftigkeit der Hilfsbereiten ergibt ein lebhaftes Orchester-Fugato. Ein behaglicher Ton beherrscht das Gespräch, in dem der Hausvater nach Namen und Herkunft der Gäste fragt. Musik soll den Tag fröhlich beschließen; die Ismaeliten lassen ihre Instrumente erklingen. Berlioz gibt ihr Musizieren wieder durch ein Trio für 2 Flöten und Harfe von bezauberndem Kolorit; ein pastorales Andante umschließt eine tänzerische Allegro-Episode, so daß sich eine 3teilige Form ergibt. Mit einem vielstimmigen Nachtgesang gehen alle zur Ruhe. Der Erzähler singt den Epilog: so wurde der Heiland von den Heiden vor dem Tode bewahrt. Als die Zeit kam, zogen die Eltern mit dem Kinde in ihre Heimat, »auf daß Jesus das göttliche Opfer vollende, daß er uns führ' auf des Heils rechte Bahn«. Der Erzähler stimmt eine entrückte Melodie an:

– »als in Demut zu knien vor diesem großen Wunder!« Die Chor-Stimmen fallen frei imitierend ein, das Werk schließt mit einem im Pianissimo entschwebenden A-cappella-Satz von palestrinensischem Wohlklang.

Franz Liszt

Zur Universalität des Schaffens von Franz Liszt (1811–86) gehört auch die Beschäftigung mit dem Oratorium. Vom Klavier aus, dem er als Virtuose und Komponist bis zu seinem 35. Lebensjahr fast ausschließlich gedient hatte, schritt er in seiner Weimarer Zeit weiter zur Orchestermusik. In das Jahrzehnt nach 1848 fallen die Symphonischen Dichtungen, die *»Faust-Symphonie in drei Charakterbildern«* (1854) und die *Symphonie zu Dantes »Divina Commedia«* (1857). Mit derselben Bewußtheit wandte er sich dann dem Oratorium zu. In einem Brief, den er 1862, nach der Vollendung der *Legende von der Heiligen Elisabeth* in Rom schrieb, sagt er ausdrücklich: »Nachdem ich die mir gestellte symphonische Aufgabe in Deutschland, so gut ich es vermochte, zum größeren Teil gelöst habe, will ich nunmehr die oratorische erfüllen.« Liszts Oratorien sind also keine Zufallsschöpfungen. Sie bezwecken nichts weniger als die Erneuerung der Oratorienform in ihrer ursprünglichen geistlichen Eigenschaft mit den reichen harmonischen und koloristischen Mitteln der hochromantischen Musik, zugleich aber im Geiste kirchlicher Frömmigkeit und im Stile sakraler Tradition. Das oratorische Schaffen Liszts fällt in die Zeit, in der die Wiederherstellung der katholischen Kirchenmusik, die Renaissance der Gregorianik, durch den Cäcilienverein einsetzte. Wenn Liszt als schöpferischer Komponist auch andere Wege ging als die Liturgiker, so stimmte er mit ihnen überein in der hohen Auffassung des Zieles. Es ging ihm darum, seiner Kirche eine allgemeinbedeutende, von Glaubenselementen und kirchlichen Klangformeln gespeiste religiöse Kunst zu geben. In diesem Sinne sind die Oratorien *Die Legende von der Heiligen Elisabeth* und *Christus* nicht nur Höhepunkte in Liszts geistlichem Schaffen, sondern darüber hinaus bedeutsame Stationen in der Kunst- und Geistesgeschichte des 19. Jh.

Die Legende von der Heiligen Elisabeth wurde von Liszt 1862 in Rom vollendet und am 15. August 1865 in Pest, im folgenden Jahr in München (das Oratorium ist König Ludwig II. von Bayern gewidmet) und am 20. August 1867 auf der Wartburg zur Feier des 800jährigen Bestehens der Burg aufgeführt, wo man sie mit Begeisterung aufnahm. Liszt greift mit dem Werk auf die alte, in Italien gepflegte Form der oratorischen Legende zurück. Die Dichtung von Otto Roquette behandelt das Leben der heiligen Elisabeth von der Kindheit bis zum Tode und zur feierlichen Bestattung nicht in dramatisch spannender Form, sondern in einer Folge von Bildern, die an die Schwindschen Wandmalereien auf der Wartburg anzuknüpfen scheinen. Der *1. Teil*, aus 3 Bildern bestehend, behandelt das Glück der Landgräfin Elisabeth von ihrer Ankunft als Kind auf der Wartburg bis zum Abschied ihres Gatten, des Landgrafen Ludwig, der zum Kreuzzug aufbricht. Der *2. Teil* enthält, wieder in 3 Bildern, das Leiden und den Tod der Heiligen. Die starken Stimmungskontraste, die damit gegeben sind, nutzt Liszts Musik aufs wirksamste aus; sie fesselt nicht nur durch Poesie und religiöse Begeisterung, sondern auch durch Bildhaftigkeit und dramatische Leidenschaft. Das Werk hat darum, trotz des undramatischen Textes, auch bei szenischen Aufführungen auf der Opernbühne Erfolg gehabt. Personen sind: Hermann, Landgraf von Thüringen (Baß), Sophie, dessen Gemahlin (Alt), Ludwig, deren Sohn (Bariton), Elisabeth, Tochter Andreas' II., Königs von Ungarn (Sopran), Friedrich II., deutscher Kaiser (Baß), ein ungarischer Magnat (Baß), ein Seneschall (Baß), der Chor der Kinder, der Kreuzfahrer, der Armen, der Engel, der Bischöfe und des Volkes.

Dem *Orchestervorspiel* liegt eine alte geistliche Melodie zugrunde, die im 16. Jh. bei kirchlichen Festen der heiligen Elisabeth als »Quasi stella matutina« gesungen wurde:

Sie ist, im Sinne des Wagnerschen Leitmotivs, das musikalische Signum der lieblichen und leidenden Heldin, das in vielfachen Verwandlungen das ganze Werk durchzieht.

Die 1. Szene des *1. Teils* enthält die Ankunft Elisabeths auf der Wartburg. Im zartesten Kindesalter ist sie nach dem Brauch der Fürstenhäuser mit dem Knaben Ludwig, dem Sohn und Erben des Landgrafen Hermann von Thüringen, verlobt worden. Ein ungarischer Magnat geleitet das Kind und übergibt es der väterlichen Obhut des Landgrafen. Liszt, der seinem Geburtsland Ungarn immer verbunden blieb, läßt es sich nicht nehmen, die ungarische Herkunft der Heiligen zu betonen. Der festliche Begrüßungschor des Volkes, die von ungarischen Rhythmen getragene Ansprache des Magnaten, die ein nationales Volkslied-Motiv verwendet,

ein lyrischer Gesang des Landgrafen, die erste Begegnung der beiden Kinder, ein Tanzliedchen des Kinderchors, ein Schlußgesang des Volkes mit dem schon vorher erklungenen ungarischen Motiv: das alles ergibt eine Szene, in der festlich heitere und idyllische Töne zusammenklingen. Zwischen der 1. und der 2. Szene sind viele Jahre vergangen zu denken. Die Kinder sind herangewachsen, Ludwig, nun regierender Landgraf, ist mit Elisabeth vermählt. Das Rosenwunder steht im Mittelpunkt der 2. Szene. Eine Jagdmusik macht den Anfang; Landgraf Ludwig streift als Jäger durch die Wälder. Liszt vermeidet den opernhaften, dem geistlichen Entwurf nicht angemessenen Jägerchor und gibt dem Landgrafen statt dessen eine lyrische Kantilene, mit der er die Schönheit seiner Heimat preist. Ludwig stutzt, da er eine Gestalt den Pfad von der Wartburg hinabschreiten sieht. Er erkennt seine Gattin, die heimlich zu Tal steigt, um den Armen und Kranken Wein und Brot zu bringen. Ängstlich gibt sie vor, Rosen gepflückt zu haben. Als er ihr befiehlt, ihren Korb zu öffnen, fällt sie ihm zu Füßen und gesteht; aber ihr Korb, den sie dem Gatten entgegenhält, enthält nicht Brot und Wein, sondern Rosen. Die Musik schildert das Wunder in einem Des-Dur-Satz, der sich steigernd nach E-Dur wendet. Horn und Violoncello lassen die Leitmelodie Elisabeths erklingen, begleitet von auf- und abwogenden Figuren der Harfen, Flöten und Violinen. »An dieser Stelle«, bemerkt der Komponist in der Partitur, »soll das Orchester wie verklärt erklingen. Der Dirigent wird gebeten, den Takt kaum zu markieren. Musik ist eine Folge von Tönen, die sich einander begehren, umschließen, und nicht durch Taktprügel gekettet werden dürfen!« Der Chor fällt ein: »Ein Wunder hat der Herr getan!« Als auch der Landgraf in das Lob des Wunders einstimmt, erscheint im Orchester ein neues Motiv, das erst in der folgenden Szene größere Bedeutung gewinnt:

Das Motiv ist gregorianischen Ursprungs und als Gloria-Motiv bekannt. Ein Zwiegesang des Paares und ein überwiegend zart gehaltener, einmal zu Klangfülle gesteigerter Chorsatz, immer von dem Thema Elisabeths getragen, beschließen die Mirakelszene mit Lobpreisung. »Die Kreuzritter« lautet die Überschrift der 3. Szene: Ludwig nimmt Abschied von seiner Gemahlin, um ins Heilige Land zu ziehen. Der Marsch der Kreuzfahrer ist beherrscht von jenem gregorianischen Gloria-Motiv:

Das mit orchestralem Glanz ausgestattete Tonstück enthält als Kernstück eine A-cappella-Melodie des Männerchores, die den Charakter eines volkstümlichen Wallfahrtsliedes hat:

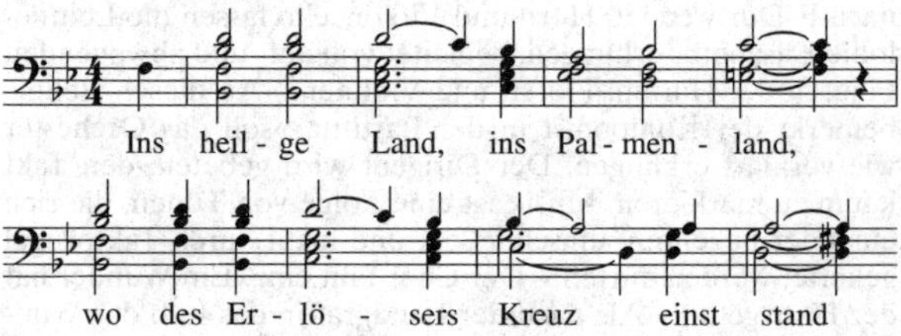

Elisabeths dunkle Unheilsahnungen, die sie in einer leidenschaftlichen Kantilene aussingt, werden übertönt von dem wiedereinsetzenden Marsch, der in seinem kantablen Trio die vollständige Weise des geistlichen Volksliedes zitiert, das undatiert in Glatz überliefert und seit 1842 durch Hoffmann von Fallersleben mit dem Text *Schönster Herr Jesu, Herrscher aller Enden* verbunden ist. Liszt notiert dazu: »Altes Pilgerlied, angeblich aus der Zeit der Kreuzzüge«, aber die Quelle seiner Notiz ist unbekannt. Mit dem Ruf »Gott will es« ziehen die Krieger von dannen.

Mit einer klagenden Melodie der Klarinette, einer Umformung des Elisabeth-Themas, beginnt der *2. Teil* des Oratoriums; ein Agitato des Orchesters deutet auf Haß und Untat; das Martyrium der Heiligen beginnt. Die Landgräfin Sophie, die Witwe Hermanns und Mutter Ludwigs, hat die Nachricht erhalten, daß ihr Sohn im Heiligen Lande gefallen ist. Sie beschließt, Elisabeth, die legitime Erbin, zu verstoßen und die Macht an sich zu reißen. Ihre Arie ist charakterisiert durch eine stürmische Baßfigur in punktiertem Rhythmus und das immer wiederkehrende Tritonus-Intervall, das Symbol des Bösen. Elisabeth beklagt den Tod ihres Gemahls. Sophie tritt ihr entgegen und weist sie aus dem Schloß. Vergebens beruft sich Elisabeth mit dem ungarischen Volksliedthema der 1. Szene (*1. Teil*) auf den Adel ihrer Abkunft, vergebens bittet sie zu den Klängen ihrer Hymne um Mitleid. Die Fürstin bleibt erbarmungslos. Mit einem letzten Dank an das Haus, das ihr Heimat gewesen ist, geht Elisabeth hinaus in das Dunkel. Eine wildbewegte Orchestermusik malt Sturm und Unwetter, die sie draußen empfangen. Die folgende Szene ist im geistlichen und im musikalischen Sinne der Höhepunkt des Oratoriums; sie enthält die Vollendung von Elisabeths irdischer Laufbahn, ihren Abschied von der Erde und ihren Tod. Die Musik ist zart und entrückt, sie spricht von der Seele, die das irdische Leid überwunden hat und dem himmlischen Frieden entgegengeht. Mit einer ariosen Melodie gedenkt die Verstoßene des Glückes, das ihr an der Seite ihres Gatten zuteil geworden ist, dann sammelt sie sich zum Gebet, um Gott für Glück und Schmerz zu danken und ihre Kinder seinem Schutz zu empfehlen. Zu leisem Tremolo der Violinen erklingt im Baß das ungarische Thema. Auch für ihr Vaterland erfleht sie den Segen des Himmels. Die Armen nahen, um ihre Wohltäterin zum letzten Mal zu grüßen. Liszt hat ihrem Gesang ein altes ungarisches Kirchenlied an die heilige Elisabeth zugrunde gelegt:

Daraus entwickelt sich eine Chorszene, deren Schlichtheit dem Geist der Heiligenlegende zutiefst entspricht. Noch einmal erhebt die Sterbende ihre Stimme in ekstatischem Gesang, sie glaubt dem ewigen Licht, dem verklärten Freund entgegenzuschweben und empfiehlt ihren Geist in Gottes Hand. Eine Solo-Flöte, aus der Tiefe zu höchster Höhe aufsteigend, nimmt die Leitmelodie ihres Gesanges auf: die Seele der Dulderin entschwebt zum Himmel. Ein zartes Intermezzo der Flöten, Klarinetten und Violinen, aus dem Hymnus des Vorspiels gewoben, erklingt; Engelstimmen singen von himmlischem Glück. Die Schlußszene, »Feierliche Bestattung der Elisabeth«, ist eine chorische Zeremonie, die das motivische Material des Werkes in Gesängen des Volkes, der Krieger, der Bischöfe und des Kaisers zusammenfaßt und das Oratorium mit einer Lobpreisung der Heiligen beschließt.

Das **Christus-Oratorium**, nach Texten aus der Heiligen Schrift und der katholischen Liturgie, für Soli, Chor, Orgel und großes Orchester, wurde in Rom komponiert und 1867, 5 Jahre nach der *Elisabeth-Legende*, vollendet. Überwogen in dem vorigen Werk die lyrisch-poetischen und dramatischen Züge, so wird im *Christus* das Oratorium zur kultischen Form, die Musik zum Medium des Gebets und der Gottesverehrung. Seinem Geiste und seiner Form nach müßte das Werk zur kirchlichen Musik gezählt werden, wenn es sich in die Liturgie der Kirche fügte. Es ist aber eine von der Freiheit des romantischen Geistes inspirierte Feier, die, ähnlich wie Beethovens 9. Symphonie, in einem imaginären Raum vor sich geht. So eng sich Liszt gerade in diesem Werk an das überlieferte melodische Gut der katholischen Kirche gebunden hat, so streng er bei aller stilistischen Unbefangenheit die Würde des kultischen Musizierens gewahrt hat: die Konzeption des Ganzen ist eine romantisch-individualistische Genietat, entsprechend der Konzeption etwa der Wagnerschen Musikdramen. Darauf beruhen die Besonderheit und die Einsamkeit des Werkes, das weder in der Kirche noch im Konzertsaal wirklich zu Hause ist. Immer hat man den *Christus*, neben der *h-Moll-Sonate* und der *»Faust-Symphonie«*, als eines der großen Selbstbekenntnisse des Komponisten bezeichnet: Es ist das Bekenntniswerk des Katholiken Liszt, die dogmatische Fixierung der religiösen Begeisterung, die sein gesamtes Leben und Wirken durchzieht, und damit der überragende Gipfel seines religiösen Schaffens. Dem liturgischen Charakter des Lisztschen Oratoriums entspricht es, daß der Chor als Sprecher des Allgemeinen, Überpersönlichen die beherrschende Rolle spielt. Die Solo-Stimmen treten zurück, nur der Bariton, die Stimme des Christus, hat eine wichtige Aufgabe zu erfüllen. Ungewöhnlich ist der bedeutende Anteil der Instrumentalmusik: Während das Orchester sonst im Oratorium überwiegend begleitende Funktion hat, hält es hier dem Chor als nahezu gleichberechtigter, oftmals selbständig wirkender Partner die Waage. Das Oratorium besteht aus 3 Abteilungen. Der *1. Teil* ist das Weihnachts-Oratorium, der *2. Teil* (»Nach Epiphania«) umfaßt die Lehre und die Wundertaten des Heilands, der *3. Teil* Passion und Auferstehung. Die Vorgänge werden nicht episch, durch einen Erzähler, oder dramatisch, durch Dialoge, dargestellt, sondern durch entsprechende biblische oder liturgische Texte in lateinischer Sprache, durch Instrumental- und Chorsätze angedeutet. Der Fluß der autonomen Musik wird nirgends durch berichtende, überleitende Partien unterbrochen.

Im *1. Teil* des Oratoriums überwiegt das instrumentale Element. Den Anfang macht eine Symphonie über das gregorianische Thema *Rorate coeli*:

Es sind die prophezeienden Worte des Jesaja, die der Einleitung zugrunde liegen: »Tauet, ihr Himmel, von oben, und die Wolken regnen Gerechtigkeit. Die Erde tue sich auf und bringe Heil.« Der Satz in dorischer Tonart, in stetiger Viertelbewegung schreitend, steigert sich bis zu einem majestätischen Bläser-Ruf und verklingt in einem tremolierend absinkenden D-Dur-Dreiklang der Violinen. Wieder ertönt die Melodie *Rorate coeli*, nun als Thema einer von Holzbläsern gespielten, streckenweise von ostinaten Dudelsack-Bässen zusammengehaltenen Pastoralmusik, die die Hirten auf dem Felde von Bethlehem schildert. Der Engel, vom Solo-Sopran gesungen, verkündet ihnen in liturgischer Rezitation die Geburt des Heilandes. Frauenstimmen fallen ein, in 3- und 4stimmigem, zuerst unbegleitetem, dann von Holzbläser-Akkorden gestütztem Satz: *Gloria in excelsis Deo et in terra pax hominibus bonae voluntatis*. Der volle, gemischte Chor nimmt das »Gloria« auf, vom Orchester mit Triolenfiguren und dem immer durchklingenden Motiv »Rorate coeli« begleitet. Mit dem »Halleluja« steigert sich der Gesang und verklingt nach einer Generalpause a cappella mit einer Folge von Es-Dur in die Grundtonart G zurückleitender Akkorde. Ein zartes Nachspiel der Violinen, Flöten und Klarinetten verbindet die Melodie der Engel mit den Schalmeienklängen der Hirten. Als 3. Stück folgt die Hymne *Stabat mater speciosa*, das Lied von der Mutterfreude Marias an der Krippe, eine Parodie der Passionssequenz »Stabat mater dolorosa«. Die Hymne, die als Betrachtung und Anbetung sich der Christgeburt freuender Menschen aufzufassen ist, wird vom Chor in homophonem, akkordischem Satz gesungen. Der Chor, nur von der Orgel begleitet, ist bis zur Siebenstimmigkeit geteilt. Liszt vermeidet Monotonie durch den Wechsel von 4/4- und 3/4-Takt und steigert die Entwicklung gegen das Ende durch freischweifende Harmonik. Wieder folgen zwei Instrumentalstücke. Der *Hirtengesang an der Krippe* ist, ähnlich wie die Musik der Hirten auf dem Felde, aus volkstümlichen Schalmeienmotiven entwickelt (s. Bsp. S. 383), er verwendet eine durch den Wechsel von 3/4- und 2/4-Takt fesselnde und eine ruhig strömende Melodie und verbreitet sich zu einem farbenreichen Tonbild. Der

Marsch der Heiligen Drei Könige ist ein pittoreskes Finale. Die aufleuchtende Des-Dur-Melodie der Oboen und Klarinetten, die den voranleuchtenden Stern bezeichnet, hat die Funktion des Hauptthemas, während die Überreichung der Geschenke Gold, Weihrauch und Myrrhen als trioartige Episode eingefügt ist.

Der *2. Teil* des Oratoriums beschreibt das Wirken des lehrenden und wundertätigen Christus bis zu seinem Einzug in Jerusalem. Liszt entfernt sich hier vollends vom Typus des epischen Oratoriums und stellt die einzelnen Stücke wie die Glaubensartikel eines musikalischen Katechismus nebeneinander. Nicht nur durch seinen dogmatischen Gehalt, auch durch die Fülle der musikalischen Inspiration ist dies der gewichtigste Teil des Werkes. Er beginnt mit den Seligpreisungen der Bergpredigt. Christus, eine Bariton-Stimme, preist die an Geist Armen, die das Himmelreich besitzen werden:

Der Chor singt die Worte der Lobpreisung in 4- bis 7stimmigem Satz nach, als Begleitinstrument ist nur die Orgel verwendet. Das ebenfalls der Bergpredigt angehörende *Pater noster*, wieder ein Chorsatz mit Orgelbegleitung, ist ähnlich angelegt.

Jede Bitte wird zuerst einstimmig intoniert, darauf vom ganzen Chor in harmonischer und kontrapunktischer Entfaltung durchgeführt; die Rolle des Vorsängers übernehmen hier abwechselnd die einzelnen Chor-Stimmen. *Die Gründung der Kirche* steht im Zentrum des Werkes, ein monumentales Stück für Chor und Orchester. Es beginnt mit dem Rufe »Tu es Petrus«, vom Männerchor gesungen. Als Mittelteil folgt ein klangvoller Satz des ganzen Chores: »Simon Johannis, hast du mich lieb?« Der Schluß greift auf das »Tu es Petrus« zurück. *Das Wunder* ist die Stillung des Sturmes auf dem See Genezareth, die der Evangelist Matthäus berichtet. Das Stück ist überwiegend instrumental gehalten. Der Sturm wird in einer naturalistischen Tonmalerei dargestellt; eine ruhige Episode deutet auf den Herrn, der unbekümmert um den Aufruhr der Elemente im Schiffe schläft. Als die Wogen noch höher gehen, ertönt im Unisono des Männerchors der Angstruf der Jünger: »Herr, rette uns!« Mit einem gehaltenen Fortissimo-C des Orchesters legt sich der Sturm. In das Schweigen klingt die Stimme Christi: »Was seid ihr so furchtsam, ihr Kleingläubigen?« Langgehaltene Akkorde, die nach Cis-Dur modulieren, verkünden das Wunder: »Und alsbald ward große Stille.« Auch der Einzug in Jerusalem, mit dem Wanderschaft und Lehre des Heilands enden, beginnt instrumental als Marsch. Aber der Chor übernimmt bald die Führung. Das *Benedictus* erklingt leise in 4stimmigen Akkorden des Männerchors. Eine Mezzosopran-Stimme nimmt den Ruf auf und steigert ihn, vom Chor begleitet, zu immer größerer Klangentfaltung. Das liturgische Thema des *Kyrie*

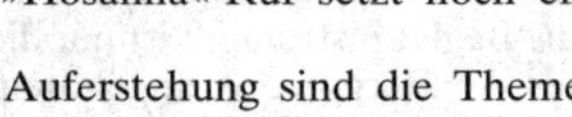

wird als Fugato durchgeführt und erklingt in vollem Chor als Höhepunkt. Bis zum Ende herrschen dann verhaltenere Töne, nur der letzte »Hosanna«-Ruf setzt noch einen kraftvollen Schlußakzent.

Passion und Auferstehung sind die Themen des *3. Teiles*. Der Romantiker Liszt wählt die menschlichste Situation des

Heilands, um von ihr aus an den Bedeutungskern des Passionsgeschehens zu dringen: das Gebet in Gethsemane. Ein Vorspiel legt die Stimmung fest, aus der die Worte Christi aufklingen: »Tristis est anima mea usque ad mortem.« Der Seelenkampf wird in einem Orchesterzwischenspiel geschildert. Dann löst sich aus der Klage das Gebet an den Vater, daß der Kelch vorübergehen möge; mit der Ergebung in Gottes Willen – »Sed non quod ego volo, sed quod tu« – wandelt sich die Klage in lyrischen Gesang. Die Kreuzigung wird aus der Sicht der Muttergottes betrachtet. Liszt wählt als Text die alte Sequenz *Stabat mater dolorosa* und gibt damit das Gegenstück zu dem »Stabat mater speciosa« des *1. Teiles*. Das Orchester deutet präludierend eine Weise an, die seit dem 17. Jh. mit der Dichtung verbunden ist; der Solo-Mezzosopran nimmt sie auf und gibt sie an den Chor weiter:

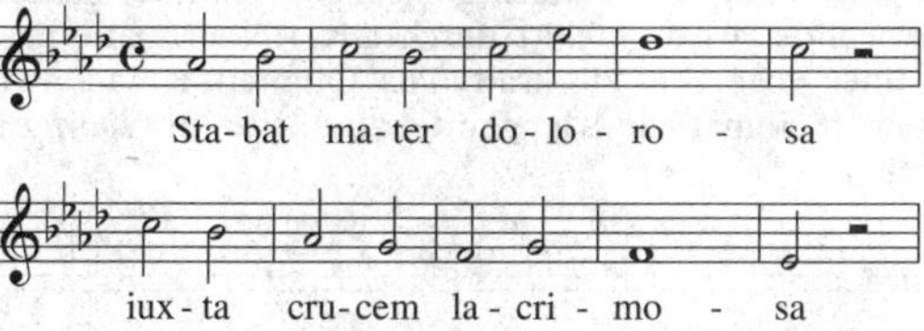

Der 1. Teil umfaßt die 1. und 2. Strophe der Dichtung, die Beschreibung der trauernden Mutter, die ihren Sohn am Kreuze sterben sieht. Die 3. und 4. Strophe bringen ein neues Moment: die Beteiligung des Menschen am Passionsereignis. Mit einem markanten ¾-Takt-Thema fragt der Solo-Baß: »Quis est homo, qui non fleret?« Die übrigen Solo-Stimmen und der Chor folgen. Die Selbstanklage der sündigen Menschen wird zu einem leidenschaftlichen Höhepunkt. Wehmütig ist die Stimmung des folgenden Abschnitts. Mit einer chromatischen Kantilene bittet der Solo-Alt um die Kraft des Mitleidens:

Alle Stimmen ergehen sich im Gesang der Christusliebe, der sich bei den Worten »Sancta mater, istud agas« zu voller Klangstärke steigert und abschwellend in die Melodie des Anfangs zurückführt. »Virgo virginum praeclara« singt der Sopran auf die Alt-Kantilene »Eia mater«, wie denn überhaupt nun das gesamte thematische Material chorisch verarbeitet wird. Die Stelle »Inflammatus et accensus« ergibt einen zweimaligen, bei der Wiederholung um einen halben Ton höher gerückten Klanghöhepunkt. Die Schlußstrophe »Fac me cruce custodiri« wird noch einmal Anlaß zu einer weitausholenden chorischen Entwicklung. Der Ausklang »Quando corpus morietur« ist leise und verhalten; die Paradiesesherrlichkeit wird durch eine Folge reiner, nach F-Dur kadenzierender Dur-Dreiklänge angedeutet. Nach diesem tief ausdrucksvollen Stück wirkt die Osterhymne *O filii et filiae*, vom Frauenchor teils einstimmig, teils 3stimmig gesungen, als Intermezzo. Das Osterwunder wird gefeiert durch das »Resurrexit«, das sich aus einer Fuge über ein kraftvolles Quintenthema entwickelt und noch einmal alle Klangmittel zu höchstem Glanz zusammenfaßt:

Von den kürzeren geistlichen Chorwerken Liszts werden die **Via crucis** (»Der Kreuzweg«, Aufführungsdauer: etwa 50 Minuten) für Soli, gemischten Chor und Orgel (oder Klavier) von 1879 auf lateinische Texte mit Einfügung zweier deutschsprachiger Bach-Sätze, und **Die Glocken des Straßburger Münsters** (Aufführungsdauer: etwa 13 Minuten) gerne aufgeführt. Letztere ist eine der im 19. Jh. beliebteren Chorballaden und entstand 1874 auf einen englischen Text von Henry Wadsworth Longfellow für Bariton-Solo, gemischten Chor und Orchester. Das Gedicht schildert den Plan Luzifers, das hoch aufragende Kreuz auf der Straßburger Münsterspitze, die bis zur Erbauung des Eiffelturmes das höchste Bauwerk Europas war, mit Hilfe seiner Luftgeister herabzureißen. Der Komponist schickt der eigentlichen Ballade ein Präludium für 1- bis 5stimmigen Chor und Orchester auf den Text *Excelsior* voraus, das von den Blechbläsern mit der Tonfolge des Münstergeläutes, wie es im 19. Jh. und bis 1978 bestand, eröffnet wird. Dann wird der erbitterte, aber letztendlich vergebliche Kampf des Teufels gegen die Kraft des Heiligen Geistes in dramatischen Szenen geschildert. Bei der Vertreibung der Satansgeister spielen die ritornellartig eingeblendeten lateinischen Glockensprüche die tragende Rolle. Der Schlußchor *Laudemus Deum verum!* zitiert das Kopfmotiv des *Tedeum laudamus*. Die Uraufführung dieser dank der Antithese von zerrissener Teufelsmusik und abgeklärten, palestrinensisch inspirierten Himmelsklängen sehr wirkungsvollen Chorballade fand 1875 in ungarischer Sprache in der Budapester Redoute während eines gemeinsamen Konzertes von Franz Liszt und Richard Wagner statt. Hier hörte Wagner das *Excelsior*-Thema des Straßburger Geläutes, aus dem er das Liebesmahlsspruch-Motiv seines *Parsifal* entwickelte.

César Franck

César Franck (1822–90) nimmt in der französischen Musik eine Sonderstellung ein. In Lüttich als Sohn deutscher Eltern geboren, Schüler des Pariser Conservatoire, hat er seit seinem 21. Jahre als Organist in Paris gewirkt und ist völlig in die französische Musikkultur hineingewachsen, der er eine ganz persönliche, poetisch-mystische Nuance hinzugefügt hat. Der ernste Fugengeist Bachs, die farbenglühende Harmonik Liszts mischen sich mit dem weichen Melos der französischen Romantik; ein Zug schwärmerischer Religiosität ist der Grundton seiner Musik.

Franck hielt das Oratorium **Les Béatitudes (Die Seligpreisungen)**, an dem er von 1869 bis 1879 gearbeitet hat, für sein

Hauptwerk; die Seligpreisungen der Bergpredigt bilden den geistigen Kern der Konzeption. Es besteht aus einem Prolog und 8 Teilen und beschäftigt einen »irdischen« und einen »himmlischen« Chor, 8 Solo-Stimmen (Sopran, Mezzosopran, Alt, 2 Tenöre, Bariton, 2 Bässe) und Orchester.

Nach dem *Prolog* des Tenors, der zwei wichtige Themen, das schlichte, aufwärtsdrängende Viernoten-Motiv des Menschenleids und das der göttlichen, sich auf die Erde herabsenkenden Gnade aufstellt, beginnt ein musikalisches Mysterienspiel, ein Streit der irdischen und der himmlischen Mächte. Im *1. Teil*, dem Lob der geistlich Armen, läßt die Stimme Christi (Bariton) den Erdenlärm verstummen; die Himmelsboten feiern in einem klangleuchtenden Fis-Dur-Satz die heilige Caritas. Im *2.*, den Sanftmütigen gewidmeten *Teil* steht den unruhig und trübe harmonisierten Erdenstimmen ein himmlisches Solistenquintett in klarem A-Dur gegenüber. Der *3. Teil*, der Trost der Leidtragenden, beginnt mit einem trauermarschartigen fis-Moll-Chor, einer Huldigung an den Schmerz, den Beherrscher der Welt. Eine Mutter, die ihr Kind verlor, eine Waise und eine Witwe klagen ihr Leid, Sklaven schreien zum Himmel auf. Der Hymnus des Schmerzes verklingt vor dem lichten Es-Dur der Himmelsstimmen: »Selig sind, die da weinen.« Der *4. Teil*, der vom ungestillten Hunger nach Gerechtigkeit handelt, besteht aus einer glanzvoll gesteigerten Tenor-Arie, der die Christusworte als geistiger Höhepunkt folgen. Mit dem *5. Teil*, dem Preis der Barmherzigen, wird das Oratorium zum Drama. Die gequälte Menschheit schreit vergeblich zu Gott; die Armen erheben sich gegen ihre Unterdrücker, die Revolution triumphiert. Aber Christus hält ihr Gottes Wort entgegen: »Mir allein ist die Rache«, und der himmlische Chor, aus dem sich die Stimme des Engels der Vergebung als Sopran-Solo abhebt, preist die Barmherzigkeit mit einer wie ein Wallfahrtslied hinfließenden Melodie. Der *6. Teil* spricht von den Menschen reinen Herzens, denen der Todesengel (Baß-Rezitativ) nichts anhaben kann. Im *7. Teil*, dem Lob der Friedfertigen, tritt Satan (Baß) selbst auf den Plan, eingeführt durch ein sich windendes Baßmotiv. Er hetzt das Volk zu Aufstand und Anarchie, aber der Gesang der Friedfertigen, ein melodisch strömendes Quintett der Solisten, vertreibt die höllischen Mächte. Noch einmal, im *8.* und letzten *Teil*, erhebt sich der Widersacher. Dreimal antwortet ihm der Chor der Gerechten; die Mater dolorosa, eine Mezzosopran-Stimme, singt von ihrem Leiden unter dem Kreuz. Christus selbst preist die Märtyrer, die um der Gerechtigkeit willen Verfolgung leiden. Satan gibt sich besiegt, das »Hosanna« der Engelchöre ist der seraphisch strahlende Ausklang.

Johannes Brahms

Das Chorschaffen von Johannes Brahms (1833–97) umfaßt vielerlei Formen vom einfachen Lied über die Motette bis zur orchesterbegleiteten Kantate. Der von jungen Jahren an dem Chorgesang zugeneigte Komponist wurde von Robert Schumann schon 1853 nachdrücklich auf das Studium der alten Meister, ihrer Satzkunst, ihrer Formen und ihrer Textbehandlung verwiesen. Wiederholt angenommene Chorleitertätigkeiten verschafften ihm zudem wachsende Erfahrungen im Umgang mit Laiensängerinnen und -sängern, und ein stetig sich fortbildendes Urteilsvermögen bezüglich chorischer Praktikabilität. Seinen Chorwerken merkt man diese Studien und Erfahrungen an; sie sind in anderem Sinne traditionsbewußt und in die Geschichte der abendländischen Vokalkunst eingebunden als die der Neudeutschen, der fortschrittsgläubigen und mit individualistischer Unbefangenheit schaffenden Musiker seiner Zeit. Das Erbe Schütz' und Bachs, das Erbe der alten Liedmeister und besonders auch der altitalienischen Vokalpolyphonie ist in Brahms' Chorwerken, so ausgeprägt auch der romantisch-klassizistische Personalstil sich bezeugen mag, als Sangbarkeit, als sachgerechte Natürlichkeit von Stimmführung und Harmonik, als meisterhaftes Gestaltungsvermögen chorischer Klangkunst lebendig. Darauf vor allem gründet sich ihr nachhaltiger Erfolg; sie sind Erneuerung alter, stetig fortdauernder Werte mit den Mitteln einer späten, reifen und ausdrucksfähigen musikalischen Kultur.

Ein deutsches Requiem op. 45, nach Worten der Heiligen Schrift für Soli, Chor und Orchester (Orgel ad libitum) das früheste und größte der Brahmsschen Chorwerke, durch den Tod Robert Schumanns und der Mutter des Komponisten angeregt, in der Zeit zwischen 1861 und 1868 komponiert und 1868 im Dom von Bremen uraufgeführt, ist nicht, wie der Titel »Requiem« nahelegen könnte, der Gattung der kirchlich-liturgischen Musik zuzuordnen. Es ist vielmehr eine menschliche, romantisch-erlebnishafte Auseinandersetzung mit der Tragik des Todes, eine Gegenüberstellung von Vergänglichkeit und Ewigkeitshoffnung, von Trauer und Trost nach freigewählten Worten der Bibel in der Form einer Chorkantate. Daß Tod und Ewigkeit aus menschlichem Aspekt, zwar im Sinne des christlichen Glaubens, aber ohne Beziehung auf kirchlich-konfessionelle Formen, behandelt werden, ist einer der Gründe für die ungeheure Wirkung, die das Werk geübt hat: Es ist das Bekenntnis einer freireligiösen Zeit, des den kirchlichen Dogmen entwachsenen 19. Jh. Die Texte der 7 Sätze hat Brahms dem Alten und dem Neuen Testament entnommen. Sie führen den Hörer aus der Erschütterung über die Vergänglichkeit (»denn alles Fleisch es ist wie Gras«) bis zu tröstlicher Erhebung. Man hat das Werk seines meditativen und zusprechenden Charakters wegen mit einer Predigt verglichen, womit auch seine protestantische Grundhaltung angedeutet ist. Zu Chor und Orchester treten 2 Solo-Stimmen, Sopran und Bariton.

Mit dem Grundton F, den sie in gleichmäßigem Viertelrhythmus 10 Takte lang festhalten und nach kurzer kadenzierender Abweichung sogleich wieder erreichen, setzen die Kontrabässe im *1. Teil* des Werkes ein, die Violoncelli legen die tiefalterierte Septime es darüber und intonieren in der Subdominanttonart eine schlichte, 2taktige Melodie:

Erst im 4. Takt ist die Haupttonart F-Dur eindeutig da und wird sogleich wieder durch eine chromatisch absinkende Weiterführung verschleiert. Mit gehaltenen, ganzen Noten beginnt leise der Chor: »Selig sind, die da Leid tragen«, die zweite der Seligpreisungen aus der Bergpredigt (Matthäus 5,4). Der Chorsatz erhält durch Bevorzugung der Moll-Medianten ernstes Kolorit, und das Orchester erzielt durch gänzlichen Verzicht auf Violinen dunklen, schwer lastenden Klang. Ein Seitensatz in Des-Dur, im Orchester mit einem Seufzermotiv in weichen Sexten einsetzend, bringt vorübergehende Erhebung: »Die mit Tränen säen« (Psalm 126,5–6). Ein Durchführungsteil verarbeitet zu den Worten »Sie gehen hin und weinen« beide Themengruppen, dann folgt die Reprise des Anfangs, die mit aufstrebenden Harfen-Arpeggien tröstlich ausklingt.

Der *2. Teil* des Werkes spricht von der unerbittlichen Majestät des Todes. In langsamem ¾-Takt, an den gleichmäßigen Schritt einer Passacaglia erinnernd, in gedämpften Klangfarben setzt mit den Violinen eine trauermarschartige b-Moll-Melodie ein, die refrainartig immer wiederkehrt – eine der eindringlichsten, zwingendsten Eingebungen, die sich bei Brahms finden, eine der ergreifendsten Todesklagen der Musik überhaupt:

Der Chor intoniert dazu in starrem Unisono eine Weise, die wie ein altertümliches Sterbelied klingt:

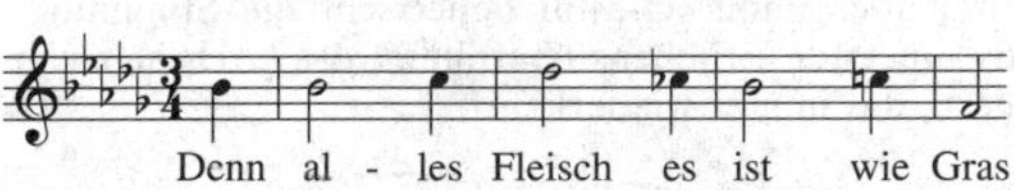

Es ist die unausweichliche Botschaft des Propheten Jesaja, die im 1. Petrus 1,24 zitiert wird: »Denn alles Fleisch es ist wie Gras und alle Herrlichkeit des Menschen wie des Grases Blumen; das Gras ist verdorret und die Blume abgefallen.« Wie ein ernster, feierlicher Reigen, dessen Figuren immer wiederkehren, wie ein Totentanz schreitet die Musik dahin, zweimal zum gewaltigen Fortissimo anschwellend. Als Trio des Trauermarschs fungiert ein lyrischer Ges-Dur-Satz: »So seid nun geduldig« (Jakobus 5,7). Nach der Reprise des düsteren b-Moll-Teils ein heller, dramatisch zugespitzter Kontrast: »Aber des Herrn Wort« (1. Petrus 1,25). Ein leuchtender B-Dur-Dreiklang der Posaunen und Holzbläser zerreißt die Trauerstimmung, der Chor verkündet die Freuden der Ewigkeit in einem teils fugierten, teils akkordisch zu kühnen Modulationen verdichteten Satz, der, von auf- und absteigenden Skalen der Instrumente begleitet, in zarter Entrückung ausklingt (Jesaja 35,10):

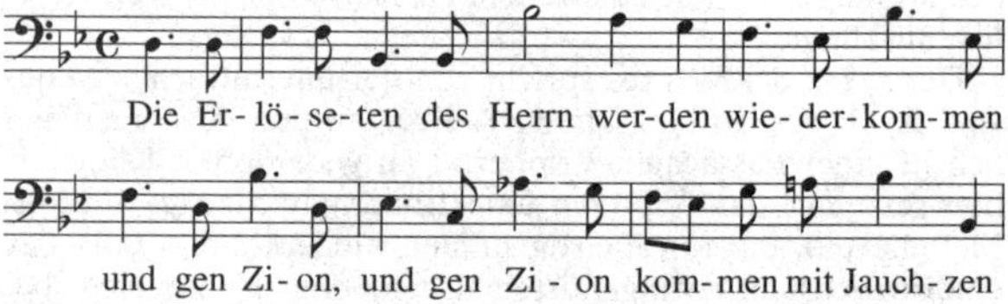

»Herr, lehre doch mich«, mit den Worten aus Psalm 39,5–8 eröffnet der Solo-Bariton den *3. Teil* des Requiems. Der Eintritt der Solo-Stimme bezeichnet den Moment, in dem die Betrachtung vom Allgemeinen ins Persönliche umschlägt. Was bisher Bild, Anschauung, allgemeine Meditation war, wird nun zum Erlebnis des einzelnen; ein neuer Ton der persönlichen Erschütterung klingt auf, den der Chor von der Solo-Stimme übernimmt. D-Moll beherrscht die Stimmung. Ein Motiv innersten Erbebens übernimmt das Orchester von den Sängern, das immer wiederkehrt:

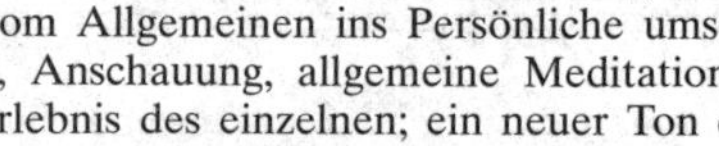

Mit dem zweiten Einsatz des Baritons, »Ach wie garnichts sind alle Menschen«, erhellt sich die Stimmung nach D-Dur, aber bald gewinnen die Töne der Todesfurcht wieder die Oberhand. Der Höhepunkt ist erreicht, wenn der Chor zum immerfort wiederholten Drängen des oben zitierten Motivs mit dem hohen a der Soprane aufschreit: »Nun Herr, wes soll ich mich trösten?« und die verzweifelte Frage sogleich leise in verhaltener, nachzitternder Erregung wiederholt. Dann aber findet er die Antwort. Mit der endgültigen Wendung nach D-Dur erklingt sie im orgelhaft gebundenen Satz der Singstimmen: »Ich hoffe auf dich.« Und die gewonnene Zuversicht lebt sich aus in einer kraftvollen, reich figurierten Fuge über das Thema (Weisheit Salomos 3,1):

Das ganze, 36 Takte lange Stück ruht auf einem einzigen Orgelpunkt D, den die Bässe und die in Achtelschlägen pochende Pauke unentwegt festhalten: Die Sicherheit des Glaubens könnte nicht deutlicher und eindringlicher versinnbildlicht werden.

Nun, da die Zuversicht über die Todesangst gewonnen hat, ist Raum für glaubensgewisse, frohere Stimmungen. Die beiden nachfolgenden Sätze sind meditative Idyllen, die von den Freuden des Himmels sprechen. Der *4. Teil* in Es-Dur, ein fließender, meist 4stimmig akkordischer Chorgesang, steigert sich in der Mitte zur Lobpreisung (Psalm 84,2–3 und 5):

Noch ergreifender und tiefer lotend ist der *5. Teil*. Nach der von gedämpften Streichinstrumenten gespielten Einleitung, deren Anfangsfigur späterhin oft wiederkehrt, singt der Solo-

Sopran von den ewigen Freuden, die niemand nehmen kann: »Ihr habt nun Traurigkeit, aber ich will euch wiedersehen« (Johannes 16,22). Und der Chor begleitet die Botschaft mit leisem Gesang, der wie ein weicher Klangteppich unter der Solo-Stimme liegt: »Ich will euch trösten« (Jesaja 66,13). Das wundervolle Stück ist bei aller lyrischen Stimmungseinheit voll feiner und fesselnder Wendungen. Der Mittelteil weicht aus der Grundtonart G-Dur nach B-Dur aus und schweift frei, wie in seliger Entrückung, durch entfernte Tonarten. Die Wiederkehr des Hauptteils, reicher figuriert, bringt harmonische Beruhigung. Das Ganze ist wie eine lichte Vision, die langsam vergeht, wenn die Stimme mit dem dreimal immer leiser wie von fern gerufenen Worte »wiedersehen« entschwebt.

Der *6. Teil*, der dramatische Höhepunkt des Werkes, kommt mit seinen »Dies-irae«-Klängen dem liturgischen Requiem am nächsten. Noch einmal schlägt die Stimmung um, noch einmal regt sich die Furcht vor dem dunklen Geheimnis des Todes. Wie Brahms diesen Stimmungsumschlag in 2 Takten einfängt, das ist einer der Geniezüge der Partitur. Die tiefen Streichinstrumente halten den G-Dur-Dreiklang fest, den Schlußakkord des vorigen beglückenden Stückes, die Bläser setzen den d-Moll-Dreiklang dagegen, beide Akkorde schwellen wie Seufzer langsam an und ab – eine lapidare Formel, die den Übergang von Himmelsseligkeit zu Erdentrauer in sich faßt. Ihre Wirkung wird dadurch verstärkt, daß sie als harmonisches Prinzip für das folgende Stück Geltung behält. Leise und verhalten singt der Chor: »Denn wir haben hier keine bleibende Statt« (Hebräer 13,14). In die Ungewißheit des Suchens klingt die Stimme des Solo-Baritons, der den Zweifelnden die verheißenden Worte des Paulus entgegenhält: »Siehe, ich sage euch ein Geheimnis« (1. Korinther 15,51–52 und 54–55). Mit einer Wendung nach fis-Moll verfärbt sich der Klang. Der Chor wiederholt leise die Worte des Vorsängers. Bei der Erwähnung der Posaune, die das Jüngste Gericht verkündet, brechen mit einer Rückung nach c-Moll die Schrecken des »Dies irae« los. Aber stärker als sie ist die Zuversicht des Paulus-Wortes: »Der Tod ist verschlungen in den Sieg.« Der stürmisch bewegte Satz steigert sich bis zu der triumphierenden, vom Chor in Fortissimo-Akkorden hinausgeschleuderten Frage: »Tod, wo ist dein Stachel? Hölle, wo ist dein Sieg?« Hier, in der grandiosen, die harmonischen Elemente des Satzes zusammenraffenden Schlußkadenz, im strahlenden C-Dur des Wortes »Sieg« erreicht das ganze Werk sein gedankliches, geistliches Ziel: Der Tod ist überwunden durch den Glauben. Die weiträumige, als formaler Höhepunkt groß disponierte Fuge, die sich anschließt, wirkt wie ein Dankgesang der erlösten Menschheit (Offenbarung des Johannes 4,11):

Der Schlußsatz, *Teil 7*, ist Epilog, Ausgleich, Zusammenfassung. »Selig sind die Toten« (Offenbarung des Johannes 14,13) singt der Chor-Sopran auf eine weit gespannte, von gleichmäßiger Achtelbewegung der Instrumente begleitete Melodie, die der Baß aufnimmt und in einen 4stimmigen Satz hinüberleitet. Eine A-Dur-Episode spricht von der Ruhe der Toten. Die Musik des *1. Teils* kehrt wieder und rundet das Werk in von Harfenklang umspieltem F-Dur; »Selig« ist das letzte Wort, das leise und lange nachhallend verklingt.

Der Gedanke an einen deutschsprachigen christlichen Grabgesang hatte Brahms schon längst vor dem *Deutschen Requiem* beschäftigt, und der 1858 in Detmold komponierte **Begräbnisgesang op. 13** für gemischten Chor, Holz-, Blechbläser und Pauken war das Ergebnis. Brahms wählte den Text des zentralen evangelischen Begräbnisliedes *Nun laßt uns den Leib begraben* in allen seinen 7 Strophen von Michael Weiße, dem begnadeten Liederdichter und hochqualifizierten Gesangbuchschöpfer der Böhmischen Brüder. Die 1., 3. und 7. Strophe bekommen eine trauermarschartige c-Moll-Melodie im Volkston,

wobei das Aussparen des Soprans in der 1. und letzten Strophe bereits das Fehlen der Geigen im 1. Satz des (ebenfalls 7teiligen) *Requiems* vorausnimmt. Auch der zwingende Aufbau der 2. Strophe aus dem rezitierenden Unisono der tiefen Stimmen zum Sopran-Einsatz und der zum Fortissimo aufbrechenden Vierstimmigkeit hin (»wenn Gottes Posaun wird angehn«) läßt die klangliche Evolution der »Posaunen«-Stelle im 6. Satz des *Requiems* vorausahnen. Nicht ohne Grund wird in der Brahms-Literatur vom *Begräbnisgesang* als vom »kleinen Requiem« gesprochen.

Wie die melodisch gebundene 1. und 3. Strophe die freikomponierte 2. einrahmen, so auch die 4. und 6. mit neu eingeführter, kantabler Volkstonweise in C-Dur die frei, aber in strengen kanonischen Bindungen und kühnen Modulationen durch entfernte Tonarten gestaltete 5. Strophe – den ausdrucksmäßigen Höhepunkt des Werkes. Brahms hat den *Begräbnisgesang*, die Ur-Idee seines *Deutschen Requiems*, ausdrücklich und mehrfach für Aufführungen im Freien – also am Grabe selbst – bestimmt, woraus sich die Eliminierung der in den ersten Manuskripten noch vorhandenen Streicher zur reinen Bläserbesetzung erklärt.

Rhapsodie op. 53, für Alt-Solo, Männerchor und Orchester, 1870 veröffentlicht, ist nächst dem *Deutschen Requiem* das meistaufgeführte der Brahmsschen Chorwerke. Goethes Gedicht *Harzreise im Winter* bildet den Vorwurf, das poetische

Porträt eines Verbitterten, Enttäuschten, dem der Dichter auf seiner einsamen Bergwanderung begegnete und den er als Typus des in seinem Leide Befangenen, des Lebensverneiners, »der sich Menschenhaß aus der Fülle der Liebe trank«, festhielt. Brahms hat den Text ins Typische, Allgemein-Gefühlshafte gewendet und sich bemüht, die versöhnenden Züge der Dichtung zu unterstreichen. Er ordnet den insgesamt 3 Strophen – es sind die 5.–7. Strophe des 11 Strophen umfassenden Gedichts – jeweils einen eigenen musikalischen Formteil zu. Der *1. Teil* der Komposition gibt das Bild des Unglücklichen, der *2. Teil* führt eindringlich die Bitte an den »Vater der Liebe« aus, das Herz des Leidenden zu erquicken; Weltschmerz und schließlich im *3. Teil* die Hoffnung auf Trost stehen einander als lyrische Antithese gegenüber.

Die Einleitung hat die Form eines Accompagnato-Rezitativs. Eine von schmerzlichen Akzenten zerrissene Melodie der Bässe, eine abwärtssinkende, in Seufzern verklingende Terzenfolge der Geigen und Bratschen schildern die Erscheinung des Wanderers in der Einsamkeit des Gebirges, den die Alt-Stimme danach mit gesungenen Worten beschreibt: »Aber abseits, wer ist's?« (*Teil 1*) Mit den Worten: »Ach, wer heilet die Schmerzen des, dem Balsam zu Gift ward?« (*Teil 2*) wird die Rede zu lyrisch gebundenem Gesang. Der Satz ist ein 3teiliges, nach der Formel A–B–A gebautes Lied, für dessen Melos die bis zur Duodezime gedehnten Intervallschritte charakteristisch sind:

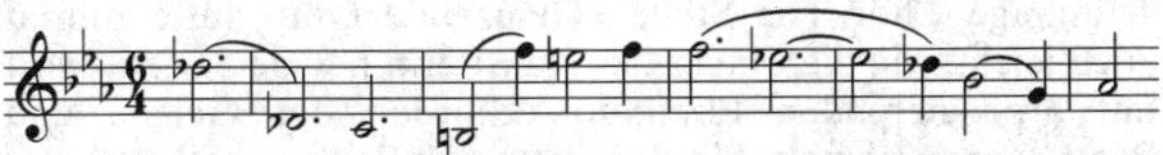

Das c-Moll löst sich zum C-Dur. Leise, den Gesang der Alt-Stimme untermalend, setzt der Männerchor ein: »Ist auf deinem Psalter, Vater der Liebe, ein Ton seinem Ohre vernehmlich, so erquicke sein Herz!« (*Teil 3*) Das in reinen Harmonien schreitende Adagio entwickelt sich, von gleichmäßig pulsierenden Achteltriolen der Streichinstrumente getragen, in zwei Ansätzen zu einer durch eine imitierende Achtelfigur intensivierten Schlußsteigerung und verklingt nach einer plagalen Kadenz mit einem langsam an- und abschwellenden C-Dur-Dreiklang der Sänger, dem Holzblasinstrumente und Hörner lichte Grundierung geben.

Schicksalslied op. 54, für Chor und Orchester, 1871 veröffentlicht, ist eine Komposition des Gedichtes von Friedrich Hölderlin, das die Vergänglichkeit und das Leiden der Menschheit der ewigen, schicksallosen Heiterkeit der Götter gegenüberstellt. Der Stimmungsgegensatz wird in einem 2teiligen Kantatensatz musikalisch ausgeführt. Die ungeschönte Eindeutigkeit der Aussage gewinnt aber in der Komposition versöhnenden Ausklang: Auf den leidenschaftlichen Chorausbruch, der das dunkle, ungewisse Los der Menschen beklagt, läßt der Komponist ein ruhiges Orchesternachspiel folgen, das die heitere Anfangsstimmung wiederaufnimmt und zu stiller Seligkeit verklärt. Brahms verwendet hier Frauen- und Männerstimmen, verzichtet aber auf Solo-Stimmen; dafür ist dem Orchester ein größerer Anteil am poetischen Ausdruck eingeräumt.

Das Orchestervorspiel, das mit einer aufsteigenden Melodie der Violinen über dunklen Es-Dur-Harmonien und einem starren Paukenrhythmus einsetzt, kündet von einer gleichsam nur geahnten Seligkeit. Das Leben der Götter wird mit menschlichem Auge gesehen, mit menschlichem Herzen nachgefühlt. Leise setzt der Alt ein: »Ihr wandelt droben im Licht auf weichem Boden, selige Genien«; leise wiederholt es der 4stimmige Chor. Die Stelle »Glänzende Götterlüfte rühren euch leicht, wie die Finger der Künstlerin heilige Saiten« wird mit arpeggierenden Pizzikato-Akkorden der Geigen und Bratschen ausgemalt. Mit dem ostinaten Paukenrhythmus, der das Stück eröffnete, verklingt der *1. Teil.* Mit einer sich aufreckenden, ruhelos fortlaufenden Achtelfigur der Streichinstrumente setzt der *2. Teil*, die Klage der Menschheit, ein:

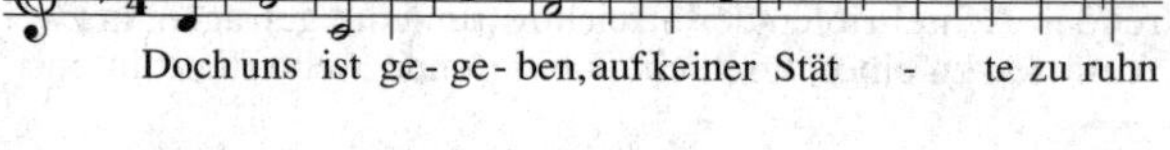

Harte hemiolische Bläserakkorde illustrieren die Stelle »Wie Wasser von Klippe zu Klippe geworfen«. In einer leisen Variante wird der thematische Komplex wiederholt, dann leitet ein Crescendo in das anfängliche Forte zurück. Auch dieses sinkt zurück in die Stille und verklingt mit leiser Unisono-Deklamation, mit hingeworfenen Themenfragmenten des Orchesters und einem dumpf pochenden Orgelpunkt der Pauke. Dann ertönt im Klang der Solo-Flöte, von Arpeggienfiguren der Streicher begleitet, die Melodie des Vorspiels, ein Orchesterepilog beschließt das Werk in klarem C-Dur: Auch dem Menschen ist die Hoffnung auf die Seligkeit gegeben.

Triumphlied op. 55, für 8stimmigen Chor, Bariton-Solo, Orchester und Orgel, ist in den Jahren 1870 und 1871 komponiert und dem deutschen Kaiser Wilhelm I. zugeeignet – eine Huldigung, die Verse und Bilder aus der Offenbarung des Johannes benutzt und umdeutet. Das 3sätzige Werk erneuert den Typus der barocken Festkantate; kaum irgendwo anders ist Brahms dem Vorbild Händels so nah wie hier, wo es ihm um glänzende, rauschende Wirkungen geht, wo er eine Fülle kontrapunktischer Künste spielen läßt und das Orchesterkolorit reichlich mit den Glanzlichtern des Bläserklangs überblendet. Eine großartige, wirkungsmächtige Komposition, und dazu ein charakteristisches und vielsagendes Dokument politisch initiierter Kunst.

Nänie op. 82, für Chor und Orchester, gehört ebenso wie das im Anschluß entstandene Werk, der *Gesang der Parzen op. 89*, einer späteren Schaffenszeit an; die Komposition wurde von Brahms 1881 in trauerndem Gedenken an den 1880 in Venedig verstorbenen Maler und nahen Freund Anselm Feuerbach vollendet. Das ungemein konzentrierte, wie in einem Gusse geschaffene Werk ist eine Totenklage aus antikem Geist. »Nänie« heißt Klagegesang; Schillers antikisierendes, in Distichen abgefaßtes Gedicht ist eine Klage um die Vergänglichkeit des Schönen, das dem Tode unterliegt. Schon in der Orchestereinleitung, einem dichten, gebundenen Stimmengeflecht der Holzblasinstrumente, hat Brahms die Stimmung eines in sich ruhenden Ernstes angeschlagen, die das ganze Werk erfüllt. Der Chor nimmt das angedeutete Thema auf und spinnt es aus zu weitgeschwungener Melodie und imitatorischen Entwicklungen:

Die einzelnen Bilder der Dichtung, die Mitleidlosigkeit des Totengottes, der Eurydike nicht herausgab, der Tod des Adonis und des Achill werden farbig ausgemalt. Die Trauer der Thetis und der dem Meer entsteigenden Nereiden gibt Anlaß zu einem harfenumrauschten Mittelsatz in Fis-Dur, der resignierend wieder in Thema und Tonart des Anfangs zurückleitet. Leise Harfenakkorde begleiten den Schluß: »Auch ein Klaglied zu sein im Mund der Geliebten ist herrlich.«

Gesang der Parzen op. 89, für 6stimmigen Chor und Orchester, 1882 vollendet, ist das herbere Gegenstück zu dem vorigen Werk. Der Text stammt aus Goethes *Iphigenie auf Tauris* – es ist der Monolog Iphigenies, der Gesang von der Grausamkeit der Götter, die Menschengeschlechter mit Willkür vernichten. Wild und stürmisch setzt das Orchester ein und sinkt nach mächtigem Aufschwung zur Höhe seufzend in dunkle Tiefen hinab. Im Piano beginnt, in Männer- und Frauenstimmen abwechselnd, der Chor: »Es fürchte die Götter das Menschengeschlecht«. Bei der Stelle »Der fürchte sie doppelt, den je sie erheben« wird der ganze 6stimmige Chor zusammengefaßt. Der Sturz in die Tiefe ist ein schreckenvolles Klangbild. Das Harren der entrechteten, verstoßenen Menschen im Finstern wird dem Triumph der Götter – »Sie aber, sie bleiben in ewigen Festen an goldenen Tischen« – wirkungsvoll gegenübergestellt. Mit der Wiederkehr der Anfangsstrophe »Es fürchte die Götter« scheint der Gesang zu schließen. Aber es folgt, in gleichmäßiger Viertelbewegung »sehr weich und gebunden« gesungen, kaum mehr ein Lied der strengen Parzen, sondern eine milde Stimme des Mitleids, die Sinndeutung der alten Geschichte vom Sturz des Tantalus: »Es wenden die Herrscher ihr segnendes Auge von ganzen Geschlechtern.« Und es schließt sich als Anhang, vom Chor zu seltsam versponnener Begleitung der Streicher und Holzbläser mehr geflüstert als gesungen, die Schlußstrophe an: »So sangen die Parzen«, das Bild des Ahnherrn Tantalus, der in der nächtlichen Verbannung seiner Kinder und Enkel, seines schuldlos verfluchten Geschlechtes gedenkt.

Camille Saint-Saëns

Von den kirchenmusikalischen Werken des eminent fruchtbaren, häufig aufgeführten und schon zu Lebzeiten hoch geehrten französischen Komponisten Camille Saint-Saëns (1835–1921) hat sich in Deutschland das **Oratorio de Noël op. 12 (Weihnachts-Oratorium)** als eine der meistgespielten weihnachtlichen Festmusiken durchgesetzt. Im Gegensatz zu Saint-Saëns' anderen, für großen Aufführungsapparat in französischer (*Moïse sauvé des eaux* – »Der aus dem Fluß gerettete Moses«, *Le Déluge* – »Die Sintflut«) oder englischer Sprache (*The Promised Land* – »Das Gelobte Land«) geschriebenen Oratorien ist das 1858 entstandene, etwa 30minütige *Weihnachts-Oratorium* für die Kammerbesetzung von Sopran-, Mezzosopran-, Alt-, Tenor- und Bariton-Solo, 4stimmigen gemischten Chor, Streichquintett, Harfe und Orgel in lateinischer Sprache komponiert. Es ist nicht auszuschließen, daß das Bachsche *Weihnachts-Oratorium*, das 1856 in der auch von Saint-Saëns subskribierten Bach-Gesamtausgabe erschienen war, diesen zu seiner eigenen oratorischen Konzeption angeregt hat. Gleich das einleitende *Prélude* für Orgel und Streicher ist »Dans le style de Séb. Bach« überschrieben; die Anklänge an die Bachs Kantate zum 2. Christtag eröffnende instrumentale Sinfonia sind nicht zu überhören. Als einziger Abschnitt aus der Weihnachtsgeschichte nach Lukas 2 schließen sich dann auch – wie bei Bach – die Verse 8 bis 14 an, verteilt auf ein Rezitativ von sich abwechselnden 4 Solisten und auf den »Gloria«-Chor und von Orgel und Streichern in feinsinnig ausgehörter Instrumentation begleitet. Die folgenden 8 Sätze stehen in ihrer asketisch ausgesparten Satzart mit bestrickend ausinstrumentierter, vielfarbiger Klangschönheit den ersten beiden in nichts nach. Sie gehen überwiegend auf Psalmworte aus den Liturgien der Weihnachtstage, wobei es schwerfällt, besondere Glanzpunkte hervorzuheben, da sie sich von Satz zu Satz durch Abwechslung der Besetzungen und Einfallsreichtum gegenseitig überbieten. Verwiesen sei nur auf die Tenor-Arie (*Nr. 4*) mit Frauenchor und Streichern nach Johannes 11,27, auf das packende Sopran-Bariton-Duett (*Nr. 5*) mit griffigem Orgelpart nach Psalm 118,26–28, auf den Chor (*Nr. 6*) nach Psalm 2,1 mit seiner prägnanten Streicher-/Orgelbegleitung. Das in Harfen-Arpeggien gebettete Sopran-Tenor-Bariton-Terzett (*Nr. 7*) nach Psalm 110,3 bietet einen lyrischen Höhepunkt, und der vorletzte Satz vereint nach einer 16taktigen Reprise der einleitenden »Bach-Sinfonia« alle 5 Solisten mit dem Chor- und Instrumental-Tutti. Der Schlußchor (*Nr. 10*) ist, ebenfalls in Bachscher Assoziation, ein 4stimmiger Note-gegen-Note-Satz mit Colla-parte-Orchester auf Worte des 96. Psalms mit hymnischem »Alleluia«.

Hugo Wolf

Hugo Wolf (1860–1903) erzielte, neben anderen kürzeren Chorwerken wie etwa der *Christnacht* (1889), einer Kantate nach August von Platen für Soli, 4stimmigen Chor und Orchester, mit seiner Chorballade **Der Feuerreiter** nach Eduard Mörike einen entscheidenden Durchbruch. Es handelt sich um Wolfs gleichnamiges Klavierlied aus den *Mörike-Liedern* von 1888, das der Komponist 1892 für 4stimmigen, bis zur Achtstimmigkeit geteilten Chor und großes Orchester höchst wirkungsvoll umarbeitete. Die Berliner Uraufführung 1894 unter Siegfried Ochs wurde ein spektakulärer Erfolg. Die mit 6 Minuten recht kurze Aufführungsdauer in Verbindung mit höherem Schwierigkeitsgrad sollten einer weiteren Verbreitung dieses wirkungssicheren Werkes nicht im Wege stehen.

Max Reger

Die Form der lyrischen Chorballade, wie sie Brahms mit der *Alt-Rhapsodie* und dem *Schicksalslied* gepflegt hatte, wurde von Max Reger (1873–1916) aufgegriffen und in der Richtung auf das lyrische Chorlied weitergebildet. Reger wählt als Texte romantische Gedichte von Eichendorff und Hebbel, seine Kompositionen entsprächen dem, was das 19. Jh. überreichlich als volkstümliches Chorlied geschaffen, ragten sie nicht durch den hohen Ernst der Konzeption und die Kompliziertheit der musikalischen Mittel weit über die Ebene der volkstümlichen Musik hinaus. Auch im Chorsatz, hinter dem als Modell der Bachsche Choralsatz steht, bedient Reger sich freier, schweifender Chromatik, die die tonalen Konturen verschwimmen läßt und seiner Musik die schwermütige Stimmungsfülle verleiht, die den meist düsteren romantischen Texten entspricht.

Die Weihe der Nacht op. 119, nach Friedrich Hebbel, für Alt-Solo, Männerchor und Orchester, ist ein Bild der Stille und des Dunkels, über dem der Segen der Sterne und die erahnte Gegenwart Gottes stehen, ein Dokument aus der Natur hinausstrebender und doch an die Natur gebundener Religiosität, die eine andere ist, als sie Reger in seinen geistlichen Werken verkündet. Das Orchester beginnt leise mit einem Sarabanden-Rhythmus der Hörner und der tiefen Streicher, der dem Hörer einen 3/2-Takt vorspiegelt. Erst im 5. Takt setzt sich der vorgezeichnete 6/4-Takt hörbar durch. Posaunen und eine zarte, aus der Höhe herabsinkende Phrase der Violinen bezeichnen die zwielichtige Stimmung des Ganzen. Das Vorspiel führt in den akkordischen Anfangsrhythmus zurück. Dann setzt in der Haupttonart E-Dur der Chor und mit ihm der Solo-Alt ein: »Nächtliche Stille, heilige Fülle«. Auf die Durchführung dieses thematischen Komplexes folgt ein neuer Gedanke. Ein Tremolo der Violinen, zu dem die Flöten in äußerster Zartheit kurze Sechzehntelpassagen einblenden wie Sternschnuppen, spiegelt das Erlebnis des Sternenhimmels; Klanghöhepunkt, vom 3fachen Fortissimo des vollen Orchesters getragen, ist die aufstrahlende Stelle: »Und aus seinen

Finsternissen tritt der Herr, so weit er kann«. Eine verkürzte Reprise des Anfangsteils gibt dem Ganzen 3teilige Form.

Der Einsiedler op. 144a, nach Eichendorff, für Bariton, 5stimmigen gemischten Chor und Orchester, stellt Solo-Stimme und Chor als kontrastierende Ausdrucksmittel einander gegenüber. Die 1. Strophe des Gedichts wird nach kurzem, fast durchweg im Piano verharrendem Orchestervorspiel vom Chor gesungen: »Komm, Trost der Welt, du stille Nacht.« Der Chorsatz ist durch das Abwechseln tiefer und hoher Stimmen, durch die langsame Steigerung zur Fülle und durch die weiche Harmonik von großer Schönheit. Tonartlich auf As-Dur bezogen, schließt er pianissimo mit einem C-Dur-Dreiklang. Dann erklingt in ausdrucksvoller Deklamation, die allmählich lyrische Melodie wird, die Stimme des Einsiedlers, des Solo-Baritons: »Die Jahre wie die Wolken gehn und lassen mich hier einsam stehn, die Welt hat mich vergessen.« Weltmüdigkeit und Sehnsucht nach Ruhe finden in der Musik ergreifenden Ausdruck. Der Chor, der hier zart begleitend zurücktritt, verbindet sich mit der Solo-Stimme zur Wiederholung der 1. Strophe, die die musikalische Form abrundet.

Requiem op. 144b, nach Hebbel, für Alt oder Bariton, gemischten Chor und Orchester, hat mit Regers liturgischem *Requiem*-Fragment (*op. 145a*) den musikalischen Keim, den Orgelpunkt auf D, gemeinsam. Hier aber spielt die Harmonie von Anfang an eine wichtige Rolle. Akkorde werden auf impressionistische Weise unverbunden nebeneinandergestellt, der Baß rückt nach 10 Takten chromatisch aufwärts, die Musik verharrt nicht in liturgischer Strenge, sie atmet geheimnisvoll drängendes Leben. Die Alt- oder Bariton-Stimme singt die Mahnung des Hebbelschen Gedichts:

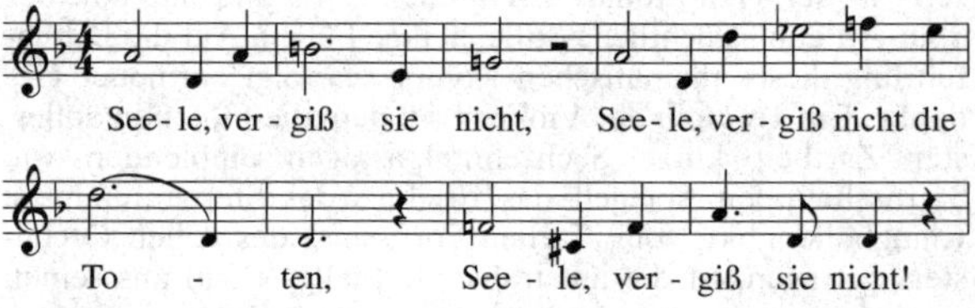

In d-Moll setzt der Chor ein: »Sieh, sie umschweben dich, schauernd, verlassen.« Der Gegensatz der Liebe, die die Toten mit Atem und Wärme erfüllt, und des kalten Sichverschließens, das sie erstarren macht, wird sinnfällige und ausdrucksvolle Musik. Die Drohung: »Dann ergreift sie der Sturm der Nacht, und er jagt sie mit Ungestüm durch die unendliche Wüste hin«, führt zu einer erregten Steigerung, die dissonant abbricht und in einem kurzen Orchesterzwischenspiel ins Pianissimo zurücksinkt. Die Wiederholung der Anfangsworte »Seele, vergiß nicht die Toten«, von der Solo-Stimme und vom Chor gesungen, beendet in leisem D-Dur das unheimliche Stück, das Reger dem Andenken der Gefallenen des 1. Weltkriegs gewidmet hat und das zugleich die Vorahnung seines eigenen nahen Todes enthält.

Arnold Schönberg

Die **Gurre-Lieder** (o. O.) für Soli, Chor und Orchester nach der Dichtung von Jens Peter Jacobsen nehmen im Schaffen Arnold Schönbergs (1874–1951) eine Ausnahmestellung ein. Fester als alle übrigen, auch die frühen Werke des Komponisten, stehen sie in der romantischen Tradition: Sie lassen den späteren Schöpfer der atonalen und der dodekaphonischen Musik noch nicht ahnen; sie sind darum in den Stilbereich des romantischen Oratoriums einzuordnen. Schönberg hat das Werk im Jahre 1900 skizziert und in der Folgezeit teilweise ausgearbeitet, hat es dann, an der Möglichkeit einer Aufführung zweifelnd, liegenlassen und erst im Jahre 1911, als er mitten in seiner atonalen Schaffensphase stand, die Partitur vollendet. Die Uraufführung im Jahre 1913 in Wien war der größte Erfolg seines Lebens. Der Komponist bedient sich der reichen Klangmittel, die die Musik der Jahrhundertwende liebte. Die Besetzung fordert 6 Solisten, darunter einen Sprecher, drei 4stimmige Männerchöre, 8stimmigen gemischten Chor und ein starkes Orchester. 10 Hörner, 7 Trompeten, 7 Posaunen und eine Kontrabaßtuba sind vorgeschrieben; die Violinen werden 10fach, Bratschen und Violoncelli 8fach geteilt.

Die Liederfolge des dänischen Dichters Jens Peter Jacobsen, die dem Werk zugrunde liegt, behandelt die Liebe des Dänenkönigs Waldemar, der um die Mitte des 14. Jh. herrschte, zu der schönen Tove. Königin Helvig, Waldemars Gemahlin, läßt die Rivalin ermorden. Waldemar lästert in maßlosem Schmerz Gott und verliert die ewige Ruhe. Er und seine Mannen jagen nachts als wildes Heer in der Luft um die verfallene Burg Gurre. Die verlorene Liebe kann nicht sterben, sie will nicht die Gnade des Himmels und tobt als gespenstischer Sturm über die dunkle Erde hin. Erst die Morgensonne des Frühlings vertreibt den Spuk; das Leben der Natur ist stärker als der Mensch und der Wahn seines Herzens. Die Dichtung, eine Folge lyrischer Gesänge, bestimmt die musikalische Form: Das Werk ist eine 3teilige Liedkantate, die nur im *3.*, letzten *Teil* den Chor beteiligt. Der *1. Teil*, dem ein orchestrales Vorspiel von zarter Klangpoesie vorausgeht, ist ein Wechselgesang Waldemars und Toves. 9 Lieder für Tenor und Sopran erzählen die Geschichte ihrer Liebe, von der Erwartung in der dunklen, verschwiegenen Nacht, vom Ritt des Königs durch den dichten Wald, vom Jubel der Begegnung auf der Treppe der Burg Gurre, von selbstvergessenem Glück der Erfüllung, das von Todesahnung überschattet ist: »So laß uns die goldene Schale leeren ihm, dem mächtig verschönenden Tod: denn wir gehn zu Grab wie ein Lächeln, ersterbend im seligen Kuß«:

Ein Orchesterzwischenspiel, das die Melodie Toves breit ausspielt und sich zu einem katastrophischen Höhepunkt steigert, schließt die Liebesszene ab. Dann berichtet das Lied der Waldtaube vom Tode Toves, vom wilden Schmerz Waldemars, von dem Sarg, den das Streitroß des Königs durch die Nacht zieht, von dumpfem Grabgeläute – ein ausdrucksmächtiger Gesang des Mezzosoprans zu klanglich differenzierter, thematisch feingewobener Orchesterbegleitung, die alle harmonischen Kühnheiten dem noch gültigen tonalen Gesetz unterordnet:

Der *2. Teil* besteht nur aus einem einzigen Lied Waldemars. Das Vorspiel entwickelt sich aus dem Todes-Akkord Toves und dem drohenden Terzschritt des Basses. Die Anklage des unglücklichen Königs an den grausamen Gott ist ein Gesang von wundervoller melodischer Emphase, der sich zum Höhepunkt trotziger Auflehnung steigert: »Laß mich, Herr, die Kappe deines Hofnarren tragen!«

Als *3. Teil* folgt das gespenstische Nachspiel, die Chorballade der wilden Jagd. König Waldemars Ruf weckt seine toten Mannen. Ihr Erwachen, ihr unheimliches Rühren und Drängen aus der Tiefe des Grabes wird in dem Baß-Lied eines Bauern geschildert, der ängstlich in seiner Kammer das Geisterheer draußen vorbeifahren hört. Dann erklingen nach lebhafter, vom Rhythmus des Reitens getragener Steigerung die Stimmen der Mannen: »Gegrüßt, o König, an Gurres Strand!« Schönberg teilt den Männerchor in drei 4stimmige Gruppen, die zu einem vielstimmig verschränkten Satzbild verbunden werden. Das Orchester entfesselt die Klangfülle der Posaunen, der dröhnenden und rasselnden Schlaginstrumente; der Chor aber ist überwiegend linear-kontrapunktisch geführt. Von packender Wirkung und geschärftem Klang ist der 3fach imitierende Einsatz der Tenöre über einer kreisenden Figur der Bässe (s. Bsp. S. 408). Der Rhythmus des Reitens als durchgehendes Baßmotiv hält den ausgedehnten Satz zusammen. Es folgen 2 Gesänge Waldemars, einer im Tone verzwei-

felter Sehnsucht, in dem die Gesangsmelodie zu weiten Intervallspannungen getrieben wird, der andere ein Ausbruch der Empörung gegen den strengen Richter droben, der Schwur: »Ich und Tove, wir sind eins«, der über den Tod hinaus bis zum Auferstehungstag gelten soll. Dazwischen steht eine seltsame Parodie des Schmerzes, das groteske, vom Buffo-Tenor gesungene Lied des armen »Klaus-Narr von Farum«, der allnächtlich mit dem wilden Heer reiten muß und doch viel lieber ruhig im Grabe läge. Hier klingt ein neuer Ton romantischer Ironie durch, die sich von der Schauerballade distanziert. Dann graut der Tag: »Mit offenem Munde gähnt das Grab«; die wilden Reiter versinken wieder in den Todesschlaf. Die kunstvolle Verschränkung zweier 4stimmiger, pianissimo gesungener Kanons, »O könnten in Frieden wir schlafen«, ist ein beklemmender Nachklang der gespenstischen Szene. Wenn endlich der Spuk verflogen ist, setzt mit ätherischen Violinklängen der *Schlußteil* ein, »des Sommerwindes wilde Jagd«, die naturfrohe Entsprechung zur makabren Vision des Geisterheeres. Ein *Orchestervorspiel* von Frische und Zartheit ist die Einleitung. Das in vier Oktaven gehaltene hohe h der geteilten Flöten ist wie ein Sonnenstrahl, der allmählich zu morgendlicher Lichtfülle wächst. Glitzernde Läufe der Harfen, fließende Sechzehntelfiguren der Streichinstrumente bringen Bewegung; chromatisches Drängen führt zu einer an harmonischen Reizen reichen Steigerung: Der Morgen bricht an. Ein Sprecher, dessen Part nach Tonhöhe und Rhythmus genau notiert ist, erzählt vom Frühwind, der durch Blätter und Ähren raschelt, sich zu den Baumkronen aufschwingt und endlich auf dem glatten Spiegel des Sees zur Ruhe kommt. Zum ersten Mal verwendet Schönberg hier das *Melodram*, das in seinen späteren Werken eine wichtige Rolle spielt. Das riesige Orchester wird zu kammermusikalischer Besetzung zurückgezogen. Ein feinverästeltes Stimmengeflecht legt sich unter die Stimme des Sprechers, der Klang leuchtet und funkelt. Aber die dunkle Erinnerung hallt nach; bei den Worten: »Still! Was mag der Wind nur wollen?« ertönt im Orchester die Melodie Toves. Mit einem Weckruf klingt das Stück aus: »Erwacht, ihr Blumen, zur Wonne!« Dann führt eine rasche Steigerung zum *Schlußchor*, der – in imposantem Kontrast zur kammermusikalischen Finesse des Melodrams – an Klangpracht alles erreicht oder überbietet, was Gustav Mahler und Richard Strauss in jener Zeit an chorischen und symphonischen Monumentalwirkungen erzielt haben. Erst hier treten die Frauenstimmen in das musikalische Geschehen ein und verbinden sich mit den Männerstimmen zur Achtstimmigkeit. Die Tonart ist eindeutiges, nur vorübergehend in ferne harmonische Bereiche ausweichendes C-Dur. Der Chorsatz ist überwiegend linear konzipiert: ein Nebeneinander geschwungener Melodielinien, die einander in herben Zusammenklängen begegnen und überschneiden. Die Schlußkadenz rückt h-Moll, D-Dur, E-Dur, Cis-Dur, F-Dur als harmonische Akzente eng zusammen, bevor die Harmonie 28 Takte lang auf dem endgültigen C-Dur-Klang liegen bleibt. Der Text lautet: »Seht die Sonne, farbenfroh am Himmelssaum östlich grüßt ihr Morgentraum.« Es ist wohl der strahlendste Sonnenaufgang, der jemals komponiert worden ist – lichter, lebensgläubiger Abschluß einer Tondichtung, die Leid und Fluch todverbundener Liebe besang.

Hans Pfitzner

Als Bewahrer romantischen Geistes in einer Epoche, die sich bewußt und absichtsvoll vom Lebens- und Kunstgefühl der Romantik distanzierte, ist Hans Pfitzner (1869–1949) eine herausragende Erscheinung. Keineswegs darf er als Epigone einer vergangenen Musikzeit verstanden werden. Gerade im Widerspruch zu seiner Mitwelt entwickelte und bewährte sich seine tiefe, urkräftige Originalität. An der selbstgewählten Aufgabe, der Mode zu trotzen und der Zeit das zu geben, was ihr zu entgleiten drohte, wuchs er zu einer großen, einsamen Persönlichkeit, deren künstlerische Leistung die Zeiten überdauert. Sein Glaube an den Vorrang der Inspiration vor der handwerklichen Arbeit ist romantisches Erbteil; sein Stil aber macht von den Mitteln seiner Zeit, von der Linearität, der harmonischen Komplizierung ausgiebig Gebrauch, seine Werke sind legitimer Besitz des 20. Jh. Der Oper, dem Lied und der Kammermusik in besonderem Maße verbunden, hat er auch auf dem Gebiete der Chorkantate bedeutsame Schöpfungen hinterlassen. Die Eichendorff-Kantate *Von deutscher Seele* darf neben dem Musikdrama *Palestrina* als sein Hauptwerk gelten, die Chorphantasie *Das dunkle Reich* ist ein persönliches Bekenntniswerk von ergreifender Wirkungskraft.

Von deutscher Seele op. 28, eine romantische Kantate nach Sprüchen und Gedichten von Joseph von Eichendorff, für 4 Solo-Stimmen, gemischten Chor, großes Orchester und Orgel, wurde von Pfitzner im Jahre 1921 vollendet. Das Werk ging hervor aus der Idee eines Liederzyklus nach den Versen des romantischen Dichters. Erst allmählich ordneten sich die Gedichte zu einem beziehungsvollen Ganzen, zugleich wuchs die Form ins Große. 20 Gedichte sind in 2 Abteilungen verarbeitet. Der *1. Teil* (*Mensch und Natur*) handelt von Leben und Tod, von Sonnenschein und Sturm, von Morgenhelle und Nachtdunkel. Der *2. Teil* (*Leben und Singen*) ist lockerer gefügt, er stellt sich dar als Liederfolge, als farbiges Bilderbuch romantischer Stimmungen. Aber auch im scheinbar unbekümmerten Singen und Musizieren wird die Idee des Ganzen deutlich: die Hingabe an die unergründlichen romantischen Tiefen der Seele und der dämonischen Natur und zugleich das Vertrauen auf Menschenkraft und Gottesgnade, die die Macht des Dunkels brechen. So ist das Werk, voll von Naturschwärmerei, von Innerlichkeit, Lebensweisheit und gläubigem Gottvertrauen, eine Konfession von allgemeiner Bedeutung. Der Titel deutet an, daß Pfitzner damit in notvoller, ungewisser Nachkriegszeit das Innenbild seines Volkes zeichnen wollte, dessen reines, tiefes Wesen ihm gefährdet schien.

Kammermusikalisch zurückgenommen, mit einem d-Moll-Satz der Solo-Streicher und der Holzblasinstrumente, beginnt der *1. Teil.* Die Alt-Stimme singt von der Unbeständigkeit und dem Wechsel des Lebens: »Es geht wohl anders, als Du meinst«. Die herbe Linearität des Satzes, die wortgebundene Melodie der Singstimme ergeben einen Eindruck, der den Hörer sofort in die Stimmung des Werkes hineinzieht. Bezaubernd ist die Aufhellung des Klanges bei den Worten: »Und kaum hast Du Dich ausgeweint, lacht alles wieder, die Sonne scheint«. Aber streng und gemessen ruft der Tenor in das Behagen hinein: »Was willst auf dieser Station so breit Dich niederlassen? Wie bald nicht bläst der Postillon, Du mußt doch alles lassen.« Und es folgt das hintergründige Orchester-Scherzo *Tod als Postillon*, eine Groteske von der Wildheit alter Totentanz-Darstellungen, 6/8- und 4/8-Rhythmen kombiniert, von thematischen Rufen der Hörner und Trompeten durchzogen, aber ohne alle billige Tonmalerei, mehr Zeichnung als Farbe, mehr Abstraktion als Stimmungsbild, einer der großartigsten, überwältigendsten Orchestersätze Pfitzners. Wenn der Wirbel abflaut, wiederholen Solo-Stimmen und Chor nachhallend das Lied vom Postillon. Mit leisen Orgelakkorden, die von f-Moll nach A-Dur modulieren, klingt die Episode aus. Dann stimmt der Tenor ein fröhliches Lied an, der Chor fällt ein: »Herz, in Deinen sonnenhellen Tagen halt nicht karg zurück!« Der Chor und die übrigen Solisten nehmen das Spiel übermütig auf. Als Moll-Teil wird von den Solisten die Warnung eingeschoben: »Sinkt Dein Stern, alleine wandern magst Du bis ans End' der Welt«, während der Chor zugleich zum Gottvertrauen mahnt. Die Reprise des lustigen

Teils klingt aus in eine Kadenz der Klarinette über einem dumpfen Wirbel der großen Trommel, der zum nächsten Stück überleitet: »Der Sturm geht lärmend um das Haus. Ich bin kein Narr und geh hinaus.« Das ergibt ein charakteristisches Stück skurrilen Pfitznerschen Humors, in dem die krausen Instrumentalfiguren mit der eigensinnig hervorgestoßenen Deklamation des Solistenquartetts wetteifern. Der Sturm beruhigt sich. Flöte, Horn und Harfen intonieren ein Adagio von wunderbarer Stimmungskraft, *Abend* überschrieben. Aus der Melodie des Horns, die 2 Harfen mit glitzernden Arabesken begleiten, entwickelt sich eine Streicher-Kantilene, die das Entschlummern der Natur erleben läßt. Dann, unter der Überschrift *Nacht*, stimmen Posaunen, Hörner und Baßtuba einen Choral an, den die Violoncelli mit einer rhapsodischen Melodie kontrapunktieren. Wenn der Choral verklingt, steigen in den gedämpften Streichern zarte Akkorde von der Tiefe bis zur höchsten Höhe auf. Das Morgenlicht durchdringt das Dunkel, Flöten klingen wie Vogelgezwitscher, und die Sopran-Stimme singt: »Die Lerche grüßt den ersten Strahl.« Der Morgen mahnt den Menschen: »Was ist Dein kleines Erdenleid? Du mußt es überfliegen.« Und sogleich bricht, in einem Liedsatz der Solo-Stimmen und des Chores, lärmende Lustigkeit aus:

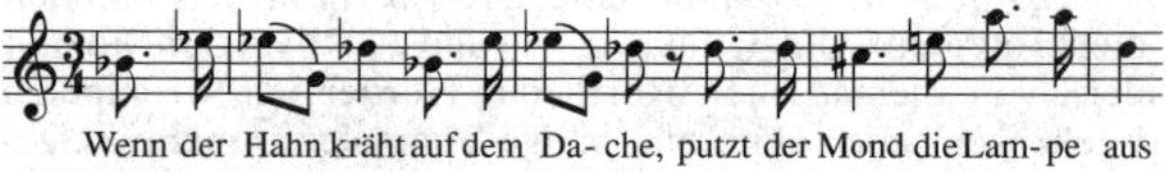

Ruhig wie einen Wächterruf singt der Baß ein Gebet hinein, das die übrigen Stimmen aufnehmen: »Gott behüte Land und Haus.« An das Morgenlied schließt sich ein Gesang der Alt-Stimme über die Unbeständigkeit des Glücks an: »Ewig muntres Spiel der Wogen, viele hast Du schon belogen.« Dann erklingt die Abendmusik des Horns und der Harfen zum zweiten Mal, nun in ihrer Bedeutung vertieft durch Worte, die von der Einsamkeit und dem Schweigen der Nacht, von den Gedanken des Dunkels und der Stille berichten. Auch der Choral der Bläser erhält nun die Worte; der Chor nimmt ihn in schlichter Vierstimmigkeit als *Nachtgruß* auf:

Die Weise weitet sich zu einem vielstimmigen Satz, der die Eitelkeit und Zerstreuung des Tages ablehnt und den »wunderreichen König« feiert, der herrlich einzieht im stillen Reich. Es entspricht dem volkstümlichen Klang der Dichtung, wenn die Choralweise am Ende in ihrer ursprünglichen schlichten Gestalt wiederkehrt, nun auf den Fermaten am Schluß der Verszeilen von improvisierenden Einwürfen der Solo-Stimmen unterbrochen.

Leben und Singen, die Überschrift des *2. Teils*, ist im Sinne romantischer Welterfahrung zu deuten: Leben ist Kampf, fruchtloses Mühen, Resignation; Singen ist Trost, Befreiung, Erhebung über die Unbill des Lebens. Mit einem ostinat festgehaltenen Rhythmus setzt das Vorspiel ein:

Der Chor, dessen Stimmen, im Abstand von 2 Takten einander folgend, in strengem Kanon singen, erläutert den Sinn der Musik:

Großartig, mit dem Einsatz des vollen Orgelwerks auf einem Nonenakkord, ist die folgende Zeile hervorgehoben: »Der Strom wohl rauscht an die tausend gar und kommt doch nicht zur Quelle.« An das Bekenntnis der Fruchtlosigkeit alles Strebens schließt sich eine kurze Episode der Resignation, rezitativisch vom Tenor gesungen: »Was ich wollte, liegt zerschlagen«. Es folgt ein Orchester-Adagio, *Ergebung*, in dem die Solo-Flöte mit Sechzehntelfiguren und Arpeggien das Wort führt. Nun, mit der Ergebung in das Schicksal, ist auch die Überlegenheit über das Leben gewonnen. Mit einem übermäßigen Dreiklang, im jagenden Achtelrhythmus der Pauken, mit Beckenschlag und Schellengeläut setzt ein frisches Stück von fast humoristischem Klang ein: »Der jagt dahin, daß die Rosse schnaufen« – einer der musikalischen Höhepunkte des Werkes. Das Orchester tollt noch eine Weile im Rhythmus der jagenden Rosse fort. Wenn es sich beruhigt hat, ergreift der Solo-Baß das Wort: »Gleichwie auf dunklem Grunde der Friedensbogen blüht, so durch die böse Stunde versöhnend geht das Lied.« Harfe und Horn präludieren, und der Liederteil beginnt. Er umfaßt 3 lyrische und balladeske Gedichte. *Kaiserkron und Päonien rot*, das Lied vom alten Garten, dem Solo-Sopran zugeteilt, darf mit raunendem Stimmungszauber der Streicher, mit leisen Harfen- und Mandolinenklängen als das poetischste Stück der Partitur gelten. *Die Nonne und der Ritter*, abwechselnd von Alt und Tenor gesungen, ist eine traurige, von leidenschaftlichen Episoden durchsetzte Ballade der enttäuschten Liebe. *Der Friedensbote*, das Ständchen eines heimkehrenden Kriegers für seine Liebste, vom Solo-Baß vorgetragen, leitet in die zuversichtliche Stimmung des Schlußchors über. Zwischen den Liedern stehen, gleichsam als Interpunktion, 2 kurze Chorsprüche: der 1., in 4stimmigem Satz, ein Bekenntnis zur lebensüberwindenden Macht des Leides; der 2., lustig und rasch vorüberflatternd, eine närrische Meditation über Singen und Leben:

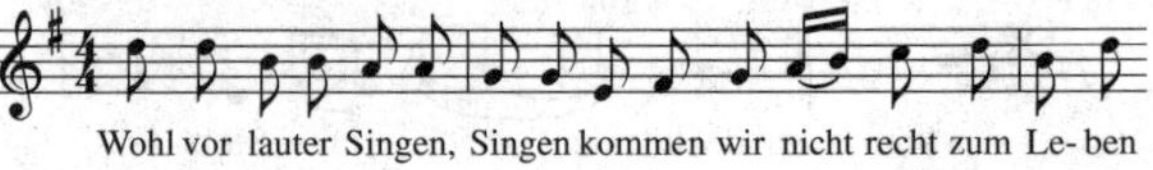

Mit einem Orgel-Solo setzt in der nach Dur aufgehellten Anfangstonart der *Schlußchor* ein: »Wenn die Wogen drunten toben, Menschenwitz zu Schaden wird«. Der Hauptsatz des 3teiligen Stückes ist charakterisiert durch klangvollen, stellenweise oktavierten Chorsatz und eine durch die Vorstellung des Wogens inspirierte Orchesterbegleitung. Der Mittelteil, mehr von den Solisten bestritten und durchsichtiger gesetzt, leitet von stürmischer Erregung zur Beruhigung. Die Wiederkehr des Hauptteils beschließt das Werk im D-Dur-Klang der Singstimmen, der Orgel und des vollen Orchesters mit der Mahnung zu Lebensmut und Gottvertrauen: »Faß das Steuer, laß das Zagen! Aufgerollt hat Gottes Hand diese Wogen zum Befahren und die Sterne, Dich zu wahren.«

Das dunkle Reich op. 38, eine Chorfantasie mit Orchester, Orgel, Sopran- und Bariton-Solo, wurde im Januar 1930 vollendet und im Oktober desselben Jahres in Köln uraufgeführt. Das Thema ist der Tod, das rätselhafte Dunkel, in das das romantische Weltgefühl ahnungsvoll einzudringen sucht. Pfitzner hat die Kantate nach dem Tode seiner Frau geschrieben. Sie ist künstlerischer Niederschlag schmerzlichen Erlebens, eine Art von »Deutschem Requiem«, aber von aller religiösen und kirchlichen Tradition entfernt. Wie der Kantate *Von deutscher Seele*, so liegt auch der Chorfantasie als Text eine Auswahl inhaltlich verwandter Gedichte zugrunde, die die Musik zu lyrischer Einheit verschmilzt; doch werden hier statt eines Dichters vier – Michelangelo, Johann Wolfgang Goethe, Conrad Ferdinand Meyer, Richard Dehmel – als Autoren zitiert. Eine innere Entwicklung, eine Überwindung des Todes in christlichem Sinne wird nicht erstrebt, eher ein Einfühlen in die dunkle Sphäre, die bei näherer Vertrautheit ihre Schrecken verliert. Tod und Leben stehen einander als verschiedene Chöre gegenüber, Gretchens Gebet vor der Mater dolorosa und einige Verse aus Conrad Ferdinand Meyers Zyklus *Huttens letzte Tage* hat Pfitzner als Auseinandersetzung des einzelnen mit Tod und Todesfurcht eingefügt. Von den 8 Stücken der Partitur sind 5 dem Chor zugeteilt, 2 sind Sologesänge, eins, der *Tanz des Lebens*, ist ein reines Instrumentalstück.

In d-Moll, der bevorzugten Tonart der Todesmystik, in leisem Unisono beginnt der *Chor der Toten* seinen Gesang: »Wir Toten, wir Toten sind größere Heere als ihr auf der Erde, als ihr auf dem Meere.« Die Gegenwart der Toten im Sein und Tun der Lebenden, die Übermacht der ins Dunkel gesunkenen Vergangenheit über den kurzen Augenblick des Lichtes, der Grundgedanke von Conrad Ferdinand Meyers Gedicht, wird durch die Musik eindringlich verdeutlicht. Die Verse »Und was wir vollendet und was wir begonnen, das füllt noch dort oben die rauschenden Bronnen« ergeben ein von Harfenakkorden, Horntrillern, Orgel- und Holzbläserläufen bestimmtes Klangbild. Die Stelle »Und unsere Töne, Gebilde, Gedichte erkämpfen den Lorbeer im strahlenden Lichte« führt zu einem triumphierenden Höhepunkt. Dann sinkt die Musik in die Monotonie des Anfangs zurück. »Drum ehret und opfert!« ist ein im Pianissimo vergehendes Unisono; aber das letzte Wort, »Denn unser sind viele!«, schwillt an zum Fortissimo, zu einem langgehaltenen d-Moll-Dreiklang, als stünde die unübersehbare Schar der Toten plötzlich sichtbar da. Unmittelbar schließt sich mit einer raschen Wendung nach der Paralleltonart F-Dur, bei gleichbleibendem ¾-Takt, aber in schnellerem Zeitmaß, der Chor der Lebenden an, das von Lebenskraft strotzende und doch mit tiefsinniger Todesahnung durchsetzte *Schnitterlied* desselben Dichters. Der Komponist macht daraus einen zu wildem Wirbel gesteigerten Bauerntanz, der in ein sprudelnd bewegtes, von kraftvollen Bläserrufen durchsetztes Orchester-Scherzo, *Tanz des Lebens*, übergeht. Wenn die Bewegung erstirbt, hallt ein langgehaltener D-Dur-Dreiklang der Orgel nach. Aus ihm entwickelt sich das nächste Stück, *Chorspruch*, Richard Dehmels Gedicht »Es ist ein Brunnen, der heißt Leid, draus fließt die lautre Seligkeit«. Das kurze Stück ist der persönlichste, bekenntnishafteste Teil der Partitur; hier beweist der Komponist seine Fähigkeit, mit wenigen Noten viel zu sagen. Die Tenöre beginnen allein zur Orgel; das Wort »Leid« wird leise, aber nachdrücklich vom ganzen Chor als g-Moll-Dreiklang gesungen. Auf das Wort »Seligkeit« erklingt ein gedämpfter Quartenakkord der Streicher und Holzbläser, den Harfen und Orgel anschwellen lassen und weiterführen. Das Grauen, das den erfaßt, der in die dunkle Brunnentiefe hinabschaut, wird durch ein Spiel mit Septimen-Intervallen geschildert, das vorübergehend die tonale Bindung zu irritieren scheint: »O trinke, da zerrinnt Dein Bild« – das Sichauflösen der Persönlichkeit wird Klang. Der erlösende Ruf der Chor-Soprane »Licht quillt« ist von einer Apotheose des Quartenklangs begleitet. Aus diesem Klang, der in gleitende Chromatik übergeht, entwickelt sich als Lied des Solo-Soprans Gretchens Gebet »Ach neige, Du Schmerzensreiche, Dein Antlitz gnädig meiner Not«, die Klage einer verzweifelnden Frau auf der Grenze zwischen Leben und Tod. Die Orgel intoniert ein ruhiges Fugato und führt damit aus dem Bereich der leidenschaftlichen Klage wieder auf die Ebene der allgemeinen Betrachtung. Der Chor hält sich auf dieser Ebene mit Michelangelos Worten »Alles endet, was entstehet« – ein ruhig-eindringlicher Gesang, in dem chorische Einstimmigkeit und instrumentale Klangverfeinerung sich verbinden. *Scheiden im Licht*, die Begegnung des Mannes mit dem Tod, zu der Conrad Ferdinand Meyer mit seinem Versgedicht *Huttens letzte Tage* den Text geliefert hat, ist ein schwungvoll einsetzendes, über zarte Partien zur Emphase gesteigertes Orchesterlied des Baritons. Der »Kämpfer« wird mit Fanfaren der Trompeten und Posaunen und mit hochgeschwungener Melodie der Hörner charakterisiert; der Schluß, der *Gruß an das Licht*, ist kraftvoll rhythmisiertes C-Dur. Dann erklingt wieder, durch einen einzigen verbindenden Molldreiklang der Orgel angeschlossen, der *Chor der Toten*, der das Werk eröffnete. Er wird notengetreu wiederholt; aber der d-Moll-Akkord am Ende hellt sich auf zum langgehaltenen D-Dur. Das dunkle Reich hat seinen Schrecken verloren, Tod und Leben sind eins.

Das volkstümliche Chorlied und die Motettenkunst der Romantik

Das 19. Jh. hat die großen Formen der Musik, die Symphonie, das Oratorium, die Oper, zu äußerster Wirkungskraft entwikkelt. Es hat daneben eine Kultur des volksnahen Liedgesanges geschaffen, die sich neben der großen Liedzeit des 16. Jh. behaupten kann. Das Lied des 19. Jh. ist dem universalen Geist der Romantik verpflichtet, der sich ebensowohl in der phantastischen Intimität der Schumannschen Klaviermusik, in der mystischen Weite der Brucknerschen Symphonien, im harmonischen Raffinement des Wagnerschen *Tristan* wie in den schlichten Melodien eines aus verschütteten Vergangenheitstiefen neu erweckten Volksliedes bezeugte. Johann Gottfried Herder, der dem Klang des Volksliedes nachging, darf als früher poetischer Anreger dieser Bewegung gelten. Das Naturgefühl, dem Jean Jacques Rousseau literarischen Ausdruck gegeben hatte, das in Goethes Gedichten widerklang, wurde allgemeiner Besitz und durchflutete das Fühlen, Denken und Dichten des beginnenden Jahrhunderts mit frischer Erlebniskraft, die sich an Wäldern, Wiesen und Gebirgen, an der Idylle der Dörfer und alten Burgen begeisterte und den Menschen hinaus aus gesellschaftlichen Konventionen in eine unberührte, verklärte Welt des einfachen Lebens führte. Mit dem romantischen Naturgefühl verband sich ein neues Innewerden des nationalen Wesens, das sich in der Liebe zur Heimat, zur eigenen Sprache und zur eigenen musikalischen Melodie ausdrückte. Das Nationalgefühl, das durch die Erhebung gegen den fremden Diktator Napoleon mächtig befördert wurde, ist ein Grunderlebnis der romantischen Epoche. Wie die Maler – Caspar David Friedrich, Ludwig Richter, Karl Spitzweg – die Welt sahen, so schilderten sie die Dichter. Die raunenden Wälder Eichendorffs, in denen Nixen und Zauberfrauen wohnen, sind die charakteristische Landschaft dieser traumseligen Zeit, die Jäger und Wandergesellen, die Zigeuner und Glücksritter seiner Gedichte und Novellen sind die Gestalten, in denen das allgemeine Lebensgefühl sich verkörperte. Eine schöpferische Dichtung vervielfältigte und variierte das romantische Erlebnis. Die Lyrik Heines, die Idyllen Mörikes, die Phantasien Brentanos, die schlichten Lieder Uhlands waren Vorbilder, die die Nachfolge vieler kleinerer, aber keineswegs minderwertiger Poeten fanden. **Carl Maria von Weber** hat die romantische Welt in dem Geniewurf des *Freischütz* auf die Opernbühne übertragen. Ihre umfassende musikalische Abspiegelung fand sie im Lied, dessen Meister die einfache, allverständliche Melodie der Klassik weiterbildeten und mit neuen Inhalten, mit Lust, Trauer, Sehnsucht und Geheimnis erfüllten.

Die Chorkunst der Romantik entwickelte sich gemäß den Lebensbedingungen der biedermeierlichen Umwelt. Das nationale Erlebnis der Freiheitskriege gab starke Impulse; Webers Liedzyklus *Leier und Schwert* nach Gedichten Theodor Körners ist die klassische Formulierung dieser Stimmung. Schon in dieser idealisierten Soldatenlyrik zeigt sich die Bevorzugung der Männerstimmen, die für die Zeit charakteristisch ist: Der Männerchor als Interpret von Studenten-, Handwerker-, Trink- und Gesellschaftsliedern ist eine Erfindung der Romantik. Anfangs erschien er in kleiner Besetzung; die ersten »Liedertafeln«, musikalisch-gastliche Konvente einer geselligen, für Bünde und Gemeinschaften sich begeisternden Zeit, waren von Einzelsängern besucht. Mit der Entwicklung der bürgerlichen Welt, mit dem Wachsen der Menschenmassen und der Vergrößerung der Städte, wurden sie zu Männergesangvereinen, die die Podien der Säle okkupierten und ihre Leistung als Konzert zur Schau stellten. Frauenstimmen traten bald hinzu; der gemischte Chor setzte sich auch auf diesem Gebiete neben dem reinen Männergesang durch. Diese Entwicklung spiegelte sich in der Chorliteratur, die vom schlichten Volksliedsatz bis zur pathetischen Monumentalkomposition für sängerische Massenveranstaltungen fortschritt.

Carl Friedrich Zelter (1758–1832), der im Jahre 1809 in Berlin die erste, satzungsgemäß nicht mehr als 25 Mitglieder umfassende Liedertafel gründete und sie als Komponist mit

Liedgut versorgte, gehört als Bachkenner und Freund Goethes noch dem klassischen Geistesbereich an, darf aber doch, vor allem dank seiner praktisch-pädagogischen, auf die soziale Geltung der Musik gerichteten Interessen, als Anreger der romantischen Liedkultur betrachtet werden. Auf den Arbeiten der älteren Berliner Liederschule fußend, fand er den Typus von Melodie, der dem chorischen Vortrag in geselliger Runde entsprach: einfach, kräftig liniiert, zu klangvoller Harmonisierung ebenso wie zu kanonischer Verarbeitung geeignet, von würdig-feierlichem oder humoristischem Ausdruck, niemals sentimental. Seine Vertonung des Goetheschen *Bundesliedes* steht wie ein Motto über dieser ganzen Kunst:

Zu seinen Dichtern zählen außer Goethe, dessen autorisierter Komponist er war, Ernst Moritz Arndt, Clemens Brentano, Adelbert von Chamisso und ältere anonyme Autoren. Neben ernsten und gesellig-fröhlichen Gesängen stehen viele humoristische wie das Goethesche *Epiphanias*-Lied von den »Heiligen drei Königen«, Chamissos *Tragische Geschichte* »von einem, dems zu Herzen ging, daß ihm der Zopf so hinten hing«, das Lied vom Schlossergesellen, der beim Fressen fleißiger als beim Feilen war, oder das Weinlied *Sankt Paulus war ein Medicus*. Immer ist die Stimmung mit einfachen, aber feinen kompositorischen Mitteln getroffen, Einstimmigkeit, harmonischer Satz und kanonische Spielereien wechseln miteinander ab, das Ganze ist gute musikalische Unterhaltung, von reinem Gefühl und Geschmack gelenkt.

Friedrich Silcher (1789–1860), Universitätsmusikdirektor in Tübingen, Sammler, Herausgeber und Komponist von Volksliedern, steht mitten in der Gedankenwelt der Romantik. Seine Sätze haben meist einen empfindsamen, idyllischen Zug, sie sind liebenswerte Miniaturen intimen Charakters, gemütvoll und gemäßigt lustig, von schwäbischem Gefühlsernst geprägt. Die 12 Hefte **Volkslieder, gesammelt und für vier**

Männerstimmen gesetzt, die Silcher in den Jahren 1826–60 herausgab, enthalten fremde und eigene Kompositionen in 4stimmigen Fassungen, deren einfache Natürlichkeit das Ideal des romantischen Liedsatzes verkörpert. Ein Lied wie Eichendorffs *Untreue*, dessen schwermütige, in der 3. Zeile durch einen eindringlichen Septimenfall akzentuierte Melodie von Friedrich Glück stammt, ist bezeichnend für den Charakter der Sammlung:

Es ist viel von Liebesleid, Sehnsucht, Abschied und Heimweh die Rede, aber auch von Glück, Spiel und Tanz. Das schwäbische Volkslied ist durch viele charakteristische Stücke wie *Das Lieben bringt groß Freud*, *Drunten im Unterland*, *Jetzt gang i ans Brünnele*, *Muß i denn zum Städtele hinaus* vertreten. Silchers eigene Melodien sind unter anderen *Ännchen von Tharau*, *Zu Straßburg auf der Schanz*, *Morgen muß ich fort von hier* und die schwermütige Weise zu Heines *Lorelei*. Was die Romantik an Sehnsucht, Innerlichkeit, an Lebenslust und Lebenstrauer in die Seele der Zeit legte, das hat in diesen Liedern allgemein faßliche Gestalt gewonnen.

Franz Schubert (1797–1828), der Meister des Solo-Liedes, hat auch dem Chorgesang seine Schaffenskraft gewidmet. Sein Chorsatz, mag er für Männer-, Frauen- oder gemischte Stimmen geschrieben sein, ist von naturhafter, elementarer Schönheit. Die Kraft und Ursprünglichkeit der Melodie, die diesem Musiker wie keinem anderen zur Verfügung steht, verbindet sich mit einer Fülle harmonischen Wohlklangs, der Reichtum an kühnen, aber ungezwungenen, natürlich fließenden Modulationen gibt seinen Sätzen leuchtendes Kolorit und starke innere Spannung. Diese Kunst steht nicht auf der

Ebene des Gesellschafts- und Volksliedes; jedes Stück, mag es von noch so einfachem, liedhaftem Klang sein, ist ein romantisches Kunstwerk von persönlicher, unnachahmlicher Originalität. Ein Satz wie *Die Nacht* (D 983, 4) mit seinen einfachen D-Dur-Dreiklängen, mit dem sanften Akzent des querständigen b im 3. Takt und der ausklingenden Fermate am Zeilenende verkörpert geradezu das Ideal des romantischen Männerchor-Klanges:

Reine A-cappella-Sätze wie die für 4 Männerstimmen, *Die Abendglocke tönet* oder *Ertönet, ihr Saiten in nächtlicher Ruh*, sind selten. Vielen Stücken hat Schubert eine Klavierbegleitung beigegeben, wie dem reizenden Allegretto *Ich rühme mir mein Dörfchen hier*, das das Gleiten der Fische im Bach mit Sechzehntelketten malt und in kanonischem Jubel »O Seligkeit« ausklingt, wie dem poetischen, harmonisch reichen Notturno *Nachthelle* (D 992, »Die Nacht ist heiter und ist rein«), in dem dem Männerchor ein Solo-Tenor gegenübertritt, oder in dem vielgesungenen, von idyllischer Biedermeierstimmung erfüllten *Ständchen* (D 920, »Zögernd leise in des Dunkels nächt'ger Stille sind wir hier«), in dem eine Alt- oder Bariton-Stimme dem 4stimmigen Männerchor (oder auch dem 4stimmigen Frauenchor) den Vorsänger macht. Der *Nachtgesang im Walde* (D 913, »Sei uns stets gegrüßt, o Nacht«) für 4stimmigen Männerchor wird stimmungsvoll von einem Hornquartett begleitet; der bedeutenden 8stimmigen Männerchor-Vertonung von Goethes *Gesang der Geister über den Wassern* (D 714) geben Bratschen, Violoncelli und Kontrabaß dunkles instrumentales Kolorit. Schuberts chorisches Pathos erhebt sich mühelos in die religiöse Sphäre; der von Holz- und Blechblasinstrumenten begleitete *Hymnus an den Heiligen Geist* (D 964, »Herr, unser Gott, erhöre unser Flehen«) für Sopran-, Alt-, Tenor-, Baß-Solo und 4stimmigen Männerchor und der von einem Klaviersatz getragene *23. Psalm* für 4 Frauenstimmen (D 706, »Gott ist mein Hirt«) sprechen in religiösem Ernst. Das ausdrucksvolle *Salve Regina* (D 386) für 4 gemischte Stimmen und der 8teilige Zyklus der *Deutschen Messe F-Dur* (D 872, Nr. 1, »Wohin soll ich mich wenden«) mit der schönen Melodie »Heilig ist der Herr« sind A-cappella-Musik von volkstümlich-echtem Klang.

Felix Mendelssohn Bartholdy (1809–47) wurde seit Kindheitstagen durch Familienbrauch, Singakademie und Karl Friedrich Zelter von Chorgesang angeregt und gebildet und schuf deshalb eine Vielzahl von geistlichen und weltlichen Chorwerken. Erstere stehen in ihrer A-cappella-Handschrift der Palestrina-Renaissance nahe; sie orientieren sich an den kontrapunktischen Stimmführungsregeln der alten Italiener und bevorzugen deren enge Lagen. Beispielhaft klangschöne Stücke sind die drei 4stimmigen *Motetten op. 69*, die drei breit ausgeführten *Psalmmotetten op. 78* für 8stimmigen Doppelchor und ganz besonders die für den liturgischen Gebrauch bestimmten, kurzen und konzentrierten *Sechs Sprüche op. 79* auf Lieblingssprüche Friedrich Wilhelms IV. von Preußen, die 1845/46 für den Berliner Domchor geschrieben wurden.

In seinen weltlichen Chorliedern orientiert sich Mendelssohn an der klassischen Chorbehandlung: der Sopran führt die eigentliche Melodie, und die anderen Stimmen begleiten mehr oder weniger motivisch aufgelockert nach Art eines guten Klaviersatzes. Drei Zyklen *Lieder op. 41*, *48* und *59*, zu je 6 Titeln, veröffentlichte Mendelssohn mit dem Untertitel »im Freien zu singen«. Sie entstanden aufgrund privater, ja familiärer Anregungen und bieten erlesene Kleinode wie *Es fiel ein Reif in der Frühlingsnacht* (op. 41, Nr. 3) nach Heine oder *Morgengebet* (op. 48, Nr. 5, »O wunderbares tiefes Schweigen«) und *Abschied vom Walde* (op. 59, Nr. 3, »O Täler weit«) nach Eichendorff oder *Die Nachtigall* (op. 59, Nr. 4) nach Goethe. 10 nachgelassene Chorlieder wurden postum unter den Opuszahlen 88 und 100 gesammelt. Mendelssohns 21 Männerchorlieder gehören zum gleichen Satztypus; sie wurden dank ihrer Meisterschaft beispielhaft für das ganze Genre.

Fanny Hensel (1805–47), Felix Mendelssohns Schwester, hinterließ in ihrem recht umfangreichen Gesamtwerk einige Chorwerke mit und ohne Instrumentalbegleitung, die sich neuerdings wachsender Verbreitung und Beliebtheit erfreuen.

Robert Schumann (1810–56) begann erst 1847, mit der Übernahme von Ferdinand Hillers Dresdner Chor, sich mit der Chorkomposition auseinanderzusetzen. Er erarbeitete sie sich systematisch in allen denkbaren Kategorien und Besetzungen: Männerchor, Frauenchor, gemischter Chor, und zwar a cappella, mit Klavier, mit Instrumenten, kleinere Kantaten mit Solisten, mit Orchester, Oratorisches, Liturgisches oder Balladeskes. Aus der Fülle von Schumanns zwischen 1847 und 1853 blockartig entstandenen Chorwerken haben sich nur einige, aber erlesene Kostbarkeiten im Repertoire durchsetzen können, wie z. B. aus *op. 75* die Nr. 3 *Der traurige Jäger* nach Eichendorff, aus *op. 145* die Nr. 1 *Der Schmied* nach Uhland und Nr. 5 *Romanze vom Gänsebuben* aus dem Spanischen, aus *op. 146* das *Sommerlied* (Nr. 4) nach Rückert und *Das Schifflein* (Nr. 5) nach Uhland. In leistungsfähigeren Ensembles erfreuen sich auch die *Vier doppelchörigen Gesänge op. 141* wachsender Beliebtheit, und von den kürzeren Kantaten mit Orchester werden das *Requiem für Mignon op. 98b* nach Goethes *Wilhelm Meister* und das *Nachtlied op. 108* nach Hebbel gerne gesungen.

Clara Schumann (1819–96), Robert Schumanns Ehefrau, war, neben ihrem erstklassigen Ruf als Konzertpianistin, ähnlich wie Fanny Hensel eine professionell ausgebildete und tätig schaffende Komponistin, deren Klavier- und Kammermusik-Œuvre seinerzeit höhere Wertschätzung und weitere Verbreitung fand. Ihre nicht sehr zahlreichen, stimmungsvollen Chorlieder werden seit einiger Zeit wieder öfter aufgeführt.

Johannes Brahms (1833–97) hat den romantischen Klang Schuberts in seinen Chören weiterschwingen lassen. Auch er ist ein Meister des lyrischen Melos und der vollen, weichen, im Kolorit edlen Harmonik; auch er hat die nahe Beziehung zum Volkslied, dessen alte, aus früheren Jahrhunderten überlieferte Melodien er mit stilgemäßen, wohllautenden Sätzen versehen hat. Seine Kompositionen für gemischten Chor, denen zum Teil Melodien im Volkston zugrunde liegen, verteilen sich auf die Opuszahlen 42, 62, 93a und 104. Das zarte, sehnsuchtsvolle *Abendständchen* nach Clemens Brentano (op. 42, Nr. 1, »Horch, es klagt die Flöte wieder«), das rhythmisch belebte *Vineta* (op. 42, Nr. 2) nach Wilhelm Müller (»Aus des Meeres tiefem, tiefem Grunde«), das ernste, von Ossian-Stimmungen erfüllte *Darthulas Grabesgesang* (op. 42, Nr. 3) mit dem Alternieren der Männer- und Frauenstimmen sind charaktervolle, ausdrucksstarke Schöpfungen. Ein Satz wie *Waldesnacht* (op. 62, Nr. 3) mit seiner warmen Harmoniefülle und seiner sanft geschwungenen Melodie bezeugt die Schubertnähe dieser Kunst:

Klangliche Kostbarkeiten sind die Frauenchöre mit Begleitung von Hörnern und Harfe, *op. 17*, von denen besonders die Nr. 4 nach Ossian eine Musik von tiefer Ausdruckskraft und überzeitlicher Größe darstellt.

Die *Sechs Lieder und Romanzen op. 93a* werden schon zum Spätwerk gezählt und enthalten Meisterwerke wie *Fahr wohl* (Nr. 4), das in den letzten Monaten des Komponisten eine besondere Rolle spielte, oder *Das Mädchen* (Nr. 2) mit seinen durchlaufenden 7/4-Takten nach serbischer Volkspoesie und einer bis dahin in Brahms' Chorwerk nicht gekannten motivischen und formalen Konzentration. Das *Tafellied op. 93b* nach Eichendorff ist als einziges Originalwerk für (6stimmig) gemischten Chor und Klavier und als eines der ganz wenigen von Grund auf fröhlichen Chorstücke von Brahms erwähnenswert. Die *Fünf Gesänge op. 104* für gemischten Chor a cappella bilden dann den Schlußstein zu Brahms' reichem Chorliedschaffen, den Gipfel an Reife, Inspiration und Könnerschaft. 1889 stellte der Komponist diese seit 1886 einzeln entstandenen Sätze zusammen, die durch gleichgestimmte dichterische Inhalte demselben herben, melancholischen Lebensbild Brahms', seinem Lebensgefühl und Selbstbekenntnis angehören; ganzheitlicher und zu Herzen gehender als in *Nachtwache I* (Nr. 1) und *II* (Nr. 2) nach Distichen von Friedrich Rükkert können sie nicht erfaßt und dargestellt werden.

Chorische Prunkstücke sind die 8stimmigen, auf Bibeltexte komponierten *Fest- und Gedenksprüche op. 109*, die Brahms 1888 als »hymnenartige Sprüche [...] für nationale Fest- und Gedenktage [...] meinetwegen dürften die Bläser mitmachen [...]« schrieb und ein Jahr später dem Hamburger Bürgermeister als Dank für die Verleihung der Ehrenbürgerschaft widmete. Es waren die ersten doppelchörigen A-cappella-Arbeiten des Komponisten, deren Grundidee samt Textwahl um das *Triumphlied op. 55* herum anzusiedeln ist und deren Materialbehandlung und Chorklangbeherrschung von beispielhafter Meisterschaft zeugen.

Brahms' geistliche Chormusik beginnt mit den gerne gesungenen frühen *Marienliedern op. 22*, dem einzigen wirklichen, nach Texten, Tonarten und Tempi durchstrukturierten Zyklus unter seinen Chor-Opuszahlen. Es handelt sich um 7 alte, bis in das 16. Jh. zurückgehende, meist rheinische Volksliedtexte, die Brahms als Strophenlieder im Volkston frei komponierte. Diese erste kompositorische Auseinandersetzung mit der Renaissancemusik ging ebenso auf Schumanns Lehrmeinungen und künstlerische Einflüsse zurück wie die kontrapunktisch durchgefeilten *Zwei Motetten op. 29*, deren Nr. 2 Brahms' erste Motette überhaupt war. Die Liedmotette Nr. 1 entstand erst nach seinen Detmolder Chorerfahrungen 1860 und etwa zeitgleich mit der strophenweise fantasievoll durchkomponierten Liedmotette *O Heiland, reiß die Himmel auf op. 74*, Nr. 2, deren cantus-firmus-freies »Amen« als Doppelkanon in Gegenbewegung bei bestrickender Klanglichkeit die erworbene Souveränität des jungen Komponisten erweist. Die Motette *Warum ist das Licht gegeben op. 74*, Nr. 1 bietet den Typus der

Bachschen Mehrsatzmotette mit Schlußchoral und ist der Brennpunkt des breitgefächerten Brahmsschen Chorschaffens. Sie wurde nach dem Tode des Komponistenfreundes Hermann Goetz (gest. 3. Dezember 1876) konzipiert und programmatisch Philipp Spitta gewidmet – eines der bedeutendsten A-cappella-Werke des 19. Jh. Das letzte Chorwerk, die *Motetten op. 110*, wurde 1889 aus 3 Stücken zusammengestellt: das erste (Psalmen-Prosa) und das letzte (Kirchenlied-Poesie) wiederum in meisterlicher, klangsicherer Doppelchor-Technik bei ergreifend expressiver Ausformung der Texte und das Mittelstück 4stimmig auf 3 Strophen von Heinrich von Laufenberg – wohl Brahms' in Form und Inhalt vollkommenstes geistliches Chorlied.

Unter den bedeutenden Komponisten der Romantik haben sich ferner **Heinrich Marschner** (1795–1861), **Peter Cornelius** (1824–74), **Hugo Wolf** (1860–1903) dem Chorlied gewidmet. **Anton Bruckner** (1824–96) hat mit seinen begleiteten und unbegleiteten geistlichen Chören eine hohe und einsame Kunst geschaffen, die den volkstümlichen Schubertklang mit der kunstvollen palestrinensischen Tradition der Kirche verbindet. Aus der Menge der kleineren Meister, die gelegentlich oder mit Überzeugung und Ausdauer auf dem Gebiet der florierenden, von unzähligen geselligen und konzertierenden Vereinen getragenen Kultur des Chorgesangs tätig waren, sind nur einige Namen zu nennen. Zu den frühesten Anregern zählt der Schweizer **Hans Georg Nägeli** (1773–1836). Der Berliner **Karl Friedrich Rungenhagen** (1778–1851) setzte mit Liedern der Geselligkeit das Werk Zelters fort. Der Thüringer **Ludwig Erk** (1807–83) ergänzte als Volksliedsammler die Arbeit Silchers. **Carl Friedrich Zöllner** (1800–60), dem sein Sohn **Heinrich Zöllner** (1854–1941) nachfolgte, lebt fort als Erfinder der Melodie *Das Wandern ist des Müllers Lust*. Der Thomaskantor **Moritz Hauptmann** (1792–1868) und der Liederkomponist **Robert Franz** (1815–92) verfolgten als Chorschöpfer hohe künstlerische Ziele, wie auch der Berliner **Friedrich Kiel** (1821–85) mit seiner vornehmen Motettenkunst, dem seinerzeit häufig aufgeführten Oratorium

Christus op. 60 und dem auch heute wieder gern gesungenen Weihnachts-Oratorium *Der Stern von Bethlehem op. 83*. **Carl Reinecke** (1824–1910) schrieb Kantaten und Märchenoratorien für Frauenchor, der Dresdner **Felix Draeseke** (1835–1913) vielfältige, der neudeutschen Schule zuzurechnende geistliche und weltliche Chorwerke. **Max Bruch** (1838–1920) eroberte sich als Komponist volkstümlicher Chorwerke (*Frithjof*, *Das Lied von der Glocke*) sowie chorischer Gebrauchsmusik den Konzertsaal. **Joseph Rheinberger** (1839–1901) verfertigte neben Messen, Oratorien und zahlreichen klangschönen gemischten Chören auf geistliche Texte auch weltliche Männer- und Frauenchöre. Der Schweizer **Friedrich Hegar** (1841–1927), Komponist effektvoller Chorballaden, versuchte dem Männergesang einen virtuosen und brillanten Zug zu geben. **Heinrich von Herzogenberg** (1843–1900) schuf in seiner unbestechlich klaren Handschrift der Brahms-Nachfolge vielerart Chorwerke, von denen besonders die späteren, teils von Friedrich Spitta angeregten geistlichen Kompositionen und unter diesen an erster Stelle das Kirchenoratorium *Die Geburt Christi op. 90* häufiger aufgeführt werden. **Philipp Wolfrum** (1854–1919), Kirchenmusiker und Komponist eines beeindruckenden *Weihnachtsmysteriums*, bediente sich auch kleinerer chorischer Formen. **Felix Woyrsch** (1860–1944) bearbeitete alle Gebiete des Chorgesangs vom Oratorium bis zum Volkslied; **Hugo Kaun** (1863–1932) und **August von Othegraven** (1864–1946) galten ihrer Zeit als Klassiker des Männerchorsatzes. **Richard Wetz** (1875–1935), **Justus Hermann Wetzel** (1879–1973), **Richard Trunk** (1879–1968), vielseitig schöpferische Musiker von Rang, wuchsen aus der Spätromantik in das neue Jahrhundert hinein.

Max Reger (1873–1916) hat ein umfangreiches Chorschaffen hinterlassen, das von einfacher Gebrauchsmusik für Kirchen- oder Männerchöre bis zu anspruchsvoller, madrigalisch ausgreifender A-cappella-Musik für Konzertchöre reicht. Gleich Regers erstes gedrucktes Chorwerk, die *Drei Chöre op. 6* mit Klavierbegleitung von 1892, ist, noch hörbar an Brahms orientiert, einer der gewichtigsten Beiträge zu dieser

Gattung. Auch die drei 6stimmigen A-cappella-Chöre, die Reger 1899 als *op. 39* herausgab, bieten einen künstlerischen Ausdruckshorizont, eine Klangintensität und einen meisterhaften Chorsatz, dem nur Weniges aus jener Zeit an die Seite gestellt werden kann. Aus Regers kirchenmusikalischem Werk findet sich immer wieder, trotz des außerordentlichen Schwierigkeitsgrades, die eine oder andere 5stimmige Motette aus der Sammlung *op. 110* auf den Programmen. Die Psalmenmotette Nr. 2 *Ach Herr, strafe mich nicht*, die der Komponist 1911 der Musikalischen Gesellschaft Dortmund als Dank für die Ausrichtung des Reger-Festes 1910 gewidmet hat, kommt mit ihrem komplizierten chromatischen Klangbild und vielfachen Stimmteilungen auf immerhin 18 Minuten Aufführungsdauer. Die am 23. Juli 1912 in Meiningen geschriebene Nr. 3 nach Jesus Sirach, *O Tod, wie bitter bist du*, ist die kürzeste, aber auch konzentrierteste, dichteste, ergreifendste dieser Motetten. Interessanterweise zeigen die acht 5- bis 8stimmigen A-cappella-Gesänge, die Reger 1914 in Meiningen als *op. 138* zusammengestellt hat, eine deutlich klarere, entschlackte musikalische Struktur mit einer für die damalige Zeit seltenen Chorklangqualität. Die doppelchörige Nr. 1 *Der Mensch lebt und bestehet* nach Matthias Claudius und die 5stimmige Nr. 3, das *Nachtlied* nach Petrus Herbert, zählen zu den vollkommensten und meistgesungenen Chorwerken Regers. Als Reger am 11. Mai 1916 in einem Leipziger Hotelzimmer starb, arbeitete er gerade an den Korrekturfahnen zu seinem *op. 138*.

Von Regers zahlreichen Schülern erwarb sich **Joseph Haas** (1879–1960) die breiteste und dauerhafteste Akzeptanz. Besonders auf dem Gebiet der katholischen Kirchenmusik erfreut sich sein so gefühlsoffener wie ausgespart durchsichtiger Tonsatz in seiner Bezogenheit auf Kirchenlied und Volksgesang, etwa in der *Deutschen Singmesse op. 60* oder der *Deutschen Vesper op. 72*, weiter Verbreitung. Die *Speyrer Domfestmesse op. 80* und von Haas' Volksoratorien *Die heilige Elisabeth op. 84* oder *Jahr im Lied op. 103* gehören zu seinen am häufigsten aufgeführten Werken.

Am weitesten griff **Erwin Lendvai** (1882–1949) in die Zukunft vor, der als Schöpfer unkonventioneller, in große Formen geweiteter Chorzyklen aus der romantischen Idyllik in eine moderne Klangwelt hinausstrebte.

Alle diese Musiker, so sehr sie sich durch Generation und Individualität, durch die persönliche Tendenz ihres Schaffens unterscheiden, das den weiten Raum vom schlichten Volkslied bis zum orchesterbegleiteten Oratorium, vom lustigen, unterhaltenden Gesellschaftslied bis zur geistlichen Motette umfaßt, sind der Idee des romantischen Liedes verpflichtet, seiner Naturfreude, seiner Lebenslust und seiner träumerischen, oft sentimentalen Schwermut, seiner Bezogenheit auf eine einfache, überschaubare Welt. Je mehr diese Welt durch die veränderten Lebensformen des Industriezeitalters verdrängt wurde, je mehr sich auch die Musik von den volkstümlichen, sangbaren Melodien der Frühromantik zu den Komplizierungen des Tristan-Stils und der Regerschen Polyphonie entwikkelte, um so problematischer wurde die Stellung dieser lebensverbundenen Kunst. Das Lob der Natur entsprach nicht mehr der Steinlandschaft der großen Städte, das Schritthalten mit der Erweiterung der Tonalität erschwerte zunehmend Volkstümlichkeit der Wirkung und leichte Ausführbarkeit der Kompositionen durch Laiensänger. Der immer schärfer hervortretende Zwiespalt zwischen Ursprünglichkeit und künstlerischer Sublimierung, zwischen soziologisch geforderter Einfachheit und künstlerisch unumgänglicher Komplizierung, zwischen den nicht mehr zu vereinbarenden Forderungen der Popularität und der geistigen Originalität wurde der Kultur des nachromantischen Chorgesangs zum Nachteil und machte eine neue, auf breitere Basis gegründete Orientierung notwendig. Dennoch ist die Chormusik der Romantik mit ihrer Gefühlstiefe und ihrem reinen Naturklang nicht versunken; ihr Klang erfüllt auch heute unsere Kirchen und Konzertsäle.

20. Jahrhundert

Die Erneuerung der Volks- und Kirchenmusik in der Mitte des 20. Jahrhunderts

Das 20. Jahrhundert eröffnete eine neue Phase der Chormusik. Mit dem Ende des romantischen Individualismus, mit dem Aufkommen eines neuen Begriffs von Gemeinschaftskunst, den die Soziologie des Massenzeitalters nahelegte, wurde der Chor, die Gemeinschaft der Menschenstimmen, in seiner ursprünglichen Bedeutung als wichtiges, selbständiges Instrument musikalischer Mitteilung nachdrücklich bestätigt. Das »Wir«, das die Stimme des Chores in der Musik als Gegensatz zum »Ich« des Solo-Sängers repräsentiert, wurde von politischen und religiösen Mächten der erregten, auf Umsturz und Neuaufbau bedachten Zeit usurpiert und zum Träger von Idealen und Überzeugungen gemacht, die wiederum durch die Würde des musikalischen Pathos erhöht und erhärtet wurden. Im Raum der Kirche, durch die Erneuerung des alten transzendenten Auftrags, gewann das Musizieren strenge liturgische Form. Vorausgegangen war eine Regeneration der klanglichen Mittel, die die Musik wieder zu einer Sprache für alle machte. Die Komplizierung der spätromantischen Kunst, die sich in der Chromatisierung der Harmonik, in der luxuriösen Verfeinerung des Instrumentalklanges, in der Ausweitung der formalen Dimensionen anzeigte, war in ihr Gegenteil umgeschlagen. Das Verlangen nach Klarheit und Einfachheit ergab die Forderung einer neuen Klassizität und darüber hinaus, in noch tieferer Vergangenheit nach Maßstäben suchend, das Programm einer Erneuerung des musikalischen Barock. Johann Sebastian Bach und die Meister vor ihm wurden zum Stilvorbild, der polyphone Geist der alten Musik wurde wiedererweckt. Das lineare Denken trat an die Stelle der harmonischen Konzeption, Sangbarkeit war wieder bestimmendes Prinzip der Melodie und des mehrstimmigen Satzes. Alle Arten der Musik, vom schlichten Lied bis zur großen polyphonen Form, wurden von dieser Entwicklung erfaßt; ein neues

Zeitalter der Chormusik brach an, das die versunkenen Werte früherer Jahrhunderte verwandelt und gesteigert in die Gegenwart heraufrief.

Die Jugendbewegung, zu deren weite Lebensbereiche umgreifendem Programm die musikalische Erneuerung gehörte, setzte schon in den letzten Jahren des 19. Jh. ein. Was noch in naiver Form in Hans Breuers Liederbuch *Zupfgeigenhansl* von 1909 sich ankündigte, wurde durch die Wandervogel-Bewegung weitergetragen und in den 1920er Jahren durch die *Musikantengilde* **Fritz Jödes** (1887–1970) und den *Finkensteiner Bund* **Walther Hensels** (1887–1956) systematisch gepflegt. Singkreise und Instrumentalgruppen widmeten sich einer neuen, an der wiederentdeckten Chorliteratur des 16. Jh. geschulten Volksmusik, die Liedweisen und Chorsätze, Madrigale und Kantaten als eingängigeres und zum aktiven Musizieren aufforderndes Gebrauchsgut der kunstreicheren, passiven Genuß bietenden Musik der Konzertsäle entgegensetzte. Unter den Komponisten dieses Kreises finden sich Namen wie **Heinz Tiessen** (1887–1971), **Ludwig Weber** (1891–1947), **Bruno Stürmer** (1892–1958), **Walter Rein** (1893–1955), **Ernst-Lothar von Knorr** (1896–1973), **Hermann Reutter** (1900–85), **Wilhelm Maler** (1902–76), **Fritz Büchtger** (1903–78), **Philipp Mohler** (1908–82), **Jens Rohwer** (1914–94).

Armin Knab (1881–1951), in seiner Frühzeit noch dem romantischen Musikgeist nahestehend, ist vom Klavierlied zur Chormusik gekommen, die er in allen ihren Gattungen vom einfachen Liedsatz bis zum Oratorium gepflegt hat. Seine Entwicklung läßt eine stetige Vereinfachung der Mittel erkennen, die durch das individuell verarbeitete Erlebnis barocker Monodie bedingt ist. Dabei bewahrt er sich die Naivität und Frische spontanen Musizierens. Knab hat Gedichte von Matthias und Hermann Claudius, Joseph von Eichendorff, Ludwig Uhland, Theodor Storm, Guido Gezelle (den A-cappella-Zyklus *Zeitkranz*), Georg Trakl, Richard Billinger vertont. Seine Kantaten auf Mariae Geburt und auf die Weihnacht, jene mit Frauenchor, diese mit gemischtem Chor, Alt-Stimme und Orchester, sind tönende Miniaturbilder von altertümlichem Kolorit und zartem Stimmungsreiz. Mit den Hölderlin-Hymnen *Das heilige Ziel* und dem Oratorium *Das gesegnete Jahr* hat er sich größeren Formen zugewandt.

Paul Hindemith (1895–1963) wurde in dem Jahrzehnt nach 1920 von den Ideen der Jugendbewegung beeinflußt. Zugleich mit der Gründung der »Städtischen Volksmusikschule Süd«, einer sozialistisch orientierten Art musikalischer Volkshochschule in Berlin-Neukölln, begann er seinen dann stetig umfangreicher werdenden Schaffenszweig der »Sing- und Spielmusiken für Liebhaber und Musikfreunde«, eine Reihe von Gesangs- und Instrumentalmusik für alle nur denkbaren Besetzungen und pädagogischen Zielsetzungen. 1927 entstand als **op. 45,1** programmatisch die Kantate **Frau Musica** für Sopran- und Tenor-Solo, gemischten Chor und Orchester. Sie geht auf einen Text von Martin Luther, der mit Hilfe verschiedener biblischer Zitate die Musik als Mittlerin zu Lob und Preis Gottes beschreibt. Diese Kantate ist das Urbild der deutschen sogenannten Spielmusik im allgemeinen und der Laienchorkantate im besonderen. Sie hat – »weder für den Konzertsaal noch für Künstler geschrieben« (Paul Hindemith) – ein neues eigenständiges Genre begründet, das bis zum heutigen Tag durch eine große Zahl von Komponisten weitergeführt und bereichert worden ist. Hindemith selbst ließ u. a. seine **Acht Kanons** für 2 (chorische) Singstimmen mit (beliebigen) Instrumenten **op. 45,2** auf Gedichte von Martin Luther, Hermann Claudius, Christian Morgenstern u. a. folgen – echte Kabinettstücke für jede gegebene vokale oder instrumentale Besetzung. Ähnlich in der Faktur und im musikalisch-geistigen Anspruch und Reiz sind das **Lügenlied** (1928) für 3stimmig gemischten Chor und Instrumente und das **Martinslied op. 45,5** (1929) für einstimmigen Kinderchor und Instrumente, die beide für das *Volksliederbuch für die Jugend* (Leipzig 1930) entstanden sind. Einen gewissen Schlußpunkt hinter diese pädagogischen Arbeiten setzte Hindemith 1932 mit dem **Plöner Musiktag** und innerhalb des betreffenden Sammelwerkes mit der 5sätzigen Kantate *Mahnung an die Jugend, sich der Musik zu befleißigen* auf einen Text von Martin Agricola

(1529) für Tenor-Solo, 1- bis 3stimmigen Jugendchor, Sprecher und Instrumente in einer so technisch schlichten wie kompositorisch kunstvollen Handschrift.

Die **Sechs Lieder nach alten Texten op. 33**, 1923 in 1. und 1936 in 2. Fassung erschienen, zeigen ein verhältnismäßig einfaches Satzbild; die Vertonung von Martin Luthers Spruch *Vom Hausregiment* ist eine Probe herzhaften Humors:

Die **Lieder für Singkreise op. 43** nach Platen, Rilke und Claudius für 3stimmigen gemischten Chor gehören dem gleichen Stilbereich an. Die **Männerchöre** aus dem Jahre 1930 nach Gedichten von Bertolt Brecht, Walt Whitman, Gottfried Benn und Friedrich Hölderlin sind in barocker Linearität, in freier, geweiteter Tonalität geschrieben; die harte Klarheit des Satzes steht dem romantischen Männerchorklang denkbar fern. Unter den späteren Werken sind die Männerchor-**Variationen über ein altes Tanzlied** von 1939 für das Geschichtsbewußtsein des Komponisten charakteristisch.

Den Höhepunkt seines chorischen Schaffens, die vokale Vollendung seines Chorstils erzielte Paul Hindemith interessanterweise mit seinen **Six Chansons** für 4stimmig gemischten Chor a cappella, die im September 1939 in Hindemiths erstem Exil Bluche ob Siewe auf französische Originalgedichte von Rainer Maria Rilke entstanden. So wie der Dichter an seinem Wohnort Muzot, unweit von Hindemiths Chalet, von 1921 bis zu seinem Tode 1926 von der geographischen und klimatischen Totale des Wallis tief und dankbar bewegt zur französischen Sprache griff, um seine Verbundenheit mit diesem Landstrich und seiner Bevölkerung angemessen ausdrücken zu können, so erging es auch dem Komponisten. Er benutzte nicht nur Rilkes »Hommage au Valais«, die Gedichtsammlung *Verger* von 1926, als Vorlage, sondern auch er bemühte sich, in Zusammenarbeit mit dem Sittener Chor »Chanson Valaisanne« und seinem Leiter Georges Haenni, gezielt um die Einschmelzung bodenständigen melodischen Empfindens, harmonischer Diktion und romanischer Vokalität. In keinem anderen Chorwerk hat denn auch Hindemith eine solche Vollkommenheit vokaler Satztechnik und chorischer Klangkunst verwendet wie in diesen sechs feinsinnigen und wohlklingenden Rilke-Liedern. Sie sind nicht ohne Grund die am häufigsten aufgeführten Chorwerke des Komponisten.

Synthese von alt und neu, Beispiele des Hindemithschen Spätstils, sind die 1958 veröffentlichten 5stimmigen **Madrigale** für gemischten Chor nach Gedichten Josef Weinhebers, Meisterwerke der Reife, die freilich nicht mehr dem Bereich volkstümlichen Musizierens angehören. Der Komponist will den Stil des alten Madrigals nicht nachahmen, »dessen Geist, Würde und selbstlose Haltung dem Sänger und Hörer gegenüber aber mit aller Hingabe wieder zu erreichen suchen«. Virtuose Ausschweifungen und drastische Konzertwirkungen werden ausgeschlossen; »nichts darf geschrieben werden, das dem hingegebenen, nicht nach äußeren Wirkungen strebenden Miteinanderwirken einer Sängergruppe störend entgegenwirken könnte«. Diese »Sängergruppe« ist als Kammerchor gedacht. Die pessimistisch dunklen oder satirischen Gedichte Weinhebers sind musikalisch scharf charakterisiert. *Eines Narren, eines Künstlers Leben* (Nr. 2) ist ein langsames, lastendes Fugato, *Tauche deine Furcht in schwarzen Wein* (Nr. 3) läßt den Sopran als Solo-Stimme über Akkorden und Themenrudimenten der Unterstimmen rezitieren. Eine ähnliche Wirkung wird in dem ergreifenden Gesang *An eine Tote* (Nr. 5, »Stille Blume, erblaßt unter herbstlichen Sternen«) wiederholt, wo der Satz sich in zartesten, seufzerreichen Sprechgesang auflöst. *An einen Schmetterling* (Nr. 7) ist durch schwebende Grazie in Thematik und Stimmführung gekennzeichnet (s. Bsp. S. 438).

Judaskuß (Nr. 8), die Rechtfertigung des Verräters, stellt die Bässe als Stimme des reuigen Judas dem übrigen Chor gegen-

über. *Es bleibt wohl, was gesagt wird, alles daneben gesagt* (Nr. 10), eine skeptische Meditation über Wort und Werk, Pflicht und Schicksal, ist eine Passacaglia. *Kraft fand zur Form* (Nr. 11), die Vision einer zerfallenden Welt, aus der sich eine neue gebiert, ist erfüllt vom Pathos einer großangelegten, zuerst von den Tenören, dann von den Sopranen gesungenen Melodie (s. Bsp. S. 439).

Ein kurzes, 3teiliges Chorlied, *Du Zweifel* (Nr. 12), das sich von Zweifel und Frage zu Vertrauen und Hoffnung klärt, beendet den Zyklus als »schlichter Abgesang«.

Karl Marx (1897–1985), geboren in München, wo er u. a. bei Carl Orff Komposition studierte und 1929 Tonsatzlehrer an der Akademie für Tonkunst wurde, seit 1946 Kompositionsprofessor an der Musikhochschule in Stuttgart, hinterließ ein umfangreiches und breitgefächertes Chor-Œuvre, das sich lebhafter Akzeptanz erfreut. Vom schlichten Kanon bis zur großangelegten Kantate antwortete er auf die verschiedenartigen Bedürfnisse des deutschen Chorlebens mit meisterlich ausgefeilten, beispielhaft chorgemäßen Kompositionen. Von den konzertanten A-cappella-Zyklen seien neben den frühen

polyphonischen *Rilke-Gesängen op. 1*, *op. 6* und *op. 11* die *Drei Chöre op. 46*, nach Fritz Diettrich, und die ebenfalls recht anspruchsvollen *Heitere Verse op. 54*, nach Wilhelm Busch und Eugen Roth, hervorgehoben, und von den Kantaten die gewichtige und beeindruckende *Raube das Licht aus dem Rachen der Schlange op. 57*, nach Hans Carossa, für Bariton-Solo, gemischten Chor und Orchester.

Kurt Hessenberg (1908–95), in Frankfurt am Main geboren, in Leipzig ausgebildet, wo er u. a. Komposition bei Günter Raphael studierte, und seit 1933 Kompositionsprofessor am Hochschen Konservatorium, der späteren Frankfurter Musikhochschule, begann erst relativ spät mit der Komposition von Chorwerken, die er dann in seiner zweiten Lebenshälfte überaus reich bedachte. Zwar gab es seit 1940 schon einige chorische Opuszahlen, aber den eigentlichen Durchbruch zum Instrument Chor als Träger wesentlicher existentieller Aussagen brachten die Erfahrungen des Kriegsendes 1945 und mit ihm das abendfüllende *Psalmen-Triptychon op. 36* für Sopran- und Bariton-Solo, 8stimmigen Doppelchor, Orchester und Orgel und sogleich mit der 6stimmigen A-cappella-Motette *O Herr, mache mich zum Werkzeug deines Friedens* *op. 37* von 1946 eines der meistgesungenen geistlichen Werke der 2. Jahrhunderthälfte. Auf Anhieb bewies Hessenberg ein ausgeprägtes Sensorium für den optimalen Chorsatz und seine mannigfaltigen klanglichen Möglichkeiten, so daß seine durchgehend personante oder dissonant geschärfte Harmonik gut einhörbar, gut sangbar und einem aufgeschlossenen Hörer gut verstehbar ist. Dies erklärt die Wertschätzung und Verbreitung des Hessenbergschen Chor-Œuvres, aus dem hier nur noch so erfolgreiche Titel genannt werden können wie: *Vier geistliche Lieder durch die Tageszeiten op. 41* für 4stimmigen gemischten Chor a cappella; *Zwei Passionslieder op. 42* für gemischten Chor a cappella; *Wer nimmer gesungen. Sechs weihnachtliche Lieder op. 52*, nach Rudolf Alexander Schröder, für 6stimmigen gemischten Chor a cappella; *Sechs geistliche Lieder op. 55*, nach Albrecht Goes, für 4stimmigen gemischten Chor a cappella; *Fünf Gedichte von Gottfried Keller op. 81* für gemischten Chor a cappella; *Passionsmusik nach dem Evangelisten Lukas op. 103* für Mezzosopran-, Tenor-, Bariton-, Baß-Solo, gemischten Chor und Orchester; *Messe op. 113* für Sopran-, Alt-, Tenor-, Baß-Solo, gemischten Chor und Orchester.

Die Erneuerung der **Kirchenmusik** seit den 20er Jahren des 20. Jh. verlief parallel zur Erneuerung von Theologie, Liturgik und Hymnologie; sie gründete sich auf die wiedergewonnene Überzeugung, daß Musik ursprünglich und wesentlich nicht humaner, sondern transzendenter Art, daß sie nicht Ausdruck menschlichen Gefühls, sondern Erscheinung göttlicher Existenz ist, daß sie durch Vollendung ihrer eigenen immanenten Form zugleich ihre liturgische Bestimmung erfüllt. Das Erstarken der absolut-musikalischen Kräfte, das Erwachen der linear-melodischen Energien und ihre Verknüpfung zu polyphonen Spannungen, zu in sich ruhenden, von ausdruckshaften und darstellenden Tendenzen unabhängigen, vom alten Fugengeist erfüllten Formen bewirkte nach dieser Überzeugung zugleich eine Heiligung der Musik, enthob sie der affektbestimmten menschlichen Sphäre und machte sie fähig, der Forderung kirchlichen Gottesdienstes zu genügen. Die Regeneration ging Hand in Hand mit der Besinnung auf die historischen Elemente, auf die Melodie des gregorianischen Chorals und des protestantischen Kirchenliedes, die, zwar verschiedenen Entwicklungsschichten angehörend, aber an geistlicher Würde und künstlerischer Symbolkraft einander gleichend, als absolute, unantastbare Substanz der neuen Kunst Gesetz und Gehalt gaben. Mit der Volksmusik teilte die neue Kirchenmusik den Willen zu leichter Ausführbarkeit und Wirkung auf eine Gemeinde; den neoklassizistischen Programmen der Kunstmusik entsprach ihre Bindung an barocke, romantische Klangformen ausschließende Musizierweisen. Aus diesen Voraussetzungen erwuchs eine in sich geschlossene und vollendete, durch ihren hohen Auftrag und durch die Solidität ihrer musikalischen Mittel legitimierte Kunst. Sie stellt in der stürmisch bewegten, von Revolutionen erschütterten, von schnellebigen Moden gehetzten und durch die mangelhaft bewältigten Folgen sich verselbständigender Erfindungen gefährdeten Welt des 20. Jh. eine Oase der Geistigkeit und des Friedens dar und verdient den Namen einer sakralen Klassik.

Die »klassische« Periode der neuen Kirchenmusik, die in die Jahrzehnte zwischen 1930 und 1960 fällt, wurde eingeleitet durch frühe, um die Hebung der kirchlichen Gebrauchsmusik bemühte Vorläufer wie **Arnold Mendelssohn** (1855–1933), dessen klangschöne, tonsetzerisch beispielhaft gekonnt und formal klar durchgestaltete Chorwerke den Jüngeren zur Anregung dienten, und durch den Regerschüler und grundlegenden Tonsatzlehrer **Hermann Grabner** (1886–1969). **Kurt Thomas** (1904–73) gab schon im Anfang der 20er Jahre mit seinem Opus 1, einer A-cappella-*Messe*, und mit seiner motettischen *Markus-Passion op. 6* vielbeachtete Vorbilder des neuen Stils. Weitere Hauptmeister sind **Johann Nepomuk David** (1895–1977), **Ernst Pepping** (1901–81) und **Hugo Distler** (1908–42), denen sich **Rudolf Mauersberger** (1889–1971), **Eberhard Wenzel** (1896–1982), **Wilhelm Weismann** (1900–80), **Hans Humpert** (1901–43), **Hans Friedrich Micheelsen** (1902–73), **Hans Chemin-Petit** (1902–81), **Gerhard Schwarz** (1902–94), **Günter Raphael** (1903–60), **Reinhard Schwarz-Schilling** (1904–85), **Joseph Ahrens** (1904–97), **Hermann Schroeder** (1904–84), **Walter Kraft**

(1905–77), **Helmut Bornefeld** (1906–90), **Günter Bialas** (1907–95) und **Friedrich Zipp** (1914–97) anschlossen. **Paul Hindemith** hat mit seinem letzten Werk, der *Messe* für gemischten Chor a cappella von 1963, einen späten bedeutenden Beitrag zu dieser Kunst geliefert.

Rudolf Mauersberger

Rudolf Mauersberger (1889–1971), geboren in Mauersberg (Erzgebirge), studierte nach dem Lehrerseminar in Annaberg am Leipziger Konservatorium, wo er 1914 den Arthur-Nikisch-Preis für Komposition erhielt. Nach Kirchenmusiker-Stationen in Aachen und Eisenach wurde er 1930 zum Kreuzkantor in Dresden berufen. Unter seiner 40jährigen Leitung gewann der Kreuzchor Weltruf; Mauersbergers musikalische, pädagogische und künstlerische Fähigkeiten entfalteten sich dank seiner totalen Identifikation mit seinem hohen Amt in bewundernswertem Maße. Seine kompositorische Tätigkeit mußte demgegenüber weitgehend zurücktreten, bis sie durch die Erfahrungen des letzten Kriegsjahres und besonders der Zerstörung der Dresdner Altstadt am 13. Februar 1945 einen neuen Ausdruckswillen erfuhr. In der nun entstehenden, einem schöpferischen Ausbruch vergleichbaren Folge geistlicher Chorwerke erwies sich Mauersberger als ein aus tiefstem seelischen Drang überlegen gestaltender, mit den Gegebenheiten chorischen Klangmaterials souverän vertrauter Komponist, dessen Musik weit über den eigentlich intendierten heimischen Bereich hinaus zu wirken begann. Vor anderem hat sich die **Trauermotette** (1945) nach den Klageliedern Jeremiae, »Wie liegt die Stadt so wüst«, für 4- bis 7stimmigen gemischten Chor a cappella einen festen Platz im Chorrepertoire erworben. Mauersberger schreibt eine motettische Reihenform in erweiterter Kirchentonalität aus postromantischem Geist, charakterisiert durch homophone isorhythmische Textdeklamation, organale Partien und auch sonstige Einklangs-, Quint- und Oktavparallelen zum häufig stimmgeteilten Arrangement von Stimmregister- und Chorklangwirkungen, geleitet von des Komponisten Knabenchorerfahrung und Klangphantasie. Das geistige Gesamtbild dieser tief religiösen, menschlich anrührenden Komposition kann allein aus der sächsischen Kantoren- und Musikantentradition heraus verstanden und interpretiert werden.

Dies gilt auch für Mauersbergers *Liturgisches Requiem* (1947) nach Worten der Bibel und des evangelischen Gesangbuches für Einzelstimmen, 3 Chöre, Blechbläser und Gemeindegesang, dem der Komponist 1950 den Titel **Dresdner Requiem** und 1961 die instrumentatorische Endfassung mit Schlaginstrumenten, Kontrabaß, Celesta und Orgel gab. Mauersbergers Textbuch des knapp einstündigen Werkes orientiert sich formal am katholischen Ritus und enthält außer dem lateinischen *Introitus* ausschließlich deutsche Texte. Nach Kreuzchor-Brauch ist das Ensemble in großen Hauptchor, kleinen Altarchor und unsichtbaren Fernchor mit eigenem Dirigenten eingeteilt; alle Instrumente stehen beim Hauptchor. Gewisse liturgische Gewänder und Handlungsweisen sind für Mauersbergers Aufführungen absichtsvoll und wesentlich. Obwohl ursprünglich für den liturgischen Gebrauch konzipiert, besteht das Werk dank der vielfältigen Chorregister und der reiz- und wirkungsvollen Instrumentation auch im Konzertgebrauch und reiht sich würdig in die aus dem Erleben des 2. Weltkrieges heraus gestalteten geistlichen Großwerke (s. auch S. 527). Sätze wie *Es ist ein kurz und mühselig Ding*, *Und des Herrn Hand*, *Mit Jubelklang* u. a. vermitteln starke Wirkung und bleiben im Gedächtnis haften. Die in sächsischer Organisten- und Bläsertradition stehenden Liedsätze bilden leuchtende Glanzpunkte.

Rudolf Mauersbergers erstes abendfüllendes A-cappella-Werk entstand 1947 mit der **Passionsmusik nach dem Lukas-Evangelium** für 2 getrennt aufgestellte gemischte Chöre. Die Lukas-Passion ist 3teilig mit Gliederung durch 14 Liedstrophen sowie frei komponierter Liedstrophe mit Variante als Eingangs- und Schlußchor, und zwar nach Art der speziell in Dresden heimischen oberitalienischen Figuralpassion, d. h., daß alle Textelemente formal geschnitten, also nicht durchkomponiert sind. Der große Hauptchor singt in vielfältig aufgefächerter Satztechnik und freierer Tonalitätsbehandlung mit abwechslungsreicher Farbigkeit, aber außer gelegentlicher Kanonbildung ohne polyphone Entwicklungen. Allein die Jesusworte werden durch den kleinen Chor im 4stimmigen Note-gegen-Note-Satz mit grundklang-orientierter, klar durchhörbarer Harmonik in ruhig fließender Rhythmik abgesetzt. Die Liedsätze bilden in ihrer der gottesdienstlichen Liedbegleitung sächsischer Tradition folgenden Schlichtheit lyrische Ruhepunkte.

Johann Nepomuk David

Johann Nepomuk David (1895–1977) steht der Welt der frühen Polyphonie nahe und hat die Formen mit den Mitteln seiner Zeit, zuweilen an und über die Grenzen der Tonalität vordringend, erneuert. Aus seinem umfangreichen Chorschaffen sind vor allem die 4- bis 6stimmigen *Evangelienmotetten* von 1958 bedeutsam. 1956 entstanden die *Deutsche Messe op. 42* und die *Missa choralis de angelis op. 43*, die eine auf protestantische Liedweisen und die andere auf gregorianische Themen Bezug nehmend; beide mit reifer kontrapunktischer Meisterschaft in meist kanonisch gebundenem, auf harmonische Komplizierung verzichtendem Satz komponiert. Davids am häufigsten gesungenes geistliches Werk ist die 1935 entstandene, aus Ostinato und Kanon in luzidem Klangbild gebaute 4stimmige A-cappella-Motette *Nun bitten wir den Heiligen Geist*. Aber auch das recht umfangreiche weltliche Chor-Œuvre des Komponisten, seine so sensiblen wie kunstreichen Volksliedbearbeitungen oder die beiden meisterhaften Motetten aus *op. 34*, *Der Mensch* nach Matthias Claudius und *Komm Trost der Nacht* nach Hans Jakob Christoffel von Grimmelshausen, genießen weithin große Wertschätzung.

Davids geistliches Hauptwerk ist das 1956 entstandene **Requiem chorale op. 48**, für 4 Solo-Stimmen, Chor und Orchester, ein einstündiges Werk, welches die Transparenz des polyphonen Chorsatzes mit den pittoresken Wirkungen des modernen Orchesterklangs vereinigt und für die Todesmystik des alten Gedichts neue, unverbrauchte Formulierungen findet. Das Werk besteht aus 8 Sätzen: *Requiem*, *Tractus* (»Absolve Domine«), *Sequenz* (»Dies irae«), *Offertorium* (»Domine Jesu Christe«), *Sanctus*, *Agnus Dei*, *Communio* (»Lux aeterna«) und *Libera*, unter denen das »Dies irae« durch Umfang und musikalischen Bilderreichtum hervorragt. Die Ecksätze sowie das »Dies irae« fixieren die D-Tonalität, die auch in den übrigen Teilen immer wieder durchklingt. Die Chorstimmen sind durch kanonische Führung fest ineinander verschränkt, ihre Selbständigkeit zeigt Härten, die ebenso von der Anlehnung an modale Klangformen wie von der Freiheit und Komplizierung des Harmoniegefühls seiner Zeit eingegeben sind. Der asketischen Schlichtheit des 4stimmigen, auf die Gregorianik gegründeten Chorsatzes steht die Phantastik einer farbigen, durch Schlagzeug, Glocken, Xylophon, Vibraphon bereicherten Orchesterpalette gegenüber. Archaische und moderne Elemente mischen sich zu faszinierend eigenem Gesamtklang.

Aus lastendem Grabesdunkel klingt der 1. Satz auf. Unter dem tremolierenden Grundton D der Bratschen wiederholen Bässe und Pauken 54 Takte hindurch den Sekundschritt D – C, während der Chor, zuerst unisono, dann Frauen- und Männerstimmen im Kanon der Unterquarte einander folgend, die Bitte um ewige Ruhe intoniert. Das »Te decet hymnus«, von einem Knabenchor und Solo-Stimmen gesungen, bildet ein lichtes Intermezzo, worauf die *Requiem*-Antiphon des Chores, 2stimmig im Kanon der Unterquinte, wiederkehrt. Das »Kyrie« ist eine mit den Künsten der Engführung und der Vergrößerung ausgestattete Chorfuge über das Thema,

deren freizügiger Satz noch durch harmonisch kontrastierende Kontrapunkte des Orchesters kompliziert wird. An den *Tractus* »Absolve Domine«, einen in lyrischen Melismen ausgesponnenen Gesang des Solo-Tenors, schließt sich unmittelbar das »Dies irae« der *Sequenz* an, das auf herkömmliche Tonmalerei verzichtet und die Bilderfülle des Textes in eine thematisch gebundene Chorkantate zusammenfaßt, deren musikalische Dynamik der poetischen Vehemenz des Textes die Waage hält. Der Chor beginnt mit dem »Dies irae, dies illa«, dem das Orchester ein auf- und absteigendes, zehnmal wiederholtes Ostinato-Motiv unterlegt, welches, im weiteren Verlauf wiederkehrend, zum inneren Band des Satzes wird.

Die Verkündung der Posaune des Jüngsten Gerichts ertönt in 2stimmigem Kanon und klingt aus in einen aus 7 aufeinandergeschichteten Quinten gebildeten Bläserakkord B – F – C – G – D – A – E; der Chor singt mit ängstlichem Ausdruck in abgerissenen Motiven. Die Vision der Auferstehung (»Mors stupebit et natura«) wird durch Glockenklang und Sechzehntel-Passagen der Violinen ausgemalt. Die Episode gipfelt in einem Aufschrei des Chores, einem 10tönigen, aus dem Zusammenklang des d-Moll-, Es-Dur-, f-Moll- und Ges-Dur-Dreiklangs resultierenden Akkord, einer Säule von 11 übereinandergelagerten Terzen.

Mit den Worten »Liber scriptus proferetur« beginnt eine längere solistische Partie, nur einmal durch das chorische »Rex tremendae majestatis« machtvoll unterbrochen. »Recordare« ist als Solo-Quartett ausgeführt; mit dem Bekenntnis »Ingemisco tamquam reus« tritt der Chor leise rezitierend dazu und übernimmt bei »Qui Mariam absolvisti« mit dem »Dies-irae«-Thema die Führung. Hier beginnt eine Art von freier, stark zusammengedrängter Reprise des bisherigen Verlaufs, die zu dem Klanghöhepunkt »Voca me cum benedictis« führt. Das »Lacrymosa«, ein vollstimmiger Chorsatz, bildet die Coda des Satzes, der mit dem von Pausen zerrissenen Orchester-Ostinato des Anfangs unheimlich verklingt.

Es folgen 3 kürzere Sätze: Das *Offertorium* »Domine Jesu Christe«, welches durch homophone Rollfiguren des Chores charakterisiert ist, das auf langen Orgelpunkten ruhende *Sanctus*, welches Frauen- und Männerstimmen anfangs alternieren läßt, dann zur Vierstimmigkeit zusammenführt, und das *Agnus Dei*, welches das Gesangsthema mit einer Oboen-

Melodie kontrapunktiert und mit sordinierten Streicherpassagen umspielt. Das kontrastreiche, aus bewegten und still-kontemplativen Episoden bestehende »Lux aeterna« leitet zum zweiten Schwerpunkt des Werkes, der Bitte »Libera me Domine de morte aeterna«, die nicht als ruhiges Vertrauen auf göttliche Gnade gedeutet wird, sondern als Ausbruch der Angst vor den Schrecken des Jüngsten Tages. Der Satz, der auf früheres thematisches Material, auf den Sekundschritt des *Requiem*, auf das Orchester-Ostinato des »Dies irae« (*Sequenz*) zurückgreift, steigert sich zu einem Chorstimmen und schlagzeuggesättigten Orchesterklang mischenden Gemälde des Weltuntergangs. Damit offenbart das Werk seine verborgene Aktualität, seine Beziehung auf die kaum vergangenen Schrecken des Krieges und die verhüllten Drohungen der Zukunft. Auf der Grenze von Kirche und Konzertsaal stehend, birgt es in der liturgischen, archaisch gehärteten Form die Ängste und Ahnungen einer erschütterten Gegenwart.

Im Jahre 1957 entstand (eine frühere Vertonung des Textes war im Kriege verlorengegangen, ist aber wieder aufgefunden) das Oratorium **Ezzolied op. 51**, für 2 Soprane, Baß, Chor, Orchester und Orgel. Die von Karl Wolfskehl übertragene altdeutsche Dichtung des Bamberger Priesters Ezzo verbindet die Schöpfungsgeschichte mit der Passion Christi. Die Stilmittel der Musik reichen von herb-linearer Polyphonie bis zu Chromatik und Polytonalität, Passacaglia und Fuge stehen neben jazzartigen Klängen – ein visionäres Tonbild von dramatischer Wirkungsgewalt.

Ernst Pepping

Ernst Pepping, 1901 in Duisburg geboren, 1981 in Berlin gestorben, an der Evangelischen Kirchenmusikschule in Spandau und an der Musikhochschule in Berlin wirkend, ist einer der bedeutendsten Meister der Chormusik des 20. Jh. In seinem Schaffen, das u. a. Liederzyklen nach Paul Gerhardt, Johann Wolfgang Goethe und anderen Dichtern, ein Streichquartett und 3 Symphonien umfaßt, nehmen Orgel- und Chorwerke eine hervorragende Stelle ein. Zu den geistlichen Kompositionen, dem *Spandauer Chorbuch*, der in symphonischen Ausmaßen gestalteten sogenannten Predigermotette *Ein jegliches hat seine Zeit*, der *Missa Dona nobis pacem*, dem *Passionsbericht des Matthäus*, den *Motetten nach Liedern der Böhmischen Brüder*, dem *Tedeum* für Sopran- und Bariton-Solo, gemischten Chor und Orchester und der *Weihnachtsgeschichte des Lukas*, treten weltliche Werke, die Zyklen *Das Jahr* und *Der Wagen* nach Josef Weinheber und der Liederkreis *Heut und ewig* nach Goethe. Durch die Stetigkeit seines Schaffens und die Kraft seines persönlichen, auf alte Tradition gestützten Stiles hat Ernst Pepping sich eine feste, unangreifbare Position in der vielgestaltigen, von widerstreitenden Strömungen bewegten Musik des 20. Jh. erworben.

Die **Deutsche Messe** *Kyrie Gott Vater in Ewigkeit*, die im Jahre 1938 veröffentlicht wurde, ist ein Beispiel des Peppingschen Frühstils, der stark unter dem Einfluß des melodischen und harmonischen Denkens der Spätrenaissance steht und auf individuelle und neue Klangformen in viel höherem Grade als etwa die gleichzeitigen Werke Hugo Distlers verzichtet. Ein 2stimmiger kanonischer Anfang wie dieser könnte auch bei einem Meister von 1600 stehen:

Das sagt aber nichts gegen die Schönheit und die innere, von der Kraft der melodischen Linie genährte Eigenart der Musik; der lyrische Fluß der Chorsätze, die Ausgewogenheit ihres 4-, 5- und 6stimmigen Liniengewebes sind von hoher Wirkung. Pepping hat den 5 Teilen der Messe altkirchliche liturgische Gesänge zugrunde gelegt, die aber nicht streng als Cantus firmi festgehalten werden, sondern als thematische Elemente anklingen; die Komposition fließt aus der freien Inspiration des Musikers. In dem zitierten Anfang steckt die alte Choralmelodie »Kyrie Gott Vater in Ewigkeit«; »Wir glauben all an einen Gott« wird am Anfang des *Credo* vom Baß notengetreu, aber in frei rhythmisierter Form gesungen:

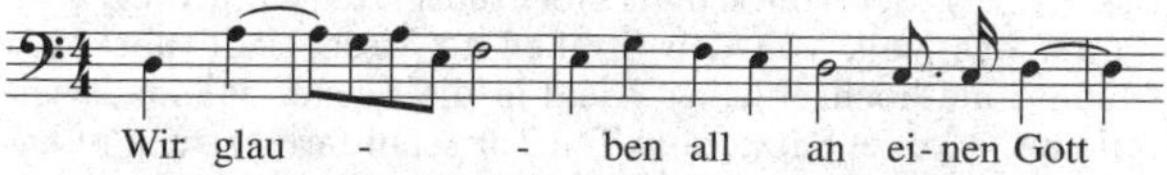

Das 3teilige *Credo*, dessen Schlußteil »Wir glauben an den heiligen Geist« eine erweiterte, reich kolorierte Variante des Anfangsteils ist, ragt durch musikalische Fülle hervor, *Sanctus* und *Agnus*, das auf die Melodie *Christe, du Lamm Gottes* zurückgreift, haben verinnerlichten, wesenhaften Klang.

Die 3 **Evangelienmotetten**, die aus dem gleichen Jahre stammen, sind darum bedeutsam, weil sich in ihnen der epische Geist der Peppingschen Musik deutlich ankündigt. Die Form der Chorerzählung, die in der alten Motettenpassion ihr klassisches Vorbild hat, wird wiederaufgenommen. Vorgänge werden vom Chor ohne Einschaltung eines rezitierenden Solisten berichtet; der musikalische Fluß faßt Erzählung, Rede und Gegenrede zur geschlossenen motettischen Form zusammen. *Jesus und Nikodemus* (Johannes 3,1–15), die nächtliche Begegnung Jesu mit dem glaubenswilligen, aber zum Glauben nicht fähigen Pharisäer, ist ein Dialog voller dramatischer Kontraste und eines von Peppings am häufigsten aufgeführten Werken. Die Fragen des Nikodemus sind den Männerstimmen in 2- und 3stimmigem Satz zugeteilt, die Worte Jesu singt der volle 4stimmige Chor. Die Forderung der geistlichen Neugeburt wird durch das Gleichnis des wehenden Windes musikalisch anschaulich gemacht, die mystische Verkündigung »Also muß des Menschen Sohn erhöht werden« strahlt einfache und großartige Überzeugungskraft aus. Das *Gleichnis vom Unkraut zwischen dem Weizen* (Matthäus 13,24–30), die Erzählung von der List des bösen, die gute Saat verderbenden Feindes und der Langmut des Herrn, der erst am Tag der Ernte Schlechtes und Gutes scheidet, hat bei aller Klarheit gegensätzlicher Charakterisierung mehr lyrischen Klang. Im dritten Stück, dem *Gleichnis von der königlichen Hochzeit* (Matthäus 22,1–14), hat der Komponist auf die durchgehende motettische Form verzichtet. Der Liturg als Sprecher verliest die Erzählung, der 4- und 6stimmige Chor singt nur die Reden des Königs, der von seinen Hochzeitsgästen verachtet wird, darauf das Volk von den Straßen zu Tische lädt, aber den Mann ohne hochzeitliches Kleid in die Finsternis hinauswerfen läßt: 4 kurze Sätze, zum Teil holzschnittartig streng in kanonischer Zweistimmigkeit; nur der letzte, mit der Lehre »Denn viele sind berufen, aber wenige sind auserwählt«, verdichtet sich zu 6stimmiger harmonischer Fülle.

Der Passionsbericht des Matthäus für Chor a cappella, 1950 vollendet, darf als das zentrale Werk des Peppingschen Chorschaffens betrachtet werden, das trotz seines außergewöhnlichen Schwierigkeitsgrades eine erstaunliche Zahl von Einspielungen erfahren hat. Hier hat sich die herbe, tonale, aber von der romantischen Funktionsharmonik losgelöste Tonsprache des Komponisten zu voller Reife entwickelt, hier werden die archaisch spröde, modal gefärbte Harmonik, die eigenwillige Linearität des Satzes zu Formelementen, die große musikalische Zusammenhänge ausfüllen und ein Chor-Epos von erhabenem und zugleich erregend ausdrucksgeladenem Klang schaffen. Ernst Pepping hat auf die Form der motettischen Passion zurückgegriffen. Der ganze Bericht wird vom Chor ohne Mitwirkung eines Evangelisten gesungen. Die Erzählung, die in 12 Episoden zerlegt ist, wird von 2 Rahmenchören eingeschlossen und durch ein in der Mitte eingefügtes Intermedium in zwei Hälften geteilt. Wichtige Momente der Erzählung werden durch meditative Gegenstimmen kontrapunktiert. 8stimmige Doppelchörigkeit wechselt ab mit 4-, 5- und 6stimmigen Partien. Aus alledem ergibt sich ein reiches, bewegtes Klangbild, eine musikalische Dramaturgie, die den Stoff gliedert und dem einfachen Bericht die Tiefe geistiger Perspektiven hinzufügt.

Die *Einleitung* stellt 2 Chöre einander gegenüber. Der 2. Chor beginnt mit dem Jesaja-Wort: »Fürwahr, er trug unsere Krankheit und lud auf sich unsere Schmerzen.« Die ersten

Takte, die je 2 in Quinten und Quarten gekoppelte Stimmen durch chromatische Rückungen gegeneinanderführen, sind bezeichnend für Peppings Kunst, aus melodischen Vorgängen harmonische Ergebnisse zu schaffen:

Trotz Verwendung ferner, dissonant geschärfter Klänge verharrt der Satz im d-Moll-Raum. Durch ein Crescendo akzentuiert, erscheint bei den Worten »von Gott geschlagen« der g-Moll-Dreiklang. Die Schlußkadenz, »auf daß wir Frieden hätten« und »durch seine Wunden sind wir geheilt«, führt 2mal über den neapolitanischen Sextakkord von g-Moll in die Dominante D-Dur, aber diese Dominante wirkt durch die Logik des harmonischen Ganzen als Tonika. Nach einer Generalpause beginnt der 1. Chor, leise auf dem Ton d rezitierend: »Höre die Passion unseres Herrn Jesu Christi, geboren, gelitten, gestorben für dich.« Auf die Silbe »dich« fällt der 1. Chor mit schmerzlicher Dissonanz wieder ein: »Fürwahr, er trug unsere Krankheit«, und wiederholt den ganzen 1. Teil, so daß sich eine 3teilige Form ergibt. Der 1. Chor nennt als Coda mit einem Unisono-Thema, das wie eine verschnörkelte Initiale wirkt, den Namen des Textautors:

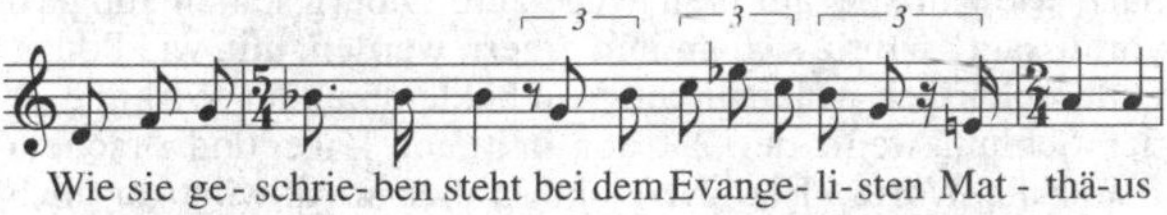

Der Passionsbericht beginnt mit einem kurzen, düsteren Vorspiel, dem *Verrat des Judas*, der vom 1. Chor in einem naturalistisch charakterisierten, nur 18 Takte langen Satz erzählt wird. Der Name des Verräters wird durch 2 Moll-Akkorde auf d und ges bedeutungsvoll hervorgehoben; wie ein Empordrängen satanischer Kräfte wirkt die stakkatierte, crescendo und accelerando gesungene Skala des Soprans:

Der *2. Abschnitt*, das *Abendmahl*, ist ein breitausgeführtes, 2chöriges Tongemälde. Die Erzählung wird dem 1. Chor zugeteilt. Die Frage der Jünger nach dem Ort des Passahmahles, die Bereitung des Osterlammes gehen in sachlicher Deklamation vorüber. Bei den Worten »Und am Abend setzte er sich zu Tische«, beim Beginn der Feier, hebt breites lyrisches Melos an. Die Bezeichnung des Verräters ist in Rede und Frage dramatisch auskomponiert. Dann setzt der 2. Chor mit der Darstellung der Abendmahlshandlung ein, die Paulus im 1. Korintherbrief gegeben hat und die schon den dogmatischen Sinn der Handlung bezeichnet: »Unser Herr Jesus in der Nacht, da er verraten ward, nahm das Brot«. Der 1. Chor führt währenddessen den Text des Matthäus fort. Der Satz breitet sich zum 10stimmigen Liniengewebe aus, das bei der Prophezeiung »Ich sage euch: ich werde von nun an nicht mehr von diesem Gewächs des Weinstocks trinken« zu massiver akkordischer Steigerung verdichtet wird und danach in eine Coda mit hymnisch bewegtem ¾-Takt ausklingt. Der *3. Abschnitt*, *Jesus und Petrus*, ist erzählende Musik. Der 1. Chor berichtet in 5stimmigem, oft syllabisch-homophonem Satz, wie Christus auf dem Wege zum Ölberg seinen Jüngern voraussagt, daß sie sich an ihm ärgern werden, und wie Petrus leidenschaftlich widerspricht. Von beklemmender Wirkung ist der Schluß, wenn der 2. Chor in tiefer Lage und 3fachem Piano die Worte »Ehe der Hahn krähen wird, wirst du mich dreimal verleugnen« wie ein dumpfes Echo wiederholt. *Gethsemane*, der *4. Abschnitt*, ist mit gebührender Breite behandelt. Der Erzählung des 1. Chores unterlegt der 2. ein strenges Fugato, welches die Worte des Herrn vorwegnimmt:

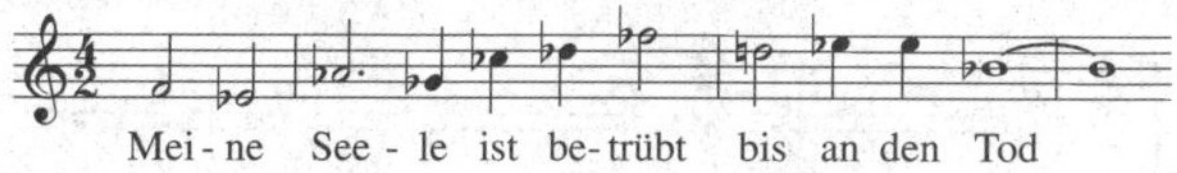

Das zweimalige Gebet »Mein Vater, ist's möglich, so gehe dieser Kelch von mir« ist von heftigen expressiven Spannungen erfüllt; beide Male sinkt es in akkordische Ruhe der Ergebung zurück:

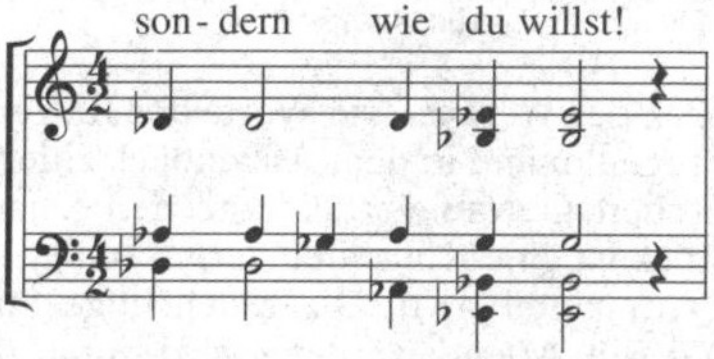

Die Gespräche mit den Jüngern sind dramatisch bewegt, dem mächtigen akkordischen Anruf »Wachet und betet« steht der zerrissene, von übermäßigen Intervallschritten durchzogene Satz der Stelle »das Fleisch ist schwach« gegenüber. Als Jesus die Jünger zum dritten Male weckt, ist die Stunde der Passion angebrochen; ein Tritonussprung des Soprans akzentuiert die in grellem Fortissimo hervorgestoßenen Worte: »Siehe, er ist da, der mich verrät.« Die *Gefangennahme*, der *5. Abschnitt*, ist mit allen Mitteln chorischer Charakteristik als dramatischer Abschluß der 1. Hälfte der Passionserzählung gestaltet. Scharfkantige Themen zeichnen den Verräter; spitze, stakkatierte Quintenfolgen versinnbildlichen die Schwerter und Stangen der Kriegsknechte; der Gruß des Judas ist durch eine raffinierte, Brutalität und schleichende Falschheit in sich fassende Formel dargestellt (s. Bsp. S. 454). Am Ende symbolisiert eine durch anderthalb Oktaven abwärtseilende Tonleiter die Flucht der Jünger, die ihren Herrn im Stich lassen. Die ganze Szene ist bildhaft wie ein altes Gemälde, das mit krassen und düsteren Farben das Geschehen der Passionsnacht malt.

Mit dem Forte-Schrei »Herr, bleibe bei uns« setzt nach kurzer Generalpause das *Intermedium* (*6. Abschnitt*) ein, das lyri-

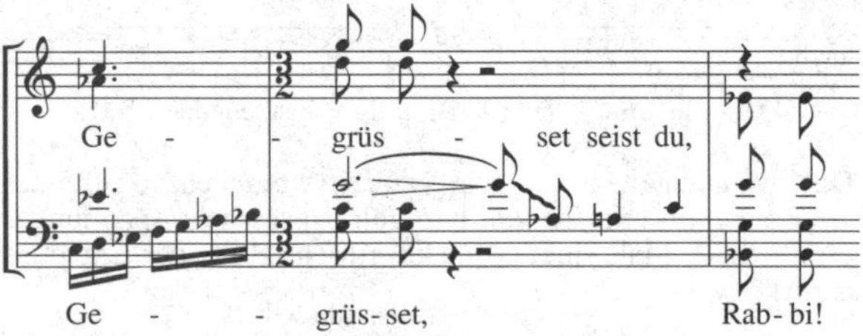

sche Kernstück des Werkes. Die Worte der Jünger in Emmaus werden vorwegnehmend in dem Augenblick zitiert, in dem Jesus der irdischen Gewalt verfällt und den Seinen entrissen wird. Das Stück ist eine Klage der Verlassenheit, der eine tröstende Antwort zuteil wird. Die zwielichtige Stimmung der Textzeile »Es will Abend werden« wird durch die harmonische Tritonusbeziehung von cis-Moll und G-Dur auf wunderbar zwingende Weise ausgedrückt, den mystisch klingenden Tonsatz durchzieht eine kantable Tonfolge als thematisches Band:

Die Bitte »Hilf uns, wir verderben« beschwört musikalische Symbole der satanischen, durch Judas verkörperten Region. Ihr antwortet, nach langer Generalpause, »flüsternd, wie von ferne« die Stimme des Herrn: »Siehe, ich bin bei euch alle Tage bis an der Welt Ende«, dargestellt durch 5fach geteilte Frauenstimmen, zu denen sich nach 8 Takten Tenöre und Bässe gesellen; eine Klangvision, die, durch Pausen aus dem musikalischen Ablauf herausgehoben, das Wunder einer Stimme vom Himmel glaubhaft macht. Die Getrösteten antworten mit einem frohbewegten, koloraturenreichen Satz, der unmittelbar in den 2. Teil der Passion überleitet.

Mit einem scharf rhythmisierten Rezitativ der Männerstimmen setzt die folgende Szene, der *7. Abschnitt*, ein, das *Verhör*

Jesu vor dem Hohen Rat. Die Frauenstimmen werden erst an der Aussage der falschen Zeugen beteiligt: »Er hat gesagt, ich kann den Tempel Gottes abbrechen und in drei Tagen ihn bauen.« Die Worte klingen in unheimlich verzerrter Stakkato-Thematik in den Alt- und Baß-Stimmen nach, als plapperten die empörten Hörer sie sich gegenseitig zu. Das Schweigen Jesu auf die Frage des Hohenpriesters wird durch ruhende Harmonien symbolisiert. Seine Aussage, »daß ihr sehen werdet des Menschen Sohn sitzen zur Rechten der Kraft und kommen in den Wolken des Himmels«, macht Jesus in feierlich homophonem, 6stimmigem Satz, der sich zu hymnischer Größe steigert. Der Hohepriester fragt den Rat um seine Meinung: Mit packendem Realismus ist die Situation, die Spannung vor dem Urteilsspruch, gezeichnet, wenn in die eskalierende dramatische Spannung hinein einige Stimmen die ungeheuerlichen Worte des Angeklagten gleichsam kopfschüttelnd und höhnisch wiederholen. Dann erklingt im Fortissimo des Chores der Urteilsspruch: »Er ist des Todes schuldig.« In wildem Ausbruch des Hasses stürzt sich die Menge auf den Verurteilten, in schneidender Dissonanz gellt die Frage: »Wer ists, der dich schlug?« Der 2. Chor, der hier erst einsetzt, stellt dem Toben die ruhenden Akkorde entgegen: »Jesus schwieg still.« Mit ein paar stammelnden, nachhallenden Worten bricht der erregte Chor ab, und es triumphiert – in bewegendem Schönklang – die Hoheit des Heilands. Die nächsten Episoden, *Petri Verleugnung* und der *Tod des Judas* (*8.* und *9. Abschnitt*), sind erzählende, deskriptive Musik, voll von charakterisierenden Nuancen und Tonmalerei. Das Gericht des Pilatus wird mit großen dramatischen Akzenten in einem Baß-Rezitativ dargestellt, das der 2. Chor mit einem leise nachhallenden motettischen Satz über die Worte »Jesus antwortete ihm nicht« begleitet. Das folgende Bild, *Jesus vor dem Volk* (*10. Abschnitt*), ist eine bewegte Chor-Szene, in der Erzählung, Rede und Volksgeschrei abwechseln. Die Stimmen der Hohenpriester, die das Volk aufhetzen, sind ein groteskes Intermezzo des Männer-Chors. Der Ruf nach Barrabas erklingt in peitschenden Rhythmen und schwingt aus in ein melodisch stilisiertes Geheul, die Worte »Laß ihn kreuzigen« sind in weit klaffende Intervalle zerdehnt:

Verhaltener, im Tone chorischen Rezitierens ist der folgende *11. Abschnitt*, *Jesus und die Kriegsknechte*, angelegt; aber auch hier sind der höhnische Gruß an den Judenkönig, das Anspeien und Schlagen mit deutlichen musikalischen Symbolen gestaltet. *Golgatha*, der *12.* und letzte *Abschnitt*, ist der musikalische Höhepunkt des Werkes. Den Bericht der Kreuzigung hat der Komponist über allen Naturalismus hinaus in eine lyrisch-musikalische Sphäre gehoben, indem er die Erzählung des 1. Chores mit einer Fuge des 2. Chores über die Worte aus dem Nizänischen Glaubensbekenntnis »Crucifixus etiam pro nobis« kontrapunktiert. Bericht, Meditation, liturgische Deutung und Erhöhung sind eins; das mit markanten Quinten- und Quartenschritten beginnende Thema der fugierten Motette zieht sich, in seiner Grundgestalt und in der Umkehrung, wie ein Band durch den ganzen Satz:

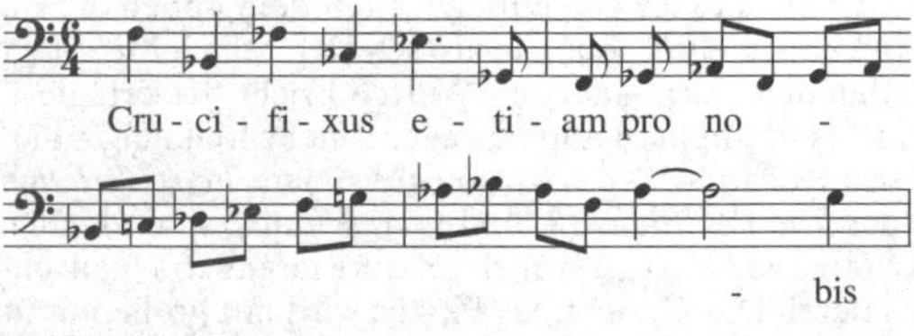

Mit dem Verscheiden Jesu endet der Bericht. Der *Schlußchor* beginnt stockend und leise, aber schnell zum lauten Aufschrei anschwellend, mit der Bitte: »Herr Christe, erbarme dich unser, der du für uns gelitten«. Auf den emotionellen, ins Pianissimo zurücksinkenden Ausbruch folgen als Nachwort die ersten Verse des Johannes-Evangeliums, »Im Anfang war das Wort«, als gebundener, doppelchöriger Satz in der Anfangstonart des Werkes d-Moll mit einer allein auf das Wort »Gnade« und auf weitgespanntem Atem ausgesungenen, ungemein klangintensiven Coda.

Kurt Thomas

Kurt Thomas (1904–73), frühvollendeter Komponist und legendärer Chorleitungsprofessor an den Musikhochschulen in Leipzig, Berlin und Detmold, Thomaskantor in Leipzig von 1957 bis 1961, wurde schon auf S. 441 kurz erwähnt. Seine frühen A-cappella-Großwerke entstanden ab 1924 und waren damit die ersten, die die geistige Rückbesinnung auf das Erbe abendländischer Geschichte in einer neuen, kirchentonales Material mit der freien Klanglichkeit der Impressionisten verschmelzenden Tonsprache zu formen verstanden. Die Aufführung der **Messe in a op. 1** auf dem Deutschen Tonkünstlerfest am 16. Juni 1925 in Kiel wirkte wie ein Signal für den weiteren Weg, für die künftigen Sinn und Form der deutschen Chormusik. Neben der fest im Repertoire verankerten, nach dem Leitbild der motettischen *Johannes-Passion* von Leonhard Lechner (1593) entstandenen und 1927 mit dem staatlichen Beethoven-Preis ausgezeichneten **Markus-Passion op. 6** für 4- bis 8stimmigen gemischten Chor a cappella fand vor anderem der 1925 uraufgeführte **Psalm 137 »An den Wassern zu Babel«** für 2 gemischte 4stimmige Chöre a cappella lebhaftes Interesse und zahlreiche Aufführungen. Das etwa 15minütige Werk ist signifikant »Meister Arnold Mendelssohn in Dankbarkeit und Verehrung« gewidmet. In deutlicher Kenntnis der meisterlichen Beherrschung chorischer Stimmkombinationen und stimmlagengemäßer Klangfarbenkunst seines Lehrers schreibt Thomas eine in allen Details optimal klingende motettische Reihenform, die durch die Reprise der ersten 22 Takte als Schlußteil mit einer 11taktigen, die Grundtonart gis-Moll umspielenden Coda formale Schlüssigkeit erhält. K. Thomas vermochte die klangschöne Tonsprache seiner genialen Frühwerke etwa über das abendfüllende A-cappella-*Weihnachtsoratorium op. 17* und die *Kleine geistliche Chormusik op. 25* mit ihren 19 Einzelstücken zum Kirchenjahr wie auch über die gern gesungenen *Madrigalzyklen op. 27* und *op. 31* weiterzuentwickeln, zu straffen und zu läutern. Von seinen dem mittleren Hindemith nahestehenden Spätwerken wären die *Fünf Frauenchöre op. 32*, die ansprechend-musikantische **Eichendorff-Kantate op. 37** für Bariton-Solo, gemischten Chor, Flöte und Streicher sowie die *Drei gemischten Chöre op. 40* mit Klavierbegleitung hervorzuheben.

Walter Kraft

Walter Kraft (1905–77), Schüler von Paul Hindemith an der Berliner Musikhochschule und von seinem 24. Lebensjahr bis zu seinem Tode Marienkantor und -organist in Lübeck, hinterließ ein umfangreiches Chor-Œuvre für den liturgischen und den Konzertgebrauch. Zwei Titel mögen hier zur Charakterisierung von Mensch und Werk genügen. Die Kantate **Laetatus sum – Ich ruf zu Dir** (Kraft nennt sie: Motette) für Sopran-Solo, 4stimmigen gemischten Chor, Flöte und Streichquintett auf den lateinischen Text des 122. Psalms entstand im Spätjahr 1942 in schmerzvollem Gedenken an die mit der Lübecker Altstadt zerstörte Marienkirche. »Sehr ruhig« entfaltet der Komponist auf dem Rembrandt-farbenen Klangteppich der Streicher den ganz nach innen, in die Meditation gewendeten, beziehungsreichen Psalmtext mit seiner unverwechselbaren, aus Gregorianik und Chromatik verschmolzenen Handschrift in weitgespannter freitonaler Polyphonie. Erst im Schlußteil fügt der Solo-Sopran, der durch eine Oboe ersetzt werden könnte, die 1. Strophe des Kirchenliedes *Ich ruf zu Dir, Herr Jesu Christ* von Johann Agricola (1526) mit dem originalen Hagenauer Cantus firmus (1526) hinzu. Es ist das ergreifende künstlerische Dokument einer im Sinne des Wortes todernsten Zeit.

Walter Krafts künstlerisches Gesamtbild wird brennpunktartig erkennbar in seinem abendfüllenden Oratorium **Christus. Leben und Lehre nach Worten der Evangelien. Ein Chorwerk in sieben Teilen** (I. *Wort Gottes*, II. *Reich Gottes*, III. *Wundertaten*, IV. *Lehre*, V. *Weissagungen*, VI. *Passion*, VII. *Auferstehung*). Das Textbuch stammt vom Komponisten; das Werk ist für 3 Chorgruppen a cappella komponiert. Dieses abend(musik)füllende A-cappella-Großwerk von 1944 ist ein echtes Dokument der deutschen Singbewegung im allgemeinen und der kirchenmusikalischen Erneuerung im besonderen. Die reiche Lübecker Kirchenmusiktradition, das Leitbild Heinrich Schütz, die Ausschließlichkeit des Bibelwortes, die Ersetzung des Konzertes durch die Verkündigung sowie die akustische Verständlichkeit der Jesusworte fließen in ihm zusammen. Der Komponist arbeitet um den Zentralton g mit der erweiterten Tonalität ohne irgendein Melodie-Zitat. Die Quellen der Melodik sind Gregorianik, Pentatonik, Diatonik und Kirchenlied, die der Harmonik Orgelpunkt, Fauxbourdon, Mixtur, freier Kontrapunkt, Chromatik und personante Schichtklänge. Die 3 Chöre erscheinen als »Christus-Chor« (Doppelquartett) für die Worte Jesu, »kleiner Chor« (ab 32 Choristen) für die Begebenheitsschilderung und »großer Chor« (ab 60 Choristen) für die pilasterartige Gliederung der Gesamtform. Es ist für den geistigen Horizont des Werkes charakteristisch, daß der Christus-Chor den größten und anspruchsvollsten Part zu bewältigen hat. Er singt ausschließlich in reinen Dur- und Moll-Dreiklängen in der Grundlage, die als musikalisches Symbol der Fundamentalität der göttlichen Lehre Jesu dienen, und verlangt äußerste Flexibilität und Überlegenheit auch im Rhythmisch-Deklamatorischen. An diesem Hauptwerk Walter Krafts besticht in musikalischer Hinsicht die virtuose Ausschöpfung aller Mittel des Chorklanges in Dekoration und Arrangement, die ideale Chorsatztechnik mit ihren optimalen Klangergebnissen und in geistiger Hinsicht die theologische Geschlossenheit der Gesamtkonzeption.

Günter Bialas

Günter Bialas (1907–95), einer der meistaufgeführten deutschen Komponisten in der 2. Hälfte des 20. Jh. und zugleich einer der gesuchtesten Kompositionslehrer an den Musikhochschulen erst in Detmold und dann in München, hatte von Jugend- und Studienjahren her eine besondere Affinität zur Vokalmusik im allgemeinen und zur Chormusik im besonderen. Schon seine 1939 für den Breslauer Universitätschor geschriebenen **Drei Brautlieder** für 4stimmigen gemischten Chor a cappella nach Texten aus Johann Gottfried Herders *Stimmen der Völker in Liedern* offenbaren ein spezielles, im Vergleich zu anderen für Chor komponierenden Tonsetzern ungewöhnliches Geschick für die gesangliche Linie, für die deklamatorische Behandlung der deutschen Sprache, für die Lagen der menschlichen Stimme und ihre summierenden Wirkungen bei der Klangbildung des Chorsatzes. Einen dankbaren Gruß an den für Bialas während seines Berliner Studiums so wichtigen Fritz Jöde und die prägenden Kräfte der Singbewegung bildet **Die alte Weise im neuen Satz**, die 1947 in Detmold entstand, eine Sammlung 3stimmiger gemischter Chorsätze alter Volkslieder, die mit Polyrhythmik, Heterophonie oder Polytonalität in diesem Genre damals neuartige Satztechniken und Klangbilder boten. Mit der **Indianischen Kantate** für Bariton, Kammerchor, 8 Instrumente und Schlagzeug war dann 1950 Bialas' aus komplexer Zwölftonmusik, modalen Bildungen und heterophoner Mehrstimmigkeit entwickelter »Klangsatz« geboren, der quasi von rotierenden Tonreihen zusammengehalten wird. Ihm verdanken die Chöre so klangschöne und inspirierte A-cappella-Stücke wie die Choralvariation **Nun danket alle Gott** (1951) und die Partita zum Pfingsthymnus **Veni creator spiritus**. Als Bialas' chorisches Hauptwerk betrachtet man das A-cappella-Oratorium **Im Anfang**, das ist die Schöpfungsgeschichte, verdeutscht von Martin Buber, komponiert 1961 für 6stimmigen gemischten Chor und 3 Echostimmen. Zu diesem Werk gibt es *Sieben Meditationen zu den sieben Schöpfungstagen* für Orgel sowie eine Orchesterfassung des Ganzen, die ebenfalls 1961 für Martin Stephani und den Elberfelder Gesangverein entstand. Die der Vorlage entsprechend 7teilige, um 2 »Preisungen« auf 9 Sätze erweiterte A-cappella-Fassung, auch ohne die ein- und überleitenden Orgel-Meditationen, ist die eigentliche Originalfassung. Bialas schreibt – und man vergleiche den geistigen Ort von Krafts *Christus*-Oratorium: »Ich wollte nicht eine konzertante, sondern eine in ihrem Wesen eher liturgische Komposition schreiben. Diese Idee, diese Absicht ist durch den Charakter der Sprache bestimmt, die Anruf, Verkündigung ist. [. . .] Buber geht nicht vom geschriebenen, sondern vom klingenden Wort aus und verlangt, daß seine Übertragung nicht gelesen, sondern ›ausgerufen‹ werde. [. . .] Ich ging genau der Sprache nach, übernahm auch meistens den Sprachrhythmus und versuchte, die notwendige musikalische Überhöhung durch eine Entfaltung des Klanges in den Raum hinein zu erreichen. So kam es zu der Neunstimmigkeit des Chorsatzes, die in sich wiederum drei-chörig gegliedert ist und durch die getrennte Aufstellung der Echostimmen eine besondere Abstufung erfährt.« Das streng geordnete, tonal bezogene Tonmaterial ist vom oben beschriebenen Klangsatz bestimmt und wird von 6- oder 7stimmigen Akkorden bis zur Zwölftönigkeit geweitet. Den Wurzeln seines künstlerischen Werdens verhaftet, fügt Bialas zur Konzentration und Vertiefung der geistigen Aussage gelegentlich Zitate ein, etwa im Chorsatz des 136. Psalms (*Preisung I*), wo der Refrain an die betreffende Genfer Psalmweise erinnert und damit das Tonmaterial dieses Satzes prägt; oder in der *2. Orgel-Meditation*, die mit dem Cantus firmus des Morgenliedes der Böhmischen Brüder »Der Tag vertreibt die finstre Nacht« die Erschaffung von Tag und Nacht bedenkt; oder besonders sinnfällig in der *7. Orgel-Meditation*, wenn zum Beschluß des Schöpfungswerkes mit dem Zitat der gregorianischen Weihnachtssequenz das Erscheinen Gottes auf Erden, das göttliche Erlösungswerk meditiert wird.

Eine Fortentwicklung der beschriebenen Konzeption ist Günter Bialas' 1980 entstandener, gut 20minütiger A-cappella-Zyklus **Die Bergpredigt** für 12 Stimmen. Auch hier folgt der Komponist nicht dem amtlichen, kirchlich sanktionierten Bibeltext, sondern einer zeitgenössischen dichterischen Hochsprache, dem Text von Walter Jens aus *Jesus von Nazareth*. Auch hier wird der Chor zur Erzielung der intendierten Klangräume durch Dreiteilung der vier Stimmlagen zur Zwölfstimmigkeit aufgefächert. Auch hier werden die 3 Sätze *Epische Einleitung*, *Rede Jesu*, *Vaterunser*, jeweils von einer knapp formulierten, zwar ad libitum bezeichneten, aber ausdrucksmäßig und formal so gut wie unentbehrlichen Orgelfantasie eingeleitet. Vor dem 2. und 3. Teil können ergänzende Lesungen eingefügt werden. Das *Vaterunser*, dessen 4stimmig gemischt gesungener deutscher Text von einem einstimmigen Männerchor mit dem lateinischen »Pater noster« kontrapunktiert wird, um dann mit dem breitausgeführten, glockenartigen »Amen« wieder die Zwölfstimmigkeit zu erreichen, bildet einen überwältigenden Höhepunkt der Partitur. Der Komponist sah sich aufgrund eines breiten, lebhaften Interesses gedrängt, eine im Stimmaufwand leicht reduzierte Sonderausgabe des *Vaterunser* zu verfassen.

Das chorische Vermächtnis Günter Bialas' findet man im **Lamento di Orlando**, einer knapp halbstündigen Kantate für Orchester, Bariton und gemischten Chor nach Texten von Jean Paul und aus der Frührenaissance, die 1985 im Auftrag der Stadt München für die Einweihung des Konzertsaals im Gasteig geschrieben und 1986 daselbst unter Leitung von Sergiu Celibidache mit großem Erfolg uraufgeführt wurde.

Hugo Distler

Hugo Distler (1908–42), aus Nürnberg gebürtig, über Kantoren- und Lehrstellungen in Lübeck und Stuttgart zum Domchordirigenten in Berlin aufsteigend, hat die Schaffenskraft seines kurzen, durch freiwilligen Tod beschlossenen Lebens überwiegend der Kirchenmusik gewidmet. Neben seinen geistlichen Hauptwerken, der frühen *Choralmesse op. 3*, der *Choralpassion op. 7*, der *Weihnachtsgeschichte op. 10*, der 10 Motetten enthaltenden *Geistlichen Chormusik op. 12* und den 2 Choralkantaten *Wo Gott zuhaus nit gibt sein Gunst op. 11* für 4stimmigen gemischten Chor, 2 Oboen, Streicher und Orgel, und *Nun danket all* (1941) für Sopran- und Tenor-Solo, 4stimmigen gemischten Chor, Streichsextett und Orgel, steht als weltliches Gegenstück das *Mörike-Liederbuch* mit 48 Liedsätzen für Männer-, Frauen- und gemischten Chor. Der Reiz der Distlerschen Musik liegt in ihrer durchsichtigen seraphischen Klangschönheit, in ihrer aus einfachsten Elementen strukturierten, auf künstliche Übersteigerungen und Effekte verzichtenden Originalität. Durch ihre geistliche Kraft hat sie der gesamten Kirchenmusikbewegung die stärksten Impulse gegeben und sich, wie nur wenige Schöpfungen der musikalischen Moderne, dank des Komponisten einzigartiger Gabe zur Verschmelzung von Deklamatorik und Stimmbehandlung der deutschen Sprache, von Vokalität und Chorklangtechnik, nachhaltige volkstümliche Geltung im gesamten deutschen Chorwesen und Leitbildfunktion verschafft.

Die **Choralpassion op. 7** für 5stimmigen gemischten Chor und 2 Vorsänger, nach den vier Evangelien der Heiligen Schrift, 1932 vollendet, stellte den 24jährigen Komponisten in die erste Reihe der schöpferischen Kirchenmusiker seiner Zeit. Der Name »Choralpassion« bezeichnet die Form der Passionskomposition, bei der allein diejenigen Partien des Evangelienberichtes vom mehrstimmigen Chor gesungen werden, in denen eine Personengruppe spricht oder ruft. Der Evangelistenbericht selbst und die Äußerungen einzelner Personen werden von Solisten vorgetragen. So hatte es Distler in den ihn tief beeindruckenden jährlichen Aufführungen der *Matthäus-Passion* von Heinrich Schütz als Mitsänger im Lübecker Sing- und Spielkreis unter Bruno Grusnick erlebt. Er schreibt dazu: »Der Gedanke einer Darstellung der Passionsgeschichte in zeitgemäßer Gewandung, doch im Geist der alten, durch Schütz zu herrlicher Vollendung geführten A-cappella-Passion, die in der Verwendung der Mittel sich zugunsten einer volkhaften, allgemeinverständlichen, lapidaren, ebenso primitiven wie eindringlichen Sprache befleißigt: dieser Gedanke war es, der die Entstehung der vorliegenden A-cappella-Passion veranlaßte. Der dramatisch geladenen Darstellung des Passionsgeschehens in ihrer unerbittlichen Sachlichkeit und grausigen Kürze stellte ich als notwendig-ergänzenden Ausgleich den Choral gegenüber, und zwar in der Form der Variation. Die in sieben Teilen dargestellte Historie wird umrahmt von den acht Chorvariationen über den Passionschoral *Jesu, deine Passion*. Der erzählende Text ist aus allen vier Evangelien ausgewählt: Möglichst plastische, eindringliche Gestaltung bewog zu dieser Art von Darstellung.« Damit ist das Wesentliche über das Werk gesagt: die Spannung von Modernität und Vergangenheit, die auch von den alten Meistern geübte Kontrastierung von Dramatik und lyrischer Betrachtung, die Gliederung des Berichts in 7 »Kapitel«. Der Bericht selbst wird vom Evangelisten, einem Tenor, in nur wenig kirchentonartlich gefärbter Deklamation vorgetragen; Jesus, Judas, Kaiphas, Pilatus und der Schächer werden von Baß-Stimmen gesungen. Die Textauswahl der Evangelienharmonie erlaubt dem Komponisten, auf manche traditionellen Elemente wie die Petrus-Episode und das »Eli, eli, lama asabthani« zu verzichten. Die *Choralpassion* als Distlers umfangreichstes geschlossenes Werk errang auf Anhieb einen festen Platz im deutschen Chorrepertoire. Gleich im Erscheinungsjahr 1933 gab es 12 Einstudierungen, darunter in Leipzig unter Karl Straube und in Lübeck unter Walter Kraft.

Der *1. Teil*, der *Einzug in Jerusalem*, ist erfüllt vom Jubel des Volkes, das den König von Israel begrüßt: »Gelobet sei, der da kommt im Namen des Herrn« – ein 2teiliger Chor, aus weitgeschwungener, polyphon verflochtener Melodie gebildet,

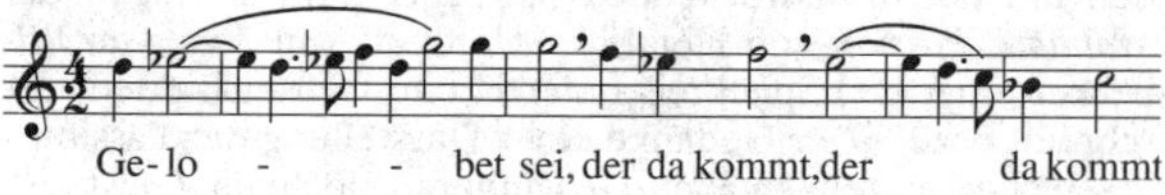

in der Mitte von einer Solo-Stelle des 2. Soprans wie von einer begeisterten Einzelstimme unterbrochen, von einem Nachsatz in tanzendem ¾-Takt beschlossen: »Siehe, ein König von Israel«. Der kurze *2. Teil, Judas und der Pharisäer Rat*, enthält einen steigerungsmächtigen Chor der Pharisäer: »Ja nicht auf das Fest, auf daß nicht ein Aufruhr werde im Volk«. Mit großer Feierlichkeit ist im *3. Teil* das Abendmahl behandelt. Der Chor der Jünger »Wo willst du, daß wir dir bereiten, das Osterlamm zu essen?«, der in nur 15 Takten von C-Dur über a-Moll, D-Dur, h-Moll nach E-Dur moduliert, atmet eine mystische Stimmung. Das Melos der Einsetzungsworte Jesu in

äolisch oder dorisch zu deutendem Moll wird bei der Stelle »Trinket alle daraus« eine Stufe höher wiederholt. Die Feier schließt in harmonieträchtigem H-Dur. *Gethsemane*, der *4. Teil*, ist nur Rezitativ. Der *5. Teil*, die *Verhandlung vor Kaiphas*, bringt durch den traditionellen Kanon der falschen Zeugen und durch lebhafte Turba-Chöre starke dramatische Steigerung. Von packender Wirkung ist vor allem die Frage des Chores: »Weissage uns, Christe, wer ist es, der dich schlug?«, wo der Hohn in einen Tanzrhythmus stilisiert ist und danach in wilde Schreie ausbricht. Noch bewegter ist der *6.* und längste *Teil* des Werkes, die *Verhandlung vor Pilatus*. Hier steht eine lange Reihe erregter Volkschöre, die der Szene stets wachsende Spannung geben. »Er hat das Volk erreget« wird in verschiedenen Rhythmen durcheinandergeschrien. »Wir dürfen niemand töten« ist ein mit kühn stakkatierender Textbehandlung und treibendem Accelerando Sich-Aufschaukeln der Menge; »Sei gegrüßet, lieber Judenkönig« wird wieder auf höhnisch ironisierte Tanzthemen gesungen. Den beschwörenden Worten des Pilatus, »Sehet, welch ein Mensch«, antwortet ein zweimaliger Aufschrei, der von greller Weiberhysterie übertönt wird:

Von eindringlicher Wirkung ist die hart rhythmisierte antiphonische Chordeklamation »Lässest du diesen los« und auch der Chor: »Sein Blut komme über uns und unsere Kinder«, dessen unstetes, von Imitationen durchsetztes Allegro von einer Pianissimo-Stelle wie von einer bösen Ahnung unterbrochen wird. Der *7.* und letzte *Teil* ist der *Bericht von Golgatha*. Bei den Worten »Allda kreuzigten sie ihn« schweift der sonst schlicht erzählende Evangelist in ein schmerzliches Melisma aus. Hier erzielt Distler eine seiner stärksten Wirkungen: Der Spottchor »Er hat Gott vertrauet, der erlöse ihn nun« wird notengetreu auf die Musik des Einzugschores »Gelobet sei, der da kommt im Namen des Herrn« gesungen. Der Wankelmut des Volkes, das mit der gleichen Melodie den Messias feiert und den Gekreuzigten verhöhnt, kann nicht drastischer geschildert werden. Das vorreformatorische Kirchenlied,

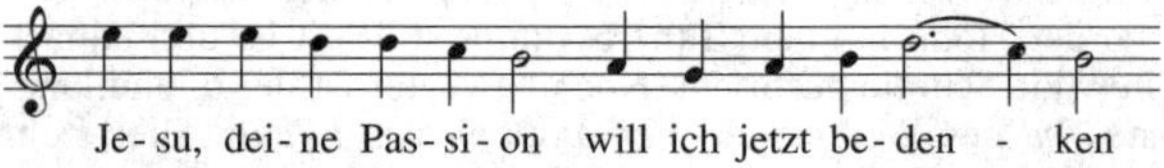

mit seiner kraftvollen phrygischen Melodie aus dem 14. Jh. in 8 Strophen bearbeitet, gibt dem Werk den Rahmen und die lyrischen Ruhepunkte. Der Einleitungschor, der die Liedweise im Sopran führt, ist in schlichtem Stile gehalten. Von besonderer Schönheit sind die 4., auf das Abendmahl fallende Variation, die Männer- und Frauenstimmen in 2- und 3stimmigen Zeilen einander gegenüberstellt, und die 5. Variation, die, an die Gefangennahme anschließend, unter dem Cantus firmus des Soprans ein erregtes Spiel polyphoner Stimmen entfesselt. Die 6. Variation spielt mit klangzauberischen Echowirkungen, die 7. ist ein schlichter, der Einleitung verwandter Liedsatz. Der *Schlußchor* »Jesu, dir sei ewig Lob« ist ein wohllautendes Schweifen in vielstimmigen Koloraturen um die Mosaiksteine des Cantus firmus herum.

Die Weihnachtsgeschichte op. 10 für 4stimmigen gemischten Kammerchor und 4 Vorsänger, 1933 vollendet, entspricht in ihrer Form der Choralpassion. Auch hier wird die Evangelienerzählung, die vom Tenor vorgetragen und von Soliloquenten und Chor dramatisch belebt wird, durch einen motettischen Einleitungs- und Schlußchor umrahmt und von Liedstrophen – es sind 6 Variationen des Liedes *Es ist ein Ros entsprungen* – unterbrochen. Aber die Stimmung des Werkes ist, wie es der Vorwurf verlangt, der der Passion entgegengesetzt. Der idyllische, poetisch-liebliche Gehalt der Weihnachtserzählung ist kaum jemals so rein und ungetrübt Klang geworden wie in Distlers Komposition. Als *Einleitung* dient eine Motette über den Text aus Jesaja 9 »Das Volk, so im Finstern wandelt, siehet ein groß Licht«, deren anfängliches a-Moll zur Haupttonart E-Dur hinleitet. Eigentümlich Distlersche Erfindung sind die jubelnden Quartenrufe »Siehet ein Licht, ein groß Licht«. Die Stelle »Wunderbar Rat, Kraft, Held« wird durch gehaltene, rhythmisch ineinander verschränkte Halbenoten hervorgehoben, der »Friedefürst« durch leises Ausschwingen der Stimmen in eine lyrische A-Dur-Wendung charakterisiert; »auf daß seine Herrschaft groß werde« ist der fugierte Schlußteil. Dann stimmt der Chor das geistliche Volkslied *Es ist ein Ros entsprungen* an, dessen Variationen wie ein melodisches Band die Erzählung durchziehen. Die 1. Strophe erklingt in hell-zarter Lage, die E-Dur-Tonart bleibt in allen, das Klangbild verdichtenden Variationen bestehen. Hervorzuheben sind die 4. Strophe »Das Blümelein so kleine«, in der die Bässe dem Liedsatz der Oberstimmen einen leisen Wiegenlied-Rhythmus im Dreiertakt unterlegen, und die 5. Strophe »Die Hirten zu der Stunden machten sich auf die Fahrt«, in der die Melodie von 2 Chören kanonisch im Abstand von einem und einem halben Takt in vollem 8stimmigen Satz gesungen wird. Die Rezitative des Erzählers sind in begrenztem Tonraum, oft in pentatonischer Melodik gehalten. Der Komponist möchte den bukolischen Klang der Weihnachtserzählung auch im Wort des Evangelisten schwingen lassen und ermahnt den Sänger zu freiem, pedantische Schwere vermeidendem Vortrag. Als Soliloquenten erscheinen der Engel (Sopran), Maria (Mezzosopran), Elisabeth (Sopran), Herodes und Simeon (Baß). Von schöner Wirkung ist Marias Lobgesang nach der Verkündigung des Engels, das *Magnificat*: Maria singt das Canticum »Meine Seele erhebt Gott, den Herren« als Solo-Stimme in lübisch-lutherischer Tradition auf den IX. Psalmton, der der 3. Liedstrophe »Wir bitten dich von Herzen, du edle Königin« eingefügt ist. Die Musikalisierung des liturgischen Lobgesanges durch die einfallenden Chorstimmen ergibt eine große lyrische Steigerung. Daß die beiden formal flankierenden Cantica, das »Magnificat« mit der 3. Liedstrophe und das »Nunc dimittis« nach der 6., ganz unterschiedlich behandelt werden, geht auf Distlers liturgische Erfahrungen an St. Jacobi zurück: Der Lobgesang der Maria wurde in den Vespern regelmäßig in der von Distler benutzten gekürzten Textfassung gesungen, während der Lobgesang des Simeon überhaupt nicht verwendet wurde. Der Gesang der Engel ist freudig beschwingte, in ein 3stimmiges, ekstatisch jubelndes Melisma auslaufende Musik. In dem eifrigen Durcheinandersprechen des Chores der Hirten »Lasset uns nun gehen gen Bethlehem« hebt sich die ruhige, akkordische Vertonung der Worte »und die Geschichte sehen, die da geschehen ist« durch geheimnisvolle Klangpoesie ab. Die Weisen aus dem Morgenlande fragen freudig erregt, in kanonischen Einsätzen, nach dem neugeborenen König der Juden und singen ihre lebhafte Erwartung in melodischen Koloraturen aus. Die Schriftgelehrten geben ihre Auskunft »Zu Bethlehem im jüdischen Lande« mit Feierlichkeit, die in rasche, erregte Deklamation umschlägt. Der chorische Beschluß ist ein 3teiliger motettischer Satz nach Johannes 3,16. Der erste, ruhige Abschnitt »Also hat Gott die Welt geliebet, daß er seinen eingebornen Sohn gab« beginnt in d-Moll und wendet sich in lyrisch gebundener Melodik nach A-Dur und a-Moll. Er wird gefolgt von einem freudigen Allegro »Auf daß alle, die an ihn glauben, nicht verloren gehen, sondern das ewige Leben haben« in jener für Hugo Distlers Glaubensleben und Stilwillen so charakteristischen, undoktrinären und unfeierlichen, aller Erdenschwere enthobenen, glückhaft befreiten Emphase. Von höchster gesanglicher, harmonisch gelöster Schönheit ist das zarte, pentatonisch auskomponierte »Amen«, das den lichten E-Dur-Klang, die Haupttonart des Ganzen, wieder rein zur Geltung bringt und das Werk in heiterer Harmonie beschließt.

Die zweite, stilistisch beweglichere Periode der Neuen Kirchenmusik wird durch eine jüngere Komponistengeneration repräsentiert, die sich den handwerklichen Überlieferungen und den stilistischen Horizonten der obengenannten Lehrergeneration anschloß, sich aber zugleich den Problemen der rapide fortschreitenden weltlichen Musik aufschloß und um des notwendigen Experimentes willen im Einzelfall auf den Anspruch klassischer, historisch gestützter Vollendung verzichtete. Im Repertoire begegnet man immer wieder ausdrucksstarken und künstlerisch vollendeten Werken von **Siegfried Reda** (1916–68), von dem besonders die früheren, für die Liturgie konzipierten, mannigfaltigen und farbigen Chorsammlungen *Das Psalmbuch*, *Das Graduallied* und die *Epistel- und Evangelienmotetten* weitere Verbreitung gefunden haben, oder von **Max Baumann** (geb. 1917), an dessen geistlicher und weltlicher Chormusik mit (*Passion nach Texten der Heiligen Schrift und der Liturgie op. 63*) und ohne Orchester (Messen und Motetten) die erfrischende, französisch eingefärbte Originalität zu fesseln vermag, oder von **Johannes Driessler** (1921–98), dessen frühe geniale Erfolge (*Sinfonia sacra op. 6* für 6stimmigen gemischten Chor a cappella; das Oratorium *Dein Reich komme op. 11* für Sopran-, Tenor-, Bariton-Solo, gemischten Chor, Holzbläser und Streicher; die A-cappella-Zyklen *Galgenlieder* und *Diogenes im Faß op. 12*) auch nach 50 Jahren an Spontaneität und Frische nichts verloren haben, oder von **Anton Heiller** (1923–79), dessen zahlreiche weltliche und vor allem geistliche Chorwerke mit und ohne Instrumente in ihrer zwischen Frankreich und Ungarn anzusiedelnden harmonischen und rhythmischen Lebendigkeit und Eigenständigkeit von leistungsfähigeren Chorvereinigungen gerne gesungen werden. Weitere vielgesungene und auch wertvolle Werke aus dieser zweiten Komponistengeneration innerhalb der in weitem gesellschaftlichen Horizont wirksamen Chormusik stammen von **Hans Poser** (1917–70), **Johannes H. E. Koch** (geb. 1918), **Jürg Baur** (geb. 1918), **Richard Rudolf Klein** (geb. 1921), **Manfred Schlenker** (geb. 1926) u. a.

Einige der Jüngeren haben dodekaphonische Anregungen aufgenommen; andere haben Klangformen und Prinzipien des Orffschen Elementarstils oder des Jazz in die Musica sacra eingeführt, und wieder andere arbeiten mit übernationalen, etwa romanischen oder ostischen Idiomen oder, wie z. B. **Manfred Kluge** (1928–71) mit seiner *Messe Maienzeit* für 6stimmigen gemischten Chor a cappella und der Kantate *De Salvatore Mundi* für Sopran-, Tenor-Solo, gemischten Chor, 5 Holzbläser, Harfe und tiefe Streicher (1962), auf der Basis der Erkenntnisse Olivier Messiaens. Daher ist das Gesamtbild der deutschen Chorszene in der quasi dritten Komponistengeneration nach der Neuen Musik mit so arrivierten Namen wie **Alfred Koerppen** (geb. 1926), **Helmut Barbe** (geb. 1927), **Heinrich Poos** (geb. 1928), **Günther Kretzschmar** (1929–86), **Heinz Werner Zimmermann** (geb. 1930), **Rolf Schweizer** (geb. 1936), **Volker Bräutigam** (geb. 1939), **Tilo Medek** (geb. 1940) mit seiner profilierten Passionskantate *Gethsemane* für Sopran- und Tenor-Solo, gemischten Chor, Orchester und Orgel oder **Peter Planyavsky** (geb. 1947) so pluralistisch wie das der mitteleuropäischen Gesellschaft insgesamt.

Alfred Koerppen (geb. 1926), langjähriger Kompositionsprofessor an der Musikhochschule Hannover, erfuhr bereits als Schüler des Musischen Gymnasiums in Frankfurt a. M. die Chorerziehung von Kurt Thomas. Von daher erscheint es verständlich, daß in seinem vielgestaltigen und umfangreichen kompositorischen Lebenswerk die Chormusik einen breiten Raum einnimmt. Und da Koerppen gleich mit seiner zuerst veröffentlichten Komposition, den *Vier Madrigalen* für 5stimmigen gemischten Chor a cappella (1947), gezeigt hat, daß ihm ein ganz besonderes Sensorium für die musikalische Materie »Chor« und eine hohe Überlegenheit der Technik des Chorsatzes eignen, haben sich seine recht verschiedenartigen weltlichen und geistlichen Chorwerke schon bald einen festen Platz im deutschen Repertoire erworben. Wir beschränken uns auf 3 für den Komponisten charakteristische und seine Akzeptanz dokumentierende Titel.

Ein Spezifikum in Koerppens Formenkatalog ist die »Chorszene« oder »Chorerzählung«, in denen der Komponist nicht lyrisch-poetische, sondern episch-dramatische Texte vertont. Man könnte von einer Evolution der im 19. Jh. beliebten dramatischen Chorballade (s. S. 353, 359 f., 386) aus Geist und Sprache des 20. Jh. sprechen. 1973 schuf Alfred Koerppen für die Eröffnung des Neubaus der Hannoveraner Musikhochschule die 13minütige Szene **Das Stadtwappen** für Tenor-, Bariton-, Baß-Solo, gemischten Chor und Orchester auf einen Text von Franz Kafka. In ihm wird die biblische Darstellung des Turmbaus zu Babel in meisterhafter gedanklicher Verdichtung und letzter sprachlicher Verbindlichkeit vorgeführt und vom Komponisten in beklemmend wirksame Musik gefaßt. Koerppen, in jungen Jahren an Strawinsky und der Dodekaphonie geschult, arbeitet mit konzentriertestem Material. Das Dreiton-Motiv f – g – d prägt die ganze Szene, was aber komplexe Zwölfton-Passagen innerhalb der Polytonalität nicht ausschließt. Der Text wird überwiegend gesprochen, geflüstert, gerufen, und dies auch zeitversetzt kanonisch oder von mehreren Sprechern als Echo oder in einzelne markante Worte zerlegt. Übergänge in gesungene Partien beweisen starke Wirkung, wie auch die Übergänge von metrischen in aleatorische Partien oder die irisierenden Orchesterfarben. Das letzte Solisten-Terzett »Alles was in dieser Stadt an Sagen und Liedern entstanden ist« bietet mit der schließlichen Versammlung des Tutti in der Unisono-Fermate einen bewegenden Schlußpunkt.

Bezeichnend für den geistigen Ort von Koerppens Œuvre sind die **Vier italienischen Madrigale** (1978) für gemischten Chor a cappella nach Gedichten von Giuseppe Ungaretti, denn sie zeigen in Form und Inhalt die außerordentliche Nähe von Stilbild und Gefühlswelt des Komponisten zum altitalienischen Madrigal. Bei der Art und Weise, wie Koerppen die geistig-musikalischen Elemente verschmilzt, ist man versucht an Strawinskys »Pulcinella«-Technik zu denken. Der rhythmisch-deklamatorische Gestus der Gastoldi/Monteverdi ist zwar deutlich erkennbar, aber nie wörtlich präsent. Die Aussparung des Materials ist von verblüffender Wirkung. Man beachte hierzu gleich im 1. Madrigal die Takte 5 bis 13 (»Die Traube ist reif«) mit ihrer raffinierten Rhythmik auch der Begleitstimmen oder die Hoquetus-Wirkung bei »Der Berg trennt sich« oder das Entschweben der Schwalben in Takt 83 ff. Die Coda (»più tranquillo« – »die letzte Mühe entflieht«) ist in ihrer Acht- bis Zehnstimmigkeit ein Kabinettstück an Chorklangdisposition. In Nr. 2 sei auf die polytonalen Partien verwiesen, die bei aller harmonischen Schärfung optimale Vokalität wahren, und auf die bezaubernde Coda von Sopran- und Baß-Solo um die von Chor-Alt und -Tenor erreichte a-Tonalität herum.

Nr. 3 kulminiert im weichen, seidigen Klang einer Coda, die »die schönste Rose reicht«. Die Nr. 4 ist besonders reich an musikalischem Ausdruck, sowohl im ersten, 6stimmigen Teil, in dem die Sterne besungen werden, als im Quartett, wo es um das Atmen der Frische geht, als auch im 9stimmigen Schlußteil »aufgenommen in einen unsterblichen Umlauf«.

Auch der **Zauberwald** (1982) für 4stimmigen, bis zur Fünfzehnstimmigkeit geteilten Frauenchor ist eine der für Alfred Koerppen typischen Chorerzählungen. Es handelt sich um das Grimmsche Märchen von *Jorinde und Joringel*, das in 4 textlich gestrafften Szenen vorgetragen wird. Diese epischen Abschnitte werden durch klangliche »Vorhänge« voneinander getrennt und gegliedert, in denen der Komponist den Chorsatz mit phantasiereichem Silbenspiel, Sprachlauten, tonlosen Geräuschen, stilisierten Naturlauten und dergleichen zur Darstellung von Waldstimmungen benutzt: zum Naturidyll, zur unheimlichen Szenerie, zum Zauberwald. Das etwa 11minütige Werk hat zwar einen hohen Schwierigkeitsgrad, ist aber auch von ganz außerordentlicher Wirkung. Alfred Koerppen hat hier mit Hilfe polytonaler bis freitonaler Techniken, unter Einbeziehung der Aleatorik und rhythmischer Komplizierung bis ins Artistische, ein Chorgemälde von stupender Farbigkeit geschaffen, das einerseits die Gegebenheiten von Stimmkultur und Sangbarkeit mit Sicherheit berücksichtigt, und andererseits trotz weit ausgreifender, scharf gespannter Harmonik die Hörerschaft zu packen versteht.

Helmut Barbe (geb. 1927), einer der prominentesten Schüler des auch als Kompositionslehrer hochgeschätzten Ernst Pepping und langjähriger Tonsatzprofessor an der Musikhochschule in Berlin-Charlottenburg, hat ein umfängliches, überwiegend geistlich ausgerichtetes und vokal geprägtes Œuvre veröffentlicht. Gleich unter den frühen Publikationen waren Chorwerke wie die beiden A-cappella-Motetten *Ich will dem Herren singen* (1955) nach 2. Mose 15 für 6stimmigen gemischten Chor und die *Passionsmotette* (1955) nach Jesaja 53 für 5stimmigen gemischten Chor, die dank ihres frischen, unkonventionellen Zugriffs, ihrer überzeugend eigengeprägten Handschrift und ihres eminent entwickelten Klangsinns schnelle Verbreitung fanden. Auch nach Barbes Auseinandersetzung mit der Zwölftontechnik zeigte er u. a. mit der Motette *In principio erat verbum* (1968) für 4- bis 8stimmigen gemischten Chor a cappella, wie man auf dodekaphoner Basis gut sangbare, gut einhörbare, chorklangintensive Musik machen kann. Besondere Akzeptanz fand Barbes frühes **Canticum Simeonis** (1958), Konzert für Tenor-Solo, 4stimmigen gemischten Chor, Celesta, Orgel, Schlagwerk und Streicher. In dem knapp 16minütigen Werk entfaltet, verdichtet, vertieft der Komponist den lateinischen Bibeltext Lukas 2,29–32 im Wechselspiel zwischen Chor und Solo-Tenor in einem äußerst reizvollen kammermusikalischen Klangbett. Musikalische Grundlage ist eine auf dem Anfangston d tonalisierte Zwölftonreihe, die in den ersten 4 Takten in 3 Akkorden zu je 4 Tönen dargestellt wird. Sie ist im Vers 32 (»lumen ad revelationem«) auch für den Hörer leicht zu verfolgen, wenn die Oberstimmen des Chores, von Streichern gestützt, die Originalgestalt und dann ihren Krebs im verdurten Fauxbourdon-Satz Note-gegen-Note pianissimo erklingen lassen, während Streichbaß und Celesta die Umkehrung einstreuen. Wenige Takte später wird diese Partie wörtlich wiederholt, wobei der Solo-Tenor den »lumen«-Text in weitgespanntem Arioso mit dem auf d tonalisierten Krebs der Reihe hinzufügt. Im folgenden Schlußteil bringt der Chor, wieder streichergestützt, in einem ergreifend verinnerlichten Klangbild den 4stimmigen Liedsatz zu Luthers Simeonlied »Mit Fried und Freud ich fahr dahin« aus Johann Sebastian Bachs Kantate Nr. 83 *Erfreute Zeit im neuen Bunde* mit der 1. Strophe, während der Tenor mit rezitierenden Einwürfen des Lukas-Verses 29 kontrapunktiert und die übrigen Instrumente den Vokalpart mit duftigem Zwölfton-Gewebe umhüllen.

Einen der Höhepunkte in Helmut Barbes Vokalschaffen bezeichnet das Passionstriptychon **Golgatha** (1972) für Bariton-Solo (auch Sprecher), 3 gemischte Chöre, 12 Solo-Streicher, Schlagzeug, Klavier und Orgel. Der Text der etwa 40minütigen Kantate besteht aus einer knapp gefaßten, konzentrierten Evangelienharmonie, die bis auf eine kurze chorische Sprechpartie der Kriegsknechte ausschließlich vom Solisten sprechend oder singend in 3 großen Abschnitten erzählt wird: I. *Verurteilung und Kreuztragung*, II. *Kreuzigung*, III. *Kreuzestod und Grablegung*. Die gelegentlich 7fach geteilten Chöre kommentieren und meditieren den Passionsbericht mit lateinischen oder deutschen Texten. So bildet etwa das dreimalige »Agnus Dei«, in Anruf und Bitte zwischen 2. und 3. Chor aufgeteilt, die formale und geistliche Grundierung des I. Teiles, auf dem die Rezitation der Passionsgeschichte sich profiliert abhebt. Gleich das erste »Agnus« läßt auch, zwischen 3. Chor und Orgel aufgeteilt, die dem Werk zugrundeliegende Zwölftonreihe erkennen. Im ausführlichsten II. Teil bringen die breit ausladenden Kommentare der Chöre mehrere ganz unterschiedlich angelegte Höhepunkte – gleich nach der Kreuzigung etwa die 7stimmige, den Text ekstatisch hämmernde Motette »Herr, ich hörte deine Botschaft« oder nach der Würfelszene die 1. Strophe des Fronleichnamshymnus »Pange lingua«, mit quasi liturgischer Rezitation in komplementärer Dodekaphonie von Männerstimmen zu Orgelakkorden gesungen, während das Pedal den originalen, also tonalen Cantus firmus einfügt. Ein Orgel-Interludium um den tonalen Bezugspunkt es leitet über zum a cappella gesungenen 4stimmigen »Christe eleison« aus der *Missa brevis* von Palestrina, dem lyrischen Mittelpunkt des Satzes. Und dem (hier einzigen) Kreuzeswort Jesu aus dem 22. Psalm schließt sich eine im Tutti musizierte Kantate über den gekürzten Text dieses Psalmes an – eine eindrückliche Interpretation dieser großartigen Vorlage, die zu den inspiriertesten Seiten der Partitur zählt. Im III. Teil wird der Bericht vom Tode Jesu von allen 3 Chören in einer ausführlichen A-cappella-Meditation bedacht. Der 3. Chor singt die Motette *O salutaris hostia* von Pierre de la Rue in der deutschen Textierung von Gottfried Grote »Wir danken dir, o Gottes Lamm«, die die beiden anderen Chöre mit 6stimmigen Vokalisen überhöhen. Die folgende Schlußgruppe wiederholt die »Agnus«-Musik des I. Teils wörtlich, jetzt aber mit dem dreimaligen »Agnus«-Anruf aus dem *Gloria* der Deutschen Messe. Die Forte-Apotheose der Coda bringt dann folgerichtig den kanonisch anschließenden Text: »Denn du allein bist der Heilige, du allein der Herr.«

Rolf Schweizer (geb. 1936), langjähriger Kirchenmusikdirektor und Professor in Pforzheim, hat schon in jungen Jahren, als er aus der Schule Wolfgang Fortners und Heinz Werner Zimmermanns kam, mit seiner überwiegend geistlichen Vokal- und Instrumentalmusik Interesse gefunden. Früh von H. W. Zimmermann angeregt und unter dem Leitbild entsprechender Arbeiten von Strawinsky, Milhaud, Schostakowitsch und anderen, arbeitete Schweizer an der Verschmelzung seines Personalstils mit Strukturen der Jazzmusik und entsprach damit einem echten Anliegen im deutschen Chorwesen. Von außerordentlichem Geschick sind des Komponisten Liedweisen (häufig mit eigenen Texten) für Kinderchor oder Gemeindegesang, und die daraus entwickelte A-cappella- oder Kantatenliteratur erfreut sich weiter Akzeptanz. Die *Drei swingenden Motetten* für gemischten Chor und Solo-Instrumente etwa sind knapp und prägnant gestaltete Miniaturen zu biblischen Texten, die ihren Schwung, Glanz und mitreißenden Klang aus der Verarbeitung von Jazzelementen gewinnen.

Repräsentativ für dieses in Gottesdienst und Konzert verbreitete Genre ist der **Psalm in blue** (1984) für Tenor-Solo, 4stimmigen gemischten Chor (mit Teilungen in allen Stimmen), Holz- und Blechbläser, Kontrabaß, Schlagzeug und Orgel. In einem knapp 7minütigen Kantatensatz vertont Schweizer den Luther-Text des 121. Psalmes mit dem angefügten liturgischen »Gloria Patri« unter Nutzung aller Charakteristika des Blues in Melodik, Harmonik und Rhythmik. Formal handelt es sich um eine klar zu verfolgende Reprisenbarform mit der Folge A – A – B – A. Wenn der Psalmtext beendet ist, wird das Orchestervorspiel des Anfangs von 2 auf 4 Takte erweitert, um eine Reprise der Verse 1 und 2a einzuleiten. In letzteren fügt der Solist bereits das »Ehre sei dem Vater« ein, und sein »Amen« läßt auch den Chor auf die Musik des 4. Psalmverses das »Amen« übernehmen. Danach bringt ein imitatorisches »Gloria Patri« des Chores über einem Quarten-Ostinato in einer 8taktigen Coda eine hymnische Lyrisierung, die mit einem 4taktigen Orchesternachspiel, aus der Umkehrung des 1. Themas, zum zart verschwebenden Schluß führt.

Auch auf dem Gebiet der überlieferten Motettenform hat Rolf Schweizer eine Reihe erfolgreicher Titel veröffentlicht. Wir nennen nur die A-cappella-Motette nach dem 23. Psalm *Der Herr ist mein Hirte* für 4- bis 8stimmigen gemischten Chor und die Passionsmotette *Wir schlugen ihn* für 8stimmigen gemischten Chor a cappella als anspruchsvollere Konzertstücke. 1992 entstanden die beiden A-cappella-Motetten nach Texten von Matthias Claudius **Der Mensch lebt und bestehet** und **Wir stolzen Menschenkinder**. Erstere besticht durch ihre klare, ausgesparte Faktur, die ohne Stimmteilungen auskommt, sich durch konzentrierte Materialbehandlung und ein konsequent zurückgenommenes Stilbild erweiterter Tonalität auszeichnet und auch dem unbefangenen Hörer dank der erweiterten Liedform (A – A – B – A – B – C – C) übersichtlich und gut einhörbar ist. Die letztere behandelt die Strophen 4 bis 6 des Liedes »Der Mond ist aufgegangen« in der Reihenfolge 4 (Lamento), 5 (Oratio), 4 (Lamento) und 6 (Conclusio) in einer weiter ausgreifenden, in allen Stimmen geteilten, leicht chromatisierten und dadurch harmonisch geschärfteren, emotionalisierten Handschrift. Die »eitel arme Sünder«, die »Luftgespinste«, das kanonische »Suchen«, aber auch die feine kanonische Arbeit in der Oratio und die zunehmende harmonische Komplizierung der Conclusio bis zum Tritonus-Fugato der letzten Zeile sind Textinterpretationen, die überzeugen und haftenbleiben.

Die Chormusik des 20. Jahrhunderts im Konzertleben

Das Konzertrepertoire des deutschen Chorlebens hat sich in der 2. Hälfte des 20. Jh. stark zugunsten der zeitgenössischen und auch der internationalen Literatur erweitert. Das ist zum einen darauf zurückzuführen, daß die zunächst von breiten Gesellschaftsschichten nicht verstandene und deshalb abgelehnte Tonsprache der Neuen Musik im Laufe der Jahrzehnte und mit dem natürlichen Generationenwechsel immer verständnisvoller aufgenommen und als gültiger Ausdruck der eigenen Gegenwart begriffen werden konnte. Zum anderen ist die Qualität der Chöre dank der weithin professionalisierten Chorleiterausbildung an den deutschen Musikhochschulen und dank gezielter Förderung durch den Deutschen Musikrat und die deutschen Rundfunkanstalten spürbar gestiegen, so daß die mitunter sehr hohen Anforderungen freitonaler, atonaler oder serieller Musik an Gesangstechnik und Gehör besser bewältigt werden können. Und zum dritten wurde aufgrund der vielfachen internationalen Kontakte und Partnerschaften von Chören und Chorverbänden, der zahlreichen Festivals und Wettbewerbe weit über Europa hinaus die Literaturkenntnis enorm erweitert und auch der internationale Leistungsanspruch allgemein zur Kenntnis genommen. Das hohe Niveau englischer oder schwedischer Chöre oder solcher aus osteuropäischen Ländern oder aus Nord- oder Südamerika ist manchen deutschen Chorvereinigungen ein echter Anreiz. Und während man noch in der Jahrhundertmitte für Aufführungen von Chorwerken ausländischer Komponisten nach angemessenen Übersetzungen suchte, haben sich, wie auch sonst im deutschen Musikleben, etwa seit den 70er Jahren zunehmend auch chorische Wiedergaben in der Originalsprache durchgesetzt.

Dies ist für deutsche Chöre hinsichtlich englischsprachiger Werke am nächstliegenden. Es finden sich in der englischen Chormusik des 20. Jh. nicht wenige aussagekräftige Stücke, die durch ihre pragmatische, undoktrinäre Behandlung der Tonalitätsfrage bei sachbezogener Berücksichtigung der Vokalität wie auch durch ihre deutschem Empfinden eher zugängliche offene, klare, kühlere Geistigkeit den Chorvereinen dankbare Aufgaben stellen. Bezüglich der französischen Sprache und der aus ihr entwickelten Vokalmusik verhält es sich etwas anders, weil echter römischer Belcanto mit der ihm genuinen Gesetzmäßigkeit der Vokalität französischer Stimmdisposition nicht ganz entspricht. Selbst bei lateinischen Textvorlagen begegnet uns in der französischen Chormusik gelegentlich eine gewisse intellektuell-strukturelle Sperrigkeit, die jedoch dank der Farbigkeit und der glanzvollen Facetten romanischen Geistes und seiner Gedankentiefe leicht und erfolgreich zu überspielen ist. Bei unseren Schweizer Nachbarn hingegen durchdringen sich die welsche und die alemannische Sphäre in faszinierender Weise – besonders exemplarisch in Arthur Honegger, aber eben auch in so unübersehbar alemannischen Erscheinungen wie Willy Burkhard oder Adolf Brunner, die beide »natürlich« auch in Paris studiert und auf je eigene Weise die untrüglichen Kategorien der »clarté« in ihr Idiom integriert haben.

Die italienische Chormusik, von der Sprache her nicht unerreichbar und ihrer herrlichen Sanglichkeit wegen ein lohnendes Ziel für jeden Sänger, ist im deutschen Repertoire kaum präsent. Um so mehr Zuspruch findet die vielfältig fesselnde, aus menschlichen Urkräften schöpfende, trotz fortschreitender Internationalisierung stark folkloristisch geprägte Musik der osteuropäischen Nachbarn von Estland bis Ungarn. Böhmische Chorwerke mit ihrem rhythmischen Impetus finden Aufführungen sogar in altslawischer Kirchensprache, und die elektrisierende, mitreißende Strahlkraft ungarischer Vokalkultur kann immer häufiger in, deutschem Sprachgefühl so weit entgegengesetzter, ungarischer Sprache erlebt werden. Auch die zu Meditation oder Fatalismus neigenden tiefen Seelenkräfte des ostischen, polnischen, russischen, baltischen Menschen treffen im (ost)deutschen Empfinden verwandte Entsprechungen und ein existenzielles Interesse zum Nachvollzug ihres musikalischen Ausdrucks.

Arnold Schönberg

Arnold Schönbergs (1874–1951) Oratorium **Die Jakobsleiter** ist in den Kriegsjahren 1915 bis 1918 entstanden, in einer Zeit, die für den Komponisten eine Periode des Suchens ebensosehr nach neuen Glaubensinhalten wie nach neuen musikalischen Ausdrucksmitteln und Gesetzen war. Es ist durch die zu anderen Zielen führende Entwicklung Schönbergs begründet, daß die Skizze des Werkes, das ursprünglich für eine utopische

Besetzung von 10- bis 20fachen Bläsern, 170 Streichern und 720 Chorsängern geplant war, unausgeführt liegenblieb. Im Jahre 1955 hat Winfried Zillig das nachgelassene Particell ausgearbeitet; ein Bruchstück wurde 1958 in Hamburg, das ganze Werk 1961 in Wien uraufgeführt. Als Besetzung sind 8 Solisten (3 Tenöre, 3 Baritone, ein Mezzosopran, ein hoher Sopran), ein starker, 5fach geteilter gemischter Chor und großes Orchester erforderlich.

Das Werk gibt Aufschluß über eine krisenhafte Lebensperiode des Komponisten, über die Jahre des Schweigens, die der Stabilisierung der dodekaphonischen Technik vorausgingen. Es zeugt vom Ringen um religiöse Rechtfertigung menschlicher Existenz, von einem Glaubenskampf außerhalb des Bereichs kirchlicher Dogmen und Konfessionen. Die Dichtung, die Schönberg nach Strindbergschen und Swedenborgschen Anregungen selbst verfaßt hat, deutet das alttestamentliche Traumsymbol der Jakobsleiter als Stufenfolge menschlicher, sich dem Göttlichen annähernder Entwicklungszustände, über welche der Engel Gabriel als Richter gesetzt ist. Ein Berufener, ein Aufrührerischer, ein Ringender, ein Auserwählter, ein Mönch geben Rechenschaft über ihren Erdenweg, ein Sterbender naht sich dem Licht, um zu neuem Leben in das Erdendunkel zurückzukehren. »Kehrst du wieder«, so sagt ihm der Engel, »so lasse die Klage hinter dir. Wenn du nicht mehr klagst, bist du nah, dann ist dein Ich gelöscht.« Die leidenschaftlich expressive Tonsprache verzichtet auf tonale Bindung. Die Melodik ist durch die Spannungen weiter Intervallschritte charakterisiert; große Teile der Chöre und der Solo-Stücke sind in fixiertem Rhythmus und angedeuteter Tonhöhe zu sprechen. In dem ekstatischen Schlußteil treten zum Chor und Hauptorchester 4 besondere, in der Höhe und in der Ferne aufgestellte Sänger- und Instrumentengruppen hinzu.

Die *Einleitung* beginnt mit einem 6tönigen Ostinato-Baß der Violoncelli, über dem als Oberstimmen die 6 übrigen Töne der chromatischen Skala erklingen; das Zwölftonprinzip deutet sich an. Die starre Formel ist Ausdruck des Gebotes, welches der Engel Gabriel als Motto an den Anfang stellt: »Ob rechts, ob links, vorwärts oder rückwärts, bergauf oder bergab – man hat weiterzugehen, ohne zu fragen, was vor oder hinter einem liegt. Es soll verborgen sein, ihr durftet, mußtet es vergessen, um die Aufgabe zu erfüllen.« Unmittelbar nach diesen von der Bariton-Stimme gesprochenen Worten Gabriels setzt der Chor ein. Er ist in zwei meist 6stimmige Gruppen geteilt. Die Stimmen sind melodisch und rhythmisch exakt notiert, sollen aber gesprochen werden. Es ergibt sich eine komplizierte, in scharfe Ausdrucksgegensätze zerklüftete Sprechchor-Polyphonie, die durch den Orchesterklang gestützt wird. Der Inhalt ist Klage über das Leid des unverstandenen Lebens, über seine Last, seine Schmerzen, über die Qual der Begierden, die Trostlosigkeit der Einsamkeit. Dann hellt sich die Stimmung auf: »Ein Kind kam zur Welt, ein Weib küßt, ein Mann jauchzt« – hier, im 70. Takt, wird die Sprache zu Gesang, der in mächtigen Melodiebögen aufschwillt, aber sogleich wieder zu trockener Sprache erstarrt: »Und sinkt zurück, und ächzt weiter, und stirbt, wird begraben, vergessen.« Nun teilt sich der Chor 3fach in die hohen Stimmen der Jubelnden (Sopran und Tenor), die mittleren der Zweifelnden (Mezzosopran und Bariton) und die tiefen der Unzufriedenen (Alt und Baß); noch einmal erklingt Gesang. Als Beispiel der expressiven Chor-Polyphonie mag das vom Zweifel kontrapunktierte Lob der Liebe gelten (s. Bsp. S. 481).

Als weitere Chorgruppen treten die »Gleichgültigen« und die »Sanftergebenen« hinzu; ihr banal-einschläfernder, von Summstimmen getragener Gesang endet pianissimo im Unisono: »O wie schön lebt sichs doch im Dreck.«

Nacheinander treten einzelne vor den Engel, der sie belehrt und richtet. Nur der Sterbende (von einer Frauenstimme gesprochen) ist dem Lichte nah, aber seine befreite Seele wird aus der Läuterung des Todes in das Dunkel der Welt zurückgesandt. Die Lichtvision des Jenseits bildet den Schluß des Oratoriums. Die ruhig auf- und abschwebende Sopran-Melodie der Seele verbindet sich mit der Stimme des Engels zu ekstatischem Duettieren, das von leisem Chorgesang und ätherischem Orchesterklang begleitet wird. Fernmusik mischt sich ein und entfaltet sich in einem langen Zwischenspiel. Die Melodie der Seele, durch kanonische Echowirkungen zur Zwei-

stimmigkeit verdoppelt – ein Effekt, der die Möglichkeiten moderner Tonbandtechnik ahnungsvoll vorwegnimmt – hat, in weiten Intervallen in der Höhe verschwebend, das letzte Wort.

Franz Schmidt

Der Österreicher Franz Schmidt (1874–1939), als vielseitiger Komponist auf den Gebieten der Oper, der Symphonie, der Kammer- und Orgelmusik tätig, hat während derselben Zeit, in welcher die Zweite Wiener Schule Schönbergs, Bergs und Weberns den radikalen Fortschritt vertrat, eine mehr konservative Kompositionsweise gepflegt und in ihr Werke von Gewicht und Bedeutung geschaffen.

Das Oratorium **Das Buch mit sieben Siegeln**, das in den Jahren 1935 bis 1937 entstandene, 1938 in Wien uraufgeführte Spätwerk des Komponisten, zählt zu den gültigen Leistungen der religiösen Musik unseres Jahrhunderts. Die persönlich geprägte Tonsprache, die sich von spätromantischer Klangsinnlichkeit ebenso fernhält wie von neobarocker Askese, folgt den strengen Forderungen des sakralen Stils. Die Phantasie des Komponisten, die sich in dramatischen Tonbildern und großartigen Fugengebäuden bezeugt, vermag die Visionen der Apokalypse zu beschwören.

Dem Oratorium liegt als Text Martin Luthers Wortlaut der Offenbarung des Johannes zugrunde, den der Komponist durch geringe Zusätze seiner musikalischen Darstellung angepaßt und im 2. Teil durch Auslassungen auf die Haupthandlung, die Öffnung der sieben Siegel, konzentriert hat. So ergibt sich aus der Mischung von mystischer Schau und fast realistischer Gegenwärtigkeit der Schreckensbilder ein Abriß der Menschheitsgeschichte, die durch Sünde, Krieg und Tod zum Gericht und zur endlichen Läuterung führt. Johannes tritt als Erzähler auf; seine teils rezitativische, teils in gebundene musikalische Form gefaßte, äußerst anspruchsvolle Tenor-Partie entspricht dem barocken Evangelisten. Die Stimmen Gottes, der Engel und der Menschen sind einem Solo-Quartett und dem ebenfalls sehr anspruchsvollen, in allen Stimmen geteilten Chor zugeteilt. Den Instrumentalpart bestreiten das stark besetzte Orchester und die solistisch hervortretende Orgel.

Der *1.*, prologartige *Teil* des Oratoriums enthält die Beschreibung des versiegelten Buches in der Hand Gottes und die Erscheinung des Lammes, welches beauftragt wird, die Siegel zu lösen. Die Grußworte des Johannes werden von einer akkordischen Viertelbewegung getragen. Nach dreimaligem orchestralen Präludieren erklingt als Baß-Solo die Stimme des Herrn, der den Jünger beruft, um ihm zu zeigen, »was nachher geschehen muß«. Mit einem langgehaltenen Tremolo der Violinen auf dem hohen h, dem Nachhall eines Dominantnonenakkordes von D-Dur, setzt die Vision ein: Der Himmel öffnet sich und zeigt den thronenden Gott. Die vier »Wesen«, Löwe, Stier, Mensch und Adler, Sinnbilder der vier Evangelisten, singen sein Lob, in welches die 24 »Ältesten« einstimmen – ein Solo-Quartett mit Chor, welches ein gesangliches Thema fugenhaft verarbeitet.

Johannes berichtet: »Und ich sah in der rechten Hand des, der auf dem Throne saß, ein Buch, beschrieben inwendig und auswendig und versiegelt mit sieben Siegeln.« Dazu erklingt im Orchester das zwölftönige Thema des Buches, welches in einem polyphonen, harmonisch freizügigen Satz durchgeführt wird.

Dreimal fragen die Engel, wer würdig sei, das Buch zu lesen, aber die Antwort ist Schweigen; die Umkehrung des Buchthemas verklingt in der äußersten Baßtiefe. In die Stille tönt ein zarter G-Dur-Dreiklang, und es folgt eine der schönsten Episoden des Werkes, die Erscheinung des Lammes: ein Streichersatz von Schubertscher Reinheit, der von choralartigen Choreinwürfen unterbrochen wird. Das Lamm nimmt das Buch aus der Hand Gottes; die Engel singen sein Lob in einem Chorsatz, in welchem ein vom Orgelklang getragener Hymnus mit einem tänzerischen, orchesterbegleiteten Refrain abwechselt.

Ein *Zwischenspiel* der Orgel über das Thema des Buches leitet den 2., umfangreichsten *Teil* des Oratoriums ein; er enthält die Öffnung von sechs Siegeln und behandelt in einer Reihe großer Chorsätze die Versündigung und Verderbnis der Welt. Der weiße Reiter, der König der Gerechtigkeit, zieht daher mit einer Marschmusik, die das Thema des Lammes ins Heroische abwandelt. Mit dem Erscheinen des roten Reiters, der den Krieg bringt, verfärbt sich die Harmonie zu Chromatik, die Rhythmen jagen in fiebernder Unrast, die Rufe mordender Soldaten mischen sich mit flehenden Frauenstimmen. Dem schwarzen Reiter folgt die Not, ein Bild trostloser Verzweiflung, ein klagender Zwiegesang von Sopran und Alt über einem pochenden Ostinato-Rhythmus. Der fahle Reiter, der Tod, wird durch spitze Orchester-Staccati als klapperndes Knochengerippe geschildert. Die Seelen der Märtyrer bitten Gott, ihr Blut zu rächen: ein fugierter Chor in lebhaftem 6/8-Takt, den Orgel und tiefe Orchesterinstrumente begleiten. Das Erdbeben, welches die Welt vernichtet, wird durch den Wechsel angstvoller Chorrufe und wilder Orchesterausbrüche dargestellt; aus den Tonmalereien löst sich eine Chorfuge über ein chromatisches, das Fliehen und Irren der Verlorenen ausdrückendes Thema:

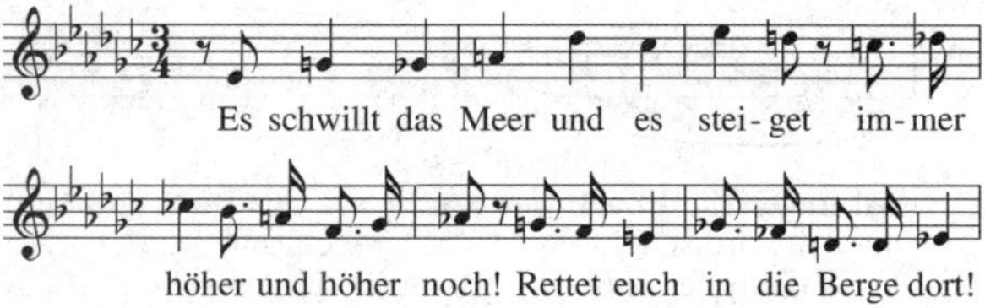

Sie steigert sich zu einem katastrophischen Gemälde des Weltuntergangs.

Der 3. *Teil*, dem wieder ein Orgel-*Präludium*, eine Fantasie über das Thema der den 2. Teil beschließenden Chorfuge, vorausgeht, führt in den Himmel zurück. »Nach dem Auftun des siebenten der Siegel aber war ein großes Schweigen im Himmel.« Die Pause wird von lichten Streicherharmonien ausgefüllt. Dann erscheint eine neue Vision: das Weib, das den Heiland gebiert, und der siebenköpfige Drache, der ihr Kind verschlingen will – eine Folge lieblicher und unheimlicher Tonbilder, aus welcher die Pastoralmusik der Christgeburt hervorragt. Der Kampf der himmlischen und der höllischen Heerscharen ist ein turbulentes Orchesterstück; der weiße Reiter, von den Klängen seiner heroischen Marschmusik begleitet, bannt den Drachen in den Abgrund. Dann ertönen in Tritonus-Intervallen die Posaunen des Gerichts. Eine Chorfuge, welche das Posaunenthema mit 3 weiteren Themen kontrapunktiert, entfesselt die Schrecken des Jüngsten Tages. Mit dem Ruf der siebenten Posaune schlägt die Stimmung um: »Nun sind die Reiche dieser Welt unsres Herrn geworden; er wird herrschen von Ewigkeit zu Ewigkeit.« Das Buch des Lebens wird aufgeschlagen, eine neue, gottverbundene Menschheit singt dem Herrn ein in schweren Akkorden schreitendes »Halleluja«, dem der Wechsel von ¾- und ⁴⁄₄-Takt eigentümlichen rhythmischen Reiz verleiht. Eine kurze, psalmodierende Danksagung des Männerchors und das auf die Einleitungsmusik zurückgreifende Zeugnis des Johannes – »Ich bin es, der all dies sah und hörte und der es euch nun offenbart« – runden das Werk ab.

Carl Orff

Carl Orff (1895–1982) ist ein Außenseiter der Neuen Musik gewesen. Der Münchner, gleichaltrig mit Paul Hindemith, hat an der Entwicklung der neuen Harmonik kaum teilgenommen, sondern an einer bewußt primitiven, durch modale Klangformen bestimmten Tonalität festgehalten. Der schöpferische Motor seiner Kunst ist der Rhythmus, den er bald als ostinaten Grundschlag, bald in erregender Varietät verwendete, um seiner Musik mitreißenden tänzerischen Elan zu geben. Schlaginstrumente in vielfach abgetönter Besetzung sind ein gewichtiger Bestandteil seines Orchesters, das im übrigen durch Härte des Bläserklanges und unsinnliches, barockisierendes Kolorit der Streicher charakterisiert ist. Seinem Wesen nach Dramatiker, auf die Erneuerung des musikalischen Theaters von seinen Ursprüngen her bedacht, hat Orff volkstümliche Märchenspiele und antike tragische Stoffe, *Antigonae* und *Oedipus der Tyrann* nach Sophokles, in der deutschen Übersetzung Friedrich Hölderlins, komponiert. Seine Chorkantaten haben auch im Konzertsaal ihre Stellung erobert.

Trionfi ist der Titel einer musikalisch-szenischen Trilogie, die den Festspielen der Renaissance nachgebildet ist, einer hymnischen Verherrlichung des Lebens und seiner gesteigerten, sieghaften Bezeugung im Eros, in die Form einer kultischen Zeremonie gefaßt. Das Werk besteht aus 3 nach Inhalt und Form verschiedenartigen, nur durch die Gesamtidee zusammengefaßten Kantaten, die in längeren Zeitabständen nacheinander entstanden und in den Jahren 1937, 1942 und 1954 uraufgeführt worden sind.

Carmina Burana, »Cantiones profanae cantoribus et choris cantandae comitantibus instrumentis atque imaginibus magicis«, ist eine Vertonung lateinischer und deutscher Vagantenlieder des Mittelalters, die der Benediktbeurer Liederhandschrift entnommen sind: Gesänge von Frühling und Liebe, vom Trunk in der Taverne, zart und derb, innig und ausgelassen, aufgeschrieben in gereimtem Mönchs- und Scholarenlatein und kernigem Mittelhochdeutsch, erfüllt von einer ungebändigten Lebenslust, die außerhalb der christlich-klösterlichen Welt und ihrer geistlichen Erhebungen irdische Erfüllung sucht. Die Kantate besteht aus 3 Teilen. Der *1. Teil*, *Primo vere* und *Uf dem Anger* überschrieben, ist eine Idylle, erfüllt von Natur- und Liebesfreude, der *2. Teil*, *In taberna*, ein Lob des Essens und Trinkens, der *3. Teil*, *Cour d'amour*, ein ritterliches Liebesfest.

Der Anfangschor, der als Schlußchor wiederkehrt, huldigt Fortuna, der launischen Herrscherin der Welt – ein elementares Musikstück über ostinatem Rhythmus, dessen dissonanter, vom Schlagzeug akzentuierter Einsatz zu den volkstümlichen Signen neuer Musik zählt:

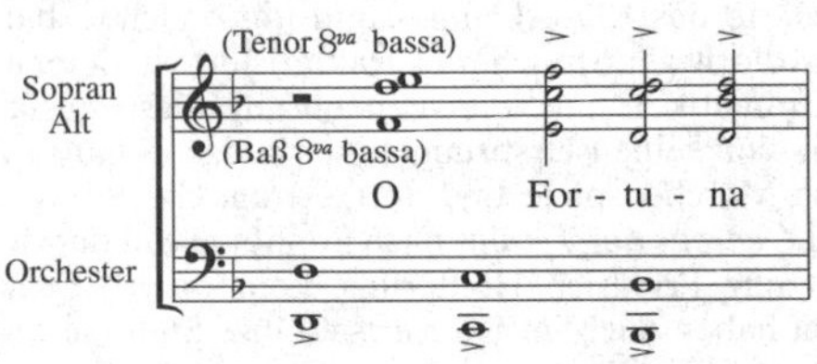

Die Frühlingsfeier, angekündigt von einem Xylophon-Signal, beginnt mit einer äolischen Unisono-Melodie der Alte und Bässe,

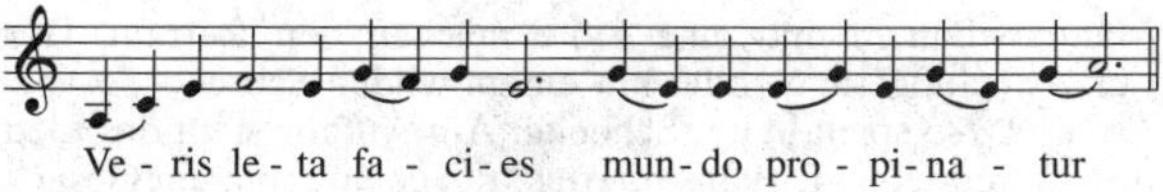

der ein Nachsatz der Soprane und Tenöre folgt. Der Solo-Bariton lobt die klare Sonne und die Erneuerung der Natur, die das Herz zu Freude und Liebe stimmt. Das ist das Stichwort für den Chor »Ecce gratum et optatum Ver reducit gaudia«, der sich in fast bänkelsängerische Lustigkeit hineinsteigert:

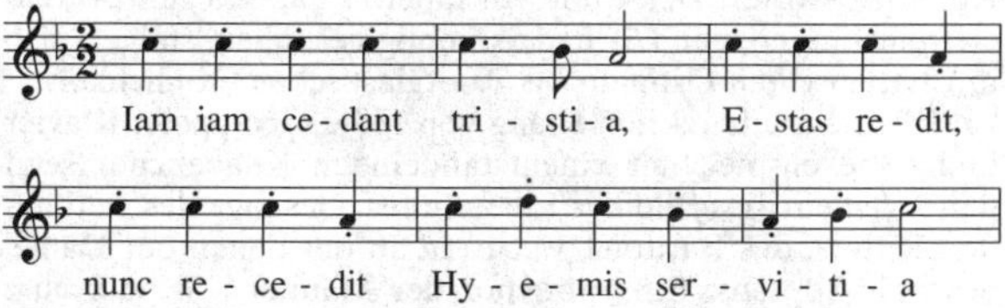

Eine Tanzmusik in wechselnden Metren versetzt den Hörer auf den Anger. Die Mädchen fragen in sehnsüchtigen Terzen:

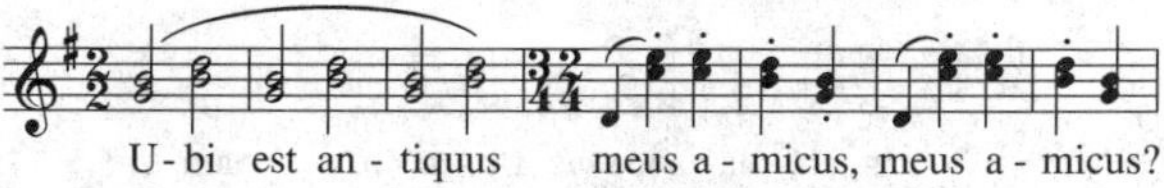

Die Tenöre antworten spottend zum Rhythmus des Reitens: »Hinc equitavit, der ist geritten hinnen«. Das Lied der Mädchen, »Chramer, gip die Varwe mir«, ist ein Gesang voll Koketterie, der in Terzenketten ausklingt. Ein Ausbruch lärmender Fröhlichkeit ist der Chor »Swaz hie gat umbe, das sind alles Megede«. Dann singen die Chor-Alte eine neue Melodie zu einem alten Liedtext:

Männerstimmen und eine Flöte machen den Refrain. Der kurze Schlußgesang endet mit einem wilden Schrei.

Der *2. Teil* spielt in der Schenke. Am Anfang steht das Lied des Archipoeta: »Estuans interius ira vehementi«, ein Gesang von der Nichtigkeit des Lebens, das nur wert ist, der Lust geweiht zu werden, ein atemlos hinstürmendes, in höchste Stimmlage aufgeschwungenes Solo des Baritons. Es folgen das Lamento des gebratenen Schwans in der Pfanne, eine falsettierte Kantilene des Buffo-Tenors, und die trunkene Rede des »Abbas Cucaniensis«, auf die der Männerchor mit »Waffna«-Rufen antwortet. Der Chor »In taberna quando sumus«, zuerst einstimmig, dann 2- und 3stimmig gesungen, steigert sich in rhythmischem Ostinato bis zu orgiastischer Fröhlichkeit.

Mit einem ätherischen Klang von Flöte, Trompete, Klavier und Glockenspiel, mit einem tändelnden Knabenchor setzt der *3. Teil* ein, das Bild des Liebeshofes. Gesänge des werbenden Ritters, des Baritons, wechseln ab mit denen der Dame, des Solo-Soprans. Ein Spottchor der Männer, »Si puer cum puellula moraretur in cellula«, ergibt ein buffoneskes Intermezzo. Chorlieder treiben die Stimmung zum Rausch empor, im reißenden Fluß der Rhythmen klingt eine naive Melodie auf:

Mit einer bis zum d^3 aufsteigenden Koloratur gesteht die Dame ihrem Ritter ihre Liebe: »Dulcissime, ah, totam tibi subdo me«. Mit Bläserchören, Glockenspielen und Beckenschlägen setzt der ekstatische Chor-Hymnus ein, der die Venus generosa feiert. Die Wiederholung des Anfangschors »O Fortuna« setzt triumphierendes D-Dur zum langgehaltenen Schlußakkord.

Catulli carmina, der 2. Teil der *Trionfi*-Trilogie, spielt im cäsarischen Rom. Catullus, der gefühlsstärkste Lyriker lateinischer Sprache, ist der Held; seine unglückliche Liebe zu der lasterhaften Clodia, die er mit dem dichterischen Namen Lesbia nennt, ist der Stoff; seine Gedichte, in der Originalsprache gesungen, sind der Text. In der Gesamtkonzeption der *Trionfi* bilden *Catulli carmina* das tragische Mittelstück zwischen Hymnen der Lebenslust. Sie sind zugleich ein kammermusikalisches Intermezzo zwischen zwei Eckpfeilern von großen klanglichen Dimensionen. Das Orchester, das nur als Begleitung der Rahmenchöre in Aktion tritt, besteht aus 4 Klavieren und vielstimmigem Schlagzeug, die Chöre des als »Ludus scaenicus« bezeichneten Hauptteils werden a cappella, dem intimen Charakter des Stoffes entsprechend, in kleiner Besetzung gesungen. Die Musik der *Catulli carmina* ist enger als die der *Carmina Burana* an die Bühne, an Szenenbild und tänzerische Darstellung gebunden; Konzertaufführungen sind darum seltener.

Die Einleitung, *Praelusio*, ist ein ekstatischer, von hämmernden Klavieren begleiteter Chorsatz. Jünglinge und Mädchen, Soprane, Alte und Tenöre, stehen einander gegenüber: »Eis aiona tui sum, ewig bin ich dein.« Greise, von Bässen gesungen, warnen sie höhnisch vor der Vergänglichkeit der Liebe und zeigen ihnen zur Abschreckung ein Spiel; »audite et videte: Catulli carmina.« Das Hauptspiel (*Odi et amo*) beginnt mit Catulls Bekenntnis: »Ich hasse und liebe. Warum ich das tue, fragst du vielleicht. Ich weiß es nicht, aber ich fühle es und leide.« Es ist ein motettischer Chorsatz, aus ein- und mehrstimmigen Partien gefügt, am Schluß von Dissonanzen zerrissen:

Es folgen, von Tenor und Sopran, den Stimmen Catulls und Lesbias, und vom Chor gesungen, das Liebeslied »Vivamus, mea Lesbia, et amemus«, die Huldigung »Ille mi par esse deo videtur« und, als Tenor-Solo über leichtfertigem »Lalera la la la« der Frauenstimmen, das Lied von den Liebesschwüren der treulosen Frau, die in Wind und reißendes Wasser geschrieben sind. Das schönste Stück der Partitur ist ein Notturno (»Dormi, dormi«): der schlafende Catull träumt von Lesbias Liebe. Das flüsternde, am Ende zum zweigestrichenen h aufsteigende Sopran-Solo über gesummten Akkorden der Bässe hat magischen Klang:

Catull erwacht und sieht seinen Rivalen Caelius in Lesbias Armen. Er will seine unglückliche Liebe durch Leichtsinn betäuben, aber im Gewühl der Dirnen und Liebhaber sucht er nur Lesbia. Der Chor »Miser Catulle« ist von tragischer Größe. Die Bässe, in Septimen und Dezimen aneinandergekettet, wiederholen unentwegt eine ostinate Figur, die Oberstimmen, in Quinten und Oktaven geführt, deklamieren mit schneidender Schärfe:

Eine dorische Melodie der Alt-Stimmen ist als Zwischensatz eingefügt. Endlich erblickt Catull seine treulose Geliebte mit

Caelius, sie ruft ihn, aber er stößt sie zurück und verzweifelt. Das Spiel ist aus. Die jungen Zuschauer, die schon lange nicht mehr hinsahen, haben die Warnung nicht verstanden. Der Ausbruch des Verlangens übertönt die Lieder Catulls; der wilde Ruf »Accendite faces« ist das Ende.

Trionfo di Afrodite, »Concerto scenico« und 3. Teil der Trilogie, ist eine Kantate für Solisten, Chöre, Tänzer und großes Orchester, eine Hochzeitsmusik von ekstatischer Bewegtheit nach lateinischen und griechischen Texten Catulls, der Sappho und des Euripides. Der Untertitel »Szenisches Konzert« trifft den zwiespältigen Charakter des Werkes: Sosehr die Konzeption vom Musikalischen her bestimmt ist, sosehr bedarf doch das »Konzert« der szenischen Ergänzung; die Musik ist Trägerin tänzerischer Aktion, Entsprechung glänzenden theatralischen Dekors. Die Partitur besteht aus 7 Teilen. »Liebeslied der Jungfrauen und Jünglinge am Abend in Erwartung der Braut und des Bräutigams«, nach der Dichtung Catulls, ist der einleitende *1. Teil*.

Der kurze *2. Teil* ist der in unregelmäßigen Metren schreitende Hochzeitszug, der *3. Teil* ein Zwiegespräch von Braut und Bräutigam, dem der Chor einen zarten Klanghintergrund hinzufügt; beiden Stücken liegen Texte der Dichterin Sappho zugrunde.

Der *4. Teil*, die rauschend einsetzende »Invocazione dell'Imeneo«, benutzt wieder ein Gedicht Catulls als Text; ein Stück statischer, auf den bitonalen Zusammenklang des C-Dur- und des D-Dur-Dreiklanges gegründeter Musik. Der unmittelbar folgende »Inno all'Imeneo« bringt rhythmische und harmonische Steigerung. Der *5. Teil*, »Hochzeitliche Spiele und Lieder vor dem Brautgemach«, ist eine Folge froher und feierlicher Gesänge auf Texte Catulls, vom immer wiederkehrenden Ruf »Jo Hymen Hymenaee« unterbrochen. Es folgt als *6. Teil* der »Gesang der Neuvermählten im Brautgemach«, ein Duett auf griechische Sappho-Texte. Die Erscheinung Aphrodites, von Euripides beschrieben, vom Chor über synkopisch rhythmisierte C-Dur-Akkorde und drängenden Sprechgesang zu einem allgemeinen Schrei gesteigert, beendet die Liebesfeier mit einer Klangapotheose.

Paul Hindemith

Als stärkste und ursprünglichste Begabung seiner Generation hat Paul Hindemith (1895–1963) das Gesicht der deutschen Musik in der 1. Hälfte des 20. Jh. wesentlich mitbestimmt. Er war einer der ersten, die der spätromantischen Harmonik das Prinzip der barocken Linearität entgegenstellten. Seine frühen Kammermusikwerke, hart und klar instrumentierte Kompositionen voll motorischer Energie, reich an zeitgebundenen Elementen und parodistischen Zügen, ließen ihn zu Beginn der 1920er Jahre als Revolutionär erscheinen. Er fand Anschluß an die Jugendmusikbewegung und hat in den Instrumental- und Chorsätzen des *Plöner Musiktags* Muster einfacher Gebrauchsmusik geschaffen (s. S. 435). Durch die Nationalsozialisten, die die Aufführung seines musikdramatischen Hauptwerkes *Mathis der Maler* verboten, aus Deutschland vertrieben, lebte er von 1940 an in Amerika. Seit 1950 nahm er, in Zürich wirkend, wieder tätig am europäischen Musikleben teil. Sosehr Paul Hindemith zur Loslösung der modernen Musik von der Romantik beigetragen hat, so hat er andererseits das Prinzip der Tonalität niemals angetastet und das Recht des Grundtons in seiner *Unterweisung im Tonsatz* mit religiös-philosophischen und physikalisch-akustischen Argumenten vertreten. Seine Musik verdient mit überzeitlichen Maßstäben gemessen zu werden.

Das Unaufhörliche, Oratorium in 3 Teilen auf einen Text von Gottfried Benn, für Sopran, Tenor, Baß, gemischten Chor, Knabenchor und Orchester, 1931 vollendet, darf als Hindemiths bedeutendstes oratorisches Chorwerk gelten. Die Dichtung Gottfried Benns ist ein Bekenntnis moderner vitalistischer Weltanschauung in poetisch inspirierter, spätexpressionistischer Sprache. »Das Unaufhörliche« ist das Prinzip des Lebens, das sich in immerwährendem Werden und Vergehen, im naturhaften Gegensatz der Rassen und Völker, in der Polarität von Glauben und Intellekt, von Mythos und Fortschritt bezeugt. Der Text ist zwischen Chöre und Solisten aufgeteilt, die die Problematik des Stoffes in Rede und Gegenrede behandeln. Monumentale Chorsätze wechseln ab mit intimeren, liedhaften Solostücken.

Die Worte »Das Unaufhörliche. Großes Gesetz« stellt der Chor gleichsam als eine auskomponierte Überschrift an den Anfang des *1. Teils*:

Die Stelle ist darüber hinaus ein Beispiel Hindemithscher Polyphonie und tonaler (auf B bezogener), auf der Zwölftonskala basierender Harmonik. Nach diesem Vorspruch wird das Hauptthema des Satzes vom Orchester in einem Präludium vorgestellt, das in ein fanfarenartiges Bläser-Unisono ausklingt. Dann führt der Chor das Thema in einem vollklingenden 4stimmigen Satz durch,

in dem auch das Thema des Vorspruchs und sein Anhang Bedeutung gewinnen. Der erste Teil des Satzes,

der das »Unaufhörliche« als die verrinnende Zeit begreift, die Welten und Menschen in die Vergangenheit hinabsinken läßt, endet dominantisch auf dem Quintklang f – c. Unmittelbar darauf folgt ein fugierter Teil in lebhaftem ¾-Takt, der auf den Grundton fis bezogen ist; sein Thema ist mit einem markanten Kontrapunkt gekoppelt:

Der Schluß »O Haupt, von Gold und Doppelflügeln umarmt, das Unaufhörliche, es beugt auch dich« (die Drohung an den Mächtigen) wird zum strahlenden, in den Dur-Dreiklang auf Fis ausklingenden Triumph des übermächtigen Prinzips. Dann folgt ein ruhiger Zwiegesang des Soprans und des Tenors, die in zwei »Stollen« alternieren und im »Abgesang« in Oktaven zusammengehen, der über das dunkle Geheimnis meditiert. Eine lebhafte, 3teilige Baß-Arie in faszinierend instrumentierter Rhythmik klingt wie Auflehnung gegen die Vergänglichkeit, die die ehernen Gesetzestafeln des Moses und die »Wälle der Cäsaren« vernichtet. Der Männerchor beschließt den Gesang mit den Rufen: »Hinan! hinab!« Ein Lied des Soprans, in Dichtung und Musik eines der kostbarsten Stücke der Partitur, schwärmt vom Zauber der versunkenen Antike, von Göttern, Flöten und Säulen, von Asche und Blumengeruch. Ein ruhiges Ensemble faßt den Gedankengehalt des 1. Teiles zum klangschönen Wechselgesang von Chor und Solisten-Terzett zusammen.

Im *2. Teil* löst dramatische Diskussion die lyrische Betrachtung ab. Fragen werden gestellt und beantwortet, Hoffnung und Resignation, Glaube und Verneinung stehen einander in allen Stücken in gedanklicher Kontrapunktierung gegenüber. Der Solo-Sopran, die Stimme der Frau, singt das Lob des hellen Tages und fragt: »Soll man denn keine Kinder gebären, weil sie vergehn?« Der Frauenchor verwirft ihre Frage und läßt sie ohne Antwort; der raffiniert sich verschiebende Paukenrhythmus, der dem ganzen Stück untergelegt ist, schwillt am Ende zu dröhnendem Fortissimo an und reißt unvermittelt ab. Der Tenor tritt in einem Arioso für die Wissenschaft, für das Hirn des Denkers ein; aber der Baß singt vom Kern der Dinge, an den das Denken nicht rührt: »Verwandlung unaufhörlich reicht ihren Becher Nichts, den dunklen Trank«. Beide Stimmen gehen, ohne sich zu verbinden, im Duett nebeneinander her. Das Lob des Fortschritts, der Raketenautos und der Sternenprojektile, das der Baß danach anstimmt, ist ein parodistischer Geschwindmarsch mit den für den früheren Hindemith typischen kessen Akzentuierungen. Dem Ruf »Hoch die mythenlose weiße Rasse« stellt der Chor in leisen, gehaltenen Akkorden den Satz gegenüber, der nun zum Leitspruch wird: »Schmeckt ihr den Becher Nichts, den dunklen Trank?« Die Sopran-Stimme plädiert für die Kunst: eine zart begleitete Arie über einem 2taktigen ostinaten Baßmotiv, die zum Duett wird. Der Solo-Baß repliziert, daß auch die Kunst der Vergänglichkeit unterworfen ist: »Säulen, die ruhn, von Hermen rinnt es, weiße, parische Asche«. Der Chor stellt die Frage nach der Religion:

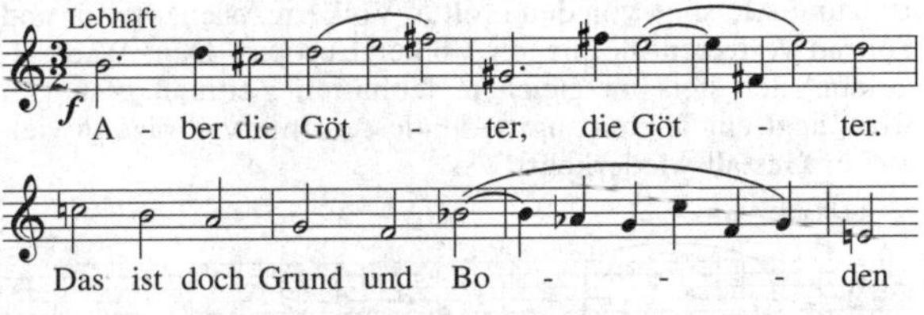

Dreimal preist der Chor die Herrlichkeit der Götter, die mit Blumen und Opfern die Träume der Menschen vorlebten, aber immer wieder zerstört der Solo-Baß als Widersacher den Glauben durch den Hinweis auf die Vergänglichkeit der Tempel und der Riten. Das Ganze ist ein Chorsatz in Passacaglia-Charakter, der durch die Einwürfe der Solo-Stimme in 4 Teile zerlegt wird; ein weiträumiger Tonartenplan, der neben der Haupttonart H die Nebentonalitäten E, Es, Gis, G, Cis als Schwerpunkte setzt, hält das vielgliedrige Stück zusammen. Die letzte Frage stellt die Frauenstimme, die Frage nach der Liebe. Der Chor stimmt in ihren von zarten Orchesterstimmen begleiteten Gesang ein:

Aber der ironische Widerspruch des Basses zerstört auch diesen Traum; der Ausklang besingt den dunklen Trank des Nichts.

Ein Vorspiel, das das Hauptthema des folgenden Chores in instrumentaler Auszierung vorwegnimmt, eröffnet den *3. Teil* des Oratoriums: ein ruhiger Satz von strömender Schönheit, mehr durch Kraft der weitgeschwungenen Linienführung als durch akkordische Klangfülle, und mit aparten Orchesterfarben wirkend. Ein Wechselchor behandelt ein Thema, das zu den beherrschenden Problemen der Epoche gehört: den Gegensatz von Asien und Europa, von Alter und Jugend, Ruhen und Schaffen, Traum und Tat. Ein Chor der tiefen Stimmen, Baß und Alt, singt von den uralten Völkern Asiens, Tenor und Sopran vertreten die jungen Völker Europas. Dem Wechselgesang, der stets im gleichen, lebhaften Zeitmaß gesungen wird, liegt ein Thema zugrunde, dessen Intervallfolge in vielfacher Gestalt wiederkehrt:

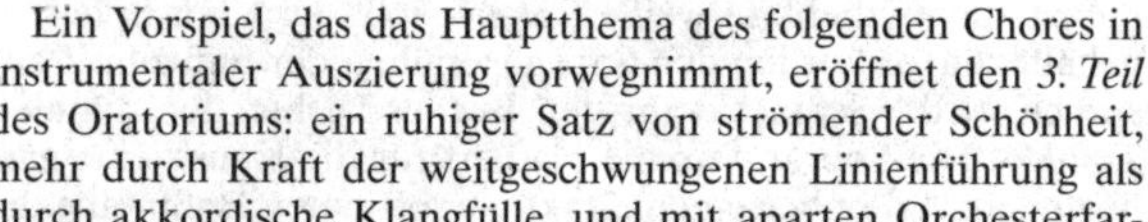

Die 3 Solo-Stimmen betrauern die Situation des Menschen, der als Ich hilflos in das rätselhafte All gestellt ist, ein Lied des

Tenors singt melancholischen Abschied von der Welt. Im Kontrast meldet sich noch einmal die Stimme des Widersachers zu Wort; ein Couplet des Basses verhöhnt die Welttrauer und die Frage nach dem Sinn: »Das ist ja alles Tiefsinn, Feldkult, Mythe. Ich bin von heute, ich bin Relativist.« Noch einmal klingen die frechen Rhythmen und die parodistischen Instrumentaleffekte des jungen Hindemith auf. Dann aber ist aus Frage und Widerspruch die Lösung gewonnen. Ein »feierlicher Marsch« setzt ein, zum Männerchor tritt ein 2stimmiger Knabenchor, der jugendlich-gläubig die positive Wendung verkündet: »Uns aber soll ein andres Wort begleiten«. Und weiter in schlichtem, transparent begleitetem 2stimmigen Satz: »Das Leidende wird es erstreiten«. Der Schlußchor ist eine großartige Zusammenfassung des gedanklichen Gehalts, ein Hymnus auf den Menschen, der dem Verfall und dem Wandel trotzt. Chor, Knabenchor und Solisten sind beteiligt, das Orchester stützt das vokale Melos durch eine Fülle von Instrumentalklang. Die reiche harmonische Entwicklung des Satzes berührt an Schwerpunkten immer wieder die Grundtonart C. Der Baß bleibt endlich auf einem 14 Takte langen Orgelpunkt F liegen und sinkt dann in zwingender Kadenz diatonisch von der Septime B über Ges, F, Es, Des zum Grundton des kraftvoll gehaltenen C-Dur-Dreiklangs hinab.

Als Flieder jüngst mir im Garten blüht, ein *Requiem* »für die, die wir lieben« für Mezzosopran und Bariton-Solo, Chor und Orchester, ist im Jahre 1946, nach dem Ende des 2. Weltkrieges, komponiert worden. Hindemith hat sich eine Dichtung Walt Whitmans, die auf den Tod des amerikanischen Präsidenten Abraham Lincoln geschrieben war, als Text gewählt, sie selbst übersetzt und zur Klage um die Toten des jüngsten großen Krieges umgedeutet. Die zart-elegischen Stimmungen und die großartigen Bilder der Dichtung spiegeln sich in einer Kantate, in der kammermusikalisch begleitete Solo-Gesänge und klanggewaltige Chöre zu einem Ganzen von großer Würde und Feierlichkeit verbunden sind. Die Dichtung deutet Natureindrücke als Symbole der Todestrauer: Die Fliederblüte im Garten, die untergehende Sonne im Westen, das nächtliche Lied eines Vogels im Ried mahnen den Dichter zum Gedenken an den, der ihm lieb war. Dann steigt die Vision eines Trauerzuges auf, ein Sarg wird durch das Land gefahren, durch Ährenfelder und trauernde Städte, begleitet von Prozessionen und Litaneien, von Orgel und Glockenton – Erinnerungen an die Zeremonie, die den ermordeten Präsidenten Lincoln zu Grabe geleitete. Neben dieses dunkle Bild wird die lebendige Schilderung des Landes Amerika gestellt mit Ebenen und Flüssen, mit Fabriken und Schiffen, mit Seen und Wäldern. Der Schluß ist ein *Hymnus für den Tod.* Aus der gespenstischen Vision geisterhafter Heere von gefallenen Soldaten fließt der Trost: »Voller Ruhe schienen sie, sie litten nicht.« Milde Trauer ist der Ausklang.

Hindemiths Komposition folgt den Akzenten der Dichtung. Ein hart rhythmisierter Trauermarsch, wie ein Prozessionsgesang vom Chor angestimmt, geleitet den Sarg:

Das Bild Amerikas ist eine kraftvolle Chorfuge über ein weitgespanntes Thema:

Der Satz hat 3teilige Form. Auf den 1., fugierten Teil folgt ein lyrisches Mittelstück, dann setzt die Fuge als freie Reprise wieder ein. Ein kurzes Orchesterzwischenspiel führt zu einer klangprächtigen Coda: »Schau dies Land, weites, üppiges Land.« Der *Hymnus für den Tod* ist das zentrale Stück des Werkes. »Komm, lieber und sanfter Tod« intoniert der Chor leise und ruhig in homophonem Satz. In fließendem ¾-Takt wird die Todesnacht besungen, der Schluß steigert sich zur Emphase und sinkt ins Pianissimo zurück: »Erschall mein Hymnus voll Lust zu dir, o Tod«. Der 4. der großen Chorsätze ist die Vision der toten Soldaten. Ein bizarrer Marsch der Blechblasinstrumente leitet sie ein. »Geisterarmeen erspäht' ich«, berichtet der Solo-Bariton, »und ich sah, wie in trübem Traum kriegerische Fahnen wehn«. Der Chor, pianissimo einsetzend, führt die Vision fort, singt von zerrissenen, blutigen Fahnen, die im Pulverrauch schwanken. Wieder erklingt der Marsch. Der Bariton beschwört das Bild des Todes: »Das weiße Gebein von Jünglingen sah ich, sah Schutt und Staub.« Aber der Chor, unisono in tiefer Stimmlage beginnend, spricht das lösende Wort:

Zum dritten Mal setzt der Marsch ein, eine Trompete bläst von ferne ein Signal hinein, dann erlischt der Klang.

Die Solo-Stimmen vertreten das lyrisch-intime Element. Dem Mezzosopran ist das wehmütige Vogellied zugeteilt, das das ganze Werk durchzieht. Der Bariton eröffnet die Kantate nach einem kurzen, auf dem Orgelpunkt Cis ruhenden Orchestervorspiel mit der Elegie auf Fliederblüte und Abendsonne, in die der Chor einstimmt. Er hat die führende Stimme in den Trauergesängen, die das große Chorgemälde Amerikas vorbereiten. Er stimmt den Hymnus an »Denen, die wir lieben«, verbindet sich mit dem Mezzosopran zu einem Duett, das das Vogellied variiert, und singt den Schlußgesang »Schwinden die Bilder, schwindet die Nacht«, am Ende vom Mezzosopran in der höheren Oktave verstärkt, von leisem Unisono des Chores und zart angeschlagenen cis-Moll-Dreiklängen des Orchesters begleitet. Schlicht und schmucklos, von herbem Klang wie das Ganze ist auch der Schluß.

Apparebit repentina dies, Kantate für 4stimmigen gemischten Chor und Blechblasinstrumente, 1947 entstanden, ist auf ein lateinisches Gedicht des Mittelalters komponiert, das ähnlich wie die »Dies-irae«-Sequenz den Tag des Jüngsten Gerichtes ausmalt. Der Komponist gliedert seinen Text in 4 Chorsätze; die Bläserbegleitung will den strengen archaischen Klang der Dichtung auch in der Musik hörbar machen. Die Hörner setzen mit einer kurzen Fanfare ein, die das ganze Blasorchester mit dem Dreiklang der Grundtonart As-Dur tonal einbindet. Dann beginnt im Allegro eine mit 3 Durchführungen und Coda breiter angelegte Instrumentalfuge, die später notengetreu (48 Takte lang) als Begleitung des seinerseits fugierten Chores wiederkehrt:

Der Chorsatz ist sonst meist homophon, nur stellenweise durch kontrapunktische Kunst durchbrochen. Der *1. Teil* behandelt den Anbruch des Gerichtstages und das Nahen des Richters in seiner strahlenden Majestät. Der *2. Teil* enthält die Urteilssprüche. Die Chorbässe vertreten in rezitativischer Einstimmigkeit die Stimme des Richters, der Frauenchor singt die frohen und angstvollen Erwiderungen der Gerechten und der Sünder. Im *3. Teil* wird der Höllensturz der Verdammten den Freuden des Himmels entgegengestellt, die die Gerechten erwarten. Kurz, von Aufschreien eines Sechzehntelmotivs der Bläser begleitet, ist die Schilderung der Verdammnis. Die Herrlichkeit der »ewigen Stadt Jerusalem« wird durch eine großangelegte Passacaglia über ein 11töniges, die 3 Haupttonarten der Kantate,

Es-Dur, As-Dur und E-Dur, zusammenfassendes Thema versinnbildlicht, das 15mal in kunstreicher Verarbeitung erklingt, wobei die letzten 4 Durchgänge in brillanter Steigerungstechnik den Höhepunkt des Gesamtwerkes bilden:

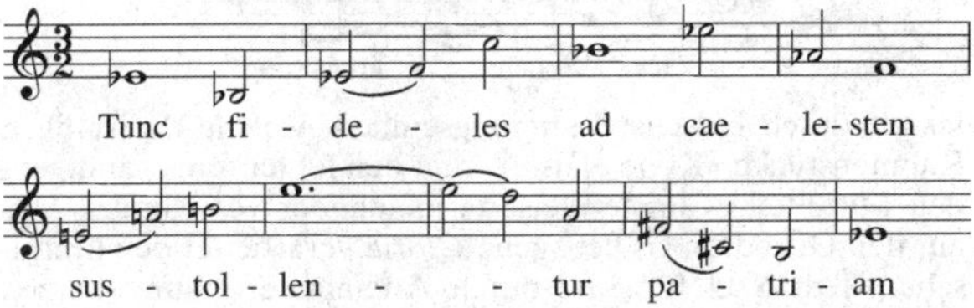

Der *4. Satz*, eine Mahnung zu Frömmigkeit, Armut und Keuschheit, ist mit dem 1. Satz durch dreimaliges Zitat der Einleitungsfanfare verklammert und in 2 kurze Chorstrophen gefaßt, deren kantable Vierstimmigkeit das Vorbild des Schlußchorals der barocken Kantate aufnimmt.

Die **Messe** für gemischten Chor a cappella, Paul Hindemiths letzte, 1963 entstandene und am 12. November desselben Jahres in Wien uraufgeführte Komposition, darf als ein Werk betrachtet werden, das in der meisterlich durchgestalteten, kunstreich ausgesparten Handschrift ihres 4stimmigen Satzes, in der Dichte und Prägnanz ihrer von tiefem religiösen Gefühl erfüllten Formen der sinnerfüllte, Aussage und Stil mit Endgültigkeit harmonisierende Abschluß seines Schaffens ist. Der Komponist greift auf charakteristische Mittel der alten Polyphonie, auf Imitation, Cantus-firmus- und Fauxbourdon-Technik zurück. Zugleich nutzt er, etwa in verschiedenen Stimmkoppelungen oder Stimmteilungen, in Mixturfolgen, Unisoni oder über die Oktave hinausgreifenden Intervallen der Melodiebildung, Chorsatzelemente seiner expressionistischen Frühzeit, woraus sich die persönliche Färbung und die bei aller Formstrenge spontane Ausdruckswirkung seiner Tonsprache ergeben. Hinsichtlich der Tonalitätsbehandlung bildet die *Messe* das avancierteste, kühnste, ausgreifendste von Hindemiths Chorwerken und folglich das chortechnisch schwerste. Das etwa 20 Minuten lange Werk besteht aus 6 tonal gebundenen Sätzen. Das 3teilige, in fis stehende *Kyrie*, dem ein Quartenthema zugrunde liegt,

fesselt durch lyrische Stimmungseinheit, welche die ruhigen Rahmenstücke »Kyrie eleison« und den lebhafteren, drängenden Mittelteil »Christe eleison« ineinander verschmilzt. Das auf den Grundton cis bezogene *Gloria* verarbeitet den liturgischen Text Satz für Satz durch Aneinanderreihung kurzer, durch Fermaten getrennter Episoden. Der Chorsatz ist stellenweise 5stimmig; bei der Anrufung Jesu Christi »Domine Deus, Agnus Dei« verstärkt er sich durch sonore Sept- und Nonenakkordfolgen der Unterstimmen zu Siebenstimmigkeit. Das »Amen« ist ein im 4fachen Kontrapunkt angelegter Cantus-firmus-Satz über die gregorianische Intonation »Gloria in excelsis Deo«, die nacheinander im Alt, Sopran und Tenor, zuletzt oktaviert im Baß erscheint; ein Cis-Dur-Dreiklang ist der Ausklang. Das ausgedehnte, sich durch die A-Tonalität abhebende *Credo* beginnt mit einem kraftvoll konturierten Thema, dessen weite Intervalle durch Glissandi überbrückt werden. Wie in den meisten Messekompositionen zeichnen sich »Incarnatus« (Oktavkanon zwischen Sopran und Tenor) und »Crucifixus« durch zarte Klangmystik aus; »et sepultus est« ist ein schmerzliches, von f nach cis modulierendes Melisma des Soprans über dunklen Pianissimo-Harmonien. Bei den Worten »Et in spiritum sanctum« kehrt das kraftvolle Anfangsthema wieder. Der Schlußteil »Et expecto resurrectionem mortuorum«, mit »langsam und verklärt« überschrieben, wird von einem siebenmaligen Ostinato-Baß getragen, der sich am Ende als Unisono aller Stimmen durchsetzt und in eine 2taktige A-Dur-Kadenz mündet.

Der Hauptteil des von emphatischen Chorrufen eingeleiteten *Sanctus* ist eine Passacaglia in fis, deren Thema im Unisono aller Stimmen aufgestellt und darauf vom Alt durch 12 Variationen festgehalten wird.

Das *Benedictus*, welches in cis steht, ist »nach Art eines Faux Bourdon« gesetzt: Die 3 Unterstimmen sind in Moll-Quartsextakkorden aneinander gebunden, der Sopran entfaltet in weitgespanntem Legato eine 15taktige ariose Weise, die anschließend vom Alt eine Quinte tiefer aufgenommen und vom Sopran in der Ausgangslage vollendet wird. Von besonderem Reiz ist die kunstvolle »Hosanna«-Fuge, deren lyrisch-kantablem Thema (a) ein fanfarenartiger, neunmal in gleicher Tonhöhe wiederkehrender Baß-Ostinato (b) entgegengesetzt ist:

a

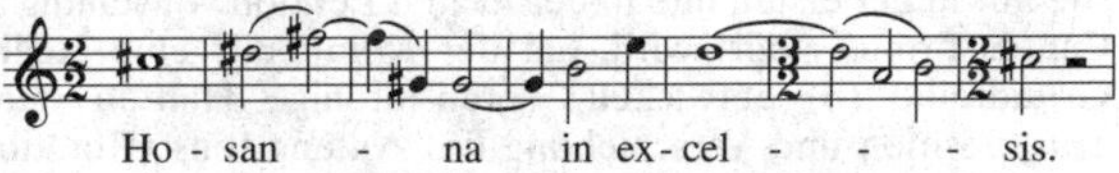

b

Das zarte, die fis-Tonalität bestätigende *Agnus Dei* knüpft thematisch an das *Kyrie* an, woraus sich für die ganze Messe die Andeutung einer zyklischen Form ergibt; die akkordisch psalmodierenden Unterstimmen führen zu einem schwebend kadenzierenden, mystisch verhaltenen Fis-Dur-Schluß.

Ernst Krenek

Ernst Kreneks (1900–91) in den Jahren 1941 und 1942 entstandene **Lamentatio Jeremiae Prophetae op. 93** für gemischten Chor a cappella ist bemerkenswert als Versuch, einen liturgischen Text mit den Mitteln der dodekaphonen Musik, zugleich aber mit deutlicher Beziehung auf die rituelle Tonsprache der kirchlichen Tradition zu komponieren. Der stilistische Reiz des Werkes beruht auf dem Eindruck der Verschmelzung gegensätzlicher Elemente, auf der Spannung von archaisch strenger Linearität und atonaler Klanglichkeit. Der lateinische Text umfaßt die Abschnitte aus den Klageliedern des Jeremia, die in der katholischen Liturgie des Gründonnerstags, Karfreitags und Karsamstags rezitiert werden. Jeder der 3 Abschnitte gliedert sich in 3 Lektionen, die aus mehreren Versen bestehen und in die Anrufung »Jerusalem, convertere ad Dominum Deum tuum« (»Jerusalem, bekehre dich zum Herrn, deinem Gott«) ausklingen. Die hebräischen Buchstaben, welche die Verseinteilung markieren, sind nach dem Vorbild der katholischen Fastenliturgie mitkomponiert, teils als kurze selbständige Sätze, teils in den Text verflochten.

Aus den 4 Tönen der gregorianischen Intonation (a), welche nur in der ersten und in der letzten Lektion vollständig als Cantus firmus zitiert wird, hat der Komponist eine 2teilige Grundreihe (b) entwickelt, deren 6tönige Hälften durch Transposition und Verschiebung des Anfangstons (Rotation) vielfältig verarbeitet werden (*1. Abschnitt*):

a
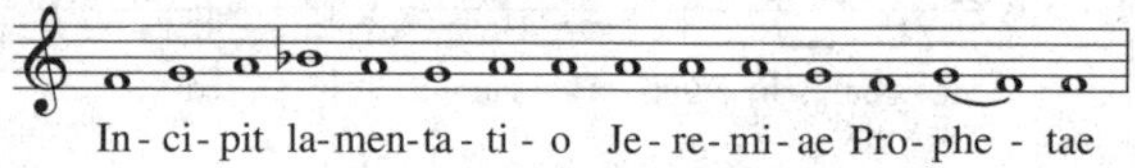

b
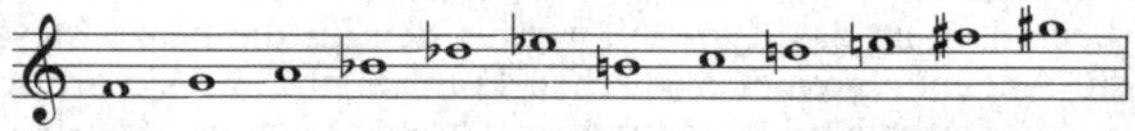

An kontrapunktischen Künsten wird nicht gespart. Die 1. Lektion des *2. Abschnitts* beginnt mit einem 4stimmigen Kanon in der Vergrößerung und in Gegenbewegung (»Cogitavit Dominus«), die 2. Lektion mit einem 4stimmigen endlosen Doppelkanon, ebenfalls in der Vergrößerung und in Gegenbewegung (»Matribus suis dixerunt«). Den Ausklang des Abschnitts (»Jerusalem«) bildet ein 6stimmiger Krebskanon. Die umfangreiche 3. Lektion des *3. Abschnitts* (»Recordare, Domine«) ist als Sonatenform mit 2thematiger Exposition, Durchführung, Reprise und Coda ausgeführt. Der meist 4stimmige Chorsatz verdichtet sich zuweilen zu Sechs- und Achtstimmigkeit. Der lineare Ablauf wird von akkordischen Episoden unterbrochen; die Monotonie der geistlichen Klage wird durch reiche klangliche Differenzierung belebt. Die 9stimmigen Schlußtakte des Werkes geben einen Begriff von der Fülle und Klangphantastik, die der Satz an Höhepunkten erreicht:

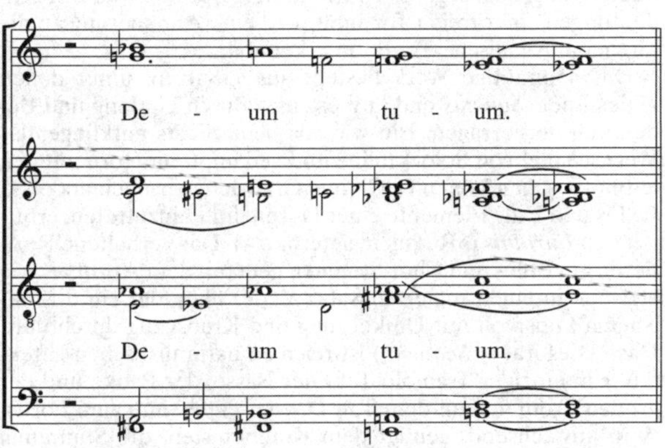

Boris Blacher

Boris Blacher (1903–75), erfolgreicher, durch einen ausgeprägten Personalstil auffallender Komponist von Instrumental- und Bühnenwerken, hat zwar nur wenige, aber profilierte und zeitwichtige Chorwerke geschrieben. Neben dem Dostojewski-Oratorium *Der Großinquisitor* von 1942 (für Bariton, Chor und Orchester) und der Hans-Arp-Kantate *Träume vom Tod und vom Leben op. 49* von 1955 (Tenor-Solo, Chor und Orchester) ist vor allem sein in den Jahren 1958 und 1959 entstandenes **Requiem op. 58** für Sopran, Bariton, gemischten 4- bis 8stimmigen Chor und Orchester von Bedeutung, ein fesselnder, in der Wirkung überzeugender Versuch, dem liturgischen Text mit den Mitteln einer unkonventionellen, pathoslosen lapidaren Tonsprache gerecht zu werden. Das Werk ist ein Beispiel des Blacherschen Spätstils, eine ausgesparte, transparente Konstruktion aus fein gezogenen thematischen Linien, harten Akkordklängen und scharf profilierten rhythmischen Gestalten. Das stark besetzte, 4 Schlagzeugspieler erfordernde Orchester tritt nur selten geschlossen auf; der Chor wird oft nur von leichten Klangstützen, Soloinstrumenten oder Schlagzeug begleitet. In fugierten Episoden und in Andeutungen einer freien Tonalität wird eine Annäherung an die kirchenmusikalische Tradition erkennbar.

Das 45minütige Werk besteht aus 7 Sätzen, unter denen »Dies irae«, *Sanctus* und »Libera me« durch Umfang und Bedeutung hervorragen. Ein wie aus dem Nichts aufklingendes Wechselspiel von Solo-Violine und gedämpftem Horn mit den leitmotivischen Tönen D, Cis und C, zu denen nacheinander A, G, Fis und F als Elemente einer D-Tonalität hinzutreten, eröffnet den *Introitus* (»Requiem aeternam«). Das verhaltene Rezitieren der Solo- und Chor-Stimmen geht mit dem Anruf »Kyrie eleison« in einen fugierten Satz (*Kyrie*) über, der ein d-Moll-Thema kunstvoll mit Umkehrung und Krebsgang durchführt. Das »Dies irae« (*Sequenz*) ist reich an naturalistischen Effekten. Ein einziger Tremolo-Takt der Bässe, der Pauke und der großen Trommel auf dem Ton D, vom Pianissimo zum Fortissimo anwachsend, genügt dem Komponisten, die Stimmung der Seelennot hervorzurufen, die den ganzen Satz erfüllt. Sogleich setzen die Chor-Tenöre mit dem »Dies-irae«-Thema ein, welches wieder aus den Tönen D – Cis – C gebildet ist und an die rhythmische Deklamation des gregorianischen Themas anklingt, während die übrigen Stimmen mit geflüsterten Einwürfen begleiten. Das »Tuba mirum« steigert den Ausdruck des Entsetzens. Trompeten, Posaunen und Hörner wechseln, mit dem Sekundenklang C – Cis – D einsetzend, mit langgehaltenen dissonanten Akkordrufen ab. Zum »Dies-irae«-Thema des Chors gesellt sich eine jagende Achtelfigur, die vom Orchester übernommen wird. »Quid sum miser tunc dicturus« singt der Solo-Bariton in aufwärtsdrängenden Koloraturen. Der Ruf »Rex tremendae majestatis« ertönt in massiertem Chor- und Bläserklang, der sich bei der Bitte »Salva me, fons pietatis« in durchbrochenen, chromatisch gleitenden Satz auflöst. Das »Recordare«, ein Duett der Solo-Stimmen, bringt eine neue Verwandlung des allgegenwärtigen Dreiton-Motivs, das zugleich als Melodie und als Baß erscheint. »Ingemisco tamquam reus« ist ein Sopran-Solo von leidenschaftlichem Ausdruck. Im »Lacrymosa« tritt der Chor wieder ein; das 6stimmige »Amen« schwingt in gebundenen Melismen verhalten aus.

Auf das kurze, von den Solisten intonierte, vom Chor deklamierend weitergeführte »Domine Jesu« (*Offertorium*) folgt das breitausgeführte, doppelchörige *Sanctus*, dem thematisch eine vom Grundton D aus absteigende Skala und ihre Umkehrung zugrunde liegen. Von besonderem Reiz ist das zarte, von einem Flötenduett (Thema und Umkehrung gekoppelt) eingeleitete *Agnus Dei*, in welchem Solo-Stimmen, Frauen- und Männerchorgruppen alternieren. »Lux aeterna« (*Communio*) ist ein expressives, von wenigen instrumentalen Klangtupfen begleitetes Adagio des Solo-Soprans. Mit einer stürmischen zwölftönigen Orchesterpassage setzt der Schlußsatz »Libera me« ein. Solo- und Chor-Stimmen verbinden sich zu ab- und wieder anschwellenden Bittrufen, die auf einem letzten, vom vollen Orchester akzentuierten Höhepunkt plötzlich abreißen. Nach einer Generalpause erklingt noch einmal das ätherische, nun in das Nichts ausklingende Tonspiel des Anfangs; demütig wiederholen die Solo-Stimmen die Bitte um ewige Ruhe.

Wolfgang Fortner

Wolfgang Fortner (1907–87) gehört zu jenem auf S. 434 beschriebenen Komponistenkreis, der von der Jugend- und Singbewegung ausgehend die Chormusik zu erneuern angetreten ist. Ein für diese Tendenz typisches Werk ist die häufiger aufgeführte **Eine deutsche Liedmesse** für 5 bis 6 gemischte Stimmen a cappella, die Fortner 1934 für den Dresdner Kreuzchor auf Anregung von dessen Leiter Rudolf Mauersberger komponiert hat. Die 5 Messesätze erklingen hier als motettische Bearbeitungen der von Martin Luther in seiner *Deutschen Messe* (1525) vorgegebenen Gemeindelieder in erweiterter modaler Tonalität. In seinem zeittypischen, lesenswerten Vorwort beschreibt der Komponist verschiedene Möglichkeiten, wie bei einer Aufführung seiner Messe im Gottesdienst die Gemeinde singend beteiligt werden kann. Bei einer vollständigen Konzertaufführung ergibt sich ein 30minütiges wohlklingendes, wirkungsstarkes und repräsentatives A-cappella-Werk.

Ein ebenfalls sehr klangschönes und ausdrucksvolles Stück ist **Herr, bleibe bei uns!**, eine »Geistliche Abendmusik« für tiefe Singstimme, gemischten Chor, 2 Geigen, Violoncello, Kontrabaß und Orgel. Die etwa 45minütige Kantate entstand 1945 auf ein Textbuch von Otto Frommel und behandelt in 2 Teilen zu insgesamt 12 Sätzen feinsinnig interpretierte Abschnitte des Alten und des Neuen Testaments und Texte von Matthias Claudius, die durch insgesamt 5 Kirchenlieder in variablen Chorsatztechniken gegliedert werden.

Wolfgang Fortners Kantate **Die Pfingstgeschichte** für Tenor-Solo, 6stimmigen Chor, 11 Instrumentalsolisten und Orgel ist in den Jahren 1962 und 1963 entstanden. Sie erneuert die alte Kantatenform mit den Mitteln der nachseriellen Musik. Der Komposition liegt der gekürzte Bericht von der Ausgießung des Heiligen Geistes, Apostelgeschichte des Lukas 2,1–38, zugrunde. Der Text der Erzählung ist auf den Solo-Tenor, den »Evangelisten«, und den Chor verteilt. Der Solist singt auch die Worte des Petrus; die Einwürfe des Volkes sind dem Chor zugeteilt. Der Solopart ist überwiegend im Charakter eines begleiteten Rezitativs gehalten, bindet sich aber zuweilen, vor allem in der Rede des Petrus, zu geschlossener arioser Form. Der Chor ist als komplexer Klangkörper behandelt, derart, daß die Textworte syllabisch auf verschiedene Stimmen verteilt werden und das Verständnis des Sinnes sich für den Hörer aus der Zusammenfassung des Klangbildes wie aus einem Mosaik von Einzeltönen ergibt. Im Instrumentalpart tritt die Orgel mit Vor- und Zwischenspielen solistisch hervor; das Schlagzeug (Xylophon, Vibraphon, Trommel, Holzblock, Becken, Maracas, Gong und Glocken) bestimmt streckenweise das Kolorit.

Die Erzählung ist in 3 Abschnitte gegliedert. Nach einer 3teiligen, durch eine freie Kadenz bereicherten Orgelfantasie beginnt der Solo-Tenor rezitativisch. Mit den Worten »und es geschah schnell ein Brausen vom Himmel« fällt der Chor ein (Sopran und Baß sind geteilt). Die Stelle, die dreimal in jeweils gesteigerter Tonstärke wiederholt wird, ist bezeichnend für den durchbrochenen, syllabisch aufgespaltenen Satz, der von mitgehenden Instrumenten verstärkt und von Schlagzeugwirbeln untermalt wird. In ähnlicher Weise wird die Erscheinung der feurigen Zungen vom Chor geschildert (s. Bsp. S. 510). Das Predigen der Apostel ist ein verhaltenes Parlando auf liegenden Tönen, das in tonlosem Flüstern verklingt. Nach einem »Contrapunctus« überschriebenen Orgelzwischenspiel beginnt der *2. Abschnitt* mit einem Rezitativ des Erzählers. Das Erstaunen der Zuhörer über das Zungenwunder äußert sich in einem Sprechchor, der bald in gesungenen Satz übergeht; der Spott der Ungläubigen »Sie sind voll süßen Weins« ist ein 4taktiges Walzer-Intermezzo. Die Rede des Petrus, das Kernstück des Werkes, gipfelt in dem Bekenntnis zu Jesus Christus; sie wird gekrönt von einem dritten majestätischen Orgelsatz »Conclusio«. Der *3.* und letzte *Abschnitt* enthält die Frage des Volkes »Ihr Männer, liebe Brüder, was sollen wir tun?« und die Aufforderung des Petrus zu Buße und Taufe. Den Abschluß bildet der Pfingstchoral *Komm, Heiliger Geist, Herre Gott*. Der frei erfundene Satz wird vom Cantus firmus »Veni creator spiritus« im Orgelpedal getragen und von Glokkenklängen begleitet.

Sopran
Alt
Tenor
Bass
und es ge-schah ein ein
und es schnell
und es geschah ein
schnell Brau -
Brau - - -
geschah schnell
- sen vom Him -
Him -
Him - - mel
vom
- sen vom - mel
Brau - - - sen - mel

Harald Genzmer

Harald Genzmer (geb. 1909), Kompositionsprofessor an den Musikhochschulen in Freiburg (seit 1946) und München (seit 1957) und einer der meistaufgeführten deutschen Komponisten in der 2. Hälfte des 20. Jh., hat sich in seiner nach dem 2. Weltkrieg beginnenden Schaffensperiode zunehmend der Chorkomposition gewidmet. Seine Chorwerke zeichnen sich aus durch wirkungsvolle formale Disposition, sensible Stimm- und Chorklangbehandlung, überlegene Tonalitätsbehandlung in selbständiger Fortentwicklung der seinerzeit von Paul Hindemith, seinem Lehrer, erarbeiteten freien Tonalität und durch die Wahl wertvoller und kompositorisch ergiebiger Texte.

1953 schrieb Genzmer seine **Messe in E** für Sopran-, Alt-, Bariton-Solo, gemischten Chor und Orchester für die Frankfurter Singakademie. Es handelt sich um eine echte Orchestermesse, die mit einer Aufführungsdauer von 45 Minuten nicht nur im liturgischen Rahmen, sondern auch im Konzertsaal ihren Platz behauptet. Die 4 Chor-Stimmen werden streckenweise linear geteilt, das Orchester ist jedoch in den Bläsern sparsam besetzt. Motivische Entsprechungen, z. B. vom *Kyrie* zum *Agnus* oder vom *Credo* zum *Agnus*, sorgen für formale Geschlossenheit und Konzentration der geistlichen Aussage, die auch dem Hörer spontan verständlich werden.

Das **Italienische Liederbuch** (1958) nach Texten altitalienischer Dichter für gemischten Chor a cappella ist ein wirkungsvoller Zyklus, von dem gleich das Eröffnungsstück *Der Tempel* nach Torquato Tasso in seiner weiträumigen Verbindung von Linearität und großem Klang zu packen vermag. Aus den **Acht Liedern der Welt** (1964) nach deutschen Übersetzungen europäischer und amerikanischer Texte, ebenfalls für gemischten A-cappella-Chor mit mehrfachen Stimmteilungen, wird vor allem das Schlußstück *Mandalay* nach Rudyard Kipling mit seinen kraftvollen bitonalen Schichtungen im Gedächtnis haftenbleiben. Die **Drei antiken Gesänge** (1973) für gemischten Chor und 5 Blechbläser sind in ihrer 2. Fassung für Chor und Klavier zu 4 Händen dank des Komponisten ausgeprägtem Sinn für die Nutzung klavieristischer Lagen von ungewöhnlich fesselnder klanglicher Intensität. Und schließlich finden auch Genzmers Spätwerke, wie z. B. die **Fünf Gesänge** (1989) nach Texten deutscher Dichter für gemischten Chor a cappella mit ihrer ausgesparteren und in Teilen tonal weiter ausgreifenden Satzart, im deutschen Chorwesen hohe Wertschätzung und weitere Verbreitung.

Hans Werner Henze

Hans Werner Henze, 1926 in Gütersloh in Westfalen geboren, hat sich durch Kammermusik, 6 Symphonien und eine Reihe von Bühnenwerken als die stärkste schöpferische Kraft in der jüngeren deutschen Komponistengeneration erwiesen. Seinen Kompositionsstil hat er durch Aneignung der Zwölftontechnik gebildet, die ihm jedoch kein verpflichtendes Gesetz bedeutet; seine Musik enthält ebensowohl tonale Elemente, die durch eine souveräne Freiheit des künstlerischen Wollens mit dodekaphonischen Strukturen und atonalen Klangimpressionen verschmolzen werden. Dem Einfluß Italiens, das Henzes Wahlheimat wurde, verdankt seine Musik südlich leuchtendes Kolorit, das sich mit dem romantischen Klang seiner Harmonik zu phantastisch-eigenartiger Wirkung verbindet. Über den Schulen und Doktrinen stehend, verkörpert Henze die Tradition der individualistisch-expressiven Musik.

Novae de infinito laudes, Kantate für Sopran-, Alt-, Tenor-, Baß-Solo, gemischten Chor und Orchester, im Jahre 1961 geschrieben, lassen den Einfluß italienischen Geistes auf Henzes Schaffen erkennen. Der Komposition liegen Stellen aus den Schriften Giordano Brunos zugrunde, des Philosophen der italienischen Spätrenaissance, der gegen das Dogma der Kirche eine pantheistische Naturreligion vertrat und im Jahre 1600 in Rom den Feuertod des Ketzers erleiden mußte. Damit wird das Werk zu einem musikalischen Bekenntnis, zur Verkündigung einer Weltanschauung, die mit starker Überzeugungskraft in die Gegenwart hineinwirkt. Henze hat die umfangreichen Prosatexte, die er den Büchern Giordano Brunos entnahm, in italienischer Sprache fortlaufend ohne Wortwiederholungen komponiert. Chor und Soli greifen ineinander, das Orchester ist mit Bläsern (u. a. 6 Trompeten, 4 Posaunen, 2 Tuben), Lauten, Harfen, Klavieren, Pauken, Violoncelli und Kontrabässen besetzt.

Die Partitur besteht aus 6 Sätzen. Der *1. Satz* behandelt die Himmelskörper, den unermeßlichen Äther, das unendliche Weltall. Der Chor beginnt maestoso: »Uno è il cielo«. Ein leichtbewegter Satz erzählt von den Sternen, Sonnen und Erden. In durchbrochenem dodekaphonischem Satz setzt das Solisten-Quartett den Bericht fort. Zu treibenden Begleitfiguren des Klaviers singen Alt, Sopran, Bariton und Tenor nacheinander von dem Willen zur Kommunikation, von den Drehungen der Gestirne, von Tag und Nacht, Sommer und Winter. Ein Solo des Baritons betont den ewigen Wandel der Dinge. Der Chor überträgt das Gesetz der Bewegung in den Raum der irdischen Welt. Ein 8stimmiger Vokalsatz der Solisten und des Chores ist der Schluß: »Diese flammenden Körper sind Botschafter, welche die Vollkommenheit des Glanzes und der Majestät Gottes verkünden. [. . .] wenn wir das verstanden haben, sind wir innerlich mehr als wir selbst sind, in uns selbst begriffen.«

Dem *2. Teil* (*Die vier Elemente*) liegt eine Zwölftonreihe zugrunde, die von der Flöte aufgestellt wird:

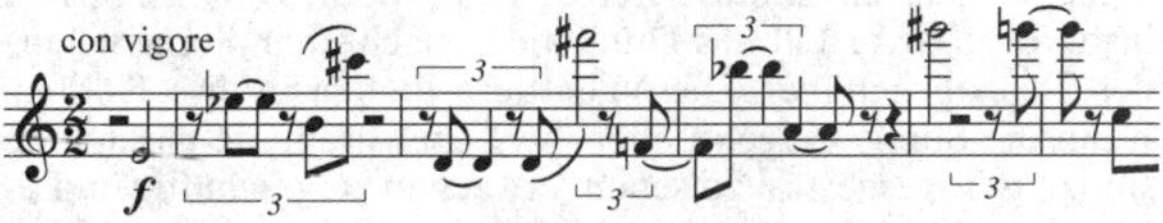

Dieser Teil ist, abgesehen von dem ersten Wort »Dico«, ganz den Solisten vorbehalten, die die Vielfalt der Stoffe und Körper beschreiben, in denen jene Elemente sich gestalten.

Der *3. Teil* (*Der fortlaufende Umbruch*) ist ein 8stimmiger Chorsatz, der durch Orchester-Ritornelle in 5 Abschnitte gegliedert wird. Der monumentale, von Blechblasinstrumenten gestützte Einsatz (s. Bsp. S. 514) legt die Stimmung des Ganzen fest; wie ein Dogma wird die These hingestellt: »Im Schoß und Leib der Erde werden Dinge aufgefangen, und Dinge brechen daraus hervor.«

Mit dem *4. Satz* (*Die Freude liegt in der Bewegung*) tritt die Betrachtung und damit auch die Musik aus der kosmischen in die menschliche Sphäre. Die Pauken präludieren mit einem fanfarenartigen Thema, der Solo-Tenor singt zu vibrierenden Lautenklängen von Hunger und Sättigung, Wollust und Befriedigung, von der Last der Ruhe und der Lust des Übergangs. Der Chor flicht einen melodischen Refrain ein, das Orchester unterbricht den Gesang mit einem scharf punktierten Tanzrhythmus; so ergibt sich (»con grazia« auf tonaler Basis) eine Art italienischer Canzone, in die alle Solisten am Ende mit einstimmen.

Der Sonnenaufgang, der *5. Satz*, ist das eigenartigste Stück der Partitur, ein Gesang von der Erde, vom Naturreich der Tiere, die das elementare Leben verkörpern. Der dichterisch inspirierte Text stellt das Dunkel der Nacht dem Sonnenglanz des Tages gegenüber. Die Nachttiere fliehen in ihre Höhlen, wenn die Sonne aufgeht, aber die Lebewesen, die geschaffen sind, das Tagesgestirn zu sehen, erwachen zu geschäftigem Leben. Ein Orchestervorspiel schildert, aus tiefster Tiefe aufsteigend, mit gehaltenen Tönen der Baßtuben und Posaunen das Dunkel der Nacht. Im Fluß wechselnder Metren singen Solo- und Chor-Stimmen von den ängstlichen Nachtvögeln. Der Hornruf des Alecto, der sie in ihre Schlupfwinkel zurückruft, wird durch kräftige Bläserakkorde symbolisiert. Die eine Silbe »Ma« (ital.: ›aber‹), in 4fachem Forte vom ganzen Chor gesungen, bezeichnet die Wendung vom Dunkel zum Licht. In einem hoch aufgeschwungenen Rezitativ ruft der Solo-Sopran die Wesen herbei, die im Sonnenlicht leben, und nun entfaltet sich ein musikalischer Katalog der Tierwelt, der dem Vorbild der Haydnschen *Schöpfung* an naiver Anschaulichkeit der Zeichnung nicht nachsteht, ihn aber durch Fülle und Vielfalt der Gestalten übertrifft. Die Vierfüßer, die muhenden Rinder, die wiehernden Pferde, die grunzenden Sauen, werden zuerst noch einzeln vorgestellt. Die Raubtiere, brummende Bären, in rauhen Baßtrillern brüllende Löwen, Tiger und Füchse, erscheinen als Ensemble. In leichtbeschwingtem Vivace folgen die Vögel: Hähne, Spatzen, Krähen, Kraniche, Kuckucke schreien, vom durchdringenden Zirpen der Zikaden begleitet, in 12stimmigem Chorsatz. Zuletzt kommen die Wassertiere Schwäne, Enten, Gänse, Brachvögel, deren weniger aufgeregtem Konzert quakende Frösche den monotonen Grundbaß geben. Die Vielfalt der Natur wird in der brodelnden Fülle des Klanges gespiegelt.

Der *Schlußsatz* ist kurz. Solo- und Chor-Stimmen vereinigen sich zum Preis des »höchsten Gutes«: »Gelobt seien die Götter, [...] der Ursprung, die Einheit.« So endet das Werk, das eine Schöpfung ohne Schöpfer besingt, ein Lied des unendlichen Kosmos, der die Erde in sich faßt.

Das Floß der Medusa, Oratorium für Sopran, Bariton, Sprecher, gemischten Chor, Knabenchor und Orchester, wurde im Jahre 1968 vom Hamburger Rundfunk zum ersten Mal gesendet. Die gleichzeitig geplante Konzert-Uraufführung wurde durch Tumulte des Publikums vereitelt. Der Textdichtung Ernst Schnabels liegt eine grausige, von Augenzeugen überlieferte Begebenheit aus der französischen Kolonialgeschichte zugrunde. Im Jahre 1816 fuhr von Rochefort und La Rochelle ein Geschwader von Kriegsschiffen aus, verlorenes Land in Senegal zurückzuerobern. Kurz vor dem Ziel geriet das Flaggschiff »Medusa« auf ein Riff. Admiral und Offiziere retteten sich in Booten, der Hauptteil der Mannschaft, 150 Männer, Frauen und Kinder, trieben neun Tage und Nächte, verdurstend und verzweifelnd, auf einem Floß im Ozean, nur wenige überlebten.

Ein Sprecher, der den Namen des Totenfährmanns Charon trägt, berichtet den Hergang. Solisten sind der Mulatte Jean-Charles, der Führer des Floßes (Bariton), und La Mort, der Tod (Sopran). Der Chor ist geteilt in die Stimmen der Lebenden und der Toten; sein Part enthält neben gesungenen, bis zur Sechzehnstimmigkeit geteilten Sätzen gesprochene Episoden, naturalistische Schreie und unartikulierte Vokallaute. Das Orchester umfaßt außer Saiten- und ungewöhnlich vielfältigen Blasinstrumenten 19 verschiedene Arten von Schlagzeug.

Als Motto ist dem abendfüllenden Werk ein Fragment aus Pascals *Pensées* vorangestellt, das von allen Solo- und Chor-Stimmen gesungen wird: »Vom Hafen aus läßt sich urteilen über die, die in einem Schiffe sind. Die in einem Schiffe sind, glauben von denen, die am Ufer stehen, daß sie fliehen. Man spricht hüben wie drüben.« Unmittelbar anschließend beginnt die Erzählung der Überfahrt. Jean-Charles schildert den Anblick Teneriffas: »Der Berg, im halben Himmel schwebend ohne Schwere – ein Phantom der Sicherheit.« Dann erklingt zum ersten Mal die drohende Stimme des Todes. Aber der Chorruf »Nach Afrika« übertönt die Warnung. Das Schiff jagt mit vollen Segeln und scheitert. Wieder erklingt, melodisch-expressiv als Sopran-Arie, die Stimme des Todes: »Komm, Hochmut, kommt ihr Vielzuvielen, kommt, wo die Schiffe hingehn«. Jean-Charles berichtet rezitativisch von der Ausschiffung der Offiziere, der Chor vom Bau des Floßes, das die Mannschaft aufnimmt. Die Boote vermögen das schwere Floß nicht zu schleppen, die Trosse wird gekappt, die Mannschaft treibt verlassen und verloren in der Weite des Meeres. Die *Ballade vom Verrat*, die dies erzählt, gipfelt in einem Unisono-Höhepunkt (s. Bsp. S. 517). Als die Nacht kommt, sinken die ersten in die Tiefe; von hier an teilt sich der Chor in die Stimmen der Lebenden und der Toten, wobei immer mehr Sänger zu den Toten hinübertreten. Zwei große Musikstücke fassen alle vokalen und instrumentalen Mittel zusammen; das eine spricht von den Sterbenden – den Stimmen der Toten werden italienische Verse aus Dantes *Divina Commedia* geliehen –, das andere vom Lebenswillen, vom Kampf und der Qual derer, die sich noch aufrecht halten.

Der 2. *Teil* des Oratoriums spielt acht Tage später. Nur noch wenige leben; der Chor der Toten ist mächtig angewachsen. Wieder ist ein Pascalsches Fragment die Einleitung: »Wie viele Königreiche wissen nichts von uns?« Das folgende Stück, *Appell unter dem Monde*, ist der Schwerpunkt des Werkes, ge-

sungen von Lebenden, Sterbenden und Toten, ein Bild der Agonie, die alle Stadien der Auflösung durchläuft. Über allem schwebt der Sopran der Todesgöttin: »Kommt, ihr Vielzuvielen, Eure Zeit ist um.« Ein anderes, nicht weniger schreckliches Bild, die *Ballade vom Mann auf dem Floß*: Jean-Charles läßt die Sterbenden ins Meer sinken, um den Rest des Trinkwassers für die Lebenden zu retten. Die *Fuge der Überlebenden* zieht das Fazit: »Wir haben kein Gesetz, und wir sterben, weil Königreiche kein Gewissen haben«.

Sie führt zu dem Höhepunkt: »Wir sind das Gesetz und werden nie mehr schweigen.« Jean-Charles sichtet das rettende Schiff, winkt es mit letzter Kraft, ein rotes Tuch schwingend, heran – Géricaults Bild »Das Floß der Medusa« hat den Textdichter inspiriert – und stirbt. Charon spricht die Schlußworte: »Die Überlebenden aber kehrten in die Welt zurück, belehrt von Wirklichkeit, fiebernd, sie umzustürzen.« Eine Orgie des vielstimmigen Schlagzeugs, zu äußerstem Fortissimo anschwellend, gibt der Drohung erschreckenden Nachdruck.

Heinz Werner Zimmermann

Heinz Werner Zimmermann (geb. 1930) hat sich im Bereich der deutschen evangelischen Kirchenmusik und weit darüber hinaus bis in den englischsprachigen Raum und die USA hineinwirkend durch zahlreiche Chorwerke für die unterschiedlichsten Besetzungen und Größenordnungen hohes Ansehen erworben. Mit der Einbeziehung von Jazzelementen und der häufigen Instrumentierung eines gezupften Kontrabaß zum Chor schon in seinen frühen Werken schuf er sich ein unverwechselbares Idiom, das schnell Akzeptanz und Verbreitung fand. Von H. W. Zimmermanns kürzeren, für Gottesdienst und Konzert geeigneten Chorwerken seien die Sammlung *Weihnacht*, vier Motetten für 4stimmigen gemischten Chor und Kontrabaß (1958), das *Weihnachtslied* für Frauen-Solo, 5stimmigen gemischten Chor, Vibraphon, Cembalo und Kontrabaß (1962) und die 5teilige *Vesper* für 5stimmigen gemischten Chor, Vibraphon, Cembalo und Kontrabaß (1961) genannt – alles unkonventionell ›swingende‹ und apart klingende, wirkungssichere Musik. Die etwa 20minütigen *Chorvariationen* über ein Thema von Hugo Distler für Sopran-Solo und 4- bis 6stimmigen gemischten Chor a cappella (1964) oder die *Vier Collagen* für Klavier und Kammerchor (1973) nach Epigrammen des 18. Jh. bezeichnen dann schon eine weiter ausgreifende, die Tonalität bis an ihre Grenzen ausschreitende Stilistik.

1973 auch hat Heinz Werner Zimmermann nach langjähriger Arbeitszeit eines seiner Hauptwerke, die **Missa profana** für 4 Solo-Stimmen, 5stimmigen Chor und großes, Jazzband und elektronische Tonerzeuger einbeziehendes Orchester vollendet, eine etwa 60minütige Komposition, deren Wiedergabe große chorische und instrumentale Mittel erfordert. Der Titel sagt, daß das Werk, welchem der lateinische Messetext zugrunde liegt, nicht zum liturgischen Gebrauch, sondern zur Aufführung im Konzertsaal bestimmt ist. Die Musik dient nicht der gottesdienstlichen Handlung, sie stellt den Messetext als Bekenntnis in die Mitte der profanen Welt, kommentiert ihn mit vielerlei musikalischen Symbolen, begleitet ihn mit fremden Gegenstimmen und macht ihn zum Leitgedanken eines fast dramatisch bewegten geistigen Geschehens. Der Komponist ist sich seines Standortes in der modernen Welt und der Besonderheit seiner Aufgabe bewußt. Er fühlt sich als Teilhaber einer weltumfassenden, polymorphen Kultur, deren musikalische Sprache ein vielstimmiges, aus nahen und fernen Bereichen herklingendes Ton- und Stilgemisch ist. Das Ordnungsprinzip, welches diese Vielfalt meistert, ist die Technik der »polystilistischen Polyphonie«, die stilistisch heterogene Elemente zueinander in Beziehung setzt, ohne ihre Selbständigkeit zu beeinträchtigen.

Heinz Werner Zimmermann hält keine der modernen Kompositionsarten für fähig, in der Beschränkung auf ihre eigenen

Mittel das große, allgemeingültige Kunstwerk zu schaffen; zu vieles müßten sie ausschließen, was doch im allgemeinen Musikbewußtsein ununterdrückbar lebendig ist. »So sehr die historischen Entfernungen an Bedeutung verloren haben, so sehr auch die räumlichen: wir leben mehr und mehr auch mit den verschiedenartigen Stilen exotischer Folklore. Wir kennen durch die modernen Techniken der Tonaufzeichnungen außer der abendländischen Musik auch afro-amerikanische und lateinamerikanische Musik, indische Ragas, indonesische Gamelan-Musik, arabische und afrikanische Musik und so weiter. Wir leben heute in der Welt des musikalischen Pluralismus, in einer Vielfalt von historischen und exotischen Musikidiomen, die durch Schallplatte und Tonband unbeschränkt verfügbar geworden ist. Wahrhaft polystilistische Polyphonie ist heute möglich geworden, weil heute das musikalische Bewußtsein polystilistisch geworden ist. Zugleich ist polystilistische Polyphonie heute wünschenswert, ja notwendig geworden. Denn Polyphonie ist ihrem innersten Wesen nach keine Spezialtechnik zur Bekundung besonderer musikalischer Gelehrsamkeit, sondern der Schauplatz, auf dem die Gesamtheit der kompositorischen Technik zur Schaffung eines musikalischen Mikrokosmos versammelt wird. Polystilistische Polyphonie eröffnet die Möglichkeit, der kontrapunktischen Schreibweise wieder die Verfügung über die Gesamtheit aller kompositorischen Ausdrucksmittel zurückzugeben. Nur eine polystilistische Polyphonie wäre fähig, die vielen verselbständigten und einander widersprechenden Stile, die heute in unserem musikalischen Bewußtsein lebendig sind, im Kunstwerk miteinander zu versöhnen. Das Ziel dieses Weges ist nicht ein eklektisches Potpourri von beziehungslos aneinander montierten Stilen, sondern die kompositorische Versinnbildlichung all dessen, was in unserem heutigen Musikbewußtsein lebendig ist, seine Ausprägung in selbständigen Satzcharakteren und seine sinnvolle Verknüpfung in einer neuen Polyphonie.«

Das sind Sätze, die unter den wesentlichen und richtungweisenden Programmformulierungen unseres Jahrhunderts ihre Stelle haben, Sätze, die überzeugen, weil in ihnen die wichtigste Voraussetzung schöpferischen Gelingens lebendig ist: der

Glaube an eine größere, reichere Zukunft der Musik. Sie sind der Schlüssel zum Verständnis des Werkes; sie weisen es aus als Ergebnis klarer künstlerischer Konzeption.

Das *Kyrie* beginnt mit einer grellen stilistischen Dissonanz. Leise setzt ein Trommelrhythmus ein, tiefe, in enge Intervalle gepreßte Posaunenakkorde erklingen, Klavier und Elektronenorgel deuten Jazzrhythmen an. Rhythmisch gesprochene Chorrufe »Kyrie eleison« steigern sich zu gesungenen, bitonal aus Dreiklangsformen geschichteten Akkorden. Dann fällt mit einer Improvisation des Schlagzeugspielers eine Dixieland-Band von Klarinette, Cornet, Posaune, Gitarre und Baß ein, musikalisches Symbol lärmender, geistloser Lustigkeit, Abbild einer Welt, die dem Rausch billiger Vergnügungssucht verfallen ist. Nicht wahre materielle oder geistige Not, sondern die Leere und die sinnlose Betriebsamkeit der säkularisierten Welt schaffen das Inferno, aus dem sich der Ruf nach Gott losringt. Er verdichtet sich zu langgehaltenen Chor-Akkorden, so daß der bewegte Satz den Charakter eines Adagio annimmt. Die Solo-Stimmen fügen melodische, vom Pizzikato-Baß getragene Episoden ein, der Gesang schwillt an bis zum vokalen Höhepunkt, dem von allen Stimmen 12 Takte lang gehaltenen Terzenakkord G – B – D – Fis – A. Ein Solo des Jazzdrummers läßt die gestauten Energien abschwellen, der Satz verklingt im flüsternden, bis zuletzt vom Rhythmus der Band begleiteten Sprechgesang der Chor-Stimmen, der Zwiespalt der Stimmungen und der stilistischen Elemente bleibt bestehen.

Das *Gloria* wird durch einen schleppenden Blues eingeleitet. Wieder wird der Jazz, den der Komponist in früheren Werken seiner ursprünglichen geistlichen Bedeutung gemäß als Stilelement in die liturgische Komposition einbezog, als weltliche Gegenstimme zitiert. Vibrierende Flageolettklänge der Streichinstrumente leuchten auf wie ein Lichtschein, Solo- und Chor-Stimmen verkünden die Engelsbotschaft »Gloria in exelsis« mit einem jubelnd ab- und aufschwebenden Motiv, welches dem Satz trotz des beibehaltenen langsamen Zeitmaßes einen ekstatisch bewegten Charakter verleiht. Nach einem abermaligen Blues-Intermezzo zu den Worten »Qui tollis peccata mundi« setzt mit der Lobpreisung »Quoniam tu solus sanctus« eine weiträumig angelegte Chor-Doppelfuge ein, die vom Orchester durch das *Gloria*-Thema bereichert wird und sich zu von majestätischer Fülle des Bläserklangs getragenem Glanz steigert.

Das *Credo* ist nicht nur durch den Aufwand an kontrapunktischer Kunst, sondern auch durch die Kraft und Tiefe seiner geistlichen Konzeption das Kernstück der Messe. Hier sucht der Komponist Bestätigung und Erhärtung seines musikalischen Bekenntnisses in der Vergangenheit, bei Bach, der höchsten Autorität der kirchenmusikalischen Tradition. Er zitiert im Orchester den vollständigen ersten Chorsatz des *Credo* von Bachs *h-Moll-Messe*, der seinerseits durch ein gregorianisches Zitat in noch tiefere Vergangenheit zurückgreift; damit bezieht er sich auf das Wort des Römerbriefes, daß der Glaube durch das Zeugnis der Überlieferung vermittelt wird. Der Bachsche Chorsatz, von A-Dur nach B-Dur transponiert und in vergrößerten Notenwerten von den Streichinstrumenten gespielt, liegt als 7stimmiger »Cantus firmus« dem 1. und 3. Glaubensartikel zugrunde und wird von einem 5stimmigen, selbständig erfundenen Chorsatz kontrapunktiert – ein satztechnisches Kunststück, das man als Reverenz vor den Meistern der niederländischen Schulen deuten mag. Der 2. Glaubensartikel ist frei komponiert. Wie von jeher begleitet die Musik den Erdenweg des Heilands mit tonmalenden Symbolen: »Descendit de coelis« wird durch eine absteigende, 3 Oktaven durchschreitende Skala der Holzblasinstrumente versinnbildlicht, deren Töne die Streicher wie einen Pedalklang nachhallen und ineinander verschwimmen lassen. »Crucifixus etiam pro nobis« wird vom Chor zu leisen Paukenschlägen geflüstert und von den Solisten melodisch ausgesponnen, während fernher klingender Jazzrhythmus die Schuld der Welt anzudeuten scheint. Die Auferstehungsbotschaft »Et resurrexit« erhebt sich zu triumphalem Glanz.

Im *Sanctus* überläßt sich der Komponist spontanem Musizieren. Der dreimalige Chorruf »Heilig« erklingt in schlichten Dreiklangsharmonien, Bläserchöre, Glocken und Gong geben majestätische Klangfülle. Bei den Worten »Pleni sunt coeli et terra gloria tua« mischt sich die ekstatische Thematik des *Gloria* ein, der fugierte Satz, ursprünglich breit und feierlich angelegt, belebt sich zum aufbrandenden Hymnus des »Osanna«. Die Engelsvision des Jesaja, die schon so viele Musiker inspirierte, hat eine neue, klanglich überwältigende Deutung gefunden. Das unmittelbar anschließende *Benedictus* greift an den Ursprung kirchlichen Musizierens zurück. Die Männerstimmen intonieren das gregorianische Benedictus der XI. Messe »Orbis factor«, welches Flöten und Klarinetten mit seiner eigenen Vergrößerung kontrapunktieren, die Frauenstimmen folgen mit einer nach Art eines mittelalterlichen Conductus ausgeführten Gesangsweise. Die archaische Schlichtheit wird durch ein lyrisches Violin-Solo belebt. Die Wiederkehr des »Osanna« schließt den Satz mit rauschender Steigerung ab.

Das *Agnus Dei* nimmt, die zyklische Form abrundend, die musikalische Problematik des *Kyrie* wieder auf. Die Band improvisiert über eine banal erfundene Melodie, elektronische Geräusche steigern sich bis zu brutalem Sirenengeheul, die Chor-Stimmen, in dissonanten übermäßigen Quarten gekoppelt, scheinen mit ihren »Miserere«-Rufen vergeblich gegen die entfesselte Dämonie gottloser Gewöhnlichkeit anzukämpfen; aber der lärmende Taumel sinkt in sich zusammen, und es bleibt, in immer schlichteren melodischen Formeln von Chor und Solo-Stimmen gesungen, die Bitte »Dona nobis pacem«, der die Musik Erfüllung gewährt. Die harmonischen Spannungen lösen sich; in einen 46 Takte lang gehaltenen, von Harfe, Celesta und Glocken ätherisch umspielten B-Dur-Dreiklang klingt die Messe aus.

Ist sie, als »Missa profana« in den modernen Konzertsaal gestellt, künstlerisch gültiges Bekenntnis christlichen Glaubens in der Welt? Die Bewußtheit und Weite der Konzeption, die undoktrinäre, umfassende Wahl der musikalischen Mittel, nicht zuletzt die bei allem kompositorischen Aufwand gewahrte Allgemeinverständlichkeit der Tonsprache sprechen dafür.

Michael Tippett

Der englische Komponist Michael Tippett (1905–98) wurde zu seinem Oratorium **A Child of Our Time** (»Ein Kind unserer Zeit«) für Sopran-, Alt-, Tenor-, Baß-Solo, gemischten Chor und Orchester durch ein politisches Ereignis angeregt. Am 7. November 1938 hatte in der deutschen Botschaft in Paris ein junger polnischer Flüchtling aus jüdischer Familie namens Herschel Grynszpan einen deutschen Botschaftssekretär erschossen, um durch diese spektakuläre Tat die internationale Öffentlichkeit auf die existenzielle Gefährdung der Juden in Deutschland hinzuweisen. Das Naziregime hatte darauf am 9. November 1938 mit der sogenannten Reichskristallnacht, einer parteiamtlich durchorganisierten Zerstörungswelle gegen Leib und Gut der jüdischen Mitbürger, reagiert. Es war also das im 20. Jh. eskalierende Schicksal der politisch-rassisch Verfolgten, das den auch als Schriftsteller hervorgetretenen Tippett veranlaßte, eines der bedrängendsten Probleme seiner Zeit in überzeitlich gültiger Form zu aufrüttelnder Aussage zu bringen. Tippett nahm sich für dieses hohe Ziel die Oratorien J. S. Bachs und Händels, speziell des letzteren *Messias*, zum Vorbild. In seinem selbst verfaßten, in drei Abschnitte gegliederten Textbuch gibt es deshalb Rezitativ und Arie, Solisten-Ensembles, Chöre und anstelle der formgliedernden, lyrisch-betrachtenden Gemeindestrophen feinsinnig ausgesuchte, für das Tutti gesetzte und »protestantisch« aufgefaßte Spirituals. Die Nummern 1 bis 8 geben eine zeitgeschichtliche Zustandsbeschreibung, die Nummern 9 bis 25 schildern das eigentliche leidvolle, von Grausamkeit und Verzweiflung geprägte Geschehen. Der 3. Teil mit den Nummern 26 bis 30 meditiert das Erfahrene und führt den Hörer im Vertrauen auf Gott zum hoffnungsvollen Blick auf sein Erbarmen.

Die musikalisch-künstlerischen Mittel zur Darstellung dieses weiten Spannungsbogens sind mannigfaltig und reichen von der klaren, im harmonischen Feld bewußt schlicht gehaltenen Tonalität der Spirituals über hoch entwickelte rhythmische Komplizierungen (z. B. Nr. 6 »I have no money« oder die Sopran-Arie Nr. 23 »The mother« oder die Alt-Arie Nr. 27

»The soul of man«) zu freitonalen Bildungen wie etwa in dem mitreißenden Doppelchor der Verfolger und der Verfolgten (Nr. 11). Besonders wichtige inhaltliche oder formale Anliegen werden häufiger durch kunstreiche kontrapunktische Arbeit hervorgehoben, wie z. B. die streckenweise kanonisch geführte *Terror*-Fuge (Nr. 19):

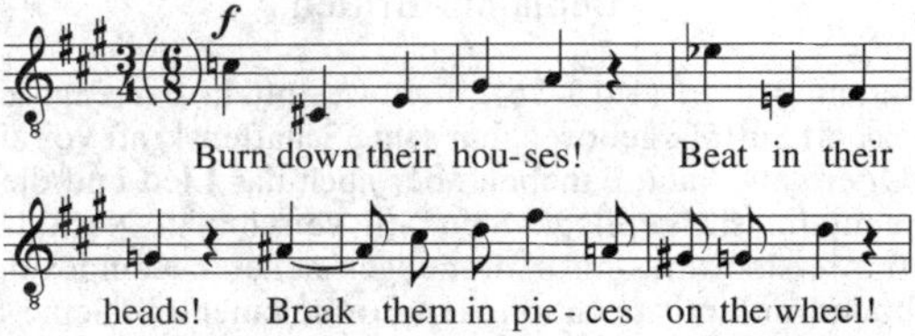

Der *Gesang des Jünglings im Gefängnis* (Nr. 22) erfährt eine beklemmende Verdichtung durch den 4stimmigen Kanon im Einklang zwischen hohen Geigen und Flöten als Vor- und Zwischenspiel. Der Eingangschor des 3. Teils »The cold deepens« weitet die Tonalität zum Zerreißen, wobei dann der 2mal auftretende, beziehungsreiche 4stimmige A-cappella-Quintkanon in der Umkehrung »Where lies the journal«, der vom Orchester unter Einführung der Vergrößerung aufgenommen wird, bei aller Kühnheit der Stimmführung eher tonale Beruhigung bietet. Das köstliche Holzbläser-Präludium, das den letzten Hauptsatz Nr. 29 (*General Ensemble*) einleitet, ist ein 16taktiger strenger Quintkanon für 2 Flöten und Englisch Horn und ein dramaturgisches Meisterstück von hoher Ausdrucksintensität. Die hier angewendete Vernetzung zweier Sätze ist ein Kunstgriff, den der Komponist schon mehrfach im Verlauf seines Oratoriums zur Verdichtung der Großform eingesetzt hat, z. B. am Ende der Nr. 2, die durch ein Interludium mit der Nr. 3 verbunden wird. Er führt hier zu einem schlußkräftigen Ensemblesatz von echter Händelscher Al-fresco-Pracht, der in einer 24taktigen klangseligen Vokalise der 4 Solo-Stimmen, bis zum c^3 des Soprans gesteigert, gipfelt; wobei wiederum dieser Schlußchor mit dem anschließenden Spiritual nahtlos verknüpft ist. Dessen ganz nach innen gewendete einstimmige Pianissimo-Kadenz auf cis mit den Worten »Ich will über den Fluß setzen in die ewigen Gefilde, Herr!« verleiht der erhabenen Idee des Oratoriums ergreifende Zusammenfassung.

Benjamin Britten

Benjamin Britten (1913–76), in Lowestoft in der englischen Grafschaft Suffolk geboren, hat seine Schaffenskraft vor allem der Oper gewidmet, daneben aber auch das Lied und die Instrumentalmusik gepflegt. Sein Stil verschmilzt Nachklänge des Impressionismus mit Anregungen neuerer Kompositionsmethoden und mit traditionellen Formelementen. Seine Musik zeichnet sich vor allem durch zwei Eigenschaften aus: Kantabilität, die aus dem nahen Verhältnis des Komponisten zur menschlichen Stimme hervorgeht, und sinnfälligen Wohlklang, der das der modernen Musik innewohnende dissonante Element sänftigt und überwindet. Britten war wohl der repräsentative Meister der englischen Musik, der er die lange verlorene Weltgeltung zurückgewonnen hat. Dank seines besonderen Gespürs für die menschliche Stimme schrieb er nicht nur zahlreiche vokale Solowerke, sondern widmete sich auch immer wieder der Chorkomposition. Und nachdem die englische Sprache während der 2. Hälfte des 20. Jh. die geläufigste Zweitsprache in Deutschland geworden ist, stehen der Aufnahme englischer Vokalmusik in das deutsche Repertoire keine nennenswerten Schwierigkeiten mehr entgegen. So erfreut sich etwa die **Hymn to Saint Cecilia op. 27** für gemischten (Knaben-)Chor a cappella auf einen Text von W. H. Auden zunehmender Verbreitung. Das 5sätzige, ca. 10minütige Werk entstand, wie die folgende *Ceremony*, 1942 auf Anregung des Londoner Fleet Street-Chors und erfuhr durch Britten, dessen Geburtstag auf den Cäcilientag (22. November) fiel, eine sorgfältige vokale Ausarbeitung mit bezaubernder chorischer Klangschönheit. Etwas anders liegen die Klangverhältnisse bei der vielgesungenen **A Ceremony of Carols op. 28** für gleichstimmigen Knaben- (oder Frauen-)chor und Harfe (oder Klavier). Britten stellte 9 altenglische Weihnachtslieder zusammen, die von der lateinisch gesungenen Magnificat-Antiphon für den 1. Weihnachtstag (»Hodie Christus natus est«) eingerahmt werden, und zwar so, daß der Chor während des unbegleiteten Singens der Antiphon in die Kirche einzieht und dementsprechend am Ende beim Hinausgehen die Antiphon ohne Instrumentalbegleitung wiederholt. Nach den ersten beiden Dreiergruppen der *Carols* fügt der Komponist ein Harfen-Interludium ein, das die Melodie der Antiphon metamorph verarbeitet. Mit diesem etwa 25minütigen Zyklus schuf Britten eine der beliebtesten chorischen Weihnachtsmusiken.

Im adventlichen Zusammenhang mag man auch die **Sankt Nikolaus-Kantate op. 42** für 4 Knaben-Solosoprane, Tenor-Solo, gemischten Chor (mit mehrfachen Teilungen) und Orchester (2 Klaviere, Orgel, Schlagzeug und Streicher) sehen, die in 9 Sätzen von insgesamt ca. 50minütiger Aufführungsdauer die Legende des heiligen Nikolaus in textlich (englisch) und musikalisch höchst ansprechender und abwechslungsreicher Weise zur Darstellung bringt. Im Zusammenhang mit der obengenannten *Ceremony* muß die **Missa brevis op. 63** für gleichstimmigen Knaben- (oder Frauen-)chor und Orgel erwähnt werden. Hier wird, wie der Titel andeutet, das um das *Credo* gekürzte Meßordinarium in syllabisch deklamierender Kürze und, wie für den Komponisten charakteristisch, einfallsreich und klangschön abgehandelt. Reizvoll und im Gedächtnis haftend ist z. B. das *Gloria* im konsequent durchgehaltenen $7/8$-Takt, der im »Amen« zum $5/8$-Takt komprimiert wird; oder die eigenwillige Deklamation des *Benedictus*, oder das *Agnus* im $5/4$-Takt auf einem 5 Terzen schichtenden, tonal offenen Ostinato. Das gern gespielte Werk entstand 1959 für den Westminster Cathedral-Chor und ist mit seiner knapp 10minütigen Aufführungsdauer sowohl für die Liturgie als auch mit seinem farbigen musikalischen Horizont für den Konzertgebrauch geeignet.

War Requiem op. 66 für Sopran-, Tenor-, Bariton-Solo, gemischten Chor und Knabenchor, Orchester und Kammerorchester ist Benjamin Brittens bedeutendster Beitrag zur großen Tradition der englischen Chormusik. Das Kriegs-Requiem wurde 1961 komponiert für die Wiedereröffnung der im 2. Weltkrieg von deutschen Fliegern zerstörten Kathedrale von Coventry und dort am 30. Mai 1962 aufgeführt. Der Charakter der Aufführung als einer Versöhnungsfeier wurde auch dadurch betont, daß eine russische Sopranistin, Galina Wischnewskaja, ein englischer und ein deutscher Sänger, Peter Pears und Dietrich Fischer-Dieskau, die Solopartien sangen. Das Werk vereint kirchlich-liturgische Feierlichkeit mit aufrührender Aktualität, es ist ebensowohl kultische Musik wie engagierte Zeitkunst. Es reiht sich bedeutsam in jene Folge bekennerhafter oratorischer Werke, die der Naziterror und das Ende des 2. Weltkriegs bei mehreren Komponisten von Weltrang hervorgerufen haben. Wir nennen hier als herausragende Beispiele von Arnold Schönberg (1874–1951) *Ein Überlebender aus Warschau op. 46* für Sprecher, Männerchor und Orchester (1947), von Darius Milhaud (1892–1974) die *III. Symphonie* – mit Tedeum – für gemischten Chor und Orchester (1946) und von Alexandre Tansman (1897–1986) das Oratorium *Der Prophet Jesaja* für gemischten Chor und Orchester (1949/50). Britten hat dem lateinischen Text der Totenmesse Verse des englischen Dichters Wilfred Owen eingefügt, der 25jährig in den letzten Tagen des 1. Weltkriegs gefallen ist; Verse der Klage, der Anklage und der Auflehnung gegen den grausamen Wahnsinn des Krieges, die sich mit den Gebeten und Verheißungen der Totenmesse verbinden oder zu ihr in bitterem, fast blasphemischem Kontrast stehen. Die Partitur besteht aus den 6 Teilen »Requiem aeternam« (*Introitus*), »Dies irae« (*Sequenz*), *Offertorium*, *Sanctus*, *Agnus Dei* und »Libera me«, in die die englischen Gedichte beziehungsvoll verschmolzen sind. Der Requiem-Text ist dem Chor, dem Solo-Sopran und dem großen Orchester, die Einfügungen sind dem Solo-Tenor und dem Solo-Bariton, den Stimmen des englischen und des deutschen Soldaten, und dem Kammerorchester zugeteilt, so daß der Wechsel von kirchlicher Liturgie und freier lyrischer Meditation schon äußerlich durch den Kontrast des Klangvolumens deutlich gemacht ist.

Der *1. Teil* ist das Bild einer Totenfeier. Über einem dumpfen, mit einem Gongschlag intonierten Akkord klingen Glokken, im Tritonus-Intervall c–fis gestimmt; der Chor deklamiert auf denselben Tönen die Worte »Requiem aeternam dona eis Domine«. Ein drängendes orchestrales Zwischenspiel steigert den Klang bei der Stelle »et lux perpetua luceat eis« zum Forte. Der Knabenchor stimmt eine einstimmige, von gläubiger Zuversicht beschwingte Melodie »Te decet hymnus« an, die bald auf dem 2stimmig gehaltenen Tritonus-Klang c–fis liegenbleibt, worauf der große Chor wieder mit seinen gedämpften, psalmodierenden »Requiem«-Rufen einfällt. Dann aber unterbricht der Solo-Tenor den liturgischen Gesang: nicht Glockenklang, sondern donnernde Geschütze, heulende Granaten, grelle Signalhörner sind das rechte Requiem für die, die im Krieg gefallen sind. Marschrhythmen, leidenschaftlich aufwärtsdrängende Motive, Anklänge an die Melodie des Knabenchors begleiten seinen Gesang. In das verklingende Orchesternachspiel setzt der 6stimmige Chor mit dem festgehaltenen Tritonus-Intervall ein: »Kyrie eleison«. Zweimal kommt er am Zeilenende auf den schmerzlichen Klang zurück. Beim 3. Einsatz führt eine ebenso einfache wie kühne Wendung nach F-Dur. Der Chorsatz und seine 3taktige Kadenz kehren am Ende des »Dies irae« und als Ausklang des ganzen Werkes wieder:

Das »Dies irae« beginnt mit leisen, sich allmählich zu gewaltiger Klangstärke steigernden Signalen der Hörner, Trompeten und Posaunen, die hier einen geistlich-weltlichen Doppelsinn haben als Rufer des Jüngsten Gerichts und als grelles Instrumentarium des irdischen Krieges. Der Chor setzt mit abgerissener Deklamation, die Silben durch Pausen trennend, in gehetztem 7/4-Takt ein, sein Gesang schwillt an und wieder ab. Ein Hornruf erklingt, bitonal harmonisiert, von einer schwirrenden Figur der Harfe gefolgt. Der Solo-Bariton schaltet ein kurzes Abendlied ein. Mit einer von Bläsern begleiteten Kantilene »Liber scriptus proferetur« fährt der Solo-Sopran im Text des Requiems fort. In unruhiger Achtelbewegung bekennt der Chor die Angst der Seelen vor dem Gericht: »Quid sum miser tum dicturus?« Tenor und Bariton setzen in einem Duett die Todesvertrautheit des Soldaten dagegen: »Nein, Tod war niemals wirklich unser Feind; wir lachten sein, verbündet ihm, Kamerad.« Mit einer ruhigen Melodie der Alt-Stimmen einsetzend, bittet der Frauenchor um Jesu Erbarmen.

Die Männerstimmen steigern das »Confutatis maledictis« zu einem leidenschaftlichen Bittgesang, auf dessen Höhepunkt der Bariton, von einem Ostinato der Pauken begleitet, dem Tod einen erregten Gruß entgegenruft. Der Chor fällt, nun in voll ausharmonisiertem Satz, mit dem jagenden 7/4-Rhythmus des »Dies irae« ein, Trompeten und Posaunen blasen schmetternde Akkorde hinein, ein Höhepunkt des Grauens ist erreicht. Dann beruhigt sich die Musik zu dem melodischen »Lacrimosa«, das der Solo-Sopran über leisen Chorharmonien anstimmt:

Der Solo-Tenor fügt rezitativische Episoden im Ton der Trauer ein. Der A-cappella-Chor »Kyrie eleison«, der am Ende des »Requiem aeternam« steht, beschließt, harmonisch und metrisch leicht verändert, als beruhigender Nachklang auch die Schreckensvision des »Dies irae«.

Das *Offertorium* (*3. Teil*) beginnt mit einem lichten Klangbild. Zu einem arpeggierten, aus Sekunden und Quarten gebildeten Orgelakkord in hoher Lage singt der Knabenchor die Bitte an den Herrn Jesus um Erlösung der frommen Seelen. Soprane und Alte wechseln einstimmig miteinander ab. Zu einer Fanfare der Bläser ruft der große Chor den Erzengel Michael an, daß er die Abgeschiedenen zum heiligen Lichte führe, das Gott einst Abraham und seinen Nachkommen versprochen hat. »Quam olim Abrahae promisisti« ist ein G-Dur-Satz in lebhaftem 6/8- und 9/8-Takt, der ein profiliertes Thema durch harmonische Varianten zu großer Steigerung führt:

Auf dem Höhepunkt bricht der Chorgesang ab, und während der 6/8-Rhythmus im Orchester noch nachschwingt, beginnt der Solo-Bariton die symbolhafte Erzählung von Abraham, der gegen das Geheiß des Engels seinen Sohn opferte. Großartig ist die Stelle: »Da band ihn Abraham mit Gurt und Strick und zog den Dolch, zu schlachten seinen Sohn«, wo Fagott, Horn und tiefe Klarinette mit skurriler Thematik über schweren, stockenden Rhythmen der Bässe das Grauen malen. Die Erscheinung des Engels, der ihm befiehlt, »des Stolzes Widder, nicht den Sohn« zu opfern, wird durch einen C-Dur-Zweiklang der Harfe und der Streicher illustriert. Aber eine aus der Tiefe aufbrechende Steigerung führt zum Schluß: »Aber der Alte wollt' nicht so, er bracht' ihn um, und halb Europas Samen, Mann für Mann.« Während die Solo-Stimmen, Tenor und Bariton, die letzte Zeile zu einem kanonischen Duett ausspinnen, intoniert der Knabenchor zu einem dissonant schwingenden Klang der Orgel und vom Forte bis zum Pianissimo diminuierenden Akkordschlägen des Orchesters: »Hostias et preces tibi Domine laudis offerimus.« Hier ist der Krisenpunkt der Konzeption, wo Heiliges und Irdisch-Böses in schauerlicher Dissonanz zusammenklingen, wo die Anklage der Zeit die kultische Feier übertönt. Danach wiederholt der Chor den Satz »Quam olim Abrahae promisisti«, in der Transposition nach e-Moll, mit der Umkehrung des Themas, in stetem, in der Tiefe verklingendem Pianissimo. Der Glaube an das Versprechen Gottes hat seine beseligende Kraft verloren, da die Menschheit das gebotene Heil verscherzt hat.

Das *Sanctus* (*4. Teil*), vom Solo-Sopran angestimmt, vom Chor in freiem, vom Pianissimo bis zum Fortissimo anschwellendem Sprechgesang fortgeführt, wirkt durch die Leuchtkraft des materiellen Klanges; das »Osanna« erhält durch Glissando-Effekte der Blechblasinstrumente eine erregende Brillanz. Im *Benedictus* vereinigen sich Solo-Sopran und Chor zu ruhigem, in Quintenklängen harmonisiertem Gesang. Der Solo-Bariton fügt die Frage an: »Wird Leben Tote wecken? Wird denn dann durch Ihn Tod nicht mehr sein, noch Schmerz und Not?« Im *Agnus Dei* (*5. Teil*) sind die gegensätzlichen Elemente des Werkes zur Einheit verschmolzen. Der Solo-Tenor verbindet sich mit dem Chor zur Verehrung dessen, der Sünde und Leid der Welt auf sich nahm – ein kurzes, liedhaftes Stück, das vom Chor im Pianissimo untermalt wird.

Der letzte Satz (*6. Teil*, »Libera me«) faßt noch einmal alle widerstreitenden Elemente des Werkes zu dramatischer Steigerung zusammen. Ein Marsch, von dumpfen Trommeln rhythmisiert, von gleitender Streicher-Chromatik vorwärtsgetrieben, begleitet das Gebet des Chores »Libera me de morte aeterna«. Bei der Stelle »Dum veneris iudicare« nimmt die Thematik härtere Konturen an; beim Einsatz des Solo-Soprans »Tremens factus sum ego et timeo« springt die Orchesterbegleitung in einen Scherzo-Rhythmus über. Auf einem C-Dur-Dreiklang der Trompeten sammelt sich der Chor von neuem zu dem Ruf »Libera me«. Die Steigerung geht weiter. Aus schweren Akkordschichtungen der Bläser, die Terzen bis zur Tredezime aufeinanderbauen, ringt sich das schreckenvolle Klangbild des »Dies irae« los, nicht mehr mit der Musik des 2. Satzes, sondern mit g-Moll-Akkordschlägen des Orchesters und abwärtseilenden, heulenden Passagen des Chors, die an Verdis Komposition der Stelle anklingen. Nach einem letzten, gewaltigen Aufschrei bricht der Satz gleichsam auseinander, die Rufe »Libera me« verklingen, und aus dem beruhigten Klang steigt eine dunkle Vision auf. Im Totenreich, in unterirdischen Grüften, in denen kein Einschlag dröhnt und keine Granate heult, treffen sich die früheren Feinde und erkennen einander: »Ich bin der Feind, den du getötet, Freund.« Das ist das Menschenwort der Versöhnung, das hineinklingt in die Formeln der Liturgie. Tenor und Bariton singen über langgehaltenen Akkorden des Orchesters, Solo-Instrumente, Harfe, Holzbläser werfen kurze thematische Formeln ein: ein Rezitativ im Stile Peris oder Monteverdis. »Laßt uns schlafen nun« ist das letzte Wort. Harfe und Klarinette stützen es durch eine gleichförmig fließende Bewegung, der Knabenchor fällt ein: »In paradisum deducant te angeli«; der große Chor tritt leise, in 6stimmigem Satz, hinzu, Orchester und Orgel geben den hellen Klanggrund. In ein Wiegenlied, über dem der Solo-Sopran schwebt, klingt das Werk aus. Noch einmal ertönt im Knabenchor bei den Worten »Requiem aeternam dona eis domine« der ungelöste Tritonus fis–c. Dann singt der große Chor, pianissimo a cappella, nur von einem einzigen nachhallenden Glockenanschlag unterbrochen: »Requiescant in pace, amen.« Es ist dieselbe choralhafte Akkordfolge, die schon den 1. und den 2. Satz abschloß. In äußerster Schlichtheit endet ein Werk, das als christliche Auseinandersetzung mit dem furchtbaren Thema des Krieges von Bedeutung ist und das durch das Nebeneinander und die Durchdringung geistlicher und weltlicher Inhalte und Symbole die Gebrochenheit unserer säkularisierten, aber noch immer von der christlichen Botschaft durchklungenen Zeit widerspiegelt.

Leonard Bernstein

Leonard Bernstein (1918–90), mit einer spektakulären Dirigentenkarriere einer der meistgenannten Musiker des 20. Jh., hinterließ ein ebenso bewundertes wie erfolgreiches kompositorisches Œuvre. Die Chormusik ist darin mit den **Chichester-Psalmen** für Knabenalt-Solo, gemischten Chor und Orchester vertreten, die Bernstein 1965 im Auftrag des Dekans der Kathedrale von Chichester, Very Reverend Walter Hussey, für das dort alljährlich stattfindende Musikfestival geschrieben hat. In Chichester wurden sie am 31. Juli 1965 mit der eigentlich intendierten Knabenchorbesetzung erstaufgeführt. Die etwa 20minütige Kantate besteht aus 3 Sätzen, die durch die Identität des Prologs vom 1. Satz (Psalm 108,3 – Maestoso ma energico) mit dem Epilog des 3. Satzes (Psalm 133,1 – Lento possibile) formal verklammert werden; wie denn überhaupt die kompositorische Durchstrukturierung von imponierender Schlüssigkeit ist. Die Tempi z. B. sind im einzelnen wie in ihren Verhältnissen untereinander minutiös kalkuliert. Die Tonalitätsbehandlung ist unter kenntnisreicher Berücksichtigung vokaler Gegebenheiten undoktrinär und überlegen gehandhabt. Interessanterweise entstanden die Psalmen unmittelbar nach Bernsteins dodekaphoner Kompositionsphase ganz bewußt auf dem Boden der (allerdings sehr frei angewendeten) Tonalität. Faszinierend ist die Vertonung des 100. Psalms im schnellen, tänzerischen $7/4$-Takt des *1. Satzes*. Im *2. Satz* besticht das lyrisch-innige, vom Chor-Sopran und -Alt flankierte Knaben-Solo zum ersten Teil des 23. Psalms, das nach dem Allegro-feroce-Einbruch der Männerstimmen zum 2. Psalm, über den auslaufenden Männerpart gelagert, mit dem zweiten Teil des 23. Psalms musikalisch wörtlich wiederkehrt. Das im wesentlichen von den Streichern allein bestrittene, klangintensive Orchester-Präludium zum *3. Satz* verarbeitet die Motivik von Prolog und Epilog, und der Hauptteil des Schlußsatzes bringt den 131. Psalm auf einem bestrickend schönen Klangteppich des Orchesters im zart schwebenden »Peacefully flowing« organisch fließender $10/4$-Takte. Alle Gesangspartien sind obligat in hebräischer Sprache zu singen.

Die **Mass (Messe)**, die Bernstein 1971 als Auftragswerk zur Einweihung des John F. Kennedy-Centers in Washington geschrieben hat, ist keine Orchester-Messe und auch keine oratorische Form im gebräuchlichen Sinn dieser Begriffe, sondern eine Multimedia-Aktion, die einen genau beschriebenen Bühnenaufbau verlangt. Das Textbuch hält sich zwar im ganzen an den lateinischsprachigen römischen Meßkanon; aber dies geschieht in einer recht großzügigen Auslegung mit Erweiterungen durch z. T. ausführliche englische Kommentare von Stephen Schwartz und Bernstein selbst sowie hebräische und lateinische Ergänzungen. Innerhalb der aufs ganze gesehen freitonalen Musik fällt im *Credo* der Gebrauch der Zwölftönigkeit für den einstimmigen Vortrag des lateinischen Nicaenum auf, was als Symbol für »mechanistische Ideologie« verstanden werden will. Das Ensemble aus »Sängern, Schauspielern und Tänzern« verlangt 1 Zelebranten, etwa 20 Vokalsolisten aus dem ca. 45köpfigen »Street People«-Chor, der aus Sängern und Tänzern besteht, einen ca. 60köpfigen gemischten Chor in Roben, einen ca. 20köpfigen Knabenchor, ein Orchester aus Streichern, Schlagwerk und 2 Orgeln im Orchestergraben, ein Orchester aus Holz- und Blechbläsern, E-Gitarren, Keyboards etc. auf der Bühne sowie eine Gruppe von Tänzern in Kapuzenmänteln als Meßdiener.

Louis Vierne

Louis Vierne (1870–1937), 37 Jahre lang bis zu seinem Tode Titularorganist an der Kathedrale Notre Dame in Paris, ließ sich 1906 von den 2 Orgeln seiner berühmten Wirkungsstätte, der Hauptorgel auf der Westempore und der Chororgel im Osten, zu seiner **Messe solennelle cis-Moll op. 16** für gemischten Chor und 2 Orgeln anregen, einem durchkomponierten Meßordinarium ohne *Credo*. Gleich im auf großen Klang angelegten *Kyrie* besticht der symphonische Atem des insgesamt über 31 Minuten dauernden Werkes. Das *Gloria* beginnt mit packendem Impetus und baut in souverän disponierter Entwicklung eine fulminante Steigerung auf. Das *Sanctus* und das nach dem zur Zwei- und Dreistimmigkeit zurückgenommenen *Benedictus* wörtlich wiederholte »Osanna« beziehen ihre Durchschlagskraft aus der homorhythmischen Deklamation des Chores auf den ostinat figurierten Klangflächen der Orgeln. Im subtil durchgeformten letzten Satz (*Agnus Dei*) wird das erste »Agnus« vom zweiten wörtlich einen Ton tiefer wiederholt. Nach einer 8taktigen Modulation nach A-Dur beginnt das dritte »Agnus« mit einer formal ritardierenden Imitation der Männerstimmen, um nach neuerlicher Modulation nach Cis-Dur mit 3maligem »Dona nobis pacem« in harmonisch zauberischer Coda zu schließen. Es kann nicht verwundern, daß dieses glanzvolle und wirkungsmächtige Werk bei leistungsfähigen Chorgemeinschaften zunehmendes Interesse findet.

Darius Milhaud

Darius Milhaud (1892–1974) hinterließ in seinem überreichen, 442 Opuszahlen umfassenden Œuvre eine Vielzahl verschiedenartigster Chorwerke, die sich sowohl aus sprachlichen als auch aus Gründen des Schwierigkeitsgrades nur partiell in Deutschland haben durchsetzen können. Von Milhauds weltlicher Chormusik seien die 5 **Quatrains Valaisans** für 4stimmigen gemischten Chor a cappella auf französische Gedichte von Rainer Maria Rilke genannt, die im Juli 1939 in Mayens de Sion für den Sittener Chor »Chanson Valaisanne« und seinen Leiter Georges Haenni entstanden. Die Gleichzeitigkeit von Hindemiths dortigem Aufenthalt und der Entstehung seiner *Six Chansons* kann auf S. 436 und in Milhauds Erinnerungen *Notes sans musique* nachgelesen werden. Auch Milhaud findet in seinen Walliser Chorstücken dank der Adaption bodenständigen musikalischen Empfindens zu einer besonders geglückten vokalen und klanglichen Chordiktion und zu starker atmosphärischer Dichte.

Von den geistlichen Chorwerken (Milhaud verhielt sich aus jüdischen Glaubensgründen christlicher Thematik gegenüber zurückhaltend) seien außer dem *121. Psalm* (dem 122. nach evangelischer Zählung) für 4stimmigen Männerchor a cappella auf den französischen Text von Paul Claudel, der 1921 für den Harvard Glee Club komponiert worden ist und ein Schulbeispiel Milhaudscher Polytonalität sowie ein hinreißend inspiriertes Stück Musik darstellt, die **Drei Psalmen Davids op. 339** für 4stimmigen gemischten Chor a cappella genannt. Sie entstanden 1954 in der lateinischen Textfassung der Vulgata für die Mönche der Benediktinerabtei Mount Angel im amerikanischen Bundesstaat Oregon. Milhaud benutzt eine im 16./17. Jh. häufig angewandte Praxis, bei der versweise die Einstimmigkeit des liturgischen Psalmtones und die Vierstimmigkeit eines meist frei komponierten, undoktrinär geformten, freitonalen Chorsatzes abwechseln. Polyphonie wie die Kanons der Frauenstimmen im III. Teil (Psalmen 114 und 115) findet sich selten, das Zitieren des jeweiligen Psalmtons im Chorsatz dagegen etwas häufiger. Der I. Teil (Psalm 51) folgt in G-Hypolydisch dem 6. Psalmton und besticht durch seine streng symmetrische Gliederung: vom einstimmigen 11. Vers an durchlaufen die 4stimmigen Chorsätze 12 bis 20 den 2. bis 8. Vers rückwärts, bis Vers 20 dem Vers 2 entspricht. Die Verse 21 und 22 enthalten, 1- und 4stimmig, die nicht zum Psalm gehörende Requiem-Antiphon.

Francis Poulenc

Francis Poulenc (1899–1963), einer der erfolgreichsten französischen Musiker des 20. Jh., gilt als der Chorkomponist der Neuen, aus der »Gruppe der Sechs« hervorgegangenen Musik Frankreichs. Nach einer religiösen Erweckung, die Poulenc im Sommer 1935 im Wallfahrtsort Rocamadour erfuhr, wandte sich der mit Bühnenwerken, Klavier- und Orchestermusik bekanntgewordene Komponist der Chormusik zu. Die französischsprachigen **Litanies à la Vierge noire de Rocamadour** für Frauen- oder Kinderchor und Orgel eröffneten ein umfangreiches Chor-Œuvre, das sich selbst mit den **Sept Chansons** (1936) für gemischten Chor a cappella auf Gedichte von Guillaume Apollinaire und Paul Eluard bei deutschen Chören durchgesetzt hat. Die 7 Stücke des Zyklus bieten äußerst dankbare und wirkungsvolle Konzertliteratur. Allerdings werden alle 4 Chor-Stimmen bis zu 3facher Teilung verwendet, und wiewohl Poulenc das Fundament eindeutiger Tonalität nie verläßt und die Einzelstimmen mit Sanglichkeit geführt werden, stellen die typischen interessanten und geistreichen, sich vor allem in harmonischen Rückungen zeigenden Chromatisierungen immer wieder über die Vokalität hinausgehende Aufgaben. So ist jedes einzelne Gedicht eine anspruchsvolle Kostbarkeit durch Farbigkeit und Einfallsreichtum.

Die geistlichen Chorwerke von Poulenc sind fast durchweg in lateinischer Sprache gehalten und deshalb unseren Chören noch eher zugänglich. Die Stimm- und Tonalitätsbehandlung, die Stimmteilungen und der technische Anspruch sind allerdings in allen Stücken vergleichbar. Die persönliche Handschrift Poulencs ist mit den ersten Chorstücken ausgeschrieben und behält unverändert ihren charaktervollen Duktus bis zu seinem Opus ultimum, den *Leçons des Ténèbres* für Kinder-Soli, Männerchor, Kinderchor und Orchester von 1961. Leistungsfähige Chöre wagen sich gern an die A-cappella-**Messe in G-Dur**, die Poulenc 1937 zum Gedächtnis seines Vaters schrieb. Das 15minütige, ohne *Credo* konzipierte Werk atmet die ganze Frische der Inspiration, die dem Komponisten eignete. Aber auch aus den **Vier Motetten für eine Bußzeit** (1938/39) und den **Vier Motetten zur Weihnachtszeit** (1951/1952), alle für A-cappella-Chor gesetzt und in der beschriebenen Stilistik gehalten, findet man immer wieder den einen oder anderen Titel in den Programmen. Besonders beliebt ist jedoch das schwungvolle, strahlende **Gloria** für Sopran-Solo, gemischten Chor und Orchester, das 1959 für die Koussewitzky-Stiftung in Boston (USA) entstand und dort 1961 unter Charles Münch uraufgeführt wurde (s. Bsp. S. 539). Der Text dieser symphonischen Kantate umfaßt das ganze *Gloria* des Meßkanons, das Poulenc in 6 Sätzen und gut 28 Minuten eindrücklich und wiederum voller urmusikantischer Einfälle darstellt. Die Stimmteilungen werden hier bei weitem nicht so exzessiv genutzt wie in den A-cappella-Werken. Der Satz ist

Très vif et joyeux (♩ = 124)
Chor
Orchester
ST
AB
f
(8)
Lau- da - mus te, lau- da - mus te,
mf
al 8va
be- ne- di- ci- mus te, be- ne- di- ci- mus te,
S
A
T
a - do - ra - - - mus te,

ausgesparter, feingliedriger, und erinnert an Mozart oder Strawinsky. Die Einführung des Solo-Soprans im »Domine Deus, rex coelestis«, im »Domine Deus, agnus Dei« und im »Qui sedes« ist bei souverän geführter Sanglichkeit von anrührender Klangschönheit.

Daß es möglich ist, die tradierte geistliche Botschaft bei Nutzung moderner Rhythmik und Instrumentation auf persönliche Weise in schönsten Wohllaut des freitonalen Idioms umzusetzen, macht wohl den spektakulären Erfolg und auch den musikgeschichtlichen Rang dieser oratorischen Musik aus.

Maurice Duruflé

Maurice Duruflé (1902–86), langjähriger Titularorganist an der Pariser Kirche Saint Etienne du Mont, hinterließ kein zahlenmäßig umfangreiches Lebenswerk, aber eines, das sich in internationalem Rahmen großer Wertschätzung erfreut. Eine der in Deutschland meistgesungenen **Requiem**-Kompositionen ist Duruflés **op. 9** für Sopran- und Bariton-Solo, gemischten Chor, Orchester und Orgel. Es entstand 1947 zum Gedenken an den Vater des Komponisten, und zwar mit großer Besetzung wie z. B. 3fachem Holz, 4 Pauken, 3 Schlagzeugern, Celesta, Harfe und obligater Orgel. Wegen des lebhaften Echos einerseits und des teuren Aufführungsapparates andererseits entschloß sich Duruflé zu einer 2. Fassung mit einem auf Orgel, Streicher, 3 Trompeten, Harfe und Pauken (ad libitum) reduzierten Orchester und schließlich zu einer 3. Fassung für Soli, Chor und Orgel. In 9 Sätzen und ca. 44 Minuten Aufführungsdauer entfaltet der Komponist den liturgischen Kanon der Missa pro defunctis, wobei er nach dem Vorbild des für die französische Musik in mancher Hinsicht prägenden Gabriel Fauré die *Sequenz* »Dies irae« fortläßt. Das verleiht auch dieser oratorischen Gedächtnismusik ihren ergreifenden Charakter zwischen meditierender Trauer und glaubensgewissem Trost. 6 der 9 Sätze beziehen sich musikalisch – und das heißt natürlich zugleich liturgisch-geistlich – auf dem Graduale triplex entnommene gregorianische Vorlagen; und dies sowohl für den Chor (einstimmig freirhythmisch oder metrisiert, kanonisch oder kontrapunktisch verarbeitet) als auch für das Orchester (*Introitus* Z. 7, *Kyrie* Z. 11 und 16, *Offertorium* Z. 26 und 28, u. a.). Deshalb bevorzugt Duruflé die erweiterte, modal eingefärbte Tonalität mit vielfältigen harmonischen Reizen und überraschenden Klangbildern. Er schreibt einen äußerst geschickten, sanglichen und ideal klingenden Chorsatz mit Ausnutzung verschiedenster Stimmlagen. Alle Chor-Stimmen sind geteilt. Auch die beiden Solisten haben überaus dankbare Aufgaben; interessanterweise werden sie genau wie von Fauré eingesetzt: der Mezzosopran singt ausschließlich die schmelzreiche, belcanto-selige »Pie-Jesu«-Arie und der

Bariton seine nicht weniger gesanglichen ariosen Partien im *Offertorium* und im »Libera me«.

Aus gleichen Gründen, nämlich wegen ihrer aus idealer Vokalität entwickelten, Sänger und Hörer gleichermaßen ansprechenden Klangsinnlichkeit, haben auch die **Vier Motetten über gregorianische Themen op. 10** für Chor a cappella viel Zustimmung gefunden. In lateinischer Sprache zu verschiedenen liturgischen Zwecken entstanden, veröffentlichte sie Duruflé 1960 und widmete sie dem Direktor Auguste Le Guennant des Pariser Gregorianischen Institutes. Bei allen Stücken ist die gregorianische Vorlage wie ein Motto vorangedruckt. Nr. 2 *Tota pulchra es* ist eine Marienmotette nach Worten des Hohenliedes für 3 (auch geteilte) Frauenstimmen von großer Leuchtkraft. Die anderen Motetten sind für 4 gemischte Stimmen, und besonders die Nr. 1 *Ubi caritas et amor* auf den Text der 8. Antiphon und des 1. Verses zur Zeremonie der Fußwaschung am Gründonnerstag ist dank der Stimmteilungen von Alt, Tenor und Baß ein Kleinod chorischer Klangkunst. Die 4. Motette *Tantum ergo sacramentum* geht auf die beiden letzten Strophen des Fronleichnamshymnus »Pange lingua gloriosi« und ist mit ihrem klar geführten Tenor-Cantusfirmus eine ideale Kommunionsmusik zu jeder Abendmahlshandlung.

Olivier Messiaen

Olivier Messiaen (1908–92) schrieb 1933 die Motette **O sacrum convivium** für 4 gemischte Stimmen und Orgel ad libitum, die in etwa 4½ Minuten den Text der Magnificat-Antiphon aus der 2. Vesper an Fronleichnam behandelt. Die Besetzungsanweisung erwähnt auch »ou quatre solistes«, was die Erfahrung bestätigt: Die A-cappella-Besetzung sollte ca. 16 Choristen nicht übersteigen, oder 4 Solisten mit verschmelzungsfähigen Stimmen singen »in die Orgel«, die ständig colla parte spielt. Dann erfährt man ein erhabenes, edles Stück geistlicher (Abendmahls-)Musik, das dank seiner spontan einleuchtenden Form, seiner bei komplexer, weit ausgreifender Harmonik absolut klaren Tonalität und dank seiner bewegenden Ausdrucksdichte starke Wirkung auszulösen vermag.

1943/44 komponierte Messiaen die **Trois petites liturgies de la présence divine** (»Drei Hymnen auf die Gegenwart Gottes«) für 18 (einstimmig singende) Frauenstimmen (Soprane mit Mezzo- und Alt-Stimmen gemischt), Ondes Martenot, Klavier, Celesta, Vibraphon, Schlagzeug und Streichorchester. Das klanglich phantasievolle, abwechslungsreiche, in seinem geistlichen und künstlerischen Gesamtbild tief anrührende Werk geht auf einen 3teiligen meditativen Gebetstext von Olivier Messiaen selbst: I. Antiphon der inneren Zwiesprache (Gottes Gegenwart in uns), II. Sequenz des Wortes, Gotteshymne (Gottes Gegenwart in sich selbst), III. Psalmodie über die Allgegenwart der Liebe (Gottes Gegenwart in allen Dingen). Peter Schwarz schreibt zur Charakterisierung von Messiaens Ausdruckswillen: auch diese Kantate ist ein »Bekenntnis zum Leben auf der Erde und im Himmel, dieser unlösbaren Einheit, die der Komponist in seiner Musik gleichsam visionär darstellt. [. . .] Messiaen prägt dafür das schöne Bild des ›theologischen Regenbogens‹, der die musikalische Sprache zu sein versucht. Gemeint ist damit die Unversehrbarkeit der Einheit von Himmel und Erde, die intakte Verbindung von Mensch und Gott als einzige, ausschließliche Voraussetzung für menschliche Existenz.«

Frank Martin

Frank Martin (1890–1974) darf als einer der bedeutendsten Oratorienkomponisten des 20. Jh. angesehen werden. Dabei tat sich der Sohn eines Genfer evangelisch-reformierten Pfarrers mit der Komposition geistlicher Texte recht schwer, ja er hielt sie in jungen Jahren für über die geistigen Kräfte eines Menschen gehend. Seine in den Jahren 1922 bis 1929 entstandene **Messe** für zwei 4stimmige Chöre hielt er 40 Jahre vor der Öffentlichkeit verborgen, denn das »war eine Sache zwischen Gott und mir, die niemand etwas anging«. Erst 1963 gab Martin sie zur Aufführung und 1972 zur Veröffentlichung frei; dieses sein seither meistaufgeführtes Vokalwerk blieb zugleich sein erstes und einziges geistliches A-cappella-Werk.

Die Martin-Messe steht zeitgleich und stilverwandt mit den markanten, die Stilwende der Neuen Musik bezeichnenden A-cappella-Großwerken der 20er Jahre von Kurt Thomas (*Messe op. 1*; *Psalm 137 op. 4*) und Ernst Pepping (*Choralsuite*; *Kleine Messe*), und das bedeutet entchromatisierte, quasi entschlackte und gereinigte, freie, aber eindeutige Tonalität auf modaler Basis. Es beinhaltet Reduzierung, also Konzentration der kompositorischen Mittel, und Strukturierung des Tonmaterials aus den Gegebenheiten der Vokalität mit den Möglichkeiten chorischer Lagen- und Klangbeherrschung. Eine Aufführung des 26minütigen Werkes im Rahmen eines Meßgottesdienstes ist gut möglich, aber, wie bei den eben genannten Werken, nicht eigentlich intendiert.

Ähnlich wie Felix Mendelssohn Bartholdy entwickelte Martin für seine wesentlich späteren Oratorien einen deutlich anderen Chorstil, der nun zur Integration in den – durch die Nähe zur Dodekaphonie – chromatisierten Orchestersatz gestaltet wird. Das erste Werk dieser Art, das auch zugleich Martins entscheidenden Durchbruch in der internationalen Musikszene zur Folge hatte, war **Der Zaubertrank** (**Le vin herbé**, 1938 und 1941), Oratorium in 3 Teilen nach dem *Roman von Tristan und Isolde* von Joseph Bédier (die deutsche Übersetzung stammt von Rudolf G. Binding und Frank Martin), für 12 Solo-Stimmen, 7 Saiteninstrumente und Klavier.

Die Vokalpartien – und dann auch die Streicher – können mehrfach besetzt werden, was bei einer Gesamtaufführungsdauer von 102 Minuten eher wünschenswert erscheint. Die erzählenden Abschnitte sind immer einstimmig oder mehrstimmig homophon, also isorhythmisch mit allen Nuancierungen der freien Rede gesetzt. Des Komponisten spezifisches und auch weiterhin für ihn verbindliches Stilbild ist nun endgültig durchformuliert, nämlich die Poly- bis Freitonalität mit Benutzung der (tonalisierten) Dodekaphonie auf der Basis der Terzverwandtschaften, die das Artistische streifende Rhythmik und die mit Raffinement ausgesparte Instrumentation.

Frank Martins erstes geistliches Oratorium entstand bezeichnenderweise nicht spontan, sondern als Auftragskomposition. 1944 bestellte Radio Genf ein 45minütiges Chorwerk, das am Tage des Waffenstillstandes zwischen den Alliierten und Deutschland uraufgeführt werden sollte. Unter dem Titel **In terra pax** stellte der Komponist ein französisches Textbuch aus Abschnitten der Heiligen Schrift zusammen, das er in 4 Teile gliederte: I. Der Krieg als Äußerung des Zornes Gottes, II. Ankündigung der Befreiung der Gefangenen und der Gnade von Hoffnung und Leben, III. Botschaft Christi mit Seligpreisung und Vaterunser, IV. Der neue Himmel und die neue Erde. Dieser Text liegt auch in einer vom Komponisten hergestellten deutschen Fassung vor. Als Besetzung für sein »Oratorio breve« wählte Martin Sopran-, Alt-, Tenor-, Bariton-, Baß-Solo, 2 gemischte Chöre und Orchester, und komponierte es von August bis Oktober 1944, »zeitweise mit den alliierten Armeen um die Wette laufend«. Die Uraufführung in Genf fand am 7. Mai 1945 statt (s. auch S. 528). Der Komponist war zu der Zeit 54 Jahre alt und auf der Höhe seines ausgereiften Personalstils und seines großformatigen Gestaltungsvermögens. Bei aller Komplexität der Harmonik und Rhythmik sind die Formverhältnisse des Werkes und seine geistlichen Aussagen dem Hörer stets zugänglich und verständlich. Dazu helfen u. a. mehrfach thematische und formale Entsprechungen, z. B. der Rückbezug von Nr. 9 auf Nr. 1 oder die wörtliche Wiederholung des Kanons in Nr. 4, Z. 3 mit Stimmtausch ab Z. 8 oder in Nr. 7 die in luzider Instrumentation erklingende rondoartige Orchestervorgabe des ab Z. 14 krönenden 3maligen Doppelkanons auf C. Auch der längste Satz, das 8½minütige Alt-Solo als Passacaglia im klassischen ¾-Takt auf 8taktigem, auf a tonalisiertem Zwölftonthema, ist bei aller tonalen und formalen Kühnheit spontan erfaßbar und überzeugend – auch wenn in der 10. und 11. von 15 Variationen die Solo-Bratsche das Thema in der Sopranlage wie einen norddeutschen Orgelchoral freirhythmisch auf gis figuriert. Das »Heilig« im IV. Teil, Z. 8 erscheint durch harmonische und formale Reprisen in aufleuchtender Klarheit (4+4+8 Takte) oder Z. 15 (4+4)+(8)+(4+Coda). Befreiende Zielpunkte entstehen wiederholt durch tonale, meist durale Kadenzbildungen in Paul Hindemith nahestehender Stilistik. Angesichts der geistigen Thematik, der souveränen musikalischen Gestaltung und des weiteren Chorkreisen erreichbaren Schwierigkeitsgrades ist *In terra pax* heute das am häufigsten aufgeführte oratorische Werk von Frank Martin.

Nach den ermutigenden Erfahrungen mit seinem ersten geistlichen Oratorium entschloß sich Frank Martin, konkret angeregt durch die Wahrnehmung von Rembrandts Radierung der drei Kreuze auf Golgatha, quasi im zeitlichen Anschluß und ohne Auftrag, ein Passionsoratorium zu komponieren, um das faktische Geschehen der Kreuzigung Jesu berichtsweise ohne kirchliche Akzentuierung darzustellen. Es sollte also keine »Kirchen«musik entstehen, als der Komponist sich das französische Textbuch aus den vier Evangelien und Texten von Augustin in 2 fast gleich langen Teilen zu je 5 Sätzen zusammenstellte. Dabei sollten die lyrischen Abschnitte Gelegenheit zur Meditation und zur Bildung der musikalischen Großform geben. **Golgotha** entstand 1945 bis 1948 für Sopran-, Alt-, Tenor-, Bariton-, Baß-Solo, gemischten (in allen 4 Stimmen geteilten) Chor, Orchester und Orgel und hat eine Aufführungsdauer von 90 Minuten. Im Orchester spielen außer der obligat eingesetzten Orgel reich besetztes Schlagzeug und Klavier. Die Instrumentation ist äußerst farbig und phantasievoll, besonders auch bezüglich der Streicherbehandlung. Sprechende Beispiele dafür sind Nr. 4, Z. 2 oder in Nr. 5, Z. 8, 19 und 20. Aufmerksamkeit erregen auch in Nr. 8 die klangschönen engen Lagen der Chorrezitationen. Zum Verständnis der Form ist beachtenswert, daß zwischen Nr. 4 *Abendmahl* und Nr. 5 *Gethsemane* einerseits und Nr. 8 *Pilatus-Szene* und Nr. 9 *Kreuzigung* andererseits zum Zweck der Straffung des dramatischen Fortgangs keine Meditationen eingefügt sind; aber vor der Nr. 10, die die *Auferstehung* durch die Bibelstelle 1. Korinther 15,55 und die Meditationen XV und XVIII des Kirchenvaters Augustin verkündigt, erklingt ein ausführliches Tenor-Solo zu Augustins VI. Meditation. Die musikalische Formbildung wird vielfach durch – vorzugsweise harmonische – Ostinato-Bildungen erzeugt, und auch Reprisen, transponierte Sequenzen, Fugato und Fuge, Kanon und Doppelkanon vermitteln hörbar die Ausgewogenheit der Gesamtkonzeption. Packende Höhepunkte erstehen z. B. in Nr. 5 durch äußerste Konzentration des Materials und durch den visionären Einfall bei Z. 13. Nr. 6 gehört zu den begnadetsten Seiten der Partitur. Erregende dramatische Schlagkraft bringt die Nr. 7 oder Z. 12 und 23 in der Nr. 8, während strahlende Jubelpartien die Nr. 10 aufleuchten lassen. *Golgotha* ist einer der unbezweifelbaren Höhepunkte in der Geschichte der Passionskomposition.

Im deutschen Repertoire noch etwas vernachlässigt erscheint Frank Martins **Requiem** für Sopran-, Alt-, Tenor-, Baß-Solo, gemischten Chor, Orchester und große Orgel, das aus eigenem Antrieb 1971/72 entstand und von dem ebenfalls gesagt werden möchte, daß es zu den wirkungsmächtigsten Requiem-Kompositionen der Oratoriengeschichte zählt. In 8 Sätzen von insgesamt 47 Minuten Aufführungsdauer konzentriert sich der Komponist auf den liturgischen Ablauf mittels grundsätzlich einmaligen, unwiederholten Textgebrauchs und Verzichts auf kontrapunktische Entfaltung – außer bei liturgischen Wortwiederholungen wie im *Kyrie* oder *Sanctus*. Hier begegnet uns ein auf die letzten geistlichen Aussagen verdichtetes Alterswerk in ausgesparter Handschrift und Instrumentation bei normalem Symphonieorchester, aber reich besetztem Schlagwerk sowie Cembalo und Glockenspiel. Das Werk ist für alle Ausführenden (auch für den Dirigenten) von höchstem aufführungstechnischem Anspruch.

Arthur Honegger

Der Schweizer Arthur Honegger (1892–1955) zählt als Mitglied der Pariser Groupe des Six zu den Avantgardisten der Jahre um 1920, die die Zeitidee des neuen Klassizismus durch radikale Abkehr von der Ausdrucksintensität und der chromatisierten Harmonik der Romantik schon vor Strawinskys *Oedipus Rex* verwirklichten. So wenig diese Stilrichtung eigentlich seinem schwerblütigen, an Bach geschulten künstlerischen Temperament entsprach, so hat er doch gerade mit seinen Frühwerken – seinem ersten Oratorium und dem Orchesterstück *Pacific 231*, dem symphonischen Abbild einer Schnellzuglokomotive – musikgeschichtliche Bedeutung gewonnen, die später durch seine Symphonien und die Choroper *Johanna auf dem Scheiterhaufen* bestätigt und erweitert wurde.

König David, symphonischer Psalm in 3 Teilen nach einem Drama von René Morax, in deutscher Nachdichtung von Hans Reinhart, für Sprecher, Sopran-, Alt-, Tenor-Solo, Chor und Orchester, ist ursprünglich nicht als Oratorium, sondern als Bühnenmusik zu dem genannten Schauspiel komponiert und 1921 aufgeführt worden. Danach hat Honegger die Theatermusik zu einem Oratorium umgearbeitet, dessen Uraufführung im Jahre 1923 in Winterthur stattfand. Die frühere Bestimmung der Musik macht sich im Oratorium noch bemerkbar. Es besteht aus geschlossenen, überwiegend kurzen Stücken von illustrativem Charakter, ein Sprecher, der den Faden der Handlung erzählt, ersetzt die dramatische Aktion. Der Part Davids, den 3 Solo-Stimmen zugeteilt, besteht aus Gesängen, denen Psalmentexte in freier Umarbeitung zugrunde liegen, so daß der Dichterkönig durch die Kraft seines eigenen Wortes vor die Phantasie des Hörers tritt. Der Chor stellt das israelische Volk dar. Die Wirkung des Werkes beruht auf der Frische und Originalität der Musik, deren orchestrales und harmonisches Kolorit auch heute nicht verblaßt ist. Gerade die prägnante Kürze der musikalischen Formen fesselt das Interesse des Hörers. Auf Durchführungstechnik, auf kontrapunktische Belastung des Satzes wird verzichtet. Die noch neuen Mittel des Impressionismus, Quartenklänge, ornamentale Melodielinien, bitonale Harmonien, bestimmen den Stil, die Anschaulichkeit der musikalischen Schilderung durch Hirtenschalmeien, kriegerische Trompeten, Märsche, Hymnen und Tänze ergibt ein tönendes Gemälde von leuchtender Farbenpracht.

Der 1. Teil des Oratoriums behandelt die Heldentaten des jungen David, der 2. das Fest des Sieges und den Tanz des Königs vor der Bundeslade, der 3. die Schuld und die Prüfungen seines Alters und seinen Tod. Der hellste Glanz liegt in der Mitte, im Festhymnus des 2. Teils, der Schlußteil bildet den ernsten, dunklen Kontrast. Das Oratorium beginnt nach einem kurzen, aus kriegerischen und pastoralen Klängen gemischten Orchestervorspiel mit Davids Berufung (*1. Teil*). Der Prophet Samuel geht nach Bethlehem und salbt den Hirtenknaben David, den jüngsten Sohn Isais, zum König, der dem von Gottes Gnade verlassenen Saul nachfolgen soll. Bitonale Fanfaren kündigen die folgende Szene an, Davids Kampf mit dem Riesen Goliath. Ein kurzer 4stimmiger Chor feiert den Sieg. Der Zorn Sauls treibt David in die Wüste zu den Propheten. Drei Psalmen, vom Tenor und Sopran gesungen, drücken Davids traurige Stimmung aus. Saul und David sind verfeindet; als der Krieg zwischen Israeliten und Philistern wieder ausbricht, steht David im Lager der Philister. Saul verzweifelt an seinem Glück und sucht die Hexe von Endor auf, die den Schatten Samuels heraufruft. Die Beschwörung ist eine pittoreske melodramatische Szene. Samuel verkündet dem König den Tod. Saul fällt im Kampf auf dem Berge Gilboa, ein Bote überbringt David seine Krone. Auf den Siegesmarsch der Philister folgt die Klage der Frauen um den gefallenen König.

»David ist König« – mit diesen Worten des Erzählers beginnt der *2. Teil* des Werkes, der ganz der Festfreude, der Verehrung der Bundeslade gewidmet ist. Auf einen Frauenchor folgt der *Tanz vor der Bundeslade*, das bei weitem umfangreichste Stück und der musikalische Höhepunkt der Partitur. Auf einem gehaltenen F-Dur-Dreiklang bricht der Chor ab; zum Tremolo der Violinen verkündet eine Engelstimme, der

Solo-Sopran, daß dem König David ein Sproß erblühen solle, der allen Völkern eine Leuchte sein und dessen Name auf Erden nie vergehen werde. Mit einem kantablen, vom Grundton zur Quinte aufsteigenden Motiv stimmt der Chor ein vielstimmiges »Halleluja« an:

Die Harmonik wendet sich von D-Dur über H-Dur nach Fis-Dur, über absteigenden Skalen der Bässe verklingt der Gesang, von leuchtenden Orchesterakkorden getragen.

Der *3. Teil* des Oratoriums enthält eine Fülle erzählter Handlung, er umfaßt die ganze Regierungszeit des Königs David bis zu seinem Tode. Ein Lobgesang ist die Einleitung. Der Erzähler berichtet von Davids Größe und Schuld, von seinem Begehren nach Bathseba, des Urias Frau. Der lockende Gesang einer Dienerin und zwei Psalmen sind die musikalische Illustration der Episode. Jehova straft David für seine Schuld: Sein Sohn Absalom erhebt sich mit Heeresmacht gegen den Vater; im Wald wird er im Kampf von Ephraim erschlagen. Der *Gesang von Ephraim*, die Totenklage, ist eine zartlyrische, von Tamburinschlägen begleitete Melodie des Solo-Soprans, der die Alt-Stimmen des Frauenchors echohafte Imitationen hinzufügen. Noch einmal erhebt sich der Streit mit den Philistern; der Siegesgesang der Israeliten ist ein ruhiges, von Frömmigkeit erfülltes Stück. Davids Stolz erregt den Zorn Gottes, der die Pest als Strafe schickt. Der Chor bittet in einem kurzen, erregten Gesang um Erbarmen und Rettung. Das Gelöbnis des Tempelbaus besänftigt den Zorn des Ewigen. Der gealterte König läßt seinen Sohn Salomo zum Nachfolger krönen und bereitet sich zum Sterben. In einer von ätherischen Harmonien des Orchesters geschilderten Vision erblickt er einen Cherub, der das Kommen des Messias prophezeit. Sein Dank für sein reiches, erfülltes Leben verbindet sich mit dem Halleluja des Volkes: der Schlußchor des 2. Teils beendet auch den 3. Teil des Werkes, nun in lösendem D-Dur ausklingend.

Während die Bühnenmusik zum *König David* auch in ihrer erfolgreichen Fassung als »Symphonischer Psalm« immer noch ihre ursprüngliche Konzeption erkennen läßt, schuf Arthur Honegger in enger Zusammenarbeit mit dem Dichter Paul Claudel 2 abendfüllende Oratorien, den *Totentanz* (*Danse des morts*, 1939) und **Johanna auf dem Scheiterhaufen** (**Jeanne d'Arc au bûcher**, 1935), Szenisches Oratorium für 2 Soprane, Alt-, Tenor-, Baß- und Kinder-Solo, gemischten Chor, Kinderchor und, mit (u. a.) 3 Saxophonen, 4 Fagotten, 4 Trompeten, 4 Posaunen, 2 Klavieren, Celesta und Ondes Martenot groß besetzten, Orchester. Das Werk entstand auf Anregung der berühmten Tänzerin und Schauspielerin Ida Rubinstein und ist ihr auch gewidmet. Das in französischer und lateinischer Sprache verfaßte Textbuch gliedert sich in einen Prolog und 11 Szenen, die alle auf dem Richtplatz vor der Kathedrale zu Rouen am Tag der Hinrichtung der Jeanne d'Arc spielen und sich von Form und Inhalt her, wie von Dichter und Komponist intendiert, sehr gut für eine szenische Darstellung eignen. Man benötigt hierfür maximal 12 Sprechrollen (darunter die Partie der Johanna) sowie mindestens die obengenannten Vokalsolisten. Die Publikumswirkung der Gesamtszenerie ist außerordentlich: Es sei die bedrückende, verzweifelte Stimmung des düsteren Prologs (s. S. 553, *Weihnachtskantate*!) genannt, der ebenfalls ein »De profundis« enthält und der komplexen Harmonik wegen besonders hohe gesangliche Anforderungen stellt. Interessant ist es, die *1.*, dramatisch wirkungsvoll instrumentierte *Szene* mit den musikalischen Vorgaben des Dichters zu vergleichen: »Die Stimmen im Himmel: Man hört einen Hund heulen in der Nacht. Einmal, zweimal. Beim zweiten Mal mischt sich mit dem Geheule das Orchester in einem Schluchzen oder unheimlichen Gelächter. Beim dritten Mal: die Chöre. Dann Schweigen. Es folgen ›die Stimmen der Nacht über dem Walde‹, denen sich vielleicht, sehr zart, Trimazos Lied und eine helle Nachtigallenweise anfügt. Schweigen und während einiger Takte schmerzliche Versunkenheit. Dann von neuem der Chor mit geschlossenem Mund. Crescendo, diminuendo. Dann deutliche Stimmen: ›Jeanne‹!« Mitreißend ist die *4. Szene* (*Jo-*

hanna, den Tieren ausgeliefert), wie sie in glänzender Verarbeitung zweier Volksliedstrophen (erst Baß, dann Sopran) gesteigert wird.

Aus Nr. 4

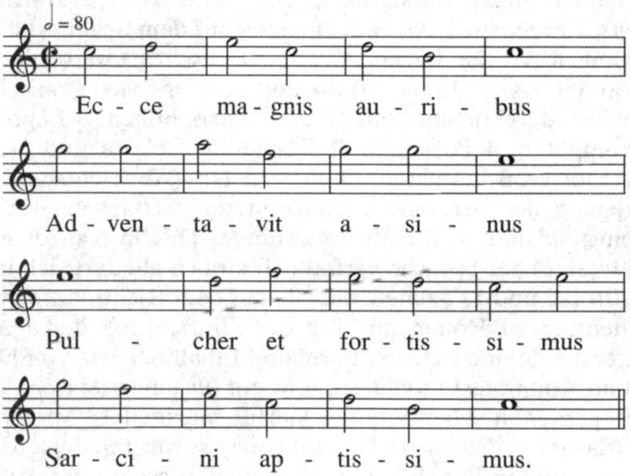

Köstlich sind die Variationen einer stilisierten Hofmusik in der *6. Szene* (*Die Könige oder die Erfindung des Kartenspiels*) und beklemmend die Totenglocken in der *7. Szene* (*Katharina und Margarete*). In der *8. Szene* (*Der König zieht nach Reims*) vergleiche man die übermütigen Violin-Variationen über »Heurtebise« mit den antithetischen lateinischen Gregorianikpartien. Die vokaltechnischen Anforderungen des Honeggerschen Chorstils sind in der *9. Szene* (*Das Schwert der Jungfrau*) an den a cappella gleitenden Dur-Akkordmixturen abzulesen. Bewegend und in der dramatischen Entwicklung lang ersehnt ist dann dort die lyrische Emphase des Orchesters nach Johannas gesprochenem Wort: »Elle s'appelle l'amour« (»Sein Name ist: Liebe«). Die *11.* und letzte *Szene* (*Jeanne in den Flammen*) kulminiert in den Worten des Johannesevangeliums 15,13: »Niemand hat größere Liebe denn die, daß er sein Leben läßt für seine Freunde.«

Honeggers letztes Werk, **Une Cantate de Noël (Eine Weihnachtskantate)** nach liturgischen und volkstümlichen Texten für Bariton-Solo, Kinderchor, gemischten Chor, Orgel und Orchester, entstand 1953 für seinen langjährigen Freund, den Dirigenten Paul Sacher, zum 25. Jubiläum von dessen Basler Kammerchor. Die Kantate gliedert sich vom dreisprachigen Textbuch (Französisch, Deutsch, Lateinisch) und seiner musikalischen Entfaltung her in 3 Teile, die man mit ›Advent‹, ›Weihnachten‹, ›Epiphanias‹ überschreiben könnte. Sie bilden im einzelnen wie im ganzen ein vollendetes Bild von der undoktrinären und dabei souveränen Handhabung der dem jeweiligen Ausdruckswillen dienenden Stilistik in Honeggers Handschrift. Das *1. Kapitel* erhebt sich aus dem Kontra-C der Orgel über großflächige Orchester-Ostinati und herbe, geschärfte Akkordik zu einem wortlosen, klagenden Bußgesang, der mit dem Beten der ersten Verse des 130. Psalms (»De profundis clamavi«) eine chromatische Aufwärtsentwicklung freisetzt. Sie kulminiert in 8tönigen, atonalen, wortlosen Tutti-Schreien, die über den Ruf »O komm!« in eine 2strophige Liedform in 8stimmigem gekoppelten freitonalen Chorsatz »O komm, o komm, Emanuel« übergehen. Aber zwischen den Strophen schon intoniert der Kinderchor mit ätherischer Begleitung von Harfe, Geigen und Orgel das geistliche Volkslied »Freu dich, freu dich, o Israel«, das nach der 2. Chorstrophe wiederkehrt und zum *2.* (Weihnachts-)*Kapitel* hinüberführt – eine kunstreiche Technik formaler Verschränkung, die auch gleich wieder im Übergang von der Verkündigung an die Hirten über das altdeutsche »Es ist ein Ros entsprungen« und das Engels-»Gloria« zum Weihnachtsquodlibet angewendet wird. In diesem auf alte mitteleuropäische weihnachtliche Volksbräuche zurückgehenden, dank seiner Vereinigung von Popularität und Meisterschaft berühmt gewordenen Chor- und Orchestersatz werden zweisprachig die Weihnachtslieder »Vom Himmel hoch ihr Englein kommt«, »Il est né le divin enfant«, »O du fröhliche« und »Stille Nacht« in mehrfachen Strophenabläufen und doppelten Kontrapunkten übereinander geschichtet und auf dem impressionistisch wogenden Klangbett der Streicher zu großartiger Wirkung gebracht. Danach, in den vom Bariton gesungenen Nachklang des »Gloria« hinein, ertönt bereits von einer Kinderstimme der klassische Epiphanias-Psalm 117 (»Laudate Dominum omnes gentes«) auf die Melodie des V., des weihnachtlichen Psalmtones, der vom Chor einstimmig, aber in den Halbversen tritonisch versetzt, aufgenommen wird. Damit ist die Verklammerung zum *3.* (Epiphanias-)*Kapitel* gegeben, einer in Händelscher Klangpracht in reinem C-Dur jubilierenden Chor-Apotheose über den lateinisch gesungenen 117. Psalm; sie wird vom zweimaligen Zitat des 1. Verses im V. Psalmton durch den Kinderchor mit Trompete nach Art eines Zimbelsternes überglänzt.

28

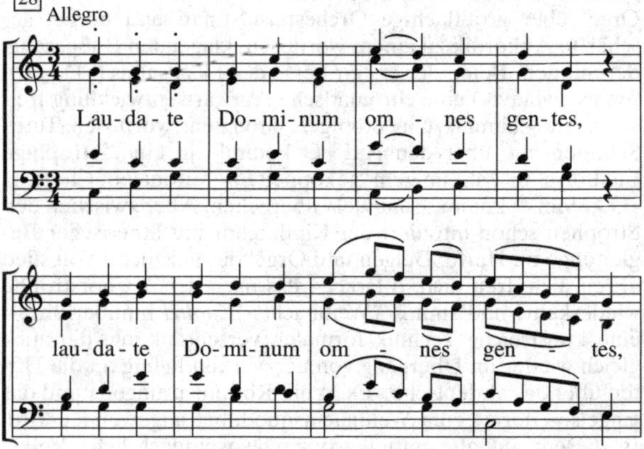

Das 7fache, komplementär alle 12 Töne rekapitulierende, hymnisch strömende »Amen« kadenziert in die Grundtonart C-Dur, und auf dem errungenen »Orgelpunkt« des Kontra-C vollzieht sich nun eine reizvolle Rückerinnerung des Orchesters an alle 6 im Lauf der Kantate erklungenen geistlichen Volkslieder und auch den weihnachtlichen Psalmton in einem 41taktigen, die verschiedenen Cantus firmi ver- und entflechtenden instrumentalen Quodlibet. Die Orgel hat das letzte Wort mit dem zum Pianissimo zurückfindenden variativen Krebs der ersten 4 Takte der Kantate.

Willy Burkhard

Willy Burkhard (1900–55), eine der markantesten Musikerpersönlichkeiten der Schweiz im 20. Jh., Tonsatzlehrer an den Konservatorien in Bern und Zürich, errang mit seinem vielfältigen und umfangreichen kompositorischen Werk internationale Anerkennung. W. Burkhard gehört zu den in der Musikgeschichte nicht gar zu häufigen Komponisten, in deren Œuvre jedes einzelne, kurze oder lange, klein oder groß besetzte Opus als ein Meisterstück von überzeitlichem Anspruch erfaßt werden kann. Dabei ist seine urpersönliche Handschrift keiner Schule oder Tonsatzlehre zuzuordnen. Mit Strawinsky, Bartók, Hindemith und Schönbergs Dodekaphonie hat Burkhard sich auseinandergesetzt und ihre Einflüsse aufgenommen, ohne sich einer bestimmten Anhängerschaft zu verschreiben. Dank der terzbestimmten Strukturen seiner Melodiebildung und harmonischen Entwicklungen ist eine gewisse Nähe zu Frank Martin festzustellen, die sich aber bei letzterem doch eher farblich-harmonisch, bei ersterem eher linear manifestiert.

Willy Burkhards umfangreiches Chorschaffen ist ohne das gezielte Studium der Meister des 15. und 16. Jh. nicht zu denken. Nach mehreren recht herben, urmusikantischen Frühwerken von bohrender Linearität, wie z. B. dem *Tedeum op. 33*, fixiert das Oratorium **Das Gesicht Jesajas op. 41** von 1934/35 für Sopran-, Tenor-, Baß-Solo, gemischten Chor, Orgel und Orchester seinen endgültigen, flexibleren und farbigeren Chorstil. Dieses etwa 70minütige Oratorium wird allgemein als Willy Burkhards Hauptwerk bezeichnet. Es gliedert sich in 7 Teile, deren *1.* die Funktion einer *Introduktion* hat und die Verse Jesaja 1,1 und 2a mit Martin Luthers nach Jesaja 6,1–4 gedichteten deutschem *Sanctus*-Lied verbindet. Die übrigen 6 Teile kann man in 2 Dreiergruppen auffassen: II. *Androhung* *der Strafe Gottes*, III. *Vertrauen auf Gottes Hilfe*, IV. *Folgen der Strafe Gottes* und V. *Prophezeiung der Erlösung*, VI. *Realität des Todes*, VII. *Gottes Friedensbotschaft*. Diese Gliederung wird durch die Einfügung einstrophiger Schlußchoräle nach jedem einzelnen Teil, wie es Ende des 17. Jh. zur Formung größerer oratorischer Zusammenhänge entwickelt worden war, verdeutlicht. Alle verwendeten Liedstrophen entstammen dem tradierten evangelischen Gesangbuchbestand, während die Melodien sämtlich von Burkhard sind und von Chor und Orchester einstimmig (bis auf die 4stimmige letzte) vorgetragen werden.

Nr. 18 Choral

Sämtliche Prosatexte des Oratoriums wurden vom Komponisten aus den Büchern des Propheten Jesaja zusammengestellt. Sie werden in verschiedenen Formen, wie Marsch, Passacaglia, Fuge oder Arie, entfaltet und packend interpretiert. Dazu bedient sich Burkhard der vielfältigen stilistischen Möglichkeiten seiner Zeit mit phantasievoller, farbiger Instrumentation, differenzierter Rhythmik und Verarbeitung des Tonmaterials von den Kirchentonarten über die Polytonalität bis zur Zwölftönigkeit. Glanzpunkte der Partitur finden sich, nächst der wie das Westwerk eines Domes aufragenden Nr. 1, in dem mit 12 Tönen arbeitenden, durch eine ausdrucksdichte Einleitung vorbereiteten Fugenthema der Nr. 2, dessen Ein-

Fugenthema aus Nr. 2

sätze sich über a – h – cis – dis emporschrauben; oder in dem die »Lehrstücke« der 20er Jahre erinnernden Marsch der Nr. 4. Der Wirkung der heulenden Chor- und Orchester-Glissandi, schließlich bis in die Schlußfermate hinein im Tritonus-Abstand, wird der Hörer sich so wenig entziehen können wie dem polymetrischen Fugenthema der Nr. 5. In Nr. 7 ergreift die kanonische Polytonalität des lyrischen Mittelteils, und in den Schlußchorälen der Nr. 10 und Nr. 14 besticht die Konzentration des Tonmaterials – hier durch die Kristallisation von Motiven der beiden vorhergehenden Sätze, dort durch die Minimierung des Melodie-Umfangs auf eine Quarte. In Nr. 25 erreicht der Komponist (»Siehe! Ich breite aus den Frieden«) den geistlich-lyrischen Höhepunkt des Werkes.

Aus den gewichtigen Titeln in Burkhards späterem Chorschaffen dürfen vier nicht unerwähnt bleiben. Die Kantate (sic!) **Sommerzeit op. 61** für 4stimmigen gemischten Chor a cappella bietet nicht nur einen bezaubernd klingenden und dazu meisterlich gearbeiteten ersten und letzten Satz, sondern zwischen beiden mit der Vertonung des Matthias-Claudius-Gedichtes *Im Juni* ein wirkliches Kleinod weltlicher A-cappella-Literatur. **Kleiner Psalter op. 82** für gemischten Chor a cappella entstand in dem »Bestreben, die neuen Ausdrucksmittel so sehr zu vereinfachen und zu stilisieren, daß die Gesanglichkeit und auch die Sangbarkeit der A-cappella-Werke nicht darunter zu leiden haben« (W. Burkhard). Die 6 kostbaren, auch einzeln oder in freien Zusammenstellungen aufführbaren Miniaturen dieser kleinen Motettensammlung nach Psalmtexten sind nicht ohne Grund die meistgesungenen Chorstücke des Komponisten.

Ein ganz anderes Genre stellt die **Messe op. 85** für Sopran- und Baß-Solo, gemischten Chor und kleines Orchester dar (3 Holz-, 3 Blechbläser, Streichquintett, Pauken und Schlagzeug für 1 Spieler). Das weiträumige, fast 60minütige Werk verlangt nicht nur in dem in allen Stimmen geteilten Chor, sondern auch im Orchester und vom Dirigenten hohes Können, denn die obenerwähnten Stilmittel von Burkhards ausgeschriebener Handschrift der Reife erscheinen hier nicht im Al fresco des großflächigen Oratoriums, sondern in der feingliedrigen Ziselierung kammermusikalischen Anspruchs für eine der gewichtigsten Meßkompositionen des 20. Jh.

Willy Burkhards letztes Chorwerk, die 1954/55 für seinen Berner Kollegen und Freund Wolfgang Senn entstandene Kantate (sic!) **Die Sintflut** nach dem Bericht aus dem 1. Buch Mose für gemischten Chor a cappella erzielt mit ihrem ins Artistische expandierenden chortechnischen Anspruch eine außergewöhnliche chorische Expressivität. Der erschütternde Text wird in überlegen disponierter Großform von 5 Sätzen mit ca. 23minütiger Aufführungsdauer in leuchtenden Farben und packender Ausdrucksdichte dargestellt.

Adolf Brunner

Adolf Brunner (1901–92), einer der wichtigsten Komponisten der alemannischen Schweiz im 20. Jh., fand relativ spät zur Chorkomposition, die er dann mit einer größeren Zahl wertvoller und gern gesungener Werke für verschiedene Besetzungen bedachte. Nach einem längeren Rom-Aufenthalt, während dessen Brunner regelmäßig an den Gottesdiensten in der Hauptkirche der Franziskaner teilgenommen und dort italienische Vokalität erfahren hatte, schrieb er 1937 seine **Missa a**

cappella für 4 gemischte Stimmen. Brunners etwa 35minütiger chorischer Erstling bietet eine fesselnde Auseinandersetzung der expansiv freitonalen Moderne mit der Vokalität. Von seiner Genese her ist die Themenbildung des *Kyrie* aus dem Hymnus »Pange lingua« nicht zufällig. Die 1938 entstandene Motette für 6stimmigen gemischten Chor **Der Mensch** nach dem vielkomponierten Gedicht von Matthias Claudius ist ein etwa 8minütiges ästhetisch anspruchsvolles, interpretatorisch wirkungsvolles Stück, das die auffällige Nähe von Brunners vornehmer Handschrift zu Ernst Peppings profiliertem Personalstil deutlich erkennen läßt. Brunner und Pepping waren nicht nur vom gleichen Jahrgang, sie studierten auch gleichzeitig (und blieben miteinander ein Leben lang befreundet) an der Berliner Musikhochschule bei Walter Gmeindl. Das geistliche Konzert **Die Versuchung Jesu** für 4stimmigen (in allen Stimmen geteilten) gemischten Chor a cappella von 1945 zeigt ebenfalls in seinem elitären Anspruch und in der Behandlung von Stimme, Tonalität, Rhythmus und Deklamation des Deutschen die Verwandtschaft mit Peppings mittlerem Chorstil in überzeugender Weise.

Von starker Wirkung auf Ausführende und Hörer sind auch die größeren Werke für Chor und Orchester. Die etwa 30minütige Kantate **Das Weihnachtsevangelium** entstand 1950 für 4stimmigen (gelegentlich geteilten) Chor und 5stimmiges Streichorchester. Sie bringt die Weihnachtsgeschichte nach Lukas 2,1–20, eingerahmt von der 1. und 3. Strophe des geistlichen Volksliedes »Es ist ein Reis entsprungen« und mit einem pentatonisch melismatisch ausschwingenden »Amen« als Beschluß. Der mit Könnerschaft durchgeformte, wohlklingende Streichersatz und die den Text plastisch und klangintensiv deklamierende Chorpartitur ergeben zusammen eine strahlend schöne Weihnachtsmusik.

Als Zusammenfassung und Höhepunkt von Adolf Brunners kompositorischem Œuvre kann man die **Markus-Passion** für Sopran-, Tenor-, 2 Bariton- und 2 Baß-Soli, 2 gemischte Chöre, Orchester und Orgel ansehen, die der Achtzigjährige nach 10 Jahren der Vorarbeiten vollendete. Das etwa 2stündige Oratorium enthält den Passionsbericht nach Markus 14 und 15,1–39 in einer behutsam überarbeiteten Luther-Fassung, der in 6 Teile gegliedert ist. Jeder Teil wird von einer kirchenliedgebundenen Orgel-»Intonation« eingeleitet, wobei das Lied zum 2. Teil »Wie soll ich dich empfangen« auch während der Handlung vom 2. Chor kommentierend eingefügt wird. Das gesamte »dramatische Rezitativ« (Brunner) wird nach Art der Motettenpassion vom Chor vorgetragen, während die Solisten die Einzelpersonen darzustellen haben. Das differenziert eingesetzte Orchester bringt gelegentlich Kirchenlied-Zitate zur geistlichen Erhellung des Zusammenhanges für die Hörergemeinde. Bei der Salbung in Bethanien werden Holzbläser und Streicher verwendet, bei der Abendmahlshandlung allein die Streicher. Zur Gefangennahme kommen erstmalig Trompeten zum Einsatz, zum Verhör Posaunen und Tuba und zur Verspottung das Schlagwerk (ohne Pauken). Adolf Brunners auf den ungekürzten, unverstellten Evangelientext konzentriertes Passionsoratorium bringt in vollendeter und überzeugender Weise die auf die musikalische Verkündigung ausgerichtete theologische Grundüberzeugung des Komponisten im Klanggewand der vielfach erweiterten Tonalität des 20. Jh. zu tief ergreifender Wirkung.

Heinrich Sutermeister

Heinrich Sutermeister (1910–95), der vor allem durch seine erfolgreichen Opern (u. a. *Romeo und Julia*, *Die schwarze Spinne*, *Le Roi Béranger*) international bekannt gewordene Schweizer Komponist, schuf auch ein gewichtiges Œuvre verschiedenartiger Chorwerke. Von den A-cappella-Stücken muß die **Missa in Es** genannt werden, eine fesselnde und farbenreiche Komposition, die das vollständige Meßordinarium »für 4stimmigen gemischten Chor a cappella« um das tonale Zentrum Es herum in realer Einstimmigkeit singen läßt. Nicht nur im liturgischen Gebrauch, wenn die Sätze durch mehrere Propriumshandlungen unterbrochen werden, sondern auch im Konzert, wenn die Sätze einander mehr oder weniger dicht folgen, offenbart Sutermeisters Messe durch das Raffinement stimmlicher Aussparungen und verschiedener stimmlicher Verbindungen in wechselnden Lagen und dynamischen Entwicklungen ein immer wieder neu ausgeleuchtetes, spontan interessierendes Klangbild. Das ca. 23minütige Werk entstand 1948 zur Einweihung der katholischen Kirche in Sutermeisters Geburtsort Feuerthalen als Dank an die Kommune für die Anbringung einer Gedenktafel am Geburtshaus des Komponisten.

Zwischen 1935 und 1965 schrieb Heinrich Sutermeister 8 durchnumerierte Chorkantaten mit unterschiedlichen vokalsolistischen und instrumentalen Besetzungen zu höchst wertvollen literarischen Vorlagen. Von ebenso erheiternder wie begeisternder Publikumswirkung ist die knapp 25minütige Wilhelm-Busch-Kantate **Max und Moritz** für 4 gemischte Stimmen und Klavier zu 4 Händen, die Sutermeister 1951 im Auftrag von Radio Bern komponierte. Sie ist ebenfalls in jenem für den Komponisten charakteristischen poly- bis freitonalen, dramatisch akzentuierten und wirkungssicheren Stil gehalten, zu dem er von seinem frühen Vorbild Arthur Honegger und seinem späteren Lehrer Carl Orff angeregt worden war.

Die Gipfelpunkte von Sutermeisters Chorschaffen liegen in den oratorischen Werken und dort zuerst in der **Missa da Requiem** für Sopran- und Bariton-Solo, gemischten Chor und Orchester, die 1953 im Auftrag der Familie H. C. Bodmer für deren verstorbenen Schwiegersohn Otto Schürch entstand. Als der für die Uraufführung im Radio Mailand vorgesehene russische Dirigent und Freund Sutermeisters, Issai Dobrowen, kurz vor dem Termin überraschend verstarb, leitete Herbert von Karajan die Sendung am 21. Dezember 1953, und Heinrich Sutermeister schrieb für die konzertante Uraufführung am 12. Juli 1954 unter Hans Münch in Basel ein neues *Agnus Dei*, das dem Schmerz über den Verlust seines Freundes vollkommeneren Ausdruck verlieh. Die Form des Requiem wird vom Komponisten in 5 in sich geschlossenen Sätzen gestaltet: *Introitus* (inklusive *Kyrie*), »Dies irae« (*Sequenz*), *Offertorium*, *Sanctus* (inklusive *Benedictus*), *Agnus Dei* (inklusive *Communio*), wobei Sutermeister sich nicht durchgehend an den liturgischen Kanon hält. So fehlt z. B. im 1. Satz die Reprise der Antiphon »Requiem aeternam«, und auch das 2. »Kyrie« entfällt. Der erfahrene Dramatiker und versierte Orchesterkomponist Sutermeister schreibt eine vielfarbige Partitur, die mit jedem neuen Formteil zu fesseln versteht. Gleich aus dem 1. Holzbläser- und Harfen-Ostinato, der dann im letzten Satz, fast unmerklich eingeführt, wiederkehrt und

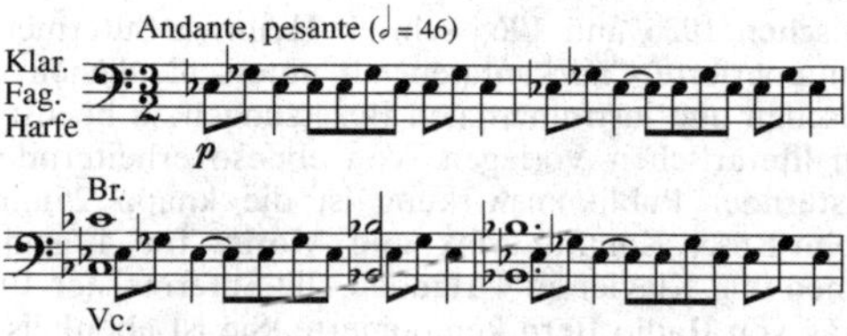

melodisch entfaltet wird, entsteht eine fulminante Steigerung zum Psalmteil hin. Die *Sequenz* wird mit chorischer Hoquetus-Technik, mit Glissandi und Bläserschlägen in allen Lagen und Instrumentenkombinationen zu einer makaber-gespenstischen Szenenfolge. Beachtenswert ist der Orchesterübergang zum lyrischen »Recordare« des Solo-Soprans oder das geigenselige »Jesu pie« oder die harmonische und rhythmische Befriedung des »Amen«. Auch das *Offertorium* ist reich an faszinierenden Klangbildern. Kontrapunktische Arbeit ist von der dramatisch-dekorativen Gesamtkonzeption ausgeschlossen. Um so attraktiver wirken dann vorgespiegelte Fugati, wie sie etwa im *Sanctus* bei Z. 50a mit realer Einstimmigkeit die Aufmerksamkeit erregen. Unausweichlich erscheint der lyrische, im Pianissimo verlaufende klangliche Aufbau des ersten »Hosanna« und dann auf seine Weise der des zweiten, der den gesamten Aufführungsapparat vom 3fachen Pianissimo zum 3fachen Fortissimo aufstrahlen und in einer 16taktigen C-Dur-Coda mit gewaltigen Klangtürmen des Orchesters kulminieren läßt. Fesselnd ist schließlich auch die *Communio* »Lux aeterna«, die 52 Takte lang den vom Solo-Sopran eingeführten Finalton e in vielerlei Klangfacetten ausleuchtet und mit dem obenerwähnten Eingangs-Ostinato des 1. Satzes umspielt und dabei bis zum Ausklingen des Solo-Kontrabasses auf dem e^1 eine ungewöhnliche Leuchtkraft erzielt.

Sutermeisters *Requiem* hat eine Aufführungsdauer von ca. 45 Minuten. Deshalb wollte der Komponist sein 25minütiges *Tedeum* dem *Requiem* zugeordnet wissen, um eine abendfüllende oratorische Musik zu erreichen. Das **Tedeum 1975** für Sopran-Solo, gemischten Chor und Orchester entstand 1974 und wurde »Christiane und Jean Henneberger in Dankbarkeit zugeeignet«. Es beginnt, wie auch bei Sutermeisters Leitfigur Verdi, mit dem vom Chorbaß solistisch gesungenen liturgischen Cantus firmus, und auch im Schluß folgt es Verdi, wenn Sutermeister nicht den letzten Vers schließen läßt (»In Schanden laß uns nimmermehr«), sondern den hoffnungsvollen vorletzten Vers (»Auf dich hoffen wir, lieber Herr«) in einer 22taktigen Coda auf dem Finalton B im Pianissimo an das Ende setzt.

Zur 700jährigen Gründungsfeier der Kathedrale zu Lausanne schrieb Heinrich Sutermeister in den Jahren 1972/73 die symphonische Kantate **Ecclesia** für Sopran- und Baß-Solo, gemischten Chor und Orchester. Der französische Text des 26minütigen Stückes fand eine angemessene deutsche Übersetzung durch Heinrich Sutermeister selbst. Die aussagestarke und wirkungsvolle *Ecclesia* gleicht einer klingenden Vision, in der die Strukturen einer gotischen Kathedrale von der Krypta bis zur Turmspitze und bis zur spirituellen Vermählung von Licht und Raum in erhebender Weise dargestellt sind (s. Bsp. S. 564).

Auch Sutermeisters letztes oratorisches Opus, das **Gloria** für gemischten Chor, Sopran-Solo und Orchester von 1989, beweist die reiche Klangphantasie und die dramaturgisch sichere Hand des Komponisten. Das etwa 14minütige Werk entstand zum 125. Jubiläum des Männerchores »La Jeune Helvétie« in Morges. Es ist die unter Sutermeisters Kantaten chortechnisch am leichtesten zugängliche, und auch die Orchesterbesetzung ist, ohne Holzbläser und mit kleinem Schlagwerk, die reduzierteste. Das Textbuch folgt, in 5 Sätze eingeteilt, dem *Gloria* des Meßordinariums. Der *3. Satz*, das *»Gratias«*, ist eine A-cappella-Motette für 4stimmigen Män-

nerchor, fast durchgehend im Note-gegen-Note-Satz und in leicht einhörbarer, aparter Harmonik gehalten. Der *4. Satz*, das *»Domine Deus«*, ist eine Sopran-Arie im Wechselspiel mit Trompeten und Hörnern auf sattem, weichem Streichergrund. Das *»Domine fili«*, der *5. Satz*, ist dann ein echter letzter Satz, der alle Mitwirkenden im Allegro nach dem Steigerungsprinzip zum glanzvollen Höhepunkt führt.

Luigi Nono

Luigi Nono (1924–90), einer der wichtigsten italienischen Komponisten des 20. Jh., schrieb 1955/56 im Auftrag des Westdeutschen Rundfunks Köln den **Canto di sospeso**, eine knapp halbstündige Kantate für Sopran-, Alt- und Tenor-Solo, gemischten Chor und Orchester auf Texte aus Briefen zum Tode verurteilter europäischer Widerstandskämpfer aus den 1940er Jahren. Der Werktitel bedeutet soviel wie ›schwebender, unterbrochener Gesang‹. Die Kantate besteht aus 9 Sätzen, von denen der 1., 4. und 8. allein dem Orchester gehören. Der 2. ist für 8stimmigen gemischten Chor a cappella, der 9. für Chor und Pauken. Das Orchester ist u. a. mit 4 Flöten, 6 Hörnern, 5 Trompeten, 4 Posaunen und allein 3 Spielern für die Pauken groß besetzt. Stilistisch ist der *Canto di sospeso* ein markantes Beispiel für den Serialismus der 1950er Jahre. Die Tonhöhen werden hier auf der Basis einer alle Intervalle enthaltenden Zwölftonreihe organisiert, und auch die Tondauern und Klangfarben gehorchen vorgegebenen Reihen. Die Vokalpartien sind in italienischer oder deutscher Sprache zu singen. Da die Worte der Sänger in Silben und Buchstaben zerlegt vorgetragen werden, kann der Text dem Hörer nicht akustisch verständlich, sondern allein atmosphärisch wahrnehmbar werden.

Zoltán Kodály

Zoltán Kodálys (1882–1967) **Psalmus Hungaricus op. 13** für Tenor-Solo, Chor und Orchester zählt seit seiner Uraufführung, die im Jahre 1923 in Budapest stattfand und mit Begeisterung aufgenommen wurde, zu den repräsentativen Hauptwerken der neuen ungarischen Musik. Der Text ist eine freie, durch poetische Zusätze und Klagen über die Not der Zeit bereicherte Übersetzung des 55. Psalms von Mihály Vég aus Kecskemét, ein Dokument ungarischer Volksdichtung des 16. Jh. Kodálys Komposition verschmilzt Klang und Rhythmus der lange verschütteten, von ihm und Béla Bartók wiederentdeckten Volksmusik mit der virtuos gehandhabten Satz- und Instrumentationskunst der Gegenwart, so daß sich ein ungemein lebendiges, farbenprächtiges Konzentrat aus Folklore und schöpferischer Individualität, eine Chorkantate von etwa 25 Minuten Dauer ergibt.

Nach einem stürmisch einsetzenden Vorspiel, das durch scharfe Septimenakkorde und die reizvolle Mischung von Dur- und Moll-Klängen den harmonischen Stil des Werkes festlegt, setzt der Chor unisono in der Haupttonart a-Moll mit einer in vielerlei Variationen wiederkehrenden Melodie in ruhigem 6/8-Takt ein:

Der Solo-Tenor intoniert die Klage Davids, die, anfangs das Metrum der Chormelodie beibehaltend, in 4/4- und 2/2-Takt übergeht und wieder in die klangvoll ausharmonisierte Anfangsmelodie des durch Knabenstimmen verstärkten Chores einmündet. Zum zweiten Mal setzt Davids Klage, nun mit gesteigertem Ausdruck und mit stärkerer Beteiligung des Chores, ein, dann schlägt die Stimmung um. Nach einer Generalpause ertönt zarter Harfenklang; die Solo-Violine singt eine ausdrucksvolle, tröstliche Melodie, der Solo-Tenor stimmt zu sanften Arpeggien eine neue Weise der Zuversicht an. Mit einer kraftvollen, in 2/4-Takt versetzten Variante der Hauptmelodie befestigt der Chor das Vertrauen auf die Gerechtigkeit Gottes. Das Finale gipfelt in einem vom Chor und Orchester lang ausgehaltenen D-Dur-Dreiklang, der sich überraschend nach Moll verfärbt. Dann spricht der Chor, in leisem Unisono wie zu Anfang, das Nachwort: »So sagts die Bibel, so schrieb es David, so stehts im 55. Psalm, daraus ein Frommer, traurig im Herzen, allen zum Troste diesen Gesang erdacht.«

Eine ähnliche, aus nationalem Anlaß entstandene symphonische Kantate schrieb Kodály 1936 mit dem **Budapester Tedeum** für Sopran-, Alt-, Tenor-, Baß-Solo, gemischten Chor und Orchester zum 250. Gedenktag der Befreiung der ungarischen Hauptstadt von den Türken. Der vollständige lateinische Text des altkirchlichen Lobgesanges wird, den vorgegebenen 5 Strophen folgend, in 22 Minuten dargestellt: *Allegro risoluto – Più allegro – Adagio / Allegro moderato – Adagio – Tempo I*, wobei die 5. Strophe in den ersten 30 Takten als Reprise der 1. gebildet ist. Das daran anschließende, 8stimmige »appassionato« auskomponierte »Miserere« spielt bereits mit dem Fugenthema aus der 2. Strophe, und die beiden letzten

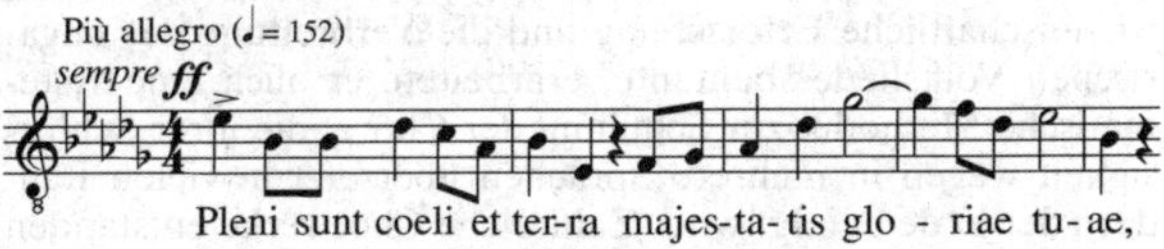

Verse des *Tedeum* bringen eine großartig gesteigerte Doppelfuge aus einem neuen »In te, Domine, speravi«-Thema und dem »Non confundar in aeternum« auf das erwähnte Thema aus der 2. Strophe. Nach dem Höhepunkt im 3fachen Fortissimo auf der Dominante wird die Tonika A-Dur erreicht und in einer 20taktigen Pianissimo-Coda von Solo-Sopran, mehrfach geteiltem Chor und ausgespartem Orchestersatz kunstreich-schlicht bestätigt.

Die noch häufiger aufgeführte **Missa brevis** hat in ihren verschiedenen Besetzungen eine interessante Geschichte. Sie entstand 1942 auf dem Land für die Begleitung einer stillen Messe auf dem Harmonium (Orgel) und wurde 1944 in Budapest während der Belagerung durch die Rote Armee mit einem Chorpart, Alt-, Tenor-, Baß-Solo und dem Untertitel

»Tempore belli« versehen. Die Uraufführung fand am 11. Februar 1945 im Keller des Budapester Opernhauses statt. Kodály instrumentierte die vollständige, aber mit 32 Minuten Aufführungsdauer relativ knapp ausgeführte Messe 1950 »meiner Frau zum 35. Hochzeitstag«. Die Großform wirkt durch mehrfache thematische Entsprechungen übersichtlich und konzentriert. Es entspricht z. B. das 3. »Agnus« dem *Kyrie*, das 1. »Agnus« dem *Gloria*, das »Ite missa est« dem »Pleni sunt coeli«, die Endcoda dem *Credo*-Schluß. Der Chorpart wirkt trotz anspruchsvoller Extremlagen und vielfacher (auch solistischer) Teilungen bewundernswert organisch; wie denn immer aufs neue ungewöhnlich farbige, ausdrucksstarke Partien den Hörer zu fesseln vermögen: das »Christe eleison« und das »Et incarnatus est« mit seinen Folgetakten, das »Et in spiritum sanctum« ff. und auch das »Ite missa est« gehören zu den Glanzpunkten der Partitur.

Zoltan Kodály hatte ein besonderes Sensorium für das Instrument »Chor«, und wie er sich sein Leben lang um die wissenschaftliche Erforschung und die Verbreitung des ungarischen Volksliedes bemühte, erarbeitete er auch eine systematische Methodik zur Schulung der Chöre, die ihrer Schlüssigkeit wegen in mehrere Sprachen übersetzt in vielen Ländern der Erde befolgt wird. Zahlreiche Chorwerke entstanden aus diesen Intentionen heraus und verbreiteten sich in verschiedenen Ländern und Sprachen. Eines der markantesten sind die **Bilder aus der Mátra-Gegend**, die 1932 nach ungarischen Volksliedern aus dem Mátra-Gebirge für gemischten Chor a cappella entstanden: eine Volkslied-Suite in reifem, sangbarem und gut klingendem Chorstil auf erweiterter tonaler Basis, die 8 durchkomponierte Lieder in 3 Sätzen ordnet. Der *1. Satz* verbindet 2 Vorlagen im Con moto – Allegro – Con moto. Der *2. Satz* vereint 3 Volkslieder um ein langsames Zentrum herum: Tempo di marcia – Andantino – Tranquillo. Und der *3. Satz* in Allegro molto verarbeitet 3 Lieder in Rondo-Form.

Kodálys letztes vollendetes Werk auf einen lateinischen Text des 12. Jh. aus dem Kloster Engelberg in der Schweiz entstand 1965/66 im Auftrag der Amerikanischen Organistengilde und erfährt auch in Deutschland zunehmend Verbreitung: **Laudes organi** für gemischten Chor und Orgel, eine 21minütige Fantasie in 7 Teilen inklusive Orgel-Präludium und 3 Orgel-Interludien, die ein liedhaftes, dem 25. Genfer Psalm verwandtes Hauptthema metamorph verarbeitet. Um das tonale Zentrum F-Dur herum wird ein freitonaler Satz aus spätromantischen, Bachisch polyphonisierten (Kanon, Fuge mit Engführung und Vergrößerung) und Volkston-Elementen entwickelt. Zum »Amen« gibt es eine Textreprise mit Guidonischen Intervallübungen. – Mit seinem Schwanengesang hinterließ Zoltán Kodály ein Werk von meisterlicher Klarheit und starker Ausdruckskraft in vermächtnishafter Gültigkeit.

György Ligeti

Der Ungar György Ligeti (geb. 1923) hat mit seinem in den Jahren 1963 bis 1965 entstandenen **Requiem** ein weithin beachtetes Beispiel moderner, postserieller Chormusik geschaffen. Das Werk, das eine Spieldauer von etwa 27 Minuten hat, ist, liturgisch betrachtet, ein Fragment der Totenmesse: Es besteht lediglich aus den 4 Sätzen *Introitus*, *Kyrie*, *De Die Judicii Sequentia*, *Lacrimosa*. Die Besetzung sieht Sopran und Mezzosopran, 2 Chöre und ein großes Orchester vor. Der 1. Chor setzt sich aus 5 Stimmgattungen zusammen, Sopran, Mezzosopran, Alt, Tenor und Baß, die jeweils 4fach unterteilt sind, so daß sich ein 20stimmiger Vokalsatz ergibt. Der 2. Chor beschränkt sich auf die traditionelle Vierstimmigkeit und dient im »Dies irae« zur Verstärkung des ersten.

Ligetis Tonsprache gründet sich auf die anfänglichsten und einfachsten Grundelemente der Musik, auf den Einzelton und auf sein Verhältnis zu seinesgleichen, das Intervall. Der Komponist verzichtete darauf, aus diesen Elementen übergeordnete Gestalten zu entwickeln. Die zeitliche Folge der Einzeltöne wird nicht zum musikalischen Thema, die »räumliche« Übereinanderschichtung nicht zum fixierten Akkord; Tonfolge und Tonaufschichtung sind absolute Vorgänge, aus deren Dynamik sich die Gesamtform als resultierender Ablauf entwickelt. Die chorische Vielstimmigkeit hat nichts zu tun mit überlieferter Polyphonie. Es geht nicht um deutliche Profilierung der Einzelstimme; der Komponist rechnet an manchen Stellen, etwa bei der Überlagerung vieler im Abstand kleiner Sekunden, parallel laufender oder poly-rhythmisch gegeneinander geführter Stimmen, mit dem verschwimmenden, die Tonabstände verwischenden Eindruck ungenauer Intonation. Es geht um den unbestimmbar differenzierten, in sich vibrierenden Gesamtklang, aus dem sich wie vom Untergrund eines Reliefs erhaben modellierte Gestalten und Episoden abheben.

Der *Introitus* beginnt mit dem leisen, in der Tiefe der großen Oktave von 2 Posaunen geblasenen Zusammenklang Fis–G, zu dem die Chor-Bässe auf die Worte »Requiem aeternam« die Tonfolgen g–as, g–a, fis–g und fis–eis intonieren. Damit ist das Material für das ganze Werk gegeben. Das Sekund-Intervall bestimmt als vielfach abgewandelte chromatische Linie und als Prinzip der Klangschichtung den Ablauf des 1. Satzes, der, durchaus im Pianissimo verharrend, auf den einheitlichen Ton der Trauer gestimmt ist. – Im *2. Teil* (*Kyrie eleison*), der mit »Espressivo« überschrieben ist, steigert sich die Erregung. Die Chor-Stimmen beleben sich zu unregelmäßig in Quintolen und Sextolen mensurierter Achtelbewegung; kreisende Gruppen dicht nebeneinanderliegender Töne werden aneinandergereiht und vielfach übereinandergelagert, dynamische Steigerungen führen zu Forte-Höhepunkten, das Sekund-Intervall dehnt sich, schrittweise auseinanderklaffend, bis zur großen Septime.

Im *3. Teil*, dem »Dies irae« (*Sequenz*), ändert sich das musikalische Bild. Der Chorsatz wird auf Fünfstimmigkeit reduziert, lineare Wirkungen heben sich ab. Mit einer durch harten Bläserklang akzentuierten Agitato-Passage des Chores brechen die Schrecken des Jüngsten Tages herein. Die Musik folgt ausmalend mit drastischen Klangsymbolen den Bildern des Textes. Die Posaune des Gerichts erklingt in langgezogenen, anschwellenden Tönen, die sich nicht in musikalische Form fügen. Die exaltierte Linie des Solo-Soprans versinnlicht das Unerhörte, das zugrundeliegende Sekund-Intervall wird über Oktaven auseinandergerissen.

Höhepunkte dramatischer Erregung sind die Stellen »Liber scriptus proferetur« und »Rex tremendae majestatis«. Solo- und Chor-Stimmen sind so miteinander verschmolzen, daß Textworte syllabisch zwischen ihnen aufgeteilt sind und ein kontinuierendes Legato über verschiedene Klanggruppen hin verlangt wird. Es ergibt sich ein wirkungssicher disponiertes Tongemälde der Todesschrecken und der Sündenangst, das mit der Bitte des nunmehr wieder 12fach geteilten Frauenchors, »Curam gere mei finis«, verklingt. – Der *4. Teil* (*Lacrimosa dies illa*), ein mit zartesten Instrumentalfarben untermaltes Duo der Solo-Stimmen, wirkt danach wie ein entschwebender Nachhall.

Leoš Janáček

Leoš Janáček (1854–1928) hat seine **Festliche (»Glagolitische«) Messe (Glagolská mše)** für Chor, 4 Solo-Stimmen, Orgel und Orchester im Jahre 1926, 2 Jahre vor seinem Tode, komponiert, nicht zu liturgischem Gebrauch, sondern als Ausdruck eines freien, undogmatischen Gottesglaubens. Er hat den Messetext in altslawischer Kirchensprache vertont und jeden Anklang an die kirchenmusikalische Tradition, jeden Rückgriff auf Polyphonie und Fugentechnik vermieden. Auf der unkonventionellen Neuheit und Frische seiner Tonsprache beruht die Wirkung des etwa 45minütigen Werkes. Die Gliederung der Partitur entspricht dem Gang der Messehandlung, aber der Komponist umschließt die Vokalsätze mit einleitenden und ausklingenden Instrumentalstücken, wie denn überhaupt das Orchester gegenüber dem Chor oft beherrschend hervortritt. Thematisch bedient sich Janáček meist kurzer, wortverbundener Motive. Harmonien werden unter Verzicht auf funktionelle Entwicklung als ruhende Klangflächen nebeneinandergestellt, woraus sich impressionistische Wirkungen ergeben. Das instrumentale Kolorit ist von bewundernswerter Leuchtkraft und Eigenart. Der naturhafte Klang, die Kraft des unmittelbaren Gefühlsausdrucks, die Janáčeks dramatische Werke auszeichnen, sind auch für die Messe charakteristisch.

Auf eine orchestrale Einleitung, deren von Hörnern und Trompeten intonierte Quintenmotive an Bruckner denken lassen, folgt die Anrufung des Herrn, ein wesentlich ruhiger, die Tonalitäten As und E verschränkender Chorsatz, der aus einem 1taktigen Motivkeim entwickelt ist:

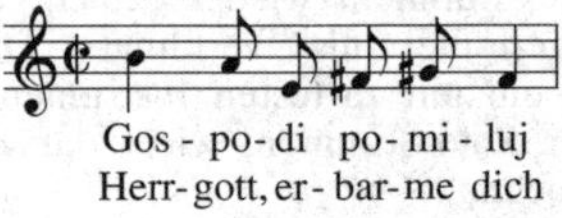

Der *2. Satz* (*Ehre sei Gott in der Höhe*) beginnt mit einem Sopran-Solo, das durch ein ätherisches Klangspiel von Klarinette und Oboe, Glocken, Harfe und hohen Streichinstrumenten begleitet wird, und entwickelt sich erst allmählich zu dem in älteren *Gloria*-Vertonungen üblichen Maestoso. Dieses wird nach langer Steigerung erreicht bei dem von gehämmerten Quarten der Pauke eingeleiteten Tenor-Solo »Der du zur Rechten Gottes sitzest«, zu dem der Chor steigernd hinzutritt. Nach der Wiederkehr der nun voller instrumentierten Anfangsmusik (»Du einzig Höchster«) schließt das »Amen« als kraftvolles, vom Plenum der Orgel gestütztes Allegro in E-Dur ab. Das *Credo* wird von den Streichbässen mit einer hart geprägten thematischen Formel eröffnet, die der Chor mit den Worten »Ich glaube an einen Gott den Vater« übernimmt und die im Fortgang des Satzes leitmotivisch wiederkehrt:

Der menschlichen Geburt des Heilands folgt ein längeres Orchesterzwischenspiel, das sich aus zarten, ineinander verschlungenen Kantilenen von Flöte und Klarinette, Violoncello und Viola entwickelt. Der Kreuzestod wird allein von chromatischen Akkordrückungen der Orgel begleitet, die Auferstehung durch ein majestätisches Bläsersignal angezeigt. Das Bekenntnis des Chores zur katholisch-apostolischen Kirche, das vom Solo-Tenor unterstützt wird, führt zu einem ekstatischen, Klangmassen türmenden Satzschluß. *Sanctus* und *Benedictus* sind zu einem vielfältig gegliederten Satz zusammengezogen, der sich von ruhigem Beginn zum lebhaften »Osanna«-Chor steigert und den Gruß »Hochgelobt sei, der da kommt im Namen des Herrn« dem Quartett der Solo-Stimmen zuteilt. Von äußerster Einfachheit, dabei von ergreifender Schönheit und Ausdruckskraft ist das *Agnus Dei*: Ein Ritornell, aus ruhenden Dreiklängen der Streichbässe und Posaunen und aus einer gebundenen Achtelfigur der Violinen und der Flöte gebildet, wechselt mit dem akkordischen Chorsatz ab. Der expressiv bewegte Mittelteil »O du Lamm Gottes, das hinwegnimmt die Sünden« gehört den

Solisten. 2 Instrumentalstücke, ein Orgel-Solo über ein Ostinato-Thema und ein »Intrada« überschriebener Orchestersatz, bilden den Ausklang.

Bohuslav Martinů

Bohuslav Martinů (1890–1959), in Tschechien geboren und aufgewachsen, durch 17jährigen Paris-Aufenthalt entscheidend geprägt und nach dem 2. Weltkrieg als Kompositionsprofessor in Prag tätig, hinterließ in seinem umfangreichen und vielfältigen Lebenswerk eine größere Zahl von Chorstücken mit und ohne Instrumente in jenem folkloristisch inspirierten und in erweiterter Tonalität gehaltenen Genre, wie man es aus dem osteuropäischen Kulturraum etwa von Bartók, Kodály oder Janáček her kennt. Unter anderem liegen die **Vier Madrigale nach mährischen Volksliedern** für 5stimmigen gemischten Chor a cappella in deutscher Fassung vor; sie werden ihres wohlklingenden Chorsatzes und ihrer reizvollen Rhythmik wegen gern gesungen. Auch die **Löwenzahn-Romanze** von 1957 für Sopran-Solo und gemischten Chor a cappella liegt in deutscher Übersetzung vor. Es handelt sich um den zweiten, ca. 14minütigen A-cappella-Teil einer 4sätzigen Kantatenfolge nach böhmisch-mährischen Heimatgedichten von Miloslav Bureš und eines der letzten, in Nizza entstandenen Werke Martinůs. Der Text erinnert das volkstümliche Liebeslied Böhmens, und die ungemein klangreiche, rhythmisch lebendige, in allen Stimmen geteilte Chormusik erweckt mit textlosen Vor-, Zwischen- und Nachspielen, onomatopoëtischen Partien und rhythmischem Trommeln auf Holz (»auf einem Stuhl«) die elementare Wirkung eines farbenprächtigen folkloristischen Kantatensatzes.

Petr Eben

Petr Eben (geb. 1929) wurde in Böhmen geboren. Er wirkt in Prag und ist durch seine Kompositionen und deren Interpretationen als Organist und Dirigent rasch zu internationalem Ansehen gekommen. Für verschiedene Chorbesetzungen schrieb er eine größere Zahl geistlicher und weltlicher Werke mit und ohne Instrumente, die meist auf tschechische Texte gehen. Aber erstens sind einige mit deutschem Zweittext in der Bundesrepublik veröffentlicht worden, und zweitens enthalten Ebens Messen und andere Chorstücke für den katholischen Kultus die entsprechenden lateinischen Texte, so daß ein gewisser Teil seines Chor-Œuvres auch deutschen Chören zugänglich ist. Zumal Eben aus Gregorianik und böhmischer Folklore eine tonal fundierte, gut sangbare, harmonisch farbige und rhythmisch brillante Handschrift entwickelt hat, die der französischen oder ungarischen Moderne nahesteht und Ausführende und Hörer gleichermaßen zu fesseln vermag. Die 1964 entstandene Motette **Ubi caritas et amor** für 5stimmigen gemischten Chor a cappella (mit geteilten Bässen) gehört zu den verbreiteteren Partituren. Eben komponiert »in memoriam Johannis XXIII« alle 3 Strophen zur Fußwaschung am Gründonnerstag mitsamt der Antiphon, die zwischen den Strophen 2mal variativ wiederholt wird, nach der liturgischen Weise aus dem *Liber usualis*. Das **Tedeum 1989** für 4stimmigen gemischten Chor, 2 Trompeten, 2 Posaunen, Pauken, Triangel, Glocken und Orgel gehört zu den faszinierend griffigen Stükken des Komponisten, die gleicherweise in Gottesdienst und Konzert ihren Platz haben. Der vollständige lateinische Wortlaut des zentralen christlichen Hymnus aus dem 4. Jh. wird in konzentrierter, gut erfaßbarer Form und glanzvollem musikalischen Satz dargestellt, wobei das berühmte Kopfmotiv (s. Bsp. S. 576) in der 1. und 5. Strophe in Chor und Instrumenten eine dominante Rolle spielt und zwischen 2. und 3. Strophe kraftvoll gliedernd im Fortissimo-Unisono des Chores erklingt. Das nur etwa 10minütige Werk entstand im geschichtsträchtigen Jahr 1989 als Dank an Gott für die Befreiung von der kommunistischen Diktatur und zugleich zum Papstbesuch in Prag.

Krzysztof Penderecki

Mit der **Lukas-Passion** Krzysztof Pendereckis (geb. 1933), **Passio et mors Domini nostri Iesu Christi secundum Lucam**, hat die Neue Musik einen bedeutenden Schritt in die breite Öffentlichkeit getan. Das Werk erwarb sich sogleich mit seiner Uraufführung, die am 30. März 1966 in Münster stattfand, eine ungewöhnliche Zustimmung und wurde als zeitgenössische Erneuerung der alten, von Bach zur Vollendung geführten Passionsform begrüßt. Diese Wirkung ist verständlich, weil Pendereckis Komposition bei aller Modernität der musikalischen Mittel in ihrem Aufbau manche traditionellen Formelemente einbezieht und weil sie ihren Stoff, die Leidensgeschichte des Heilands, mit geradezu naturalistischer, aufwühlender Dramatik dem Hörer nahebringt.

Der lateinische Text ist dem 22. und 23. Kapitel des Lukasevangeliums entnommen. Er wird ergänzt durch Einfügungen aus dem Evangelium des Johannes, durch Worte aus den Klageliedern des Jeremia, durch Psalmverse und Bruchstücke liturgischer Gesänge, darunter der Hymnen »Vexilla regis« und »Pange lingua« und der Sequenz »Stabat mater«. Auch die Einlagen, welche wie die ariosen Meditationen der Bachschen Passion der Stärkung des lyrischen Elements dienen und musikalisch entsprechend behandelt werden, sind der Bibel und der kultischen Dichtung entnommen. Das etwa 80 Minuten lange Werk besteht aus 2 Teilen, deren 1. die Passionserzählung vom Gebet in Gethsemane bis zum Verhör vor Pilatus, deren 2. die Fortsetzung vom Kreuzweg bis zum Tod enthält. Die Erzählung ist einem Sprecher, zuweilen auch dem Chor zugeteilt; die Worte Jesu werden von einem Bariton gesungen, auch die episodischen Figuren sind solistisch besetzt. Der Bericht wird von lyrischen Ruhepunkten, von Chören und Arien unterbrochen. Hier tritt vor allem der Solo-Sopran als leidenschaftlich erregter Ausdrucksträger, neben ihm auch der Solo-Baß hervor. Der Chor umfaßt Knabenstimmen, Soprane und Alt, sowie Frauen- und Männerstimmen, die in drei 4stimmige Gruppen geteilt sind. Ihm fällt die umfangreichste und bedeutendste Aufgabe zu; außer den traditionellen Turba-Chören gehören ihm die motettischen, teils orchesterbegleiteten, teils a cappella zu singenden Psalmen und Hymnen, in denen der Satz bis zur Zwölfstimmigkeit geschichtet wird. Das Orchester wird gebildet von Holz- und Blechbläsern, Streichern, Schlagzeug, Harfe, Klavier, Harmonium und Orgel.

Pendereckis Tonsprache bedient sich der Klangmittel der postseriellen Musik der 1960er Jahre. Cluster, Gleittöne, denaturierte, vibrierende Klänge, geräuschartige Effekte werden häufig verwendet, Wiederholung und Mutation ostinater Figuren bestimmen vielfach den Ablauf. Die Gesangstimmen gehorchen dem Prinzip einer freischweifenden, Chromatik und Vierteltöne einbeziehenden Kantabilität. Die Chorsätze enthalten alle vokalen Möglichkeiten vom unartikulierten Schrei, vom rhythmisierten oder frei durcheinanderklingenden Sprechen, Flüstern und Lachen bis zum polyphon gebundenen Gesang. Dic freie Harmonik greift an bedeutungsvollen Stellen auf einfache Intervallbildungen wie Oktave und Dreiklang zurück. Das orchestrale Kolorit ist mehr durch Schlag- und Blasinstrumente als durch den Streicherton charakterisiert. Die Musik ist erfüllt von einem stürmischen, den Hörer attackierenden Ausdruckswillen, der ohne den Umweg sakraler Stilisierung dem Passionsgeschehen lebendige, unmittelbar packende Gegenwärtigkeit verleiht.

Schon mit dem ersten Ton bezeugt sich die dramatische Grundhaltung des Werkes. Das Wort »Crux«, vom Chor als leere Oktave g wie ein Schrei hervorgestoßen und durch einen

Paukenschlag akzentuiert, steht wie eine lapidare, die Essenz des Ganzen zusammenfassende Überschrift am Anfang des *1. Teils*. Aus wiederholten, von Trompeten, Posaunen und Orgel verstärkten Rufen entwickelt sich die Strophe »O crux, ave, spes unica«, anfangs psalmodierend, dann in polyphonem Satz gesungen. Der Evangelist beginnt den Bericht: »Et egressus ibat secundum consuetudinem in montem Olivarum.« Das Gebet Jesu steigt in freischweifender Melodik aus der Tiefe zur Höhe auf:

Mit einem schlichten, den Raum einer kleinen Terz umfassenden Motiv

stimmt der Solo-Bariton die Klage des 22. Psalms an: »Deus, Deus meus, respice in me, qua re me dereliquisti?« Der Chor nimmt das Motiv auf und entfaltet es in einem motettischen

Satz von herbem Klang. Schon hier taucht die prägnant rhythmisierte, von der Dissonanz zur Auflösung schreitende Anrufungsformel auf, die wie ein Leitmotiv das Werk durchzieht:

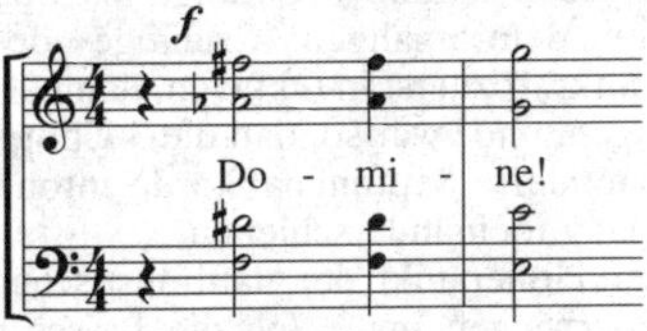

Auf dem letzten Chor-Akkord setzt der Solo-Sopran mit einem langgehaltenen, an- und abschwellenden Ton ein, der in gebundene Koloraturen übergeht und in das expressive Melos einer Arie mündet; die Worte sind dem 14. Psalm entnommen: »Domine, quis habitabit in tabernaculo tuo?« Nach diesem lyrischen Zwischenspiel leitet ein Orchesterausbruch zur Passionshandlung zurück: Judas erscheint mit den Häschern, die Jesus gefangennehmen. Die Szene wird durch ein vielstimmiges, jazzartiges Pizzikato der Kontrabässe eingeleitet und mit einem chorischen Nachwort abgeschlossen, welches die Klage des Jeremia um Jerusalem mit dem Psalmwort »Ut quid, Domine, recessisti longe« zusammenstellt. Der Chor führt die Erzählung weiter und berichtet in aufgeregtem Durcheinandersprechen die dreimalige Verleugnung des Petrus. Auf die Schlußworte des Evangelisten »Et egressus foras flevit amare« folgt eine kurze Baß-Arie auf die Worte des 42. Psalms »Judica me, Deus, et discerne causam meam«. Ein Vivace des Streichorchesters, das in ein von instrumentalen Geräuschklängen begleitetes Chorgelächter einmündet, illustriert die Verspottung Jesu durch die Kriegsknechte, die durch ein Lamento des Solo-Soprans und durch ein a cappella gesungenes, transparent gesetztes »Miserere« des Chores nach Worten des 55. Psalms kommentiert wird. Das Verhör vor Pilatus ist dramatisch ausgemalt. Ein aus der Tiefe aufsteigendes Crescendo von Tonclustern artikuliert sich zu der im Sprechchor hinausgeschrienen Anklage, daß Christus sich König genannt habe.

Als Christus die Frage des Pilatus, ob er König der Juden sei, mit »Tu dicis« beantwortet, fügt der Chor pianissimo, wie in visionärer Entrückung, den leitmotivischen Anruf »Domine« ein. Der Ruf nach Barabbas erklingt als Sprechchor. Die Szene endet mit dem 5maligen »Crucifige« des Chores, mit äußerster Stimmkraft zuerst in Oktaven, dann als zwölftöniger Akkord gesungen, und zwar so, daß die 3 Chorgruppen 3 verschiedene verminderte Septimenakkorde intonieren, die sich zum Gesamtklang ineinanderschieben.

War hier der Höhepunkt der naturalistischen Darstellung erreicht, so überwiegen im *2. Teil* die lyrisch-musikalischen Wirkungen. Der Weg nach Golgatha wird vom Chor mit der Klage der Improperien begleitet: »Popule meus, quid feci tibi? Aut in quo contristavi te?« Es ist ein breitausgeführtes, als Passacaglia bezeichnetes Gesangstück, dem als Baß das B–A–C–H-Thema zugrunde liegt. Unmittelbar folgt die Verehrung des Kreuzes. Der Solo-Sopran intoniert zu einer lang ausgesponnenen Kantilene der Violoncelli, die stellenweise von den höheren Streichinstrumenten übernommen wird, den Hymnus »Crux fidelis«, der Frauenchor respondiert »Ecce lignum crucis, in quo salus mundi pependit«, ein Chorsatz, dessen Reiz sich aus dem Kontrast leerer Oktaven und dichter Halbtonschichtungen ergibt. Ein dritter, ausdrucksvoller Chorsatz über Worte des 21. Psalms (»Foderunt manus meas et pedes meos«), der die 3 Chorgruppen in 12stimmigem Satz über einem Orgelpunkt zusammenführt, rundet die lyrische Episode mit großer Steigerung ab. Der Evangelist berichtet weiter. Die Spötter unter dem Kreuz ergehen sich in Sprechchören zu jazzartigen Geräuschklängen. Die Worte Jesu an seine Mutter geben Anlaß zur Einfügung des *Stabat mater*, dessen zarte Deklamation von grell dissonanten Christus-Rufen und von litaneiartigem Sprechen unterbrochen wird. Ein Rumoren der Baßinstrumente malt das Zerreißen des Tempelvorhangs. Den letzten Worten Jesu hallt das »Consummatum est« als aufschwebendes Melisma der Knabenstimmen nach. Ein kurzer Rückblick auf die wichtigsten musikalischen Motive des Werkes füllt den Augenblick tödlichen Schweigens, der auf das Abscheiden des Heilands folgt; dann finden sich Solo- und Chor-Stimmen zu kraftvollem Unisono zusammen:

Ein orgelbegleiteter Chorsatz über die Worte des 30. Psalms läßt das Werk in reine E-Dur-Akkorde ausklingen.

Penderecki hat vor und nach der *Lukas-Passion* eine größere Zahl von Werken für Chor mit Instrumentalgruppen (bzw. Orchester) geschaffen, von denen die in lateinischer Sprache deutschen Chören eher zugänglich sind als die mit polnischen Texten. **Aus den Psalmen Davids** für 8stimmigen Doppelchor, 2 Klaviere, 4 Kontrabässe, Harfe, Celesta und reich besetztes Schlagzeug entstand 1958 und ist nach Pendereckis eigenen Worten seine »erste richtige Komposition«. Sie besteht aus 4 Sätzen auf je einen lateinischen Psalmvers (es gibt auch eine deutsche Fassung) und dauert ca. 12 Minuten. Der Schlagzeugpart trägt das ganze Werk und ist mit höchstem rhythmischen und klanglichen Raffinement durchgestaltet. Der Chorpart ist dodekaphon strukturiert, was besonders im 2., dem A-cappella-Satz deutlich hörbar wird. Auch in dieser Komposition überträgt sich die Ausdrucksintensität spontan auf den Zuhörer.

Das **Tedeum** für Sopran-, Alt-, Tenor-, Baß-Solo, zwei 4stimmige (in sich wiederum geteilte) Chöre und großes Orchester (mit u. a. 3fachem Holz, 5 Hörnern, reich besetztem Schlagzeug und Celesta) entstand 1979/80 anläßlich der Berufung des polnischen Theologen Wojtyla auf den Heiligen Stuhl. Es wurde am 27. September 1980 unter Leitung des Komponisten in Assisi uraufgeführt. Des nationalgeschichtlichen Anlasses der Komposition wegen sind 4 Zeilen des Hymnus »Gott, der du Polen« in die Mitte der 4. Strophe des von der ganzen Christenheit gesungenen Lobgesanges »Te Deum laudamus« aus dem 4. Jh. (Niketas von Remesiana) eingefügt. Sie erklingen in polnischer Sprache im Pianissimo »quasi da lontano«, abgesetzt vom sonstigen Klangbild des

Werkes, im 4- bis 5stimmigen gemischten A-cappella-Satz und klarem F-Dur, und werden an den Zeilenenden vom Solo-Sopran mit der 4. und 5. Zeile der 4. Strophe inhaltlich und musikalisch (mittels 11töniger Melodik) ergänzt. Pendereckis mit vielerlei Klangschönheiten und durch Ausdrucksdichte beeindruckendes *Tedeum* gehört zu einer neuen Stilperiode des Komponisten, die man sich in der Musikpublizistik die »neoromantische« zu nennen angewöhnt hat. Das heißt, daß der Komponist hier mit weiträumigen tonalen Beziehungen und im einzelnen mit tonalen Feldern arbeitet und je nach ausdrucksmäßigem oder formalem Erfordernis auch reine Dur- oder Moll-Dreiklänge und deren Ableitungen verwendet sowie die Erfahrungen und Regeln der Vokalität berücksichtigt. Das hat zur Folge, daß Vokalwerke dieser Prägung trotz freitonaler Behandlung, trotz stark dissonierender Partien, Clusterbildungen und Glissandi auch solchen Chorvereinigungen erreichbar sind, deren Mitglieder das Treffen der Einzeltöne nicht über das absolute Gehör oder das absolute Stimmvermögen erzielen können, und daß auch der weniger geschulte Zuhörer Sinngebung und Ausdruckswillen der Komposition spontan und einprägsam aufzunehmen vermag.

Das erwies sich auch 1998 wieder bei den Aufführungen des 1997/98 komponierten **Credo** für Sopran-, Mezzosopran-, Alt-, Tenor- und Baß-Solo, Knabenchor, (mehrfach geteilten) gemischten Chor und groß besetztes Orchester (u. a. mit Klavier, Orgel, Celesta, Harfen, Kirchenglocken und zusätzlich im Konzertraum verteilten Bläsern). Das über 60minütige Oratorium entstand im Auftrag der Internationalen Bachakademie Stuttgart und wurde auch von deren Leiter Helmuth Rilling in Eugene (USA) uraufgeführt. Penderecki ergänzt und kommentiert hier den vollständigen kanonischen lateinischen Wortlaut des Nizänischen Glaubensbekenntnisses mit lateinischen, polnischen und deutschen Zitaten aus Liturgie und Gesangbuch und teilt dieses theologisch komplexe Textbuch in 5 Teile mit dem »Crucifixus« im Zentrum. Unter allen europäischen Aufführungen erzielte besonders auch die in Stuttgart einen überwältigenden Publikumserfolg.

Igor Strawinsky

Igor Strawinsky (1882–1971), der, in Oranienbaum bei St. Petersburg geboren, als 27jähriger den Weg nach Frankreich wählte, durch die russische Revolution von seinem Geburtsland abgeschnitten, durch die Ausbreitung des Nationalsozialismus aus Europa vertrieben wurde und in Amerika die Heimat seines Alters fand, ist durch Begabung, Persönlichkeit und Schicksal zum Meister einer übernationalen, weltgültigen Kunst geworden, die den Musikgeist unseres Jahrhunderts auf repräsentative Weise verkörpert. Nach revolutionären, von russischer Folklore bestimmten Anfängen verwirklichte er in den Kompositionen seiner Reife die von Ferruccio Busoni vertretene Zeitidee eines neuen Klassizismus und wandte sich in seinen Spätwerken der Reihenmusik in der Nachfolge Arnold Schönbergs zu, als deren bedeutendster Antipode er vorher erschienen war. Sein Werk ist die Auseinandersetzung mit allen wesentlichen Strömungen der Epoche. Das Ballett, dem er in seinen 3 Frühwerken *Feuervogel*, *Petruschka* und *Sacre du Printemps* huldigte, hat seine schöpferische Phantasie stärker angeregt als die Oper, der er sich auf dem Umweg über das szenische Oratorium näherte. Erst das Spätwerk *The Rake's Progress* gehört ausschließlich der Bühne, *Oedipus Rex* und *Perséphone* haben ebensowohl im Konzertsaal ihre Stätte und sind darum hier als Chor-Oratorien zu erwähnen. Der Zug zu liturgischer Gebundenheit, der seinem Stil eigen ist, hat Strawinsky zu einem formgewaltigen Vertoner religiöser Themen gemacht; die *Psalmensymphonie*, die *Messe*, die späten geistlichen Kantaten sind Meisterwerke sakraler Chorkunst.

Oedipus Rex, Opern-Oratorium in 2 Akten nach Sophokles, in den Jahren 1926/27 komponiert und 1927 in Paris in Konzertform uraufgeführt, ist die stärkste und reinste Dokumentation des modernen Klassizismus in der Musik geworden und geblieben. Der lapidaren Schlagkraft des lateinischen Textes entspricht die Konzentration einer prägnant geformten, von musikalischen Elementarkräften erfüllten Partitur, deren chorische Teile gleichsam aus tönenden Quadern gefügt sind. Es war Strawinskys Gedanke, die Tragödie in der »versteinerten« lateinischen Sprache zu komponieren, die zugleich distanzierend und in höherem Sinne allgemeinverständlich ist; damit war von vornherein aller dramatische Realismus ausgeschlossen. Jean Cocteau schrieb den Text, eine Kurzfassung der Sophokleischen Dichtung, die Jean Daniélou ins Lateinische übersetzte. Um dem sprachunkundigen Hörer das Verständnis zu ermöglichen, wurde ein Ansager eingefügt, der den Inhalt der kommenden Szene jeweils in kurzen Schlagzeilen in der Landessprache ankündigt. Als Gestalten und Stimmen erscheinen Oedipus (Tenor), Jokaste (Mezzosopran), Kreon (Baßbariton), Tiresias (Baß), ein Hirt (Tenor), ein Bote (Baßbariton) und ein aus Tenören und Bässen bestehender Männerchor, der das Volk von Theben darstellt. Das Orchester hat die traditionelle symphonische Besetzung.

Stilistisch bezeugt sich in der Partitur des *Oedipus Rex* die tonale Restauration, die seit dem Pariser Manifest der Groupe des Six zum Programm des Neoklassizismus gehörte. Die tonart- und formauflösenden Tendenzen des Expressionismus sind überwunden. Die schweifende, schwerpunktlose Harmonik, die die Schönberg-Schule entfesselt hatte, ist gebändigt. Die Herrschaft der Tonalität ist wieder gefestigt. Freilich wird der Klangbereich der Tonart durch neue, unverbrauchte, zum Teil dem russischen Musikgefühl des Komponisten entstammende Klänge bereichert. Neben dem Dreiklang gewinnen andere, irreguläre Intervallschichtungen Bedeutung, die Logik der Akkordverbindung gehorcht neuen, komplizierteren Gesetzen. Der Rhythmus, als musikalische Urkraft verwendet, schafft metrische Vielgestaltigkeit. Dem Zerfließen der Formen, das die spätromantische Musik kennzeichnet, wird Halt geboten. Der Ablauf ist in klar begrenzte Abschnitte gegliedert, die »Nummern« der klassischen Oper und des klassischen Oratoriums, Arien, Ensembles, Chöre, werden wieder eingeführt. Die übermäßig gedehnten Dimensionen des Musizierens sind auf prägnante, überschaubare Kürze reduziert. Es ergibt sich eine Musik von klarem, durchsichtigem Klang, von verhaltenem, objektiviertem Ausdruck, die formal den vor- und frühklassischen Kulturen verpflichtet ist.

Das Werk setzt gleichsam mit einem Aufschrei ein (*1. Akt*). Chor und volles Orchester beginnen zugleich mit statischen b-Moll-Akkorden über bewegten Skalen der Bässe die Klage über die Pest, die in Theben wütet. Auf den 2maligen, in strenger formaler Symmetrie gehaltenen Forte-Ruf folgt ein Piano-Satz, der die angstvolle Stimmung ausdrückt, der aber wiederholt von Forte-Schlägen unterbrochen wird. Er entwikkelt sich über einem ostinaten, das Intervall der kleinen Terz markierenden Paukenrhythmus, der für das ganze Werk konstruktive Bedeutung gewinnt:

Aus 6/8- in 2/4-Takt übergehend, beruhigt sich der Satz zum Ton flehender Bitte, bei der die vorher fast homophon geführten Stimmen zu lockerer Zweistimmigkeit auseinandertreten: »E peste serva nos, Oedipus«. Die Antwort des Oedipus nimmt den 2/4-Rhythmus auf; er verspricht den Flehenden Rettung: »Ego clarissimus Oedipus vos diligo, vos servabo.« Der 3/8-Rhythmus des Anfangschors unterbricht seine Rede. Hier handelt es sich um eine der wenigen Stellen, an der der Chorsatz bis zur Vierstimmigkeit verstärkt ist. Oedipus teilt mit, daß Kreon, Jokastes Bruder, ausgeschickt worden sei, um das Orakel Apollons in Delphi zu befragen. Der Chor begrüßt den Zurückkehrenden erwartungsvoll: »Audituri te salutant.« Die Arie Kreons drückt das Unumstößliche des Götterspruchs durch ein in gleichmäßigen 4/4-Takt gefaßtes C-Dur aus: Göttlicher Zorn hat die Pest geschickt, weil der Mörder des früheren Königs Laius unbestraft in Theben verborgen ist. Oedipus verspricht, den Schuldigen zu finden. Er rühmt sich, die Rätsel der Sphinx gelöst zu haben, und will Theben zum zweiten Mal retten. Er fragt den Seher Tiresias, der die Auskunft verweigert, dann aber, da Oedipus ihm droht, sein Wissen preisgibt: »Ein König hat den König getötet.« Oedipus bezichtigt ihn, mit Kreon verschworen zu sein, um ihn, Oedipus, zu stürzen. Der Chor hat diese Szenen mit Einwürfen in seinem stereotypen 3/8-Rhythmus begleitet. Nun unterbricht er den Streit durch die Begrüßung der nahenden Königin Jokaste. Sein Gesang in C-Dur, vom ganzen Orchester begleitet, von rollenden Achtel-Bässen der Pauke und des Klaviers getragen, läßt akkordische »Gloria«-Rufe mit hymnischer Melodie abwechseln:

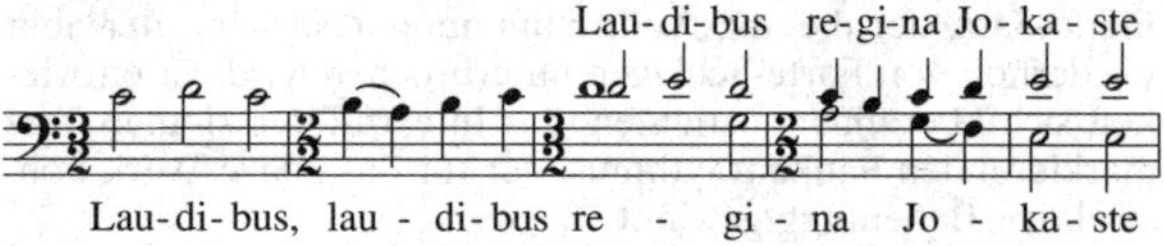

Die Königin Jokaste tritt aus dem Palast und schilt die streitenden Fürsten (*2. Akt*). Sie glaubt nicht an Orakel und lästert die Weissagungen. Ihre Szene ist eine Da-capo-Aric in g-Moll, deren melodische Diktion und gleichmäßiger ¾-Rhythmus an Verdi anklingcn. Ihr Spott auf die Orakel wird durch Deklamation auf stakkatierten Achteln ausgedrückt. Sie erzählt, daß Laius, ihr früherer Gatte, dem geweissagt war, von der Hand seines Sohnes zu sterben, an einem Kreuzweg von Fremden ermordet wurde. Der Chor wiederholt das fatale Wort »trivium«, Kreuzweg, in einem 3stimmigen imitierenden Satz. Oedipus erschrickt: in einem kurzen Rezitativ, das von vibrierenden Rhythmen im c-Moll-Dreiklang gestimmter Pauken begleitet wird, gesteht er Jokaste, daß er einst an einem Kreuzweg einen alten Mann erschlagen habe. Das folgende, leidenschaftliche Duett Jokastes und Oedipus' ist bis in die Schluß-Stretta wieder dem italienischen Typus nachgebildet. Nun erscheinen die Zeugen der dunklen Vergangenheit. Ein Bote aus Korinth meldet, daß der König Polybius nicht der leibliche Vater des Oedipus war, den er als ausgesetztes Kind angenommen und aufgezogen habe. Ein alter Hirt berichtet, daß er vor langen Jahren den Sohn des Laius und der Jokaste, den er töten sollte, lebend im Gebirge ausgesetzt habe. Jokaste begreift den Zusammenhang und geht stumm in den Palast, um ihrem Leben ein Ende zu machen. Oedipus glaubt, daß sie sich seiner niederen Herkunft schäme, aber der Chor schreit ihm, von grellen Quintenklängen der Blasinstrumente begleitet, die Wahrheit ins Gesicht: »Sohn des Laius und der

Jokaste! Mörder deines Vaters Laius! Gatte deiner Mutter Jokaste!« Erschüttert bricht Oedipus unter der furchtbaren Erkenntnis zusammen: »Es ward Licht.« Er flüchtet in den Palast.

Trompeten erklingen, der Ansager kündigt die Schlußszene an, den berühmten Monolog »Divum Jocastae caput mortuum«. Der Bote, aus dem Palast herausstürzend, berichtet vom Tod Jokastes, die sich erhängt hat. Der Chor nimmt ihm das Wort aus dem Munde. Die auf- und absteigenden Skalen der Streicher und die $6/8$- und $9/8$-Rhythmen des Anfangschors beherrschen auch den Schlußchor, der immer wieder von dem Verzweiflungsruf des Boten unterbrochen wird. Oedipus erscheint wieder, das Antlitz blutüberströmt: Er hat sich selbst das Augenlicht genommen. Als Bettler geht er in die Verbannung; der Chor sendet ihm zu dem auf dem Terzintervall ausschwingenden $6/8$-Rhythmus der Pauken und Bässe ein trauerndes Lebewohl nach.

Die **Psalmensymphonie (Symphonie de psaumes)**, die im Jahre 1930 komponiert wurde, trägt die Widmung: »Cette symphonie composée à la gloire de Dieu est dédiée au Boston Symphony Orchestra à l'occasion du cinquantenaire de son existence«. Sie ist ein Meisterwerk sakraler Musik und eine der bedeutendsten und konzentriertesten Schöpfungen Strawinskys überhaupt. Die Bezeichnung »Symphonie« ist durch die 3teilige, der Instrumentalform nachgebildete Anlage (*Prélude – Double Fugue – Allegro symphonique*) begründet. Das Werk ist in seinem Gesamtbild eine Kantate für 4stimmigen Chor; das Orchester, das aus starker Bläserbesetzung, Harfe, 2 Klavieren, Violoncelli und Kontrabässen besteht, hat überwiegend begleitende Funktion und tritt nur in Vor- und Zwischenspielen selbständig hervor. Der Verzicht auf Violinen und Violen und das Überwiegen der Blasinstrumente bewirken den herben, gemeißelten Klang, der dem Ganzen einen archaischen Charakter gibt; die lapidare Thematik, die einfache Stimmführung des Chorparts suggerieren dem Hörer den Eindruck einer urtümlichen, russisch gefärbten Liturgik. Strawinsky hat der Komposition lateinische Psalmworte zugrunde gelegt, und zwar den 13. und 14. Vers des 38. Psalms, den 2. bis 4. Vers des 39. Psalms und den ganzen 150. Psalm nach der Zählung der Vulgata. Gebet, Dank und Lobpreisung sind die Inhalte der 3 Sätze; sie geben dem Ganzen eine aufsteigende Entwicklung – von flehender Bitte über das Glück der Erhörung, das der Mittelsatz verkündet, bis zum hymnischen Aufschwung des Schlußteils.

Der *1. Satz* beginnt mit einer kurzen Orchestereinleitung, die aus einem wiederholt hart angeschlagenen e-Moll-Dreiklang und arpeggierenden Figuren der Holzbläser und Klaviere besteht. Der Alt stimmt ein in phrygischer Tonart klagendes Thema an, dessen Einfachheit für den Stil des Werkes bezeichnend ist:

Es wird begleitet von einer Figur aus 2 ineinandergeschobenen Terzen, die als harmonisches und melodisches

Grundelement für das ganze Werk Bedeutung behalten. Der volle, 4stimmige Chor respondiert »et deprecationem meam«, der Alt wiederholt sein Halbton-Thema. Zwei e-Moll-Akkorde schließen einen Ruf der Tenöre und Soprane auf dem Ton e ein, der von den Arpeggien des Anfangs zugleich in Achtel- und Sechzehntelbewegung begleitet wird. Dann setzt in den Instrumenten über Stakkato-Bässen eine gemessene Achtelbewegung ein, die den Hauptteil des Satzes beherrscht:

Der Chor singt dazu in weiten, bis zur Oktave und Septime ausgreifenden Intervallen: »Quoniam advena ego sum apud te et peregrinus.« Die Coda »Remitte mihi priusquam abeam« wird beherrscht von dem Halbton-Motiv des Anfangs, das nun Tenöre und Soprane übernehmen. Das Orchester begleitet mit den ineinander verschränkten Terzen, die zugleich in Viertel- und Achtelbewegung erklingen. Der Satz, dessen tonaler Schwerpunkt e-Moll ist, endet nach einer kadenzierenden f-Moll-Wendung mit einem G-Dur-Dreiklang. Er ist ein Beispiel für die von Strawinsky in dieser Schaffensperiode geübte Technik, Klangkomplexe wie Blöcke scheinbar unverbunden nebeneinanderzustellen und doch durch Intervallbeziehungen und motorische Elemente ein inneres Band zwischen ihnen zu schaffen.

Der *2.*, langsame *Satz* steht stilistisch zu den ihn umgebenden Teilen in Kontrast, ja er nimmt im Schaffen Strawinskys überhaupt eine Sonderstellung ein. Er bezeichnet einen der wenigen Momente, in denen der fugierte Stil Johann Sebastian Bachs unmittelbar als Vorbild in das Werk des russischen Meisters hineinwirkt. Er hat die Form einer Doppelfuge. Das 1., dem Orchester anvertraute Thema ist wieder aus einer Terz und ihrer Umkehrung, einer Sexte, entwickelt; es wird von 2 Flöten und 2 Oboen 4stimmig durchgeführt, die Tonart ist c-Moll.

Nach einem kunstreich figurierten Zwischenspiel von 4 Flöten setzt der Chor-Sopran mit dem 2., durch einen markanten Quartschritt charakterisierten Thema in es-Moll ein:

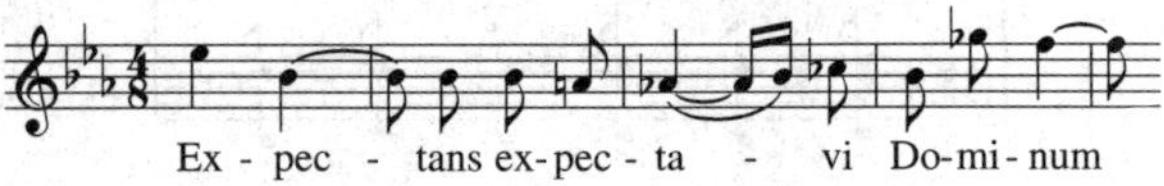

Er fugiert es in durch die Tradition vorgegebenen, in Tonika und Dominante abwechselnden Stimmeinsätzen, während das Orchester seine eigene Fuge weiterführt. Eine A-cappella-Episode bringt eine 4stimmige Engführung. Auf ein 9taktiges Orchesterzwischenspiel folgt ein Forte-Ausbruch »Et immisit in os meum canticum novum«, dem das Orchester durch eine klangmächtige Oktavierung seines Themas Nachdruck gibt. Mit dem durch 5 Takte gehaltenen es des Chores endet der Satz leise in schwebender, Es-Dur, es-Moll und c-Moll mischender Harmonie.

In c-Moll beginnt der *3.* und letzte, zugleich umfangreichste *Satz*, ein reich gegliedertes Finale. Nach einem 4stimmigen »Alleluja«-Ruf intoniert der Chor auf einem Quartenmotiv über einem in den Tönen des C-Dur-Dreiklangs auf- und abschreitenden Baß den Lobgesang: »Laudate Dominum in sanctis Eius, laudate Eum in firmamento virtutis Eius.« Der C-Dur-Dreiklang auf »Dominum« gewinnt leitmotivische Bedeutung. In einem Zwischenspiel lassen die Bläser einen stakkatierten Achtelrhythmus erklingen, der als Skandierung der Worte »Laudate Dominum« den Fortgang des Satzes beherrscht:

Die Soprane fahren fort mit dem Thema »Exaudi orationem meam« aus dem 1. Satz, dessen Halbtonschritt nun zum Text »Laudate Eum in virtutibus Eius« zum Ganzton gedehnt ist. In den Mittelstimmen erklingt rezitierend der von den Bläsern angeschlagene Achtelrhythmus. Aus einem Sextenthema der

Baß-Stimmen entwickelt sich ein gebundener Chorsatz, der sich zu großer Klangfülle steigert: »Laudate Eum in sono tubae.« Die Musik bricht ab, der leise »Alleluja«-Ruf des Anfangs wird als ruhiges Intermezzo eingeschoben. Dann setzt, wieder in lebhaftem Tempo, von kräftigen Hörner- und Trompetenklängen vorwärtsgetrieben, eine neue Entwicklung ein. Das Orchester übernimmt in thematisch reichem Satz über dem von Halbtönen umspielten Baßton G die Führung, der Chor wirft sechsmal intereinander den psalmodierenden Achtelrhythmus »Laudate Dominum« ein. Nach großer orchestraler Steigerung reißt die Musik wiederum ab, und als zarter, lyrischer Abgesang erklingt in durchsichtigem Chorsatz ein neues, in Dreiklangstönen aufsteigendes Thema:

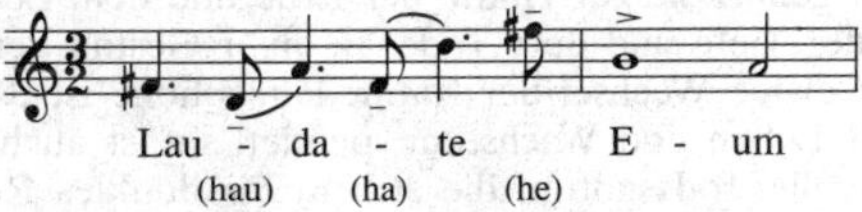

Die Harmonie wendet sich von G-Dur über B-Dur nach Es-Dur, und nun beginnt die herrliche, das Werk ins Mystische erhöhende Coda. Über einem in Quarten pendelnden, die 3 Töne Es, B, F durch 42 Takte wiederholenden Baß, der wie das Ausläuten von Glocken klingt, verbinden sich die Chor-Stimmen und die Holzblasinstrumente zu einem zarten, gleichsam in himmlische Höhe entschwebenden Klanggewebe. Eine überraschende Modulation leitet von Es nach C. Das Zitat des anfänglichen »Alleluja«-Rufs und das 1. Thema »Laudate Dominum«, dem die Holzblasinstrumente einen C-Dur-Dreiklang unterlegen, sind der Epilog.

Perséphone, Melodram für eine Sprecherin, Tenor, gemischten Chor und Orchester nach einem Gedicht André Gides, wurde von Strawinsky im Jahre 1933 im Auftrage der Tänzerin Ida Rubinstein komponiert, die in der szenischen Uraufführung 1934 in Paris die Titelrolle verkörperte. Die szenische Form des Werkes nimmt die Trennung der mimischen Funktionen wieder auf, die Strawinsky zuerst in der *Ge-*

schichte vom Soldaten versucht hatte. Sprecher, Sänger und Tänzer wirken nebeneinander, ein Erzähler Eumolpos (Tenor) erläutert die Handlung. Der Chor singt die Stimmen der Nymphen, Schatten und Menschen. Da die dramaturgische Anlage der Konvention der Opernbühne wenig entspricht, hat das Werk mehr im Konzertsaal seine Stätte gefunden.

Die Dichtung André Gides, die auf eine homerische Hymne zurückgeht, behandelt eine der ältesten und bedeutsamsten Naturmythen der griechischen Antike: Persephone, die Tochter Demeters, wird der Erde entrissen und herrscht als Gattin Plutos über die Schatten der Unterwelt. Aber die Sehnsucht nach der Erde treibt sie wieder hinauf an das Licht, zu ihrer Mutter, zu ihrem irdischen Gatten Triptolemos. In stetem Wechsel gehört sie zur Hälfte der Erde und dem Leben, zur Hälfte der Tiefe und dem Tode. In einer Gestalt verkörpert sich der ewige Wechsel der Natur: Persephone ist der Frühling, der Leben und Wachstum spendet, sie ist auch die geheimnisvolle Todesgöttin, die sich in ihr dunkles Reich zurückzieht, während der öde Winter auf der Erde herrscht. Die Komposition Strawinskys bringt die bei aller Hintergründigkeit wesentlich idyllische Stimmung des Naturmythos aufs schönste zur Geltung. Die Partitur ist lockerer gefügt als die des *Oedipus Rex*, es fehlen ihr die harten, dramatischen Akzente, eine schöne, ruhige Grazie ist der Grundton. In 3 ineinander übergehenden Szenen (*Persephones Entführung – Persephone in der Unterwelt – Persephones Wiederkehr*) wird die Handlung dargestellt, ähnlich wie sie als Spiel in den antiken Mysterien der Demeter aufgeführt worden sein mag.

Die **Messe (Mass)** für gemischten Chor (Strawinsky wünscht sich Knabenstimmen als Soprane und Alte), Soli und doppeltes Bläserquintett (Oboen, Englischhorn, Fagotte, Trompeten und Posaunen), die 1948 vollendet und im gleichen Jahr in der Scala in Mailand uraufgeführt wurde, ist trotz der asketischen Einfachheit ihres Klangbildes nicht nur ein liturgisches Gebrauchswerk, sondern vielmehr die künstlerische Stilisierung eines solchen, eine Komposition von höchst persönlicher Prägung, die den in der *Psalmensymphonie* eingeschlagenen Weg zu Ende geht. Einfache thematische Komplexe werden nebeneinandergestellt, das architektonisch-statische Prinzip ist stärker als das lyrische Prinzip der musikalischen Entwicklung. Mit der Konzentration der Formen, die auf Durchführungen und Steigerungen verzichten, mit der Ausschaltung des expressiven, deklamatorischen Elements scheint die Musik der Frührenaissance als Vorbild beschworen zu sein. Die 4 Außensätze *Kyrie*, *Gloria*, *Sanctus* und *Agnus Dei* sind als »Figuralmusik« komponiert. Der mittlere, textlich längste, das *Credo*, wird rezitativisch, streng homophon, ohne kontrapunktischen Aufwand zu gehaltenen Bläserakkorden gesungen. Das *Kyrie* beginnt, nach der Intonation der Moll-Terz c–es in einem Einleitungstakt des Orchesters, mit einem choralhaften 4stimmigen Satz:

»Christe eleison« ist eine 3teilige Episode, die mit einem 5taktigen gebundenen Gesang um g-Moll beginnt. Es folgen 6 Takte imitierender Polyphonie über ein charakteristisches, aus einem Oktavsprung und seiner Ausfüllung durch eine diatonische Tonleiter bestehendes Thema in d-Moll:

Daran schließt sich ein 4taktiger D-Dur-Satz an, in dem die Stimmen in Achtel- und Viertelnoten rezitieren. Auf ein Orchesterzwischenspiel, das über As-Dur nach B-Dur führt, folgt das 2. »Kyrie«, zuerst auf die Achtelrezitation des »Christe« gesungen, dann in die Wiederholung der choralhaften Anfangszeile einmündend, die nun nach G-Dur kadenziert. Das *Gloria* setzt entgegen barockem Brauch mit zarten 2stimmigen Melismen von Oboe und Trompete ein, die vom Solo-Alt und vom Solo-Sopran weitergesponnen werden. »Laudamus te« ist ein 4stimmiger Chorsatz, »Domine Deus« wird wieder von den hohen Solo-Stimmen gesungen. Das Prinzip des Wechsels beherrscht den Fortgang des Satzes: Soli und Chor alternieren von »Qui tollis peccata mundi« an zeilenweise, die Solo-Stimmen haben mit »Quoniam tu solus sanctus«, mit gebundener, aus psalmodischer Deklamation aufsteigender Melodie das Schlußwort, nur die 2 Silben »Amen« sind noch dem Chor zugeteilt. Eindrucksvoll ist der Beginn des *Sanctus* mit der dreimal wiederholten lyrischen Intonation zweier Tenöre, denen ein kraftvoller Chorruf antwortet:

»Pleni sunt coeli« ist ein kantabler, streng imitierender Satz der 4 Solo-Stimmen; mit dem »Hosanna» tritt der Chor, isorhythmisch deklamierend, klangvoll wieder ein. Das kurze, nur 12taktige *Benedictus* erklingt in schlichter, liedhafter Melodik. Im *Agnus Dei* treten sich Chor und Orchester als selbständige Klangkörper gegenüber. Ein 4taktiges, von C-Dur nach D-Dur modulierendes, jeweils wörtlich wiederholtes Bläser-Ritornell unterbricht dreimal den A-cappella-Gesang des Chores. Ein kurzes Nachspiel führt die ungelöste Harmonie des Gesanges in ein unbestimmt schwebendes d-Moll zurück.

Canticum sacrum ad honorem Sancti Marci nominis für Tenor- und Bariton-Solo, Chor und Orchester, zur Ehre des heiligen Markus im Jahre 1955 komponiert und in San Marco zu Venedig am 13. September 1956 uraufgeführt, ist eine Lobpreisung der drei Kardinaltugenden Liebe, Hoffnung, Glaube; Einleitung und Schluß feiern das Wirken der Apostel. Der Text besteht aus Worten des Alten und des Neuen Testaments in der lateinischen Fassung der Vulgata. Die Musik trägt die Kennzeichen von Strawinskys Spätstil, der wesentlich durch die dodekaphone Technik bestimmt ist. Reihen von 12 oder weniger Tönen liegen den Themen zugrunde, Umkehrung und Krebsgang sind formbildende Mittel, die Integration des Satzes ist durch Ausschaltung aller zufälligen Elemente zu radikaler Einfachheit fortgeschritten. Das Orchester, das mit Holz- und Blechblasinstrumenten, Harfe, Orgel, Violen und Kontrabässen besetzt ist, wird nur sparsam in transparenter Instrumentation eingesetzt. Dem Werk geht eine *Dedicatio* voraus, die von den 2 Solo-Stimmen zur Begleitung tiefer Blasinstrumente in archaisch herber Linearität gesungen wird: »Urbi Venetiae in laude Sancti sui Presidis, Beati Marci Apostoli.« Das eigentliche *Canticum* ist in strenger zyklischer Form aufgebaut. Einleitungs- und Schlußchor, der *1.* und *5. Teil*, die mit Worten des Markusevangeliums den apostolischen Auftrag verkünden, stehen musikalisch in enger Beziehung: Der Schlußchor ist die Krebsform des Anfangssatzes; beide Stücke werden durch ein zweimal eingeschaltetes Orchester-Ritornell 5teilig gegliedert. Der *2.* und der *4. Teil*, eine Stelle des Hohenliedes (»Surge, aquilo, et veni, auster«) und das Wort Jesu zu dem Vater des fallsüchtigen Kindes (»Si potes credere, omnia possibilia sunt credenti«), sind überwiegend den Solo-Stimmen zugeteilt und dementsprechend lyrisch-melodischen Charakters. Den *2. Teil* bildet eine Tenor-Arie, deren Gesangsstimme aus Krebsgang und Variation eines Zwölftonthemas entwickelt wird, den *4. Teil* eine Kantilene des Baritons, dem der Chor in strenger kanonischer Nachahmung respondiert. Kernstück der Komposition ist der *3.*, aus 3 Abschnitten bestehende *Teil* »Ad tres Virtutes Hortationes«. Caritas (Liebe) wird mit Worten des mosaischen Gesetzes und des 1. Johannesbriefes verehrt, für Spes (Hoffnung) und Fides (Glaube) zeugen Psalmworte. Symbol aller drei Tugenden ist dasselbe Zwölftonthema, das dreimal vom Orchester als Ritornell gespielt wird, beim zweiten Mal um eine kleine Terz, beim dritten Mal um einen Ganzton aufwärts transponiert:

Der Liebe gilt ein 3stimmiger Chorsatz: Tenor und Sopran intonieren, jeweils von anderen Tonstufen ausgehend, den Krebs der Umkehrung, der Alt singt den Krebs der Grundgestalt der Reihe, dann laufen alle Stimmen zurück, und der ganze Satz wird wiederholt. Die Hoffnung wird im Wechselgesang von Solo-Stimmen und Chor besungen, der Glaube in einem Chor-Unisono, das eine metrische, durch einen gedehnten Auftakt verlängerte Umformung des um einen halben Ton höher transponierten Hauptthemas ist:

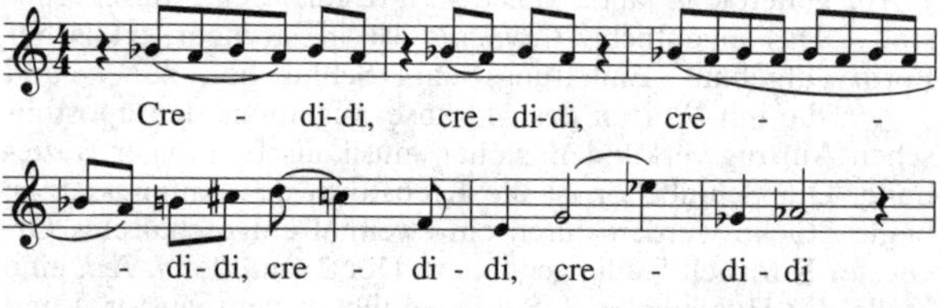

Als Nachsatz in ¾-Takt folgt eine neue, in 4stimmigem Kanon gesungene Variante des Themas. Das Stück ist eine klare und feste musikalische Konstruktion, die in den durchorganisierten Sätzen Anton von Weberns ihr Vorbild hat.

Threni: Id est Lamentationes Jeremiae Prophetae für Soli, gemischten Chor und Orchester, in den Jahren 1957 und 1958 entstanden, sind ein Werk von größeren klanglichen und zeitlichen Dimensionen. Der Text ist den Klageliedern des Jeremia entnommen, die zur Liturgie der Karwoche gehören.

Strawinsky hat die Textauszüge in 3 Teile geordnet: der 2. Teil gliedert sich in Klage, Hoffnung und Trost, der 3. ist Gebet. Der Komponist schickt seinem Werk einen *Vorspruch* voraus: »Incipit lamentatio Jeremiae Prophetae« verkünden 2 Solo-Stimmen nach kurzem, energisch einsetzendem Orchestervorspiel. Der Chor intoniert 4stimmig das Signum »Aleph«; die Buchstaben des hebräischen Alphabets sind den Textversen als tönende Vignetten vorangestellt. Dann erst beginnt eigentlich die *Lamentation* (*1. Teil*) mit der Aufstellung eines orchestralen Zwölftonkomplexes, der in mannigfachen Mutationen im Folgenden wiederkehrt:

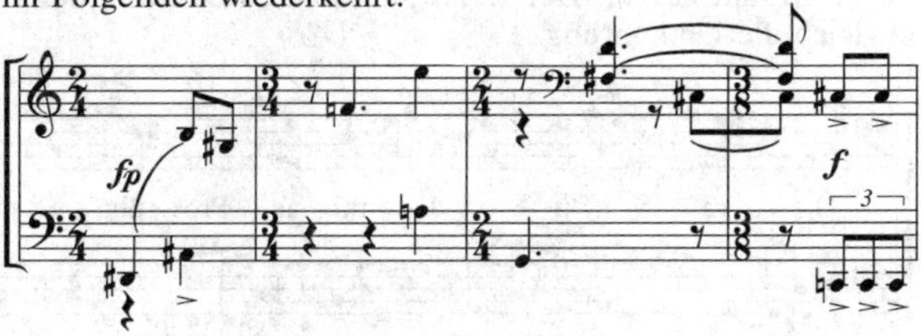

Der Abschnitt *Querimonia*, der den *2. Teil* eröffnet, wird, abgesehen von den eingestreuten Alphabet-Zeichen, nur von Männerstimmen gesungen.

Krebs der Umkehrung der Grundreihe

Ein Basso profondo als Vorsänger erinnert an den Klang russischen Kirchengesangs. Den Satz beherrscht das Prinzip des Kanons. Der *3. Teil* (*Sensus Spei*), das umfangreichste und klangvollste Stück der Partitur, das den ganzen Chor, 4 Solo-Stimmen, Sopran, Alt, 1. Tenor und 2. Baß, beteiligt, enthält wieder eine Fülle interessanter Umformungen der Reihe. Hier entfaltet sich das Spiel des Komponisten mit dem Tonmaterial zu voller Freiheit, hier triumphiert seine Phantasie vollends über den Zwang der Methodik. Der Abschnitt *Solacium* wird von den duettierenden Solo-Stimmen Sopran und Alt bestritten, zu denen später 1. Tenor und 1. Baß sowie der Chor hinzutreten. In der von 2 Solo-Bässen gesungenen Überschrift des Schlußteils tritt die Reihe noch einmal in ursprünglicher Gestalt hervor: Der 1. Baß singt die Grundform, der 2. zugleich die Umkehrung:

Ein kurzer, vom Chor und allen Solo-Stimmen gesungener Chor beendet das Werk: »Converte nos, Domine, ad te, et convertemur; innova dies nostros sicut a principio.« Die *Threni* haben ihren Platz in der Reihe bedeutender Spätwerke großer Meister: eine Gedankenmusik zur Verherrlichung göttlicher Ordnung, ein geistliches Klagelied, das durch das strenge Gesetz der rationalisierten Form zur hohen, überwindenden Zeremonie wird.

Alfred Schnittke

Alfred Schnittke (1934–98), in Rußland geborener und aufgewachsener Sohn deutscher Eltern, Autor vielgespielter Theater- und Film-, Kammer- und Orchestermusiken, kristallisierte aus seiner Bühnenmusik zu Friedrich Schillers *Don Carlos*

1975 das **Requiem** für Soli (3 Soprane, Alt, Tenor), 4stimmigen gemischten Chor (bis zu Dreiteilungen pro Chor-Stimme) und Instrumente (Trompete, Posaune, Orgel, Klavier, Celesta, E-Gitarre, Baßgitarre, Pauken und reich besetztes Schlagwerk). Das 35minütige Werk in lateinischer Sprache ist nicht für den gottesdienstlichen Gebrauch geschrieben, wie man u. a. aus dem freien Umgang mit dem liturgischen Kanon ersehen kann. In 14 Sätzen komponiert Schnittke: *Introitus* (Reprise der Antiphon mit unvollständigem Text), *Kyrie*, *Sequenz* in 5 Sätzen (wobei die Strophen 11 bis 17 ausgelassen sind), *Offertorium* in 2 Sätzen (ohne »quam-olim«-Reprise), *Sanctus* in 2 Sätzen, *Agnus*, anstelle der *Communio* das *Credo Nicaenum* bis zum »descendit de coelis« und mit 1fachem »Osanna«-Schluß, *Introitus* als wörtliche Reprise. Die Handschrift bietet die für Alfred Schnittke typische Polystilistik. So steht z. B. der 51taktige *Introitus*, bis auf eine 4taktige Ausweichung nach f-Moll, in eindeutigem e-Moll auf dem Orgelpunkt der Tonika. Das *Kyrie* bringt dagegen ein zwölftöniges Gesangsthema, das in Takt 24 von den 3 Solo-Sopranen zu einem 9taktigen Kanon im Einklang ausgeweitet wird. In mehreren Sätzen werden Cluster eingesetzt – besonders eindrücklich mit der gehämmerten Zwölfton-Totale im »Dies irae«. Aber im *Benedictus* überraschen größere Partien reiner Dreiklangsfolgen, die zudem durch einen alle 56 Takte klingenden Orgelpunkt auf E tonal eingebunden werden. Alle Sätze sind klar und einhörbar geordnet und auch dem Laien und erstmaligem Hören spontan zugänglich. Man verfolge etwa im »Lacrimosa«, wie die 3 Zeilen der *Sequenz*-Strophe in jeweils 9taktiger Periode wörtlich von den Frauenstimmen wiederholt werden. Ihre streng und einleuchtend gestaltete Melodik nutzt alle 12 Töne, die den als Orgelpunkt den ganzen Satz lang gehaltenen Ton C umkreisen. Ein 4taktiges »Amen« im Einklang auf c^1 bestätigt die trotz aller chromatischen Komplexität der Harmonik in keinem Augenblick angefochtene Tonalität. Das klassisch klare, an den mittleren Strawinsky erinnernde »Rex tremendae« vermag auf ähnliche Weise anzurühren und zu überzeugen. Je 4 aus gleichem Material gearbeitete Takte Vor- und Nachspiel umrahmen 19 Takte in harmonische Ostinati auf d eingebettete, vom Pianissimo zum Fortissimo gesteigerte Sprechstimmen. Die ungewöhnlich wirkungsstarke, in ihren vielfältigen Farbschattierungen von der zartesten Klangsüße bis zum atemberaubenden Hämmern der Klangexzesse faszinierend ausgehörte Instrumentation trägt zum überwältigenden Zugriff dieser Partitur entscheidend bei.

Arvo Pärt

Arvo Pärt (geb. 1935), geborener Este und seit 1982 in Berlin lebend, komponierte bis 1968 mit seriellen Techniken. Nach einer Orientierungsphase und gründlicher Auseinandersetzung mit der Musik des Mittelalters entwickelte er ab etwa 1976 auf der Basis von Tonalität und Vokalität eine dritte Schaffensphase mit einer großen Zahl von Chorwerken, die ihm lebhafte Akklamation und in kurzer Zeit weite Verbreitung im deutschen Chorwesen verschaffte. Pärt begibt sich stilistisch in eine strikte, religiös bestimmte musikalisch-technische Askese; er arbeitet mit elementaren musikalischen Bausteinen, die er allerdings höchst bewußt und mit artistischem Raffinement zu disponieren und zu schichten versteht. Im Auftrag des Deutschen Musikrates schrieb Arvo Pärt 1989 sein **Magnificat** für 6stimmigen gemischten Chor a cappella in der vom Komponisten selbst »Tintinnabuli-Stil« genannten Handschrift (mlat. *tintinnabula* ›Glockenspiel‹). In metrumfreiem Note-gegen-Note-Satz wird der lateinische Text nach der Vulgata, einem Psalmton vergleichbar, halbversweise im Dominant-Bereich c- und im Tonika-Bereich f-Moll in 7 Minuten mit minimalem, konzentriertestem Materialaufwand vorgetragen. Dabei geht es dem Komponisten nicht um Interpretation des Textes, sondern um Meditation und Anbetung – siehe etwa die vielen langen Noten und Haltenoten, die quasi liturgischen Rezitationen auf einem Ton oder das »Fecit potentiam«, das die Komponisten aller Jahrhunderte zu strahlendem, lautstarkem Aufwand anregte, im 2stimmigen Piano-Satz oder »Deposuit potentes« im 3stimmigen Pianissimo.

Pärts Chorsatztechnik offenbart einen außergewöhnlich kenntnisreichen Klangsinn.

Ähnlich, nur mit einem durch zahlreiche auffällig lange Generalpausen erweiterten Idiom, verhält es sich mit Pärts **Johannes-Passion** (**Passio Domini nostri Jesu Christi secundum Joannem** – »Das Leiden unseres Herrn Jesu Christi nach Johannes«), die 1982 für Bariton- (Jesus), Tenor-Solo (Pilatus), Evangelisten-Quartett (Sopran, Männeralt, Tenor und Baß), gemischten Chor, Violine, Violoncello, Oboe, Fagott und Orgel geschrieben wurde. In etwa 75 Minuten wird der lateinische Passionsbericht der Vulgata nach Johannes 18 und 19,1–30 in der Art der oberitalienischen Figuralpassionen vorgetragen. Das Evangelisten-Quartett singt, stets aus denselben Grundmotiven geschichtet, in modulationsfreiem a-Moll mit allen denkbaren Stimm- und Instrumentenkombinationen. Die Orgel begleitet allein die Jesusworte (stets in e-Phrygisch), die Pilatusworte (stets in F-Lydisch), den Eingangschor, der von a-Moll zur Dominante e gleitet, den Schlußchor in D-Dur sowie von den sonst a cappella gesungenen Turbae des Chores in ebenfalls statischer Dur-Dominante »Jesus von Nazareth«, »Bist du nicht seiner Jünger einer?«, »Kreuzige ihn« und »Schreibe nicht der Juden König«. Auch an diesem die Hörerschaft bewegenden Oratorium besticht der außerordentliche Klangsinn des Komponisten.

Fachworterläuterungen

Von Tina Kornmann
und Alexander Wagner

Abgesang: dritter, abschließender Teil der → Barform.

a cappella: urspr.: für den Vokalchor, Instrumente nach Belieben; seit dem 19. Jh.: Vokalmusik ohne jede Instrumentalbegleitung.

Accentus: liturgisches Rezitieren auf einer Tonhöhe (→ Lektions-, Rezitations-, Passionston); die musikalische Gliederung erfolgt durch sich aus dem Satzbau des Textes ergebende rhythmische und melodische Floskeln.

Accompagnato-Rezitativ → Recitativo accompagnato

Aleatorik: dem Interpreten vom Komponisten eingeräumte, begrenzte Freiheit, Klangereignisse in zufälliger oder frei gewählter Abfolge auszuführen.

Alteration → Chromatik

Altus: auch: falsettierender Alt, Männeralt, Countertenor; hohe Stimmgattung männlicher Sänger; Gesang in Kopfregister bzw. Fistelstimme.

Anthem: in der englischen Kirchenmusik des 16. und 17. Jh. nichtliturgische Vokalmusik in der Volkssprache, gewöhnlich beim Morgen- oder Abendgebet.

Antiphon: kurzer, mehrfach eingeschobener Rahmenvers der Gemeinde beim Psalmodieren.

antiphonal: Praxis des Wechselgesanges zweier Sängergruppen.

Arie: Sologesangstück, urspr. in → dreiteiliger Liedform.

Arioso: gesangliche Form des Rezitativs; auch: → Recitativo accompagnato.

Arpeggio: rasches Nacheinanderschlagen der Töne eines Akkords, in der Notenschrift durch eine Schlängellinie angegeben.

Ars antiqua: Gegenbegriff zu → Ars nova; Epoche zwischen etwa 1240 und 1320, hauptsächlich gekennzeichnet durch das Aufkommen der → Mensuralnotation.

Ars nova: Epoche zwischen etwa 1320 und 1380, geprägt durch die Erweiterung der → Mensuralnotation.

Augmentation: Vergrößerung, in der Regel Verdoppelung der Notenwerte.

Autograph: Urschrift des Autors oder Komponisten im Gegensatz zu Druck oder Kopie.

Azione sacra: geistliches Schauspiel, inszeniertes → Oratorium.

Barform: Liedform des mittelalterlichen Minne- und Meistersangs in dreiteiligem Aufbau: → Stollen, (→ Gegen-)Stollen, → Abgesang.

Basso continuo: (ital.) ›fortlaufender Baß‹; auch: Continuo-Baß, Generalbaß; hauptsächlich im Barock verwendetes Kompositions- und Notationsprinzip; es werden nur Melodie- und Baßstimme eines Musikstücks notiert, die harmonischen Bezüge durch Ziffern unterhalb der Baßlinie angegeben, daher auch ›bezifferter Baß‹; ausgeführt wird der Generalbaß → obligat durch ein Tasteninstrument (Orgel, Cembalo), unterstützt durch ein Baßinstrument.

Bogenform: Liedform, bei welcher der Anfangsteil zwischen in Zahl und Art variierenden Mittelteilen und am Ende wiederholt wird.

buffonesk: (ital.) spaßhaft; Umsetzung eines komischen Textinhalts in Komposition und Interpretation.

Canticum: (lat.) Lied; liturgische Lobgesänge aus dem Alten und Neuen Testament mit Ausnahme der Psalmen, z. B. Magnificat, Nunc dimittis u. a.

Cantio Missa: (lat.) ›Meßgesang‹; Meßkomposition mit einem (meist deutschen) Kirchenlied als musikalischem Thema.

Cantus firmus: (lat.) ›feststehender Gesang‹; urspr.: einstimmige Ausführung des gregorianischen Chorals; Hauptstimme und melodischer Ausgangspunkt im mehrstimmigen, → kontrapunktischen Satz.

Cavatine: kleines → arioses, meist zweiteiliges Gesangsstück, oft nach kurzem → Rezitativ.

choraliter: einstimmiger Vortrag eines gregorianischen Chorals.

Chromatik: Erhöhung oder Erniedrigung eines Tones um einen halben Ton durch Hinzufügen von Vorzeichen (# oder ♭) oder Auflösungszeichen (♮), z. B. f – fis, e – es usw.

Coda: Schlußabschnitt eines Musikstücks.

collaparte: instrumentales Mitspielen einer Gesangstimme.

coll'arco: (ital.) ›mit dem Bogen‹, gestrichen; Anweisung bei Streichinstrumenten; Gegensatz zu → pizzicato.

Comes: zweiter Themeneinsatz in der → Fuge auf der Dominante.

con sordino: (ital.) mit Dämpfer.

Concentus: liturgischer Gesang in auskomponierter → melismatischer Ausprägung.

Concertino: Solo(-Ensemble) im → Concerto grosso.
Concerto grosso: instrumentale Gattung im Barock, geprägt durch die Abwechslung von → Ripieno und → Concertino.
Conclusio: (lat.) ›Ende‹; Abschluß, Schlußsatz, Schlußchor zyklischer Werke.
Conductus-Motette: drei- bis vierstimmige Motette mit Hauptstimme im Tenor und gleicher Textierung mit rhythmischer Angeglichenheit aller Stimmen.
Continuo-Baß → Basso continuo
Cori-spezzati-Technik: (ital.) ›geteilte/getrennte Chöre‹; um 1550 in Venedig aufkommendes Prinzip der räumlichen Trennung zweier oder mehrerer Ensembles bei der Ausführung chorweise abwechselnder Kompositionen.
Cornet à Piston: (frz.) Kornett; durch Anbringung von Ventilen aus dem Posthorn entstandenes trompetenähnliches Blechblasinstrument.
Couplet: **1.** solistisch ausgeführter Zwischenteil, der sich z. B. im → Concerto grosso mit dem → Ritornell abwechselt; **2.** liedartiges Vokalstück, bei welchem mehrere Strophen auf die gleiche Melodie gesungen werden.
da capo: (ital.) von Anfang an wiederholen.
Deklamation: dem Sprechen angenäherte, deutliche, meist syllabische Vortragsart im Gesang.
Diatonik: Gegensatz zu Chromatik; schrittweise melodische Fortführung innerhalb einer Tonleiter, in der Regel bezogen auf das Dur-Moll-System.
Diminution: Verkleinerung, in der Regel Halbierung der Notenwerte; im 17. Jh. auch für: Verzierung.
Diskant: höchste Stimme im mehrstimmigen Satz.
Dominante: V. Stufe der Grundtonart, zugleich der darauf aufgebaute Dreiklang.
dreiteilige Liedform: formale, strukturelle und/oder inhaltliche Dreiteilung eines Musikstücks, wobei erster und dritter Teil einander gleichen.
Dulzian: historisches Vorgänger-Instrument des Fagotts.
Dux: erster Themeneinsatz in der → Fuge auf der → Tonika.
Elegie: Klagelied; langsamer Satz.
Enharmonik: unterschiedliche Benennung gleichklingender Töne, z. B. cis – des, einschließlich der damit verbundenen Umdeutung der Harmonie.

Exequien: mit den Begräbnisriten verbundene Gesänge, Requiem, Trauermusik.

Exordium: (lat.) ›Anfang, Beginn‹; Eingangschor, Anfangsstück.

Faktur: lat. *facere* ›machen, herstellen‹; Machart, Schreibart, Handschrift, Struktur.

falsettierender Alt → Altus

Fauxbourdon: Satztechnik aus der Renaissance: Bildung von Sextakkordketten (mit Auflösung in einen Quint-Oktav-Klang).

Favoritstimme: meist solistisch besetzte Partie oder Soloteil im musikalischen Gesamtsatz; Gegenteil: Capell- oder Tutti-Stimme.

Figuration: bewegte Art der Stimmführung in kleinen Figuren.

Fuge: ital. *fuga* ›Flucht‹; im 17. Jh. aus Kanon und Imitation entstandenes strenges Kompositionsprinzip; zunächst Vorstellung eines Themas nacheinander in allen Stimmen im Wechsel von → Tonika (Dux) und → Dominante (Comes) = Exposition; parallel dazu läuft in den anderen Stimmen ein melodisch, rhythmisch und charakterlich gegensätzlicher → Kontrapunkt; anschließend Wechsel zwischen vollständigen (Thema in allen Stimmen) und unvollständigen (einzelne Themeneinsätze) Durchführungen und Zwischenspielen (keine Themeneinsätze); zum Schluß hin Steigerung z. B. durch → Augmentation, → Diminution, Engführung (mehrere Themeneinsätze dicht nacheinander vor Beendigung jeweils eines Themas) oder Orgelpunkt.

Gambe: ital. *viola da gamba* ›Kniegeige‹; historisches Streichinstrument mit sechs Saiten und Bünden.

Gegenstollen: Mittelteil der → Barform; meist inhaltlicher und/oder musikalischer Gegensatz zum → Stollen.

Graduale: **1.** Teil des Meß- → Propriums, Psalmvers mit Antiphon zwischen zwei Lesungen; **2.** allgemeine Bezeichnung für Meßgesangbuch.

Guidonische Hand: frühe Form zur Darstellung der Ton- und Intervallsystematik; wird Guido von Arezzo (um 1000) zugeschrieben. Buchstaben bzw. Tonsilben wurden den verschiedenen Gliedern der linken Hand zugeteilt und mit der rechten Hand angezeigt. Das System diente zur theoretischen Veranschaulichung wie zur praktischen Umsetzung.

Halbschluß: Abschluß eines Formabschnitts oder einer → Kadenz nicht auf der Tonika, meist auf der → Dominante.

Hemiole: Eindruck eines geraden Taktes innerhalb des ungeraden,

z. B. durch Zusammenfassung von zwei ungeraden Takten zu einem größeren geraden Takt, oft als Schlußeffekt.

Homophonie: Kompositionsprinzip; Gleichberechtigung und rhythmische Gleichzeitigkeit aller komponierten Stimmen; Gegensatz zu → Polyphonie.

Hoquetus-Technik: latinisiert aus altfrz. *hoqueter* ›zerschneiden‹; Kompositionsprinzip: Springen der Melodie zwischen zwei oder mehreren Stimmen, die häufig und auch mitten im Wort, auch abwechselnd, pausieren.

Imitation: Nachahmung; ein Thema oder Motiv wird in anderen Stimmen aufgegriffen und nachgeahmt.

Interludium: (lat.) Zwischenspiel.

Intervall: Abstand, Verhältnis zweier Töne zueinander.

Introitus: (lat.) ›Eingang‹, Einleitungsteil des Meß- → Propriums.

Isorhythmik: Satztechnik: konsequente, lückenlose Übereinstimmung eines rhythmischen Modells in mehreren oder allen Stimmen.

Jubilus: → melismatische Ausführung der letzten Silbe des »Alleluja« im gregorianischen Choral.

Kadenz: **1.** harmonische Schlußformel, häufig als authentische Kadenz: → Subdominante – → Dominante – → Tonika (auch erweitert durch Vertreterklänge) zur Bekräftigung der Grundtonart; **2.** Alleinspiel des Solisten im Konzert vor dem Schluß- → Tutti.

Kantabilität: gute Singbarkeit, Sanglichkeit.

Kantilene: gesangsmäßige, sangliche Melodie; auch in der Instrumentalmusik, z. B. Geigenkantilene.

Kantionalsatz: → homophoner Liedsatz mit Melodie im → Diskant.

Kirchentonarten: auch: Modi (lat.); Tonleitersystematik der mittelalterlichen Kirchenmusik mit sechs Hauptmodi (zu finden auf den weißen Tasten des Klaviers): dorisch ($d – d^1$), phrygisch ($e – e^1$), lydisch ($f – f^1$), mixolydisch ($g – g^1$), äolisch ($a – a^1$), ionisch ($c – c^1$).

Koloratur: Verzierung im Gesang, häufig mit schnellem Figurenwerk.

Komplet: Stundengebet klösterlicher Gemeinschaften zum Tagesschluß, meist 21 Uhr.

Kontrapunkt: lat. *punctum contra punctum* ›Note gegen Note‹; melodische, rhythmische und sich daraus ergebende charakter-

lich gegensätzliche Struktur einer Zweitstimme im Bezug zur Hauptstimme; essentielles Stimmführungsprinzip der → Polyphonie.
Laudes: Stundengebet klösterlicher Gemeinschaften bei Sonnenaufgang.
legato: (ital.) gebunden; Gegensatz zu → staccato; betrifft die Ausführungsart mindestens zweier sich folgender Noten untereinander.
Lektionston: auch: Rezitationston, Passionston; melodisches Modell für die gesangliche Rezitation von Prosatexten; vgl. auch *Accentus*.
lydisch-dural: das harmonische Feld der beschriebenen Musik ist aufgrund der lydischen Haupttonart dural geprägt; vgl. auch *Kirchentonarten*.
Madrigal: um 1520 in Norditalien entwickelte, literarisch betonte Gattung von meist 5stimmigen Ensemblegesängen; wurde zur repräsentativen musikalischen Form der Renaissance-Gesellschaft.
Männeralt: auch: Countertenor, → Altus.
martellato: (ital.) ›gehämmert‹; kraftvoll abgesetzt.
Mediantik: gegenseitiger Bezug von Tonarten im Terzabstand.
Melismatik: Praxis der Textunterlegung in Vokalmusik, mehrere Töne pro Silbe, Gegensatz zu → Syllabik; vgl. auch *Vokalise*.
Melos: Melodie als Tonfolge, unabhängig von Rhythmus und Harmonie; ab der Romantik Synonym für → Kantilene.
Mensuralnotation: Notenschrift des 13. bis 16. Jh. mit Festlegung von Tonhöhe und Tondauer.
Monodie: (griech.) Einzelgesang; Merkmal einer mehrstimmigen Musik mit struktureller und ausdrucksmäßiger Dominanz einer einzelnen Vokal- oder Instrumentalstimme; charakteristisches Kennzeichen der um 1600 mit Oper, Kantate und Konzert beginnenden neuen Stilrichtung, → Stile nuovo
neapolitanischer Sextakkord: Sextakkordbildung auf der tief-→alterierten II. Stufe mit → Subdominantfunktion; Stilmittel zum Ausdruck von Klage und Schmerz.
neudeutsche Schule: Musikrichtung der Romantik nach Schumann, insbesondere die Gefolgschaft von Franz Liszt und Richard Wagner.
obligat: pflichtgemäß; bei mehrstimmigen Stücken Bezeichnung für eine Stimme, die für den musikalischen Satz notwendig ist und deshalb nicht ohne Schaden weggelassen werden kann.

Oboe d'amore: Oboe mit birnenförmig erweitertem Rohrende (Liebesfuß) und daraus resultierendem weichen, näselnden Klang; Tonumfang a – a^2.
Oboe da caccia: Altoboe, auch Englisch Horn; Tonumfang f – c^3.
Offertorium: Teil des Meß- → Propriums, Gesang zur Gabenbereitung.
Ondes Martenot: frz. *ondes* ›Wellen‹; 1928 gebautes, nach seinem Erfinder Maurice Martenot benanntes elektronisches Tasteninstrument. Die Tonerzeugung erfolgt durch Überlagerung mehrerer Frequenzen. Das Instrument umfaßt sieben Oktaven, läßt Klangfarbengestaltung, jedoch nur einstimmiges Spiel zu.
Oratorium: Anfang des 17. Jh. in Rom entstandene, ursprünglich geistliche, später auch weltliche vokal-instrumentale Großform zwischen Kantate und Oper für den Konzertgebrauch.
Ordinarium: feststehender Teil der Messe, umfaßt: Kyrie, Gloria, Credo, Sanctus, Agnus Dei.
Organum: frühe, seit dem 7. Jh. in Italien nachweisbare Form der Mehrstimmigkeit; zwei Stimmen werden zunächst in einem bestimmten Abstand parallel geführt (Quart-, Quintorganum), später auch in Gegenbewegung.
Ostinato: stets gleichbleibende, ständig wiederholte musikalische Wendung; besondere Bedeutung als Baßstimme in der → Passacaglia.
Pandor: aus England stammendes cisterähnliches Saiteninstrument in Baßlage, Generalbaßinstrument.
parlando: (ital.) ›sprechend‹, im Sprechgesang auszuführen.
Passacaglia: altitalienische Variationsform im Dreiertakt; ein Thema wird häufiger im Baß wiederholt (Basso ostinato), die anderen Stimmen greifen musikalische Gedanken auf und variieren sie.
Passionston: auch: → Lektionston, → Rezitationston.
Passus duriusculus: innerhalb der barocken Affektenlehre Bezeichnung für den ostinaten, absteigenden chromatischen Quartgang; Stilmittel zum Ausdruck von Trauer, Klage und Schmerz.
Pedalbaß: Nutzung des Orgelpedals zur Baßführung.
Pentatonik: Tonsystem aus fünf Tönen ohne Halbtonabstände.
Personanz: aus der impressionistischen Harmonik abgeleitete musikalische Satzart, in der mit Sekunden, Quarten, Sexten oder Septimen aufgeladene, farblich angereicherte Dreiklänge nicht

einer Lösung aus der Dissonanz in die Konsonanz bedürfen, sondern einander in der Entwicklung ihrer Klangwertigkeiten folgen.

Pifferari: italienische Schalmeibläser (ital. *piffero* ›Schalmei‹), die zur Weihnachtszeit Hirtenmusiken spielen.

pizzicato: (ital.) (mit den Fingern) gezupft; Spielanweisung bei Streichinstrumenten; Gegensatz zu → coll'arco.

Plagalschluß: Schlußwendung mit der harmonischen Folge: → Subdominante – → Tonika.

Polyphonie: Kompositionsprinzip; alle Stimmen sind gleichberechtigt und werden unabhängig voneinander geführt; Gegensatz zu → Homophonie.

Proprium: variabler Teil der Messe, umfaßt: → Introitus, → Graduale, Alleluja, → Offertorium, Communio.

Psalmton: zweigliedriges melodisches Modell für die gesangliche Rezitation von Prosatexten; von den neun Psalmtönen folgen acht den vier ersten Kirchentonarten und ihren plagalen Nebentonarten; der IX. Psalmton steht außerhalb des kirchentonalen Systems.

Quadrupelfuge: Fuge mit vier Themen.

Recitativo accompagnato: ital. *accompagnato* ›begleitet‹; meist vom Orchester begleitetes → Rezitativ in auskomponierter Form; auch: → Arioso; es steht zwischen → Recitativo secco und → Arie.

Recitativo secco: ital. *secco* ›trocken‹; nur vom → Basso continuo begleitetes → Rezitativ in freier Form, angelehnt an Sprachmelodik und -rhythmik.

Responsorium: Wechselgesang zwischen Solo und Chor.

Rezitationston: auch: Lektionston, Passionston; bestimmte Tonhöhe beim Rezitieren z. B. im → Accentus.

Rezitativ: Sprechgesang; der die Handlung vorantreibende Teil in Oper und → Oratorium vor der → Arie; Unterscheidung von → Recitativo secco und → Recitativo accompagnato.

Rhapsodie: (griech.) ›zusammengesetzter Gesang‹; Musikstück in balladenhaft freier Form.

Ripieno: Großgruppe (Tutti) von Instrumentalisten oder Sängern im Kantatensatz und im → Concerto grosso.

Ritornell: instrumentales Vor-, Zwischen- und Nachspiel mit Wiederholung des gleichen musikalischen Gedankens.

Rundgesang: Musikstück, in welchem vor und zwischen variierenden Seitenteilen stets ein bestimmtes Thema wiederkehrt (→ Ritornell). Auch: *Rondo*.

Secco-Rezitativ → Recitativo secco

Sequenz: **1.** Aneinanderreihung bzw. Wiederholung eines musikalischen Motivs auf verschiedenen Tonstufen; **2.** Bezeichnung für halbliturgische mittelalterliche Kirchengesänge, z. B. »Stabat mater«, »Dies irae«, in dreizeiligen Strophen mit der Reimanordnung aaa bbb ccc usw.

sforzato: (ital.) Stärkeakzent für eine Einzelnote.

Siciliano: altitalienischer Tanz im langsamen 6/8- oder 12/8-Takt.

Skandierung: metrische Gliederung eines (Text-)Abschnittes.

Soliloquent: Solo-Sängerinnen und -Sänger der in biblischen Historien auftretenden Einzelpersonen.

staccato: (ital.) ›gestoßen, kurz‹; Gegensatz zu → legato.

Stadtpfeifer: städtischer Musiker-Beruf in Renaissance und Barock, Turmbläser.

Stile antico: um 1600 Gegenbegriff zu → Stile nuovo; Tradition der musikalischen Konventionen der Renaissance.

Stile nuovo: auch: Stile moderno; um 1600 musikalischer Stilwandel hin zu den Neuerungen des Barock.

Stollen: erster Teil der → Barform.

Stretta: schneller, beschleunigter Abschluß eines Musikstücks.

Stylo recitativo: erzählender Vortrag in Oper und Oratorium.

Subdominante: Akkord über der IV. Stufe der Grundtonart.

Syllabik: Vertonungstechnik: ein Ton pro Silbe; Gegensatz zu → Melismatik.

Tamtam: gongartiges Schlaginstrument.

Terzett: Komposition für drei Singstimmen.

timbrieren: Benutzung einer (bestimmten) Klangfarbe beim Gesang.

Tonalität: Grundton(arten)bezug von Melodik und Harmonik innerhalb eines Musikstücks.

Tonika: Akkord über der I. Stufe, Grundtonart.

Tonus peregrinus: der IX. Psalmton; abweichende Form innerhalb der → Psalmtonsystematik.

tranquillo: (ital.) ruhig.

Tremolo: schnelle, bebende Wiederholung eines Tones oder Akkords.

Trompetentonart: Grundtonart nach der Stimmung der jeweiligen Trompete.

Troubadour: südfranzösische (altprovenzalische) Bezeichnung für den mittelalterlichen Minnesänger.
Trouvère: nordfranzösische Bezeichnung für den mittelalterlichen Minnesänger.
Turba-Chor: lat. *turba* ›Menge‹; Chöre des Volkes z. B. im → Oratorium.
Tutti: (ital.) alle; Orchester-Tutti: alle Instrumente, volles Orchester; Gegensatz zu Solo.
unisono: einstimmig, gemeinsam; alle Stimmen spielen das gleiche.
Vaudeville: frz. *voix de ville* ›Stimme der Stadt‹; im 16. Jh. → homophones, volkstümliches Strophenlied.
Vergrößerung → Augmentation
Verkleinerung → Diminution
Verkürzung: **1.** Wegfallen des Grundtons in einem Akkord; **2.** → Diminution.
Villanelle: Bauernliedchen, italienisches Tanzlied des 16. Jh.
Violoncello piccolo / Viola pomposa: für Johann Sebastian Bach entwickeltes fünfsaitiges Violoncello.
Violone: Baßinstrument der Gambenfamilie, Kontrabaß.
Vokalise: Tonsilbe als Textersatz zur Übung beim Gesang, z. B. la, no; auch: längere melismatische Entfaltung einer textierten Gesangsmelodie.
Vorausimitation: fugierte Einsätze der Begleitstimmen mit dem Themenkopf des als letzte Stimme – oft in der Vergrößerung – einsetzenden → Cantus firmus.
Vorwurf: Vorlage, geistige Grundkonzeption eines Kunstwerkes, Formskizze.
Zink: mittelalterliches Blasinstrument aus Holz in gebogener oder gerader Form mit Trompeten-Mundstück.

Verzeichnis der Komponisten und Werke

Namen von Komponisten mit Einzelartikeln oder größeren Abschnitten in Sammelkapiteln sind durch **halbfette Schrift** hervorgehoben, ebenso die Seitenzahlen der Hauptstellen.

Handbücher zur Musik

Reclams *Ballettführer.* (K. Schneider, K. Kieser) 616 Seiten. 32 Farbabbildungen

Reclams *Chormusik- und Oratorienführer.* (W. Oehlmann, A. Wagner) 629 Seiten. 357 Notenbeispiele

Reclams *Jazzlexikon.* Personenlexikon hrsg. von Wolf Kampmann, Sachlexikon von Ekkehard Jost. 688 S. 100 Abbildungen

Reclams *Kammermusikführer.* (A. Werner-Jensen, L. Finscher, W. Ludewig, K. H. Stahmer) 1168 Seiten. 560 Notenbeispiele

Reclams *Klaviermusikführer.* (W. Oehlmann, C. Bernsdorff-Engelbrecht, K. Billing, W. Kaempfer, M. Töpel) Bd. 1: Frühzeit, Barock und Klassik. 815 Seiten. Rd. 700 Notenbeispiele. – Bd. 2: Von Franz Schubert bis zur Gegenwart. 1144 Seiten. 619 Notenbeispiele

Reclams *Konzertführer.* Orchestermusik. (K. Schweizer, A. Werner-Jensen) 1142 Seiten. 366 Notenbeispiele

Reclams *Liedführer.* (W. Oehlmann) 1024 Seiten. 470 Notenbeispiele

Reclams *Musicalführer.* (C. B. Axton, O. Zehnder) 679 Seiten. 31 Abbildungen. 2 Pläne

Reclams *Musikinstrumentenführer.* Die Instrumente und ihre Akustik. (E. Briner) 699 Seiten. Mit Zeichnungen

Reclams *Opern- und Operettenführer.* (R. Fath, A. Würz) 1210 Seiten. 64 Farbabbildungen

Reclams *Orgelmusikführer.* (V. Lukas) 464 Seiten. 635 Notenbeispiele

Philipp Reclam jun. Stuttgart